普通高等教育"十一五"国家级规划教材

教育类专业基础课系列教材

全国优秀教材一等奖

# 中国教育史

(第四版)

主　编◎孙培青　　副主编◎杜成宪

华东师范大学出版社
·上海·

图书在版编目(CIP)数据

中国教育史/孙培青主编. —4版. —上海:华东师范大学出版社,2019
ISBN 978-7-5675-8998-8

Ⅰ.①中… Ⅱ.①孙… Ⅲ.①教育史—中国 Ⅳ.①G529

中国版本图书馆CIP数据核字(2019)第138438号

## 中国教育史(第四版)

| 主　　编 | 孙培青 |
|---|---|
| 副 主 编 | 杜成宪 |
| 责任编辑 | 赵建军　师　文 |
| 责任校对 | 时东明 |
| 装帧设计 | 俞　越 |

| 出版发行 | 华东师范大学出版社 |
|---|---|
| 社　　址 | 上海市中山北路3663号　邮编 200062 |
| 网　　址 | www.ecnupress.com.cn |
| 电　　话 | 021-60821666　行政传真 021-62572105 |
| 客服电话 | 021-62865537　门市(邮购)电话 021-62869887 |
| 地　　址 | 上海市中山北路3663号华东师范大学校内先锋路口 |
| 网　　店 | http://hdsdcbs.tmall.com |
| 印 刷 厂 | 常熟高专印刷有限公司 |
| 开　　本 | 787毫米×1092毫米　1/16 |
| 印　　张 | 33.5 |
| 字　　数 | 821千字 |
| 版　　次 | 2019年7月第4版 |
| 印　　次 | 2025年1月第20次 |
| 书　　号 | ISBN 978-7-5675-8998-8/G·11955 |
| 定　　价 | 68.00元 |
| 出 版 人 | 王　焰 |

(如发现本版图书有印订质量问题,请寄回本社客服中心调换或电话021-62865537联系)

# 第四版前言

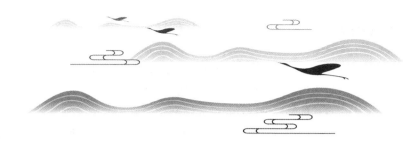

　　人类教育发展至今，已经形成了一套成熟的制度和相应的理论，这是所有要以教育为职志的人们都必须去学习、理解和掌握的，否则人们将难以胜任教育职业。所有今天我们所享有的教育制度和理论不是某些个别人物的发明创造，而是古往今来一代代教育先行者思想和智慧的结晶。如果没有人类数万年教育实践经验的积累，没有教育家数千年教育理论思维的积淀，要创造出当今所见的这套成熟的制度和理论，那是难以想象的事情。中国有着悠久的历史、灿烂的文化，数千年来自有一套传递文化、化育民众的有效做法，这就是中华民族的教育传统。这些传统既包含着成功的经验，也有失败的教训，虽历经数千年岁月的磨砺、风雨的冲刷，仍然对现时代中国的社会主义教育建设产生着深刻的影响。这就告诉我们，想要透彻地读懂当今教育，就须先读懂当今教育是如何由来的，即学习过往教育的历史；对过往的教育认识越深入，对当今教育的理解就会越深刻，对未来教育的把握也会越清楚。所以，过去的教育尤其是其中的优良传统，是我们从事当下和未来教育时可以凭借的历史资源和精神财富。正如党的二十大报告中所指出的：只有把马克思主义基本原理同中国具体实际相结合、同中华优秀传统文化相结合，坚持运用辩证唯物主义和历史唯物主义，才能正确回答时代和实践提出的重大问题，才能始终保持马克思主义的蓬勃生机和旺盛活力。坚持和发展马克思主义，必须同中华优秀传统文化相结合。只有植根本国、本民族历史文化沃土，马克思主义真理之树才能根深叶茂。

　　中国教育史是教育学科中的一门基础学科，也是一门历史学科，与其他大多数教育学科的区别在于，它不是以现实中正在发生变化的教育为研究对象的，而是以不再变化、过往年代的教育思想、理论、制度、学校、课程、教学、教材及相关的文化观念、风俗习惯等为研究对象的，它研究和总结的是过去的教育问题和经验。由于社会变迁、时代兴革，今非昔比，如果想要从学习教育历史中立竿见影地寻找到解决当下问题的良策，恐怕是一种苛求。作为基础学科和历史学科，它给予人们的是学科意识的培育、理论的熏陶和使命感的养成；它给予人们一双历史的"慧眼"，帮助人们形成教育专业学习和研究中的历史感，即以发展的观念、过程的意识、联系的方法去认识和把握教育，更聪明地解决教育的实际问题和现实问题。

　　中国教育史这门课程讲什么？出于不同的课程目标就会有不同的内容选择。作为教育学类专业基础课程，中国教育史重在讲述中国历史上的教育制度和教育思想，将它们置于一定历史时期的社会经济、政治、文化条件下进行考察，揭示其内在联系，把握其发展脉络。对教育制度的讲述以人才培养为中心，阐述相关的方针政策、课程内容、教学方法、管理措施及其经验得失；其他如家庭教育、社会教育、人才选拔制度等内容，仅述及与学校教育相关涉的部分，不作为重点。对教育思想的讲述重在介绍和分析代表性人物、学派与思潮，反映各个历史时期教育思想的发展及其理论思维的得失。为了能够讲述清楚教育制度与教育思想的发展，需要旁及一些历史和学术史内容，说明教育发展的背景。上述诸项是我们力图体现于本教材中的。据我们的自我反思，本教材有以下特点：知识全面系统、史料翔实、论述深入、观点明晰、信息量大、体例紧扣教学要求、知识性与学术性相结合等，比较适合教育学类本科和研究生专业教学，可以根据学业层次和专业目标的需要进行选择性的学习。

中国教育史作为师范学校和高等学校的专业课程开设，至今已有115年的历史，为配合课程实施而编写的教材也有上百种之多。多年以来，中国教育史课程并没有形成统一的课程大纲，课程内容全凭执教者对本学科性质、功能、内涵的理解，结合时代需要而定，有的进而在此基础上编写成相应的教材。1990年代初，社会主义现代化人才的培养对教学质量提出更高的要求，本教材的编写适应了这一需要，并被国家教委推荐为全国高等学校文科教材，于1992年出版第一版。教材出版后，为全国诸多师范大学和教育学院所选用，累计印刷8次，并于1995年获得国家教委优秀教材一等奖，1997年还被国家教委批准为普通高等教育"九五"国家级重点教材项目。

为了适应跨世纪的教育改革和发展需要，在听取使用单位和专家意见的基础之上，我们对教材作了修订：局部调整了古代部分，对近现代部分作了较大改动，将近现代教育发展的线索梳理得更加清晰，突出了教育思潮流派，尤其是调整了对现代教育的评价。教材于2000年出版，第二版教材的使用范围进一步扩大，先后印刷19次，第一、第二版累计印刷达271600册。

教材使用面越广，我们感到的社会责任就越重，这也鞭策着我们以精益求精的精神对待本教材。进入21世纪后，随着中国经济的飞速发展，人们对中国道路、中国文化、学习西方等问题有了更多的思考和认识，这促使我们对教材再次进行修订。修订的任务是全面、系统地认识中国教育的历史与经验，为中国教育的现代化建设提供历史资源。为此，我们更新了部分教材内容，补充了近年来新的研究成果；调整了一些章节，使主线更明晰、重点更明确，更加彰显教材的专业性，并增设了一些辅助教学的要件（如导读）和图片等，以帮助阅读和理解。本教材被教育部批准为普通高等教育"十一五"国家级规划教材，于2009年出版第三版。在各高校纷纷自编教材的竞争形势下，本教材依旧得到了大家的认可，到2019年6月，已经印刷29次，印数达522800册。

实现"两个一百年"奋斗目标和中华民族伟大复兴的提出，使中国的高等教育进入重要发展机遇期。一方面，建设世界一流大学和一流学科的高等教育发展目标，对学科建设、人才培养提出了更高的要求；另一方面，立德树人成为发展教育事业的根本任务，其重要内涵是坚持以中华优秀传统文化来教育年轻一代。于是，我们考虑教材的第四次修订，此次修订的任务是：深入思考与总结中华民族究竟有哪些可以传承的教育传统；反思教材所选入的教育人物是否足以表现中国传统教育的发展和现代教育变革。我们事先做了一些理论研究，这是此次修订的依据。近年地下出土简牍材料不断整理出版，有关中国历史与文化的研究成果不断推出，它可改变我们对教育历史固有的认识，这些也成为此次修订的依据。

本教材的修订，于2016年春先后被立项为华东师范大学教育学高峰学科建设计划"基于学校变革的中国特色理论研究"子项目和华东师范大学精品教材建设项目。

《中国教育史》第四版的编写修订工作承担者仍以华东师范大学教育学部教育学系教师为主，南京师范大学的教师也参与了编写修订。负责各章的编写修订人员如下：孙培青（第一、二、六章），杜成宪（第三、十三、十四章），王伦信（第四、十、十一、十二章），胡金平（第五章），金林祥（第七、八、九章），蒋纯焦（第十五章）。由孙培青总其成。

《中国教育史》第四版于2019年出版后继续得到了读者的支持，并于2021年获得了首届全国教材建设奖"全国优秀教材一等奖"和首批上海高等教育精品教材。这是对我们的鼓励,鞭策我们精益求精,不断进步。

教材此次重印,我们重新审读全书,作了一些订正,欢迎读者、专家的批评指正,以便于进一步完善本书内容。

编 者

2023 年 5 月

# 目录

## 第一章 原始时期的教育 ... 1
### 第一节 中国教育的起源 ... 1
一、中国大地最早的人类(1) 二、教育的起源(2)
### 第二节 氏族公社时期的教育 ... 3
一、生产劳动的教育(3) 二、生活习俗的教育(4) 三、原始宗教的教育(4)
四、原始艺术的教育(5) 五、体格和军事训练(6)
### 第三节 氏族公社末期学校的萌芽 ... 6
一、部落显贵世袭引起教育的变化(6) 二、文字的产生提出新的教育需要(7)
三、学校萌芽的传说(9)

## 第二章 夏、商、西周与春秋时期的教育 ... 11
### 第一节 夏、商的教育 ... 11
一、夏代的教育(11) 二、商代的教育(13)
### 第二节 西周的教育 ... 16
一、西周的社会(16) 二、西周的教育制度(18) 三、六艺教育(22)
### 第三节 春秋时期教育的变革 ... 24
一、官学衰废(25) 二、私学兴起(26) 三、私学的历史特点(28)
### 第四节 孔丘的教育思想 ... 29
一、生平和教育活动(29) 二、重视教育的功用(30) 三、"有教无类"的主张(31)
四、培养有德才的君子(32) 五、"六艺"的教学内容(33) 六、创新的教学方法(36)
七、自觉的德行修养(41) 八、树立教师的典范(45) 九、长久的历史影响(47)

## 第三章 战国时期的教育 ... 49
### 第一节 诸子百家私学的发展 ... 50
一、养士之风盛行(50) 二、百家争鸣(51) 三、私学发展(52)
### 第二节 齐国的稷下学宫 ... 54
一、稷下学宫始末(54) 二、稷下学宫的性质和特点(55)
三、稷下学宫的历史意义(58)
### 第三节 墨翟和墨家的教育思想 ... 59
一、墨翟生平和墨学派(59) 二、论教育作用和教育目的(60)
三、论教育内容(61) 四、论教育方法(64)
### 第四节 孟轲的教育思想 ... 65

一、孟轲的生平和政治主张(65)　二、"性善论"——教育理论的基础(67)
三、论教育作用和教育目的(68)　四、论理想人格(69)　五、论教学(71)

### 第五节　荀况的教育思想 72
一、荀况生活的时代和生平活动(72)　二、"性恶论"与教育作用(73)
三、论教育目的(75)　四、论教育内容(76)　五、论学习过程与思想方法(77)
六、论教师的地位与作用(78)

### 第六节　道家的教育思想 79
一、老庄及其道家学派(79)　二、论教育的作用(81)　三、论理想人格(82)
四、论学习与求知(84)

### 第七节　法家的教育思想与实践 87
一、从商鞅到韩非(87)　二、绝对的"性恶论"(88)　三、禁"二心私学"(89)
四、"以法为教"、"以吏为师"(90)

### 第八节　战国后期的教育论著 91
一、《大学》(92)　二、《中庸》(95)　三、《学记》(97)　四、《乐记》(100)

## 第四章　秦汉时期的教育 104

### 第一节　秦朝的教育政策及其措施 104
一、统一文字(104)　二、严禁私学(105)　三、吏师制度(106)

### 第二节　汉朝的文化教育政策 107
一、各家并存，推重"黄老之学"的汉初文教政策(107)
二、汉武帝"独尊儒术"的文教政策(108)

### 第三节　汉朝学校教育的发展和经学教育的特点 110
一、学校教育的发展(110)　二、今古文经学之争与汉朝经学教育的特点(115)

### 第四节　董仲舒的教育思想 118
一、生平和著述(118)　二、《对贤良策》和三大文教政策(119)　三、论人性和
教育在人的发展中的作用(119)　四、论道德教育(120)　五、论教学内容和教学方法(122)

### 第五节　王充的教育思想 124
一、生平和思想特征(124)　二、论人性和教育的作用(125)　三、培养"文人"和"鸿儒"
的教育目标(126)　四、"博通百家"的教育内容(127)　五、论学习(127)

## 第五章　魏晋南北朝时期的教育 130

### 第一节　魏晋的学校教育 131
一、三国时期的官学教育(131)　二、两晋时期的官学教育(133)
三、魏晋时期的私学教育(135)

### 第二节　南朝的学校教育 137
一、宋与齐的官学教育(137)　二、梁与陈的官学教育(138)　三、南朝的私学教育(139)

### 第三节　北朝的学校教育 140
一、北朝的中央官学(141)　二、北朝的地方官学(143)　三、北朝的私学教育(144)

第四节 魏晋玄学教育思潮 ·················································· 144
　一、以顺应天性自然发展为教育旨归(145)　二、以"真性"、"无为"为理想人格(146)
　三、顺应自然的道德教育论(147)

第五节 傅玄的教育思想 ························································ 149
　一、生平与教育活动(149)　二、论教育的地位与作用(149)　三、论学校教育(150)
　四、论道德教育(151)

第六节 颜之推的教育思想 ······················································ 152
　一、生平与教育活动(152)　二、论士大夫教育(152)　三、论儿童教育(154)
　四、论学习态度和方法(156)

# 第六章 隋唐时期的教育 ························································ 158

## 第一节 隋唐的文教政策 ······················································ 158
　一、崇儒兴学(158)　二、兼用佛道(159)　三、发展科举(160)　四、任立私学(161)

## 第二节 隋唐学校教育的发展 ················································ 162
　一、学校因时而起伏(162)　二、中央官学(163)　三、地方官学(169)　四、私学(171)
　五、学校教育制度的特点(177)

## 第三节 隋唐科举考试与学校教育 ··········································· 178
　一、隋代科举考试制度的产生(178)　二、唐代科举考试制度的发展(179)
　三、科举考试制度对学校教育的影响(181)

## 第四节 隋唐的中外教育交流 ················································ 182
　一、隋唐与新罗的教育交流(182)　二、隋唐与日本的教育交流(186)

## 第五节 韩愈的教育思想 ······················································ 190
　一、复兴儒学与反对佛老(190)　二、论人性与教育的作用(192)
　三、论学校教育与措施(193)　四、论教学(194)　五、论师道(195)

# 第七章 宋辽金元时期的教育 ·················································· 199

## 第一节 宋朝的文教政策和教育制度 ········································· 200
　一、文教政策(200)　二、教育制度(202)

## 第二节 辽金元时期的教育 ··················································· 208
　一、辽朝的教育制度(208)　二、金朝的教育制度(209)　三、元朝的教育制度(212)

## 第三节 宋元时期的书院 ······················································ 216
　一、书院的萌芽(216)　二、宋朝的书院(216)　三、元朝的书院(221)

## 第四节 宋元时期的蒙学 ······················································ 222
　一、蒙学教育的发展(223)　二、蒙学教育的内容和方法(223)　三、蒙学教材(224)

## 第五节 宋元时期的科举制度 ················································ 225
　一、宋朝的科举制度(226)　二、元朝的科举制度(228)
　三、宋元科举制度对学校教育的影响(230)

## 第六节 王安石的教育思想 ··················································· 230

一、生平与教育活动(230) 二、主持"熙宁兴学"(231) 三、崇实尚用的教育思想(232)
四、系统的人才理论(234)

### 第七节 朱熹的教育思想 ············································· 235
一、生平和教育活动(235) 二、关于教育的作用和目的(236) 三、论"小学"和"大学"教育(237) 四、关于道德教育的思想(239) 五、论读书法(241)

## 第八章 明朝的教育 ············································· 244

### 第一节 明朝的文教政策 ············································· 244
一、广设学校,培育人才(244) 二、重视科举,选拔人才(245)
三、加强思想控制,实行文化专制(245)

### 第二节 明朝的官学制度 ············································· 247
一、中央官学(247) 二、地方官学(249)

### 第三节 明朝的书院 ············································· 251
一、明朝书院的发展(251) 二、东林书院(253)

### 第四节 明朝的科举制度 ············································· 255
一、建立科举定式(255) 二、八股文成为固定的考试文体(256)
三、学校教育纳入科举体系(257)

### 第五节 王守仁的教育思想 ············································· 257
一、生平和教育活动(257) 二、论教育作用(258) 三、论道德教育(259)
四、论儿童教育(261)

## 第九章 清初至鸦片战争前的教育 ············································· 263

### 第一节 清朝的文教政策 ············································· 263
一、崇尚儒家经术,提倡程朱理学(264) 二、广兴学校,严订学规(264)
三、软硬兼施,加强控制(265)

### 第二节 清朝的官学制度 ············································· 266
一、中央官学(267) 二、地方官学(270)

### 第三节 清朝的书院 ············································· 271
一、清朝书院的发展(271) 二、诂经精舍和学海堂(274)

### 第四节 清朝的科举制度 ············································· 275
一、科举为"国家抡才大典"(275) 二、科场舞弊丛生,积重难返(276)
三、学校成为科举的附庸(277)

### 第五节 黄宗羲的教育思想 ············································· 278
一、生平和教育活动(278) 二、"公其非是于学校"(279) 三、论教育内容(280)
四、论教学思想(281) 五、论教师(283)

### 第六节 王夫之的教育思想 ············································· 284
一、生平和教育活动(284) 二、关于教育作用的思想(285) 三、教学思想(286)
四、道德观和道德修养论(287) 五、论教师(288)

### 第七节　颜元的教育思想 ………………………………………………………… 289
一、生平和教育活动(289)　二、对传统教育的批判(290)　三、学校为"人才之本"(291)
四、"真学"、"实学"的教育内容(292)　五、"习行"教学法(293)

## 第十章　中国教育的近代转折 …………………………………………… 296
### 第一节　传统教育的危机和改革派的文化教育主张 ………………………… 296
一、明末清初西学的输入(296)　二、传统教育的困境(297)
三、太平天国运动对传统教育的冲击(298)　四、改革派的文化教育主张(301)

### 第二节　教会学校的兴办和西方教育观念的引入 ……………………………… 303
一、从英华书院到马礼逊学校(303)　二、教会学校的竞相设立(305)
三、教会学校的发展(307)　四、从"学校与教科书委员会"到"中华教育会"(309)
五、教会学校的课程(310)　六、教会学校的性质和影响(312)

### 第三节　洋务教育及中国教育近代转化的启动 ………………………………… 313
一、洋务学堂的创立和发展(313)　二、洋务留学教育(321)
三、"中体西用"的演变与张之洞的系统阐述(326)

## 第十一章　维新运动到清末新政时期的教育 …………………………… 331
### 第一节　维新教育的渐次推进 ………………………………………………… 331
一、早期改良派的教育主张(331)　二、维新教育实践(333)
三、百日维新中的教育改革(335)

### 第二节　维新代表人物的教育思想 …………………………………………… 337
一、康有为的教育思想(337)　二、梁启超的教育思想(340)　三、严复的教育思想(344)

### 第三节　清末新政下的教育改革 ……………………………………………… 347
一、清末学制的建立(348)　二、废科举、兴学堂(352)
三、改革教育行政体制,厘订教育宗旨(353)　四、留学教育的勃兴(355)

### 第四节　资产阶级革命派的教育思想和实践 …………………………………… 356
一、批判封建教育(357)　二、革命与改良政治论争中的教育定位(357)
三、开展革命教育活动(358)

## 第十二章　民国成立初期的教育 ………………………………………… 362
### 第一节　民国教育方针与政策 ………………………………………………… 362
一、教育部的成立及对教育的维持与改革(362)　二、民初教育方针的确立(363)
三、封建教育的回潮(364)

### 第二节　壬子癸丑学制 ………………………………………………………… 365
一、学制的形成过程(365)　二、学制体系(366)　三、课程标准(368)
四、学制的调整(369)

### 第三节　蔡元培的教育思想 …………………………………………………… 369
一、生平和教育活动(370)　二、"五育"并举的教育方针(371)　三、改革北京大学(373)
四、教育独立思想(377)

## 第十三章　新文化运动时期和20世纪20年代的教育 …………… 380

### 第一节　"五四"新文化运动对封建教育的批判与变革 ……………… 380
一、新文化运动的兴起(381)　二、新文化运动对封建传统教育的抨击(382)
三、新文化运动促进教育观念的变革(383)　四、新文化运动推动下的教育改革(386)

### 第二节　新文化运动影响下的教育思潮 ……………………………… 389
一、平民教育思潮(389)　二、工读主义教育思潮(390)　三、职业教育思潮(392)
四、勤工俭学运动(393)　五、科学教育思潮(394)　六、国家主义教育思潮(396)

### 第三节　学校教学方法的改革与实验 ………………………………… 397
一、现代西方教学理论在中国的传播(397)　二、设计教学法(398)　三、道尔顿制(399)
四、文纳特卡制(400)

### 第四节　1922年"新学制" …………………………………………… 401
一、"新学制"的产生过程(401)　二、"新学制"的标准和体系(402)
三、"新学制"的特点(403)　四、"新学制"的课程标准(404)　五、"新学制"的评价(405)

### 第五节　收回教育权运动与教会教育的变革 ………………………… 405
一、20世纪初教会教育的快速推进(406)　二、对在中国的基督教教育的调查(407)
三、收回教育权运动(408)　四、教会教育的本土化和世俗化(410)

### 第六节　新民主主义教育的发端 ……………………………………… 412
一、新民主主义教育纲领的提出(412)　二、中国共产党领导下的工农教育(413)
三、中国共产党早期创办的干部学校(415)　四、国共合作时期的黄埔军校(419)
五、李大钊的教育思想(420)　六、恽代英的教育思想(424)

## 第十四章　国民政府时期的教育 …………………………………… 429

### 第一节　国民政府时期的教育政策 …………………………………… 429
一、"党化教育"的实施和废止(430)　二、"三民主义"教育宗旨的颁行(431)
三、"战时须作平时看"的方针(433)　四、《中华民国宪法》中有关教育的规定(434)

### 第二节　国民政府的教育制度和管理措施 …………………………… 435
一、大学院和大学区制的试行与废止(435)　二、"戊辰学制"的颁行(436)
三、"整饬学风",建立训育制度(437)　四、开展童子军训练和军训(438)
五、颁布课程标准,实行教科书审查制度(440)　六、实行毕业会考制度(442)
七、人民的民主教育运动(443)

### 第三节　国民政府各级教育的发展 …………………………………… 445
一、幼儿教育(445)　二、初等教育(446)　三、中等教育(447)　四、高等教育(449)

### 第四节　杨贤江的教育思想 …………………………………………… 450
一、生平与教育活动(451)　二、论教育的本质(451)
三、对各种流行教育观点的批驳(453)　四、"全人生指导"(454)

### 第五节　晏阳初的教育思想 …………………………………………… 456
一、生平与教育实验活动(456)　二、"四大教育"与"三大方式"(457)
三、"化农民"与"农民化"(460)

### 第六节　梁漱溟的教育思想 …………………………………………… 461

一、生平与教育活动(461)　二、乡村建设与乡村教育理论(462)
三、乡村教育的组织与实施(464)

### 第七节　黄炎培的教育思想 ……………………………………………… 465
一、生平与教育活动(466)　二、职业教育思想的形成与发展(466)
三、职业教育思想体系(467)

### 第八节　陈鹤琴的教育思想 ……………………………………………… 471
一、生平与"活教育"实验(471)　二、"活教育"的目的论(472)
三、"活教育"的课程论(473)　四、"活教育"的教学论(474)

### 第九节　陶行知的教育思想 ……………………………………………… 476
一、生平与教育活动(476)　二、"为中国教育寻觅曙光"(477)　三、生活教育理论(480)

## 第十五章　中国共产党领导下的革命根据地教育 …………………… 487

### 第一节　苏维埃根据地的教育 …………………………………………… 487
一、苏维埃文化教育总方针(488)　二、干部教育(489)　三、成人教育(491)
四、儿童教育(492)

### 第二节　抗日民主根据地教育 …………………………………………… 493
一、抗日战争时期中国共产党的教育政策(493)　二、新民主主义教育方针的确立(496)
三、干部教育(498)　四、普通教育(502)　五、社会教育(504)
六、中国人民抗日军事政治大学(505)

### 第三节　解放区新民主主义教育建设 …………………………………… 509
一、解放战争时期的教育政策(510)　二、中小学教育的正规化(511)
三、高等教育的整顿与建设(513)

### 第四节　革命根据地教育的基本经验 …………………………………… 514
一、教育为政治服务(515)　二、教育与生产劳动相结合(516)　三、依靠群众办学(517)

## 主要参考书目 ……………………………………………………………… 519

# 第一章  原始时期的教育

> **本章导读**　教育的起源既是社会发展史问题,也是世界性的教育理论问题。它需要借助考古发现提供的实际材料,利用现代科技测定的结果,通过实证研究,实事求是地获得合理的结论。现在已有多种教育起源的学说,但还没有公认的最终结论。而社会生活的需要是推动教育活动的力量,则是客观的事实。原始社会的教育内容和活动方式是由当时的生活条件所决定的,并且随着社会生活条件的发展而演变。教育的这种原始自然状态,只是教育发展的初级阶段。我们可以根据历史发展过程先后不同阶段的比较,多方面认识原始阶段教育的特点。

中华大地很早就有人类生存和活动。人类在自然界里,面临着十分严酷的生存竞争。个体无法孤立地生活,只有依靠群体的力量,才能克服险恶的自然环境而继续生存,这就必然要在人与人之间结成一定的联系,由此形成了人类社会。随着人类的出现与社会的形成,教育便产生了。它以培养人为目的,是人类社会所必需的、基本的社会实践活动之一。人类最初的社会是野蛮蒙昧的原始人群,需要教育为物质生产和人的再生产服务,以推动社会的发展。因此,教育活动在原始人群的生活中普遍存在。

大量的考古研究表明,中国原始社会的发展经过两个阶段:第一阶段,原始人群时期,大约从200万年前至5万年前;第二阶段,氏族公社时期,大约从5万年前至公元前21世纪。第一阶段极其漫长,教育的发展也极为缓慢。第二阶段发展速度有所加快,进行了多方面内容的教育活动,具有一定的特点。到了氏族公社的末期,才出现了教育机构的萌芽。

## 第一节　中国教育的起源

### 一、中国大地最早的人类

中国是历史非常悠久的国家。从200万年前开始,远古的人类就已经劳动、生息、繁衍在中国的土地上。中国早期马克思主义教育理论家杨贤江曾指出:"自有人生,便有教育。"一有人类存在,就有教育活动,这也就是中国教育史的开端。

20世纪以来,我国科学工作者愈来愈多地发现原始人群活动的遗迹,它们分布在陕西、北京、山西、河南、云南、重庆等地区。他们将现代新技术手段运用于考古研究,获得了不少新的发现,把人类在中国出现的时间逐步推前。1927年发现的北京西南周口店猿人遗骸化石,称为"北京人",科学测定距今大约四五十万年前;1964年发现的陕西省蓝田县猿人头骨化石,称为"蓝田人",科学测定距今大约100万年前;1965年发现的云南元谋县猿人牙齿化石,称为"元谋人",科学测定距今大约170万年前;1985年在巫山县(现属重庆市)发现人类的附有两颗牙齿的下颌骨的化石,称为"巫山人",经科学测定距今200万年前,这一发现,有极重要的意义。

依据科学测定的"巫山人"的年代算起,中国的教育已有200万年的历史。如果考古科学发现新的史实,有比"巫山人"更早的猿人存在,中国教育史的开端还要随着新的发现往前推移,这种可能性是存在的。

## 二、教育的起源

教育的起源是教育发展史的基本问题，也是原始社会发展史范围的问题。它已成为世界性的研究问题，需要探索二三百万年前由猿到人发展转变的史实，才有条件加以说明。各国的研究者依据各自不同的认识，提出多种观点，并展开了争论。法国社会学家、哲学家勒图尔诺，在其所著《动物界的教育》一书中，从生物学的角度认为，动物生存竞争的本能是教育产生的基础，提出了教育的"生物学起源说"；美国教育家孟禄，在其所著《原始部落及其最简单形式的教育》一书中，对"生物学起源说"进行批判，从心理学的角度认为儿童对成人的模仿是教育产生的基础，提出了教育的"心理学起源说"。俄罗斯的教育研究者对前两说进行批判，他们依据恩格斯《家庭、私有制和国家的起源》及《劳动在从猿到人转变过程中的作用》等著作，从历史唯物主义观点出发，认为教育起源于劳动，提出了教育的"劳动起源说"。这些学说先后都曾传入我国，并产生了一定的影响。我国的教育研究者经过再研究、再认识，认为教育的"劳动起源说"在逻辑上并不完善，并提出不同说法，各种意见一时难于达成共识。在这里，我们不妨对基本史实，特别是我国的考古情况作初步了解。

原始人群时期社会发展极缓慢，200万年前原始人的生活极其艰难困苦，需要依靠群体的力量，利用简陋的工具同自然界进行不懈的斗争，才能求得生存和发展。

科学工作者在对"巫山人"故乡持续进行的发掘和研究中找到了大量的石器，它们虽然比较粗糙和简单，但都进行过第二步加工，这是我国发现的最早的石制工具。巫山遗址出土的动物化石有120个种类，植物的种类也很多，说明该地比较有利于人类的生存需要。

"巫山人"的遗迹说明，原始人群为了生活而进行群体生产劳动；为了使劳动更有成效，必须制造劳动工具。他们的劳动工具虽然极简单粗糙，经验虽然极有限，但把制造工具和使用工具的经验和方法传授给年轻的成员，使他们知道群体生活和生产活动的要求，是非常必要的。原始的教育活动，就起源于使社会成员适应群体社会生活和群体生产活动的需要。这种教育活动是在原始人群的生活实践过程中进行的。通过这种活动向年轻一代传授社会生活和生产劳动的知识经验，使他们身心获得发展，成长为社会生活所需要的社会成员。原始的教育活动，是人类有意识的社会活动，具有一定的目的性，但还谈不上有严密的计划性。原始人群过什么样的社会生活，便受什么样的教育，这是一种名副其实的"生活教育"。

教育内容与原始社会生活需要是相应的。社会生活需要成员学习的知识经验，都是教育的内容，如木器、石器工具的制造和使用，火的控制和使用，狩猎的技术和经验，采集食物的技术和经验，共同生活规范的遵守，语言的使用，等等。教育的方式为身教与言传，身教是做出示范动作，以供模仿；言传是说明是非要领以传经验。这两方面通常是相辅而行的。

教育不仅是社会一切实践活动的需要，而且是人类自身生产的需要。历史说明，生产包括两个方面，即物质资料的生产和人类自身的生产。人类自身的生产一方面以物质资料的生产为基础，另一方面又必须以教育为条件。人类参与社会生活所需要的经验、知识技能、生活规范等，并不是先天的，而是通过后天的学习实践获得的。人类的生存发展不仅有物质的需要，而且还有精神的需要。年轻一代如果不经历人类社会的有意识、有目的的教育过程，如果没有年长者对自己的影响、传授、教育，就难以适应人类社会群体的正常生活，社会也将停滞不前。

根据原始人群时期教育产生的史实，应该认为：人类社会特有的教育活动，起源于人类适应社会生活的需要和人类自身身心发展的需要，是人类社会存在和发展的必要条件。

## 第二节 氏族公社时期的教育

中国的氏族公社时期，分为母系氏族公社（大约5万年前—5千年前）和父系氏族公社（大约5千年前—公元前21世纪）两个历史阶段。母系氏族是以母系血缘为纽带组成的社会生产和生活单位，在生产资料公有的制度下，人们共同劳动、共同消费，过着平等的生活。母系氏族公社处于原始社会的发展阶段，具有比较典型的形态，这一时期的教育活动也比较明显地体现了原始社会教育的基本特点。

### 一、生产劳动的教育

原始人类为了生活，需要吃、穿、住等生活资料。为满足这种需要，就必须参加生产劳动。在氏族公社的教育中，生产劳动的教育占有突出的地位，内容也比较广泛。

氏族公社时期劳动经验已较为丰富，使用的工具已有显著的改进。当时制造的石器，采用了磨制技术，种类较多，功能明显，形状对称，刃部锋利，更加实用。在制造石器技术的基础上，又发明了制造骨器的技术。北京周口店发现的"山顶洞人"制造并使用的骨针，全长8.2厘米，直径3.1—3.3毫米，针身圆滑，针尖圆锐，是刮削和磨制成的，针眼窄小，是刮挖成的。骨针的制成要经过选料、切割、刮削、挖眼、磨制的过程，是一套复杂的技术。骨针的使用可以证明，当时人们已能用兽皮等缝制衣服，不再完全赤身裸体了。生产工具的进步，使劳动的技能大为提高，生活资料的来源更为丰富。生产劳动中获得的经验，不仅需要推广，更需要传授给年轻一代。

氏族公社时期，已发明了人工取火的技术。人们在磨制工具的过程中，发现物体摩擦可以生热甚至燃烧，经过长期试验，终于掌握了摩擦生火的技术。古代有燧人氏"钻燧取火"的传说，这反映了人工取火的发明。人们逐步知道取火的方法和火的用途：火可用于熟食，扩大食物来源，改善人类的健康状况；也可用于狩猎，借助于火的威力，驱赶、围攻野兽；还可用于垦殖、加工工具，烧制陶器，提高人类的生产力。用火的经验，就是依靠教育活动推广和传授给下一代的。

渔猎是氏族公社的重要生产门类。《尸子》说："伏羲之世，天下多兽，故教民以猎。"这个传说反映，当时就有了狩猎经验丰富的能人，并由他们传授积累的狩猎经验。最初的狩猎仅用木棍石块，此时已改用木矛、标枪、石球，后来还发明了弓箭，这些都表明了狩猎技术的提高。狩猎中偶尔捕获活的动物，将其驯养繁殖，后来饲养家畜逐步普遍化。这些经验，也成为传授内容。

《周易·系辞下》记载："神农氏作，斫木为耜，揉木为耒，耒耜之利，以教天下。"这种传说，反映农耕种植已成为生产事业。从采集野生植物，经过无数次试种，发展为人工栽培的农作物，这是妇女们的贡献。农业种植技术的发展，需要农具和粮食加工工具的制造，于是农业种植技术和农具的制造使用成为重要的教育内容。

随着农业的发展，原始手工业也相应地发展起来。人们已掌握纺织技术，能将麻类纤维捻成麻线，再织成麻布，以缝制衣服。制造陶器成为一种专门技术，有着复杂的过程，选土、调土、制坯、修饰、彩绘、烧制。这些长期积累的技术经验，使生产劳动教育的内容更为丰富。

男女的生理、体质不一样,承担的生产劳动任务不同,因而所受的教育训练也有差别。

## 二、生活习俗的教育

由于农业和其他生产事业的发展,氏族公社开始选择有利的环境过定居生活,建立了氏族村落。西安半坡遗址,就是一个典型的氏族村落。该村落总面积约5万平方米,居住区内有四五十座房屋,密集地排列着,布局颇有条理。中间有一座160平方米的大房子,显然是公共活动的场所,氏族会议、吉庆节日、宗教活动都在这里举行,活动也是对氏族成员进行思想教育。

在氏族公社里,财产属集体所有。人们共同劳动、共同消费,只有公有观念,没有私有观念。谁若损人利己,侵犯公共利益,必将受到公众谴责。

氏族公共事务,由氏族长管理和指挥。氏族长由氏族会议民主推举产生,他们推举勤劳勇敢、经验丰富、能力卓越、受氏族成员爱戴的人担任氏族长。氏族长主持氏族的民主集会,成年男女都有权参与会议,议决一切重大事项,如决定生产计划、吸收养子、进行氏族复仇等。未成年的男女可以旁听这种集会,接受民主精神的教育。

在氏族内部,尊敬长辈,听从指导,照顾孤老,爱护幼小,发扬团结互助精神,成为风气。

氏族内对两性交往有所限制,人们认识到直系血缘近亲通婚会对后代的体质和智力造成严重危害。原始的血缘群婚制被抛弃,逐渐实行氏族外对偶婚制,任何成员都要严格遵守。

在氏族公社内,没有压迫和奴役,没有强加的法律、刑罚、监狱、军队和其他暴力统治,也没有凌驾于群众之上的统治者,一切依照传统习惯行事。这种传统习惯对维护氏族存在和发展是必需的,对全体氏族成员都具有约束力。

成年礼是氏族公社时期一种重要的传统习惯。男女到达成人阶段(各氏族对成人年龄的规定不同,早则13岁,迟至20岁),必须举行庄重的仪式,对其体力、智力、毅力等方面进行考验和教育,这给青年男女留下深刻的印象。符合条件者取得氏族正式成员的资格,从此享有成年人的社会权利和义务,如可以参加社会活动、过婚姻生活、承担繁重的劳动等。

## 三、原始宗教的教育

原始宗教活动在氏族公社时期极为普遍,有自然崇拜、图腾崇拜、鬼魂崇拜、祖先崇拜、巫术占卜等多种形式[①],都含有不同程度的教育因素。

### (一)自然崇拜

人类在未征服自然的时候,产生了对自然的崇拜,上有日月星辰、风雨雷电,下有山河土地、禽兽草木。原始人类认为太阳与人的生活关系最密切,很早就产生祭日的活动,通过祭日活动,把依靠太阳定方向、定时间,太阳带来温暖有助庄稼生长等知识传授给年轻人。在以农业为主的地区,产生了对龙神、土地神的崇拜,对农作物的崇拜;在以渔猎为主的地区,产生了对山神、对动物的崇拜。这反映各地自然环境和生物种类存在差异,人们所崇拜的自然对象也有不同。在这些崇拜活动中,也有一些植物、动物、生态方面的知识传授。

---

① 宋兆麟等:《中国原始社会史》,文物出版社1983年版,第460—499页。

## （二）图腾崇拜

每个氏族都相信某一种自然物或动物为本氏族的祖先、保护神，是神圣不可侵犯的，祈求这种超自然的神灵来保护自己，把它作为氏族图腾来崇拜。图腾成为重要徽记和氏族的象征。每个氏族都有一种图腾，如龙、凤、熊、罴、貔、豹、虎、蛇、狗等，并有一套崇拜仪式和禁忌。这种思想意识产生了深远的社会影响，无论生产劳动、生活习俗，以至雕刻、绘画、舞蹈、建筑等都有图腾的标志出现。让年轻人学会绘制图腾，向他们讲解有关图腾的神话故事和禁忌，是重要的氏族传统教育。

## （三）鬼魂崇拜

人们对生死缺乏科学的认识，认为死亡只是灵魂离开肉体，肉体虽死，灵魂永在。在灵魂不死的观念支配下，人们制定了丧葬、祭祀等一系列宗教仪式，其中包括将死者生前的用具、装饰品作为随葬品，对死者供奉祭品等，这既是表达对死者的怀念和崇敬，又被认为是为死者安排了阴间生活。这些活动，也灌输了尊敬长辈、加强氏族团结的思想。

## （四）祖先崇拜

人们把自己的祖先神化，产生了祖先崇拜，举行祭祖仪式，祈求祖先保佑。这种祖先崇拜活动有两个特点：一是重视血缘关系。明确上下辈分，追念共同的祖先。二是宣扬祖先的功德。祖先都是创业传世、品德高尚、垂范后人的存在。祭祀活动，能加强亲缘关系，唤起氏族团结的感情，激励建功立业的精神，对氏族成员有深刻的教育作用。

## （五）巫术占卜

巫术是原始宗教信仰的技术及表现形式，它相信神灵能改变自然状态。原始巫术形式较多，有祈求式、比拟式、接触式、诅咒式、灵符式、禁忌式、占卜式等。按性质，可以区分为两大类：一类是对于善神的，利用尊敬、屈服、供献、讨好等手段，希望免灾降福，保护康宁；一类是对于恶鬼的，通过斥责、咒骂、威胁、驱赶等手段，避邪驱魔，保持太平。具有实行巫术技能的人，就成为氏族的巫师。他们是人与神的中间人，具有半人半神的特点，能预知吉凶祸福，为人治病，替死者送魂，是原始宗教的解释者、宣传者和执行者，在氏族中处于特殊地位。巫师采取师徒传授的形式，接受专门训练，除了掌握一定的宗教知识和巫术外，还掌握一定的医药知识和文化历史知识，以配合宗教活动。巫师能背诵氏族谱系，讲述重大的历史事件，知道大量的历史传说，能结合各种宗教仪式活动，讲述氏族的历史和迁徙路线。巫师是原始文化知识的保存者和传播者。

## 四、原始艺术的教育

氏族公社成员调节精神、增强体质、欢庆丰收、祝贺胜利、欢度节日、表示友好，均用歌舞表达；遇有哀伤，抒发感情，也体现于歌舞之中。这是一种原始的民俗。歌唱、舞蹈反映氏族社会生活的各个方面，内容极其广泛，既是娱乐形式，又能发挥传授知识、宣传习俗的教育作用。歌唱出现时间较早，它的最初形式是为协调劳动时的动作、减轻疲劳而创作的劳动号子，后来伴随着生产发展，人们生活内容日益丰富，逐渐发展成歌唱。歌唱是群众性的，歌词、曲调比较简单，内容因情景而异，丰富多样，与氏族的生活、生产关系颇为密切。原始舞蹈是用经过组织加工的优美形象,带有节奏的人体动作,反映人的生活、生产活动的艺术形式,用以表达人的思想感情。不论是反映狩猎,还是反映农业的舞蹈,都是人们生活的再现。舞蹈最初只是一种模拟形式的艺术,如模拟飞禽走兽的不同姿态、男女不同的劳动动作。云南独龙族、拉祜族的喜鹊舞、孔雀舞、割小麦舞、薅秧舞等,就体现了这种遗风。在模拟舞蹈的基础上,后来发展成体操式舞蹈,它是集体性质的,并以环舞为主,富有强烈的节奏感。

艺术教育并不局限于歌舞,还有绘饰与雕刻,体现了人们在生活中已开始多方面地追求美的享受,也接受多方面的艺术教育。

### 五、体格和军事训练

氏族公社要求所有的成员都是生产劳动者,都有健康的体格。只有这样,才能参与对自然的斗争,经受艰苦环境的磨炼。

由于狩猎和游牧经济的发展,以及各部落之间的战争,氏族成员要懂得使用武器,接受一定的军事训练。古史记载,黄帝"教熊罴貔貅䝙虎,以与炎帝战于阪泉之野"。"熊罴貔貅䝙虎"这六者都是以图腾标志的氏族部落的名称,黄帝对它们进行军事训练,然后指挥它们进行部落间的战争。这就证明,军事训练当时已成为教育内容的一部分。

## 第三节 氏族公社末期学校的萌芽

大约在 5000 年前,人类进入父系氏族公社时期,在生产发展的基础上,经济发生了重要变革,农业成为主要的经济部门,手工业从农业中分离出来,得到了较快的发展。私有制的进一步发展,使阶级分化日益加深,氏族公社制度转变为部落联盟与军事民主制度,这是中国古代传说中的五帝时期。原始社会在解体,历史即将跨入阶级社会。

社会经济、政治的变革,推动着教育不断地发生变化。存在于社会生活中的教育逐渐分化出来,出现了学校的萌芽。

### 一、部落显贵世袭引起教育的变化

氏族首领的民主推选转变为世袭,形成最初的部落显贵。这些显贵把权力和财富集中在手里,不断增强其特权,逐渐垄断了文化教育。部落首领需要管理生产、指挥战争、协调内部关系、主持宗教仪式等专门知识。他们用世袭的方式把知识垄断起来,成为巩固显贵地位的重要工具。

由于生产力的提高,剩余产品的存在,使一部分人脱离生产转为劳心者成为可能。从政治需要来看,伴随军事民主制向君主制的逐步转化,培养劳心者成为官吏的需求与日俱增。

适应社会劳心与劳力分工的需要,教育也逐渐分化为培养劳心者的专门教育和教化劳力者的社会教育两种类型。这种历史性的变化,从舜开始就有明显的分化。舜作为部落联盟的首领,设置有文化的公职人员,对显贵的后裔施教。《尚书·尧典》:"夔,命汝典乐,教胄子。""契,百姓不亲,五品不逊,汝作司徒,敬敷五教,在宽。"前者是记载教胄子,后者是记载教百姓,两者都是施教。然而,一是专门教育,一是社会教育,教育的目的、内容都不相同,这是对不同等级实施的教育,势必造成它们朝不同的方向发展。

教育的早期分化,使教育设施呈现出等级差别。《礼记·王制》:"有虞氏养国老于上庠,养庶老于下庠。"把庠分为上、下,安排不同社会地位的人,显示一定等级。这种养老和教学兼行的机构,是学校的萌芽。

在教育内容方面,也显示出以下一些变化:

### (一) 军事教育成为基本内容

其时,部落之间为掠夺家畜、奴隶和财富而进行战争,部落的男性成员都成为战士。适应这种需要,教育内容就强调军事教育。《尚书·大禹谟》说:舜、禹受命征三苗,大战三旬未能取胜,收兵而回,令战士手持盾牌和干羽加紧操练,操练七十天,有苗被慑服。这是部落联盟时期军事教育活动的体现。军事教育内容不仅是作战的训练,也包括武器的制作。

### (二) "孝"成为道德教育的新内容

由于生产力的发展,男子成为农业等主要生产部门的主力,社会地位相应提高,遂使父权制代替了母权制。这时,私有制已产生,一夫一妻的个体家庭已成为社会基本单位,私有财产由儿子继承。这种社会变化,要求维护以男子为主体的父权制和私有财产继承权,形成新的道德观念,强调孝道。进行孝的教育,就是反映这种需要。

### (三) 强调礼乐之教

舜为首领时,重视文化教育。在他所任命的职官中,有关文教的职官有三名,司徒负责进行五常之教,秩宗负责三礼,典乐主管乐教。三礼指的是"天神、地祇、人鬼之礼",这种宗教礼仪宣扬天尊地卑的观念,用天意来解释等级秩序和道德规范。乐教具有多方面的作用,培养诗歌舞蹈的知识技能仅是一方面,更重要的在于道德品行的培养。通过乐教活动,还可沟通部落联盟内部的感情,增强团结,所以有深远的政治意义。

教育性质的变化,导致强制手段的采用。灌输代表少数人利益的道德观念,不是年轻人所能自觉接受的,实施时必然辅以强制手段。《尚书·舜典》:"扑作教刑。"郑玄认为,"扑"是以槚楚为刑具。当时,教官也是执行刑法的人,以槚楚为刑具,故称"教刑"。教刑是刑罚中较轻的一种,对于不勤学业的人,罚其体而警其心。《学记》说:"夏楚二物,收其威也。"就是"扑作教刑"所起的作用。从字义说,"扑"的正字是"攴",《说文》部首"攴,小击也。""教"字从攴从孝,古文作教,亦从攴,造字者已从字义明示以攴击施教。《说文》:"教,上所施,下所效也。"上所施释攴,下所效释孝。意思是,上不施攴击,则下必有不乐孝法者,故从攴。李阳冰释"改"曰:"己有过,攴之即改。"教者,所以教人改过迁善,然而,不施攴击,不能取得功效,所以教离不开"攴"。据说,扑刑是挞其背,在官、在学、在家都广为使用。

## 二、文字的产生提出新的教育需要

人类在社会生活中早有记事和传递信息的需要,创造了各种原始的记事方法,如结绳、刻木等。《周易·系辞下》说:"上古结绳而治,后世圣人易之以书契。"这就是记事工具发展历史的反映。经过长期的使用、比较,记事方法有所改进,特别是氏族公社末期,事务繁多,交往频繁,更加迫切地需要新的记事工具,于是最初的文字就产生了。文字是社会发展到一定历史阶段的产物,不是个人独创的,而是群众智慧的结晶。

氏族公社末期,产生了文字,这是历史发展的必然。人类在长期生活过程中取得的经验,逐步成为知识;知识不断地积累,逐渐由感性知识向理性知识发展;然后,综合形成系统。社会分工的发展,各种手工业的形成,使知识朝专门化的方向加速发展。要使年轻人切实掌握这种理性化、专门化并具有综合性、系统性的知识,原始形态的教学方式已不能适应。因此,需要既掌握知识又能施教的专门人员,要求施教者进行更多的记忆和思考,要求有记录知识和传授知识的新工具。

文字就是一种记录知识和传授知识的新工具,既便于知识的记录积累,又便于知识的传播,可以突破时间和空间的限制。然而,掌握文字不是容易的事,需要进行文字教学,要求有掌握文字从事施教的专门人员和专门施教的场所,因此文字的产生也促进了学校的萌芽。

中国文字的发生、形成、发展有一个过程。从已经发现的地下文物来看,西安半坡的刻画符号有50来种,四川大凉山耳苏人的图画文字与山东大汶口的象形文字,是处于萌芽状态的文字发展的不同阶段。

西安半坡的刻画符号

四川大凉山耳苏人的图画文字

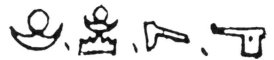
山东大汶口的象形文字

有的学者认为,汉字起源于图画,如,日画成☉,月画成☽,山画成⛰等。由于实用的需要,它们才逐渐符号化,于是由原始图画而发展为象形文字,日写成⊖,月写成☾,山写成⛰。

象形文字的出现,使文字的发展前进了一步。古史传说,在黄帝时代,由记事史官仓颉创造最早的文字。许慎说:"仓颉之初作书,盖依类象形,故谓之文。"这说明在早期文字改进规范化工作中,个人可能起过一些重要的作用。

文字的产生,文字教学的需要,不仅对学校的产生起了重要的推动作用,对后来文化科学及社会发展也有重大的促进作用。

### 三、学校萌芽的传说

古史中关于学校萌芽有多种传说,现举其确有关系者试作分析。

《周礼·春官宗伯》:"大司乐掌成均之法,以治建国之学政,而合国之子弟焉。"《礼记·文王世子》郑玄注引董仲舒曰:"五帝名大学曰成均。"据说所引之说出自董仲舒所著的《春秋繁露》,宋王应麟《玉海》也称:"《春秋繁露》云:'成均,为五帝之学'。"现存的《春秋繁露》因是残缺的本子,已无这段文字,无从了解董仲舒是以什么为根据的。关于"成均",郑玄解释说:"均,调也。乐师主调其音。""成均之法者,其遗礼可法者。"

在部落联盟时期,凡宗教仪式和公众集会都必有音乐,音乐渗透于社会生活的各个方面。部落显贵重视音乐修养,他们的子弟均受乐教。乐师主管音乐事务,日常演奏歌唱之地,亦为实施乐教之地,这个场所称为"成均"。成均不是劳动场所,所进行的教育也不是以生产劳动为内容的教育,而是在生产过程之外进行的独立性的活动。教者和学者都已脱离生产劳动,成为专门从事教或专门从事学的人,这为古代学校的萌芽提供了条件。

古史有虞氏之学为"庠"的传说,据《礼记·明堂位》称:"米廪,有虞氏之庠也。"郑玄注以米廪为"藏养人之物"。这是氏族储存公共粮食之所,由老者看管,所以也成为老人聚集活动的场所,是氏族敬老养老行礼之地。庠,《说文》"从广羊声","广"即房舍的意思,"羊"即家畜的羊。原始社会以羊为美味,只有氏族长老才配享用,食羊者的居处称为庠,也以此为敬老养老的地方。孟轲说:"庠者,养也。"这种解释比较符合史实(一说"庠"是饲养牛羊等家畜的场所,由老者负责)。在氏族公社中,教育年轻一代的任务,通常由具有丰富生活经验的老人承担。这种活动要就老年人的方便,一般在养老的地方进行,所以庠也兼为教育的场所。庠这种机构,兼有两方面的重要活动,即养老与教育,而教育的任务重在德教。

以上所述,成均和庠都是原始社会末期开展多种活动的机构,包括当时的教育活动在内。它们虽然还不是正式的学校,但人们开始在这些地方进行有目的、有组织的活动,为以后专门教育机构的产生奠定了基础。

## 本章小结

原始时期的教育经历两个阶段：一是原始人群阶段，人类的教育刚产生，仅是不成熟的雏形；二是氏族公社阶段，教育得到发展，它的特点较为显著，能体现原始社会教育的本质。氏族公社末期，在教育上出现了阶级差别，将向阶级社会的教育过渡。原始社会的教育以氏族公社阶段的教育为代表，其特点如下：

第一，教育目的一致，教育权利平等。氏族公社是建立在生产资料公有制基础上的，公社成员为了适应社会生活和集体生产劳动的需要，为了身心发展的需要，接受教育训练。集体的社会性的教育活动是为了培养合格的氏族成员，人人都具有平等受教育的权利。

第二，以生活经验为教育内容，包容多种方面。原始社会所积累的经验知识虽然有限，但所学习的知识经验是多方面的，不仅要学习制造生产工具的经验，还要学习公共生活的规范，接受原始的艺术教育和原始的宗教教育。这些是参加氏族社会生活所不可少的。

第三，教育活动在生产生活中进行。教育活动与社会生产劳动、社会生活融为一体，过什么样的生活，就受什么样的生活教育。教育是在生产和生活过程中进行的，直接为生产和生活服务。

第四，教育的手段局限于言传身教。有声语言作为氏族成员之间交流思想感情的工具，也成为进行教育的重要手段。凡是生产、生活经验的传授，公共生活规范的培养，都是利用口耳相传，并结合实际动作的示范和模仿来进行的。当时还没有比言传身教更为有效的教育手段。

第五，男女教育有区别，根源在于分工。由于男女生理、体质的差异，故有男女分工。男女所从事的社会劳动不同，所接受的教育也有区别。男的劳动侧重于狩猎、农耕、放牧，女的劳动侧重于采集、种植、家务、纺织。男女分别劳动，为适应这种需要，也分别对其进行教育。

第六，教育还没有专门的场所和专职人员。由于教育还没有从生产和生活中分化出来，多数的教育活动是分散进行的，随时随地开展教育性活动。负责教育的是有生产生活经验的长者，长者为师，对年轻人进行知识经验的传授，但他们还不是从事教育的专职人员。

到了氏族公社的末期，由于社会条件的变化，教育发生重要的变化，出现了学校萌芽，旧的特点趋于消失，新的特点正在产生。原始社会的教育，不可避免地向阶级社会的教育方向转变。

### 思考题

1. 讨论教育起源的问题，对认识教育发展有什么启示？
2. 氏族公社时期教育活动的重要方面有哪些？
3. 试述原始时期教育的特点。

# 第二章 夏、商、西周与春秋时期的教育

**本章导读**

生产力的发展、私有财产的形成、原始社会解体,为转入奴隶制社会准备了条件。夏启破除了前代相传的禅让制度,建立了中国历史上第一个奴隶制国家。奴隶制经历了夏、商、西周、春秋,先后约1600年。奴隶主贵族垄断了政权,为适应培养子弟成为统治人才的需要而设置教育机构,形成学校制度。这种制度可概括为学在官府、政教合一、官师不分。三代相继的学校教育制度都有发展,而西周的学校教育制度较为完整,有小学、大学学习阶段的区分,有乡学、国学的衔接,其教育特点是六艺教育,体现当时文化发展的成果。西周教育制度可作为三代教育的典型。到了奴隶制崩溃的春秋时代,官学衰废,私学兴起,思想流派随之产生,法家、道家、儒家的先驱人物出现,宣传各自的主张。孔丘是儒家的创始人,在政治上主张改良,试图利用教育的力量改造社会。他提出一系列的教育主张,形成教育思想体系,为中国古代教育理论奠定了基础,并流传两千多年,成为中华教育传统的主流,也是世界珍贵的教育遗产。

由于社会生产的发展,私有财产的形成,出现了阶级分化,原始社会开始解体,逐渐向奴隶社会过渡。到了夏代,终于进入奴隶社会。

在奴隶社会,奴隶主阶级占有社会物质生产资料,政治上居统治地位,成为脱离生产劳动的劳心者。奴隶主为了将年轻人培养成为强有力的统治者,需要组织特殊的教育训练,教育逐步成为独立的社会活动,学校教育便是主要形式。

在社会阶级分化和脑力劳动与体力劳动分离的基础上,奴隶主阶级脱离生产劳动,垄断了以传授文化知识为主要内容的学校教育。被统治的奴隶阶级,只能接受生产劳动教育和统治者所施行的社会教化。教育的分化,是历史发展的必然,也是社会的一种进步。

从公元前21世纪到公元前476年,是我国奴隶制社会时期,其发展可分为四个阶段:夏代,前2070年到前1600年,第一个奴隶制国家经历470多年,是奴隶制的初期;商代,前1600年到前1046年,经历了554年左右,是奴隶制发展时期;西周,前1046年到前771年,约276年,是奴隶制全盛时期;春秋,前770年到前476年,近300年,是奴隶制走向崩溃的时期。

奴隶社会的教育,在本质上是为奴隶制的政治、经济服务的,适应它的需要。因此,奴隶社会教育的发展变化也相应经历了四个阶段,表现出不同阶段的特点。

## 第一节 夏、商的教育

### 一、夏代的教育

据历史传说,夏部落的首领禹在他执政时期,为废除推选的"禅让"制而实行传子的"世袭"制铺平了道路。其子夏启取得政权,开始建立军队,修筑城池,对外掠夺,对内镇压平民和奴隶,从此形成中国历史上第一个奴隶制国家。夏直接统治的是以伊洛为中心的黄河两岸地区,夏政权

所及的范围则包括参与联盟的各部落,大约北起长城以南地区,南至长江中下游,东到沿海地带,西到陕西中部渭河中下游地区,纵横千余公里,是当时疆域最大的国家。

在奴隶社会的井田制条件下,农业发展到人工灌溉的百谷种植,手工业也发展到能制造有多种纹饰的陶器和青铜器,这些都表明生产已达到一定的水平。在这种经济基础上,统治者建立以国王为核心的国家行政管理机构,以此来维护奴隶主的统治。

由于经济上扩大交流范围和政治上实施政令的需要,使文字有了新的发展。山东发掘出夏代的历史文物,在莒县陵阳河出土的四件灰陶缸各刻有一个图像文字,有两个为工具象形字,有两个刻着⊙、岳。据文字学家的分析,这两个字是有联系的,后面一个字上部⊙像日形,中间︿像云气形,下部像有五峰的山形,意思是山上的云气,承托着初出山的太阳,为早晨旦明的景象,可能就是原始的"旦"字,是会意字。这表明当时已有了由三个偏旁构成的复体字。由此可见,夏代的文字已有相当的发展。

夏代已进入有文字记载的文明时代。先秦典籍《左传》、《国语》等书就引用了《夏书》的材料,如《左传·昭公十七年》记载:"故《夏书》曰:辰不集于房,瞽奏鼓,啬夫驰,庶人走。"这是最早一次日食记录,也说明已有夏代之书。《礼记·礼运》说孔丘曾到杞作历史调查,获得《夏时》,说明春秋末期还能见到《夏时》这本夏代有关天文历法的书籍,这再次证明夏代已有文字记载。文字是文明社会的重要标志,可以记录人类的思想活动,积累知识经验;可以突破时间、空间的限制,把知识传授给下一代。文字是教育的重要手段,促使教育发生质的变化。掌握文字的是贵族中的文化人,借助文字接受教育的只是少数贵族的子弟。

教育工作是国家的重要事务,由国家机构中六卿政务官之一的司徒主管教化。

关于夏代学校的设置,古籍中有些记载。《礼记·明堂位》:"序,夏后氏之序也。"《王制》:"夏后氏养国老于东序,养庶老于西序。"《古今图书集成·学校部汇考一》:"夏后氏设东序为大学,西序为小学。"这些古籍都提到夏代有"序"这种学校。它的性质,古人已加以探索。《孟子·滕文公上》:"序者,射也。""序"起初是教"射"的场所,后来发展成为奴隶主贵族一切公共活动如议政、祭祀、养老的场所,也是奴隶主贵族教育子弟的场所。所以,它并非独立的、纯粹的教育机关,教育只是其重要职能之一。

据说不仅国都有学校,地方也有学校。《孟子·滕文公上》"夏曰校","校者,教也"。《说文》:"校,从木,交声。"原义为木囚,即以木材为围栏,作为养马驯马的地方。后来利用这宽广的场所来进行军事训练,从而使其成为习武的场所。"校"是乡学,《史记·儒林传》中公孙弘和太常臧、博士平议论三代之学时说:"乡里有教,夏曰校。"宋朱熹注《孟子》,指出"校"为乡学。

夏代学校教育的目的、内容均与夏政权的性质有直接关系。贵族为了巩固和扩大奴隶制统治,既要镇压本部族奴隶的反抗,又要征伐其他部族。因此,军队起了决定性作用。夏朝"为政尚武",实际是"武人"专政。为适应这种政治需要,教育的目的就是要把本阶级的成员及其后代培养成为能射善战的武士。

在教育内容方面,统治者很重视军事教练。当时,弓箭是重要的武器,成为教练的主要项目,故而《文献通考·学校考》说:"夏后氏以射造士。"习射是军事教育的重点。此外,还有使用其他武器的教练。河南偃师二里头夏文化遗址中发现了青铜戈、钺和刀。这些铜兵器的使用,也是当时教练的内容。教育内容的另一重要方面是宗教教育。《礼记·表记》说:"夏道尊命,事鬼敬神而远之。"这种宗教教育以敬天尊祖为中心。人伦道德教育也是学校教育的重要内容。《孟子·滕文公上》指出,古代的学校有共同任务,"皆所以明人伦也"。朱熹注解说:"父子有亲,君臣有义,夫妇有别,长幼有序,朋友有信。此人之大伦也。庠序学校,皆所以明此而已。"

总之,在奴隶社会的初期,国家已把教育事务作为行政管理的重要任务之一,司徒负责管理教化。教育机构与政治行政机构结合,有国都的学校,也有地方的学校,开始有了等级层次。教育为政治服务,突出表现在教育目的是要培养奴隶主贵族的武士,教育内容重视军事训练。

## 二、商代的教育

商王朝是前1600年开始统治黄河中下游广大地区的奴隶制国家。商的历史已有文字记载,还有大批出土文物可供研究。后期王都殷遗址(今河南安阳小屯村一带)出土了大批3000多年前的甲骨文和青铜器。这些文物反映了当时的政治活动和社会生活情况,充分说明商代已是文明的奴隶制国家。

商王作为奴隶主的总代表,名义上占有全部土地和奴隶。由他把土地和奴隶分给侯甸邦伯(各地诸侯)和百僚庶尹(百官和管事之人)等奴隶主贵族。奴隶来源于战争俘虏,被视为比牛马还贱的财产,对其实行强迫劳动。农业是最重要的生产部门,大量的奴隶从事耕作。手工业也进一步发展,有织麻、制陶、制铜等手工业。司母戊大方鼎重875公斤,便是制铜技术发展的标志。在农业、手工业发展的条件下,交换活动也有了发展。在商王的统管下,由奴隶主贵族组成国家管理机构,并组织军队,制定刑法,对人民施行暴力统治。

商代奴隶主贵族已形成强烈的宗教意识。《礼记·表记》说:"殷人尊神,率民以事神,先鬼而后礼。"敬事鬼神,为的是求福免祸。他们极端崇拜祖先,认为祖先就是至高无上的存在,主宰着自然界和人间的祸福,在上天保佑着子孙。那时人们事无大小,都要占卜,乞求神的旨意。与鬼神打交道的神职人员称为"巫",后来进一步分工为祝、宗、卜、史等专职人员。他们根据需要掌握一定的政治、历史、天文、历法、医药等知识技术,是当时的文化人,如史官负责制作策命、记录国家大事、管理策令典册。这些专职人员都与宗教有关,敬事鬼神成为商代文化思想的特点。

### (一) 商代有成熟的文字可作教育工具

随着经济的日益发展和社会政治生活的日趋复杂化,商代的文字也在发展,并达到基本成熟的阶段。从安阳出土的16万多片甲骨文来看,卜辞记录有160多万字,所用的单字,据1965年出版的《甲骨文编》统计,数量达4672个。已经辨认的字,据高明的《古文字类编》所收,已有1072个。商代的文字还有刻在陶器上的陶文,铸在青铜器上的金文,以及刻在玉石上的文字。造字的几条原则,如象形、会意、指事、形声、假借等均已具备,且被普遍使用,这是文字发展达到成熟的标志。写字的工具为刻刀和毛笔,卜辞中有"聿"形状,如手持笔,就是"笔"字。在一些甲骨和陶器上,都可以看到用毛笔书写的朱墨字迹。有了成熟的文字,又有较适用的书写工具,就便于用来进行系统的记事。文字应用于记述社会政治经济活动,已出现分量较重的典册。《尚书·多士》说:"惟殷先人,有册有典。"册的原字"册",是用索带串编甲骨或竹木片的象形。这证明商代已有文字记载的典籍。文字是教育的工具,典籍则是教育的重要材料。

## （二）商代的学校

甲骨卜辞有不少是与教育有关的，从中可以了解当时学校教育的情况。贵族为了维护其统治地位，对年轻一代的教育很重视，把子弟送到学校中受教育。有一甲骨卜辞记载："壬子卜，弗，酒小求学？"①意思是，壬子这一天举行占卜，弗求问上帝，为了王子入学，要设酒祭祖以求赐福，这样办是否可行？这表明贵族把教育下一代当大事看待，入学要占卜，设酒祭祖。

对贵族子弟有集中进行教育的场所。这个专用场所，与居住区有一定距离。有一甲骨卜辞记载："丙子卜，贞，多子其徣（"徣"为徙的别体字，义同"往"。或说："徣，延也。"不间断之意）学，版（假借为反，同"返"）不遘（遭）大雨？"②意思是，丙子日举行占卜，贞求问上帝，子弟们去上学，返回时会不会遇上大雨？担心大雨影响子弟们返家，这说明学校与居住区有一定距离。

由于商朝的教育设施比较完备，邻近的诸侯国也送子弟前来游学。有一甲骨卜辞说："丁酉卜，其呼以多方小子小臣其教戒？"③多方即是指周围邻国，说明邻国派子弟游学于殷。

甲骨文中还有关于学校名称的记载，已发现有"大学"和"庠"等名称。据《小屯南地甲骨》第六十片卜辞记载："勿㞢？王惟癸㞢？于甲㞢？于祖丁旦㞢？于厅旦㞢？于大学㞢？"据专家考释，㞢指的是献俘祭祖的典礼。卜辞记载首先问这一祭礼要不要举行，其次问举行祭礼的最佳日期是癸日或是甲日，最后问举行祭礼选择哪一个场所。所列举的场所有祖丁神坛、宗庙中庭神坛和大学。这条记载证实商代确已建立大学，大学也是祭祀场所之一。

甲骨文的研究，证实古籍中关于商代学校的记载是可信的。《古今图书集成·学校部汇考一》："殷人设右学为大学，左学为小学，而作乐于瞽宗。"《礼记·王制》："殷人养国老于右学，养庶老于左学。"郑玄注："右学，大学，在西郊；左学，小学，在国中王宫之东。"这些记载提到有大学、有小学、有瞽宗。大学已被甲骨卜辞证实，大学与小学相对而言，有大学，也就有小学。右学和瞽宗，都是属于大学性质，实是同一机构的不同名称。古人以西为右，殷人尚右尚西，将大学设在西郊，也叫右学。瞽宗是商代大学的名称。当时大学以乐教为重，乐教的教师也就是乐师。乐师在学中祀其先师为乐祖，大学也就成为乐师的宗庙，故称瞽宗。瞽宗是当时贵族子弟学习礼乐的学校。

从有大学小学或右学左学之分，表明商代已根据不同年龄，提出不同的教育要求，实际划分了教育阶段。

商代不仅王都有大小学，而且地方也有学校。《孟子·滕文公上》"殷曰序"，朱熹注："序以习射为义，皆乡学也。"《汉书·儒林传序》："殷曰庠。""庠"是虞舜时期教养机构名称的承袭，利用养老的活动，来达到对年轻一代进行思想道德教育的目的，"上老老而民兴孝，下长长而民兴悌。"可以收到推行孝悌教育的效果。"序"是夏时期教养机构名称的承袭，序以习射为义，保留了军事体育训练的内容，奴隶主贵族是很重视军事的，"序"已不是单纯习射的场所。为了巩固统治，统治者强调思想品德修养，礼乐教育也成为其基本内容。

## （三）商代教育的内容

商代学校由国家管理，受教育是奴隶主阶级的特权，其目的是培养尊神重孝勇敢善战的未

---

① 胡厚宣编：《战后京津新获甲骨集》，群联出版社1954年版，第209页，片号四二四五。
② [日]林泰辅：《龟甲兽骨文字（二卷）》，北京富晋书社1930年版，第25页，九片。
③ 郭沫若：《殷契粹编》，科学出版社1965年版，第114页，片号一一六二。

来统治者。商代学校进行多方面的教育训练,而思想政治教育和军事训练是最重要的两个方面。

1. **思想政治教育**

奴隶主贵族为加强统治的需要,极力提倡宗教迷信,把本族的祖先作为至高无上的神,尊神和孝祖实际就成为同一回事。"孝"成为奴隶主贵族最强调的基本道德准则,遵守孝道才能继承王位,不守孝道在政治上就要受到制裁。《尚书·太甲》记载,太甲不守居丧之礼,被认为是违反孝德的行为,贵族们把他放逐到桐的地方进行反省,待他悔过之后,才接他回来当政。伊尹教训他今后要"奉先思孝",一切遵守祖训,不忘祖宗的恩德,这才是孝。"孝"为社会道德准则,也成为思想教育的中心内容,体现在文字上就是"教"字从"孝"。甲骨文中"教"字大多写成"𝕏",左半"𝕏"即"孝"字,象征"子曲伏于父",右边是"𝕏"(音扑),象征手执木棒的样子。教育的内容和方法从"教"字就可形象表现出来,当时是在棍棒体罚的威胁下,教下一代尽"孝"。孔丘曾说:"夫孝,德之本也,教之所由生也。"①这也概括了商代的教育实际。把"孝"作为思想教育的中心内容,是奴隶主教育的重要特点。

学习统治经验对未来的统治者是需要的,基本途径就是学习先王典册,了解先王的业绩,继承其政治经验,以增强其继世传业、巩固统治的意识。属于这类典册的有《尚书·盘庚》。它记录着盘庚迁都到殷的历史事件。商王对群臣和万民分别发表了训词,第一篇对群臣讲话,再三进行政治劝诱;第二篇对万民讲话,严加威迫;第三篇是迁殷后对群臣的讲话,劝说不要怀恋故都。下一代学习这些典册后,就可以具体了解到对不同阶级采取不同政策和手段的方法。

2. **军事教育**

奴隶主阶级依靠其军事武力来维持统治。商王为了排除外邦外族的侵扰,同时为了扩大自己的领土,掠夺财物和奴隶,不断对外邦外族用兵。战争是经常的,用兵的规模有时多至3万,动员面很广。奴隶主贵族都要成为大大小小的头目或武士,具有作战本领,这就需要经过一定的军事训练。当时的战争用车战,车兵是骨干。《诗·鲁颂·閟宫》郑笺说:上古"兵车之法,左人持弓,右人持矛,中人御。"贵族成员才能当车兵。车兵使用的武器较多,而以弓箭为主,射箭是军事教练的重要内容。战车是依靠马来拉动的,因此武士还要学会驾驭车马。学校中有射御的教学活动,有时还要举行比赛和演习以检验教练的效果。

3. **礼乐教育**

殷人迷信鬼神,经常举行祭祀活动,这类活动都要有相应的礼仪和音乐。贵族青年只有在受过礼乐教育后,才能参与此类活动。礼乐教育中,乐教尤显重要,"以乐造士"是殷人教育的特点。《诗·商颂·那》:"庸鼓有斁,万舞有奕,我有嘉客,亦不夷怿。"这是祭祀成汤的颂歌,描绘祭礼热烈的场面,其中提到敲"庸"(镛)钟和跳"万"舞。乐教包含面很广,有歌诗、奏乐、舞蹈等。乐教也渗透有军事教育的要求,前所引卜辞:"丁酉卜,其呼以多方小子小臣其教戒?"据专家解释,"戒"字像人手持戈,含有两种意思:一是持戈而警戒,一是持戈而舞蹈。在学校中教"戒",可能兼有习武和习乐两方面内容。

---

① 《孝经·开宗明义章》。

#### 4. 书数教育

要在社会生活中使用文字,就要会阅读和书写,这是教学的要求。而读、写两者结合进行,写字要经过长期练习,这是教学方法。甲骨中发现不少练字的骨片,选用笔画简单而经常使用的干支文字作练习。学习刻写要经过示范、模写、练习的过程。有一甲骨片,上有五行字,重复刻着从甲子到癸酉十个干支,细加比较,其中有一行刻得整齐美观,其他四行则字迹歪斜不整,中间夹着二三个刻得整齐的字,显得不协调。据郭沫若的分析估计,那一行整齐美观的字是教师刻的字样,另外四行是学生的练习,当中夹着那几个较整齐的字则可能是教师手把手而刻得较合要求的。这是商代教学的实际物证,反映了当时学习文字课业的情形。

商代的数学随着生产力的发展而提高。天文历法的改进,对数学的发展提出了新的需要。商代在数学上已采用十进位法,在甲骨文里已有一到十和百、千、万等数字,最大的数字是三万,这表明商代数量观念比较齐全。数量计算是学校教学内容之一,其目的是使贵族子弟能适应自己生活范围内各方面计算的需要。

总之,处于奴隶制发展阶段的商代,贵族的教育也得到了发展。殷墟甲骨的发掘,证明商代文字趋于成熟,并成为有效的教育工具。按年龄划分教育阶段,成为设立不同层次教育组织的依据,多方面的教育内容已具备了"六艺教育"的形貌。商代教育是一份重要的历史遗产,西周就是在此历史基础上进一步发展的。

## 第二节 西周的教育

### 一、西周的社会

西周是中国奴隶制的全盛时期。其重要特征是在分封制、井田制的基础上实行宗法世袭禄位制。在政治上,采用分封制,全部土地和人民在名义上都属于周王所有。《诗·小雅·北山》:"溥天之下,莫非王土;率土之滨,莫非王臣。"就是这种情况的反映。周王把土地和人民分封给诸侯,建立大小不一的诸侯国,计71国。诸侯在自己的领地里,又把土地和人民分封给卿、大夫。卿、大夫在私家采邑里,委派士来帮助管理家业。实行分封制的目的,是形成严格的等级制度。

社会经济以农业为主,农业实行井田制。统治者把成片土地按一定的亩制和灌溉及道路系统规划成井田形状,奴隶主支配奴隶们耕种方块土地,以贡税的形式榨取劳动成果。

周人强调宗法,用血缘宗族关系把奴隶主贵族联系起来,但又区分亲疏等级。宗族分为大宗和小宗;周天子为天下大宗,诸侯为小宗;在诸侯国内,国君为大宗,卿、大夫是小宗;在卿、大夫采邑内,卿、大夫是大宗,士是小宗。宗法规定爵位财产,都由嫡长子世袭。

西周社会是由奴隶主和奴隶两大对立阶级及介于这两者之间的平民阶级所构成的。天子、诸侯、卿、大夫为奴隶主阶级,士属于平民阶级上层,庶人、工商属于生产奴隶,皂、舆、隶、僚、台、圉牧属于宫廷和家用奴隶。奴隶主阶级采用暴力和非暴力手段对奴隶和平民实行专政,建立统治机构,组织军队和制定刑法。成文的刑律,有严酷的五刑;墨(黥额)、劓(割鼻)、刖(砍脚)、宫(割掉生殖器)、大辟(杀头),共3000条。刑法是专门用于对付奴隶和平民的,所以说:"刑不上大夫。"

在思想意识上,贵族也有其特有的观念和内容。《礼记·表记》:"周人尊礼尚施,事鬼敬神而远之,近人而忠焉。"统治者利用宗教迷信作为愚民工具,加强天命宣传,还强调要遵守礼制。礼是关于贵族君臣、父子、兄弟、夫妇、朋友之间上下尊卑关系的规定,关于贵族的衣食住行、丧葬婚嫁等一切行为规则,以及政治、军事、法律制度的总称。相传周礼是由姬旦(史称周公)所制定的,它包括五类:吉、凶、军、宾、嘉。不同的等级有相应的礼制,贵族的礼制不用于奴隶,所以说:"礼不下庶人。"礼的社会政治作用受到高度重视。

> 夫礼者,所以定亲疏,决嫌疑,别同异,明是非也。……道德仁义,非礼不成。教训正俗,非礼不备。分争辨讼,非礼不决。君臣上下,父子兄弟,非礼不定。宦学事师,非礼不亲。班朝治军,莅官行法,非礼威严不行。祷祠祭祀,供给鬼神,非礼不诚不庄。……为礼以教人,使人以有礼,知自别于禽兽。①

统治者认为,礼制源于天命,遵守礼制,也就是"敬德"。只有"敬德",才能保民,才能巩固奴隶主贵族专政。

在文化教育上,其历史特征就是"学在官府"。奴隶主贵族建立国家机构,设官分职,从事管理。为了管理的需要,制定法纪规章,有文字记录,汇集成专书,由当官者来掌握。这种现象,历史上称之为"学术官守",并由此而造成"学在官府"。

章学诚对"学术官守"有精要的论述:

> 理大物博,不可殚也。圣人为之立官分守,而文字亦从而纪焉。有官斯有法,故法具于官。有法斯有书,故官守其书。有书斯有学,故师传其学。有学斯有业,故弟子习其业。官守学业皆出于一,而天下以同文为治,故私门无著述文字。②

由于只有官府有学,民间私家无学术,所以要学习专门知识,只有到官府之中才有可能。"学在官府"这种历史现象,有其客观原因。

(一) 惟官有书,而民无书

西周时期生产水平有限,书写的材料是竹简、木牍,书写的工具是刀笔。以拙陋的工具在粗笨的材料上制作出的书册,不仅极其繁重,而且也十分昂贵,只有官府才具有制作书册的财力和人力。朝廷为了政治需要,把历代帝王的典、谟、训、诰,本朝的礼制法规,以及收集的乐章,加以记载,制成书册,藏之秘府,由官司主管。这些书册,仅有孤本,没有复制副本刊布民间。民间仅知书名,未见其书。所以,学术都在官府,有职官专守。士人若要学习,要知道历代典制或本朝规章,只有到官府,求之主管书册的官司才能读到。

(二) 惟官有器,而民无器

西周时期的礼、乐、舞、射都是重要的学术,在教育上,也是学习的重要学科。学习这些学科,不能仅是口耳相传,而且要有器物设备,才有条件进行实际演习。这些器物,不是一家所能具备,即使官府,也不是各级都能完全具备。规定十三舞勺,成童舞象③,所用的器物还比较简单;二十而冠,身入乡校,学礼,舞大夏,所使用的器物更多。这些规定,都与物质条件的限制有关。《周

---

① 《礼记·曲礼上》。
② 章学诚:《校雠通义·原道第一》。
③ 《礼记·内则》。

礼·地官司徒》言及器物的使用,"闾共祭器,旅共丧器,党共射器,州共宾器,乡共吉凶礼乐之器"。可见礼乐之器,乡官始能备集。要学礼,不入乡校,则无学习的器物。至于成均的乐器,种类齐全,可组成大型乐队,供举行典礼和宴会之用,这些连乡党都不能具备,民间就更谈不上。所以要学习礼、乐、舞、射,只有在官府的人才具有条件。

### （三）惟官有学,而民无学

在宗法制条件下,父死子继,子承父业,贵者终贵,贱者终贱,形成家有世业。家业世世相传者,称为"畴人";父子相继世居其官,称为"畴官"。由于学术官守,为官之人,学有专守,不传他人,只教其子。子入官府,各从父学,称为"畴人子弟"。这种情况,就是畴人世官造成了学术的垄断,尤其是专门的学术,只在极小的圈子里传授。这虽然对学术起了保存作用,但限制了学术的发展。只有为官的人掌握学术,以官府为传授基地,教其子弟。只有官学,没有私学。只有贵族子弟享受教育的权利,而庶人和平民则没有享受教育的权利。

## 二、西周的教育制度

奴隶主根据贵族专政的需要确定教育目的,培养具有贵族政治道德思想和军事技能的未来统治者,他们必须受礼、乐、射、御、书、数"六艺"的专门训练。先经过家庭教育,然后才进行学校教育。

### （一）家庭教育

《礼记·内则》记载了贵族家庭教育的逐步要求："子能食食,教以右手;能言,男唯女俞。男鞶革,女鞶丝。六年,教之数与方名。七年,男女不同席,不共食。八年,出入门户,及即席饮食,必后长者,始教之让。九年,教之数日。"在家庭中,从小就进行基本的生活技能和习惯的教育,如取食物用右手等;进而教以初步的礼仪规则,如尊敬长辈的礼节,以及确立初级的数的观念、方位（东西南北中）观念和时间观念。在男尊女卑思想的支配下,要求男治外事,女理内事。从7岁开始进行男女有别的教育,男女儿童的教育开始分途。女子受女德的教育,为将来成为贤妻良母作准备,限在家庭之内,相对地被轻视。比较夏代、商代,西周的贵族家庭教育已有较大的进步,能按儿童年龄的发展提出不同要求,家庭教育的过程有较明显的计划性。

### （二）小学教育

西周有小学的设置,已见于周康王时《大盂鼎》的铭文："女妹辰又大服,余隹即朕小学,女勿剋余乃辟一人。"说的是康王之子昭王幼年入小学的事。周宣王时,《师嫠殷》的铭文："在昔先王小学,女敏可事,既命女夒乃祖考䤅小辅。"既言及小学,又提及司教的官名小辅。

贵族子弟入小学的年龄,各种古籍的记载不一。《大戴礼记·保傅》："古者八岁而出就外舍。"《礼记·曲礼上》："人生十年曰幼,学。"《礼记·内则》："十年出就外傅。"《尚书大传》："十有三年始入小学。"又曰："馀子年十五始入小学。"这些不同规定,与学生家庭的政治地位直接有关。8岁是王侯太子入国学之小学的年龄。《公羊传》注：礼,诸侯之子八岁受之少傅,教之以小学,业小道焉,履小节焉。《白虎通·辟雍》说："八岁毁齿,始有识知,入学学书计。"10岁或13岁是公卿之太子、大夫元士之嫡子入国之小学的年龄。15岁是众子及部分平民子弟入小学年龄。小学的学习年限约为7年。

《礼记·王制》说："小学在公宫南之左。"这明白指出,小学设于王宫的东南。王宫守卫长官师氏和保氏,兼任小学师长。

小学教育首先强调的是德行教育。《周礼·地官司徒》："师氏掌以媺诏王,以三德教国子,一曰至德以为道本,二曰敏德以为行本,三曰孝德以知逆恶。"即以天道中和之德为道德的根本,以地道强勉敏疾之德作为行为的根本,以人道效法先王之德而知是非善恶。又说："教三行:一曰,孝行以亲父母;二曰,友行以尊贤良;三曰,顺行以事师长。……凡国之贵游子弟学焉。""保氏掌谏王恶,而养国子以道。乃教之六艺……乃教之六仪……"保氏也以道德来教养贵族子弟,教以六艺,教以六仪,都是培养道德的重要途径。《礼记·内则》也记载小学教育的内容:"十年出就外傅,居宿于外,学书计……朝夕学幼仪,请肄简谅。十有三年,学乐诵诗舞勺。"有礼仪、乐舞、书计,与保氏所教六艺一致。小学教育的内容就是德、行、艺、仪几方面,实际上是关于奴隶主贵族道德行为准则和社会生活知识技能的基本训练。

（三）大学教育

进大学接受教育有一定限制,只有少数符合资格的人才能享受大学教育。《礼记·王制》:"王大子、王子、群后之大子,卿大夫元士之適子、国之俊选皆造焉。"这里一类是贵族子弟,他们按身份入大学;一类是平民中的优秀分子,经过一定程序的推荐选拔,方能进入大学。选拔要经过乡大夫和司徒两级,对德行道艺进行考核。入学资格的限制,体现西周教育的等级性。

王大子入大学的年龄为15岁,因王大子十五而行冠礼,标志着已达成年。其他人二十而冠,故20岁而入大学。大学的学程,只有《学记》提及:"九年知类通达,强立而不反,谓之大成。"由此可知大学的学程为9年。

《礼记·王制》:"大学在郊,天子曰辟雍,诸侯曰泮宫。"西周的大学有多种名称,在青铜器《静殷》铭文中称为学宫,《麦尊》铭文称为璧廱。《诗·大雅·灵台》:"於论鼓钟,於乐辟雍。"名异而实同。

关于辟雍的建制,经学家们解释不一,但也有些共同见解。据说辟雍四周环水,中间高地建筑学宫,其堂室东西南北皆相对,组成四合式的大院。这些堂室居于不同方位而有不同的用途、不同的名称。东边的堂室称东序,又叫东学,为学干戈羽籥之所,由乐师主持;西边的堂室称为瞽宗,又叫西学,为演习礼仪之所,由礼官主持;南边的堂室称为成均,又叫南学,为学乐之所,由大司乐主持;北边的堂室称为上庠,又叫北学,为学书之所,由诏书者主持。因为它是官方最高学府,故称学宫。它的四周有水环绕,又称泽宫。它是教射、比射选士的场所,又称射宫,其实一也。

大学的教学,服从于培养统治者的需要,学大艺,履大节。周王朝政务有两大重要的方面,"国之大事,在祀与戎"①。祭祀要礼乐,军事需射御,因此大学的分科教学,以礼乐为重,射御次之。《礼记·文王世子》:"凡三王教世子,必以礼乐。"《礼记·王制》:"乐正崇四术,立四教,顺先王诗、书、礼、乐以造士。"《礼记·射义》:"古者,天子以射选诸侯、卿、大夫、士。射者,男子之事也,因而饰以礼乐也。"《礼记·王制》:"大司徒教士以车甲,凡执技论力,适四方,裸股肱,决射御。"这些材料证明礼乐射御受到重视。大学与小学的教学不同,小学学礼乐书数为主,因未成

---

① 《左传·成公十三年》。

年,射御非力所能及,暂不作为重要的要求。成年后进入大学,有与体力条件相适应的射御训练要求。至于写字和计算,已在小学学有基础,就改换为教《诗》《书》。诵《诗》是乐教的组成部分,学《书》是学上古之书,知道前代的政治历史经验,有助于学礼和准备学成后参与政事。所以说,大学学大艺履大节,不仅内容增加,而且程度也已提高。

大学的教学已具有计划性,表现为定时定地进行教学活动。《礼记·文王世子》:"凡学,世子及学士必时,春夏学干戈,秋冬学羽籥,皆于东序。小乐正学干,大胥赞之,籥师学戈,籥师丞赞之,胥鼓南。春诵,夏弦,大师诏之瞽宗。秋学礼,执礼者诏之;冬读书,典书者诏之。礼在瞽宗,书在上庠。凡祭与养老、乞言、合语之礼,皆小乐正诏之于东序。大乐正学舞干戚,语说命乞言,皆大乐正授数,大司成论说在东序。"这表明大学的分科教学有一定时间、固定场所,由专职人员负责。

### (四) 乡学

设在王都的小学、大学,总称为国学。设在王都郊外六乡行政区中的地方学校,总称为乡学。关于乡的行政组织,《周礼·地官司徒》有所记载:

> 令五家为比,使之相保;五保为闾,使之相受;四闾为族,使之相葬;五族为党,使之相救;五党为州,使之相赒;五州为乡,使之相宾。①

以上是郊外地方行政区所设的六级行政组织及其主要的社会职能,并在行政组织的基础上,相应地设立家塾、党庠、州序、乡校等不同名称和不同级别的地方学校。

关于西周的地方学校,古籍中有不同的说法,后人也有不同的解释,只能择善而从。《礼记·学记》:"古之教者,家有塾,党有庠,术有序,国有学。"塾、庠、序是地方学校。清毛奇龄认为:"术"是"州"字之误。地方学校自乡以下有四学:一曰乡校,一曰州序,一曰党庠,一曰家塾。

郊区之外为野,野分六遂,其行政组织为:五家为邻,五邻为里,四里为酂,五酂为鄙,五鄙为县,五县为遂。古籍中"遂"的各级官吏以督促农事为务,未提及设学立教之事。这表明,"遂"无学校。有人认为,周代按行政组织已有普及的学校网。这种说法是把周代的教育制度过分美化,值得怀疑。

乡学由管理民政的司徒负责总的领导,其教育内容有明确的规定。《周礼·地官司徒》:"以乡三物教万民而宾兴之。一曰六德,知、仁、圣、义、忠、和;二曰六行,孝、友、睦、姻、任、恤;三曰六艺,礼、乐、射、御、书、数。"内容以德、行、艺为纲,基本要求和国学是一致的。乡学实行定期的考察和推荐,把贤能者选送司徒,经司徒再择优选送至国学。所以,乡学与国学等级有别,但存在一定的联系。这是历史事实。

### (五) 考核与奖惩

小学的考核制度,未见史籍记载。大学的考核制度,《学记》中有所记载。"比年入学,中年考

---

① 孔颖达疏:大司徒主六乡,故令六乡之内,使五家为一比,则有下士为比长主之,使五家相保,不为罪过。五比为闾者,二十五家为一闾,立中士为闾胥,使之相受者,闾胥使二十五家有宅舍破损者受寄托。四闾为族,使之相葬者,百家立一上士为族师,使百家之内有葬者使之相助益,故云使之相葬。五族为党,使之相救者,五百家立一下大夫为党正,民有凶祸者,使民相救助,故云使之相救。五党为州,使之相赒者,二千五百家为州,立一中大夫为州长,民有礼物不备,使赒给之。五州为乡,使之相宾者,万二千五百家为乡,立一六命卿为乡大夫,乡内之民有贤行者,则行乡饮酒之礼宾客之,举贡也,故云使之相宾。

校,一年视离经辨志,三年视敬业乐群,五年视博习亲师,七年视论学取友,谓之小成。九年知类通达,强立而不反,谓之大成。"在大学期间,第一、三、五、七、九学年定期考核,既要考核德行一面,也要考核道艺一面,达到"大成",才算合格,结束学业。

对德行不合格的学生,不是放任自流,而是采取严正的措施。据《礼记·王制》记载,在学业将要结束的时候,小胥、大胥、小乐正等教官检查学生中不听教导的人,开列名字,报告于大乐正,大乐正报告于王,王命三公、九卿、大夫、元士皆入学,行礼说教以感化之。如果他们不肯改变,王亲自视学,再作告诫,如果他们再不悔改,王停止宴乐三天,把他们流放远方,永远不再使用。

对合格的学生,最直接的奖励就是官职、爵位、俸禄。《礼记·王制》:"大乐正论造士之秀者,以告于王,而升诸司马,曰进士。司马辨论官材,论进士之贤者,以告于王,而定其论。论定,然后官之;任官,然后爵之;位定,然后禄之。"

乡学也有考核奖励办法。乡大夫负责考其德行,察其道艺,选择秀士,报送于司徒,称为选士。司徒从选士之中再选择优秀者升入"国学"中的大学,称为俊士。升于司徒的,免去本人在乡中的赋役,升于大学的,可以免除本人对国家的赋役。

对不听从教导者,由乡大夫负责检查,列名报告于司徒;由司徒请耆老集合于乡学举行乡射礼,乡饮酒礼,对他们进行教育感化。如果他们不改变,就要调动他们就学的地区,右乡移到左乡,左乡移到右乡,仍然举行乡射礼、乡饮酒礼来感化他。如果再不改变,就由乡移至遂,仍旧举行乡射礼、乡饮酒礼来感化他。如果还不改变,就流放到远方,永远不加使用。这就是乡学先教后罚的惩戒方法。

(六) 官师合一

社会存在着阶级对立,劳心与劳力的分离,随着社会发展,内部分工有很大进展,但专业化还不是很细,教师还未成为独立的社会职业,皆由政府职官来兼任。

"师"最初是军官的称号,"师氏"指的是高级军官,"大师"是比"师氏"更高级的军官,以"师"和军官的人名连称就称"师某"。西周时担任国王警卫队长的师氏、保氏,除了负责警卫、随从、军旅等大事之外,还兼管贵族子弟的教育工作。贵族子弟要成为未来的统治者、军队的骨干,因此,军事训练就成为教学内容的重要方面,教官也就由师氏来兼任。久而久之,"师"就转为教育者的称呼。"教师"的名称,源于军官。后来任教的职官也都可以称"师"。

由于"学术官守"和"学在官府",因此,当时教师由职官兼任,官师合一。

西周的国学由大司乐主持。《周礼·春官宗伯》:"大司乐掌成均之法,以治建国之学政,而合国之子弟焉。凡有道者有德者,使教焉。"大司乐负责宗教祭祀与国家典礼,是国家高级的礼乐官,他兼管国学教育事务。大司乐属下的乐官以及某些军官,就是国学的学官。他们是乐师、师氏、保氏、大胥、小胥、大师、小师、籥师等。

西周各级乡学归大司徒主管。《周礼·地官司徒》:"大司徒之职,掌建邦之土地之图与其人民之数,以佐王安扰邦国。……而施十有二教焉。"大司徒负责地方民政事务,兼管地方的教育事务。大司徒属下各级民政官员,有的就是乡学的学官。他们是小司徒、乡师、乡大夫、州长、党正、父师、少师。小司徒掌建邦之教法,以施政教行政令;乡师各掌其所治乡之教而听其治;乡大夫各掌其乡之政教禁令；州长各掌其州之教治政令之法；党正各掌其党之政令教治。父师，大夫七十致仕，于乡里为父师；少师，士七十致仕，于乡里为少师。

由上述情况可以看出，国学或者乡学绝大部分学官是国家现任的职官，有小部分是退休的官员担任，总体的情况是"官师合一"。

由于社会经济发展水平的局限，不可能更多地建造大型公共建筑供各种专门活动之用，只能让一所公共建筑发挥多种用途。所以，西周的学校不仅是教学的场所，也成为多种社会活动的场所。国学的辟雍，是祭神祀祖、朝会诸侯、军事会议、献俘庆功、大射选士、养老尊贤的活动场所。乡学的庠、序、校，既是地方教育活动的场所，也是乡官议政、乡饮酒礼、乡射之礼、养老尊贤的场所。这表明西周的教育机构与行政机关不分。这种"政教合一"是官府办学条件下的必然结果，当时的教育与政治是紧密联系在一起的。

### 三、六艺教育

西周不论国学或乡学，不论小学或大学，都以"六艺"为基本学科，只是在要求上有层次的不同。六艺教育起源于夏代，商代又有发展，西周在继承的基础上，更加发展和充实。

#### （一）礼乐

奴隶主贵族的礼和乐是密切配合的，凡是行礼的地方，也就需要有乐。礼乐贯串整个社会生活活动，体现宗法等级制度，对年轻一代的思想政治、道德品行的培养有重大的作用。《礼记·文王世子》："凡三王教世子，必以礼乐。乐所以修内也，礼所以修外也。礼乐交错于中，发形于外，是故其成也怿，恭敬而温文。"未来的统治者深受礼乐的熏陶，必定会发挥其社会影响，稳定贵族政权的统治，所以认为"移风易俗，莫善于乐；安上治民，莫善于礼"。礼乐教育成为六艺教育的中心。

礼的内容极广，凡政治、伦理、道德、礼仪皆为其包括，以至社会生活的各方面都不能没有礼。学中所教之礼，则为贵族所必需的五礼。《周礼·春官宗伯·大宗伯》："以吉礼事邦国之鬼神示，……以凶礼哀邦国之忧，……以宾礼亲邦国，……以军礼同邦国，……以嘉礼亲万民。"不仅要知礼，而且在仪容方面要遵照一定的要求。习礼仪要实学实习，反复演练。贵族子弟学会了礼和仪，行动才会合乎规范，显示贵族的尊严，这有利于任官和治民。

乐教受到高度重视，内容包括诗歌、音乐、舞蹈。《诗·郑风·子衿》郑玄注："古者教以诗乐，诵之、歌之、弦之、舞之。"这表明其形式的多样化。《礼记·乐记》对贵族乐教理论作了阐发。西周国学由大司乐管理教务，重在主持乐教，负责以乐德、乐语、乐舞教国子。所谓乐德，其目为：中（言出自心，皆有忠实）、和（不刚不柔，宽猛相济）、祗（见神示则敬）、庸（接事以礼而有常）、孝（善于父母）、友（善于兄弟）。所谓乐语，其目为：兴（以善物喻善事，以恶物喻恶事）、道（引古以刺今）、讽（熟背文词）、诵（吟诵有节韵）、言（直叙己意）、语（答人论难）。所谓乐舞，其目为：云门、大卷（黄帝乐）、大咸（尧乐）、大磬（舜乐）、大夏（禹乐）、大濩（汤乐）、大武（武王乐）。以上为六代乐舞，较为大型，也称六乐。乐师还教国子小舞，其目有：帗舞、羽舞、皇舞、旄舞、干舞、人舞。这些乐舞用于不同的场合。其中大武是周代国乐，实际是以周武王克殷为题材的大型歌舞剧。其曲调早已失传，而乐词基本上保存在《诗·周颂》里。周人重大典礼都作为传统节目歌舞一番。据《乐记·宾牟贾》的记载，全剧分为六段，每一段称为一成。王国维有《周大武乐章考》一篇，阐述极为详确。① 现综合为一表(见表2-1),可以了解大武乐舞的概貌。

表2-1 大武乐舞的概貌

| 大武乐舞 | 主 要 情 节 内 容 | 《周颂》之乐词 |
| --- | --- | --- |
| 一 成 | 始而北出(周人由汜水渡河,向纣都进军) | 《昊天有成命》 |
| 二 成 | 再成而灭商(灭商时奋勇杀敌的情景) | 《武》 |
| 三 成 | 三成而南(南下用兵,征伐未服的各族) | 《酌》 |
| 四 成 | 四成而南国是疆(南方小国服从,划新疆界) | 《桓》 |
| 五 成 | 五成而分陕,周公左,召公右(自陕而东,周公治之;自陕而西,召公治之) | 《赉》 |
| 六 成 | 六成复缀以崇天子(演员复位,志气昂扬,显示国力强盛,对武王高度尊崇) | 《般》 |

大武乐舞反映周朝开国的历史。它既可进行维护周室的政治教育,又可进行尚武的传统教育。因此,贵族子弟都要学习。

乐教是当时的艺术教育。艺术教育过程寓有多种教育因素在其中,它包含了德育、智育、体育、美育的要求,具有实施多种教育的作用。

(二) 射御

射,指射箭的技术训练。御,指驾驭马拉战车的技术训练。西周以人数较少的部族统治人数较多的部族及其联盟,依靠的是有组织的军事力量。贵族子弟都要成为"执干戈以卫社稷"的武士,射御是必不可少的军事训练项目。贵族生下男孩,门左就要挂弓,第三天就背着婴孩举行射的仪式,表示男子的责任是御四方、捍卫国家,出生后就要学射。射在国学、乡学中都是重要的科目,都有一定的教练场所。教射有五条要求,相应有五项标准。据郑玄解释说,一"白矢",射箭透靶,见其镞白;二"参连",前射一箭,后三箭连发而中;三"剡注",力猛锐使箭能贯物而过;四"襄尺",尊者卑者同射之时,不能并肩而立,卑者须退后一尺;五"井仪",射四箭皆要中靶并呈井状。② 射的训练颇为严格,为贵族青年参与大射或乡射准备条件。每年大祭之前要举行射箭比赛,选拔武士,仪式极其隆重,饰之以礼乐。《礼记·射义》:"古者天子之制,诸侯岁贡士于天子,天子试之于射宫,其容体比于礼,其节比于乐,而中多者,得与于祭。其容体不比于礼,其节不比于乐,而中少者,不得与于祭。"以射选士,水平高低决定射者在贵族中的地位,故射箭的教练深受重视。

西周的武装力量以战车为主,武士必须有驾驭战车的技术,青年达到一定年龄就要受训练。御的教练有五项,简称五御。即:一鸣和鸾:车行动有节奏,车铃"和"与鸾"鸣"声相应;二逐水曲:能随着曲折的水沟边驾车前进而不使车落水中;三过君表:驱车通过模拟设置的辕门,要准确不偏,不发生碰击;四舞交衢:车行于交衢,旋转快慢适度,如合舞蹈节奏;五逐禽左:驱车逐禽兽,要善于把禽兽阻拦在左边,以利于射猎。学御要经过严格的训练,才能达到五项标准要求,既学习了武事,又锻炼了身体。

---
① 《观堂集林》卷二。
② 对于"五射",唐以来的研究者有不同的解释。明代李呈芬和清代李恕谷等所理解的"五射",实际指的是射箭的全过程,包括持弓、开弓、瞄准、发矢几个环节,各个环节都有一定的标准要求。参见林思桐:《西周学校教育中的"射"和"御"》,《体育科学》1984年第2期。

### (三) 书数

"书"指的是文字读写，"数"指的是算法。西周的文字应用已广，数量也比商代增多，其字体为大篆，书写的材料通常为竹木，所用的工具为刀笔。小学进行文字教学，史籍说西周已有字书，供小学文字教学之用。《汉书·艺文志》载"《史籀》十五篇"，注云："周宣王时（前 827—前 782）太史籀作大篆十五篇。"又注："《史籀篇》者，周时史官教学童书也。"这是中国历史上记载最早的儿童识字课本，今已失传。文字教学要认读，也要书写，都要由易到难。有人认为，《内则》所说的"九年教之数日"与"十年学书计"两者有联系，数日为背诵由十天干十二地支组成的六十甲子，学书即学六十甲子的书写，这是文字教学的初步。汉代许慎在《说文解字》中提出最有代表性的六书说："《周礼》，八岁入小学，保氏教国子，先以六书：一曰指事，指事者，视而可识，察而可见，上下是也；二曰象形，象形者，画成其物，随体诘诎，日月是也；三曰形声，形声者，以事为名，取譬相成，江河是也；四曰会意，会意者，比类合谊，以见指㧑，武信是也；五曰转注，转注者，建类一首，同意相受，考老是也；六曰假借，假借者，本无其字，依声托事，令长是也。"西周的文字教学可能采取多种方法，其中之一是按汉字构成的方法，以六书分类施教，使知字音、字形、字义。

数学知识到西周有更多的积累，为较系统地教学创造了条件。对儿童进行数的教学，逐步得到提高。先学数的顺序名称及记数的符号，然后应用于学习甲子记日法，知道朔望的周期，再进一步是学习计数的方法，掌握十进位和四则运算，培养初步的计算能力。《周礼·地官保氏》提出"九数"。在实际生活需要的基础上，周人发展了多种的计算方法，成为以后《九章算术》的基础。这表明西周的数学教学内容是比较丰富的。

书数是文化基础知识技能，作为"小艺"，安排在小学学习。大学比小学程度提高，学习的课程内容也有变化，大学列入计划的是《诗》、《书》。《礼记·王制》说的"春秋教以礼乐，冬夏教以《诗》、《书》"，正是大学课程不同于小学课程的体现。

西周的教育内容可以总称为六艺教育，它是西周教育的特征和标志。六艺教育包含多方面的教育因素。它既重视思想道德，也重视文化知识；既注意传统文化，也注意实用技能；既重视文事，也重视武备；既要符合礼仪规范，也要求内心情感修养。六艺教育有符合教育规律的历史经验，可供后世借鉴。在历史发展过程中，有的教育家想借助六艺教育的经验，解决当时教育的某些弊端，因此把六艺教育当作理想模式来强调，为自己的主张作历史论证。特别是在儒家思想居于支配地位时期，六艺教育被奉为标准。凡有所主张，要从六艺教育寻找论据；有所批判，则指斥异端背离六艺教育传统。由此可见六艺教育思想产生的深远历史影响。

## 第三节 春秋时期教育的变革

春秋时期是奴隶制崩溃而向封建制转变的社会大变革阶段。大变革的根源，在于社会经济的新发展。铁器开始使用于农耕及其他方面，铁犁和牛耕相结合，大大提高了农业生产力。有些奴隶主因使用新工具，在公田之外，再大量地开垦私田，自由民也可以开荒，扩大其耕地，结果是使私田不断增加而超过公田，使私门富于公室。公室为了瓜分私家的财富，采取现实的态度，被迫承认土地私有而一律征税。齐桓公在齐国实施的"相地而衰征"，是一种按私田土质好坏及面积大小而征收实物地租的新制度。奴隶主贵族土地国有制逐渐为地主阶级土地私有制所代替，占有大量私田的地主迫使农民耕地纳租，封建生产关系正在形成。

随着经济上所有制的变化,政治上新旧势力的斗争也在加剧。奴隶主贵族为了维护原有的地位和权益,成为旧势力的代表。地主阶级为了保护自己的利益要求改变旧制度,成为新势力的代表。经过长期反复的斗争,新势力逐步夺取政权,建立封建的社会制度。这种经济、政治的大变化,也反映在教育上。为旧经济旧政治服务的受贵族垄断的"学在官府"的教育走向没落,而适应新经济、新政治需要的私学形式开始兴起。

## 一、官学衰废

春秋时期200多年,官学见于史传记载的只有两事而已,一是鲁僖公(前659—前627年在位)修泮宫①,另一是郑国子产(?—前522年)不毁乡校。② 缺乏事迹可供记载,说明官学不仅没有新的发展,而且走向衰落。影响官学衰落的诸多原因中,政治原因比经济原因更为直接。

### (一) 世袭制度造成贵族不重教育

贵族在世卿世禄制度下保持享有富贵的特权,贵族子弟命定为统治者,学习文化知识与其权位并无直接联系。他们养尊处优,只图享受而不重教育,缺乏上进精神,失去学习动力。周大夫原伯鲁不悦学,还公然发了一通"可以无学,无学不害"的议论。③ 闵子马对此评论说:作为贵族可以不学习,不学习也不会有损害,这是贵族们普遍的思想,而后流传影响及大夫。在位的大夫都认为"无学不害",因为不害而就不学,人人都心怀苟且,贵贱尊卑固有的社会秩序就要乱了。学习会使人德行才智日长日进,不学习就会使人德行才智日趋堕落,走向灭亡。春秋时代的贵族因存在着以原伯鲁为典型的思想而趋于没落。官学以贵族为教育对象,贵族不想学习,官学衰落也就成为必然。

### (二) 王权衰落导致学校荒废

周平王东迁,预示着重大的历史转折。孔丘称春秋是"天下无道"的时期,开始是周天子不能维持"礼乐征伐自天子出"的共主地位,后来是诸侯国也不能维持"礼乐征伐自诸侯出"的局面,从而出现陪臣执国命的现象。王权衰落,礼制破坏,一切都不能按旧制度办了。天子的辟雍,诸侯的泮宫,地方的乡校,久已不闻弦诵之声,名存实亡。黄绍箕说:"周室东迁,王纲解纽,学校庠序废坠无闻。"④反映了春秋时期的史实。

### (三) 战争动乱打破旧的文化垄断

春秋时期,诸侯国之间的争霸战争,诸侯国内部争夺统治权的内战,连年不断。在《春秋》所记载的242年中,列国间军事行动达483次,平均一年有两次战争,贵族所特别关心的是维护统治地位,并尽可能扩大统治和剥削范围,及时行乐,尽情地享受剥削成果,他们无暇顾及教育。《毛诗·郑风·子衿》反映学校已不能正常进行教学活动,序云:"《子衿》刺学校废也,乱世则学校不修焉。"郑玄也在注中指出:"国乱,人废学业。"贵族原来垄断和控制文化教育,现在则大为削弱。

不论国学或乡学都难以维持,日趋衰废。文化职官面对现实各找自己的出路,官守的学术再也守不住了。在社会动乱中,没落贵族及其后裔流落民间,文化职官被迫流落四方,他们把简册

---

① 《毛诗·鲁颂·泮水》。
② 《左传·襄公三十一年》(前542年)。
③ 《左传·昭公十八年》(前524年)。
④ 黄绍箕、柳诒徵:《中国教育史》卷四,1925年版,第35页。

器物带出官府。《论语·微子》说：乐官大师挚到齐国去，乐师干到楚国去，乐师缭到蔡国去，乐师缺到秦国去，打鼓的方叔迁居到黄河之滨，摇小鼓的武移居到汉水地区，少师阳和击磬襄移居海边。这说明宫廷中一批司礼司乐的专家流散到四方，其他方面的知识分子情况也是如此。他们都是有文化知识的人，在社会中谋生，就要发挥自己的一技之长，以传授为业。这就是"天子失官，学在四夷"[①]的历史现实，它是由文化变动而出现的新现象。其结果是打破了"学在官府"的局面，使原来由贵族垄断的文化学术向社会下层扩散，下移于民间。这种历史现象，称为"文化下移"。邹鲁之士成批出现，都能通晓诗、书、礼、乐，就是文化下移的结果。民间分布有多种学术人才，也有记录历史文化、思想学说的古籍作为学习的材料，这为私学的产生和发展提供了条件。

## 二、私学兴起

私学的兴起，发端于春秋中叶的历史新潮流，到春秋末叶发展到初步繁荣的阶段。

### （一）士阶层的变化与教育的新需要

私学的出现，有其多方面的社会原因。其重要原因之一是与"士"阶层的变化联系在一起的。在奴隶制度下，士是贵族的下层。在封建制度兴起时，士转化为平民阶级的上层。"士食田"[②]，原来占有数量有限的土地。"士有隶子弟"[③]，有的还占有少量的奴隶，平时可以从事农业，战时充当甲士。他们受过一定的贵族武士教育，要履行执干戈以卫社稷的义务。起初，"士"大部分是武士，小部分是文士。后来，军事上的步兵野战居于主要地位，车战降居次要地位，武士施展的范围缩小了，武士的后裔渐渐转从文士谋求出路，文士的数量有所增加。

春秋时期的士是自由民，位居四民之首，可能上升，做官食禄，成为统治阶级的附庸；可能下降，自食其力，成为依附土地的小人。别的阶级也可能上升或下降到"士"的行列中来。在社会激烈变动的时期，自由民越来越多地脱离生产劳动而以脑力劳动为谋生的方式。文士的队伍扩大，成为有影响的阶层。在学术下移的历史潮流中，他们充当了先锋。

士阶层中有许多有才能的人，活动能量颇大，在政治斗争或军事斗争中发挥重要的作用，越来越受到重视。各诸侯国的统治者为了维护其统治地位并扩张其势力，需要有一批人才以组成强有力的政权机构。鉴于贵族子弟未必贤而有用，在人事上就积极争取士来为自己效劳，采用"养士"的办法来搜罗人才。齐桓公为了争夺霸业，率先养士80人，给车马衣裘财帛，周游四方，号召天下贤士来为齐国效劳。齐桓公能够称霸，养士起了重要的作用。养士既可达到政治目的，也就有后人起而仿效。齐懿公未得位时，拿出家财招贤养士，后来果然得到谋士们的帮助而夺得统治权。齐国的政治经验，反映了"得士则昌，失士则亡"的社会规律。公室已经养士，私门为了政治斗争的需要也争相养士。

新兴地主阶级为了扩大自己的经济利益和政治势力，也需要士来为自己服务。齐国陈恒就

---

[①] 《左传·昭公十七年》。
[②] 《国语·晋语》。
[③] 《左传·桓公二年》。

重视养士,他"杀一牛,取一豆肉,余以养士"①。鲁季孙氏也养士,"季孙养孔子之徒,所朝服而坐者以十数"②。士从自己的利益和政治立场出发,也积极投靠有权势的人,寻求出路,以实现自己的政治主张。

由于政治斗争的需要,养士出现了竞争,养士之风开始形成。社会上有大批自由民争着要成为士,首先需要学习文化,从师受教,这就成为新时期教育发展的推动力量。没落的贵族官学已不可能培养士,能适应新时期培养士需要的,就是新的私学。"学在四夷",说明春秋末叶私学已存在于四方各地。

### (二) 私学兴起为百家争鸣开辟园地

私学的兴起,适应了新兴地主阶级的政治需要。地主阶级迫切需要有文化的新人才,以新的思想理论来为他们的利益服务,他们是促进私学发展的社会力量。

私学的发展,打破了"学在官府"的传统,使文化知识传播于民间。私学的自由讲学、自由传授,也促进了各学派的形成。

私学的出现是历史发展的必然。至于谁首创私学,根据现有的史料,很难查考。现有的史料说明,私学出现在孔丘开办孔家私学之前。这些私学与社会政治思想斗争都有一定的联系。

郑国的邓析(约前545—前501年),曾创办私学,进行政治宣传教育活动。他是法家的先驱人物。据《吕氏春秋·离谓》记载,邓析著有《竹刑》,是专门讲法律的。他"与民之有狱者约,大狱一衣,小狱襦裤(短裤)。民之献衣、襦裤而学讼者,不可胜数"。这说明邓析在郑国开办私学,是以法律为教学内容的。凡是到他私学来学诉讼知识的,都交纳一定的实物作为师者的报酬。

鲁国的少正卯(？—前498年),曾办私学进行讲学活动。据《论衡·讲瑞》说:"少正卯在鲁,与孔子并。孔子之门,三盈三虚……"少正卯的私学与孔丘的私学并立。他"聚徒成群",言论很有号召力,社会影响很大。

鲁国的孔丘办私学,是许多私学中的一家,是许多学派中的一派。要说孔丘是"中国首创私学的人",根据不足,也不符合历史。私学有一个发生、发展的过程。到孔丘创办私学时,私学已有初步发展。孔丘曾到各个私学去游学,他的学问也是得之于私学。《论语》中子贡赞扬孔丘"学无常师",说明在孔丘办私学之前,已经有人以私人的资格在传授文化知识了。据《史记》等书记载,孔丘曾经学琴于师襄、问礼于老聃、学官于郯子、问乐于苌弘。这些人都是当时的私学老师。私学已经存在是事实,不过到了孔丘进行活动的时期,在他的提倡、宣传影响下,私学则更为盛行。孔丘私学弟子三千,是当时办学规模最大、教学内容最充实、教学经验最丰富、培养人才最多、影响最为深远的一所,在历史上作出了不可磨灭的贡献。

私学的产生,是由于社会发展的需要。私学之间存在激烈的斗争,也是当时社会阶级斗争趋于激烈的反映。在社会大变革时期,各个阶级、各个阶层都经历着不断分化、重新组合,都在为捍卫自己的利益而斗争;都要利用士来为自己的利益服务,制造舆论。士为了自己的利益和出路,也必然要依附在某张皮上,为一定的阶级服务。他们将私学作为活动园地,因此私学必然发生思想分化,形成代表各个阶级、各个阶层不同利益的各种学派,相互之间展开了激烈的思想斗争。

---

① 《韩非子·外储说右上》。
② 《韩非子·外储说左下》。

私学的发展，促进了思想学术上的百家争鸣。春秋时期，已经开始百家争鸣，但这仅是序曲而已。到战国时期，百家争鸣才达到高潮。

### 三、私学的历史特点

春秋时期，私学取代了官学，是学校教育与自然形态教育分离以后，教育制度上一次历史性的大变革。官学转变到私学，存在着显著的差别，从比较中更能显出私学的特征。

西周奴隶社会的官学，是建立在土地国有的经济基础上的；而春秋时期的私学，是建立在土地私有的个体经济基础上的。只要封建个体经济存在，作为其生存土壤，私学就会顺应需要而产生和发展，私学具有强大的、长期的生命力。

官学的社会阶级基础是占统治地位的奴隶主贵族。私学的社会阶级基础是以新兴地主阶级为首的，包括农、工、商等自由民反奴隶主贵族统治的阶级联盟。特别是自由民上层的士阶层的发展，是其重要的社会推动力量。

官学是由国家政权机关主办，它是集中的，"学在官府"是其传统，它维护"学术官守"。私学是由私家根据社会或个人需要而设立的。它是分散的，学在四方是其特点，它促进了"学术下移"。

官学是"政教合一"，教育是政治组织的一部分，教育无独立的组织机构。政治组织的活动，也即教育活动的内容。私学是政教分设，教育从政治机构中分离出来，有独立的组织机构。教育活动也与政治活动分离而成为独立的活动，有的私学其教育活动与国家政治活动可以在路线上一致，有的则与国家政治活动存在矛盾。

官学的入学受到贵族身份的限制，少数的贵族子弟垄断了受教育的权利。私学的入学则以自由受教为原则，扩大教育对象的范围，学校向平民开放，使文化知识能向下移输到民间。

官学是"官师合一"，由政府的职官兼任教师，他们的工作任务以官事为主，以教学为辅。私学是官师分离，以具有知识技能的贤士为师，不由职官来兼任。教师成为社会中一种独立的职业，他们是专业化的脑力劳动者，以传授知识经验、培养人才作为自己谋生的途径。

官学没有思想自由，不论国学、乡学都要在贵族传统思想统一指导之下，受一种教育思想的支配。私学则有思想自由，各家私学不必也不可能有统一的思想。各派有自己的教育思想，有自己的教育实践，积累了丰富的教学经验，使教育思想理论有较大的发展。私学是学术繁荣、百家争鸣的摇篮。

官学的教学内容限于传统的"六艺"，灌输的是旧的政治观念和道德思想，偏重于历史文化，教育内容脱离现实生活。私学的教育内容突破传统的"六艺"教育，传授各学派的政治观点、道德思想，以至新的知识、新的技能，其教育内容与大变革时期的现实生活有比较密切的联系。

官学有固定的教育场所和相应的基本设备，制度上比较规范化。私学不一定有固定的教育场所。它以教师为中心，可以流动，设备也较简单。虽然制度上不够规范，但它具有较大的灵活性。

官学按一定方向、一定规格培养人才，它已趋于衰落，不能实现其培养维护贵族统治人才的职能。私学则以多种目标、多种规格培养人才，适应建立封建制度的需要，为地主阶级的利益服务。

总之,私学代替官学,是中国教育发展史上一次重大的变革。与官学相比较,它的特点非常明显。在特定的历史条件下,它依靠自由办学、自由讲学、自由竞争、自由游学、自由就学等五大自由来发展教育事业,以适应当时社会对人才的需求。

## 第四节 孔丘的教育思想

孔丘,字仲尼,鲁国陬邑人。生于公元前551年,逝于公元前479年。他是中国古代伟大的思想家、教育家,儒家学派的创始者,儒学教育理论的奠基人。

孔丘生活在春秋末期。当时,在经济上,土地私有已得到确认,奴隶制的生产关系向封建生产关系变革的趋势已不可逆转;在政治上,王权已经衰落,政权的控制在逐级下移,旧贵族的没落和新势力的兴起,使建立在宗法制基础上的周礼遭受严重破坏,社会动荡不安;在思想意识上,一些传统观念已经动摇,另一些适应时代变化的新思想正在萌芽,"人道"思想、"民本"思想、"尚贤"思想都有发展。时代变化给孔丘的教育思想以深刻的影响。

孔子

孔丘生长在鲁国。鲁国的社会变革开始较早,公元前594年实行"初税亩",标志着经济变革的开始,新旧势力的矛盾逐步趋于尖锐。鲁都曲阜是春秋时期重要的文化中心,保存着西周的传统文化。这种社会环境和历史文化,给他留下了较深的烙印,是他在政治观、教育观上存在既要求革新又要求复古两重性矛盾的重要根源。

### 一、生平和教育活动

孔丘出身于一个有贵族血统的家庭,父亲孔纥,字叔梁,是一位下级武官,曾任陬邑宰。孔丘3岁时父逝,随母颜徵在迁居曲阜阙里,家教中重视礼仪之教。生活的贫困,促使他较早为谋生而做事,学会多种本领。他自称:"吾少也贱,故多能鄙事。"青年时期,他在季氏门下当过委吏(管理仓库),还当过乘田(管理畜牧),由此他接触到了社会下层,了解了人民的一些愿望和要求。

孔丘自述"吾十有五而志于学"。他自觉地努力学习传统的礼、乐、射、御、书、数等六艺,这是当时成为士以求做官食禄的条件。

孔丘奋发求知,力学成才,博通多能。大约在他30岁(前522年)时,正式招生办学,开始他的教育生涯。他招收学生,对年龄不予限制,以个别教学为主、集体讲学为辅,有时也在户外开展教学活动。他的私学,产生了广泛的社会影响,不仅吸引了平民出身的学生,也吸引了个别贵族学生。

他一面为师,一面继续学习,向一切有知识的人学习,还利用机会出去游学。为了教学需要,他注意对历史文献进行整理研究,编成《诗》、《书》、《礼》、《乐》等教材。

大约在他40岁时,他形成了自己的学说,并通过讲学活动扩大宣传,争取信徒。他在私学组织的基础上,创立了儒家学派,首先对鲁国产生政治影响。

大约在他50岁(前501年)时,他获得从政机会。鲁定公任命他为中都宰(中都在今山东汶上县西),颇有政绩,后提拔为管理建筑工程的司空,再提拔为管理司法事务的司寇。他曾参与国政3

个月,因与执政者季桓子政见不一,终于弃职出走。学生也随之而去,他的私学也即成为流动学校。

孔丘离鲁周游列国,同行的弟子有数十人。他一面进行政治游说活动,一面进行教育活动,先后到过卫、陈、宋、曹、郑、蔡、楚等国,奔波14年。其中只有在卫、陈稍受礼遇,其他则受冷待,甚至遭到武力威胁和围困。在累受挫折的情况下,他仍不消极,还是讲诵弦歌不衰。

在他68岁那年,他受礼聘返鲁,被尊为国老。他把主要精力用于教育和古代文献的整理上。他以诲人不倦的精神继续招生讲学。据说,他的弟子先后累计达3000多人,有突出才干的70多人。他在晚年完成《诗》、《书》、《礼》、《乐》、《易》、《春秋》的编纂和校订工作,作出了重大的历史贡献。

公元前479年,一代教育家孔丘病逝。许多弟子服丧3年,个别人长达6年,表现了师生之间深厚的感情。孔丘的故居,收藏了其生前衣冠琴车书籍等物,成为家乡人民纪念孔丘之所,这就是孔庙的发端。

孔丘的思想学说和他的事迹,弟子们各有记录,后来汇编成一本书,名为《论语》。这是研究孔丘教育思想最重要的材料。还有《礼记》,也保存着较多相关的材料。

## 二、重视教育的功用

中国自夏、商、周以来,就有重视教育的优良传统,《礼记·学记》说:"古之王者,建国君民,教学为先。"孔丘继承了这种重教的优良传统,并进一步在理论上加以发展。

孔丘认为教育对社会发展有重要的作用,是立国治国的三大要素之一。教育事业的发展,要建立在经济发展的基础上。他在前往卫国的旅途中,与弟子讨论到这个问题。《论语·子路》记载:"子适卫,冉有仆。子曰:'庶矣哉。'冉有曰:'既庶矣,又何加焉?'曰:'富之。'曰:'既富矣,又何加焉?'曰:'教之。'"这里论说的是治国的基本大纲,要解决三个重要条件,即:首先是"庶",要有较多劳动力;其次是"富",要使人民群众有丰足的物质生活;再次是"教",要使人民受到政治伦理教育,知道如何安分守己。这三者的先后顺序表明相互间的关系,庶与富是实施教育的先决条件,只有在庶与富的基础上开展教育,才会取得社会成效。孔丘是中国历史上最先论述教育与经济发展关系的教育家,他认为先要抓好经济建设以建立物质基础,随之而来就应当抓教育建设,国家才会走上富强康乐之路。

孔丘在政治上主张实行利民的德政,反对害民的苛政。为了达到德政的目的,他强调以教育作为施政的基本手段,要宣传忠君孝亲、奉公守礼,这是教育最直接为政治服务的表现。特别是在社会动荡不安的时候,不宜只用强制性的刑罚,而应加强感化性的礼教。他说:"道之以政,齐之以刑,民免而无耻;道之以德,齐之以礼,有耻且格。"[1]如果用道德来诱导他们,用礼教来整顿风俗,人民就有廉耻之心,而且归服于领导。所以,对人民进行政治伦理说教,转变人民的思想,有助于国家社会进行自上而下的整顿,朝着恢复周礼的政治目标前进。

教育能在社会发展中发挥重要作用,是建立在教育对人的发展有重要作用的认识基础上的。孔丘对教育在人的发展过程中起关键性作用,持肯定态度。他在中国历史上首次提出"性相近也,习相远也"[2]。这一理论具有一定的科学性,指出人的天赋素质相近,打破了奴隶主贵族天赋

---

[1] 《论语·为政》。
[2] 《论语·阳货》。

比平民天赋高贵、优越的思想。提出这一理论,是人类认识史上一个重大的突破,成为人人有可能受教育、人人都应当受教育的理论依据。

"性"指的是先天素质,"习"指的是后天习染,包括教育与社会环境的影响。孔丘认为,人的先天素质没有多大差别,只是由于后天教育和社会环境的影响作用,才造成人的发展有重大的差别。有的人缺乏社会生活所需要的知识、能力,那是因为没有受教育而且处于恶劣环境影响之下。为了使人具有社会生活所需要的知识能力和道德品质,就要特别重视教育。

从"习相远"的观点出发,孔丘认为,人要发展,教育条件是很重要的。人一生中的任何发展阶段,教育都是重要的,哪一阶段缺乏教育,哪一阶段就要落后以至发生偏差。特别是人的早期教育,为以后发展奠定基础,尤其重要。他说:"少成若天性,习贯之为常。"①少儿时期通过教育养成的智能,犹如天生自然一样。他还主张:人应当终生不断受教育,这样才能使知识的掌握和道德的修养不至于停顿、倒退,这个全人生的学习教育过程要到进入坟墓以后才算结束。

从"习相远"的观点出发,他认为人的生活环境应受到重视。要争取积极因素的影响,排除消极因素的影响,因此,他一方面强调居住环境的选择,主张"里仁为美";另一方面强调社会交往的选择,主张"就有道而正焉"。这种具有唯物主义因素的教育主张,后来由儒家后学加以继承和发挥。

"性相近也,习相远也"这种观点,是孔丘人性论的一个组成部分。关于人性问题,孔丘还提出:"生而知之者,上也;学而知之者,次也;困而学之,又其次也;困而不学,民斯为下矣。"②"唯上知与下愚不移。"③"中人以上,可以语上也;中人以下,不可以语上也。"④他把人性分为三等,一等是"生而知之者",属于上智;二等是"学而知之者"与"困而学之",属于中人;三等是"困而不学",属于下愚。"性相近也,习相远也",指的就是中人这部分,中人是有条件接受教育的,可以对他们谈高深的学问。社会上绝大多数人都属于中人这个范围,对中人的发展,教育能起重大作用。因此,他在实践上强调重视教育,这是孔丘教育思想有进步意义的一面。至于他把人性分成等级,并断言有不移的上智和下愚,这是不科学的,是他人性论的一个缺憾。

### 三、"有教无类"的主张

孔丘提倡将"有教无类"作为办学方针。这个方针对孔家私学的教育对象作了原则性的规定,指导着他的教育实践活动,是孔丘教育思想的组成部分。

"有教无类"原意是什么?历来就有不同的理解,关键在于对"类"作何解释。东汉马融说:"言人所在见教,无有种类。"梁朝皇侃说:"人乃有贵贱,同宜资教,不可以其种类庶鄙而不教之也,教之则善,本无类也。"他们都把"类"解释为"种类"。"有教无类"本来的意思是:不分贵贱贫富和种族,人人都可以入学受教育。

"有教无类"作为私学的办学方针,与贵族官学的办学方针相对立。官学以贵族身份为入学受教的重要条件,以此保证奴隶主贵族对学校教育的垄断。"有教无类"则打破贵贱、贫富和种族的界限,把受教育的范围扩大到平民,这是历史性的进步。

---

① 《大戴礼记·保傅》。
② 《论语·季氏》。
③ 《论语·阳货》。
④ 《论语·雍也》。

孔丘实行"有教无类"的方针，广泛地吸收学生。他说："自行束脩以上，吾未尝无诲焉。"①只要本人有学习的愿望，主动奉送10条干肉以履行师生见面礼，就可以成为弟子。事实表明，他的弟子来自各个诸侯国，有齐、鲁、宋、卫、秦、晋、陈、蔡、吴、楚等国，分布地区较广。弟子的成分复杂，出身于不同的阶级和阶层。大多数出身于平民，如穷居陋巷箪食瓢饮的颜回、卞之野人以藜藿为食的子路、穷困以至于三天不举火十年不制衣的曾参、居室蓬户不完上漏下湿之原宪、父为贱人家无置锥之地的仲弓。也有个别商人出身，如曾从事投机贩卖的子贡。还有少数出身于贵族的，如鲁国的孟懿子和南宫敬叔、宋国的司马牛等。孔丘私学之中，弟子品类不齐，各色人物都有，实是"有教无类"的活标本，当时有人对此不理解，产生种种疑问。南郭惠子问子贡说："孔夫子的门下，怎么那样混杂？"子贡回答说："君子端正自己品行以待四方求教之士，愿意来的不拒绝，愿意走的不制止。正如良医之门病人多、良工之旁弯木多一样，所以夫子门下人品较混杂。"②门下人品混杂，皆能兼收并蓄，教之成才，这说明教育家胸怀的宽大能容、教育艺术的高明善化。

实行开放性的"有教无类"方针，满足了平民入学受教育的愿望，适应了社会发展需要。孔丘私学成为当时规模最大、培养人才最多、社会影响最广的一所学校，从总的社会实践效果来看，是应该肯定的。"有教无类"是顺应历史发展潮流的进步思想，它打破了贵族对学校教育的垄断，把受教育的范围扩大到一般平民，有利于中华民族文化的发展。

### 四、培养有德才的君子

孔丘属于平民中的士阶层，他对于贵族统治者实行不人道的奴役和剥削、造成人民贫困不能安居的状况极为不满；他谴责"苛政猛于虎"，要求适当照顾人民的利益，消除苛政，避免贫富两极分化，改变动乱的社会现状。但是，他又认为，自夏、商、周以来一些基本制度，如氏族宗法制、贵贱等级制等，是经过历史考验的，不应改变。而那些不是基本的、可以改变的方面，也不能用人民革命的办法，而是要由当政者自上而下采用缓和的办法来改良社会，使社会恢复正常的秩序。在社会大变革时期，孔丘不是革命者，也不是顽固的保守者，而是一个政治改良主义者。他的思想基本上代表开明的奴隶主贵族利益，主张开明的贵族政治，在一定程度上反映了社会进步的要求。

孔丘在政治上"祖述尧舜，宪章文武"。他以古代圣王为典范来改造社会，认为社会要改变，应按照三个阶段来发展。他提出："齐一变，至于鲁；鲁一变，至于道。"③齐为五霸之首，代表春秋动乱社会，鲁为周公后裔的封国，代表西周的小康社会，道是指尧舜之世大道得行的"大同"社会。孔丘最高的政治理想是大同社会，而改良政治的现实目标是努力恢复西周的礼制。

孔丘继承西周"敬德保民"的思想，主张采用德政。他说："为政以德，譬如北辰，居其所而众星共之。"④他认为，能施行德政，就会像北斗受到众星拱卫一样，受到人民的拥戴。德政是依靠人来实施的，关键在于得人，改良政治就应当"举贤才"，把平民中的贤才推举出来，在位理政，使百姓信服，才会有好的政治。

---

① 《论语·述而》。
② 《荀子·法行》。译文。
③ 《论语·雍也》。
④ 《论语·为政》。

他所主张的政治改良路线，需要一批贤才才能实行。贤才并非天生而就，而是平民之中的士经过教育提高，才成为有道德有才能可从政的贤才，也就是君子。孔丘对子夏明确地提出培养要求："女为君子儒，无为小人儒。"①这表明他的教育目的就是要将士培养成为君子。

对君子的品格，他特别重视。《论语》中谈到君子有107次之多，有些论述是具有代表性的。《论语·宪问》载："子路问君子，子曰：'修己以敬。'曰：'如斯而已乎？'曰：'修己以安人。'曰：'如斯而已乎？'曰：'修己以安百姓。修己以安百姓，尧舜其犹病诸。'"从对话可看出，君子的品格可归为两方面，即对己要能"修己"，对人要能"安人"，以至"安百姓"，"知所以修身，则知所以治人"④。修养自身是从政治人的先决条件。孔丘对君子强调三方面的修养要求，"仁者不忧，知者不惑，勇者不惧"⑤。三方面的修养都必要，其中最为注重的是君子道德方面的修养。

孔丘提出由平民中培养德才兼备的从政君子，这条培育人才的路线，可简括称之为"学而优则仕"。"学而优则仕"此话虽为子夏所述，但确实代表了孔丘的教育观点。

"学而优则仕"包容多方面的意思：学习是通向做官的途径，培养官员是教育最主要的政治目的，而学习成绩优良是做官的重要条件。如果不学习或虽经学习而成绩不优良，也就没有做官的资格。孔丘对实行"学而优则仕"的态度非常明确，他说："先学习礼乐而后做官的是平民，先有了官位而后学习礼乐的是贵族子弟。如果要选用人才，我主张选用先学习礼乐的人。"⑥学习与做官有了密切的联系，他鼓励学生们说："不患无位，患所以立。"⑦不必担心没有官做，要担心的是有没有把做官所需要的知识本领学好。弟子们受到这种思想灌输，头脑中普遍存在为做官而学习的念头。既然已学为君子，不做官是没有道理的，子路心直口快说出"不仕无义"，这是有代表性的。孔丘积极向当权者推荐有才能的学生去担任政治职务，但他在输送人才时也坚持一些原则：首先，学不优则不能出来做官，其次，国家政治上了轨道才能出来做官，否则宁可退隐。孔丘培养的一批弟子，大多或早或迟地参加政治活动，他们"散游诸侯，大者为师傅卿相，小者友教士大夫"⑧。

"学而优则仕"口号的提出，确定了培养统治人才这一教育目的，在教育史上有重要的意义。它反映了封建制兴起时的社会需要，成为当时知识分子积极学习的巨大推动力量。"学而优则仕"与"任人唯贤"的路线配合一致，为封建官僚制度的建立准备条件。它适应社会发展要求，反映了一定的规律性，直到现代还有实际意义。

## 五、"六艺"的教学内容

孔丘所要培养的从政君子，是有道德有文化的人才，既要德才兼备，又要能文能武。为了实现这种教育目的，他有选择地安排了教学内容。

孔丘继承西周贵族"六艺"教育传统，吸收采择了有用学科，又根据现实需要创设新学科，虽袭用"六艺"名称，但对所传授的学科都作了调整，充实了内容。

关于孔丘私学的教学内容，根据不同的文献材料产生不同的提法。《论语·述而》所载有学

---

① 《论语·雍也》。
④ 《礼记·中庸》。
⑤ 《论语·宪问》。
⑥ 《论语·先进》，译文。
⑦ 《论语·里仁》。
⑧ 《汉书·儒林传》。

生介绍说:"子以四教:文、行、忠、信。"老师以文献、品行、忠诚和信实教育学生。孔丘"述而不作,信而好古"。所谓"文",主要是西周传统的《诗》《书》《礼》《乐》等典籍,而品行、忠诚和信实都是道德教育的要求,四个方面实际上是两方面。对这两方面既要认清差别,还要摆正位置。他主张"行有余力,则以学文"①,首先要求做一个品行符合道德标准的社会成员,其次才是学习以提高文化知识。所以,在他的整个教育中,道德教育居于首要地位。但是,道德教育并没有专设学科,而是把道德教育要求,贯串到文化知识学科中。通过文化知识的传授,灌输道德观念,所以文化知识学科的基本任务在于为道德教育服务。

"文"包括哪些学科内容,也存在不同的理解。《史记·孔子世家》说,孔门弟子中身通六艺者72人。据此证明孔丘承袭旧教育传统,"文"以"六艺"为教学科目。然而,孔丘所招的学生,主要为青年或成人,书写和计算两门学科是儿童阶段学习的小艺,并非孔家私学所重。孔丘的教学内容实际上已有发展,在《论语》中有多处记述,如,子曰:"兴于《诗》,立于礼,成于乐。"②"子所雅言,《诗》、《书》、执礼,皆雅言也。"③《史记·孔子世家》也说:"孔子以《诗》、《书》、《礼》、《乐》教弟子。"《庄子·天运篇》载孔丘见老聃时说:"丘治《诗》、《书》、《礼》、《乐》、《易》、《春秋》。"这些材料可以说明,孔丘进行研究并编成教材的有六种,而作为对弟子们普遍传授的主要教材是《诗》、《书》、《礼》、《乐》四种。现对这些教材的内容和性质分述如下。

(一)《诗》

这是中国最早的诗歌选集。春秋时流传诗歌甚多,孔丘搜集而整理之,编为教材,存其精华305篇,概称300篇,其特点是思想内容纯正无邪,合乎周礼。诗有风、雅、颂三种类型,分列为三部分。风,包括15国的民歌,反映各地区平民和贵族的风尚和习惯,抒情诗居多,是《诗》中最有价值的篇章。雅,西周宫廷的诗歌,内容多是反映贵族生活与政治情况,颇有史料价值。颂,庙堂的诗歌,内容为歌颂祖先功业,格调庄严肃穆的祭祀歌辞。孔丘的教学往往从《诗》入手,认为《诗》在思想政治教育方面有四种作用:一是"可以兴",由比喻而联想,可以激发人的情感意志;二是"可以观",由多种生活情境,可以考察社会风俗盛衰;三是"可以群",利用切磋诗义,可以增进相互情谊;四是"可以怨",利用讽刺的形式,批判不合理的政治。《诗》对个人品德修养和人际交往都有重要的作用,所以受到重视,列为必学的科目,不仅要求记诵它,而且要求在社会生活中加以应用。

(二)《书》

又称《尚书》,古代历史文献汇编。春秋时有不少古代历史文献流传,如《夏书》、《商书》、《周书》等。孔丘重视这些历史文献,他"好古敏以求之",收集编纂,《史记·孔子世家》说:"序《书》传,上纪唐虞之际,下至秦缪,编次其事。"他所选取的材料,都符合垂世立教示人规范的政治标准,目的是要人学习先王之道,特别是恢复文武之道。孔丘说:"文武之政,布在方策。其人存,则其政举;其人亡,则其政息。"④他要弟子们从学习文献中继承和恢复周道。据传,作为有系统的教材,《书》本有百篇,经秦焚书之后,至西汉初年伏生所传仅存29篇,用当时通行的隶书书写,故称

---

① 《论语·学而》。
② 《论语·泰伯》。
③ 《论语·述而》。
④ 《礼记·中庸》。

《今文尚书》。晋梅赜伪造《古文尚书》25篇。今所流传的《尚书》,是后人将《今文尚书》与《古文尚书》合编而成。它保存了一定的古代文献史料,有重要的历史价值。

### (三)《礼》

又称《士礼》,传于后世称为《仪礼》。孔丘认为,礼是立国的根本,在社会生活中有重大的作用。他说:"夫礼,先王以承天道,以治人之情,故失之者死,得之者生。"①礼是发展的,故有因有革有损有益,"殷因于夏礼,所损益可知也;周因于殷礼,所损益可知也。其或继周者,虽百世可知也。"②三代之礼,周礼较为完善,"周监于二代,郁郁乎文哉!吾从周"③。孔丘以周礼为依据,从春秋的社会现实出发加以部分改良,编成一部士君子必须掌握的礼仪规范,称为《礼》,作为教材,他说:"不学礼,无以立。"④知礼是立足于社会的重要条件,不仅要学会礼的仪式,更重要的是要理解礼的精神实质。

### (四)《乐》

"乐"是各种美育教育形式的总称,内涵广泛,与诗、歌、舞、曲密切结合在一起。在社会生活中,乐与礼经常配合发挥作用而为政治服务,所以礼乐常常并提。但是,礼乐的作用有不同。乐的作用表现在两方面:对个人来说,陶冶情操,净化心灵,形成崇高的品格;对社会来说,乐教使人性情宽和朴实,帮助移风易俗改造社会。孔丘重视对弟子们的乐教,编辑了教材。孔丘不仅爱好"乐",且对"乐"有较高的修养。他会歌唱会弹奏,还能欣赏能评价。对于"乐",首先在思想内容上要达到善的标准,其次在艺术形式上要达到美的标准,内容与形式都和谐统一,才能达到尽善尽美的地步。根据这种评价标准,他赞扬古代的韶乐,反对流行歌曲郑声。他强调乐的道德标准,重视乐的社会效果,对学生产生了重要的影响。《乐》传至秦,因秦焚书而散佚。

### (五)《易》

又称《周易》,是一部卜筮之书。《周易》以"--"象征阴,以"-"象征阳,由阴爻、阳爻两种基本符号配合组成八卦,象征八类事物(天、地、雷、风、水、火、山、泽);再将八卦两两相重组成六十四卦,象征各类事物间的关系。《周易》每卦有卦辞,每爻有爻辞,这些文字称为《易经》。《易经》早已存在,据说孔丘晚年对它进行了深入研究,才写出了《易传》(包括《彖辞》上下、《象辞》上下、《系辞》上下、《文言》、《序卦》、《说卦》、《杂卦》,合称《十翼》)。孔丘晚年将《周易》作教材,传授给部分弟子。《史记·仲尼弟子列传》就有孔丘传《易》于商瞿的记载。

### (六)《春秋》

孔丘68岁自卫返鲁,有了阅读鲁国档案史料的条件。他据鲁史记、周史记等史料而作《春秋》,上起鲁隐公元年(前722年),下迄鲁哀公十四年(前481年),共242年的历史。《春秋》记载了当时政治、经济、军事、天文、地理、灾异等方面材料,共有1232条。他编《春秋》是为了寄托自己的社会政治主张,书中维护名分,寓意褒贬,贯注他的学说。《春秋》作为历史教材,是一部提纲挈

---

① 《礼记·礼运》。
② 《论语·为政》。
③ 《论语·八佾》。
④ 《论语·季氏》。

领的教学大纲。由于记事简略,言辞古朴,后人为了学习的方便进行了阐释和补充,称为《传》。《传》流传至今有三部,即《春秋公羊传》《春秋谷梁传》《春秋左氏传》,合称《三传》。《春秋》是我国现存第一部编年史,具有重要的历史价值。

以上六种教材,各有教育任务,对人的思想教育都有重要的价值。《诗》之教使人态度温和,性情柔顺,为人敦厚朴实,而不至于是非不辨;《书》之教使人上知自古以来历史,通晓先王施政之理,而不至乱作评论;《礼》之教使人恭敬严肃,知道道德规范,而不至于做事没有节制;《乐》之教使人心胸宽畅,品性善良,而不至奢侈无度;《易》之教使人知道人事正邪吉凶,事物之理的精微,而不至于伤人害物;《春秋》之教使人知道交往用辞得体,褒贬之事有原则,而不至于犯上作乱。这些看法,影响着后世对这六种教材的利用。

孔丘的教学内容有三个特点:其一,偏重社会人事。他的教材,都是属于社会历史政治伦理方面的文化知识,注重的是现实的人事,而不是崇拜神灵。他虽不是无神论者,但对鬼神持存疑态度,敬鬼神而远之。他不谈"怪、力、乱、神",不宣传宗教迷信思想,不把宗教内容列为教学科目。这种明智的态度,成为中国古代非宗教性教育传统的开端。其二,偏重文事。他虽要求从政人才文武兼备,但在教学内容的安排上毕竟是偏重文事,有关军事知识技能的教学居于次要地位。孔丘本人善于射御,也对弟子进行教学,常带领弟子习射于射圃;对军旅之学也能精通,并传于冉求、樊迟等弟子,但未普遍传授。其三,轻视科技与生产劳动。他所要培养的是从政人才,不是从事农工的劳动者,因此不强调掌握自然知识和科学技术。他既没有手工业技术可传授,也没有农业技术可传授。他认为,社会分工有君子之事,有小人之事。"君子谋道不谋食",君子与小人职责不同,君子不必参与小人的物质生产劳动,所以他从根本上反对弟子学习生产劳动技术。樊迟要学习种田、种菜,他当面拒绝,背后还骂樊迟是小人。按这种倾向培养的结果,绝大部分是"四体不勤,五谷不分"的人。孔丘继承旧贵族教育传统,为教育与生产劳动相分离制造理论,造成深远的历史影响。

## 六、创新的教学方法

知识的来源是认识论的根本问题,历史上曾存在不同的认识路线。孔丘本人的自学过程和一生的教学实践活动经验,表明了人后天学习的重要性。实际上,他遵循的是"学而知之"的认识路线,他的教学方法论是以具有唯物主义倾向的认识路线为基础的。

(一) 学、思、行结合

"学而知之"是孔丘进行教学的主导思想,学是求知的途径,也是求知的唯一手段。学,不仅是学习文字上的间接经验,而且还要通过见闻获得直接经验,两种知识都需要。他提出"博学于文"[①]、"好古敏以求之"[②],偏重于古代文化、政治知识这些前人积累的间接经验。他提出"多闻择其善者而从之,多见而识之"[③],要多听、多看,还要多问,扩大知识的来源和范围,以获得一些直接的经验。

学习知识的来源是多方面的,方式也是多种多样的,而且在不同程度上深化。他主张"学而

---

① 《论语·雍也》。
② 《论语·述而》。
③ 《论语·述而》。

时习之"①,对学习过的知识要时常复习、练习,才能牢固掌握。他要求弟子每天检查所传授的知识复习了没有。在他影响下,弟子们很重视复习。曾参就把是否复习作为每天反省的三方面内容之一,子夏则说:"月无忘其所能。"②各人的学习安排虽有不同,但重视复习却是一致的。

孔丘提倡学习知识面要广泛,在学习的基础上认真深入地进行思考,把学习与思考结合起来。在论述学与思关系时,他说:"学而不思则罔,思而不学则殆。"③如果只是读书记诵一些知识,而不通过思考加以消化,这只能是抽象的理解,抓不住事物要领,分不清是非。如果光是左思右想,而不通过读书学习以吸收实际知识,那也会心中疑惑,不能解决问题。单纯的学或单纯的思,都存在片面性。在学习过程中,必先掌握丰富的知识材料作为依据,才可能凭借这些材料进行有效的思考。因此,在学与思两者关系中,学习居先,它是基础,是主要方面。在有了知识材料的条件下,需要进一步思考,才能使认识深入和提高,抓住事物的本质。学习和思考两者应当结合起来,这种见解符合人的认识规律,已初步揭示学习和思考的辩证关系。

教师根据学思结合的要求,不仅要鼓励学生努力学知识,而且还要引导学生积极思考,培养思维能力,对所学习的事物,要多问几个为什么;要弄清事实和形成这种事实的原因,不但要知其然,还要知其所以然。这样去思考问题,有助于培养学生的思维能力。

孔丘还强调学习知识要"学以致用"。如学《诗》,不仅要学懂记牢,还要能实际应用在政治上、社交上。如果不能应用,学得再多也没有意义。学习道德也一样,知道社会道德规范,就要体现于生活实践中,如当仁不让、闻义能徙、择善而从、知过能改等便都是积极的行动。把自己的道德认识和道德实践统一起来,这才是孔丘所要求的躬行君子。他说:"君子耻其言而过其行。"④夸夸其谈而言行脱节是可耻的事。他要求学生们说话谨慎一些,做事勤快一些,"君子欲讷于言而敏于行"⑤,应当更重视行动。

学是为行服务的,能够行,也就证明已有学。他的弟子子夏说:"贤贤易色,事父母,能竭其力;事君,能致其身;与朋友交,言而有信。虽曰未学,吾必谓之学矣。"⑥这里体现的就是能够行等于已有学的观点。从学与行的关系来看,学是手段,行是目的,行比学更重要。

由学而思而行,这是孔丘所探究和总结的学习过程,也就是教育过程,与人的一般认识过程基本符合。这一思想对后来的教学理论、教学实践产生了深远影响。《中庸》把学习过程分为学、问、思、辨、行五个阶段,显然是继承孔丘学、思、行结合的思想并加以发展的。

(二) 启发诱导

孔丘是世界上最早提出启发式教学的教育家,比古希腊教育家苏格拉底(前469—前399年)提出引导学生自己思索、自己得出结论的"助产术"早几十年。

孔丘认为,不论学习知识或培养道德,都要建立在学生自觉需要的基础上,应充分发挥学生的主动性、积极性。自己对问题能加以思考,获得切实的领会,才是可靠和有效的。为了帮助学

---

① 《论语·学而》。
② 《论语·子张》。
③ 《论语·为政》。
④ 《论语·宪问》。
⑤ 《论语·里仁》。
⑥ 《论语·学而》。

生形成遇事思考的习惯,培养善于独立思考的能力,他提倡启发式教学。

他主张:"不愤不启,不悱不发。举一隅不以三隅反,则不复也。"①愤与悱是内在心理状态在外部容色言辞上的表现,朱熹《论语集注》说:"愤者,心求通而未得之意,悱者,口欲言而未能之貌。启谓开其意,发谓达其辞。物之有四隅者,举一可知其三,返者还以相证之义。复,再告也。"孔丘说这段话的意思是:在教学时必先让学生认真思考,已经思考相当时间但还想不通,然后可以去启发他;虽经思考并已有所领会,但未能以适当的言辞表达出来,此时可以去开导他。教师的启发是在学生思考的基础上进行的,启发之后,应让学生再思考,获得进一步的领会。比如一个方的东西,已说明一个角的样子,如果这个学生不能类推其余三角的样子,这表明他未开动脑筋去思考或者是他的接受能力还不够,教师就暂不必多讲,否则就是包办和硬灌,难以达到培养学生思考能力的目的。这种启发教学包含三个基本要点:第一,教师的教学要引导学生探索未知的领域,激发起强烈的求知欲,积极去思考问题,并力求能明确地表达;第二,教师的启发工作以学生的积极思考为前提条件,其重要作用就体现在"开其意"、"达其辞";第三,使学生的思考能力得到发展,能从具体事例中概括出普遍原则,再以普遍原则类推于同类事物,而扩大认识范围。

孔丘在日常教学中注意训练学生的思考方法,他提出:"君子博学于文,约之以礼。"②简称为"由博返约"。博学以获得较多的具体知识,返约则是在对具体事物分析的基础上进行综合、归纳,形成基本的原理、原则与观点。博与约两者是辩证的统一。学生具有了这种思考能力,对掌握知识就能起重要作用,最明显的就是能把复杂的知识系统化,把握住知识的核心。孔丘问子贡:"赐也,女以予为多学而识之者与?"子贡答:"然。非与?"孔丘说:"非也。予一以贯之。"③所谓"一以贯之",是在多学广识之后,综合各事物的本质特征形成一个基本的思想观点,然后又以它为指导,贯穿于一切处事接物的言行中。颜回所以能"闻一知十",就是他善于思考,掌握基本观点并能运用推理方法来说明同类现象。

孔丘还提出"叩其两端"的思考方法,从考察事物的不同方面辨明是非,进而解决问题。他有应用这种方法的实际经验,"有鄙夫问于我,空空如也。我叩其两端而竭焉"④。他用反问的方式,引导对方从事物正反两方面进行分析,找出解决矛盾的答案。孔丘常用这种方法来训练学生的思考能力。他曾和子贡讨论对人进行评价的问题,子贡问:"乡人皆好之,何如?"孔丘说:"未可也。"子贡又问:"乡人皆恶之,何如?"孔丘又说:"未可也;不如乡人之善者好之,其不善者恶之。"⑤评价一个人不可简单片面,盲目从众,失去准则,"众恶之,必察焉;众好之,必察焉。"⑥把握好人的准则,从正反面考察,只有全乡的好人喜欢他,全乡的坏人痛恨他,才能证实是好人。这种思考方法注意事物的对立面,在分析其矛盾的基础上作出正确的判断,是合乎辩证法的。

孔丘善用启发式教学法培养学生的思考能力,广为学生们称赞。颜回说:"夫子循循然善诱人,博我以文,约我以礼,欲罢不能。"⑦孔丘能循序渐进、巧妙诱导启发人思考,不仅使学生学习广

---

① 《论语·述而》。
② 《论语·雍也》。
③ 《论语·卫灵公》。
④ 《论语·子罕》。
⑤ 《论语·子路》。
⑥ 《论语·卫灵公》。
⑦ 《论语·子罕》。

博的知识，又使学生掌握基本的思想观点，在学习上不断前进。颜回的好学和很强的独立思考能力，与启发式教学是分不开的。

### （三）因材施教

孔丘在教育实践的基础上，创造了因材施教的方法，并作为教育原则，贯彻于日常的教育工作之中，取得了成效。他是我国历史上首倡因材施教的教育家。

因材施教的提出，有其客观的历史条件。孔丘适应社会变革对人才的需要，开办私学。其众多学生的情况颇为复杂。就年龄来说，多数是青年，也有部分是成年，年龄差距较大；社会成分也各式各样，贫民、小生产者、商人、地主、贵族都有；又来自不同的国家和地区，各人的文化水平、道德素养、性格特征存在很大差别；要求也不一致，有的请教几个问题就走，有的则长期追随左右，流动性很大。在这种情况下，要进行集中统一的教学是不可能的，只有从各人的实际情况出发，根据个性特点和具体要求来进行教育，才能达到一定的教育目的。因材施教是适应这种需要的最好方法，有利于加速各种人才的成长。

实行因材施教的前提条件是承认学生间的个体差异，并了解学生的特点。孔丘了解学生，最常用的方法有两种。第一，通过谈话。有目的地找学生谈话，有时个别谈，有时二三人或四五人聚集一起谈，方式较为灵活。他了解学生的志向，就是通过与几位学生自由交谈而得到的。第二，个别观察。注意从学生的言论来了解学生思想特点是重要的，但也要避免单凭言论作判断的片面性，因此要"听其言而观其行"；只凭公开场合的行为表现作判断有片面性，要"退而省其私"；只凭一时的行为作判断有片面性，还应对行为的全过程进行考察，要"视其所以，观其所由，察其所安"[①]。要注意学生的所作所为，观看他所走的道路，考察他的感情倾向，这就可以把一个人的思想面貌了解透彻。他在考察人的方面积累很多经验，认为不同的事务、不同的情境都可以考察人的思想品质。

通过了解，孔丘熟悉了学生的个性特点，并作出了评价。《论语》中有多处记述，如"由也果"、"赐也达"、"求也艺"[②]，这是从品格优点方面作的评价；"柴也愚，参也鲁，师也辟，由也喭"[③]，这是从缺点方面来分析；"师也过，商也不及"[④]，"求也退"、"由也兼人"[⑤]，这是从两者的比较来区分特点。他对学生了解透彻，仅用一两个字就概括了某一学生的个性特点。

在了解学生的基础上，根据学生的具体情况，有针对性地进行教育。《论语》中记载许多学生提问什么是"仁"，孔丘根据樊迟未知仁的基本思想、颜回未知仁与礼的关系、仲弓与子贡不知实行仁的方法、司马牛为人多言而躁、子张为人较为偏激等情况，作了不同的回答。这些回答的角度不同，但都围绕着仁道这一中心原则。

《论语》中还有一个针对学生缺点进行因材施教的事例。子路问：听到一个很好的主张，要立即就去做吗？孔丘答：家里有父兄，怎能自作主张就去做呢？冉求问：听到一个很好的主张，要立即就去做吗？孔丘答：当然应该立即去做。公西华对此很不理解。孔丘说：冉求遇事畏缩不前，

---

① 《论语·为政》。
② 《论语·雍也》。
③ 《论语·先进》。
④ 《论语·先进》。
⑤ 《论语·先进》。

所以要鼓励他去做。子路遇事轻率,所以要抑制一下使他审慎些。① 这一生动的事例,表明他能区分不同特点,有意识、有目的地进行因材施教。

孔丘实行因材施教,培养出一批有才干的人才。其中杰出的有十人:"德行:颜渊、闵子骞、冉伯牛、仲弓。言语:宰我、子贡。政事:冉有、季路。文学:子游、子夏。"②朱熹注:"弟子因孔子之言,记此十人,而并目其所长,分为四科。孔子教人,各因其材,于此可见。"所谓"四科",并非设教之时分设四个专业,而是因材施教的结果,培养了四方面的人才。

### (四) 好学求是的态度

孔丘认为,教学需要师生双方配合协作,学生端正学习态度,是教学成功的重要条件。

#### 1. 好学、乐学的态度

学生好学应当表现于实际行动,他说:"君子食无求饱,居无求安,敏于事而慎于言,就有道而正焉,可谓好学也已。"③求学的人对于吃住问题不必过多计较,重要的是要勤敏做事,慎于言论,向有道德学问的人学习,这才算得上是好学。好学还不够,进一步还应乐学,他说:"知之者不如好之者,好之者不如乐之者。"④知道学问有用而学的人,不如为了爱好学问而学的人;为爱好学问而学的人,不如以求学为乐的人。以学为乐的人有强烈的求知欲,对学习存在浓厚的兴趣,名利引诱不能动其心,对饥寒威胁能置之度外。颜回就是乐学忘忧的人,为此受到老师的称赞。

#### 2. 不耻下问的态度

有的人盲目自满,"亡而为有,虚而为盈"。孔丘认为,有这种思想作风的人,难以保持一定的操守和忠于仁道的原则。他要求学生"敏而好学,不耻下问"⑤,即能够虚心向比自己社会地位低的人请教而不认为是羞耻的事。在孔丘教导下,颜回既是最好学也是最虚心的好学生,"以能问于不能,以多问于寡;有若无,实若虚"⑥,这种虚心求教的态度受到了肯定。

#### 3. 实事求是的态度

学是为了求知,知是由学而得。要知得多知得全知得真,需要有实事求是的态度。孔丘曾对子路说:"由!诲女知之乎!知之为知之,不知为不知,是知也。"⑦知道就是知道,不知道就是不知道,不强不知以为知,这才是真正的明智。研究任何问题,都要重视证据,如研究夏礼、殷礼,文献不足,证据不足,就不可勉强而随意作论断。对问题的认识还不充分,没有把握作判断的时候,应当存疑,不可想当然,贸然去行动。他说:"多闻阙疑,慎言其余,则寡尤;多见阙殆,慎行其余,则寡悔。"⑧有阙疑的精神,甘做老实人,不强不知以为知,就可以少犯错误。研究任何问题,还要尊重客观事实,避免主观成见。他主张:"毋意、毋必、毋固、毋我。"⑨看问题不要从个人私意猜测出发,不要主观认定必然是怎么样,不要固执自己的成见,不要自以为自己的意见绝对正确。这四

---

① 参见《论语·先进》。
② 参见《论语·先进》。
③ 《论语·学而》。
④ 《论语·雍也》。
⑤ 《论语·公冶长》。
⑥ 《论语·泰伯》。
⑦ 《论语·为政》。
⑧ 《论语·为政》。
⑨ 《论语·子罕》。

个不要是从反面提问题,当然还有正面的四个要:要重视客观实际根据,要穷究事物多方面的因果联系,要吸收一切合理的意见,要服从真理以求得真理为目标。上述方面都是实事求是态度的具体表现,在学习上有重要的意义。

## 七、自觉的德行修养

孔丘的教育目的是培养从政的君子,而成为君子的主要条件是具有道德品质修养。所以,在他的私学教育中,道德教育居首要的地位。道德观念以文化知识为基础,道德教育主要通过知识传授来进行,因此培养道德和传授知识是在同一教学过程中进行的,两者有密切的内在联系。如果忽视知识学习,道德培养将产生偏向,孔丘曾对子路说:"好仁不好学,其蔽也愚;好知不好学,其蔽也荡;好信不好学,其蔽也贼;好直不好学,其蔽也绞;好勇不好学,其蔽也乱;好刚不好学,其蔽也狂。"①仁、知、信、直、勇、刚,是君子应具备的六项道德品质。如果没有知识学问为其基础,行为上就要出现偏向,好的道德品质就难以形成和提高。所以,为了更好地培养道德,就要认真学习知识,应将知识教育纳入道德教育范围之内。

道德教育有其过程,首先是道德认识。要能分清善恶与是非,进一步形成道德信念,再进一步转化为道德行为实践。孔丘认为,德育过程最重要的还在于行为实践。他观察当时社会,感到"知德"的人很少,"好德"的人也少,能按道德信念去实践的人更少,整个社会处于一种缺乏道德的状态,因此需要提倡道德教育。

孔丘主张以"礼"为道德规范,以"仁"为最高道德准则。凡符合"礼"的道德行为,都要以"仁"的精神为指导,因此,"礼"与"仁"成为道德教育的主要内容。

为了使人人都知道遵守"礼"的规范,他特别重视礼教。他要求学生学礼,曾说"不学礼,无以立"②,不认真学礼,是没有办法立足于社会的。学礼要做到一切视听言动都符合礼的规范。礼要有一定的形式,但更应该重视的是礼的内容,要体现一定的思想感情,否则就徒具形式。

在道德教育中,提倡礼的教育要贯注仁的精神,是其进步的方面。他说:"人而不仁,如礼何?"③做人而缺乏仁德,怎能去实行礼仪制度呢?礼和仁的关系就是形式和内容的关系,礼为仁的形式,仁为礼的内容。有了仁的精神,礼才能真正充实。

"仁"被孔丘作为最高的道德准则,也是他学说的中心思想。他经常谈论"仁",在《论语》中仁字出现109次。仁最通常的意思就是"爱人",也就是承认别人的资格,把人当作人来爱。"爱人"并不是不分善恶而普遍地爱一切人,而是以"仁"为基本准则,有所爱也有所憎。他说:"好仁者,无以尚之,恶不仁者,其为仁矣,不使不仁者加乎其身。"④他的学生曾参也说:"唯仁者为能爱人,能恶人。"⑤

"仁"的道德品质是成为君子的重要条件。他说:"君子去仁,恶乎成名?君子无终食之间违仁,造次必于是,颠沛必于是。"⑥不论何时何地,君子始终都要坚持仁德。

---

① 《论语·阳货》。
② 《论语·季氏》。
③ 《论语·八佾》。
④ 《论语·里仁》。
⑤ 《礼记·大学》。
⑥ 《论语·里仁》。

以仁的精神来对待不同的伦理关系时,就有不同的具体的道德规范,其中最重要的两项道德规范是忠与孝。"忠"要求对人尽心竭力、诚实负责,在普通人之间有互相平等的关系,在君臣之间则是不平等的关系。"孝"要求尊敬和顺从父母,这是为了巩固宗法制度,维护家长的地位。

培养仁德,应从家庭开始,因为家庭中存在亲缘的感情因素,比较容易形成孝悌的道德观念,然后加以发展,转移到其他社会关系方面。孔丘的学生有若说:"其为人也孝弟,而好犯上者,鲜矣;不好犯上,而好作乱者,未之有也。君子务本,本立而道生。孝弟也者,其为仁之本与!"①这是说,进行道德教育要抓根本,应从家庭教育着手,先培养孝悌的道德观念。

仁德的实行可分两方面,据曾参的理解:"夫子之道,忠恕而已矣。"②忠与恕,是表现仁的两方面,朱熹注:"尽己之谓忠,推己之谓恕。""尽己"就是"己欲立而立人,己欲达而达人",这属于积极一面;"推己"就是"己所不欲,勿施于人",这属于消极一面。两方面都站在自己的立场,以己之所好恶为基点,推己而及人之所好恶。这种推己及人的办法,就叫"能近取譬",是实行仁德的便捷途径。

孔丘除了论述德育的任务、内容之外,还总结了一些进行道德修养的原则和方法。他强调道德修养不是依靠外加强制,而是依靠自觉努力。他说:"仁远乎哉?我欲仁,斯仁至矣。"③又说:"为仁由己,而由人乎哉?"④他还强调道德修养不是闭门自修,参与社会实践活动更为重要。道德修养不能脱离社会,需要正确处理多方面的关系。他提出的一些道德修养应当遵行的基本要求,是其教育实践的经验总结,且称之为德育原则。

(一) 立志

孔丘认为,人不应以当前的物质生活为满足,还应有对未来的精神上更高的追求,要有自己的理想。他引导学生立足现在而面向未来,确定以仁道为个人志向和人生理想。他说:"苟志于仁矣,无恶也。"⑤志于仁是以实现仁道为志向、走仁的道路、以仁为道德行为的准则。

孔丘教育学生要坚持志向,"笃信好学,守死善道",不要因为外来的干扰而动摇。为了实现志向,不能过多地计较物质生活,他说:"士志于道,而耻恶衣恶食者,未足与议也。"⑥如果追求衣食享受,也就谈不上有远大志向了。颜回有志于道,他的心思都集中在学道守道上,对清苦的生活条件不去计较,这种安贫乐道的精神受到称赞。志向的确立和坚持,取决于个人的信仰和自觉努力。他说:"三军可夺帅也,匹夫不可夺志也。"⑦普通人都有他的志向,不可被强制改变,除非他本人想有所改变时才能改变。

(二) 克己

在社会人际关系中,如何对待自己和对待他人是一个重要的道德问题。孔丘主张应着重在要求自己上,约束和克制自己的言行,使之合乎礼、仁的规范。观察一个人遇事如何对人对己,就可以判断他的道德是否高尚。他说:"君子求诸己,小人求诸人。"⑧求之于己的人,遇事先反躬自

---

① 《论语·学而》。
② 《论语·里仁》。
③ 《论语·述而》。
④ 《论语·颜渊》。
⑤ 《论语·里仁》。
⑥ 《论语·里仁》。
⑦ 《论语·子罕》。
⑧ 《论语·卫灵公》。

问,随时检查自己的言行是否合乎道德规范;求之于人的人恰好相反,不作自我检查,而是光要求别人、指责别人。他认为,对人应采取平等的态度,给人以高度尊重。涉及相互关系时,应"躬自厚而薄责于人"①,严以责己,宽以待人,这样才会消除矛盾。

克己的人能以同情心待人,设身处地为别人着想,自己不要痛苦和麻烦,也不要把这种痛苦和麻烦强加到别人身上而损人。如有缺点错误,首先应检查批评自身的差错,他说:"攻其恶,无攻人之恶。"②对别人的缺点错误采取宽容谅解的态度,与别人的关系也就容易协调,有道德修养的人应当为别人隐恶扬善。

孔丘提醒学生们要时时注意实行克己这个原则。遇到不如意的事,"不怨天,不尤人"③,"人不知而不愠,不亦君子乎!"④"不患人之不己知,患不知人也。"⑤"君子病无能焉,不病人之不己知也。"⑥这些言论的特点都重在要求自己,而不是责怪别人。

克己是复礼的基本条件。能克制个人非分的欲望,限制对私利的追求,不为利己而损人以至损害社会利益,这才能使自己的言行合乎礼的规范,达到仁这一最高的道德要求。

(三) 力行

道德教育培养德行。德行就是道德体现于行为,其中有知的问题,即道德认识问题;也有行的问题,也就是道德实践问题,两方面的关系很密切。孔丘提倡"力行",相对地更重视道德实践。他要求言行相顾,言行一致,不要出现脱节,道德认识依靠道德实践的检验而证实。他认为,只言不行的人,不是道德高尚的人,作为一般有人格的人也应当是"言必信,行必果"⑦。

孔丘说:"力行近乎仁。"⑧他认为努力按道德规范实践的人接近于仁德。在孔丘的教育下,其学生多数重视道德实践,子路就是其中勇于力行的一个。"子路无宿诺"⑨,他答应办的事从不过夜,不把事做完是不肯罢休的。他对老师提出"闻斯行诸"就是急于行动的一种表现,他是言行一致、努力实践的人。但是,也有部分学生存在言行脱节的现象,这使孔丘认识到不仅要注意学生的道德认识,更重要的是观察其道德实践,他说:"始吾于人也,听其言而信其行;今吾于人也,听其言而观其行。"⑩实际行动才表明人的道德水平。

(四) 中庸

人的行为不一定都合乎道德准则,常有做得过分或不及的情况。孔丘认为,最好是做得恰到好处,强调"中庸"。朱熹注:"中庸者,不偏不倚,无过不及,而平常之理也。"孔丘认为待人处事都要中庸,防止发生偏向,一切行为都要中道而行。他考察社会一般人的行为,普遍地不合中庸的原则,"道之不行也,我知之矣。知者过之,愚者不及也。道之不明也,我知之矣。贤者过之,不肖

---

① 《论语·卫灵公》。
② 《论语·颜渊》。
③ 《论语·宪问》。
④ 《论语·学而》。
⑤ 《论语·学而》。
⑥ 《论语·卫灵公》。
⑦ 《论语·子路》。
⑧ 《礼记·中庸》。
⑨ 《论语·颜渊》。
⑩ 《论语·公冶长》。

者不及也"。① 对这种现象,他极不满意。他教育学生,行为要合乎中庸之道。《论语·先进》:"子贡问曰:'师与商也孰贤?'子曰:'师也过,商也不及。'曰:'然则师愈与?'子曰:'过犹不及。'"朱熹注引尹焞的解释:"夫过与不及均也,差之毫厘,缪以千里,故圣人之教,抑其过,引其不及,归于中道而已。"颜回听从教导,努力于道德修养,使自己的行为合乎中庸,"回之为人也,择乎中庸,得一善,则拳拳服膺而弗失之矣。"②所谓"择乎中庸",就是能辨明各种行为过与不及的是非得失,择其中道而行。中庸是有修养的君子才具有的,"君子中庸,小人反中庸。君子之中庸也,君子而时中;小人之反中庸也,小人而无忌惮也。"③君子的行为随时都处于中庸之道,而小人为了私利,行为不择手段,总是背离中庸之道。依据"有教无类"的方针,对小人也不应放弃教育。

### (五) 内省

孔丘认为,不论道德认识或是道德实践,都需要有主观积极的思想活动,称之为内省。他主张内省是日常必要的修养方法之一,并在孔家私学中推广。学生曾参说:"吾日三省吾身,为人谋而不忠乎?与朋友交而不信乎?传不习乎?"④内省并非闭门思过,而是就日常所做的事进行自我检查,看其是否合乎道德规范。内省依靠的是自觉,不自觉也就难以真正进行内在的自我反省。内省的结果,对人产生重要的心理作用:"内省不疚,夫何忧何惧?"内省之后,如果问心无愧,心安理得,就增强了道德行为的信心和勇气。但是,能够自觉内省,对自己行为的过失展开内心思想斗争的实在不多。其实内省并没有复杂条件,随时都可进行,他说:"见贤思齐焉,见不贤而内自省也。"⑤又说:"三人行,必有我师焉,择其善者而从之,其不善者而改之。"⑥见人有好品德,就应向他看齐,虚心学习他的善行;见到人有不良的品德表现,就要对照检查自己,引以为戒,防止存在类似的缺点错误。内省的范围很广,各方面的行为都有必要依靠内省的方法来帮助提高修养。

### (六) 改过

孔丘认为,不存在不犯过错的圣人,"圣人,吾不得见之矣,得见君子者,斯可矣"⑦。人非圣人,即使是君子,要一贯正确也是不可能的,难免要犯错误。加强道德修养,正是为了减少错误。卫国大夫蘧伯玉努力使自己减少过失,孔丘加以称赞。人不能杜绝一切小错误,但应力求不要犯大错误。人会犯错误是客观存在,孔丘认为正确的态度是重视改过。首先是认识错误不要掩盖错误,他说:"丘有幸,苟有过,人必知之。"⑧他承认自己也犯过错误,但并不想掩盖,并认为有过错能被别人了解是自己的有幸。他还说:"君子之过也,如日月之食焉,过也,人皆见之,更也,人皆仰之。"⑧犯错误是一时的,能正视错误,公开改正,会受到大家的尊敬。颜回有了过错都能认真改正,不第二次重犯,就是很好的表现。

---

① 《礼记·中庸》。
② 《礼记·中庸》。
③ 《礼记·中庸》。
④ 《论语·学而》。
⑤ 《论语·里仁》。
⑥ 《论语·述而》。
⑦ 《论语·述而》。
⑧ 《论语·述而》。
⑧ 《论语·子张》。

改正错误需要得到别人的指点帮助,"子路人告之有过则喜"①,对别人的批评与忠告,采取欢迎态度,对于自己的修养提高是有益的。他说:"法语之言,能无从乎? 改之为贵。巽与之言,能无说乎? 绎之为贵。说而不绎,从而不改,吾未如之何也已矣。"②对合乎法则的正确意见,一定要听从,而且要改过迁善;对婉转劝导的话,不仅是乐意听,更重要的是要思考分析。正确对待批评的态度,就是应当认真改正错误。

孔丘提出"过则勿惮改"③,鼓励学生要勇于改正错误。但有人不能正确对待自己的过错,文过饰非,不肯改正,他指出:"过而不改,是为过矣。"④朱熹注:"过而能改,则复于无过,唯不改,则其过遂成,而将不及改矣。"有过不改,才真正成为过错,妨碍自己的道德修养。

## 八、树立教师的典范

孔丘热爱教育事业,敏而好学,具有丰富的实践经验,重视道德修养,因而具备作为优秀教师的品质和条件。他回答子贡提问时说:"圣则吾不能,我学不厌而教不倦也。"⑤他也曾在学生面前公开作自我评价说:"若圣与仁,则吾岂敢。抑为(学)之不厌,诲人不倦,则可谓云尔已矣。"⑥他承认自己只做到"学而不厌"、"诲人不倦"两个方面,实际上这也是他所主张的作为教师应具备的基本条件。

### (一) 学而不厌

教师要尽自己的社会职责,应重视自身的学习修养,掌握广博的知识,具有高尚的品德,这是教人的前提条件。要保持一种"学如不及,犹恐失之"的积极精神状态,时刻考虑的是不断进步,他说:"德之不修,学之不讲,闻义不能徙,不善不能改,是吾忧也。"⑦如果不学习,不修养,止步不前,就会失去为师的条件,这是值得忧虑的。他自觉地努力学习,好古敏以求之,对学习永不满足,认为:"可与言终日而不倦者,其惟学乎!"⑥他自称好学入了迷,达到"发愤忘食,乐以忘忧,不知老之将至云尔"⑦。他终身好学乐学,创造了终身为师的条件。

### (二) 温故知新

只能记诵的人,不足以为人师。孔丘说:"温故而知新,可以为师矣。"⑧"故"是古,指的是过去的政治历史知识;"新"是今,指的是现在的社会实际问题。教师既要了解掌握过去政治历史知识,又要借鉴有益的历史经验认识当代的社会问题,知道解决问题的办法。"温故知新"这一命题还有另一层含义,就是新旧知识之间的关系。旧知识是已有的认识成果,是认识继续发展的基础。温习旧知识时能积极思考联想,扩大认识范围或将认识进一步深化,从而获得新的知识。巩固旧知识与探索新知识,两者之间存在辩证关系。教师负有传递和发展文化知识的使命,既要注

---

① 《孟子·公孙丑上》。
② 《论语·子罕》。
③ 《论语·学而》。
④ 《论语·卫灵公》。
⑤ 《孟子·公孙丑上》。
⑥ 《论语·述而》。
⑦ 《论语·述而》。
⑥ 《韩诗外传》卷六。
⑦ 《论语·述而》。
⑧ 《论语·为政》。

意继承,又要探索创新。

### (三) 诲人不倦

教育是高尚的事业,需要对学生、对社会有高度责任心的人来为其服务。教师以教为业,也以教为乐,要树立"诲人不倦"的精神,孔丘自己就是这样的人。他从 30 岁左右开始办学,40 多年不间断地从事教育活动;就在他从政 5 年间,也仍然从事传授,周游列国时,也随处讲学。他实行来者不拒的方针,晚年也没有停止传授工作,培养了许多学生。诲人不倦不仅表现在毕生从事教育,还表现在以耐心说服的态度教育学生。有的学生思想品德较差,起点很低,屡犯错误,他不嫌弃,耐心诱导,造就成才。如子路,被人视为无恒的庸人,恶劣至甚,但"孔子引而教之,渐渍磨砺,阖导牖进,猛气消捐,骄节屈折,卒能政事,序在四科"①。把子路改造过来并成为突出的人才,是诲人不倦的结果。为什么他能长期诲人不倦,他曾表白说:"爱之,能勿劳乎?忠焉,能勿诲乎?"②对学生的爱和高度负责,是他有诲人不倦教学态度的思想基础。

### (四) 以身作则

孔丘认为,教师对学生进行教育的方式,不仅有言教,还有身教。言教在说理,以提高道德认识;身教在示范,实际指导行为方法。教师身教的示范,对学生有重大的感化作用,因此身教比言教更为重要。教师应以自己合乎道德规范的行为给学生作出榜样。凡提倡学生做的,自己必先做到;不要学生做的,自己首先不做。教师所说的和所做的一致,才能在学生心目中树立威信。他把以身作则作为教育原则,对教师提出了严格的要求。他多次论述以身作则的重要原则,他说:"其身正,不令而行;其身不正,虽令不从。"③又说:"不能正其身,如正人何?"④本身作风端正,树立了好榜样,不用下命令也能行得通;本身作风不端正,虽然下了命令,也没有人愿意听从。自己都不端正,如何能去端正别人呢?这些道理来自社会实际经验,不仅对道德教育是适用的,而且具有普遍意义。

### (五) 爱护学生

他爱护关怀学生表现在要学生们努力进德修业,成为具有从政才能的君子,为实现天下有道的政治目标而共同奋斗。他坚信仁道是正确的政治理想,应当争取实现。他把希望寄托在学生们身上,他说:"后生可畏,焉知来者之不如今也。"⑤他对学生充满信心,对他们的发展抱有比较乐观的态度。根据发展规律,他认为新一代可能胜过老一代,学生可能会超过老师,学生是事业希望所在,应该加以重视和培养。他能客观公正地看待所有学生,特别是那些有特殊经历的学生,如公冶长是曾经坐过监牢的人,但他坐监牢并非是本人道德品质不好,而是受亲属牵连。因此,对他不应存有偏见,而应看他本人的思想表现。他对学生的健康也十分关心,冉伯牛患了不治之症,他亲自探望,表示非常惋惜;颜回病逝,他哭得很伤心,这些都表现了他与学生休戚与共的感情。孔丘爱护学生,也受到学生们尊敬。在学生们眼里,他的人格非常崇高,他的学识非常精深,

---

① 《论衡·率性》。
② 《论语·宪问》。
③ 《论语·子路》。
④ 《论语·子路》。
⑤ 《论语·子罕》。

他的教导是生活的座右铭,因而威望极高。子贡十分敬仰孔丘,认为他的思想学说犹如日月光辉,照耀人间。任何人对他诬蔑攻击,都无损于他的伟大。这是学生尊师的突出表现。

### (六) 教学相长

孔丘认为,教学过程中,教师对学生不是单方面的知识传授,而是可以教学相长的。他在教学活动中为学生答疑解惑,经常共同进行学问切磋。《论语·学而》记载:"子贡曰:'贫而无谄,富而无骄,何如?'子曰:'可也,未若贫而乐,富而好礼者也。'子贡曰:'《诗》云:如切如磋,如琢如磨。其斯之谓与?'子曰:'赐也,始可与言《诗》已矣,告诸往而知来者。'"子贡颇聪敏,告知他一项道理,他能引申及于未知的事,引用《诗》来作譬喻,说明他理解《诗》的写作手法,也理会对学问道德还要提到更高的程度。《论语·八佾》记载:"子夏问曰:'巧笑倩兮!美目盼兮!素以为绚兮!何谓也?'子曰:'绘事后素。'曰:'礼后乎?'子曰:'起予者商也,始可与言《诗》已矣。'"学生学诗有疑难而请教,教师答疑就本意作了说明,学生得到启发进一步考虑此诗可借喻礼与仁的关系,思考问题更有深度。教师于此反受启发,向学生学习而获益。这些事实说明,教学相长的道理已为孔丘所认识,也为孔丘所提倡。

孔丘是一个"以德服人"的教育家,是中国历史上教师的光辉典范。他所体现的"学而不厌,诲人不倦"的教学精神,已成为中国教师的优良传统。

## 九、长久的历史影响

孔丘是全世界公认的伟大的思想家和教育家。他的思想是大变革时代社会矛盾的反映。从他对社会变革的态度来看,他属于奴隶主阶级的改良派,在政治上偏于保守,但在教育上却倾向革新。他毕生从事教育活动,建树了丰功伟绩。他在实践基础上提出的一些首创的教育学说,为中国古代教育奠定了理论基础。

孔丘在教育史上的贡献是多方面的。他首先提出教育在社会发展和人的发展中的重要作用,强调重视教育;他创办规模较大的私学,开私人讲学之风,改变"学在官府"的局面,成为百家争鸣的先驱;实行"有教无类"的方针,扩大受教育的范围,使文化教育下移到平民;培养从政君子,提倡"学而优则仕",为封建官僚制的政治改革准备条件;重视古代文化的继承和整理,编纂《诗》、《书》、《礼》、《乐》、《易》、《春秋》作为教材,保存了中国古代文化;总结教育实践经验,对教学方法有新的创造,强调学思行结合的教学理论;首倡启发式教学,发展学生的思维能力;实行因材施教,发挥个人专长,造就各类人才;重视道德教育,以仁为最高的道德准则,鼓励人们提高道德水平;提出道德修养应遵循的重要原则,重视立志,明确人生的前进方向;力求走在中庸之道上,自觉进行思想检查,改过迁善;要求教师具有良好的职业道德,学而不厌,诲人不倦,以身作则。他认真总结教育经验,提出了不少创见,成为中华民族珍贵的教育遗产,产生了重大的历史影响。

孔丘是儒家学派的创始人。孔丘之后,儒家学派经历了分化、发展、融合、改造、再改造,起伏变化,已非原本形态。儒家学派与中国封建社会的发展密切相关。历代的封建统治者,根据自己的利益和需要来利用改造儒家思想,使它为维护封建统治服务。孔丘的思想学说深刻地影响着中国封建时代的政治、经济、文化,这种影响有积极因素也有消极因素,在不同历史阶段起了不同的作用。在封建社会处于上升时期,它被利用为巩固封建制度服务,对社会发展起积极作用是主要的；当封建社会到了没落时期，它被利用来维护封建制度，对社会发展则起消极作用。

孔丘的教育思想是中华民族珍贵文化遗产的一部分。如何总结继承这部分珍贵遗产，"五四"以来一直成为有争议的问题。民族虚无主义者采取彻底抛弃、全盘否定的态度，复古主义者采取不加批判、全盘接受的态度，两者都犯了片面性的错误。我们应当以历史唯物主义为指导，正确、全面地评价孔丘的教育思想，批判地继承这一份珍贵的教育遗产，以促进现代文化教育事业的建设。

## 本章小结

中国奴隶制社会开始于夏朝。社会的阶级分化，是造成教育发生分化的直接原因。原始社会那种民主平等的教育发生了质的变化，学校由国家来组织和管理，少数贵族才有享受学校教育的特权，其目的是培养、训练居于奴隶之上的统治者。多数从事体力劳动的民众被排除在学校之外，只能在社会生活和生产劳动中接受生活教育和统治者施行的教化。

奴隶社会的教育经历了一个发生发展的兴衰过程。夏代是奴隶社会教育形成的时期，商代时得到进一步发展，至西周则达到鼎盛阶段，到春秋时代就渐趋没落。商对夏的教育制度有所继承和发展，周对商的教育制度又有所继承和发展，西周教育是在历史发展过程中形成且具有特色的典型代表。

奴隶社会的经济、政治条件决定了当时只有官学而没有私学，官学机构与政治机构联系在一起，没有分离独立，历史上称这种现象为"学在官府"。西周按行政管理系统，分设国学与乡学，不同等级学校之间存在一定联系。按贵族子弟不同年龄阶段，分设小学、大学，教育内容有习小艺与习大艺之别，而其要求是先后贯通的。西周贵族教育制度在当时是世界上最先进的。

西周教育的特征和标志就是六艺教育。"六艺"既是教育内容的总称，也是一个时代文化精华的集中反映。它既强调道德精神，也强调刚健体格；既重视文事，也重视武备，包容有德、智、体、美多方面的教育因素，形成了一种教育传统，对后世产生了深远的历史影响。

夏、商、西周三朝教育实践经验的逐步积累，是教育理论产生的基础；阶级统治和社会变革的需要，是教育理论发展的动力。当时，杰出的政治家为了治国育材的需要，先后提出一些教育思想观点，指导官学的教育实践。到春秋时期，社会发生大变革。文化下移的历史趋势，需要教育理论有重大发展。孔丘教育思想的产生有其历史的必然性，他继承了以往教育思想遗产、六艺教育传统，他还具有《诗》、《书》、《礼》、《乐》的文化素养和私学教育实践经验。这些主客观条件，使他成为一个伟大的教育家、儒家教育理论体系的奠基人。他留下的丰富的教育思想遗产，成为2000多年中国封建教育思想的渊源。一些经过历史检验符合教育规律的思想，仍然对现代的教育工作者有所启迪。

## 思考题

1. 奴隶社会教育制度形成于何时？有哪些历史性变化？
2. 六艺教育的内容是什么？
3. 春秋时期历史性的教育变革有何表现？
4. 孔丘在教育史上有哪些贡献？

# 第三章 战国时期的教育

> **本章导读**
> 战国时期的教育是春秋时期教育的延续并达到鼎盛。私人讲学在战国形成人才培养和学术传播的众多流派,并出现稷下学宫这样汇集诸多学派、以自由讲学为特色的高等学府。由孔丘创立的儒家教育,至战国发展出注重内发的孟轲学说和注重外铄的荀况学说。孟荀分别以仁义和礼法为重,并表现出注重深造自得和注重文献经传的差异。儒家教育思想在战国后期形成的《礼记》中实现了第一次总结。代表小生产者利益的墨家教育脱胎于六艺教育,却在培养目标、教育内容和教学方法方面显示出特色。道家追求发展人的自然天性的教育,因而认为遵循社会原则的教育是对人性的摧残,并倡导认识和学习中的独立思考。法家排斥知识和道德的价值,强调专制主义的教育原则,这意味着战国教育思想争鸣的终结。

自公元前475年起至公元前221年止,中国进入了一个重要的历史时期。在经过春秋时期长期的兼并战争和各诸侯国内部政治经济的发展之后,到公元前4世纪末,在中国大地上出现了魏、赵、韩、齐、秦、楚、燕"七雄"争霸的局面,直到秦始皇兼并六国,建立了统一的中央集权的封建国家才告结束。人们称这七大诸侯国为"战国",这一时代也就被称为战国时代。

战国时代是一个社会大转变时期。新的封建生产关系逐渐成熟,生产力大解放,生产大发展。当时,铁制工具已被广泛使用,交通运输和农业灌溉已有所发展,农业和手工业生产都达到较高水平,商品经济的比重逐渐增加,城市日见兴盛与繁荣。这就为更多的人脱离物质生产从事脑力劳动,为思想、科学、文化、教育的发展,提供了更丰裕的物质产品和更宽广的活动舞台。

战国时代又是一个大动荡大变革时期。各诸侯国内部先后建立了地主阶级政权,统治阶级纷纷变法改革社会政治经济制度,社会矛盾异常尖锐复杂。没落奴隶主贵族和新兴地主阶级之间、地主阶级中不同阶层不同集团之间、统治者和人民之间、各诸侯国之间,就是否建立、巩固封建制这一核心问题展开了错综复杂的斗争,构成了战国时代思想学术、文化教育发展的社会基础。

战国时代还是一个思想、科学、文化的大繁荣时期。面对社会变革,人们出于不同的阶级和社会集团的利益,纷纷著书立说、议论时事、阐述哲理,产生了一批著名的学者和学派。各家各派之间既相互批判、辩驳,又相互影响、吸取乃至融合;同一学派在发展过程中也往往发生演变和分化,思想学术因之空前繁荣。科学技术也取得较大进步,如天文学、数学、光学、声学、力学等方面均达到较高水平;《素问》《灵枢》以及神医扁鹊的出现,形成了医学发展的一个高峰;同时,还发明了指南仪器"司南"、计时仪器"滴漏"和攻防器械等。这些科技成果标志着人们认识水平的提高,丰富了人的精神世界和物质生活。文化也随之呈现出崭新的面貌:文字简化,文体变革,文学、艺术卓绝一时;加之史书编撰、文献整理,使战国文化发展较之前代堪称一场"新文化运动"。这些都直接或间接地促进着战国时代教育的繁荣和教育思想的活跃。

于是,中国历史上一个教育发展的辉煌时期到来了!

## 第一节　诸子百家私学的发展

### 一、养士之风盛行

中国传统学校的发展在春秋战国时期的重要收获是私人办学的出现。经春秋时期的积累，进入战国后私学臻于繁荣。

战国时代，诸侯国之间、一国之内公室与私门的争斗愈演愈烈，因之养士之风大盛。公室如鲁穆公、魏文侯、齐威王、齐宣王、梁惠王、燕昭王都一度吸引了大量士众。私门养士如著名的四公子——齐国孟尝君(田文)、楚国春申君(黄歇)、赵国平原君(赵胜)、魏国信陵君(魏无忌)，以及秦国吕不韦，都是动辄"食客三千"。各种学派、各种身份的士人只要有一技之长，就被罗致。这些王公大人都能够放下架子，"礼贤下士"。战国君主中最先以礼贤著称的魏文侯，据说他与孔丘弟子段干木见面，"立倦而不敢息"①。段干木辞官不受，隐居在家，魏文侯每当坐车路过他家，都要手扶车上的横木站起身来，以示恭敬。公室如此，私门更甚。孟尝君礼待冯驩，一再满足他的要求。信陵君为了结交隐士侯嬴，不仅上门亲迎，还为之执辔。就是凭着这样的礼遇，各国的执政者才赢得了游士们的效忠——或出谋划策，或奔走游说，或著书立说，由此壮大着自己的势力。士的聚散关乎一国的强弱与兴衰，因此他们的礼贤下士是迫于政治需要。

由于各国执政者竞相养士，而士既有其所业与所长，也成为一种新的社会力量。《国语·鲁语下》记载："士朝受业，昼而讲贯，夕而习复，夜而计过无憾，而后即安。"这样，使士成了人们择业的对象，学习做士成为社会风气。这就促进了私学的大发展，产生了不少著名的私学和大师，如孟轲"后车数十乘，从者数百人，以传食于诸侯"②；道家田骈在齐国，"资养千钟，徒百人"③；农家许行躬耕而食，也有"徒数十人"④；连医家扁鹊也与其弟子亦教亦学亦医，周行于各诸侯国、各大城市。

养士之风的盛行，为战国诸子百家争鸣创造了条件。由于"邦无定交，士无定主"，士是一个有相当独立性的社会阶层，他们与各国执政者之间不存在人身依附关系，合则留，不合则去。而各国执政者的竞相罗致供养，也抬高了他们的社会地位，强化了士的独立意识。孟轲曾说："说大人，则藐之。"⑤因为，"他仗着他的财富，而我凭着我的仁；他仗着他的爵位，而我凭着我的义，我有什么不如他的呢？"⑥鲁穆公向子思表示，愿待之以友，而子思竟表示不满，以为鲁穆公应以师礼尊之。正是在这样的社会氛围中，士人们思想束缚很少，能够在思想学术、文化教育领域内纵横驰骋。再则，各国执政者的竞相养士和用士于现实政治斗争，也促成了各家各派的竞争和争鸣。各家学者为显示其学说之所长，或著书论辩，或驰说奔竞，以在激烈复杂的政治斗争中一逞其能。因此，出现了诸子蜂起、学派纷呈、百家争鸣的局面。

---

① 《吕氏春秋·下贤》。
② 《孟子·滕文公下》。
③ 《战国策·齐策》。
④ 《孟子·滕文公上》。
⑤ 《孟子·尽心下》。
⑥ 参见《孟子·公孙丑下》。

## 二、百家争鸣

"百家"是虚指,乃是形容学派之多。具体学派数,汉初司马谈总括为六家,即阴阳、儒、墨、法、名、道。① 西汉末年,刘歆又总括为十家,即儒、道、阴阳、法、名、墨、纵横、杂、农、小说家,并以为"其可观者九家而已"②,即除去小说家。除上述各家外,较著名者还有兵家和医家,可以归入阴阳家的数术,可以归入道家的黄老学派等。再则,各家之中又实际上区分为诸多不同的派别,如"儒分为八"、"墨离为三",道家、法家之中也都是派别众多,而各家各派之间也实际上存在着交叉关系,如道家与法、名、兵家,墨家与名家,阴阳家与儒家,以及儒与墨、儒与法,甚至儒与道等等。在诸多学派中,思想学术地位最为重要者为儒、墨、道、法、名、阴阳诸家。在教育方面较有造诣的,则为儒、墨、道、法诸家。

儒家在孔丘之后的著名学派中,当首推子思、孟轲一派。这一派继承孔丘"仁学"思想,提出充分肯定人的主观作用的教育思想。思孟学派在当时并未受到各国执政者的重视。

儒家中另一个有重大影响的派别为荀况学派。荀况提出"礼治"主张,确认封建等级制度的天经地义,并提出"性恶论",作为其以"外铄"为特征的教育思想的理论根据。荀况的思想更为适宜走向统一的封建专制制度的需要。

代表小生产者利益的墨家是与儒家相对立的学派。墨家主张消弭社会等级,强调社会实利;在教育上信奉经验与实践,讲究思维训练,十分重视科学技术知识的价值等。秦统一后,作为一个学派墨家不复存在。

由老子开创的道家学派,通过"剽剥儒墨",在战国时期有较大的发展。老子对事物的辩证法有极深刻的研究,并主张"自然"、"无为",但却怀疑人类文明的价值,幻想退归"小国寡民"的社会,表现了避世的思想特点。老子之后,道家也流派众多。如与墨家学说一度平分天下的杨朱,主张"为我","全性葆真,不以物累形"③。道家在齐国稷下形成著名的黄老学派,发展了老子对社会实践中成败、得失的研究,表现出入世精神,代表人物有宋钘、尹文、环渊、接子等人。庄周一派被认为是道家正宗,它将老子思想中强调人与自然的对立推向极端,追求精神的逍遥和对大自然的仰慕,表现了遁世主义和相对主义。"老庄"作为出世思潮的代表,对魏晋以后中国的士人阶层有广泛而深刻的影响。

法家是新兴地主阶级最为激进的思想代表。法家主张凭借实力和暴力求得统一,反对德化,主张法治,强化君权,成为秦国统一六国的指导思想。法家对传统文化采取虚无主义态度,对人的价值表示轻视,其思想和实践留给后人很多教训。

许行所代表的农家是战国时代为农民立言的一个学派。许行主张"并耕而食",要求每个社会成员都必须以劳动得食。农家的主张有批判剥削、要求经济平等的一面,但也表现了个体农民的某种保守与局限。农家以其独特的思想与行动引发了当时关于社会分工问题的争论,也使它在历史上占有一席之地。

---

① 参见《史记·太史公自序》:"论六家要指"。
② 参见《汉书·艺文志·诸子略》。
③ 《淮南子·氾论训》。

动荡而剧变的社会必将带来观念与现实之间的脱节与冲突，这就导致战国时代的"名实之辩"和"正名"要求，产生了名家或辩者这一学术流派。出于论战的需要，各家都注重对思维和论辩方式的探讨，但最为留意于逻辑思维形式问题探索并作出贡献的则为名家，其代表是惠施、公孙龙，以及庄周和后期墨家。惠施的"合同异"、公孙龙的"离坚白"、庄周的"齐是非"，以及后期墨家的逻辑学，促进了认识论和逻辑学的发展，从思维形式方面影响了百家争鸣和学术发展。

阴阳五行思想形成较早，到战国末年则出现了著名阴阳家邹衍。邹衍学说的重点在于以五行的相生相胜来说明历史的变化、王朝的更替，创立了"五德始终说"；并提出"大九州说"，说明了中国的统一乃是必然，也表达了最为原始的世界观念。阴阳五行学说与儒家思孟学派有千丝万缕的联系，到汉代则更进一步与儒家思想结合，影响了汉代政治和学术的发展。

此外，兵家的军事辩证法、医家的人体科学知识及其诊疗辩证法，都对战国思想、学术的发展有重要的贡献。

战国时代的百家争鸣呈现出相当复杂的局面。各个学派之间、同一学派不同流派之间，既相互斗争，又相互影响和吸取。他们对自然、对社会的认识既各有其深刻之处，也各有其偏颇甚至失误，由此构成了认识的矛盾运动，不断深化着人们的思想和认识水平。

在百家争鸣中，参与争鸣的各家各派很少有脱离社会现实而徒然论辩的。这种以社会现实问题为思想起点、以社会现实问题的解决为思想归宿的作风，直接影响了当时社会变革的进行，并对后世人们的思想学术活动产生影响。

在百家争鸣中，教育问题始终是一个中心问题。这不仅是因为参与争鸣的各家各派都可以说同时就是一个个教育团体，都有着丰富的教育实践；而且差不多每家每派在认识和说明自然与社会问题时，都意识到教育在其中的重要地位。因此，百家争鸣也意味着教育思想的争鸣、教育理论的发展。

### 三、私学发展

私学始于春秋而盛于战国。战国时代养士之风盛行和百家争鸣展开，促进了私学的繁荣。可以说，有多少家学派就有多少家私学，但对教育发展影响最大的则为儒、墨、道、法四家私学。

#### （一）儒家私学

孔丘是儒家私学创始人。孔丘之后，儒家内部分为八派，"有子张之儒，有子思之儒，有颜氏之儒，有孟氏之儒，有漆雕氏之儒，有仲良氏之儒，有孙氏之儒，有乐正氏之儒"[①]。其中最有影响的，是以孟轲为代表的"孟氏之儒"和以荀况为代表的"孙氏之儒"。

有学者考证，"子思之儒"、"孟氏之儒"和"乐正氏之儒"三派实为一派，即思孟学派。[②]这一派私学在教育理论方面颇有造诣，在教育史上地位重要，像《大学》、《中庸》、《学记》等一些著名的先秦教育论著都与他们有关。思孟学派对中国古代教育的发展有特别大的影响。思孟学派的讲学主要是在邹鲁地区，也常往来于邻近一些中原地区的国家。

荀况的私学活动也同样十分著名。他曾长期执教于齐国稷下学宫，还到过赵国，晚年又长期

---

[①]《韩非子·显学》。
[②] 郭沫若：《郭沫若全集·历史编》第二卷：《十批判书·儒家八派的批判》，人民出版社1982年版，第131页。

居留楚国著书。荀况私学传授有两个突出特点：一是作为儒家大师，却培养出韩非和李斯两位著名的法家学者和政治家，促成了国家走向统一；二是极为注重儒家经籍的传授，对保存古代文献作出了贡献。

（二）墨家私学

墨翟开创的墨家私学初创时声势甚大，据墨翟自称有门人三百。墨翟讲学于北方各国，故有"北方贤圣人"之称。在南方各地和西方秦国，也有墨家的活动。由于墨家是代表小生产者的学派，这就决定了墨家私学的诸多特色。

首先，墨家私学传授生产和科学知识。出于墨家"兼相爱，交相利"的政治理想和重经验的认识论，墨家私学的教学内容有农业和手工业生产知识、军事器械制造和使用知识与技能、自然科学知识，表现了与儒家私学迥异的特点，而与生产、科学和社会物质生活有着更为紧密的联系。这连带影响到其教学方法更多的是辛勤劳作，而不是坐而论道。因此，墨家是坐"无暖席"，师生都是穿草鞋、着粗衣、满手是茧。可以说，墨家私学中学习是劳作，劳作也是学习。

其次，墨家私学既是教学团体，也是带有宗教色彩的政治团体。出于培养"兼士"的需要，加之保留着手工行业的某些行业规矩，墨家私学有着严密的组织、严肃的纪律和严格的教育与训练。墨家团体有首领，称为"钜子"，墨家以钜子为圣人，要求门徒绝对服从，成为其忠实信徒。墨者如果违背了墨家的主义，必须依墨家之法处罚。

墨翟死后，墨家分离为三派，"有相里氏之墨，有相夫氏之墨，有邓陵氏之墨"①。但墨家后学并未形成像儒家那样有实质意义的学术分派。尽管如此，墨家后学在战国中、后期相当活跃，在自然科学和逻辑学方面取得很高的学术成就。

（三）道家私学

道家思想和道家私学产生在春秋末期，盛行在战国时代。一般认为，道家的老庄乏有教学活动。但作为春秋战国时期的著名学派，即使避世如老庄，也很难想象他们会没有讲学授徒。因为在书籍等传播媒介尚不发达的情况下，学术的传承在相当大程度上依赖口耳相传。事实上，先秦典籍中确实保存着一些老庄不避来学乃至经常施教的材料。

老聃的教育活动是在春秋战国之际。他曾做过"周守藏室之史"②，是掌管周王朝图书典籍的史官。在周王室衰微、文化下移的潮流中，他由朝廷流落于野，携周之典籍到楚，并逗留于鲁、秦、沛等国。由于他熟谙典籍，十分博学，完全可能成为最早的私学教师之一。《庄子》书中提到老聃有学生柏矩、庚桑楚、阳子居（一说即杨朱）等人，还有数人曾问学于他，其中就有孔丘。此外，《汉书·艺文志》记载《文子》、《蜎子》、《关尹子》的著者，都是老聃弟子。可见，老聃可能不像孔丘那样开庭设教，但有私家的知识传授却是可以相信的。

庄周生活在战国中期，与孟轲同时或稍晚。他是道家的正宗，是他使道家真正成为一个学派而与儒、墨相抗衡。庄周早年可能曾学过儒，与颜渊一派有些关系，后来成为隐士。未发现庄周开办过声名显赫的私学，但他定有门徒，这在《庄子》书中有些记载。而且，《庄子》一书分为内篇、外篇、

---

① 《韩非子·显学》。
② 《史记·老子韩非列传》。

杂篇，通常认为内篇为庄周自撰，而外、杂篇出自多人手笔，可能掺杂了其门徒和后学的作品。

稷下道家发明黄老之术，使之更适合于现实政治需要，表现出或儒、或法的趋向。由于稷下道家积极的干世精神，加之齐国君主的礼遇，所以教育活动十分活跃。《荀子·正论》说宋钘"严然而好说，聚人徒，立师学，成文典"。著书讲学，一派兴旺。据说能言善辩的田骈就有"徒百人"。在稷下诸子中，道家人数最多，势力最大，地位也显要，这与他们的讲学活动显然分不开。

道家是一个思想异常活跃的学派，尽管关于教育、教学过程未必有多少专门的见解和主张，但他们以独特的思维方式分析社会和文化教育，确也提出不少独到的见解，甚至触及了一些教育的本质问题。

### （四）法家私学

早期法家以李悝、吴起、商鞅、慎到、申不害等人为代表，其私学活动比较集中在被称作"三晋"的韩赵魏地区。早期法家可以说是早期儒家陶冶出来的。孔丘死后，其晚辈高足子夏来到魏国，在西河讲学，有弟子数百，这就是有名的西河学派。在子夏的弟子中，就有被人称为法家真正肇始人的李悝及吴起等人。战国初期，魏国集中了一批受儒家思想熏陶的法家人才，魏国因之而强。由于子夏与法家的关系，所以《韩非子·显学》不将他列入儒家诸派之中。

商鞅的出现，意味着法家的成熟。商鞅是李悝的学生，可称是儒家的"徒孙"，却走向其对立面。其重"耕战"和"燔诗书而明法令"的主张，指导秦国变法取得成效，并开了韩非思想的先河。

后期法家以韩非与李斯为代表。韩非是先秦法家思想的集大成者，而李斯则将法家理论引向实践道路。从商鞅到韩非又到李斯，这就是法家理论由形成到付诸实施的过程。

## 第二节 齐国的稷下学宫

稷下学宫是战国时代齐国一所著名的学府，它既是战国百家争鸣的中心与缩影，也是当时教育上的重要创造。稷下学宫对中国古代学术、文化和教育的发展，产生过重大的历史影响。

### 一、稷下学宫始末

所谓"稷下"，乃是指齐国都城临淄（今山东省淄博市）的稷门（城西南门）附近地区。齐国君主在此设立学宫，稷下学宫因此而得名。

稷下学宫，历史悠久，早在齐桓公田午当政时期就已创立（约在前370—前360年间）。

稷下学宫是时代发展的产物。战国时代的封建化改革是从魏国开始的。魏文侯师事子夏、田子方、段干木，重用李悝等人，开了战国时代封建国君礼贤学士、重视学术研究和培养人才的风气。齐国也是实现封建化较早的国家。公元前386年，田氏取代姜姓成为齐国君主，标志着封建制度在齐国确立。为了适应对内变革、对外争霸的需要，齐国统治者不仅要招纳、网罗天下贤才，而且还意在培养、训练新一代贤士。兴办稷下学宫，就成为此后历代齐国统治者的明确意识。

齐国有办学的经济条件。齐国地处东方，偏离征战频繁的中原，加之四境有天然防御屏障，被称为"四塞之国"，虽然处于战争年代，却有比较安定的生产环境。当时齐国的农业、手工业和商业都较发达，境内人烟稠密，是一个富强大国。尤其是城市发展很快，国都临淄在各国城市中最大也最繁华。城中人口众多，市民殷实。繁华的大都市成为设立学宫的理想处所。

据东汉徐幹《中论·亡国》说:"齐桓公立稷下之官(宫),设大夫之长,招致贤人而尊宠之。"齐桓公当政是在公元前374至公元前357年,那么学宫之创约在公元前4世纪60年代左右。学宫创设后,历经齐桓公、威王、宣王、湣王、襄王、齐王建六代,历时约150年。

学宫创立后始终与齐国政治发展息息相关。齐桓公之子齐威王任用邹忌实行法治,也注意发展文化教育,招徕和培养人才。各国学者愿来稷下著书讲学者皆礼遇之,愿留者均称为"稷下先生",故此,各国学者来稷下游学者络绎不绝。稷下学宫初盛,成为闻名于各国的文化、教育、学术中心。

齐宣王欲与魏秦争霸,更广泛罗致各国人才,扩建学宫,开府第以居学士,兼容各家,鼓励争鸣。来游学者达数百上千人,被赐为"上大夫"的著名学者有76人,稷下学宫达到鼎盛。

齐湣王时,稷下师生一度多至数万人,但到其执政后期,无论学宫还是齐国都呈现颓势,荀况等一批稷下先生纷纷离去。公元前284年,齐湣王被燕赵韩魏秦联军打败,临淄失陷,学宫也遭破坏,陷于停顿。

湣王之子齐襄王恢复稷下学宫,招回和招聘了一批稷下先生,使学宫仍成为学术争鸣和传播场所。荀况是当时的德高望重者,三次被尊为祭酒。

襄王死后,齐王建在政治上无所作为,稷下学宫也缺乏生气。公元前221年,秦军攻入临淄,齐王建投降,齐国亡而稷下学宫终。

作为一个实体存在的稷下学宫的结束,标志着一个"处士横议"时代的终结。然而,稷下学宫以其宏富的学术造诣、出色的人才培养,给中国历史和思想文化的发展留下了难以磨灭的影响。

## 二、稷下学宫的性质和特点

稷下学宫的出现意味着先秦士阶层发展的登峰造极,也表现了养士的制度化。作为特殊历史条件下的产物,稷下学宫独具特色。

### (一) 稷下学宫的性质

#### 1. 稷下学宫是一所由官家举办而由私家主持的特殊形式的学校

稷下学宫的初创是出于田齐政权"招致贤人"的目的。[①] 齐宣王曾说:"寡人忧国爱民,固愿得士以治之。"[②] 刘向《别录》也说:"齐有稷门,齐之城西门也。外有学堂,即宣王所立学宫也。"这些表明了稷下学宫的官办性质。事实上,像稷下学宫这种凡游学者皆来者不拒的"包下来"做法,非由官办不行。数量可观的大师及其学生、康庄大道、高门大屋,构成了可容纳上千师生的规模宏大的齐国学府,也是战国时代的最高学府。这种规模的养士,使任何国家公室和私门的养士都相形见绌。所以,从主办者和办学目的来看,稷下学宫是官学。

学宫的重要特色是容纳百家、思想自由。当时,稷下学宫曾先后存在过儒家、道家、法家、名家、阴阳家,可能存在过墨家、农家,以及无所归属的学者。这一事实说明,齐国统治者只是为稷下的学术活动创造了物质条件,各家各派在学术上的发展则都是自己的事。正因为学派自主,才会有百家之学的存在。在稷下学宫,一是不以统治者的好恶独尊一家而压制其他各家,或以一家

---

① 参见徐幹:《中论·亡国》。
② 《战国策·齐策四》。

为标准统一各家;二是充分允许各家"各著书言治、乱之事,以干世主"①。齐国统治者的这种措施,保证了稷下各家各派在学术和教学活动中的私学性质。再则,即使是学宫的学术领导人也通常由像荀况这样有独立学者身份的私家学者来担任,这也使稷下学宫在整体上带有若干私学性质。可以说,正是因为稷下学宫在学术上的私学性质,才保证了它在学术上的繁荣。

**2. 稷下学宫是一所集讲学、著述、育才活动为一体并兼有咨议作用的高等学府**

稷下学宫的创设是以"招致贤人"、"得士以治之"为目的的,这就决定了学宫是一所以学术活动为主要任务的高等学府。

一是讲学。春秋战国时期的私学通常允许教者自由择徒,随处讲学;学者可以自由择师,随处求学。稷下学宫是一个十分集中的游学场所,其讲学活动十分兴盛。由于各学派集于一地,客观上使学者可以跨越学派门墙,广泛求学,学无常师。甚至在稷下还有定期的学术集会。据刘向《别录》云:"谈说之士,期会于稷下也。"这种"期会",可能就是稷下各派学者定期举行的讲演、讨论、辩论之类的学术交流会。郭沫若认为,《管子》中的《弟子职》,"当是齐稷下学宫之学则",由此也可以看出稷下讲学活动的制度化。因此,稷下学宫的讲学已经超出春秋战国时期一般私学讲学的水平,体现了高等学府讲学的特色。

二是著述。稷下学宫的重要特色是学术性,这一方面表现为各家各派的讲学和思想交锋,另一方面表现为著书立说。稷下学者留下的著作堪称宏富。仅据《汉书·艺文志》记载,与稷下有关的子书就有《孙卿子》、《公孙固》、《蜎(环)子》、《田子》、《捷(接)子》、《邹子》、《邹子终始》、《邹奭子》、《慎子》、《尹文子》、《宋子》等,分属儒、道、阴阳、法、名诸家。除了学术风格鲜明的各家子书外,稷下还留下了一些集体劳动的学术成果,如《管子》托名管仲所作,实则是一部以法家为主的稷下先生的论著汇集,故人称为《稷下丛书》②;记述春秋末晏婴遗闻轶事的《晏子春秋》,柳宗元认为"非齐人不能具其事"③,完全有可能是经稷下先生整理而得以流传;受齐威王之命整理的军事论著——《司马兵法》是出自众"大夫"之手;④甚至连《周礼》这样一部汇集了从西周到战国各国典章制度的书,也很可能是由以淳于髡为首的一批稷下先生整理出来的。⑤ 凡此种种,表明了稷下学术研究的活跃。稷下先生积极著书立说,与讲学与争鸣互为因果、互为表里,从又一个方面展现了稷下学宫作为高等学府的特色。

三是育才。稷下学宫罗致了当时中国绝大多数的学派,而来稷下的学派又均有本学派的从学弟子。这些私家学派通过大师的著述和讲学,培养了学派的传人和时代所需要的各种人才。但稷下的育才并非仅仅是这些私家学派育才易地于稷下而已,作为一个有实体意义的教育机构,稷下学宫本身在育才上也是有作为的。《管子·弟子职》从饮食起居到衣着服饰,从课堂教学到课后修习,从尊敬师长到个人修养等众多方面,规定了学生必须注意的事项。如此完备的学生守则,表现了稷下育才的目的性、计划性和组织性。而稷下学宫的学派共处和百家争鸣则创造了人才培养的良好学术环境,这是任何私家学派都难以创造的。因此,严格的教育管理、浓厚的学术

---

① 《史记·孟子荀卿列传》。
② 顾颉刚:《"周公制礼"的传说和〈周官〉一书的出现》,《文史》第六辑,中华书局1979年版。
③ 《辩晏子春秋》,《柳河东集》,上海人民出版社1974年版,第70页。
④ 《史记·司马穰苴列传》。
⑤ 顾颉刚:《"周公制礼"的传说和〈周官〉一书的出现》,《文史》第六辑,中华书局1979年版。

氛围、良好的物质条件,共同创造了一个人才成长的大环境,这就是稷下学宫的整体优势。稷下学宫确实人才辈出,在战国中后期的政治活动和学术活动中,几乎处处可见稷下先生活跃的身影。善于出谋划策、排难解纷的鲁仲连,博采众家之说的荀况等,都是稷下的出色人才。

此外,稷下学宫还成为一个事实上的咨政议政机构。"齐稷下先生喜议政事"①,"以干世主",这是学宫的一大特色。议政干世是当时几乎所有私家学派的特点,而稷下学宫的不同之处在于它为各家学者提供了一个固定的议政论坛。对稷下学者称"先生","皆赐列第为上大夫","高门大屋尊宠之","不治而议论",实际上是通过稷下学宫为齐国聘请了一批高级学术和政治顾问。这些学者说威王、谏宣王、劝湣王,成为齐国的谋士。因此,稷下学宫的政治色彩十分鲜明,干政议政作用比较突出。

### (二) 稷下学宫的特点

#### 1. 学术自由

这是稷下学宫的基本特点。田齐政权创办稷下之学,其目的就是号召各派学者对齐国实现统一霸业作理论上的探讨和说明。为了鼓励学者们进行理论探讨,齐国君主让学者们"不治而议论",即不担任具体职务,不加入官僚系统,却可以对国事发表批评性的议论。这使学者有生活保障而无政事烦劳,可以专心著述言治乱之事。更重要的是,这表示了齐王待学者们以"不臣之位"之意,也就是说,齐王肯定这些被封为"列大夫"的稷下先生们与齐王的关系不是君臣,而在师友之间。于是,稷下学者及其所持之"道"就有了相当的独立和自由。

容纳百家是学术自由的一种表现。出于"争天下者必先争人"②的明确意识,来者不拒,包容百家,这是稷下学宫的办学方针。各家各派的主张都可以在稷下设坛讲学。稷下先生姓名可考者有:儒家的孟轲、荀况,道家的彭蒙、宋钘、尹文、接子、季真、环渊,由道而法者慎到、田骈,名家的田巴、兒说,阴阳家的邹衍、邹奭,博学而无所归属者淳于髡、王斗、徐劫、鲁仲连等。其中虽不见兵、墨、农、纵横等家学者,但稷下千余名学者、70多位上大夫中很难说就一定没有这些学者,可能是其名不显罢了。

在稷下学宫的各家各派,其学术地位是平等的。齐国君主虽然在施政的指导思想、选用人才的标准等方面随时代需要而有所变化、侧重,但他们没有以己之好恶横加抑扬,造成各家之间的尊卑、轻重,而是平等相待。因此,各家各派在平等的竞争中得到发展,像淳于髡、孟轲、荀况、宋钘、尹文、环渊、田骈、慎到、兒说、邹衍、邹奭等,都曾先后在稷下擅一时之风流。

稷下学宫容纳百家,欢迎游学,来去自由,既允许个别游学,如荀况年15始由赵来齐;也允许集团游学,如孟轲有"从者数百人"。孟、荀等学者还几度来去。学宫内各位先生之间也允许学者求师来去自由,从其所愿,甚至可以尽弃旧学而从新说。这种流动的游学制度,使稷下学术内部各学派之间、稷下学术与外部各国学术之间,处于不断交流的状态,富有发展的活力。

相互争鸣与吸取是学术自由的又一种表现。战国时代的政治多元,使百家论辩成为风气。稷下集中了各家学者,更易产生论辩。稷下学宫出现了一些雄辩之才,如被人称为"天口骈"的田骈,"谈天衍"的邹衍;孟轲自谓"岂好辩哉?予不得已也"③,荀况也称道"君子必辩"④;兒说"持'白

---

① 《新序》。
② 《管子·霸言》。
③ 《孟子·滕文公下》。
④ 《荀子·非相》。

马非马也',服齐稷下辩者"①;宋钘、尹文"周行天下,上说下教,虽天下不取,强聒而不舍者也"②。这一大批辩才创造了稷下学术论辩的兴旺局面。这种论辩既有个别的辩,也有大规模的辩;既有先生与先生的辩,也有学生与先生的辩;既有学派内部的辩,也有学派之间的辩;既有理论问题的辩,也有现实问题的辩。此外,还有稷下先生与齐国当权者的辩。如此集中的学术论辩,促进了思想的活跃和学术的繁荣,也使稷下学宫成为战国百家争鸣的阵地。

学术论辩带来稷下诸子学派的吸收、交融和分化、嬗变。到过稷下的不少学者和学派都表现出兼收并蓄的特点。道家黄老学派颇为典型。这是稷下的主要一派,人数多,影响大;内部派别众多,倾向复杂。如宋钘、尹文派,主张对己要严、对人要宽,遇事须忍,与人无争,这是吸取了老聃"少私寡欲"和孔丘"己所不欲,勿施于人"的思想。他们刻苦自励,到处奔走,目的是"禁功寝兵",拯救天下,这又使他们像是墨家学者。又如田骈、慎到派,原学道家之术,也吸取儒家"礼治"、墨家"尚同"思想,将道家思想向法理化发展,成为法家一派。此外,如荀况博采众家,成为先秦学术的集大成者。

### 2. 待遇优厚

稷下学宫发扬了礼贤下士的风格,给稷下学者以非常优厚的待遇。

"不治而议论"是齐国君主给予学者们很高的政治待遇,因为学者所看重的是自己的思想主张能否被接受,人格是否受尊重。齐国君主在尊重学者这一点上,确实做得很充分。《战国策·齐策四》记载了一则故事:齐宣王与士人颜斶相见时让颜走上前来,而颜执意齐王走向他,引起齐王不快。接着颜以"士贵耳,王者不贵"引发一场与齐王及其左右的论辩。最后,折服了齐王,使之承认"士贵",并表示"愿请为弟子"。齐宣王当政时,齐国势力强大,却能向士人折腰求教,可见是如何礼遇士人了。正由于此,致使天下学者竞相来齐。每当齐国生死存亡关头,总会有稷下先生挺身而出。齐国之所以能成为东方强国,重要原因就在能得人。

待遇优厚还表现在物质待遇上。齐宣王时,邹衍、淳于髡等各派学者76人"皆赐列第为上大夫"③。在宽广的大道旁为之修建高大的府第,以示尊宠。淳于髡、孟轲、荀况还被尊为卿。学者们得享相当于上大夫的俸禄,可以专心学问。齐宣王为留住孟轲不离齐,曾许诺:"我欲中国而授孟子室,养弟子以万钟,使诸大夫国人皆有所矜式。"④对稷下先生优越的物质待遇甚至惠及其弟子,是稷下学宫能长期兴盛的重要原因之一。稷下学派、学者云集,也就不足为奇了。

## 三、稷下学宫的历史意义

稷下学宫存在的150年,在历史长河中只是短暂的一瞬,但它留给历史的影响却是深远的。

### (一)稷下学宫促进了战国时期思想学术的发展

当时各国都展开了各学派之间的学术争鸣,但都不如稷下如此集中。史称稷下先生千有余人,但姓名可考者不过十七八人。就在这寥寥十余人中,名列《庄子·天下》篇所论之当时十二子

---

① 《韩非子·外储说左上》。
② 《庄子·天下》。
③ 《史记·田敬仲完世家》。
④ 《孟子·公孙丑下》。

者,稷下先生便有五人(宋钘、尹文、彭蒙、田骈、慎到),其数近半。荀况身列稷下,其《非十二子》评论春秋战国"持之有故,言之成理"的六派思潮十二学者,涉及稷下者凡三派四人(宋钘、慎到、田骈、孟轲),以人数言是三分之一,以学派言恰好一半。这足以说明稷下学宫在先秦思想史上的贡献了。

## (二) 稷下学宫显示了中国古代士人的独立性和创造精神

稷下之学,标志着中国古代士人的黄金时代。公元前541年然明因郑人"议论"执政而主张毁乡校;公元前213年秦始皇也因有恐于"天下散乱,莫之能一"而下令"有敢偶语《诗》、《书》者弃市,以古非今者族!"①但在公元前4世纪前半叶到公元前3世纪后半叶的150年内,知识界的领导人物却能在各国尤其是齐国受到特殊礼遇。他们不仅不用向王侯臣服,还受到师友之待,他们的议论自由还受到制度化的保障,由此得以凭借独立的集团力量(一学派是一集团,所有学派又构成一个社会集团),以自己手中之"道"与王侯之"势"相抗衡,最大限度地发挥了知识阶层作为整体的独立性和创造精神。

## (三) 稷下学宫创造了一个独特的教育典范

稷下之学是特定历史条件下的产物。作为一所高等学府,它是名副其实的。它所独创的官方兴办、私家主持的办学形式,集讲学、著述、育才与咨政为一体的职能模式,自由游学和自由听讲的教学方式,学术自由和鼓励争鸣的办学方针,尊重优待知识分子的政策,都显示了它的成功之处,对后代官学与私学(如书院)的发展具有启迪作用。

稷下学宫尊重贤士,尊重学术,在战国时代的各国中无有出其右者。齐国君主办稷下学宫是为了争霸,然而齐国最终未霸,称霸的恰恰是对学术思想持否定态度的秦国。为什么齐国稷下学宫的成功、思想学术文化教育的成功却未带来政治的成功呢? 在战国中曾一度打算称东帝与西帝的齐秦两国堪称两个典型:齐国学术自由而秦国思想专制,然而结局却是那样地富于讽刺意味,颇值得三思。

# 第三节 墨翟和墨家的教育思想

儒家和墨家是两个著名的学派,韩非称之为"世之显学"。墨家创始人墨翟是继孔丘之后的伟大思想家。他创立墨家学派,并使之与儒家对立,真正揭开了百家争鸣的序幕。

## 一、墨翟生平和墨家学派

墨翟,世称墨子。宋国人,一说鲁国人。生卒年无从确考,约在公元前468年到公元前376年间。② 他基本上生活、活动在战国初年。

墨翟出身卑贱,常自称是"鄙人"、"贱人"。他曾是个精于制造车、械的手工艺人,据说能顷刻之间削三寸之木,制成可载600斤重的轴承。他还曾制造木鸢飞翔于天空。墨翟生活俭朴,为了百姓的利益可以不辞辛劳,"日夜不休,以自苦为极"③。从思想倾向看,他代表着

墨翟

---
① 《史记·秦始皇本纪》。
② 据孙诒让注:《墨子间诂·墨子年表》,中华书局1986年版,第642页。
③ 《庄子·天下》。

"农与工肆之人"的利益。但他自称"上无君上之事,下无耕农之难"①,可见已经上升为士的一员了。他甚至还当过宋国的大夫。②

从思想渊源上说,墨翟是学过儒的。《淮南子·要略》说:"墨子学儒者之业,受孔子之术",大约曾学于孔门某位后学,因此他长于《诗》、《书》、《春秋》。但是,墨翟特别反对儒家重礼厚葬的繁文缛节,以之为"靡财而贫民","伤生而害事",所以"背周道而用夏政",转而批判儒家。因此,墨翟学于儒而不囿于儒,能够自成一家。他是学术思想史上第一个批判儒家的思想家。

墨家私学曾经兴盛一时。墨翟一生不外乎宣传和讲学,即"上说下教"。他曾到过鲁国、宋国、齐国、卫国、楚国、魏国、赵国,上自王公,下至民众,逢人便宣传其"兼爱"主张。墨翟私学也曾像孔门一样"徒属弥众,弟子弥丰,充满天下"③。墨家若有行动,其门人能做到招之即来。当听到楚王将用鲁班创制的云梯进攻宋国时,墨翟立即组织起三百弟子,日夜兼程,奔赴保卫宋国的前线,他自己则亲赴楚国说服楚王息兵。据说墨翟有追随者180人,"皆可使赴火蹈刃,死不旋踵"④。可见,墨翟建立的墨家学派有政纲、有领导、有组织、有纪律。由于它是一个来源于劳动群众的团体,因此雷厉风行,长于行动,但也过于盲从,显得缺乏理性。

曾经与儒家同称"显学"的墨家,其历史命运却与儒家迥异。到汉代儒家独尊,墨家竟成为绝学。记录墨翟言论、思想、实践和墨家各方面成就的《墨子》一书,荒疏久远,其传授也难以详考。墨家学派有部分社会主张存在片面性,它的衰亡很令人思索。

研究墨翟和墨家学派的资料主要是《墨子》。《墨子》基本上是其弟子和后学所作。多少年来,因墨家被视为异端,《墨子》一书几乎被埋没2000年。只是到近代,墨家和《墨子》才又得到人们的重视和研究,墨家的精神才又得到人们的倡导。有近人孙诒让《墨子间诂》可以选读。

## 二、论教育作用和教育目的

尽管墨家在社会理想的众多方面表现出与儒家的歧异,但在对教育作用的认识上,即肯定教育必须为社会政治服务,两家是近似的。

### (一) 教育作用

墨翟"兴天下之利,除天下之害"的社会政治思想的一项重要内容,就是推行教育。他主张通过"有力者疾以助人,有财者勉以分人,有道者劝以教人"⑤,建设一个民众平等、互助的"兼爱"社会。为什么实现"兼爱"必须借助于教育的手段呢?墨翟说:"天下匹夫徒步之士少知义,而教天下以义者功亦多。"⑥就好比天下人不懂得耕种,善于耕种者就应设法使天下人都学会耕种,而不应仅仅是"独耕"⑦。因此,教育通过使天下人"知义"实现社会的完善。在此,墨翟将对人的教育

---

① 《墨子·贵义》。
② 《史记·孟子荀卿列传》。
③ 《吕氏春秋·尊师》。
④ 《淮南子·泰族训》。
⑤ 《墨子·尚贤下》。
⑥ 《墨子·鲁问》。
⑦ 《墨子·公孟》。

看成是"爱人"、"利人"的重要内容和表现。

既然对人的教育是一种社会的兴利除害，那么其间就包含一个前提，即教育对于人是可能的。墨翟曾批评儒者公孟子既承认天命论又强调人的学习努力的矛盾观点，以为这种"教人学而执有命"的观点，就像既让人裹头又让人脱帽一样荒唐可笑。由此，他阐述了环境和教育对人品性形成的影响。中国古代教育家论述教育作用时都离不开谈人性，墨翟的贡献则在于提出"素丝说"。他以素丝和染丝为喻，来说明人性及其在教育下的改变和形成。有一次，他见染丝而颇有感慨："染于苍则苍，染于黄则黄，所入者变，其色亦变，五入必（毕）而已则为五色矣。故染不可不慎也。非独染丝然也，国亦有染，……非独国有染也，士亦有染。"①在墨翟看来，首先，人性不是先天所成，生来的人性不过如同待染的素丝；其次，下什么色的染缸，就成什么样颜色的丝，也即有什么样的环境与教育就造就什么样的人。因此，必须慎其所染，选择所染。

墨翟这一思想较之孔丘的人性论，在社会意义方面显得进步了，因为它从人性平等的立场出发认识和阐述教育作用。墨翟"官无常贵而民无终贱"的思想，其"上说下教"的主张，都以此为理论基础。

（二）教育目的

"兼相爱，交相利"的社会理想决定了墨家的教育目的是培养实现这一理想的人，这就是"兼士"或"贤士"；又通过他们去实现贤人政治或仁政德治，批判、否定那种用人以亲、以势、以财而不问贤能与否的腐败政治和社会不合理现象。

关于兼士或贤士，墨翟曾提出过三条具体标准："博乎道术"、"辩乎言谈"、"厚乎德行"，即知识技能的要求、思维论辩的要求和道德品行的要求。知识技能要求是为了使兼士们投入社会实践，有兴利除害的实际能力；思维论辩的要求是为了通过兼士们的"上说下教"，去向社会推行其"兼爱"主张；道德品行的要求最为重要，这使兼士懂得以兴天下之利、除天下之害为己任，不分彼此、亲疏、贵贱、贫富，都做到"饥则食之，寒则衣之，疾病侍养之，死丧葬埋之"②。当需要的时候，还应毫不犹豫地损己利人，"为身之所恶以成人之所急"③。墨翟主张培养大批兼士来取代那些只顾自己，不管他人甚至牺牲他人的"别士"，实现"兼以易别"④，由此清除"乱不得治"、"饥不得食"、"寒不得衣"和"劳不得息"的社会弊端。

墨家的兼士与儒家"亲亲而仁民"、"爱有差等"的君子在外表与内质上有很大的不同，表现了完全不同的人格追求，反映了小生产者的平等理想。在当时严酷的社会环境下，这种追求和愿望只能是一种不易实现的空想，但这种理想中的平等、博爱精神却是人类一笔宝贵的精神遗产。中国后世的义侠和任侠精神，在很大程度上是受到墨家兼士形象启发的。

## 三、论教育内容

出于培养兼士的需要，墨翟及其弟子确定了一套有特色的教育内容，大致可以归纳为以下几类：

---

① 《墨子·所染》。
② 《墨子·兼爱下》。
③ 《墨子·经说上》。
④ 《墨子·兼爱上》。

### (一) 政治和道德教育

墨翟以为当时民众最大的问题是"饥者不得食"、"寒者不得衣"、"劳者不得息",此为"三患"①。而王公大人们在寻求着"国家之富"、"人民之众"、"刑政之治"②,此为"三务"③。解决"三患"、实现"三务"的措施就是:通过"兼爱",实现人与人之间的平等与和睦;通过"非攻",去除"强凌弱、众暴寡"的非正义征战;通过"尚贤",破除世袭特权,实现贤人政治;通过"尚同",统一人们的视听言行;通过"节用"、"节葬"、"非乐",制止费民、耗财;通过"非命",鼓励人们在社会实践中自强不息;而"天志"、"明鬼"则表明天与神鬼通过惩恶赏善的意志力量,来约束下界的统治者谨慎行事。墨翟认为,要通过这多方面的教育,来养成兼士高尚的思想品质和坚定的政治信念。

儒家讲爱,十分注重其中的情感因素;墨家讲爱,十分注重其中的实际利益。按墨翟的解释,"兼爱"实际上就是兼利。以孝为例,《墨子·经说上》说:"孝,以亲为芬(份),而能利亲,不必得。"既要在动机上以利亲为自己的本分,又能切实做到利亲,这就是孝,即使不一定得亲长之心。其对义的理解也是如此:既要在动机上以利天下为本分,又有能力做到利天下,这就是义。所以,评价道德不道德只需要一个简单的标准:是否做到利人了。利亲(孝)、利天下(义)成为兼士的道德要求。

### (二) 科学和技术教育

这包括生产和军事科学技术知识教育及自然科学知识教育,其目的在于帮助兼士获得"各从事其所能"的实际本领。

墨家的自然科学教育有很高的造诣,涉及数学、光学、声学、力学以及心理学等许多方面。例如数学,《墨经》中通过朴素的数学名词的定义与界说,表达出丰富的数学概念、严密的逻辑推理和深邃的数理哲学思想,涉及部分与整体、有穷与无穷、同与异、"端"、加倍、圆与方、虚与实、相交、相比、相次、建位和极限等等问题,达到相当高的水平。如其几何学中关于圆的定义是这样表述的:"圆,一中同长也。"④这与现代几何学中圆的定义颇为一致:"圆:对中心的一点等距离的点的轨迹。""一中"就是"对中心的一点","同长"就是"等距离"。

又如力学,墨家对力学和机械学规律的探索已相当深入。它对力是这样定义的:"力,刑(形)之所以奋也。"⑤就是说,使形体改变它的原来状态的东西就叫做力。而现代力学定义是这样的:凡是能使物体获得加速度或者发生形变的作用,都称为力。

再如光学,这是墨家科学教育中最出色的部分。墨家最早发现光的直线行进这一基本光学原理,由此探讨了一系列光学基本问题,几乎遍及现代光学影、像基本问题,并做了类似"小孔成像"的实验。《墨子·经说下》指出:"足蔽下光,故成景于上;首蔽上光,故成景于下。"⑥这一原理也为近代物理学所证明。

墨翟和墨家的实用科学技术知识教育也有出色的成就,主要表现为器械制造。首先是战争

---

① 《墨子·非乐上》。
② 《墨子·尚贤上》。
③ 《墨子·节葬下》。
④ 《墨子·经上》。
⑤ 《墨子·经上》。
⑥ 《墨子·经说下》。

攻防器械。墨翟为了阻止楚国攻宋而与著名工匠鲁班用模型演练攻防,鲁班先后设计了9种攻城武器,墨翟也以9种防御武器相拒;鲁班技穷而墨翟的武器还绰绰有余,并且墨翟三百弟子也掌握了同样的技术。①《墨经》中还记载了制造云梯的技术。其次是生产器械,如墨翟的制车、制木鸢等。

墨家这部分的教育内容有较高的科学价值,其中不少在当时世界上居领先地位。

### (三) 文史教育

墨翟本人"通六艺之论"并读过"百国春秋",可见他博学而并不完全弃置儒家以六艺为主体的文史知识教育。如果不是他对六艺教育的精通,也就不会有"背周道而用夏政"的创举。但是,墨翟显然不注重这部分教育内容,且与儒家六艺之教有重大差别。他认为,儒家的六艺之教具有腐朽、寄生的特点。最为典型的是他提出"非乐"。他以为乐教不仅靡费人力财力,而且消磨人的意志,使人懈怠于所从事的职业,于社会实利无补。因此,墨翟以为只需学好对实现"兼爱"有用的主张和本领,并多实践即可。墨翟的主张有批判儒家六艺教育脱离生产劳动和社会实际的针对性,却表现出某种片面与狭隘性。

### (四) 培养思维能力的教育

这包括认识和思想方法的教育、形式逻辑的教育。其目的在于训练和形成逻辑思维能力,善于与人论辩,以雄辩的逻辑力量去说服他人,推行自己的政治主张。

首先,墨家以为,人的认识与言谈(理论和观点)是否正确,需要有衡量标准,即所谓"言必立仪",因此是非可明。于是提出应当懂得把握三条标准——"三表":第一表,"有本之者",立论要"上本之于古者圣王之事",即历史的经验和知识;第二表,"有原之者",立论还要"下原察百姓耳目之实",依据民众的经历,以广见闻;第三表,"有用之者",必须在社会实践中检验思想与言论的正确与否,也就是"发以为刑政,观其中国家人民百姓之利"②。三表法表现了尊重实践、尊重民众意愿的进步性。他提出"兼爱"、"非攻"、"节葬"、"非命"等,都是运用"三表"的结果。但是,"三表"显然带有经验主义的特征,因为鬼神之类荒诞无稽的传闻也被它所证明了,这是其局限。

其次,墨家强调必须掌握思维和论辩的法则,即形式逻辑。墨翟在中国古代逻辑学史上首先提出"类"、"故"的概念,提出"察类明故"的命题,要求懂得运用类推与求故的方法。如当鲁班为楚国制造云梯准备攻宋时,墨翟与之辩,问曰:无故杀一人义还是不义?答曰:不义。又问:你做不做不义之事?答:不为不义。墨翟说:好,你今为楚制云梯攻宋,势必杀不止一人,这就是大大的不义,而你却以为义,可谓太不"知类"! 墨翟以为,事物的类是由事物的故——内在根据决定的,无故杀人和为楚国造云梯都是害人,这是两者之故,所以两者皆不义,是同类。墨家要求凡事都要有根据,要讲出道理,合乎逻辑,说服他人、战胜论敌。

墨家教育内容的特色和价值主要体现在科学技术教育和训练思维能力的教育上。它们突破了儒家六艺教育的范畴,堪称一大创造。

---

① 《墨子·公输般》。
② 《墨子·非命上》。

### 四、论教育方法

墨翟和墨家的教育方法也表现出鲜明的学派特色,而与儒家有较大的不同。

#### (一) 主动

墨翟不满儒家"拱己以待"的教育方法。他认为,那种强调学生的知识和心理准备状态的儒家教育方法,仅仅是教育方法中的一种,而且它太不主动,正确的方法应该是"虽不叩必鸣"——即使人们不来请教,你也应该主动地上门去教。因为,如果对人持"不叩则不鸣"的态度,就将听任无知、错误甚至犯罪泛滥。墨翟还举例说:"借设而攻不义之国,鼓而使众进战,与不鼓而使众进战而独进战者,其功孰多?"①既然"不强说人,人莫之知也",那么作为"有道则勉以教人"的兼士,其职责就是主动、积极地"上说下教",向人们宣传、推行自己的主张。

儒家"叩则鸣,不叩则不鸣"的方法确有缺陷,因为它容易把学生放过去。墨翟想要补救这一不足,强调了教育者的主动和主导,但却忽视了启发,忽视了学习必须具备知识和心理的准备。

#### (二) 创造

孔丘曾自述是"述而不作,信而好古",这表明孔丘治学的特点是"述",而非"作"。且不说"述"得好的东西其意义毫不亚于"作",如孔丘述《六经》,不啻在作,但从主观愿望看,"述而不作"确有其保守的一面。墨翟批评儒家的"述而不作",主张"古之善者则述之,今之善者则作之,欲善之益多也"②。对古代的好东西应当继承,而在今天则进一步创造出新的东西,希望好东西能更多一些。这既反映了墨翟对待文化遗产的态度,也表现了他的学习与教育方法——重创造。

墨翟的重"作"出于他的一个认识:"述"与"作"是有机联系的,"作"甚至是"述"的前提。因为没有前人的"作",何来后人的"述"? 没有今天的"作",何来将来的"述"? 总是以古为优,古的东西不也是曾经有过一个新的时期吗?③ 因此,墨翟认识到人类文化的创造、继承、发展有一个过程,作为每代人都应有所作为。墨家是很有创造精神的。墨翟学于儒而能自成一家,墨家的科学和逻辑学,都是这种创造精神的结果。

#### (三) 实践

"行"是中国古代教育方法论中的重要范畴。孔丘重行,要求人"行有余力,则以学文",对人则是"听其言而观其行"。但儒家所强调的行主要是指道德实践,而且十分强调思想动机的问题,要求慎其独处,或者以为一心一意于善,善就来了。墨翟则提出"合其志功而观焉"④。志就是动机,功就是效果,主张以动机与效果的统一去评价人的行为。而实际上,墨家更着眼于"功"或效果,讲效果也就是讲实践。所谓"士虽有学,而行为本焉"⑤。墨家的实践除了道德的和社会政治的之外,还有生产的、军事的和科技的。他们"嘿(默)则思,言则诲,动则事"⑥,无一刻止歇。因

---

① 《墨子·公孟》。
② 《墨子·耕柱》。
③ 参见《墨子·非儒下》。
④ 《墨子·鲁问》。
⑤ 《墨子·修身》。
⑥ 《墨子·贵义》。

此,人称墨家是"以自苦为极"。墨翟大弟子禽滑厘跟随墨翟三年,"手足胼胝,面目黧黑,役身给使,不敢问欲"①。对墨家吃苦耐劳、艰苦实践的精神,当时和后来的各家都十分叹服。

墨家特别重实践是因为:首先,"言必信,行必果"②,才能造就"爱利天下"的兼士;其次,在严酷的社会环境下,人们不能怠惰,"赖其力者生,不赖其力者不生"③;再次,"志不强者智不达"④。没有在艰苦实践中磨炼出来的顽强意志,谈不上人的智慧。所以墨家重行,无不是出于实现兼爱天下的社会理想。墨家对行的理解与儒家有很大的歧异,其内涵广泛得多,也有价值得多。

### (四) 量力

墨翟是在中国教育史上首先明确提出"量力"这一教育方法的,他十分注意在施教时考虑学生的力之所能及。墨翟的量力要求具有两方面含义。其一,就学生的精力而言,人不能同时进行几方面的学习。墨翟有几个学生在学习正业之外还请求学射,墨翟告诫说:"不可!夫知者必量亓(其)力所能至而从事焉。"好比为国而战的勇士边战斗边救护人尚且不能兼顾,何况你们学生"岂能成学又成射哉?"⑤墨翟无非是告诫学生凡事要量力而行,切勿贪多务得。其二,就学生的知识水平而言,应当量其力而教。他要求对学生"深其深,浅其浅,益其益,尊其尊"⑥。即深者深求,浅者浅求,该增者增,该减者减。量力方法的提出,表现出墨翟对教学规律的把握。

作为儒家教育思想对立面出现的以墨翟为代表的墨家教育思想,包含不少合理的主张,尤其是其科学技术知识和技能技巧的专门教育,是中国教育史上首先提出与实行的。所有这一切,都使墨家教育成为中国教育史上一份独特而有价值的遗产。理想主义、务实作风和主动精神是墨家教育值得后人记取之处。而忽视人的内心情感,过分注重经验而轻视理性,则是其缺陷,应引以为戒。

## 第四节 孟轲的教育思想

"孟氏之儒"是儒家学派中一个重要学派,被视为孔丘嫡传,其代表人物就是孟轲。

### 一、孟轲的生平和政治主张

孟轲,字子舆,世称孟子,战国中期邹(今山东省邹县)人。生卒年代大约在公元前372年至公元前289年。邹与孔丘所在之鲁,同为历史上文化发达之地。孟轲为鲁国贵族孟孙氏后裔,其父早逝,其母仉氏一心教子成人。据说曾三迁其居,从墓地之侧到市场之旁,最后定居于学校之邻,使孟轲从小耳濡目染,受到传统礼仪的熏陶,连游戏也爱玩"设俎豆,揖让进退"。还传说,孟母曾割断织机上正在织的布,来教诫

孟轲

---

① 《墨子·备梯》。
② 《墨子·兼爱下》。
③ 《墨子·非乐上》。
④ 《墨子·修身》。
⑤ 《墨子·公孟》。
⑥ 《墨子·大取》。

和警策孟轲矢志向前,毫不松懈。这就是历史上流传很广的"孟母三迁"和"断杼教子"的故事。这些故事也确与孟轲的思想和个性有相通之处。

孟轲一生崇拜孔丘,自称:"乃所愿,则学孔子也。"①其经历也与孔丘十分相似。他一生聚徒讲学,曾是著名的游士,多年里率弟子游历宋、滕、魏、齐、梁诸国,也曾列名稷下学宫。其私学弟子有数百人,曾经显赫一时。虽得各国君主礼遇,但始终未受重用。原因在于:第一,孟轲十分倨傲,自视甚高,以为:"如欲平治天下,当今之世,舍我其谁?"②甚至与王公贵族公开分庭抗礼,他说:"说大人,则藐之。"③战国时代"士无定主"的状况和儒家的使命感造就了孟轲的性格,他的性格也刺伤了一些国君。第二,当时秦用商鞅、楚用吴起、齐用管仲后学,各国竞相起用法家、兵家,通过战争,走向统一。时代是"以攻伐为贤",而孟轲却主张"不嗜杀人者一之",显然与时代格格不入,因而他被人视为"迂远而阔于事情"④。

孟轲于晚年归邹,专心著述、讲学,非常热爱教书授徒,以"得天下英才教育之"为人生三大乐趣之一。有弟子多人,著名者为万章、公孙丑、乐正子、公都子、屋庐子、孟仲子等。留下《孟子》一书,是其弟子万章等人所记述的他的言行录,也有说系孟轲本人所著。孟轲的教育思想散见在《孟子》各篇之中。有清人焦循《孟子正义》,今人杨伯峻《孟子译注》可选读。

孟轲得孔丘学说嫡传。他曾说:"予未得为孔子徒也,予私淑诸人也。"⑤《史记》明确说他"受业子思之门人"⑥。荀况也认为:"子思唱之,孟轲和之。"⑦都把子思与孟轲视为一派,这就是著名的思孟学派。子思为孔丘之孙,从孔丘到孟轲,传承关系较为直接,而孟轲也俨然以"孔子之道"捍卫者自居。二十世纪末湖北荆门郭店战国楚墓出土大量竹简,内容包括《五行》、《成之闻之》、《性自命出》等重要儒家典籍。研究认为属思孟学派作品,思想发展位于孔孟之间。从孔丘至孟轲的思想传承线索得到了进一步确定。生逢百家争鸣高潮和兼并战争正炽,孟轲一方面批判道家杨朱的"为我",驳斥墨家的"兼爱",攻击法家的"耕战",非难农家的躬耕;另一方面周游列国,到处推行其学说,成为战国中期显赫于时的儒家巨子。

孟轲痛感于当时诸侯国之间"争地以战,杀人盈野;争城以战,杀人盈城"⑧的严酷,以及一方面是王公大人"庖有肥肉,厩有肥马",一方面是"民有饥色,野有饿莩"⑨的不公。出于统治者的长远利益,他主张"保民而王",通过施"仁政"去求得天下的统一。他曾向齐宣王、梁惠王、滕文公等君主阐述过其"仁政"主张:

其一,"制民之产",使人民都成为小土地所有者。孟轲认为,老百姓的特点是"有恒产者有恒心,无恒产者无恒心"⑩。有一份固定的田产,才会有思想的稳定而安于本分,因此应当给每户农家百亩农田、五亩宅地,"薄税敛","不违农时",使"民不饥不寒",由此可以行"王道"。

---

① 《孟子·公孙丑上》。
② 《孟子·公孙丑下》。
③ 《孟子·尽心下》。
④ 《史记·孟子荀卿列传》。
⑤ 《孟子·离娄下》。
⑥ 《史记·孟子荀卿列传》。
⑦ 《荀子·非十二子》。
⑧ 《孟子·离娄上》。
⑨ 《孟子·滕文公上》。
⑩ 《孟子·梁惠王上》。

其二,"民为贵,社稷次之,君为轻"①。孟轲以为:"诸侯之宝三:土地、人民、政事","得乎丘民而为天子"②。所以,君主要注意民心向背,尊重民意,收取民心,进而获取天下。

其三,好的政治既非完善的政治制度,也非高明的统治手段,而是教育。教育通过讲明父子、君臣、夫妇、长幼、朋友之类"人伦"规范,使人人懂得正确行动,社会有良好风俗,天下就自然实现了治理。因此,"仁政"在某种意义上可以理解为就是教育。

孟轲以为,行"仁政者"就是"得道者",就可以使"天下之民"一齐归向,那就能"无敌于天下",天下也就"定于一"了。

虽然孟轲的"仁政"学说在他生时未能行得通,并被认为是迂阔而"不知世务",但不能简单地说这是由于孟轲的保守,相反,"仁政"学说表现了某种超前特点。它为几百年后的中国封建王朝准备了思想武器和治国之道,并与孔丘思想一道共同影响了此后两千多年的中国社会。因此,孟轲被奉为位次孔丘的"亚圣",《孟子》被官方定为经典和士人进身的必读书,就不是偶然的了。

## 二、"性善论"——教育理论的基础

战国时代,人们对人性问题的认识深入了,并有过热烈的论争。"孟子道性善"是其中重要的一派观点,而且是第一次从理论高度对人自身本质加以认识和阐述,并形成论证政治必先论证教育、论证教育必先论证人性的思维习惯。

针对当时告不害一派的观点"食色,性也",孟轲以为,食色仅仅是人性的底层内涵,严格地说,这甚至不能算作人性,人性应当是指"仁义礼智"之类道德属性。他说:

> 恻隐之心,人皆有之;羞恶之心,人皆有之;恭敬之心,人皆有之;是非之心,人皆有之。恻隐之心,仁也;羞恶之心,义也;恭敬之心,礼也;是非之心,智也。仁义礼智,非由外铄我也,我固有之也,弗思耳矣。③

孟轲以为,仁义礼智这些人的"良知"、"良能",是人所固有的。显然,这种脱离社会关系、社会实践和一切外在条件谈道德善恶的观点,是一种先验论的"伦理绝对主义"。但同时,孟轲的"性善论"却又揭示了一些重要的理论问题,成为其教育思想的基础。

其一,"性善论"说明了人性是人类所独有的、区别于动物的本质属性。人之需要社会伦理与政治,这是为人的内在本质所决定了的。学习的可能,不在于其他,而首先在于人之为人。郭店楚简中所有的"仁"字都写作"息"。从身从心为"仁",表明"仁"兼有仁—我、身—心双重内涵,它不是由外而内对人的求索,而是一种根植于人内心的属性。孟轲以为,讨论人性就应反映出所讨论的对象——人这一类的类本质,所以人性是一个类范畴:人相对于其他的类绝不相同,而同类之中却相似。基于此,孟轲肯定人性本善,肯定"人皆可以为尧舜"④,并以之贯彻于其教育和政治实践。

其二,"性善论"还包含一个人类种系发展的前提在内,换言之,"我固有之"的仁义礼智归根结底也是人类学习的结果。孟轲以为,人类最初本不懂得埋葬他们死去的父母,后来见到父母的

---

① 《孟子·尽心下》。
② 《孟子·尽心下》。
③ 《孟子·告子上》。
④ 《孟子·告子上》。

尸体被野兽吮食,才渐渐懂得加以埋葬的。可见,人性本初称不上善,所谓善性是在漫长的社会生活中学习积淀而成的。所以,人性的善是人类学习的结果,是人类缓慢进化的结果,这又合乎逻辑地要求这种结果成为进一步进化的起点与内在依据。这也就是孟轲为何要把性善解释为"端",把教育过程视为"扩充"本性的过程的原因。

其三,"性善论"不仅揭示了人之"类",而且还揭示了人之"故"。孟轲说过,探讨人性不过是在探讨人的所以然,而探讨人的所以然又是为了"顺性"而因势利导;①人性之"故"就是"人性之善也,犹水之就下也"②。所以,既然仁义属于人之所有,"为仁义"就必须依据人之所以然,"行其所无事","以利为本"。

所以,孟轲的"性善论"指出了:教育与学习是人的必需,也是人的可能;教育与学习必须遵循人的内在依据,发扬人的自觉。

## 三、论教育作用和教育目的

孟轲的"性善论"具有两重性:一方面表现了先验主义,另一方面表现了对人本质的深刻认识。正是在对人本质的深刻认识基础上,孟轲阐述了对教育作用与目的的看法。

### (一) 教育是扩充"善性"的过程

尽管孟轲说仁义礼智是"我固有之",但他又不认为人生来就具备现成的道德观念和道德品质,充其量只能算是一种道德的可能性。他说:

> 恻隐之心,仁之端也;羞恶之心,义之端也;辞让之心,礼之端也;是非之心,智之端也。③

所谓"端",是指事物的开头或缘由。人所具备的恻隐、羞恶、辞让、是非四种心理倾向,不过是仁义礼智的起始点或可能性。可能不等于现实,要将"四端"转化为现实的道德品质,需要靠学习与教育,所谓"学问之道无他,求其放心而已矣"④,或者说"求则得之,舍则失之"⑤。所以,孟轲以为,教育的作用就在于引导人保存、找回和扩充其固有的善端。有没有教育,在人身上善与不善就可以表现出成倍、数倍的差距。没有教育,不要说性善,人就几乎无异于禽兽了。可见,孟轲的"性善论"是一种有限定的"性善论",它也强调了善的社会习得和对教育的依赖。

尽管孟轲强调了教育是扩充人固有的善端,但他承认这种扩充借助于外力,外界环境对人性善的形成同样不可缺少。他谈到物质生活条件,认为"有恒产者有恒心",如果能够使粮食多得像水火那样平常,"民焉有不仁?"所以,道德和善也有赖于人们后天的社会生活。他还谈到社会环境,以一楚国大夫欲使其子学习齐语为例说,如果请一齐人教他,而众多楚人的语言环境则在干扰,纵然天天鞭挞他说齐语,也是徒劳。相反,如果让他去齐国都城临淄闹市大街住上几年,纵然天天鞭挞,也不能再令他说楚语了。所以,环境也影响甚至决定着人。也如郭店楚简《性自命出》

---

① 参见《孟子·离娄下》。
② 《孟子·告子上》。
③ 《孟子·公孙丑上》。
④ 《孟子·告子上》。
⑤ 《孟子·告子上》。

所言:"凡人虽有性,心无定志。待物而后作,待悦而后行,待习而后定。喜怒哀悲之气,性也。及其见于外,则物取之也。"①人性的内在可能通过"心"、"志"的能动作用,最终成就为现实的善。

可见,孟轲所说的"善端"只是人的某种可能性,将可能变成现实,要靠教育、物质生活条件、社会环境等诸多因素的共同作用,以促使人所固有的"善端"成长起来。

依孟轲的看法,教育的全部作用在于经过扩充人固有的善进而达到国家的治理。他说:"凡有四端于我者,知皆扩而充之矣。若火之始燃,泉之始达。苟能充之,足以保四海;苟不充之,不足以事父母。"②扩充善端,如同星火燎原,如同涓滴成河,由此保证天下安定。因此,孟轲理想中的政治是从教育入手的,而教育又是扩充善端的过程。这就是孟轲的逻辑。

（二）教育的目的在于"明人伦"

孟轲说过:"设为庠序学校以教之。庠者,养也;校者,教也;序者,射也。夏曰校,殷曰序,周曰庠,学则三代共之,皆所以明人伦也。人伦明于上,小民亲于下。"③孟轲在此第一次明确地概括出中国古代学校教育的目的——"明人伦",又说明教育就是通过实现"明人伦"来为政治服务的。

"人伦"就是"人道"。在孟轲看来,"人伦"是人类的本质表现,也表现了人类生活的特点。具体说来,"人伦"就是五对关系:"父子有亲,君臣有义,夫妇有别,长幼有序,朋友有信。"④后世称为"五伦"。"五伦"体现了中国古代社会的宗法关系,为人们所普遍接受。在"五伦"中,孟轲尤重父子——孝,兄弟（长幼）——悌这两种关系,并以此为中心,建立了一个道德规范体系——"五常",即仁、义、礼、智、信。仁,事父母;义,从兄长;智,明白以上两者的道理并坚持下去;礼,孝悌在礼节上的表现;信,老老实实地去做。孟轲所概括的仁义礼智"四端"与父子、君臣、夫妇、长幼、朋友"五伦",启发了"五常"的提出,而孟轲的概括又可能是受郭店楚简《五行》中"仁义礼智圣"提法的启发。

孟轲之所以重视孝悌,又尤重孝,以为"不得乎亲,不可以为人"⑤,是因为他希望把国家的统一、政治的实现,建立在血缘宗法关系的基础之上,而孝道就是固结宗法关系的纽带。他以为,君主如果以孝治国,"老吾老以及人之老,幼吾幼以及人之幼",那么"天下可运于掌",否则连家也难保;只要人人能够亲其亲,长其长,天下就会太平。孟轲的论述也可与郭店楚简相关文字相互印证。楚简十分明确地以"孝"和"亲亲"为"仁"的基本特性,《唐虞之道》还列举尧舜为"孝"的伟大实践者。

孟轲就是这样设想以父子、兄弟之类血缘宗法关系去影响和制约君民、君臣之类政治社会关系,不断实现社会改良,达到长治久安。而教育则通过使人明了并实行这一切,发挥其举足轻重的作用。自孟轲提出"明人伦"的教育目的后,就明确了此后两千年中国古代教育的性质,即宗法的社会——伦理的教育。

## 四、论理想人格

孟轲对中国传统文化的重要贡献,还在于他提出"大丈夫"的理想人格,丰富了中国人的精神

---

① 郭沂:《郭店竹简与先秦学术思想》,上海教育出版社2001年版,第231页。
② 《孟子·公孙丑上》。
③ 《孟子·滕文公上》。
④ 《孟子·滕文公上》。
⑤ 《孟子·离娄上》。

世界。

孟轲曾经说过："万物皆备于我矣。"①他认为，世上最可宝贵的东西是内在于每个人自身的，这就是人的道德品性和精神境界。如同郭店楚简《五行》所说的，是"形于内之德之行"，即自然形成的内在德性。这些精神财富的价值远远高于外在于人的物质财富和权力地位。依此价值标准，孟轲对他所追求的"大丈夫"的理想人格作了描绘："富贵不能淫，贫贱不能移，威武不能屈。"②

首先，"大丈夫"有高尚的气节，他们决不向权势低头，决不无原则地顺从。他们立足于仁义礼智，只向真理和正义低头。当自信正义在自己手中，哪怕面对千军万马，也毫不退缩，甚至都不会眨一眨眼。反之，如果正义在别人手中，即使他再下贱，也坦然地向他屈服。

其次，"大丈夫"有崇高的精神境界——"浩然之气"。什么是"浩然之气"，连孟轲自己也感到说不清，但他指出这是一种"至大至刚"、"塞于天地之间"之气。③"浩然之气"可以理解为受信念指导的情感和意志相混合的一种心理状态或精神境界。这是一股凛然正气，是对自己行为的正义性的自觉，具有伟大的精神力量。孟轲以为，有了这种"浩然之气"，就可以说是顶天立地的"大丈夫"了。

如何实现"大丈夫"这一人格理想呢？孟轲以为主要靠人的内心修养，大致有以下几条：

### （一）持志养气

孟轲说："夫志，气之帅也；气，体之充也。夫志至焉，气次焉。故曰：持其志，无暴其气。"④志，即人的志向，或信念与追求；持志，即坚持崇高的志向。一个人有了志向与追求，他就会有相应的"气"——精神状态。所以，孟轲要求士人必须"尚志"。志与气又是密切相联、互为因果的，"志一则动气，气一则动志"⑤。孟轲自称："我善养吾浩然之气。"⑥"配义与道"就是"养气"的方法：一方面是"志于道"，坚定不移；另一方面是行每一件应行之事，也就是"集义"。明道不移，集义既久，浩然之气就会毫不勉强地自然而生。所以，人的精神境界是靠"养"出来的，是靠一件件平常的善言善行积累起来的，不能通过拔高的方法为之"助长"。

### （二）动心忍性

也就是意志锻炼，尤其是要在逆境中得到磨砺。孟轲说："天将降大任于斯人也，必先苦其心志，劳其筋骨，饿其体肤，空乏其身，行拂乱其所为，所以动心忍性，曾（增）益其所不能。"⑦他以为，人的聪明才智得之于艰苦的磨炼，环境越是恶劣，对人的造就就可能越大。孟轲列举了历史上如舜、傅说、管仲等有成就者，说明"人之有德慧术知者，恒存乎疢疾"⑧的道理。

### （三）存心养性

虽然人人生来就有仁义礼智的善端，但善端要成为实在的善性善行要靠存养和扩充。孟轲

---

① 《孟子·尽心上》。
② 《孟子·滕文公下》。
③ 《孟子·公孙丑上》。
④ 《孟子·公孙丑上》。
⑤ 《孟子·公孙丑上》。
⑥ 《孟子·公孙丑上》。
⑦ 《孟子·告子下》。
⑧ 《孟子·尽心上》。

以为,存养的障碍来自人的耳目之欲。这些被他称为"小体"的感官不具备理性,因此易受外物引诱而入歧途。所以,孟轲主张寡欲,"养心莫善于寡欲"①。一个人欲望很少,那善性虽有所丧失,但也很少;反之,如果一个人欲望很多,那善性虽有保存,但也很少。要真正做到寡欲,就必须发挥人的"大体"——理性思维的作用。

### (四) 反求诸己

也就是"厚于责己"。孟轲说:"爱人不亲,反其仁;治人不治,反其智;礼人不答,反其敬。行有不得,皆反求诸己。"②当你的行动未得到对方相应的反应时,就应当首先反躬自问,从自己身上找原因,对自己提出更高的要求,然后对人做得更到家。同时,面对超过自己的人,不能怨恨,也同样应当反躬自问,从自身找原因,并且"乐取于人以为善"③。总之,凡事须严于律己,时时反思。

"大丈夫"的提出,反映了孟轲对人的精神生活的理解和体会。在历史上,它曾对我们的民族起过激励作用,甚至可以说:"懂得了这个词汇,才可以懂得中国文化和中华民族的精神。"④

## 五、论教学

孟轲的扩充人所固有善端的思想,蕴含着他对教学过程的基本要求,即教学活动要体现理性特点,要遵循和发展人的内在潜能。这一基本要求贯穿在他的整个教学思想中。需要说明的是,孟轲思想倾向的内向,并不意味着他反对从外界获知;相反,他同样认为知识的获得离不开感知,只不过他特别强调学习中个体认识的自觉罢了。

### (一)"深造自得"

在思维与感官之间,孟轲更倾向于强调思维。他以为扩充善性就应"从其大体","大体"即"心之官"。因此,人们的学习就应有一个基本要求:"深造自得。"孟轲指出,深入的学习和钻研,必须有自己的收获和见解,如此,才能形成稳固而深刻的智慧,遇事则能左右逢源、挥洒自如。⑤据此,孟轲尤其主张学习中的独立思考和独立见解。他有一句名言:"尽信《书》,则不如无《书》。"⑥对前代文献典籍和已有之见不轻信、不盲从,经自己的思考而有所弃取。在谈到读《诗》时,他又说:"不以文害辞,不以辞害志,以意逆志,是为得之。"⑦他要求读书不拘于文字和词句,而应通过思考去体会深层意蕴。所以,学习中特别重要的是由感性学习到理性思维的转化。

### (二)"盈科而进"

"盈科而后进"强调了学习和教学过程的循序渐进。孟轲以为"其进锐者其退速"⑧,进程的过于迅疾,势必影响实际效果,致使消退也快。正确的进程应当像源源不断的流水那样,注满一个洼坎之后再注下一个洼坎,未注满时决不下流,由此渐次流入大海。这就是"不盈科不行"、"盈科而后

---

① 《孟子·尽心下》。
② 《孟子·离娄上》。
③ 《孟子·公孙丑上》。
④ 冯友兰:《中国哲学史新编》第二册,人民出版社1984年版,第94页。
⑤ 参见《孟子·离娄下》。
⑥ 《孟子·尽心下》。
⑦ 《孟子·万章上》。
⑧ 《孟子·尽心上》。

进"的道理。他还通过"揠苗助长"的寓言告诫人们：必须懂得教学是一个自然有序的过程，人们应当关注并促进教学过程的实现，但决不能用"揠苗"的方法去助长，否则，"非徒无益，而又害之"①。

### （三）"教亦多术"

孟轲十分强调对不同情形的学生采取不同的教法。他说："君子之所以教者五：有如时雨化之者，有成德者，有达财（材）者，有答问者，有私淑艾者。"②对学生，有的应及时点化，有的应成就其德行，有的要发展其才能，有的可答其所问，不能及门者则可以间接地受教。甚至"予不屑之教诲也者，是亦教诲之而已矣"③。拒绝教诲，足以成为人的警策，事实上也成为一种教导。所以说"教亦多术矣"，一切因人而异。

### （四）"专心致志"

孟轲以为，学习必须专心致志，不能三心二意。他说，以下棋这样不算太复杂的小技艺来说，也非专心致志而不可得。如果请围棋好手弈秋教两个学生下棋，一个专心致志，唯弈秋之言是听；一个耳虽听之，而心中却老想着有鸿鹄将飞来，随时准备引弓而射。同样是学习，后者必不如前者。这难道是由于他们智力上的差异吗？显然不是。所以，孟轲认为，人们学习上的差异取决于其在学习过程中专心致志与否，而不是其天资的高低。

处在战国中期严酷的兼并战争时代的孟轲，其思想表现出对人的问题的注重和对人的价值的肯定。他的"性善论"，开创了中国教育史上强调个体理性自觉的"内发说"。他对教育作用的阐发，对"大丈夫"人格理想的议论，对教学过程的表述，无不体现了对人的主观作用的提倡。孟轲思想对后世中华民族气节、民主精神的激发，崇高精神境界的形成，有极其重要的启蒙作用。

## 第五节 荀况的教育思想

荀况是先秦儒家最后一位大师，也是先秦思想的集大成者。其思想和社会实践对战国末期社会政治和思想学术的发展，对中国古文化的传承，产生过重大的影响。

### 一、荀况生活的时代和生平活动

荀况

荀况，字卿，又叫孙卿，世称荀子，战国末期赵国人。约生于公元前313年，卒于公元前238年。

荀况所处的时代，社会正大踏步地向统一迈进，已基本上形成秦、齐、楚三国对峙的局面，诸侯长期割据称雄的局面行将结束。到荀况晚年时，秦王政已即位；荀况死时，秦王政已亲政，而离公元前221年统一天下也没有多少年了。

战国到了末年，社会历史发展已有进行总结的客观需要。总结250年的战国史，总结550年的春秋战国史，为此后的社会发展提供依据。与时代的统一趋势相一致，思想学术的发展也

---

① 《孟子·公孙丑上》。
② 《孟子·尽心上》。
③ 《孟子·告子下》。

出现了融合的特点与趋向,客观上需要有学者承担总结、梳理工作。荀况、他的学生韩非,以及《吕氏春秋》的作者们,担负起这一使命。韩非是法家的集大成者,囊括各家的《吕氏春秋》被认为是杂家,而荀况可以说是整个春秋战国思想的理论总结者。

荀况或为周郇伯(周文王子,封于郇)的后人。其家世与早年经历已难详考。其师承关系不详,但从他屡次称道子弓,并与孔丘并提,可以推论他或许是子弓的后学,而子弓或为孔丘的再传弟子,生活年代差不多与子思同时。司马迁为之作传时说他"年五十始来游学于齐"①,后来有学者认为是"年十五"②,相去甚远。但荀况长期居齐,曾是稷下学宫一位声名显赫、威望甚高的大学者却是无疑的。他曾在学宫"三为祭酒",成为学术首领;讲学则"最为老师",是公认的最有德望的先生,并被齐国君主授予"列大夫"头衔。在稷下学宫的经历,使他有可能向各家各派学习,而集诸子百家之大成。

对于由谁来完成统一大业,荀况原对东方老牌大国齐国寄予厚望,认为它能"调一天下,制秦楚"③。后来,他看到最有条件统一中国的不是齐,而是西方的秦。秦一向重用法家而不欢迎儒者,儒者也西行不到秦。荀况却破例访秦,并晤见秦昭王、名相范雎和自己的学生李斯。他认为,秦国民风朴实、法令严明、政府工作效率高,秦故此而强。但秦国恃武功而轻德教,不能服人之心,难以久安。于是,他建议秦国"力术止,义术行"④、"节威反文"⑤,注意收服人心。在以何种形式实现统一的问题上,孟轲讲王道,以德服人;法家主霸道,以力服人;荀况两者杂而有之,是德与力的结合、王与霸的统一,这是荀况学说的一大特点。荀况是有远见的,但在以武力征服各国、走向统一的征途上,人们的思想认识已形成惯性,即便他肯定法治,也承认霸道,仍不为人所理解。荀况未能为秦所接受,其著名弟子韩非、李斯直接帮助秦始皇统一了中国。

荀况晚年受春申君之邀到了楚国,再任兰陵令。春申君死后,荀况被废,就退而著书授徒,终老兰陵(今山东兰陵县西南兰陵镇)。今传《荀子》一书,大部分为荀况本人所著。因荀况生不遇时,所以"徒与不众"⑥。除著名法家李斯、韩非外,还有浮邱伯、毛亨、张苍等当世名儒。

荀况自称为儒,当时人也称他为儒。荀况这一派儒者与孟轲一派更是都自以为孔丘的真正传人,但荀况却没有成为孔丘的嫡传,没有孟轲的幸运,他始终没有资格进入孔庙。可是,他的王霸统一的政治思想,自汉代以后却始终对中国古代封建社会发生着实际影响。尤其是在儒家经典的传授方面,荀况的作用远过于孟轲。孔丘整理的"六艺"后来多经荀况传授。从学术发展史上看,荀况占有极其重要的地位。有今人梁启雄《荀子简释》、北大《荀子》注释小组《荀子新注》可选读。

## 二、"性恶论"与教育作用

在"争于气力"的时代,孟轲的"性善论"确显得软弱无力。荀况批评"性善论"、"无辨合符验",未得到实际验证,是一种无实用价值的理论。他认为,"性恶论"更能说明问题。

---

① 《史记·孟子荀卿列传》。
② 应劭:《风俗通·穷通》。
③ 《荀子·王霸》。
④ 《荀子·强国》。
⑤ 《荀子·王霸》。
⑥ 《荀子·尧曰》。

## （一）"性伪之分"

荀况以为，孟轲的根本错误在于不懂得"人之性伪之分"，把应当属于后天"伪"的范畴的东西也归之于本然的人性了。而所谓人性，就是人与生俱来的自然属性。他说：

> 凡性者，天之就也，不可学、不可事。礼义者，圣人之所生也，人之所学而能，所事而成者也。不可学、不可事而在人者，谓之性；可学而能、可事而成之在人者，谓之伪，是性伪之分也。①

人性应当是指人的先天素质、人的自然状态，它完全排除任何后天人为的因素，"性者，本始材朴也"②，"是无待而然者也"③，不需要任何前提条件。具体说来，这种"无待而然"的人性主要包含两部分内容：一是人"饥而欲食，寒而欲暖，劳而欲息，好利而恶害"的生理本能；二是为人"目可以见，耳可以听"的感知、认识能力。所有这些，不论贤愚，人人皆同。

但为什么说"人之性恶"呢？荀况解释道："今人之性，生而有好利焉，顺是，故争夺生而辞让亡焉。"④人的本能中不存在道德和理智，如听任本能发展而不加节制，必将产生暴力，所以说人性恶。可以看出，荀况并非绝对的性恶论者，实际上他持的是一种"人性恶端"说。

"伪"是与"性"相对的一个范畴。"伪"是指人为，是泛指一切通过人为的努力而使人发生的变化。荀况以为，孟轲所说的人性"善"，实际上是"伪"，而不是"性"。所以荀况指出，在谈论人性时，首先应把人的先天素质与后天获得的品质区分开来。

## （二）"性伪之合"

性与伪是区别乃至对立的，但也是联系与统一的。作"性伪之分"，乃是为了论证"性伪之合"与"化性起伪"的可能与必要。荀况认为：

> 无性则伪之无所加，无伪则性不能自美。性伪合，然后成圣人之名，一天下之功于是就也。故曰：……性伪合而天下治。⑤

性与伪就是素材与加工的关系，没有素材，就无以加工文饰；而缺乏加工文饰，素材永远是那么的原始和不完善。只有素材与加工的结合——"性伪合"，才能实现对人的改造，实现对社会的改造。尽管荀况以为人性恶，但他没有忘记人毕竟是人，所以他又强调了性与伪之间的内在联系与统一。这一观点就把他与法家区别开来了。

性与伪何以可合、能合？荀况在说明为什么"涂之人可以为禹"时说，那是因为仁义礼法有可以被认识、被掌握之"理"，而人，哪怕是下贱的"涂之人"，也具备可以认识、掌握仁义礼法的能力，因此人人都可能习得善，乃至成为禹那样的圣人。荀况的"涂之人可以为禹"与孟轲的"人皆可以为尧舜"异曲同工，表现了在人性与教育问题认识上的平等观念，而荀况更从人的认识过程说明了这一问题。

荀况的"性恶论"也同样是其教育思想和政治思想的基础理论。按他的逻辑，必须先分析质

---

① 《荀子·性恶》。
② 《荀子·礼论》。
③ 《荀子·荣辱》。
④ 《荀子·性恶》。
⑤ 《荀子·礼论》。

朴状态下的人性，才能认识人为状态（即教育、政治状态）下的人性，"所谓性善者，不离其朴而美之，不离其资而利之也"①。

### （三）"化性起伪"

荀况以为，"涂之人可以为禹"只是可能性而已，事实上，"涂之人能为禹，未必然也"②，因为现实中大量存在着"小人可以为君子而不肯为君子"的现象。从可能到事实，需要发挥教育的作用，"化性起伪"。荀况对教育的作用很乐观："我欲贱而贵，愚而智，贫而富，可乎？曰：其唯学乎！……上为圣人，下为士君子，孰禁我哉！"③只要有学习和教育，还有什么能够阻止人改变他自己的呢？

"化性起伪"，使"涂之人能为禹"成为必然，其间也必须注意诸个条件，即环境、教育和个体努力。环境，即荀况所说的"注错习俗"，或者说"渐"。他认为："蓬生麻中，不扶自直。"④有什么样的风俗，就会有什么样的习性。东西南北的各族孩童，生而啼声无异，及其长，习性各异，原因就在于此。所以，人应当注意选择环境。教育的作用则显得更主动。它是依一定的规矩对人加以改变的过程，也就是类似木工对"枸木""檃栝蒸矫"，使之变直的过程。而个体的努力，荀况称之为"积"，即不断地注意积累知识和道德。就这样，不断地变化着本性，使之"长迁于善"，就能"长迁而不返其初"了。⑤荀况认为，人的成为禹，是环境、教育和个体努力共同作用的结果。所谓："政教习俗，相顺而后行。"⑥寻求政治、教育、环境和个体之间作用的协调、有序，人的造就才有可能。

## 三、论教育目的

"学恶乎始？恶乎终？曰……其义则始乎为士，终乎为圣人。"⑦这反映了荀况对教育目的的基本主张。

出于走向统一的时代需要，也出于荀况礼法兼治、重建社会秩序的政治理想，他要求教育培养推行礼法的"贤能之士"，或者说具有儒家学者身份且长于治国理政的各级官僚。荀况把当时的儒者划分为几个层次，即俗儒、雅儒、大儒。俗儒这类人徒然学得儒者的外表，宽衣博带，但对"先王"之道，对《诗》、《书》礼义仅会作教条诵读而已，全然不知其用，而且人格低下，还会谄谀当权者；雅儒的言行已能合礼义《诗》、《书》的精神，他们不侈谈"先王"，懂得取法"后王"。他们虽也在"法典"所未载和自己所未见的问题面前拙于对策，却能承认无知，不自欺欺人，显得光明而坦荡。他们能使"千乘之国安"；大儒是最理想的一类人才，他们不仅知识广博，而且能"以浅持博，以古持今，以一持万"⑧，以已知推知未知，自如地应对从未闻见过的新事物、新问题，自如地治理好国家。这种人治国即使只凭借"百里之地"，"久而后三年，天下为一"⑨。显然，教育应当以大儒

---

① 《荀子·性恶》。
② 《荀子·性恶》。
③ 《荀子·儒效》。
④ 《荀子·劝学》。
⑤ 《荀子·不苟》。
⑥ 《荀子·大略》。
⑦ 《荀子·劝学》。
⑧ 《荀子·儒效》。
⑨ 《荀子·儒效》。

作为理想目标。

荀况以为,教育培养各类人才,要依据德才兼备、言行并重的标准。德,即既忠于君主,又保持自身的独立人格;办事公正,是非清楚;不追求物欲的满足。才,则是指能运用礼法,自如地治国。选才的标准:言行俱佳者,"国宝也";拙于言而擅长行者,"国器也";长于言而拙于行者,"国用也";口善言,身行恶,"国妖也"①。治国者,敬其宝,爱其器,任其用,除其妖。

荀况关于教育目的的思想具备了一些新特点,对后来的中国封建社会产生了影响。首先,体现了"贤贤"的育才、选才标准。他认为:"虽庶人之子孙也,积文学,正身行,能属于礼义,则归之卿相士大夫。"②即主张靠人的德才挣得社会地位。其次,要求人才是精于道而不是精于物的。道即礼义,物即农、工、商等各行业。他所说的人才主要是长于人事、人伦的从政人才。这种人才内涵的确定虽非荀况始作俑,但却是他首先作为培养目标加以阐述的。荀况的思想代表了儒家学者与现实政治的进一步结合。

### 四、论教育内容

孟轲把教育视为人的内在潜能的发展过程,所以特别强调人的内在自觉。而主张"化性起伪"的荀况恰恰相反,他以为教育是"起伪"过程,是不断地积累起礼义或曰知识、道德,使原始状态下的人性得到改变的过程,这是"外铄"的过程。孟轲与荀况形成了中国古代教育史上关于教育过程的两种见解。从"成积"而"起伪"的要求出发,荀况更加重视文化知识的学习。他的名言"善假于物",就是指人善于借助知识来丰富自身。因此,荀况重视古代典籍的学习,尤其是儒家经典的传播。

荀况说:"学恶乎始?恶乎终?曰:其数则始乎诵经,终乎读礼。"③他很注重读经,以儒经为重要的课程内容。据清人考证,《诗经》到汉代有三家传者,即浮邱伯的《鲁诗》、毛亨的《毛诗》、韩婴的《韩诗》,其中浮邱伯和毛亨均是荀况的弟子,《韩诗》也与荀况的传授有关。《春秋》也有三传,其中两家也得荀况之传,即以《谷梁传》授浮邱伯,以《左传》授张苍。从《礼记》中《乐记》等一些篇目与《荀子》中《乐论》等篇目相通,可知《礼》的传授也与荀况有关。从《荀子》书中,还可见荀况"善为《易》"。所以,荀况精通儒经,并以之讲学、授徒。秦汉之际儒生所学儒经及其解说,大多传自荀况。

荀况以为,各经自有不同的教育作用。他说:"故《书》者,政事之纪也;《诗》者,中声之所止也;《礼》者,法之大分,类之纲纪也。故学至乎《礼》而止矣。夫是之谓道德之极。《礼》之敬文也,《乐》之中和也,《诗》、《书》之博也,《春秋》之微也,在天地之间者毕矣。"④在诸经中,荀况又尤重《礼》,以之为自然与社会(道德与政治)的最高法则,所以说"学至乎《礼》而止矣"。总之,荀况以为儒家诸经已经囊括了天地间的一切道理。郭店楚简中的《性自命出》说:"《诗》、《书》、《礼》、《乐》,其始出皆生于人。《诗》有为为之也,《书》有为言之也,《礼》、《乐》有为举之也。圣人比其类

---

① 《荀子·大略》。
② 《荀子·王制》。
③ 《荀子·劝学》。
④ 《荀子·劝学》。

而论会之,观其先后而逆顺之,体其义而节度之,理其情而出入之,然后复以教。"①其他如《六德》、《语丛(一)》等篇也有类似的论述。这说明自孔丘整理六经并被用作其私学教材之后渐被广泛接受,形成儒学教材定本,并开始了对它的诠释过程。在诠释过程中,郭店楚简代表了一个环节,荀况更是一个重要环节。荀况的诠释工作为汉代经学教育的形成打下了基础。

荀况重视以儒家经典为内容的文化知识传授,其影响在于:从经学史上看,秦的焚书坑儒毁灭了不少传统文献,传下来的一部分中相当数量得益于荀况一脉口耳相传;从教育史上看,荀况的传经,使先秦儒家经典得以保存,这就使后世中国有了经典教科书,为统一的民族心理和文化的形成提供了依据。

### 五、论学习过程与思想方法

荀况对于学习过程的分析相当完整而系统,在先秦教育家中是少见的。荀况说:"不闻不若闻之,闻之不若见之,见之不若知之,知之不若行之,学至于行之而止矣。行之明也,明之为圣人。圣人也者,本仁义,当是非,齐言行,不失毫厘,无它道焉,已乎行之矣。故闻之而不见,虽博必谬;见之而不知,虽识必妄;知之而不行,虽敦必困。不闻不见,则虽当,非仁也,其道百举而百陷也。"②这段话表达了学习过程中阶段与过程的统一,以及学习的初级阶段必然向高级阶段发展,而学习的高级阶段又必须依赖于初级阶段的思想。荀况以为,闻见、知、行每个阶段都具有充分的意义,由此构成一个完整的学习过程。

(一) 闻见

荀况以为闻见是学习的起点、基础和知识的来源,人的学习开始于"天官之当簿其类",即耳、目、鼻、口、形等感官对外物的接触。不同的感官与不同种类的事物或事物的不同属性相接触后,就形成了不同的感觉,又使进一步的学习活动成为可能,所以说:"闻见之所未至,则知不能类也。"③但是,感官和闻见又是有缺陷的。首先,感官有"各有接而不相能"④的特点,它们只能分别反映出事物之"一隅",而无法把握其整体与规律。其次,感官常因主客观因素影响而产生错觉。因此,荀况主张"善学者尽其理"⑤,在闻见基础上学习必须向"尽其理"阶段发展,这就是"知之"。

(二) 知

荀况说:"知通统类,如是则可谓大儒矣。"⑥学习并善于运用思维的功能去把握事物的"统类"和"道贯",即事物的本质与规律,就能自如地应对前所未遇的事变,措施对于事变的合宜一如符节相吻合。这就是知——思维这一学习阶段的意义。荀况重视思维作用,还具体提出了一些发挥"心"的功能的方法。

其一,"兼陈万物而中悬衡。"荀况以为,人们常犯的错误是"蔽于一曲而阇于大理"。这是由于客观事物存在着诸如远与近、始与终、博与浅等等差异与矛盾,易使人仅见一隅而不见其他,而

---

① 郭沂:《郭店竹简与先秦学术思想》,上海教育出版社2001年版,第240页。
② 《荀子·儒效》。
③ 《荀子·正名》。
④ 《荀子·天论》。
⑤ 《荀子·大略》。
⑥ 《荀子·儒效》。

人们又往往受到自身知识、经验的局限,这样就产生了"蔽塞"。于是,荀况提出"解蔽"。如何"解蔽"? 靠"无欲、无恶,无始、无终,无近、无远,无博、无浅,无古、无今,兼陈万物而中悬衡焉"①,不偏执于某一事物和事物的某一方面,对事物作全面、广泛的比较、分析、综合,择其所是而弃其所非,以求如实地把握事物及其关系。

其二,"虚壹而静"。荀况认为,"心"是藏与虚、两与一、动与静的统一。首先,心能接受与储存来自外界的知识,这是藏;但又不能让已获得的知识成为成见,妨碍新知识的接受,这就是虚。其次,心能辨别差异,同时兼知多种事物,这是两或多;但心一旦专注于此物,就不能被为心所感的他物干扰思索,这就是壹。再次,心始终在活动着,这是能动;但是又要不让无关思考的心的活动扰乱正常的思索,这是能静。心的既能藏,又总是虚;既能两——兼知众物,又能壹——潜心一物;既能开动思考,又能宁静如水,这就达到了"大清明"的状态——既在积极活动,同时又在更高水平上清醒地把握它,使思维成为广则能兼,专则能深,亦动亦静的活动过程,就可以"坐于室而见四海,处于今而论久远……"②

"大清明"是为了"知道",但"大清明"不是终结,还存在更高水平的"知道",那就是"体道"——行。

### (三)行

荀况以为,行是学习必不可少的也是最高的阶段。他说:"君子之学也,入乎耳,著乎心,布乎四体,形乎动静。"③又说:"学至于行之而止矣,行之明也……"④在荀况看来,由学、思而得的知识还带有假设的性质,它的最终是否切实可靠,唯有通过行方能得到验证。只有到此时,"知"才能真正算"明"了。而荀况所谓行,也同样是指人的社会实践,如个人的品德修养、教人、从政治国等。

荀况的学习过程是以行为目的和归宿的完整步骤序列,对此作如此明确而系统的表述,这是他的贡献。

## 六、论教师的地位与作用

在先秦儒家诸子中,荀况是最为提倡尊师的,表达了与孔孟颇为不同的见解。孟轲曾经依据《尚书·泰誓》"天佑下民,作之君,作之师"的说法,将君师并称,荀况进而把师提到与天地、祖宗并列的地位。他说:"天地者,生之本也;先祖者,类之本也;君师者,治之本也。无天地恶生?无先祖恶出?无君师恶治?"⑤他将教师视为治国之本。

荀况以为,教师参与治理国家是通过一个中介实现的,那就是他的施教。他说:"人无师无法而知,则必为盗;……人有师有法而知,则速通……"⑥有无"师法",对人会有如此截然不同的结果,这是因为教师是礼义的化身,他们提纲挈领地掌握着仁义的准则、先王的规矩。所以,师法是

---

① 《荀子·解蔽》。
② 《荀子·解蔽》。
③ 《荀子·劝学》。
④ 《荀子·儒效》。
⑤ 《荀子·礼论》。
⑥ 《荀子·儒效》。

使礼义转化为每个人品质的捷径。没有师长的教导,人就会加重本性的放纵;有师长的教导,就能积累善,改变自己。学习与教育就没有比跟从师长更有效、更方便的方法了。就是在这个意义上说,教师与师法有着治理国家的作用。由此推论:"国将兴,必贵师而重傅;贵师而重傅,则法度存。国将衰,必贱师而轻傅;贱师而轻傅,则人有快,人有快则法度坏。"①在此,荀况把国家兴亡与教师的关系作为一条规律概括出来了。

因此,在教师与学生之间,荀况片面强调学生对教师的服从,主张"师云亦云"②,甚至认为:"言而不称师,谓之畔(叛);教而不称师,谓之倍(背)。倍畔之人,明君不内(纳),朝士大夫遇诸涂(途)不与言。"③背叛教师,不依师法言行者,人人都应当唾弃他。

既然如此尊师、重师,荀况也相应对教师提出了要求。他在《致士》篇中提出:"师术有四,而博习不与焉。尊严而惮,可以为师;耆艾而信,可以为师;诵说不陵不犯,可以为师;知微而论,可以为师。"即为师之道就在于:有尊严而令人起敬,德高望重,讲课有条理而不违师法,见解精深而表述合理。至于简单的传习学问,是不足论的。

荀况强调尊师,既出于其"性恶论",也与当时时代的统一趋势有关。国家的统一客观上要求加强对人思想意识的控制,这种控制是通过教育实现的,而教师是教育的具体实施者。荀况的尊师思想对后世中国封建社会"师道尊严"的形成有很大的影响。

荀况的教育思想表现出一些新因素。他提出"性恶论",在中国教育史上开创了与教育"内发说"截然相对的教育"外铄说",促进了教育理论的发展。荀况对于教育目的、教育内容、学习过程、教师地位和作用的阐发都颇具新意,其中不少主张及其实践对后世历代封建教育与政治发生过实际影响。梁启超曾说:"读《孟子》之益处在发扬志气,读《荀子》之益处在锻炼心能。"牟宗三也说过,悟道尊孟轲,为学法荀卿。④

## 第六节 道家的教育思想

道家学派起于春秋末而盛于战国,因其代表人物老聃、庄周以"道"为学说中心而得名。道家之道是指宇宙本体及其法则,这就使其学说有了截然不同的起点。

### 一、老庄及其道家学派

正当儒墨之争炙手可热之际,道家起而参与。孟轲承认:"杨朱墨翟之言盈天下。天下之言不归杨,则归墨。"⑤杨朱为道家重要流派。当时一度形成了儒墨道三分天下的思想局面。道家是一个思想十分活跃的学派。作为变革时代的失意者,他们认识社会和人生的视角颇为独特。如果说儒家、墨家和法家的共同性在于"有为",而道家则完全不同。

道家之名最早见于汉司马谈《论六家要指》,称为道德家。后来班固在《汉书·艺文志》中简称道家,列为"九流"之一,并认为从思想渊源看,"道家者流,盖出于史官,历记成败存亡祸福古今

---

① 《荀子·大略》。
② 《荀子·修身》。
③ 《荀子·大略》。
④ 见东方朔:《怎样读〈荀子〉》,《中华读书报》2017年2月8日第8版。
⑤ 《孟子·滕文公下》。

之道,然后知秉要执本,清虚以自守,卑弱以自持。"《史记·老子韩非列传》也认为,道家代表人物老子是"周守藏室之史也"。作为史官,记事记言,执掌典籍,熟知史事,通晓天文历法,博学而富有智慧,自然可能成为洞悉宇宙人生、旷达通脱的思想家。

老聃

一般认为道家的开创者为老聃。据《庄子》、《史记》、《礼记》等书记载,老聃生于孔丘前并曾为其师。先秦典籍《荀子》、《韩非子》、《吕氏春秋》、《墨子》佚文都承认老聃其人、其学与其书,《礼记·曾子问》、《韩诗外传》等都提及孔丘学于老聃,恐非全是虚词。老聃可能是最早的私人讲学者之一,只是不如邓析、王骀、孔丘、墨翟那样弟子弥丰,徒属弥众。

老聃学说的核心是"道"。它是关于宇宙本体、事物规律和认识本质的概括。他对事物运动的辩证法有深刻的认识,对世事常有出人意料的理解。对政治、道德等人类社会实践,他主张以"自然"、"无为"为法则,怀疑甚至蔑视向为人所重视的文化传统乃至人类文明。这成为道家思想的基本出发点,表现了与儒、墨、法各家学说的明显对立。

老聃之后,尽管道家既没有儒家的传承井然,也无墨家的组织严密,却也流派众多,并不乏像儒家后学那样有很高学术价值的流派及其思想代表。

道家学派的早期传人有关尹、列御寇和杨朱。《吕氏春秋·不二》云:"老聃贵柔,孔子贵仁,墨翟贵廉,关尹贵清,子列子贵虚。"清虚与柔,一脉相承。名闻天下的杨朱,在道家内部却因其入世精神而备受非议,庄周甚至要"钳杨、墨之口"。

庄周可称道家直系。《庄子·天下》指点诸子,或诋或斥,唯独对关尹、老聃无半点微词,而道家也靠着这位漆园小吏真正成为一个学派而与儒、墨相抗衡。庄周早年可能学过儒,据说好儒服儒冠,与退避的颜渊一派有些关系,后来成为隐士。他通过"剽剥儒墨","以诋訿孔子之徒,以明老子之术",使道家有较大发展。庄周将老聃思想中有关人与自然对立的主张推向极端,鄙弃和否定社会的一切,而大力崇尚自然,追求人格的独立和精神的逍遥。他以为物我无别、是非无准、死生无待,表现了自然主义、遁世主义和相对主义。

庄周

一批活动在稷下学宫的道家学者,因抬出黄帝来发明老子之术而被称为黄老学派,其中有田骈、慎到、环渊、接子等人。他们依旧标榜清高,却"各著书言治乱之事以干世主",发展了《老子》书中对社会实践成败、得失的研究,将思想兴趣由宇宙人生转向"君人南面之术",表现了入世精神,而与法家、兵家有所契合。司马迁指出,"喜刑名法术之学"的法家申不害、韩非皆"本于黄老","原于道德之意"①。可见在战国后期,道家产生了复杂的流变。

从老聃到庄周和稷下道家,道家学派沿着两条道路发展。随着春秋战国时代的逝去,绝对遁世的道家已不复存在,超然独立、卓尔不群的出世精神逐渐转为积极干世、随遇而安的入世态度,成为一种新的思想形态的构成要素。有今人任继愈《老子新译》、清人郭庆藩《庄子集释》可以选读。

---

① 以上引文皆出于《史记·老子韩非列传》。

## 二、论教育的作用

道家承认,宇宙间人是最宝贵的,所谓"道大,天大,地大,人亦大。域中有四大,而人居其一焉。"人在"四大"中的地位则是:"人法地,地法天,天法道,道法自然。"①人以天地自然为法。与儒墨强调人是社会的人不同,道家强调人是自然的人。

在道家看来,人的理想状态是人如同婴儿般无知无欲的素朴状态,即所谓"见素抱朴,少私寡欲"②,或者说"同乎无知,其德不离;同乎无欲,是谓素朴。素朴而民性得矣"③。正因为人的本性"素朴"而美好,而人的异化是社会生活使然,使人"复归于朴"就是道家对人的发展的根本要求。

因此,道家认为,教育不应是一个在人身上施加人类文明影响的过程,而应是把得之于社会的影响逐渐损弃的过程,所谓"为学日益,为道日损,损之又损,以至于无为……"④多一分人为,就少一分自然;若要求得人的自然,意味着不断地损弃人为。"物,或损之而益,或益之而损。人之所教,我亦教之:'强梁者不得其死'!吾将以为教父。"⑤强人所不欲的教育将不会有好结果。据此,《庄子·大宗师》表示"不以心捐道,不以人助天",即不以人为去背弃自然,改变自然。《庄子·秋水》还讨论了什么是"天"、什么是"人"的问题,"牛马四足,是谓天;落(络)马首,穿牛鼻,是谓人。故曰:无以人灭天,无以故灭命,无以得殉名。"这样的主张正与儒家相对立。孟轲以为仁义礼智出于人的天性,庄周以为恰恰相反:"意仁义其非人情乎!"仁义与人情是相背离的;荀况以为礼义法正如同矫正"枸木"一样地改变人的天性,庄周也认为恰恰相反:"且夫待钩绳规矩而正者,是削其性者也。"对人的塑造与改变是对人性的摧残;儒家常宣扬尧舜以仁德治天下,而庄周以为恰恰是他们开始了摧残人性的过程:"自虞氏招仁义以挠天下也,天下莫不奔命于仁义,是非以仁义易其性欤?"⑥所以,不要以人为去破坏自然,不要以人的有目的的活动去对抗自然命运,不要以天性去殉仁义之类名分。

《庄子·德充符》中还列举办私学曾与孔丘平分鲁国天下的王骀的事例,倡导一种"立不教,坐不议,虚而往,实而归。固有不言之教,无形而心成"的教育。在《马蹄》篇中,庄周通过伯乐养马的故事说明不顺应自然必将受到惩罚的道理;还以伯乐为象征,批评在教育中类似伯乐那样自以为"我善治马"而实际上大批残害马至死的人和事,指出了教育可能存在着另一面。在《人间世》篇中,他更以大森林中的有用之材往往活不到自然寿命而"中道夭于斧斤"的事例,提出一个颇可深思的问题:为何有用之材最易中途夭折?

道家提出的问题是有价值的。其一,它提醒我们重新审视教育,全面认识教育。人类的发展是人类不断社会化的过程,从自然的人到社会的人无疑是一种进步,但这一过程又是以人类不断地远离自然甚至牺牲自然为代价的,得失之间确实值得人们深思。其二,以"人为"为特点的教育活动固然能够使人变得不断完善起来,但是否意味着可以不讲条件地加以肯定?道家的认识有其片面性,如庄周无条件地赞美自然,只要是天生的,手有六指、人仅一足都是美善的,反之则都

---

① 《老子》二十五章。
② 《老子》十九章。
③ 《庄子·马蹄》。
④ 《老子》四十八章。
⑤ 《老子》四十二章。
⑥ 《庄子·骈拇》。

是罪恶。但是，他们也触及了教育活动和教育发展中的本质矛盾，因为任何社会性原则都有可能背离自然法则，任何时代和社会的教育在体现其具体的社会要求、社会内涵时，必须注意个人的价值和发展问题。这一见解不仅有利于纠正当时儒墨教育思想的某种片面，对后来的教育也有启示。

在道家看来，正因为人类社会发展带来了对人的自然本性的损害，甚至使人变得罪恶，人类社会的理想状态就应是蒙昧时代，那时人们无知无欲、无争无斗，相安无事。老聃认为："大道废，有仁义；智慧出，有大伪；六亲不和，有孝慈；国家昏乱，有贞臣。"①"夫天下多忌讳而民弥贫，民多利器而邦家滋昏，民多智慧而邪事滋起，法令滋章而盗贼多有。"②道德、知识、法律、生产技术等产生了，社会罪恶也就应运而生，文明意味着人类的堕落。对此，道家主张回到"鸡犬之声相闻，民至老死不相往来"的"小国寡民"的社会。庄周把这种社会表述为："夫至德之圣，同与禽兽居，族与万物并，恶乎知君子小人哉？"③

由此，与主张教育对人应是一个"损之又损"的过程相一致，老聃认为，教育的社会作用应是对人"虚其心，实其腹，弱其志，强其骨"，"为腹不为目"④。作为教育者，"圣人"应当侵削人的头脑而增强人的肢体，削弱人的社会性而扩张人的自然性。他说："古之善为道者，非以明民，将以愚之。"治国从来就不该是教人聪明，而是使人归于拙朴，因为"民之难治，以其智多。故以智治国，国之贼；以不智治国，国之福"⑤。既然是文明带来了社会罪恶，那么除去罪恶的唯一办法就是抛弃文明，"绝知弃辩，民利百倍；绝巧弃利，盗贼无有；绝伪弃虑，民复孝慈。三言以为辨不足，或命之有所属：视素保朴，少私寡欲。"⑥庄周继承了这一思想，他赞美"民居不知所为，行不知所之，含哺而熙，鼓腹而游"的所谓赫胥氏时代，认为等到种种社会文明都灭绝了，也就"天下平而无故矣"⑦！

这样的思想表现出双重性。一方面，道家指出了社会的文明和进步所伴随着的丑陋甚至罪恶。在社会进步过程中，人们在变得越来越聪明的同时丢失了纯朴，这是人类社会发展中的必然现象。然而，道家却因为文明发展伴生着罪恶而否定文明进步的意义，主张抛弃文明，这是一种片面的虚无主义主张。另一方面，道家指出国家、法律、道德等社会管理手段对人和人性的束缚甚至摧残，这种现象在传统社会中表现得尤其明显。然而，道家却因此否定国家、法律、道德等的存在价值，倡导社会治理中放弃文化、文明的愚民政策，并认为这样的思想应当成为后代封建统治者的治国启示。

## 三、论理想人格

《庄子·逍遥游》中描绘了一种理想人格："若夫乘天地之正，而御六气之辩，以游无穷者，彼

---

① 《老子》十八章。
② 《老子》五十七章。
③ 《庄子·马蹄》。
④ 《老子》三章、十二章。
⑤ 《老子》六十五章。
⑥ 郭店楚简《老子》，转引自郭沂《郭店竹简与先秦学术思想》，上海教育出版社2001年版，第64页。传世本《老子》十九章此段文字作："绝圣弃智，民利百倍；绝仁弃义，民复孝慈；绝巧弃利，盗贼无有。此三者，以为文不足，故令有所属：见素抱朴，少私寡欲。"其中"圣"、"仁"、"义"均为儒家所推崇，老聃年长于孔子，当不可能出此言，所以以郭店楚简《老子》此段文字为古，更近原文。
⑦ 《庄子·去箧》。

且恶乎待哉？故曰：至人无己，神人无功，圣人无名。"至人、神人、圣人实是同指，他们凭借天地之道而遨游无穷之境，无所依赖，无所限制，"与天为徒"而消融于自然。

所谓无己，是指物我两忘，泯灭天人，飘忽来去无所牵挂。既如此，就不会于尘寰有所作为；既无为，也就无功可言；而无功，名又何存？加上"不知悦生，不知恶死"，"死生无变于己"，总之，对是非、功名、利害、生死一切都已无动于衷，达到了精神的绝对自由，即逍遥。

庄周的这种人格理想表现了个人主义价值取向，其实质乃是为了破除仁义礼法的羁绊，抵制社会义务，在"无己"的名义下大大地张扬有己。儒、墨、法诸家在谈论理想人格和教育目标时，主张社会价值高于个人价值，个人的价值必须体现于社会价值之中。而道家庄周却主张个人价值高于社会价值，社会应当造就特立独行的逍遥人格。这种人"举世而誉之而不加劝，举世而非之而不加沮"①。外界世俗的臧否，都不会对他的作为有任何影响。这种追求既有摆脱仁义束缚、要求个性自由的一面，又有不愿意承担任何妨碍个人自由的社会责任与义务的一面。

至人、神人、圣人、真人等毕竟不是尘世生活中的人格，于是，庄周在现实中寻找到与精神的逍遥颇为相通的人格楷模。《庄子·达生》中讲了一个故事：孔丘在去楚国途中路过一片树林，见一个驼背捕蝉人用长竹竿捉蝉，竟如用手拾物一样容易。孔丘虚心地向他求教，然后由衷地承认他"有道"并教导弟子们须向他学习。《庄子》各篇中十之八九是寓言，通过故事来阐述道理。故事中一边是名满天下的圣贤师徒，另一边是既丑陋且下贱的捕蝉者，然而前者承认后者"有道"并甘心向其求教。在故事中，通常人们所认为的尊贵、聪明与卑贱、愚蠢被完全颠倒过来了。实际上，庄周和道家重新提出了圣贤标准的问题，或者说是社会的理想人格的问题。什么样的人格才是人们应当效法并努力去实现的呢？庄周通过对独腿、驼背等相貌丑陋的残疾人、捕蝉人、屠夫、盗贼等身份下贱者的讴歌，作出了十分明确的回答。

庄周衡量圣贤的标准就是对自然天性的遵循。他认为，以自然原则来考察，世俗中君子与小人的位置恰恰应当互换，那是由于圣人、君子是受仁义之累最为严重的，因此也是自然天性丧失得最为严重的，人们的人格榜样就不该是他们。而所谓小人，他们受仁义之类世俗社会的政治、道德规范所累最少，当然就更多地保留了他们的自然天性。在《庄子·大宗师》中，庄周借孔丘之口解释了什么是不与世俗社会规范合流的"畸人"："畸人者，畸于人而侔于天"，即不耦于俗而特立独行的人，因而又是顺乎天性的人。因此，"天之小人，人之君子；人之君子，天之小人也"。

庄周的圣贤观对儒、墨学派的人格追求和世俗观念是无情的讥讽，指出了世俗的圣贤观念的虚伪和不公正的一面。其教育意义在于提醒人们：究竟以怎么样的价值标准去确定社会的教育目标？什么样的人格理想才是最值得倡导的？儒家和墨家都把自己所主张的人格理想作为全社会恒久不变的人格追求，小人应当以君子为榜样而努力践行之、成就之。而庄周则认为君子未必君子，小人也未必小人，"争让之礼，尧舜之行，贵贱有时，未可以为常也"②。庄周的见解确实发人思考。

---

① 《庄子·逍遥游》。
② 《庄子·秋水》。

## 四、论学习与求知

### (一)"涤除玄览"与"虚而待物"

老聃曾对自己也对人们提问道:"涤除玄览,能无疵乎?"①人心如同一面镜子,人们做到了将它洗涤干净,无一点瑕疵了吗?这里,他强调,人的认识也应当以清静无为为前提,首先须去除一切杂染。所谓"致虚极,守静笃,万物并作,吾以观复。"②任凭万物并起,纷繁往复,我自静观不动,以自然之常心追随自然之常道。平心静气,顺其自然,不执著于自我,自然就会获得智慧、进步和成功:"不自见,故明;不自是,故彰;不自伐,故有功;不自矜,故长。"③因此,认识的自然无为意味着排除一切主观、人为的影响,按照事物的本来面目去认识事物。他提出了一条重要的认识原则:"以身观身,以家观家,以乡观乡,以国观国,以天下观天下。"④

庄周同样也鄙弃学习和认识中的主观、矫饰,提出"虚而待物"的"心斋"主张。庄周所谓的"心斋",并非要弃置心、耳,而是如气柔弱虚空,其心寂泊忘怀,方能应物。究其实,庄周要求在学习中能够抛弃任何主观成见。

庄周指出,人们在学习中常常难以避免主观成见的左右,好"随其成心而师之",因此总是只见到事物之一面,这种"囿于物"的主观片面的"成心",乃是因其所受教育和所处环境使然。他说:"井蛙不可以语于海者,拘于虚也;夏虫不可以语于冰者,笃于时也;曲士不可以语于道者,束于教也。"⑤人们的学习如要把握住"道",必须先破除"一曲"之蔽,广博地察物,客观地求知,全面地看问题。他举例说:河伯原以为"天下之美为尽在己",及至见到无边大海,方知自己的渺小和过去的自得是"见笑于大方之家"了。

庄周的这一见解与荀况批评认识的"蔽于一曲而闇于大理"颇为相似,而其"虚者,心斋也"与荀况的"虚一而静"也颇为相通。《庄子·天下》与《荀子·非十二子》都是全面评点当时各家学派之短长,指出诸子百家"多得一察焉以自好"的现象,倡导一种全面的思想方法的教育。诸子百家论辩每至互不相容的地步,而庄周却承认"百家众技也,皆有所长,时有所用"。事实上,他批评儒家,却也称道孔丘为"圣人",对其治学方法与态度颇有赞意;他批评墨学,却也承认"墨子真天下之好也"……表现了在学习问题上的包容和兼取态度。

### (二)"其出弥远,其知弥少"

道家提倡广博地求知,但他们却清醒地指出人们不能陷溺于博学。在此问题上,老聃与庄周提出了各自的主张,但二者的共同点则在于强调理性在人的学习和认识中的作用。

老聃说过:"不出户,知天下;不窥牖,见天道。其出弥远,其知弥少。是以圣人不行而知,不见而名,不为而成。"⑥在这里,似乎感性认识、实践经验都未得到肯定,所倡导的似乎是闭目塞听的"圣人"之知。而实际上,其论述中却包含着一些有益甚至是合理的见解。按老聃一贯的追求,

---

① 《老子》十章。"玄览",马王堆汉墓帛书乙本作"玄监","监"即"鉴"。
② 《老子》十六章。
③ 《老子》二十三章。
④ 《老子》五十四章。
⑤ 《庄子·秋水》。
⑥ 《老子》四十七章。"不见而名"之"名",《韩非子·喻老》中引作"明",古通用。

认识和学习的目的应当是"为道",而真正的"道"不是用概念所能表达,因而也不是靠感觉经验所能把握的,那是由于"道"是不可见、不可闻、不可及的。这样,他就"对于感觉经验、理性思维的局限性有所认识"①。事实上,事物的一些规律性的知识确非人的感官所能直接把握;而且,若要把握事物的本质属性及其规律,确也需要经过去粗取精、去伪存真、由此及彼、由表及里的"损之又损"的过程。其次,所谓"其出弥远"之"出"是相对认识主体而言,而相对认识对象而言就是"入"。"其出弥远"确有可能导致"其知弥少",那是由于"出"(或"入")得过度了,所谓"当局者迷"说的就是这一道理。复次,老聃指出了学习和求知还存在着"不出户"、"不窥牖"、"不行"、"不见"、"不为"的途径和方式,即在感知和实践之外的途径中获得。他说:"塞其兑,闭其门,终身不勤。"②意谓将耳、目、口、鼻之类门户都予以关闭,向内深求。可以将这种途径理解为直觉和内心体验。《大宗师》中记载了南伯子葵与女偊有关"道"可不可以学的对话。女偊回答说不可学,随即提出得道的七步骤:第一步"外天下",以万境皆空;第二步"外物",忘弃万物;第三步"外生",忘自我;第四步"朝彻",心灵虚静;第五步"见独",心见道天;第六步"无古今",突破时间限制;第七步"入于不死不生",使心道契合。前三步是由外而内,后四步完全是内心自身的静修。由此可见,庄周思想的继承和发展。

类似的思想,庄周在庖丁解牛的故事中也有表达。在《庄子·养生主》中,庖丁表述了他对解牛的认识的发展过程:"臣之所以好者道也,进乎技矣。始臣之解牛之时,所见无非全牛者。三年之后,未尝见全牛也。方今之时,臣以神遇而不以目视,官知止而神欲行,依乎天理,批大郤,导大窾,因其固然。"庖丁是庄周理想中的人物。在此,庄周借庖丁之口表达了一个对于学习与求知十分有价值的见解,即耳目感官和技术固然有用,但人的更高水平的认识靠"神"对"道"或"天理"的把握。庖丁有关解牛的论述表达了认识和知识获得的一般过程,即由表面的整体("无非全牛")深入到具体的局部("未尝见全牛")又达到更深层次的整体("批大郤,导大窾"),整个过程始终遵循着事物自身的规律("依乎天理"、"因其固然")。所以,所谓"神",是在肯定感知经验基础之上的理性思维和领悟,由此达到豁然开朗、随心所欲的境界。为庄周所赞颂的一些"小人",如承蜩的佝偻、削镱的梓庆,都有这种认识上的境界。

关于知识与人的学习能力之间的关系,庄周有一段出色的议论:"吾生也有涯,而知也无涯,以有涯随无涯,殆已。已而为知者,殆而已矣!"③人生有限,宇宙无穷。面对无边无际的自然和宇宙,人的认识能力显得如此渺小和微不足道。所以,人不能也不应简单地以"有涯"的人生去追随无涯的知识世界,如果执意要"以其至小求穷其至大之域,是故迷乱而不能自得也"④。庄周对人的认识能力是怀疑的,却揭示了学习与求知中有限与无限的矛盾。如何处理好有限的生命和认识能力与无限的知识世界的关系?庄周的问题是有价值的。他提醒人们面对急剧膨胀的知识世界不能一味追随,他赞成孔丘的态度:"多闻阙疑","多见阙殆","六合之外,圣人存而不论",主张"知止其所不知,至矣"!以"知止"作为解决认识的有涯与无涯矛盾的方法。从老庄思想的整体进行考察,"知止"所表达的是一种认识态度,即不强求其知,而他们解决认识的有涯与无涯矛盾

---

① 冯契:《中国古代哲学的逻辑发展(上册)》,上海人民出版社1983年版,第125页。
② 《老子》五十二章。
③ 《庄子·养生主》。
④ 《庄子·秋水》。

的方法,就在于如何实现对"道"的把握。

（三）"闻之疑始"

道家是一个十分善于怀疑的学派,在他们眼里可以说无事不可以怀疑。尤其是《庄子》书中通篇贯穿着怀疑精神。在《大宗师》中,庄周叙述了治学闻道的过程,告诉人们,学习固然须从书本和已有的知识、法则入手,但最终还是要对已有的书本知识本身提出疑问,甚至对事物的根本提出疑问。

庄周对自然现象是怀疑的,对社会现象是怀疑的,对人的意识也是怀疑的。最有价值的,是他对已经开始被人奉为圣人的孔丘及其所倚仗的六经的怀疑。《庄子·盗跖》篇中借盗跖之口对孔丘有一段斥责:"今子修文武之道,掌天下之辩,以教后世;缝衣浅带,矫言伪行,以迷惑天下之主,而欲求富贵焉,盗莫大于子。天下何故不谓子为盗丘,而乃谓我为盗跖?"在庄周看来,孔丘打着文武之道的幌子,以其学说蛊惑各国君主,而其根本用意却在为己谋取富贵,因此是更应当称为"盗"的。关于六经,他深刻地指出:六经是前代人们社会活动的结果,六经与人们的活动两者的关系如同足迹与步履。时光不可遏制,发展不可阻挡,为什么要用过去的足迹限制今天的脚步?① 他甚至借一个制车工匠之口斥责一些帝王自视不凡的读先王之书为"君之所读者,古人之糟粕已夫!"②

在《知北游》篇中,记载了庄周师生的一段对话。学生东郭请教老师:"所谓道,恶乎在?"答曰:"无所不在。"东郭请老师说得具体些,庄周于是说:"在蝼蚁。"曰:"何其下邪?"曰:"在稊稗。"曰:"何其愈下邪?"曰:"在瓦甓。"曰:"何其愈甚邪?"曰:"在屎溺!"东郭惊讶得说不出话来。师生俩在学习和求知问题上存在一个很大的认识差异:由于"道"是高于具体事物的一种存在,因此东郭认为它应该是神圣的、高超的、玄妙的;而庄周却认为物无所不在,道也就无所不在,"处处有之,不简秽贱"。实际上,庄周的观念同时表达了他对所谓高深学问的怀疑和不以为然。从《庄子》书中,还可以看到庄周列举了大量社会下层劳动者及其出神入化的劳动技艺的事例,如轮扁斫轮、佝偻承蜩、庖丁解牛、津人操舟、梓庆削鐻等,说明学道、求道、体道、循道的道理。这些人物表达了庄周对社会固有尊卑、贵贱、智愚秩序的怀疑,通过赞美贫者、贱者、丑陋者,告诫人们求知、学道不必尽去读圣贤书,完全可以凭借个人的智慧自成一格。庄周的思想具有一般的方法论意义,启示人们在学习中避免凝固、僵死的思想习惯。

道家教育思想的特点是反对人为和反对教条。道家反对人为,首先是深刻地揭露了社会发展所伴随着的罪恶,因此具有反抗的意味,但道家仅仅抓住乃至放大了社会罪恶的一面,而否定了社会的文明与进步;其次是反对教育对社会原则的遵循,他们敏锐地看到了教育中社会原则与自然原则的矛盾,尤其是指出了人的自然本性如何保存的问题,但却夸大了两者的冲突,由此主张摒弃人对社会原则的服从。道家反对教条,首先是反对儒、墨等家学说及其所尊崇的圣贤,认为"彼亦一是非,此亦一是非",依据什么去相信所谓圣贤;再次是反对恒常不变的思想方法和思维方式,事物是变化不居的,思想自然需要因时因地而变。道家教育思想作为儒、墨、法等家主张的反对者,给予人颇多启发。

---

① 参见《庄子·天运》。
② 参见《庄子·天道》。

## 第七节　法家的教育思想与实践

法家是战国时代重要的学派之一。这一学派以其有效而毫不含糊的社会政治主张,影响了战国时代的历史进程,赢得了他们在诸子百家中的地位。一般认为,法家代表着新兴的社会势力,代表着当时社会发展的趋势,其长处在于社会政治实践,而在教育方面远没有达到像儒、墨诸家那样的造诣,有些主张甚至还显得偏颇。但不论其思想主张的积极方面还是消极方面,都有启发人思考之处。

### 一、从商鞅到韩非

法家的渊源可以上溯到春秋时期郑国执政者子产。子产在政治上有些作为,也颇重视教育。郑国的百姓有这样的称颂:"我有子弟,子产诲之;我有田畴,子产殖之;子产而死,谁其嗣之?"①还有《管子》一书,虽托名管仲所著,但大部分可视为春秋战国时齐国法家的论著,甚至与管仲本人亦有关系。从《管子》的《小匡》、《弟子职》、《牧民》等篇,可以看出齐国法家先驱者在重视教育方面与儒家有较多的一致。如《管子》中,以"礼、义、廉、耻"为"国之四维"。又认为:"仓廪实则知礼节,衣食足则知荣辱。"②

最早从学者立场、以法理为依据论法的法家人物,是魏国人李悝(约前450—前390年)。他曾为魏相,著有中国第一部刑法法典——《法经》。后来商鞅由魏入秦,就携带此书。李悝在经济上主张"尽地力之教"③,重农成为法家的一贯思想。李悝是战国法家先锋,然他的史迹也表现了浓厚的儒家气息,以至于他究竟是法家还是儒家,史书上也常混淆。④

真正使法家思想与儒家思想趋于对立的是李悝的后学商鞅。商鞅(约前390—前338年),卫国人,原名卫鞅,亦称公孙鞅。他在秦被封为商君,故人称之为商鞅。他"少好刑名之学"⑤,但早年也曾受儒家思想熏陶。他曾久居魏国,但终不被用,于是来到当时还很落后的秦国。商鞅入秦适逢秦孝公发奋图强,下令求贤,广征能"强秦者"。商鞅数见秦孝公,终以所说"霸道"和"强国之术"得到重用。在秦执政20年,他先后两次实行变法,变法涉及经济、军事、政治、文化教育、社会风俗等众多方面,如建立法制、奖励军功、鼓励垦荒、禁止游宦、统一度量衡、建立县制等。经商鞅变法,"行之十年,秦民大悦,道不拾遗,山无盗贼,家给人足,民勇于公战,怯于私斗,乡邑大治"⑥。秦在对外战争也频频取胜。但由于变法剥夺了贵族特权,当秦孝公死后,商鞅被贵族势力所害,遭车裂。商鞅虽死,而变法却已在秦国深深扎根。100多年后,秦王政之能够统一中国,实在是变法打下的基础。商鞅有

韩非

---

① 《左传·襄公三十年》。
② 《管子·牧民》。
③ 《史记·孟子荀卿列传》。
④ 郭沫若:《十批判书·前期法家的批判》,《郭沫若全集·历史编》(第二卷),人民出版社1982年版,第314—318页。
⑤ 《史记·商君列传》。
⑥ 《史记·商君列传》。

《商君书》存世,其中也掺入了商鞅一派法家后学的著作。

商鞅死后将近60年,韩非出生,当时已是战国末期。韩非(约前280—前233年),韩国的公子。早年与李斯同为荀况的学生,但他学法家各派,熔商鞅的法、申不害的术、慎到的势三派为一炉。他虽然对儒、墨、道诸家都严加攻击,但也或明或暗、或多或少地予以接受。他曾多次上书韩王,陈述富国强兵之道,未被采用。韩非"为人口吃,不能道说,而善著书"①。著有《孤愤》、《五蠹》、《内外储》、《说难》、《显学》等十余万言,完成了法家理论的系统化工作。

韩非著作流传至秦,秦王政读后十分喜爱,叹道:"嗟乎!寡人得见此人,与之游,死不恨矣!"②当从李斯处得知著书者在韩国时,秦王政即竭力招致,甚至对韩国迫以兵戎。公元前234年,韩非为韩出使于秦。当年同在荀况门下时,李斯就"自以为不如非"③。尽管"韩非著书,李斯采以言事"④,但出于个人打算,李斯难容韩非同在秦,于是抓住韩非曾上书秦王政劝先伐赵而缓攻韩一事,谗害之。韩非到秦不足一年,就被迫服毒自杀,死于狱中。韩非虽被害,但其"法后王"、倡"耕战"、禁游说之士、非诗书礼乐之教的理论,却成为秦始皇和李斯据以完成统一大业的思想武器,并为此后历代封建统治者所不同程度地信奉。有今人梁启雄《韩子浅解》可以选读。

作为典型的法家学者,商、韩之间思想的一脉相承是显见的:从进化的历史观引出"法后王"的主张,又走向轻视传统文化的极端;从富国强兵的愿望导出对"耕战"的倡导,又流于否定文化教育活动的偏颇……这些就是先秦法家教育思想的轨迹。

## 二、绝对的"性恶论"

正如儒家的政治和教育主张是基于其对人性的评估,法家的一系列社会思想也建筑在对人性的认识之上。尽管荀况提出"性恶论",但严格说这只是一种有条件的"性恶论",事实上他并未彻底抛弃孟轲主张的一些核心观点。而法家的人性观则表现为绝对的"性恶论"。

早在《管子》书中就已认为,趋利避害是人性之常:"夫凡人之情,见利莫能勿就,见害莫能勿避。"⑤以后商鞅坚持了这种看法,并非常实际地利用人性的这种特点以之与耕战结合在一起。到韩非,他不仅以为人"不免于欲利之心"⑥,还认为人心总是利己而害人的,人与人的关系是一种利害关系,离不开"计算之心"。他举了做棺材的匠人总是希望人早死等一些事例加以说明。他还认为,君臣之间也同样是相互利用,"君臣之交,计也"⑦。甚至父母子女之间也无非是利害关系。比如说:"产男则相贺,产女则杀之。此俱出父母之怀衽,然男子受贺,女子杀之者,虑其后便,计之长利也。故父母之于子也,犹用计算之心以相待也,而况无父子之泽乎!"⑧庆贺生男孩与溺杀女婴是出于父母今后之长远利害计,父母对子女尚且如此,世上还有什么善性和爱心可言?就是基于这样对人性的估价,法家强调治国必须靠高压政治、法制手段,无须用温情脉脉的教育感化。

---

① 《史记·老子韩非列传》。
② 《史记·老子韩非列传》。
③ 《史记·老子韩非列传》。
④ 王充:《论衡·案书》。
⑤ 《管子·禁藏》。
⑥ 《韩非子·解老》。
⑦ 《韩非子·饰邪》。
⑧ 《韩非子·六反》。

因此，韩非在教育上提出了不少严厉的论断。他认为，在教育中应注意把握住一个问题的症结：你不能指望人们自觉为善，而只能设法令人不得为非。这个尺度一定，也就定下了教育方式的取向。他举例说：在教育中，"母厚爱处，子多败，推爱也；父薄爱教笞，子多善，用严也"①。而那些地方官吏丝毫不用爱道，教育效果却万倍于父。所以说，父母的爱心，乡邻的批评，老师的教导，"三美加焉"而不能改变"不才之子"的毫毛。相反，官兵的严刑厉法则轻易地"变其节，易其行矣"②。从"父母之爱不足以教子"、"民固骄于爱，听于威矣"③的判断出发，法家只看到刑法的统制作用，不讲教育和感化，甚至认为无需尊重人和人的尊严。依据这一片面逻辑，韩非作出了一个著名结论："夫严家无悍虏，而慈母有败子。吾以此知威势之可以禁暴，而德厚之不足以止乱也。"④因此，正确的认识和做法是"不务德而务法"，教育是如此，社会政治的实现也是如此。

按理说，正常的教育应是行为规范乃至法令、刑罚与教育、诱导、感化的结合。法家只讲法制，否定了教育的价值。法家上述主张在后世中国社会的教育中有一定的影响，但不能说是教育的主流。

### 三、禁"二心私学"

法家的产生得益于春秋战国时的百家争鸣，然而法家思想的成熟却意味着百家争鸣的末路，这是由法家的基本主张所决定的。在法家看来，战国时诸侯王公的养士礼士，让他们自由议论，实在是一个大错误。韩非说："儒以文乱法，侠以武犯禁，而人主兼礼之。"⑤这是天下祸乱的根源。因为这些私家学派的存在，造成思想的纷乱和不统一，结果一定是"乱上反世"。韩非将这些私家学派称为"二心私学"。他说："凡乱上反世者，常士有二心私学者也。"⑥故此，"愚诬之学，杂反之行，明主弗受也"⑦。显然，法家敏锐地抓住了问题的症结：在走向统一的征途上，必须相应地要求思想的统一和君主权力的集中与至尊，对此不得有丝毫的侵犯，甚至连腹非也不准许，所谓"禁奸之法，太上禁其心，其次禁其言，其次禁其事"⑧。

商鞅早就认识到这一问题，他曾提出"贱游学之人"⑨，"禁游宦之民"⑩，而代之以"壹教"。"所谓壹教者，博闻、辩慧、信廉、礼乐、修行、群党、任誉、清浊，不可以富贵，不可以评刑，不可独立私议以陈其上。坚者破，锐者挫。"⑪对那些博学诗书、长于谈辩、讲究信廉、论说礼乐、注重修行、集结朋党、互相标榜、议人长短之类人等，不能让他们得到富贵，不许他们评说刑罚，更不准他们创立私家学说向君主陈述，顽固的就打倒他，露锋芒的就挫败他。总之，必须剥夺私家学说和学派存在的权利。

---

① 《韩非子·六反》。
② 《韩非子·五蠹》。
③ 《韩非子·五蠹》。
④ 《韩非子·显学》。
⑤ 《韩非子·五蠹》。
⑥ 《韩非子·诡使》。
⑦ 《韩非子·显学》。
⑧ 《韩非子·说疑》。
⑨ 《商君书·壹言》。
⑩ 《韩非子·和氏》。
⑪ 《商君书·赏刑》。

到韩非,对此问题的认识更简捷明了。他认为,私家学派的存在就意味着扰乱法治。立法令就是为了废除私学,必须毫不妥协地推行法令,对易于导致"二心"的私学和学派就应"禁其行"、"破其群"、"散其党"①,以造成一个"事在四方,要在中央,圣人执要,四方来效"②的政治和思想局面,由此杜绝那些"愚诬之学,杂反之辞",尤其是那种惑乱人心、破坏国家法治、阻碍国家富强的儒家学说。

商、韩倡行禁私家学派,而私家学派的真正被禁是在秦朝。当时李斯曾向秦始皇指出:前代的诸侯并作是与"人善其所私学"相表里的,对私家学派如不加禁止,必然会"非上之所建立",导致"主势降乎上,党与成乎下"。因此,他建议对私学"禁之便",并请下令:"天下敢有藏诗书百家语者,悉诣守尉杂烧之;有敢偶语诗书者,弃市;以古非今者,族。吏见知不举者同罪。令下三十日不烧,黥为城旦。"③

为了达到政治强权、实现国家富强进而实现统一各国的愿望,法家采取的一大措施就是不准人思想和禁止人说话,而定法家思想于一尊。商、韩的思想,李斯、秦始皇的实际行动,满足了完成统一大业过程中统一人们思想与行动的需要,也结束了春秋战国时期空前繁荣的百家争鸣。法家这种禁"杂反"之学、学术思想择一的做法,却也开了中国封建社会思想统治的先河。

### 四、"以法为教"、"以吏为师"

"以法为教"、"以吏为师"是法家代表人物韩非提出的教育主张,而首倡者则是商鞅。韩非认为:"故明主之国无书简之文,以法为教;无先王之语,以吏为师。"④这是法家教育思想和教育实践的一个基本概括,它要求对社会实行普遍的法治教育,使维护封建统治的政治、经济、思想、文教等法令妇孺皆知,深入人心;同时也点明了商鞅、韩非所倡导并在秦国实行的法治教育的基本内容和实现手段。

韩非提出"以法为教",是对商鞅"燔诗书而明法令"⑤的发展。商鞅认为:"法令者,民之命也,为治之本也。"⑥韩非后来解释说:"以表示目,以鼓语耳,以法教心。"⑦法是一种依据或准则,有了法,就使人的行为有规矩可循。百姓知法、守法,社会就安定;官吏知法、执法,就不会残害百姓。因此,不论吏民,都要教其知法、畏法、守法,这样,国家就没有不强盛的。

法家以为,法治教育是从"信赏必罚"这一简单的过程开始的。商鞅在下达法令前"恐民之不信己",就令人立三丈长木杆于都城南门,宣布有将其搬至北门者,受重赏。起先无人尝试,他就将赏金从10两提高到50两。终于有人去搬了,商鞅立即赏50金,"以明不欺"。这样,既取信于民,也使人民懂得依法行事。商鞅第二次变法中,太子犯法,他毫不留情地"刑其傅"、"黥其师",追究太子两位老师的失教之过。法家就是通过"赏厚而信"、"罚严而必"之类做法,使人们懂得了

---

① 《韩非子·诡使》。
② 《韩非子·扬权》。
③ 《史记·秦始皇本纪》。
④ 《韩非子·五蠹》。
⑤ 《韩非子·和氏》。
⑥ 《商君书·定分》。
⑦ 《韩非子·用人》。

"法之所加,智者弗能辞,勇者弗敢争;刑过不避大臣,赏善不遗匹夫"①的道理。

除了"信赏必罚"外,法家还通过鼓励耕战,让老百姓懂得只有经过积极投入耕战,才能实现"趋利避害";通过定名分,使人人皆知按本分言行和获取;通过禁私学、禁诗书礼乐,使"言谈者必轨于法";通过形成严刑酷法的社会局面,迫使人不敢作奸犯科……加之法家都主张将法令文书公之于众,并使家喻户晓,由此实现法治教育。在秦国,"以法为教"颇为成功。当商鞅失势、仓惶出走时,竟然找不到一个躲身之处。因为商鞅曾规定:留人住宿而所留者无身份证明,要罪及舍主人。所以,秦国的强大与普遍的法治教育有很大的关系。

如果说"以法为教"主要表达了法家推行法治教育的内容,而"以吏为师"则主要表达了法治教育的实现手段。

尽管"以吏为师"是古已有之,但这仅是形式上近似。实质上,法家提出的"以吏为师"其着眼点不在"师"而在"吏",或者说是在"法"而不在"教",即为了实行法治,选择那些知法的官吏来担任法令的解释者和宣传者,仅此而已。因此,法家所谓"师"并非教师意义上的"师"。

商鞅最早提出"以吏为师"的思想并付诸实施。他在秦变法时认为,法令必须有"师受",否则人人各以其意加以理解,就怎么也不能真正懂得它。于是,他指出:"必为法令置官也,置吏也,为天下师,所以定名分也。"②他主张从中央到地方都设吏师,严格选择那些通晓法令者来担任,由他们负责对全体人民进行法治教育。按照规定,国家每年公布一次法令,由吏师们预先以密藏于宫中禁室内的法令副本为准,熟习之,然后等待吏、民的咨问。有所问,即须明确作答,并记下问答内容,存档备查,以督促问答双方都须依法行事。

韩非发展了商鞅设置吏师的主张和实践,明确地把这种制度表述为"以吏为师",以保证"以法为教"。但韩非的"以吏为师"中还包含着一层意思:理想的国家与社会是不需要许多人来从事文化、知识和教育工作的,这样的人一多,就会破坏社会秩序。妥善的做法,就是"以吏为师"。这样,韩非更强调了法的教育,而否定了知识教育及其实施者,走向了极端。

法家的"以法为教"、"以吏为师",充其量只能被看成是一种社会教育。自然,任何社会都需要讲法治,要推行法治教育,但如果把教育仅仅作此理解,不仅片面而且错误。因为教育的内涵相当丰富,专门的文化知识教育及其实施者的存在不仅是人类历史发展的结果,而且是人类社会继续进步的条件。因此,法家的主张与实践是一种教育的倒退。

尽管法家不少主张适应了完成统一的需要,但法家对通常人们所理解的教育持否定态度,因此,所采取的教育措施也否定人的价值、否定人类文化知识的积累、否定学校教育。法家教育思想用于实践,不仅会摧残教育本身,还会窒息思想、文化的发展,这是已为历史发展所证明了的。

## 第八节 战国后期的教育论著

在经过500多年的割据与征战之后,到战国末年,建立一个专制主义的中央集权的全国性政权已成为大势所趋。与此相适应,总结春秋以来思想学术的百家争鸣也成为需要。当时几大学

---

① 《韩非子·有度》。
② 《商君书·定分》。

术派别纷纷依据自己的立场与观点做了这一工作,如儒家荀况著《非十二子》,道家著《庄子》中的《天下篇》,法家韩非著《显学》与《五蠹》,以及杂家著《吕氏春秋》。教育在经过春秋战国时期的大发展之后,也积累了丰富的材料。对教育历史经验作系统的理论总结,同样成为教育进一步发展的需要。因此,战国末年开始出现了一批集中论述教育问题的教育理论著作。这些论著几乎论述了中国古代教育的所有基本问题,对此后中国封建教育的发展影响深远。这些教育论著理论价值甚高,实际上形成了中国古代教育理论发展的一个高峰。而儒家经典《礼记》中的诸多篇什,是这些教育论著中的代表。它是对据说是孔丘删定的周代典籍《仪礼》各篇的传解,故名之曰"记"。《汉书·艺文志》认为是"七十子后学者所记也",即与孔丘学生的学生有关。《礼记》写作年代大约在战国后期到西汉初期。通常,先秦礼学家在传习《仪礼》时,都附带传习一些参考资料,作为对经文的解释、说明和补充,这就是"记"。经长期流传增删,逐渐形成两个本子,即汉宣帝时戴德所传85篇的《大戴礼记》和其侄戴圣所传49篇的《小戴礼记》。《小戴礼记》在唐代被列于五经,即通常所称的《礼记》。《礼记》是一部内容丰富而杂驳的丛书。它收集了儒家学者论礼的作用与意义的论文,涉及众多方面的问题,包括教育问题。其中的《王制》、《文王世子》、《内则》、《少仪》等篇,保存了不少古代教育资料。就教育理论阐发的集中与其历史影响而言,当推《大学》、《中庸》、《学记》、《乐记》等篇。

## 一、《大学》

《大学》是《礼记》中的一篇,是儒家学者论述大学教育的一篇论文,它着重阐明"大学之道"——大学教育的纲领,被认为是与论述大学教育之法的《学记》互为表里之作。中国古代所谓"大学",是指"十五成童明志,入大学,学经术"[1],或者说是"束发而就大学,学大艺焉,履大节焉"[2]。所以,大学从年龄阶段上看,是15岁以上的教育;从内容上看,是在初步文化知识(小艺)和道德品质(小节)教育之后的儒家经术教育和儒学思想教育。一般认为,《大学》是儒家思孟学派的作品,但其中也有荀况学派的影响,反映了《礼记》一书综合、总结的总体特点。

《大学》在宋代受到理学家的高度重视。朱熹亲加整理,编定为"经"一章和解释经文的"传"十章,并将其与《中庸》一起从《礼记》中抽出,与《论语》、《孟子》合称《四书》,成为宋以后中国古代教育的基本教科书。

宋代理学家对《大学》有一个基本估价,认为它是"初学入德之门也"[3]。朱熹认为,它揭示了"古人为学次第",故"学者必由是而学焉,则庶乎其不差矣"[4]。这个"为学次第"概括地说就是先读《大学》"以定其规模",接着读《论语》"以立其根本",再读《孟子》"以观其发越",最后读《中庸》"以求古人之微妙处"。[5] 这就是理学家把《大学》列为《四书》之首的原因。而《大学》也确实对大学教育的目的、程序和要求作了完整、扼要、明确的概括,以其对为学过程表述的严密逻辑性和程序的一定合理性,对后人的为学、为人产生了莫大影响。

---

[1] 《白虎通·辟雍》。
[2] 《大戴礼记·保傅》。
[3] 朱熹:《大学章句》引二程语。
[4] 《大学章句》篇首语。
[5] 《朱子语类》卷十四。

## （一）"三纲领"

《大学》开头就说："大学之道，在明明德，在亲民，在止于至善。"这是儒家对大学教育目的和为学做人目标的纲领性表达，"明明德"、"亲民"、"止于至善"被称之为"三纲领"。

"明明德"，就是指把人天生的善性——"明德"发扬光大，这是每个人为学做人的第一步。个人的完善从来就不是儒家的目标，他们要求凡事都须由己及人，把个人自身的善转化为他人，尤其是民众的善，于是高一步的目标是"亲民"。朱熹认为，"亲民"应改作"新民"；解释为推己及人，使人们去其"旧染之污"，也获得自新，臻于善的境界。

大学教育的终极目标是"止于至善"。《大学》对此的解释是："为人君止于仁，为人臣止于敬，为人子止于孝，为人父止于慈，与国人交止于信。"每个人都应在其不同身份时做到尽善尽美。

"三纲领"从"明明德"到"亲民"到"止于至善"，是一个要求由低到高、内涵由简单到复杂、活动由自身到他人以至群体社会的过程，表现了很高的道德要求、较强的逻辑性、易解性和可行性：人的"止于至善"需要"明明德"和"亲民"作铺垫，而唯有"止于至善"，"亲民"和"明明德"才能真正得到实现。"三纲领"虽是三步要求，但又是层层递进、浑然一体的整体要求，舍一而不能完成其他。"三纲领"表达了儒家以教化为手段的仁政、德治思想。

## （二）"八条目"

为了实现"三纲领"，《大学》进一步提出一系列具体的步骤，它说：

> 古之欲明明德于天下者，先治其国；欲治其国者，先齐其家；欲齐其家者，先修其身；欲修其身者，先正其心；欲正其心者，先诚其意；欲诚其意者，先致其知；致知在格物。物格而后知至，知至而后意诚，意诚而后心正，心正而后身修，身修而后家齐，家齐而后国治，国治而后天下平。

《大学》认为人的完善是一个过程，又可细分为八个步骤：格物、致知、诚意、正心、修身、齐家、治国、平天下。这就是"八条目"。八条目前后相续，逐个递进而又逐个包含，体现了阶段与过程的统一。

### 1. 格物、致知

格物、致知被视为"为学入手"或"大学始教"，尤其是格物，《大学》将"八条目"作为环环相扣的完整过程作了顺推和逆推，即"……致知在格物"（逆推），"物格而后知至……"（顺推），格物都是处在起点阶段。但是，由于《大学》中缺失对格物、致知的诠释，造成后人对其理解的众说纷纭。整个宋明理学的教育和哲学思想的争论，就导源于对"格物"二字的不同解释。实际上，《大学》所谓格物恰如孔颖达所言："致知在格物者，言若能学习，招至所知。"[①]因此，格物就是学习儒家"六德"、"六行"、"六艺"之类。致知则是在格物基础上的提高，是一种"以积蓄学问开始引导出豁然贯通的最后阶段的方法"，"即从寻求事物的理开始，旨在借着综合而得最后的启迪"[②]。所以，格物、致知是对先秦儒家学习起点思想和知识来源思想的概括。

### 2. 诚意、正心

如果说格物、致知的功夫着重于对客观准则的体会与把握，诚意就更进了一步，深入人的意

---

[①]《礼记正义·大学》。
[②] 胡适：《先秦名学史》，学林出版社 1984 年版，第 6 页。

志与情感之中了。《大学》解释说："毋自欺也,如恶恶臭,如好好色,此之谓之谦。故君子必慎其独也!"这要求人即使闲居独处,也要像有"十目所视,十手所指"一样,谨慎小心,不敢有一念差池。因为只有"诚于中",才能"形于外",有良好的行为表现。

"意诚而后心正"。所谓正心,就是不受各种情绪的左右,始终保持认识的中正。诚意与正心的区别在于:诚意主要指人的意念、动机的纯正;正心则要求摆脱情绪对人认识和道德活动的影响。它们的共同特点在于:都是行为发生前的心理活动。作为个人的学习活动,诚意与正心还局限于自我。

### 3. 修身

修身的要求则不同了。《大学》认为,人们往往会因为偏爱偏憎而不能公允地处事待人,更不用说"好而知其恶,恶而知其美"了。修身与正心的不同在于,它是"由内及外,由己及人,由'明明德'到'亲民'的转折点"[1]。作为一种学习,修身不再局限于个人内心的自省与自律,开始走出自我,在与他人的相互关系中再认识、要求和提高自我。《中庸》假孔丘之口说:"好学近乎知,力行近乎仁,知耻近乎勇。知斯三者,则知所以修身。"可见,修身是人的一种综合修养过程,是人品质的全面养成,所以就成为齐家、治国、平天下之本了。

### 4. 齐家、治国、平天下

齐家、治国、平天下是个人完善的最高境界。齐家是从修身自然引出的,因为修身的主要内容是正确处理人我关系,而齐家无非是完善起码的人际关系。齐家是一个施教过程,即成为家庭与家族的楷模,为人效法。所以朱熹说:"身修,则家可教矣。孝、弟、慈,所以修身而教于家者也。"[2]只有自己做到了,然后可以去责人做到;只有自己不做,然后才可以责人不做。齐家重复了儒家的一贯主张:教人不过是学在人先,善在人先。而且,齐家这种教是"成教于国"——实现政治的准备,所谓"宜其家人而后可以教国人",甚至可以"不出家而成教于国"了。就这样,在儒家思想中,个人的学习、教人、政治等几个过程非常自然地联系、转换和发展着,使得"八条目"实际上成为一个过程和整体。

治国无非是齐家的扩大和深化,而平天下又无非是治国的扩大。其基本精神一以贯之,即为政以德,以孝悌、仁恤、忠恕之道治国。

"八条目"表现出较强的逻辑性,它们由小到大、由浅入深、由近及远、由简单而丰富,体现了循序渐进的原则,因此,同样表现了易解性和可行性。"八条目"的逻辑程序反映出古代宗法等级制度的影响,然而其内涵已是完全不同了。作为对先秦儒家为学过程最为明确、概括和完整的表述,"八条目"对汉以后中国知识分子的为学、为人与为政有极大的影响。

《大学》的特点首先在于强烈的伦理性和人文色彩。无论是作为"大学之道"的"三纲领",还是作为"为学次第"的"八条目",都着眼于人伦,以个人道德和社会政治的实现为目的,而社会政治的实现也被看成是道德过程。其次表现出较强的逻辑性,无论"三纲领"还是"八条目",都环环紧扣地加以推演。尤其是通过顺推和逆推说明了"八条目"的实现程序,加之表述的概括,极易为人理解、接受和实行。《大学》之能对中国古代知识分子和一般国民的处世立命产生影响,

---

[1] 任时先:《中国教育思想史》上册,《中国文化史丛书》,商务印书馆1937年版,上海书店1984年影印,第66页。
[2] 朱熹:《大学章句》。

原因就在于此。

## 二、《中庸》

《中庸》也是《礼记》中的一篇，司马迁肯定是孔丘之孙子思"作《中庸》"①。根据《中庸》内容，可信是儒家思孟学派的作品。《中庸》共33章，主要阐述先秦儒家的人生哲学和修养问题，提出了"中庸之道"，与《大学》互为阐发，具有较强的理论色彩和思辨性，后世儒学尤其是理学的许多概念、命题乃至信条和方法论都出自于此。到宋代，经朱熹整理，亦列为《四书》之一，对后世中国知识分子、一般民众的个人修养、精神生活和为人处世之道均有影响。

### （一）性与教

《中庸》劈首就指出："天命之谓性，率性之谓道，修道之谓教。"意谓：天所赋予人的就叫做性，循性而行就叫做道，修治此道就叫做教。首先，它指出人性是与生俱来的秉性，既然说要循性而行，就表示这种天赋秉性具有某种趋向性，或者可以说就是趋善性，即如孟轲所说"人性之善也，如水之就下"，或者如《大学》所说，这是一种"明德"。因此，所谓"率性"，也就是要遵循人性中潜在的本然之善，使之得以发扬和扩充。其次，《中庸》继而提出"修道之谓教"——教育与人性发展的问题。从"修道"一词可见，《中庸》以为人性的真正得到保存与发扬，还要靠教育来修治。因此，对《中庸》开宗明义的篇首语就可以作此理解：人生来就有善的本性；人应当对此加以保存和发扬；人的善性的真正保存和发扬有待于教育的作用。《中庸》的许多论述都可以用来说明这一点。

如说："唯天下至诚为能尽其性，能尽其性则能尽人之性，能尽人之性则能尽物之性……则可以与天地参矣。"人应当不断追求诚的境界，充分发扬自身的善性，又由己及人而至天下，使自己变得像天地一样高远博大。这与《大学》"三纲领"异曲同工。

《中庸》还认为："或生而知之，或学而知之，或困而知之，及其知之一也；或安而行之，或利而行之，或勉强而行之，及其成功一也。"虽与孔丘的生知、学知、困知之说如出一辙，但它强调了一点："及其知之一也"。既然是"一也"，实际上强化了学习与教育对于人的作用，而淡化了"生知"的意义。这也就是《中庸》在指出"天命之谓性，率性之谓道"之后要加上"修道之谓教"的原因。

### （二）中庸

中庸的思想，孔丘已经提出。他曾说："中庸之为德也，其至矣乎！"②孔丘以为中庸是最高的道德准则。《中庸》进而对中庸作了阐发，其意为既无过，也无不及，不偏不倚，"两端执其中"。在政治和道德实践中，杜绝一切过激的行为，以恰到好处为处事原则。《中庸》又以"常"、"平常"释"庸"，强调中庸的日常性、合度性、日用性，是普遍有效的学问。《中庸》还赋予中庸以"中和"的新义。郑玄曾解释说："名曰《中庸》者，以其记中和之为用也。"这说明了所谓中庸就是以中和为用。

何为中和？《中庸》说："喜怒哀乐之未发，谓之中；发而皆中节，谓之和。中也者，天下之大本也；和也者，天下之达道也。致中和，天地位焉，万物育焉。"喜怒哀乐一类情感是人性的外发表

---

① 《史记·孔子世家》。
② 《论语·雍也》。

现,当其未发时,人性就处在无情欲之蔽的"无所偏倚"状态,这是中。当情感一旦外现,就要使之合乎节度,处于和谐状态,这是和。《中庸》以为,这种无偏无倚与和谐的状态,是天下根本和共同的法则。如果能发扬本性的无偏无倚以达于和谐,不仅个人的道德品质能达于理想境界,还能推而广之,使"天地位焉,万物育焉"(天地安宁了,万物茂盛了)。

因此,中庸既是世界观,又是方法论,在此是一种道德修养、为人处世的准则与方法。《中庸》反复强调应"择乎中庸","中立而不倚",以为"君子中庸,小人反中庸",要求君子时时处处不偏不倚,做与自己身份地位相称的事,不有非分之想,既不犯上,也不凌下。这样就能像孟轲所言:"中道而立,能者从之。"①君子执中了,不仅贤能者会来追随,民众也会拥戴,平天下有何难?

中庸的准则要求人们行事最大限度地妥帖,这自然不错,但它所体现的保守性和缺乏锐气也是明显的。中庸准则对我们中华民族性格的影响很大。

### (三)"自诚明"与"自明诚","尊德性"与"道问学"

依《中庸》之见,人们可以从两条途径得到完善,其一是发掘人的内在天性,进而达到对外部世界的体认,这就是"自诚明,谓之性",或者"尊德性";其二是通过向外部世界的求知,以达到人的内在本性的发扬,这就是"自明诚,谓之教",或者"道问学"。

《中庸》将"诚明"——性、"明诚"——教,以及"德性"与"问学"并提,无非是说明学习与教育的实现需要人性的依据,而人性的完善又依赖于学习与教育。在《中庸》,"自诚明"与"自明诚"、"尊德性而道问学"可以属于每一个人,并为每一个人所需要。它说:"故君子尊德性而道问学,致广大而尽精微,极高明而道中庸,温故而知新,敦厚以崇礼。"这要求人们注意,在学习中相反的两个方面是相成的,不能偏执一方,而应互补、互制、互进。对"诚明"与"明诚"、"德性"与"问学"历来众说纷纭,但《大学》中有一个说法值得参考。《大学》引《诗》说:"《诗》云:瞻彼淇澳,菉竹猗猗。有斐君子,如切如磋,如琢如磨,……如切如磋者,道学也;如琢如磨者,自修也。"朱熹解释曰:"道,言也;学,谓讲习讨论之事。自修者,省察克治之功……道学自修,言其所以得之之由。"②所以,透过扑朔迷离的辞句,"诚明"与"明诚"、"德性"与"问学",不外乎《大学》所谓"道学"与"自修",人无非是通过向外求知以完其本性和向内省察以有助于求知来完善自身的。

"诚"与"明"、"德性"与"问学"是宋代以后思想家讨论较多的一些范畴。在他们那儿,强调乃至夸大了"诚"与"明"、"德性"与"问学"的区别和对立,以至以此为标准,形成了相对立的学派和思想。

### (四)"博学之,审问之,慎思之,明辨之,笃行之"

《中庸》对古代教育理论的另一贡献,在于它对学习过程的阐述。《中庸》中的"博学之,审问之,慎思之,明辨之,笃行之",把学习过程具体概括为学、问、思、辨、行五个先后相续的步骤。这一表述概括了知识获得过程的基本环节和顺序,它是对从孔丘到荀况先秦儒家学习过程思想——学、思、行的发挥和完整表述。

《中庸》强调,五个步骤是一个完整的过程,只有每个步骤的充分实现,才能有个人学习的进

---

① 《孟子·尽心上》。
② 朱熹:《大学章句》。

步。它说,"有弗学,学之弗能弗措也",意谓不学则已,学就一定要学透,不然就不能中止。同理,问就必须知,思就必须得,辨就必须明,行就必须笃。如果这样,"虽愚必明",人没有什么做不到的。所以,《中庸》也同样强调了人的造就必须借助于学习过程。

如果将《中庸》的五步骤与《大学》的"八条目"作一比较,那么可以看出:学、问、思、辨、行着重于阐述求知意义上的学习过程,列举了知识获得过程中一些基本的学习环节,比较局限;而"八条目"则着重说明为学、为人、处身、立命的完整过程,内涵更为丰富,过程更为漫长,要求更高。但两者也有共同点,即都把学习过程视为学习、思索和行动诸环节前后相续、缺一不可的完整过程。这反映了中国古代学习思想的基本特征。

学、问、思、辨、行被后世学者引为求知的一般方法与途径,朱熹曾称之为"为学之序",将其列为《白鹿洞书院揭示》的重要规定,因此产生了很大影响。

《中庸》的基本精神与《大学》是一致的,即要求从人的天赋善性出发,借助学习与修养,充分发挥这种本性,又进而由己及人,推行于天下,即所谓:"知所以修身则知所以治人,知所以治人则知所以治天下国家矣。"

### 三、《学记》

《学记》也是《礼记》中的一篇,是中国古代最早的一篇专门论述教育、教学问题的论著。因此,有人认为它是"教育学的雏形"[①]。《学记》是先秦时期儒家教育和教学活动的理论总结,它主要论述教育的具体实施,偏重于说明教学过程的各种关系。就教育理论阐发的集中与专门而言,先秦诸子的论著中当首推《学记》。即使在《学记》诞生之后的漫长年代里,像《学记》这样专论教育并达到较高理论水平的教育论著也不多见。

《学记》的作者一般认为是思孟学派,甚至可以具体说是孟轲的学生乐正克。但是,《学记》也吸取了儒家内外其他派别的思想。《学记》全文不过1200多字,但内容却颇为丰富,主要包括关于教育作用与教育目的,教育制度与学校管理,教育、教学的原则与方法等几大部分。

(一) 教育作用与教育目的

《学记》本着儒家的德治精神,认为实现良好政治的最佳途径是"化民成俗",即兴办学校,推行教育,作育人才,以教化人民群众遵守社会秩序,养成良风美俗。因此,它用格言化的语言说"建国君民,教学为先","君子如欲化民成俗,其必由学乎!"《学记》承袭了先秦儒家的一贯思想,把教育视为政治的最佳手段,表现了对教育作用与目的的基本看法。

为何说"建国君民,教学为先"呢?《学记》认为,"玉不琢,不成器;人不学,不知道"。玉材不会自然成为美器,人也不会自然懂得立身处世之道。如同对玉的雕琢一样,教育通过对人有目的、有计划的培养,使每个人都形成良好的道德和智慧,懂得去维护国家利益和社会安定。

首先,《学记》将教育与政治高度结合起来,使教育成为政治的手段。其次,尽管也说明了教育在人的发展中的作用,但人的发展问题是服从于政治与社会的发展的。因此,教育与人的关系只是一个中介。《学记》对教育的这种看法,成为以后历代学者看待教育的基本出发点。

---

① 毛礼锐主编:《中国教育史简编》,教育科学出版社1985年版,第247页。

## （二）教育制度与学校管理

《学记》关于教育制度和学校管理的设想包括两部分内容。

### 1. 学制与学年

关于学制系统，《学记》说："古之教者，家有塾，党有庠，术（遂）有序，国有学。"它以托古的方式，提出了从中央到地方按行政建制建学的设想。这个设想产生于古代学校制度的传说，但对后世封建国家兴办学校有很大的影响。有些重大的教育改革和发展计划，就以此为历史根据。

关于学年，《学记》把大学教育的年限定为两段、五级、九年。第一、三、五、七学年毕，共四级，为一段，七年完成，谓之"小成"。第九学年毕为第二段，共一级，考试合格，谓之"大成"。由此，可以看到古代年级制的萌芽。

### 2. 视学与考试

《学记》十分重视大学开学和入学教育，把它作为教育管理的重要环节来抓。开学这天，天子率百官亲临学宫，参加开学典礼，祭祀"先圣先师"。天子还定期视察学宫，体现国家对教育的重视。

新生入学，"官其始也"，使学生明确为日后从政而学习的目的。学校还重视学业的训诫仪式：听见鼓声，打开书箧上课，以示敬业；备有戒尺，以作训戒，维持严肃秩序。

学习过程中，规定每隔一年考查一次，以表示这一阶段学业的完成。考查常由主管学校的官员亲临主持。考查内容包括学业成绩和道德品行，不同的年级有不同的要求。

第一年"视离经辨志"，考查阅读能力方面能否分析章句，思想品德方面是否确立高尚的志向。

第三年"视敬业乐群"，考查对学业的态度是否专心致志和与同学相处能否团结友爱。

第五年"视博习亲师"，考查学识的广博程度和对老师是否亲密无间。

第七年"视论学取友"，考查学术见解和交游择友。合格者为"小成"。

第九年要求"知类通达，强立而不反"，考查学术上的融会贯通和志向上的坚定不移。合格者为"大成"。

整个考试制度体现了循序渐进，德智并重的特点。

## （三）教育、教学的原则与方法

《学记》这一部分内容的价值很大，在整篇《学记》中所占篇幅最多，叙述了教育实施过程中的一系列问题，涉及教育教学原则和教学方法。

### 1. 教育教学原则

**预防性原则**　《学记》说："禁于未发之谓预。"要求事先估计到学生可能会产生的种种不良倾向，预先采取防止措施。否则，"发然后禁，则扞格而不胜"。当不良倾向已经发生甚至积习已深时再作教育引导，就会格格不入而备感困难。

**及时施教原则**　"当其可之谓时"，掌握学习的最佳时机，适时而学，适时而教。否则，"时过而后学，则勤苦而难成"。这已涉及教学中学生的年龄特征、心理准备、教学内容和顺序等问题，要求寻找诸因素的最佳结合点，使教学显见成效。

**循序渐进原则**　"不陵节而施之谓孙"，教学必须遵循一定的顺序（"孙"）。孙，可以理解为内容的顺序和年龄的顺序。如果"杂施而不孙",杂乱施教而无合理的顺序,其效果将适得其反。因此,要"学不躐等"。

学习观摩原则 "相观而善之谓摩",学习中要相互观摩,相互学习,取长补短。否则,"独学而无友,则孤陋而寡闻"。

长善救失原则 《学记》认为:"学者有四失,教者必知之。人之学也,或失则多,或失则寡,或失则易,或失则止。此四者,心之莫同也。知其心,然后能救其失也。"这指出了学生学习中存在的四种缺点,即贪多务得,片面专精,浮躁轻心,畏难不前。这四种缺点又是"心之莫同"——个体的心理差异造成的。因此,教师要掌握学生的心理差异,认识到它的两重性,即"多、寡、易、止,虽各有失,而多者便于博,寡者易于专,易者勇于行,止者安其序,亦各有善焉,救其失,则善长矣"①。所以,《学记》揭示了学生学习中长短、得失的辩证关系,要求"教也者,长善而救其失者也"。教师要注意学生的个别差异,帮助他们发扬优点,克服缺点。

启发诱导原则 "君子之教,喻也",教学要注重启发。一味让学生死记硬背,或者频繁发问,只顾赶进度而不顾学生的兴趣、接受能力和学习效果,学生就会以学习为苦差事,甚至怨恨老师,并很快把所学的东西丢弃得一干二净。因此,教学要重启发诱导,注意"道(导)而弗牵",引导,但又不牵着学生走;"强而弗抑",督促勉励,又不勉强、压抑;"开而弗达",打开思路,但不提供现成答案。《学记》以为,懂得启发的教师,才算是懂得教学的教师。

藏息相辅原则 "藏焉修焉,息焉游焉","时教必有正业,退息必有居学"。这是说既有有计划的正课学习,又有课外活动和自习,有张有弛,让学生感到学习的乐趣,感受到老师、同学的可亲可爱,使学习成为学生的一种内在需要。

2. 教学方法

《学记》对一些教学方法也有精当的阐述。

讲解法 它提出:"约而达"(语言简约而意思通达),"微而臧"(义理微妙而说得精善),"罕譬而喻"(举少量典型的例证而使道理明白易晓)。

问答法 教师的提问应先易简,后难坚,要循着问题的内在逻辑。而答问则应随其所问,有针对性地作答,恰如其分,适可而止,无过与不及。

练习法 如学诗须多诵读吟唱,学乐则须多操琴拨弦,学礼则多按规矩去做。根据学习的内容来安排必要的练习,练习需要有规范,并且应逐步地进行。

(四)教师

《学记》十分尊师。它说:"三王四代唯其师。"为什么夏、商、周都要重视择师呢?首先,社会上每个人,从君到民,都是教师教出来的,尤其是以教育为治术就离不开好老师。所以要能够"师严"——尊师,"师严然后道尊,道尊然后民知敬学"。社会要尊师,君主应当带头。面对教师时,君主就不能以臣下之礼待之。其次,《学记》认为,"能为师然后能为长,能为长然后能为君",把为师、为长、为君视为一个逻辑过程,使为师实际上成为为君的一种素质、一项使命,就使尊师具备了更加丰富的内涵,而与《大学》的"三纲领"、"八条目"取得了一致。其三,《学记》说:"师无当于

---

① 王夫之:《礼记章句·学记》。

五服,五服弗得不亲。"认为教师虽然不在人们的五服之内,但没有教师的教育引导,五服之内的人们也不会懂得相亲。

教师的作用既然如此重要,《学记》也就对教师提出了要求。第一,"记问之学,不足以为人师"。强调学识只是为师的条件,而非充分条件。第二,"君子既知教之所由兴,又知教之所由废,然后可以为人师也"。它指出懂得教育成败的原理可以为师。第三,"君子知至学之难易,而知其美恶,然后能博喻,能博喻然后能为师"。它指出善于在分析达成学习目标的难易程度和学生素质高下的基础上,采用各种有针对性的教学方法,可以为师。它还概括出一条教师自我提高的规律——"教学相长"。它说:"虽有嘉肴,弗食不知其旨也;虽有至道,弗学不知其善也。是故学然后知不足,教然后知困。知不足,然后能自反也;知困,然后能自强也。故曰教学相长也。""教学相长"的本意并非指教与学双方的相互促进,而是仅指教这一方的以教为学。它说明了教师本身的学习是一种学习,而他教导他人的过程更是一种学习。正是这两种不同形式的学习相互推动,使教师不断进步。因此,《学记》引《尚书·兑命》说:"学(教)学半。"但后人在注释"教学相长"时,有人望文生义,作了引申,将其视为教学过程中教师、学生双方的互相促进、共同提高的过程。因此,就将其也作为《学记》所提出的一条重要教学原则。"教学相长"有本义与引申义之分,但无论如何,"教学相长"的概括毕竟是《学记》对教育理论的一大贡献。

《学记》为中国教育理论的发展树立了典范,其历史意义和理论价值十分显著。它的出现,意味着中国古代教育思维专门化的形成,是中国教育理论发展的良好开端。

### 四、《乐记》

《乐记》也是《礼记》中的一篇,是先秦儒家专门论述乐教的论著。它论述了音乐的起源和作用等问题,表明儒家学者对乐教的注重。

一般认为,《乐记》的作者是孔丘的再传弟子公孙尼,时当战国初期。现保存下来的《乐记》基本上是其原作,但也经汉儒的杂抄杂纂。西汉刘向整理古籍,曾得《乐记》全本,共23篇,篇目全载入《别录》。唐代孔颖达作《礼记正义》时,《别录》已佚,而《乐记》篇目"总存焉"。今见《乐记》仅存前11篇。这11篇是论述儒家乐教理论的,故可称为"务虚";而失落的后12篇可能是记载具体的艺术实践的,故可称为"务实"①。因此,今存《乐记》主要是论述艺术的一般问题和乐的教化问题。由于《乐记》与《荀子·乐论》有成段文字的基本相同,故孰先孰后、孰著孰袭历来成为纷争。一些文字还见于《吕氏春秋·侈乐》《史记·乐书》。这也说明,作为《礼记》中一篇的《乐记》,实际上是先秦儒家乐教理论的总结。孔丘整理的《六经》中,原有《乐》,但据说失传于秦始皇焚书坑儒。因此,《乐记》就成为我们认识先秦儒家乐教思想的重要材料。

古代所谓"乐",内涵十分丰富,不仅是指音乐,还包括绘画、雕刻、建筑等造型艺术,甚至还扩及仪仗、田猎、肴馔等使人快乐、使人感官得到享受的活动。但通常所谓"乐",主要是指音乐。音乐是乐的核心,而音乐本身又是歌、诗、舞三位一体的艺术形式,"乐之在耳曰声,在目曰容"。《墨子》一书中也曾提到《诗经》有"歌诗三百,诵诗三百,舞诗三百"。儒家的乐教主要是教授音乐,教授诗、曲、歌、舞、演奏、乐理和如何评价乐、认识乐的作用,尤其是懂得把乐作为行教化、理邦家的手

---

① 参见董健:《〈乐记〉是我国最早的美学专著》,《南京大学学报》1977年第4期。

段。因此,儒家的乐教既是艺术教育,更是道德和思想、政治教育。《乐记》就反映了这一基本特点。

（一）乐的产生

《乐记》对乐的产生有比较正确的阐述。它说:"凡音之起,由人心生也。人心之动,物使之然也。感于物而动,故形于声。"其指出了音乐是人的心理活动、人的情感表现,是"人情之所以必不免也"。但人的情感又是受到外物的刺激而引发变化,形诸声音而成为乐的。所以说:"凡音者,生人心者也;情动于中,故形于声。"乐"其本在人心之感于物也",是人的情感、思想等心理活动对外部世界的反映。《乐记》关于乐的产生的这一论点,既指出了艺术内容的真实性特点,也说明了艺术对人的感化作用。《乐记》所阐明的一系列主张,都是以此为基础的。

（二）乐的作用

《乐记》作者对乐的作用有很高的估价,认为乐的作用是多方面的。首先,《乐记》通过对《武》这一古代乐曲的分析,说明"乐者,象成者也"的道理,也就是说,艺术形象地表现现实中的"事"。它的内容具有真实根据,所谓"唯乐不可以为伪"。再则,乐具有可以为人们所感知的外部形式,也即"度数"、"节奏"、"文采"等。因此,"乐观其深矣",它具有深刻的认识意义。

其次,《乐记》认为,人的天性是宁静平和的,但人生性又易于受外物之所感而产生种种欲念。外物对人的诱惑无穷无尽,人如果对之毫无节制,结果就会"人化物也",导致"灭天理而穷人欲者也",出现"悖逆诈伪"、"淫泆作乱"等种种罪恶。《乐记》在此首次将天理与人欲并提,并把它们对置起来。为了防止出现天理丧失和人欲横流现象,就需要发挥艺术的教育作用,让乐与礼一起来维护社会的安定。《乐记》在乐与礼的对比中,分析了乐的教育作用。它反复说:"乐也者,动于内者也;礼也者,动于外者也。""乐也者,情之不可变者也;礼也者,理之不可易者也。"这是说,礼作为一种社会制度和规范,是外加于人的,具有强制的特点;而乐作为艺术,是通过激发人内心的情来打动人的,它对人的教育作用具有自然而然的感化、心悦诚服的接受等特点。因此,礼表现为以"理"约束人,乐则表现为以"情"感化人,在人们的"欣喜欢爱"中达到教育目的。不仅如此,乐的这种作用还弥补了礼的某种不足。《乐记》说:"乐者为同,礼者为异;同则相亲,异则相敬。""礼义立,则贵贱等矣;乐文同,则上下和矣。"刚性的礼固然造成了井然的社会等级秩序,但以社会和谐的要求来衡量显得不够理想。而柔性的乐,通过激发和维系人们的感情,使处在社会不同等级的人们相亲而和睦。因此,《乐记》认为,乐既要以情感人,满足人的审美娱乐的需要;更要对人的情感和欲望加以引导和节制,使人安于本分,由此杜绝"放心邪气"、"诈伪之心"的产生。

再次,基于上述认识,《乐记》以为,乐是"通伦理"也是"与政通"的。它说:"治世之音安,以乐其政和;乱世之音怨,以怒其政乖;亡国之音哀,以思其民困。"国家不同的政治形势,决定了艺术的内容与情调。但是,乐既是"感于物",就是对现实的反映,而一旦形成乐,就又会"感人",对人产生影响,造成相应的社会风气。社会与艺术就这样处在互为因果的作用链之中。《乐记》说:"凡奸声感人,而逆气应之,逆气成象,而淫乐兴焉;正声感人,而顺气应之,顺气成象,而和乐兴焉。"即表达了这一看法。所以说,"声音之道,与政通矣","乐者,通伦理者也"。《乐记》既说明了政治、社会风俗等社会存在对乐的决定作用,也充分强调了乐对社会存在的反作用,甚至把乐视为实现政治的重要手段和重要组成部分。所谓乐"可以善民心,其感人深,其移风易俗","以教民平好恶,而反人道之正也"。"礼乐刑政,其极一也",艺术、政治、法律、道德规范四者的作用和终极目的是一致的,都是为了"同民心而出治道也"。据此,《乐记》认为,作为统治者就应对乐"著其教焉"。

在论述乐的作用的过程中,《乐记》实际上把艺术置于工具和手段的地位。既然乐的目的是为了教育人,而这种教育归根结底是服务于社会伦理和政治的,那么乐的思想内容就是第一位的,而艺术形式则是第二位的。于是,《乐记》提出了一个著名的艺术评价和艺术创造的标准——"德成而上,艺成而下"。这一标准不仅成为后代的艺术标准,还泛化为人们其他实践活动的一般标准,产生了很大的影响。

《乐记》对乐教的阐述,从一个方面反映了儒家"仁政"、"德治"的政治理想。从孔丘到《乐记》,重视乐教一脉相承,而《乐记》的出现则意味着儒家乐教思想的成熟。儒家重视乐教成为一种传统,为后世无数教育家和统治者所注重并认真实践。先秦儒家的倡导乐教也是一个值得分析的问题。一方面,它体现了教育过程中对人的陶冶、感化的注重,既与现代美育思想有某种一致,也比当时墨家的"非乐"、法家的以刑法为教显得更为进步;另一方面,这种乐教实际上处在从属的地位,服务于政治与伦理,出于"君子学道则爱人,小人学道则易使"[①]的政治目的。尤其是《乐记》首先提出天理与人欲的对立,而把乐作为存天理、节人欲的重要手段。因此,对它意义的估价就应当有所限定。

《大学》、《中庸》、《学记》、《乐记》等著作是对先秦教育的理论总结,它们从不同侧面阐述了儒家学者对人、对政治、对社会尤其是对教育的理解。这几篇教育论著是先秦教育思想不可或缺的组成部分,从某种意义上说可视为先秦教育思想发展水平的标志,而且它们给儒学和中国古代教育思想的发展提供了丰富而重要的思想材料。除此之外,杂家著作《吕氏春秋》中提出"利人莫大于教……成身莫大于学"[②],主张"疾学在于尊师"[③],教师则须"尽智竭道以教"[④];儒家重要论著《孝经》提出孝为"至德要道"[⑤],主张"以孝治天下"[⑥],教天下以孝;另一儒家经典《易传》中的教育辩证法思想等,都丰富和补充了这一时期教育理论的总结,或深或浅地对后代的教育思想与实践产生了影响。

## 本章小结

战国时代的教育是对春秋时期教育的延续与超越。作为一种全新的教育机构,私学产生于春秋,兴盛在战国。战国私学之盛不只表现为数量,更表现为质量。以私学为据点形成和发展了一些著名学派,人才辈出。各家私学面貌各异,既有教育实践,也有理论造诣,还出现了稷下学宫这样独特的传授形式。私学独擅一时之风流,承担起培养造就人才、传递发展文化的历史使命。战国私学创造了中国教育史上一种新的教育组织形式,垂范后世。

战国时代的教育思想也显得活跃异常。诸子各因其政治立场、生活条件、实践程度、知识结构、认识水平和思想方法的不同,而对教育有不同的理解,由此展开争鸣。家与家、派与派之间,既有对立交锋,又有吸取补充,也有融合统一。如墨家的"素丝说",孟轲的"性善论",荀况的"性恶论",虽各持己见,但

---

① 《论语·阳货》。
② 《吕氏春秋·尊师》。
③ 《吕氏春秋·尊师》。
④ 《吕氏春秋·劝学》。
⑤ 《孝经·开宗明义》。
⑥ 《孝经·孝治》。

都肯定人的价值与尊严,肯定教育。法家则贱视人的尊严,抛弃教育与感化。对于人类文化知识遗产,墨家致力于创造,因而有了独具特色的教育内容;儒家着意于继承,因而热衷于古代文献的学习与传播。在儒家中,又有着重于内心领悟的孟轲与倾向于知识积累的荀况的不同;道家对人类文明表现了怀疑、悲观乃至对立的情绪,意欲回归人类的原始状态,是从保守的方面否定人类文化;法家轻视文化传统、采取割断历史的做法,是从激进的方面否定人类文化。对于个人的完善,墨家的"兼士"自励甚严,学习过程就是实践过程;儒家的"君子"则是"劳心者",无论是孟轲的"大丈夫",还是荀况的"大儒",都留意于个人的修身与求知,因而对修养与治学深有心得。这些表现了战国时代教育理论思维的矛盾运动和发展水平,使这一时代的教育思想呈现出前所未有的广度、深度和包容度,形成中国教育思想史上的一个高峰。

### 思考题

1. 分析战国时期私学兴盛的原因。
2. 试述稷下学宫的性质、特点与意义。
3. 试比较墨儒教育思想的异同。
4. 比较孟荀教育思想的异同。
5. 评法家教育思想的得失。
6. 评《学记》的教育理论贡献及历史地位。

# 第四章 秦汉时期的教育

> **本章导读**
>
> 本章叙述了秦汉时期文化教育政策的演变、学校教育的实施和教育思想的发展情况。应注意掌握的内容有：秦代统一文字、禁私学、焚书坑儒、吏师制度等文化教育政策与措施。汉初的文教政策，汉武帝"独尊儒术"文教政策的形成过程、内容及实施。汉朝的学校教育，包括官学中的太学、鸿都门学、宫邸学，以及文翁兴学和地方官学的发展；私学的书馆、经馆。今文经学与古文经学之争，及两汉经学教育的特点。董仲舒的《对贤良策》与三大文教政策，论人性与教育作用，道德教育思想，关于教学内容和教学方法的观点。王充对人性和教育作用的见解，培养"鸿儒"的教育目标和"博通百家"的教育内容等。

公元前221年，秦统一了六国，结束了长期以来诸侯割据称雄的分裂局面，建立了君主专制的高度中央集权的封建国家。秦统一六国后，继续执行法治政治路线。为了铲除六国残余贵族兴家复国的思想基础，秦对六国历史和具有强烈怀古思想的儒家学说采取禁止传授的政策，以致走向"焚书坑儒"的道路。

公元前206年，秦被农民起义推翻，为刘邦建立的汉王朝（前206—220）所取代。人们普遍希望从秦代刑政和秦末战火所造成的紧张中缓解过来。为了适应这一社会心理，汉初在政治上实行"无为而治"、"休养生息"的政策；在文化教育方面，解除了对各种学派的钳制，各家学说重新得到自由发展的机会，儒学也从仅存的一线生机中慢慢地复兴。

实行"无为而治"，使汉初的经济从战乱中得以复苏，人民得到"休养生息"，但也留下了许多没有解决的社会矛盾。公元前140年，汉武帝即位，决定利用汉初几十年在政治、经济方面打下的基础，实行有为政治。为此，必须统一统治集团的意志和思想。汉武帝采纳了董仲舒关于"罢黜百家，独尊儒术"的建议，以儒学作为政治的指导思想。从此以后，对儒家经典的研究和教育便开始兴盛起来，学习儒经成为入仕的重要途径。

## 第一节 秦朝的教育政策及其措施

秦是中国历史上第一个统一的中央集权的封建国家。秦朝的教育政策遵循着一个中心原则，即维护国家的统一和君主集权的封建统治制度，以法治思想指导教育实践。为了实现这个目标，秦朝在文化教育上采取了一系列措施。

### 一、统一文字

秦统一六国以前，各国文字很不统一。正如汉朝许慎所言："言语异声、文字异形。"例如，"马"字在七国有九种字形。这种现象的产生是社会长期演变的结果，与战国时期诸侯割据以及由此形成的区域文化风格有着密切的关系。国家统一后，这种文字混乱的状况严重阻碍了统一政令的推行，而且也阻碍了各地区间的文化教育交流。为顺应客观需要，秦始皇采纳了李斯的建议,进行文字的整理和统一工作,下令"书同文字"。据文献记载,李斯以秦国字形为基础,吸收六国字形,总结出一种新的字体——小篆(又称秦篆),编成字书颁发全国。这部名为《仓颉篇》的字书,成为儿童习字的课本。① 由于小篆书写比较困难,在实践中又产生了一种便于书写的草体秦篆。后来,狱吏程邈又对小篆进行改进,将其简化成为隶书,隶书的字形和现在通行的楷书已经很接近了。汉字演变成当今的楷书,大体经历了如下图所示的过程。

秦朝对文字所做的整理工作,是汉字规范化、定型化发展的重要步骤,奠定了汉字统一的基础。在秦汉年间,尽管各种不同的字体仍然在不同的地域、不同的程度上使用着,但隶书已成为一种普遍通行的字体。文字的统一,对中国文化和教育的发展无疑具有重大的贡献,对维护中国的统一,形成中华民族统一的文化心理起到了重要作用。作为文字统一工作的推动者,秦始皇、李斯等人具有不可磨灭的历史功绩。

**汉字的演变**

## 二、严禁私学

在中国教育史上,春秋战国时期是私学发展的鼎盛时期。秦始皇统一六国后,出于加强中央集权的君主专制政治的需要,对私学采取了严厉禁止的政策。

秦始皇一开始就采纳李斯的建议,实行便于中央集权的郡县制。但统治集团内部对实行分封制或郡县制,思想上并没有达到高度的统一。反映这种思想分歧的典型事件,发生在秦始皇三十四年(前213年)的一次宴会上。当时,仆射周青臣将设立郡县制作为秦始皇的功德之一加以歌颂,遭到博士淳于越的非议。秦始皇让大臣们就此事展开讨论,丞相李斯坚持主张郡县制,再一次得到秦始皇的肯定。李斯进一步意识到,统治集团内部思想观点的不一致,是加强中央集权、推行郡县制的障碍。因此,他在批驳淳于越的同时,矛头直指传播各种学术思想的私学。他明确指出:

> 今皇帝并有天下,别黑白而定一尊。私学而相与非法教,人闻令下,则各以其学议

---

① 许慎《说文解字》:"秦始皇帝初兼天下,丞相李斯,乃奏同之,罢其不与秦文合者。斯作《仓颉篇》,中车府令赵高作《爰历篇》,太史令胡毋敬作《博学篇》,皆取史籀大篆或颇省改,所谓小篆者也。"班固《汉书·艺文志》:"汉兴,闾里书师合《仓颉》、《爰历》、《博学》三篇,断六十字以为一章,凡五十五章并为《仓颉篇》。"

之,入则心非,出则巷议,夸主以为名,异取以为高,率群下以造谤。如此弗禁,则主势降乎上,党与成乎下。禁之便。①

讲学是传播学术思想的途径,书籍是知识的载体,李斯在提出禁私学的同时提出了"焚书"的主张。除秦国的历史、卜筮用书、农书不烧之外,其他文史书籍一律烧毁。敢于私下议论《诗》《书》者杀头,"以古非今者"满门抄斩。这一建议得到秦始皇认可后在全国执行,于是中国文化遭到了一次空前的浩劫。历来以《诗》《书》为教,具有浓厚怀古思想的儒家学者,则成了主要的打击对象。

国家统一后,需要有统一的政治指导思想,但是,秦为了达到思想的统一,简单粗暴地采取禁学、烧书的手段,罔顾民众基本的精神自由和文化需求,这不仅是文化专制的反映,也是愚民政策的反映。秦禁私学以后,"百家争鸣"的风气从此结束。这种思想专制的主张本由韩非提出,秦始皇、李斯则将其付诸实施,而且在执行中有过之而无不及。

"焚书"的第二年,爆发了更为残暴的"坑儒"事件。"坑儒"事件的起因十分荒谬。秦始皇处在至高无上的君主地位,可以随心所欲,但他仍然逃脱不了死亡的威胁,他曾派遣所谓的神仙家到处谋求长生不老之药。其中有方士侯生、卢生,因长期求药未得,便在散布了对秦始皇大为不恭的言论之后逃之夭夭。秦始皇对此十分恼火,迁怒于在都城咸阳的士人,下令严加查究,无情惩处,活埋诸生460余人,其中包括一大批儒家知识分子。"坑儒"不是一次偶然事件,是秦始皇一贯奉行的文化专制和愚民政策的反映。禁私学、焚书是毁灭文化的载体,堵截文化的传播途径,"坑儒"则是对人——活的文化载体的毁灭。

### 三、吏师制度

为了达到思想的高度统一,使法家思想深入人心,同时也是为了培养一大批知法、执法的封建官吏,实现以法治国的目的,秦采取了以法为教、以吏为师的教育政策。韩非说:"明主之国,无书简之文,以法为教;无先王之语,以吏为师。"②这是秦制定教育政策的思想基础。李斯曾明白地说:"今天下已定,法令出一,百姓当家则力农工,士则学习法令辟禁。"政府规定教育的内容限于法令,其直接目的是使人成为知法守法、服从统治的驯民。为了保证这项规定得到落实,李斯在提出"焚书"的主张之后,紧接着提出"若有欲学法令,以吏为师"的建议,得到了秦始皇的认可,并付诸施行。政府机关附设"学室",由吏对弟子进行教训,以培养刀笔小吏。不言而喻,私学的禁止和"吏师制度"的执行,必然会在教育上出现一种法律之外无学、官吏之外无师的局面。众所周知,夏、商、西周时期的教育,官师是合一的,后来由于私学的发展,才出现专门以传授文化知识为职业的教师。专职教师的出现,是社会分工的必然结果,是教育发展史上的一大进步。秦又一次人为地将官与师结合起来,取消了专职教师,无疑是教育发展史上的一次大倒退。

此外,为了移风易俗,巩固统一政权,秦统治者还利用行政权力,制定了一些"行同伦"的新法令,以形成新的道德习俗,"尊卑贵贱,不逾次行。奸邪不容,皆务贞良"。这种凭借法令进行的社会教育,在实现"黔首改化,远迩同度"③的政治要求方面有重大的社会效果。

---

① 《史记·秦始皇本纪》。
② 《韩非子·五蠹》。
③ 《史记·秦始皇本纪》。

## 第二节　汉朝的文化教育政策

### 一、各家并存，推重"黄老之学"的汉初文教政策

农民起义推翻了秦王朝的统治，刘邦赢得了楚汉战争的胜利，中国历史跨进了汉朝。从汉朝的建立到汉武帝即位，经历了汉高祖、惠帝、吕后、文帝、景帝等几朝君主，前后60多年时间，在历史上称为汉初。汉初统治者重视总结秦二世而亡的历史教训，他们认为，频繁的战争、大兴土木和严刑峻法是秦灭亡的主要因素。秦在长期的统一战争之后，不考虑息兵安民，紧接着发动了大规模的全国性土木工程，如建阿房宫、秦始皇骊山陵墓、长城等，加上扩张领土的战争，致使整个国家财穷力竭，广大农民家破人亡，而且使用严刑峻法作为征用大量人力、物力的保证，激化了社会矛盾，导致迅速灭亡。

鉴于秦灭亡的教训，汉初统治者以道家的"清静无为"作为政治指导思想。在汉初实际流行的是一种改造过的道家学说，称为"黄老之学"。它依托传说中的黄帝，而本于老子，实质上以道家思想为核心，融合了先秦各家的学说。道家思想的精髓是"无为"，任其自然，认为"无为而无不为"。这表现在统治政策上，就是尽量减少对百姓日常生活、生产事务的干预，任其发展，停止不必要的土木工程和军事活动。这种政策，顺应了汉初急需恢复发展社会经济和人民渴望从频繁的战乱中摆脱出来过安定生活的客观要求。

随着政治思想的转变，汉初文化教育方面的政策也与秦朝截然不同。

（一）重视知识分子作用

由于战争依靠武力，知识分子的作用并不明显。汉高祖刘邦在战争年代和建国初年，信用武功之辈，鄙薄知识分子，尤其讨厌儒生，他骂郦食其为"竖儒"，甚至于取儒冠而"溲溺其中"，以示对儒者的蔑视。后来在陆贾等名臣的劝谏下，刘邦才渐次重视知识分子在政治中的作用，下《求贤诏》，征召贤士，封官赏禄，给予优厚的待遇，让各学派知识分子都有参与政治的机会。汉初几朝皇帝对知识分子都比较重视，汉文帝尤为突出。他把全国有名的学者集中到都城长安，封以博士的官职，如有经博士、传记博士等。同时，还下令举贤良文学，采用地方推荐与中央考试相结合的办法吸纳统治人才。从此，知识分子的地位提高了，在政治上有了施展才能的机会。

（二）允许开办私学

私学在秦朝受到严厉禁止。秦亡汉兴，朝代更迭，自然地解除了秦朝对私学的禁令。汉朝建国伊始，政治尚不稳定，未能顾及建立正式的学校教育制度，官学未创立，私学实际上承担了培养人才、传播文化、发展学术的任务。私人讲学活动不仅没有受到统治者的干预，相反，朝廷对其中一些著名学者的礼遇，加上皇帝接连不断颁发的求贤诏书，实际上是对私学的一种无声鼓励，私学因此蓬勃地发展起来。

（三）废除"挟书律"

秦朝禁止人们收藏、携带《诗》、《书》等书籍，所以在法律中有"挟书律"一项，规定对拥有书籍者进行惩处。汉惠帝四年（前191年）删除了此项法律，允许人们自由收藏、携带、讨论《诗》、《书》。由于秦焚书的结果，汉初藏于官府、流传于民间的书籍很少。"挟书律"的解除，热情的学者开始

传写、抄录书籍。政府也采用给予献书者一定奖赏的办法,鼓励私人将图书献给国家或借给官府抄录。一时间,社会拥有的图书量渐增。废除"挟书律",从法律上为汉初学术的繁荣和教育的发展撤除了一道人为的屏障。

汉初,统治者放松了对文化教育的钳制,为教育的发展、学术的繁荣提供了一种较为宽松的环境。这一时期,诸子百家之学开始复苏,私学中传授的学术也不限一家一派。首先是儒学得到了恢复和传播,伏生以《尚书》教授齐、鲁间;韩婴在燕、赵授《诗》和《易》;申公、辕固生是《诗》学大师;胡毋生则以教授《春秋》闻名。他们都受到当时学者的尊敬和朝廷的礼遇。[①] 汉初以黄老学术作为政治指导思想,因此道家思想流传甚广。黄老之学的学习和传授者甚众,如曹参、陈平、汲黯、直不疑等均以黄老之学身居要职,显名于世。另外,汉初因学习法家、刑名之学等其他各家的学说而受朝廷重视的也为数不少。在文化教育上所采取的这种宽容的态度,使各种学派得到了发展机会,其中特别是儒家学派更为突出地发展起来,并为夺取思想领域的主导地位而与黄老学派进行了斗争。这与后来汉武帝时期儒学能取得"定于一尊"的地位有密切的关系。

## 二、汉武帝"独尊儒术"的文教政策

公元前140年,16岁的汉武帝即位。当时,汉朝经过几十年的"休养生息",经济上得到恢复和发展,政治上出现了汉景帝平息"七国之乱"后的安定局面。不安于现状的汉武帝,立志要转变汉初"无为"政治为一种具有进取精神的政治。为了实现其远大抱负,他渴望寻求一种新的政治指导思想。历来强调"文事武备"的儒家学说和汉武帝的政治愿望相契合,于是应时代需要登上了历史舞台。

儒学取得定于一尊的地位,除了因汉武帝加强中央集权、要求统一思想意识的政治抱负以外,还与汉初儒家学说的广泛传播以及儒家学者的进取精神密不可分。儒学受秦朝的高压而低落之后,在汉初得到了良好的发展、传播机会。教授于地方的经生鸿儒比比皆是,他们不仅受到王侯和郡守的尊敬,同时也受到朝廷的礼遇。汉初的一些著名儒家学者也积极建言献策,在解决"无为"政治导致的社会矛盾方面提出了许多有效的建议,如贾谊(前200—前168年)建议统治者在政治上采取积极有为的政策,正视诸侯王日益膨胀的野心,他主张"众建诸侯而少其力"[②];对于匈奴贵族的侵扰不可采取退避忍让和听之任之的态度,主张采取军事反击和德化并行的方法,分化瓦解匈奴单于的臣民,使其处于一种"无臣之使,无民之守"的境地。贾谊的这些建议,实际上成为后来汉武帝在政治上由"无为"转向"有为"的思想先导。特别是他关于"众建诸侯而少其力"的思想以及防范地方割据势力颠覆中央政权的具体建议,被汉统治者所采纳,在维护中央集权的斗争中起到了积极的作用。

汉朝率先提出"独尊儒术"思想的董仲舒,是当时最负盛名的儒家学者之一,有"汉代孔子"之称。汉武帝即位之后,就下令举贤良,开始采用对策的方法,选拔优秀的知识分子来充实官僚队伍,向他们咨询治国方略。所谓对策,就是应荐者回答皇帝提出的有关经文、政治、经济、文化以及其他方面问题的策问。因为汉朝采用这种形式来选拔贤良之士,所以对策又称"对贤良策"或"贤良对策"。汉武帝亲自拟定题目,亲自阅卷。他十分欣赏董仲舒在对策中阐发的思想主张,反

---

① 参见《汉书·儒林传》。
② 《新书·藩强》。

复策问董仲舒有关治理国家的方针大计。董仲舒前后三次回答汉武帝的策问,其中三条建议后来成为政府施行的三大文教政策。

### (一)"推明孔氏,抑黜百家"

汉初在文化教育上所采取的宽松政策,虽然给各学派的发展提供了良好的机会,但是各学派之间相互争雄,势必危及政治思想的统一。这被封建统治者中的一些有识之士所察觉,董仲舒是其中较杰出的一员。他站在儒家的立场上,从《春秋》大一统的观点出发,论证儒学在封建政治中应居独一无二的统治地位,他指出:"《春秋》大一统者,天地之常经,古今之通谊也。今师异道,人异论,百姓殊方,指意不同,是以上亡以持一统,法制数变,下不知所守。臣愚以为诸不在六艺之科孔子之术者,皆绝其道,勿使并进。邪僻之说灭息,然后统纪可一而法度可明,民知所从矣。"①

### (二)兴太学以养士

汉初的私学虽然繁荣,但培养的人才规格各异、思想不一,难以满足封建集权国家对统治人才的要求。所以,汉武帝在策问中感叹人才"所由异术,所闻殊方"。为了保证封建国家在统治思想上的高度统一,也为了改变统治人才短缺的局面,董仲舒在对策中提出了"兴太学以养士"的建议。他明确指出:"养士之大者,莫大乎太学;太学者,贤士之所关也,教化之本原也。""愿陛下兴太学,置明师,以养天下之士。"②实际上,兴办太学,政府直接掌握教育大权,决定人才的培养目标,也是整齐学术、促进儒学独尊的重要手段之一。

### (三)重视选举,任贤使能

针对汉初人才选拔和使用中的弊病,董仲舒提出了加强选举、合理任用人才的主张。汉初以来,普遍存在"任子"、"纳资"的授官制度,以及以年资深浅决定官员升迁与否的现象,这些显然不利于选贤任能原则的实施。董仲舒提出了一套严格的选士方案:"使诸列侯、郡守、二千石各择其吏民之贤者,岁贡各二人……所贡贤者有赏,所贡不肖者有罚。"③同时,他强调"毋以日月为功,实试贤能为上,量材而授官,录德而定位"④的用人思想。这里,董仲舒提到的"材"、"德"是以儒家的经术和道德观念为标准的。这些主张,对促进儒学取得独尊地位有重要的作用。

董仲舒这三项建议被汉武帝采纳,先后采取了以下一些措施:

#### 1. 专立五经博士

在汉武帝之前,习儒学列于博士者,时有其人,但与其他诸子、传记博士相比并没有突出的地位。文、景帝时,立有《诗》、《书》、《春秋》博士。武帝建元五年(前136年),"置五经博士"。至此,儒家的《诗》、《书》、《礼》、《易》、《春秋》"五经"皆置博士。而对原先设立的传记、诸子等博士则历久不置,最后事实上归于废止。这样,就促成了独尊儒术的局面。

#### 2. 开设太学

元朔五年(前124年),汉武帝诏令太常与丞相公孙弘讨论置博士弟子事宜。公孙弘为博士弟子制度拟定了具体办法,开始"为博士官置弟子五十人"⑤。从此,博士从一种朝廷备顾问之官转

---

① 《汉书·董仲舒传》。
② 《汉书·董仲舒传》。
③ 《汉书·董仲舒传》。
④ 《汉书·董仲舒传》。
⑤ 《汉书·儒林传》。

化为一种以教授为主要职能的学官,标示太学正式设立,博士弟子即是太学生。太学的设立,是中国教育史上的一件大事,以后各代王朝都依例设立。

3. **察举制的完全确立**

作为两汉仕进制度主体的察举制是从汉文帝时开始的。文帝二年(前178年)诏二三执政"举贤良方正能直言极谏者,以匡朕之不逮"①。但是,文帝诏举贤良仅是偶一为之,未规定荐举期限和人数,尚未形成制度。察举发展为一种比较完备的入仕制度,并得以真正确立其在两汉仕进制度中的主体地位,则是在武帝时期。首先,在元光元年(前134年)产生了岁举性的科目,即孝廉一科,而且人数也有了具体规定。这标志着察举以选官常制的姿态登上了汉朝仕进的舞台。其次,武帝时察举取士的范围有所扩大,由原来基本限于现任官吏的范围扩大到布衣之士。同时,察举科目也于"贤良"之外,增加了"孝廉"、"秀才"等新科目。另外,在选举考试中,儒家学者受到特别的优待,开创了察举制主要以儒术取士的新局面。

由于博士的殊荣只许给儒家学者,太学里传授的是儒家的经典,高官厚禄也只送给那些精通儒学的人。因此,儒学很快就取得了独尊的地位。从此,汉朝统治者就一直沿用这些文教政策。

就统治者而言,虽然公开宣布"独尊儒术",但实际施政中也未尝不采用软硬兼施的两手政策。汉宣帝就曾对他的儿子元帝说:"汉家自有制度,本以霸王道杂之。"②法家推崇霸道,儒家推崇王道,说明凡有利于封建统治的儒法两家学说均被综合利用。

## 第三节 汉朝学校教育的发展和经学教育的特点

### 一、学校教育的发展

汉朝为我国封建社会学校教育制度的发展和完善奠定了基础。汉朝的学校有官学和私学。官学分为中央官学和地方官学两种,中央官学最重要的是以传授儒家经典为主的太学,由九卿之一的太常领导管理。在东汉,还曾设有鸿都门学、宫邸学等特殊性质的学校。地方官学主要是指郡国学。私学按其程度可分为书馆和经馆两类。汉朝的学校构成情况如下图所示。

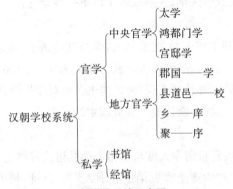

**汉朝学校系统示意图**

---

① 《汉书·文帝纪》。
② 《汉书·元帝纪》。

## （一）太学

### 1. 太学的设置与发展

元朔五年（前124年），汉武帝采纳董仲舒的建议，为博士置弟子，标志着太学的正式设立。同时，也意味着以经学教育为基本内容的中国封建教育制度的正式确立。在此以前，汉政府并未直接设置学校，知识的传授和人才的培养主要在私学中自发进行。汉初，有些博士官虽然也招收弟子进行教学活动，但只是出于个人的意愿，并非是朝廷赋予的职责，也未曾制度化，因此本质上仍属私学性质。

太学的设立，是汉武帝实施"独尊儒术"政策的重要步骤。太学设立后，有了集中培养统治人才的教育机构。朝廷把握教育大权，利用教育这一有力手段控制着学术的发展方向，这是地主阶级在统治策略上走向成熟的表现。

太学产生以后，规模不断扩大，到东汉则盛极一时。汉武帝初建太学时只有太学生50人，以后西汉历代帝王对太学都有所扩充，昭帝时增到100人，宣帝时增到200人，元帝时则增到1000人，成帝时更为扩充到3000人。百余年间，太学生人数竟递增了60倍。以后，太学随着社会政治、经济条件的变化，以及不同时期帝王对教育重视程度的不同，时有兴衰。东汉质帝本初元年（146年），太学生曾增加到30000多人，但"章句渐疏"，"多以浮华相尚"[①]。这一方面说明以"章句之学"为代表的今文经学的衰落，太学教学活动废弛；另一方面说明，在公元105年纸张发明并被普遍应用后，学生可以不依赖老师的讲授而进行自主学习了。

### 2. 太学的教师和学生

汉朝太学的正式教师是博士。博士本是对博识多能者的通称。博士之官始于战国，秦时博士官的职责为典文书、备咨询。汉朝太学设立后，博士转化为太学的教官，主要从事太学的教学工作，同时部分地保存了原来作为咨询官吏的职能，参与政府的政治、学术活动。博士通常推一德高望重者为首领，博士首领在西汉称仆射，东汉则改为博士祭酒。

随着太学的发展，博士的选拔任用趋向于严格和制度化。在西汉，太学博士或由皇帝征召，或由公卿荐举社会学术名流充当，人数有严格的限制。经朝廷批准，五经只设14位博士。到了东汉，开始采用荐举和考试结合的方式选拔博士。荐举博士需呈送《保举状》，要求博士具有封建道德风范；在博通儒学和其他载籍的基础上，对其中一经有精深的造诣，足以胜任博士之职；有一定的教学经验，有时还规定年龄在50岁以上。严格遵守师法与家法，也是博士的条件之一。博士并不是很高的官职，但任职的标准高，人数较少，一般都受到社会的尊重和朝廷的礼遇。

两汉对太学生的称谓有"博士弟子"（或简称"弟子"）、"诸生"、"太学生"等。太学刚建立时，博士弟子的名额较少，因此选拔较为严格。当时，博士弟子的来源有两种：一种是由太常选拔京都或京郊内年龄在18岁以上、仪状端正者50名，作为博士弟子，即正式的太学生；另一种是从地方上（郡、国、县）选择，标准是"好文学，敬长上，肃政教，顺乡里，出入不悖"，选送京都太学，"得受业如弟子"[②]，这是一种非正式的特别生。正式生不仅可以免其赋役，而且还享有一定的俸禄，特别生则待遇稍差。后来，太学生的来源越来越广，入学条件的审查也变得不如以前严格。到了东

---

[①] 《后汉书·儒林列传》。
[②] 《汉书·儒林传》。

汉,政府开始规定:一定等级的官僚子弟享有进入太学接受教育的特权。与太学初创时相比,入学条件的等级性有所增强。但毕竟有一大批出身寒微且有志于学习者被送入太学读书,因此,在太学里曾经出现如倪宽、翟方进等一面做工、一面读书的学生。

### 3. 太学的教学内容和教学形式

太学实际上是一所儒学专门学校,所传授的知识是单一的儒家经典。两汉太学中设置博士的经学有14家,它们是"鲁诗"、"齐诗"、"韩诗"、"欧阳书"、"大夏侯书"、"小夏侯书"、"大戴礼"、"小戴礼"、"施氏易"、"孟氏易"、"梁邱易"、"京氏易"、"严氏公羊"、"颜氏公羊",都属于今文经学。

太学的教学形式随时间的推移而有发展。太学初建时,学生的名额较少,每位博士只有10名左右的学生,采用个别或小组教学。后来太学发展,学生的名额多以千、万计,而博士最多时仅15名(大多数时间是14名或更少)。个别教学的形式已不能适应太学的发展,于是出现了一种称为"大都授"的集体上课形式,主讲的博士称为"都讲"。除此以外,次第相传的教学形式也在太学内出现。以高业生教授低业生在私学中早已流传,太学借鉴此法,在一定程度上缓和了教师不足的矛盾。

太学生听博士说经以外,有充裕的课外自学时间,这为同学之间相互讨论、学习提供了十分有利的条件。太学生在太学学习的同时,还可以向校外的大师求教。

### 4. 太学生的考试及太学生的出路

由于太学里没有严格的授课和年级制度,考试作为一种督促、检查学生学习,衡量学生学业程度的手段尤受重视。

太学的考试基本上采用"设科射策"的形式。"策"是指教师(主考)所出的试题。"射"是以射箭的过程来形象描写学生对试题的理解和回答过程,正如王充所说:"论说之出,犹弓矢之发也;论之应理,犹矢之中的。"[①]"科"即是教师(主考)用以评定学生成绩的等级标记,从优到劣依次分为甲科、乙科(有时也细分为甲、乙、丙三科或上第、中第、下第等)。学生所取得的实际等级是授官的依据,通常甲科(上第)为郎中,乙科(中第)为太子舍人,丙科(下第)为文学掌故。

随着时间的推移,太学考试的年限和设科的标准有所变更,西汉一年一试,东汉则基本上两年一试。设科标准最后则完全以通经多少为依据。学生通过考试取得一定的科品,获得相应的官职后,仍可以参加下届考试,以获得更高的等级和官品。太学以此鼓励士人博通儒家的"五经"。

尽管当时读书人可以通过荐举、征召或选举的方法进入仕途,但参加太学的考试却是进入仕途稳妥的途径,因此,终生乐此不疲者比比皆是。然而,不是人人都能由此得志,有的人终生努力以求也难以实现愿望。"结童入学,白首空归",则是对这种状况的真实写照。

### (二) 鸿都门学和宫邸学

鸿都门学创办于东汉灵帝光和元年(178年),因校址位于洛阳的鸿都门而得名。鸿都门学在性质上属于一种研究文学艺术的专门学校,规模曾发展到千人以上。鸿都门学的创办是统治集团内部各派政治力量的较量在教育上的反映,同时也与汉灵帝的个人爱好有密切关系。由于汉

---

① 《论衡·超奇》。

末宦官集团政治势力的膨胀,太学生站在官僚集团一边与宦官集团展开斗争。宦官集团便投汉灵帝所好,怂恿灵帝办鸿都门学,利用教育培养拥护自己的知识分子。鸿都门学的学生由地方长官或朝中三公举荐,大多在政治和爱好上与汉灵帝相投合。学校专以尺牍、辞赋、字画作为教学和研究的内容,毕业后多封以高官厚禄。因此,它受到官僚集团的猛烈抨击。鸿都门学的学生在政治上代表宦官集团的利益,但鸿都门学本身在教育上具有独特的意义。首先,它打破了儒学独尊的教育传统,以社会生活所需要的诗、赋、书画作为教育内容,这是教育的一大变革。其次,鸿都门学是一种专门学校,作为一种办学的新型形式,为后代专门学校的发展提供了经验。同时,它也是世界上最早的文学艺术专门学校。

汉朝的宫邸学可以分为两种:一是政府专为皇室及贵族子弟创办的贵胄学校。永平九年(66年),"为四姓小侯开立学校,置'五经'师"①,称"四姓小侯学"。所谓四姓,即外戚樊氏、郭氏、阴氏、马氏,因非列侯,故称小侯。学校拥有比太学优越的设备和师资条件,后来招生对象有所扩大,不限于此四姓子弟,甚至接受匈奴子弟为留学生。安帝邓太后临朝施政时,又于元初六年(119年)设立了另一所贵胄学校,诏征"济北、河间王子男女年五岁以上四十余人,又邓氏近亲子孙三十余人"②入学。邓太后亲自监试,勉励子弟"上述祖考休烈",认真学习。贵胄学校的设立,一方面是贵族子弟享有教育特权的反映,另一方面是朝廷对他们施以君臣名分等儒家思想的教育,借以约束其行为的手段。

以宫人为教育对象的宫廷学校是宫邸学的另一种类型。邓太后入宫后尝从曹大家(gū)受经书、天文、算学,说明宫中早有延师施教的事实。但她临政后,"诏中官近臣于东观(洛阳宫的殿名)受读经传,以教授宫人,左右习诵,朝夕济济"③。这使东观这一校书场所同时具有宫廷学校的职能。

(三) 地方官学

汉朝除了在中央设立官学外,还在地方设立官学。

"汉承秦制",实行郡县制,但是汉朝又部分地保留了西周分封制,封皇子以王位和土地。被分封给皇子的郡就称为国。郡国是最大的地方行政单位,地方官学又称为郡国学校。汉朝郡国学校创始于公元前141年。汉景帝时,蜀郡太守文翁到达成都后,深感蜀地地方偏僻,文化落后,"有蛮夷之风",便选择属下聪颖吏员10余人,到京师向博士学习,学成以后回到蜀郡,根据学绩情况给予不同的官职。与此同时,他在成都设立学官,在属县中抽调一批年轻人作为学官弟子,跟随学官学习,毕业后委以一定的官职。儒家思想很快在蜀地发展起来,改变了当地的风俗,促进了经济的发展。这便是教育史上所称颂的"文翁兴学"。汉武帝即位后,对文翁兴学一事极为赞赏,下令各郡国依仿蜀郡设立学校。此后,各地方官纷纷在自己的治内设立学校。

汉元帝时开始在各郡国设置五经百石卒史,实行对地方官学的管理。汉平帝时,下令郡国以下的各级行政单位都设立学校。

两汉郡国学校的办学目的主要有两项:一是培养本郡的属吏,同时向朝廷推荐地方学校中特

---

① 《后汉书·明帝纪》。
② 《后汉书·邓皇后纪》。
③ 《后汉书·邓皇后纪》。

别突出的优秀学生;二是通过学校定期举行"乡饮酒"、"乡射"等传统的行礼活动,向社会普遍推行道德教化。到东汉时,地方官学发展极盛,因此班固在《两都赋》中有"四海之内,学校如林,庠序盈门"的描绘,反映了当时学校繁荣的景象。

### （四）私学

汉朝私学按其程度可分为书馆和经馆两类。

#### 1. 书馆

书馆又称书舍。由于官学中除宫廷学校教育皇亲贵戚子弟之外,缺乏初等教育的设置,所以汉朝蒙学阶段的教育多依靠私学。书馆前期主要是从事识字和书法教育,后期则开始接触儒学基础内容。书馆教育可分为两个阶段:

第一阶段,主要进行识字教育,也传授一些数学常识。识字教育所用的字书有《仓颉篇》、《凡将篇》、《急就篇》等。在字书中流传最广且一直保存至今的,只有《急就篇》。它是汉元帝时黄门令史游所编,流传至今的有2144个单字(据考订,其中128字为后人所加),采用三、四、七字一句的形式,将2000左右的单字串起来,形成能够表达一定思想的韵文。其内容包括姓氏、器物名称,以及日常生活等方面的知识。所谓"急就",有速成和急用备查的意思,必要时可作为字典使用。《急就篇》一直使用到唐代,才被新的字书取代。它能延绵如此之久,是因为它字数适中,文字押韵,内容有一定的广度,比较适合儿童的心理特点,且好教、易记、适用。《急就篇》为历代编写儿童识字教材提供了宝贵的经验。在这一阶段,儿童很多时间要花在练习书法上,这和当时在录用官吏的选举考试中重视书法有关。书馆教育中,体罚的现象比较严重,王充记述他儿童时读书时的情景说:"书馆小僮百人以上,皆以过失袒谪,或以书丑得鞭"①。

第二阶段,继续进行读写训练,但重心开始转到注重培养学生的思想观念和伦理道德上。教材主要使用《孝经》、《论语》,让学生接受儒家学说的基础部分。另外,还有《尔雅》。《尔雅》也是一本字书,从语辞学的角度对汉字的构造、组词及名物术语进行解释,能够形成学生对汉字的系统认识,扩大识字面。

书馆里实行个别教学,重视口授和背诵。

学生从书馆结业后,其中少部分人可进入地方官学乃至太学或更高一级的私学——经馆从事专经学习,大部分人则从此中断学业,从事农工商活动。

#### 2. 经馆

经馆是较书馆高一级的私学,实际是一些著名学者聚徒讲学的场所,其中程度较高的可与太学相比。经馆又称精舍或精庐等。汉朝的经馆出现较早,在汉武帝时代有很大的发展。东汉时,这种私人讲学的风气更甚。董仲舒、王充、郑玄等都是两汉著名的私学大师。

两汉私学兴盛的原因,可以归结为以下几个主要方面:第一,汉初缺乏官学设置,私人讲学承担了传播文化、发展学术、培养人才的责任,对两汉私学的发展起了先导作用。第二,汉自武帝以后,实行"独尊儒术"的文教政策。士人必读儒家经典,在政治上才有出路,才能有出仕做官的机会,而太学路途遥远,进入地方官学也受一定的条件限制,不得不求助于私人传授。第三,有一批

---

① 《论衡·自纪》。

学术造诣很深但因各种原因隐居不仕的儒家学者,在地方上聚徒讲学,对私学的发展起了很大的促进作用。第四,西汉末年产生今古文经学之争,官方支持今文经学派,对古文经学派采取冷淡的态度。古文经学者为了提高自己的学术地位,扩大学术影响,不得不到民间传授,当时也确实拥有一大批不求功名、坚持自己学术信仰的弟子。

私学发展的规模越来越大,常常拥有成百上千的弟子,不可能个个当面传授,故弟子又分两种。一种是"及门弟子"或称为"授业弟子",其中许多人是私学大师的高足,直接聆听老师的教诲,甚至和老师一起辩论经义,商讨学术。另一种是"著录弟子",他们慕老师之名而来,留下名字,老师承认他为弟子,以后便可在需要的时候来请教。这样的学生,往往跟随多名经师学习。他们有希望成为打破学派藩篱、贯通各家的"通人"。

私学中最常采用的教育方法是:以次相传授,老师只对从学时间较长的高业弟子进行直接传授,再由高业弟子转相传授初学弟子。如郑玄拜马融为师,虽在门下,但"三年不得见,乃使高业弟子传授于玄"①。

汉朝私学教育不仅承担了绝大部分基础教育的任务,就私学的高级阶段而言,对社会所产生的实际教育效果和官学相比也难分上下。汉朝的经馆,实际上是后代书院的历史渊源。

## 二、今古文经学之争与汉朝经学教育的特点

### (一) 今文经学与古文经学

汉武帝"罢黜百家,表章六经"之后,儒学取得定于一尊的地位,带来了儒家经学教育与研究的繁荣局面,出现了众多传授儒学的经师。在教育和研究过程中,由于经过不同的传授途径、不同的编定者,形成了不同的儒经传本,代表了经学大师们不同的学术和教育思想。

在为数众多的儒学流派中,可以归结为两种大的学术流派,这便是今文经学和古文经学。今文经学多为汉初凭经学大师的记忆、背诵,并采用当时流行的隶书记录下来的六经旧典,发展在先;古文经学依据汉武帝时从地下或孔壁中挖掘出来,或通过其他途径保存下来的儒经藏本,初本是先秦的古文字,发展在后。今、古文经学者因在治经立场和观点上的不同,表现出不同的学术风格。今文经学认为,《六经》为孔子本人的创作,其中包含了丰富的微言大义,治学倾向于在阐发微言大义的名义下,依据政治的需要来解释经学,迎合统治者的意志。古文经学认为,孔子"述而不作"、"六经皆史",只承认《六经》经过孔子的整理和编辑,但不是孔子的创作。学术上重视文字训诂、名物考据,倾向于研究《六经》的本意,恢复儒学的本来面目。

汉朝今文经学先于古文经学得以发展,而且得到统治者的扶持。朝廷从政治出发,专置属于今文经学的学者为太学博士,形成了今文经学独霸太学讲坛的格局。今文经学以阴阳灾异思想贯穿经学研究,阐述天人之道,建立了一个以天人感应思想为特征的今文经学体系。至元、成帝时期,基本实现了对经学的全面改造,达到今文经学的鼎盛。今文经学在发展演变中,逐渐走向谶纬化。谶也称谶语、谶记等,被认为是上帝或神用来预告人世间吉凶祸福的隐语。纬是相对经而言的,是假托孔子对儒家经典的神学解释。西汉哀、平帝时期,谶纬盛行。不仅《六经》都有相

---

① 《后汉书·郑玄传》。

应的纬书,而且纬书中掺杂谶言,谶语也依傍经书,成为今文经学研究的一大特点,对经学教育和学习者的思维方式产生了深刻的影响。

今文经学与谶纬的结合改变了儒学的发展方向,必然遭到以恢复传统儒学精神自居的古文经学家的反对。同时,古文经学者为了争得自己的学术地位和博士席位,也不断和今文经学展开争论。这便是今古文经学之争。今古文经学之争从西汉末年到东汉末年,持续了200年之久。在今文经学据有太学讲坛优势的情况下,古文经学则多以私学为阵地,培养了众多门徒,形成自己的学派集团,学术势力逐渐转强。

在争论中,不同学派的学者积极了解对方的学说,以便在经学讨论和争辩中扬己之长,攻彼之短,这样便打破了学术上固执己见、互不交流的封闭局面。另外,由于社会、政治和学术、教育环境的变化,在两汉交替之际,经学教育打破了以前专经教学的局面,一些学者已不再限于一师一家之说,广泛求师和涉猎各家著述。到东汉,出现了众多兼通数经包括兼通今古文经学的学者,促使今古文经学最终走向融合。其中为打破宗派门户之见,实现今古文融合并走向统一作出重大学术贡献的,是东汉后期著名的经学大师郑玄。

郑玄(127—200年),字康成,出生于北海高密(今山东高密县)。郑玄的杰出贡献本身就是他博通今古文经学的结果。郑玄一生的活动主要是学习、教授、注书,他的经学成就主要表现在对儒家经籍的注释上。他遍注群经,至今保存完好的有《周礼注》《仪礼注》《礼记注》《毛诗笺》四部书。此外,如《尚书》《论语》《孝经》等,也有他的注释,但已亡佚,现在只能见到后人的辑本。郑玄除了注经之外,也注纬。实际上,他注书的范围已经超出了儒家的经籍。郑玄的经注有以下鲜明的特点:

第一,打破了汉朝经学学派林立、门户森严的封闭局面。郑玄不仅撤除了学派藩篱,实现了今、古文经学的最终融合,而且消除了各家之间的门户之见。郑玄在学术上倾向于古文经学,但这并没妨碍他吸收今文经学之长。他在广采各家经学之长的基础上,发挥个人的主见,形成了自己独特的经学体系。

第二,简洁明了。他力求用最少的文字解释最多的内容。他一扫过去经学教育中那种逐字逐句进行解释的刻板繁琐的章句形式,将笔墨用在重点、难点上。他注经的原则是:"文义自解,故不言之,凡说不解者耳。众篇皆然。"[1]力求做到"举一纲而万目张,解一卷而众篇明",使读者"于力则鲜,于思则寡"[2]。

由于郑玄不拘门户之见,广采众家之长,而且经注简明扼要,他的经注问世以后,很快获得学术界的广泛推崇。相比之下,其他各家的经说黯然失色,渐被淘汰,以致湮没无闻。范晔评价郑玄说:"汉兴,诸儒颇修艺文;及东京,学者亦各名家。而守文之徒,滞固所禀,异端纷纭,互相诡激,遂令经有数家,家有数说,章句多者或乃百余万言,学徒劳而少功,后生疑而莫正。郑玄括囊大典,网罗众家,删裁繁诬,刊改漏失,自是学者略知所归。"[3]这足以说明郑玄在两汉经学教育中具有转变学风的作用。

---

[1]《毛诗正义》卷一。
[2]《毛诗正义》卷首。
[3]《后汉书·郑玄传》。

### (二) 章句之学与师法、家法

汉朝经学教育中多采用章句的形式教学。章句实际上是经师教学所用的讲义。古籍本无标点段落,经师依照经文的顺序,进行断句并划分章节,然后逐字逐句地进行解说,这样便形成了章句之学,也可称之为经说。因为章句之学表现了不同经师的学术风格,所谓师法、家法,正是体现在不同的章句之学之中,是和章句之学联系在一起的。章句之学最初较为简单,随着经学教育的发展,章句渐趋繁琐。章句的形式便于经师旁征博引,阐释发微,因此章句的篇幅便越来越长。桓谭在《新论》中记载,"秦近(延)君说《尚书》中《尧典》篇目两字达十余万言",而说"曰若稽古"四字,达三万言。浩繁的章句也成为学者沉重的负担,学生自"幼童而守一经,白首而后能言"①正是这一情况的写照。

一般来说,师法是指汉初立为博士或著名经学大师(如董仲舒)的经说。如果大师的弟子对师说有所发展,能够形成一家之言,被学术界和朝廷承认,便形成家法。"先有师法,而后能成一家之言。师法者,溯其源;家法者,衍其流也。"②因此,西汉多论师法,东汉多论家法。其实,师法、家法在发展过程中是相对的,对上是家法,对下则又是师法。师法演为家法,表明学术在稳定中发展。

重视师法、家法是汉朝经学教育,特别是今文经学传授的特点之一。鉴于当时简册笨重,抄录不易,因此作为文字凝炼的儒学本经尚可形成书籍流传,但儒学大师、太学博士对经文的解释亦即经说,篇幅一般较长,就很难笔诸简牍,形成书籍流传,大多依靠师生口耳相传的方式传递下去,或者仅教师本人有简册写本作为讲授时的参照。如果学生在进一步传授时,不以先师的经说为准绳,不守师法,一代大师的学术就可能无法继承。这是师法、家法形成的最基本的原因。

章句之学和师法、家法的结合,严重地阻碍了学术的交流,导致经学教育中宗派性和封闭性加强,使士人的思想僵化,知识面狭窄,崇拜书本和权威,不利于个性和智慧的发展。

在今古文经学之争中,两派对于师法、家法的态度截然不同。最初将儒学推上独尊地位的是今文经学者,在以后的发展中又长期占据博士官的席位,形成了一种唯我独尊的优越感。今文经学的政治化特点,也使统治者有意识地利用师法、家法的"保真"效果来维护经学的权威性,以保持政治思想的稳定。今文经学也突出强调师法、家法在经学传授过程中的制约作用来维持自己的独霸地位,指责古文经学家"颠倒五经,毁师法,令学士疑惑"③,"师徒相传又无其人"④,没有传授系统等。古文经学直接溯源于先秦古籍,长期处在民间传授的私学地位,政治气味不浓,学风相对自由,没有今文经学那样严密的师承系统和师法、家法的约束。事实上,古文经学家大多是一些学无常师、打破学派藩篱、贯通百家的学者。

### (三) 经学会议与石经

儒学繁琐化、宗派化、谶纬迷信化的结果,必然导致各家经师对儒家经典解释的不统一。作为政治指导思想的儒学,其内部思想的多元化,必然影响政治思想的稳定。因此,两汉皇帝往往

---

① 《汉书·艺文志》。
② 皮锡瑞:《经学历史》,中华书局1963年版,第136页。
③ 《汉书》卷九十九。
④ 《后汉书》卷三十六。

召集一些著名学者对儒学进行讨论,借此达到统一经学的目的。其中最重要的有两次经学会议,第一次是汉宣帝甘露元年(前53年)的石渠阁会议;第二次是汉章帝建初四年(79年)的白虎观会议。第二次会议的讨论结果,编成了《白虎通义》(也称《白虎通》或《白虎通德论》)。这部书企图用官方裁定的方式统一经学,使代表封建道德的"三纲六纪"法典化。它是属于今文经学性质的,但却由古文经学家班固记录整理而成,这也从一个侧面反映了今文经学缺乏具有博通经史的学者的状况。

儒学的宗派化不仅表现在对经文的不同解释上,而且表现在对本经文字的争议上。本经文字的不同,可能为不同派别的人所利用。为了统一经学教材,东汉熹平四年(175年),在蔡邕等人的倡议下镌刻石经,立于太学门外,在共达46枚的石经上镌刻有《尚书》、《周易》、《春秋公羊传》、《礼记》、《论语》等经的本文,作为规范的经学教科书。

熹平石经残片

经学会议是为了提供经学研究和教育的规范思想,石经创立则是提供经学的规范教科书,旨在将教育纳入政府所希望的轨道。

## 第四节　董仲舒的教育思想

儒学在其发展演变的过程中,经过了两次重大的改造,西汉的董仲舒和南宋的朱熹是这两次儒学改造的关键人物。董仲舒不仅是西汉儒学的代表人物,也是一位有重大历史影响的教育家。

### 一、生平和著述

董仲舒(约前179—约前104年)①,广川(今河北省景县)人,是研究《公羊春秋》的大家,汉景帝时曾为博士。他以在学术上的高深造诣和"三年不窥园"的治学精神,赢得了当时读书人的尊敬,纷纷拜他为师。他则以次第相传的方式教授弟子。董仲舒在贤良对策时提出的建议,受到汉武帝的赏识。他先后担任过江都王刘非和胶西王刘端的国相,但在政治上终不得志,于公元前121年托病弃官归家,潜心著书讲学,不问私家产业。朝廷每遇大事,则派人征询董仲舒的意见。

董仲舒的著作很多,但流传下来的很少,其中以《春秋繁露》和保存在《汉书·董仲舒传》中的《对贤良策》影响最大。

**董仲舒**

---

① 董仲舒生卒年无可考,清末学者苏舆著有《董子年表》,其中记事时间从汉文帝元年(前179)开始至汉武帝太初元年(前104)结束,学者们多有以《年表》的记事起讫年为董仲舒的生卒年。近年来,学者们对董仲舒的生卒年进行考证,但仍无法取得统一认识。现存史料中可以采信并能确切说明董仲舒生卒年的主要有二条:第一条是《汉书·匈奴传》提到"仲舒亲见四世之事"。按汉代史学家常将惠帝和高后并为一世的习惯,可以确定董仲舒必生于文帝元年(前179)之前,所见的四世为惠帝(高后)、文帝、景帝、武帝四世。第二条是《汉书·夏侯始昌传》中说:"自董仲舒、韩婴死后,武帝得始昌,甚重之。始昌明于阴阳,先言柏梁台灾日,至期日果灾。"而《汉书》、《五行志上》及《武帝纪》对柏梁台之灾有准确的时间记载,即发生在太初元年(前104年),此条可证董仲舒必卒于该年之前。

## 二、《对贤良策》和三大文教政策

汉初所实行的"无为"政治,虽然给人民提供了休养生息的机会,但也暴露了种种弊端。汉武帝即位以后,面对"无为"政治留下的种种社会矛盾,奉行什么样的政策必须有所抉择。如要实行"有为"政治,是采用法治,还是采用德治?在政治上应该以什么为指导思想?应该采取什么措施?汉武帝正是带着这些问题举行贤良对策的。董仲舒对此一一作了回答。他首先肯定了"有为"政治。

他认为,首先要实现思想的统一,改变汉初那种"师异道、人异论,百家殊方,指意不同"的学术混乱局面。统一思想的程序应该自上而下,"为人君者,正心以正朝廷,正朝廷以正百官,正百官以正万民,正万民以正四方。"由于董仲舒是一个儒家学者,对于秦王朝实行法治而亡的历史教训记忆犹新,所以他一开始就将思想统一的基调定在儒家学说的基础之上,明确指出:"仁谊(义)礼知信五常之道,王者所当修饰也。"他主张"诸不在六艺之科、孔子之术者,皆绝其道,勿使并进",这便是"独尊儒术"。"独尊儒术"作为政治的指导思想,必然要反映到文化教育领域。

实行有为政治另一个急需解决的问题是人才。汉武帝在策问中抱怨他昼夜勤劳,"尽思极神",但没有得到应有的政治功效。董仲舒认为,这是得不到贤才辅佐的缘故,而得不到贤才,原因之一是汉初不养士,不办教育;原因之二是人才的选拔和使用不当。汉初官吏基本上来源于官僚子孙袭荫,富人捐资得官,通过察举被选入仕。官吏的升擢还存在着论资排辈的现象。针对第一个原因,董仲舒提出设立太学的主张。他不仅把太学看作是培养人才的场所,而且把它作为推行教化的手段。针对第二个原因,董仲舒建议加强选举的严格管理,在官吏的提拔、任用过程中克服论资排辈现象,实行"量材而授官,录德而定位"。董仲舒关于兴太学、择贤任能的建议被汉武帝所接纳。其中择贤任能一项似乎与教育无涉,但是一旦贤能的"材"、"德"标准和儒家的经术、道德联系起来,加之察举制度的推动,不仅促进私学的大发展,也加速汉朝社会儒学化的进程。

可以明显地看出,所谓三大文教政策,乃是董仲舒社会政治思想在文化教育领域的体现。

## 三、论人性和教育在人的发展中的作用

什么是人性?董仲舒说,"生之自然之资谓之性","性者,质也"①。人性就是指人天生的素质("生之质")。

董仲舒认为,人性之"质"中,有"仁气"和"贪气"。其中仁气是主导方面,情欲之贪气是从属的方面。仁气是指人性中那些有利于促进发展封建社会道德的先天因素,贪气是指人性中那些将导致与封建社会道德相抵触的先天因素,它们是人性中的两个对立物。董仲舒关于仁气、贪气的思想和孟子的性善论、荀子的性恶论有一定联系,他并没有摆脱道德先验论的影响。

但是,董仲舒又严格地将人性与善区别开来。他认为,人性与善的关系是可能性与现实性、根据和结果的关系,性是善的可能性和内在根据,善是性所具有的可能性和内在根据在教育条件下向具备一定道德之善的现实人格转化的结果。人性中既存在有情欲与贪气,就不可能简单地肯定"性已善":"谓性已善,奈其情何?"②董仲舒这样论述性与善的关系:"性者,天质之朴也。善

---

① 《春秋繁露·深察名号》。
② 《春秋繁露·深察名号》。

者,王教之化也。无其质,则王教不能化;无其王教,则质朴不能善。"①他比喻说:"善如米,性如禾。禾虽出米,而禾未可谓米也。性虽出善,而性未可谓善也。"②"茧有丝,而茧非丝也。卵有雏,而卵非雏也。"因此"性有善端,心有善质"③,但性非善。

董仲舒所谓的善,是指封建社会的伦理道德,"循三纲五纪,通八端之理,忠信而博爱,敦厚而好礼,乃可谓善"④。董仲舒强调"性待教而后善",为他强调教育的作用提供了思想基础。承认"性已善",就等于否定了教育,"今谓性已善,不几于无教,而如其自然?又不顺于为政之道矣"⑤。

董仲舒吸收了先秦至汉初普遍流行的人性差异论的观点,明确将人性划分为三种不同的等级:"有斗筲之性,中民之性,圣人之性。"董仲舒认为,"中民之性"是他对人性这一概念内涵进行规定的事实根据,他是就中人之性而言性。"圣人之性不可以名性,斗筲之性又不可以名性。名性者,中民之性,……性待渐于教训而后能为善。"⑥董仲舒也并非将"圣人之性"和"斗筲之性"排斥在具体的人性之外,只是强调不能以这两种特殊的人性作为对人性进行抽象和确定概念内涵的事实根据,即强调他的人性概念的内涵建立在普遍的、占有绝大多数的"中民之性"的基础上。教育对于不同的人所起的作用各不相同,具备"圣人之性"者能够自觉控制自己的感情欲望,注定要向善的方向发展。具备"斗筲之性"者很难进行自我节制,只有用刑罚制止他们作恶。前者不需要教育就可以通过自我的修养为善,后者虽经过教育也很难转化为善,故要用刑罚加以强制性的制约。这两部分人都是属于人群中的少数,而绝大多数人是具有"中民之性"的中民,教育对他们的发展具有决定性作用,因此他们是教育的主要对象。

## 四、论道德教育

### (一)德教是立政之本

在董仲舒的社会政治思想中,虽然主张教化与刑罚并用,但强调以道德教化为本为主,刑罚为末为辅。他说:"教,政之本也;狱,政之末也。"⑦"圣人之道,不能独以威势成政,必有教化。"⑧

强调以教化作为实现仁政德治手段是儒家学说的传统,董仲舒更从"道之大原出于天"的神学目的论出发对其进行论证。他说:"天常以爱利为意,以养长为事,春秋冬夏皆其用也。"⑨"天道之大者在阴阳,阳为德,阴为刑;刑主杀而德主生。……以此见天之任德而不任刑也。"⑩他认识到刑罚表现为剥削压迫人民的残酷一面,这是"天意"所不允许的。他说:"故其德足以安乐民者,天予之;其恶足以贼害民者,天夺之。"⑪这和先秦乃至汉初贾谊等的民本思想是一致的。但是,董仲舒的教化思想旨在驾驭人民的阶级本质表现得更为明显。他说:"夫万民之从利也,如水之走下,

---

① 《春秋繁露·实性》。
② 《春秋繁露·实性》。
③ 《春秋繁露·深察名号》。
④ 《春秋繁露·深察名号》。
⑤ 《春秋繁露·实性》。
⑥ 《春秋繁露·实性》。
⑦ 《春秋繁露·精华》。
⑧ 《春秋繁露·为人者天》。
⑨ 《春秋繁露·王道通三》。
⑩ 《汉书·董仲舒传》。
⑪ 《春秋繁露·尧舜不擅移汤武不专杀》。

不以教化堤防之,不能止也。是故教化立而奸邪皆止者,其堤防完也;教化废而奸邪并出,刑罚不能胜者,其堤防坏也。"①

### (二) 以"三纲五常"为核心的道德教育内容

所谓教化,就是要实行普遍的儒家伦理道德教育。"三纲五常"是董仲舒伦理思想体系的核心,也是其道德教育的中心内容。先秦儒家曾在宗法社会复杂的人伦关系中概括出五种基本关系,即所谓"五伦":君臣、父子、夫妇、兄弟、朋友。董仲舒在这五种关系中突出强调君臣、父子、夫妇三种主要关系,并将先秦儒学的等级名分思想进一步强化,使主从关系更为鲜明。这就是所谓的"王道三纲":"君为臣纲,父为子纲,夫为妻纲。"他并用"天人感应"、"阳尊阴卑"的理论对这一思想进行论证。尽管"三纲"思想并非由董仲舒首先提出,但他对此进行了系统论证并使之在教育和伦理实践中产生深刻影响。从此以后,臣忠、子孝、妻顺成为封建社会中最重要的道德规范。

与"三纲"相配合的是"五常",即仁、义、礼、智、信。这作为道德概念早已提出,但董仲舒把它提升为"五常"之道并作了新的发挥。"三纲"是道德的基本准则,"五常"则是与个体的道德认知、情感、意志、实践等心理、行为能力相关的道德观念。"三纲"与"五常"结合的纲常体系成为中国封建社会道德教育的中心内容。

### (三) 道德修养的原则与方法

中国古代教育家对于理想人格的形成,大多立足于个人自觉的道德修养。董仲舒也是如此,他提出的道德修养的原则方法反映了他对个体的品德要求。

#### 1. 确立重义轻利的人生理想

董仲舒认为,个体行为的动机比行为的效果更具有道德价值。在法律上,他属于"原心定罪"派,认为"志邪者不待成","本直者其论轻"②。这种强调思想和行为动机的精神,落实到个人的道德修养上,就是要求人们心正意诚,立志做一个适合封建国家要求的人,并以此作为自己的追求和理想,而将有损封建纲常、有害封建国家利益的意念泯灭在内心萌芽状态。

如何看待利与义的关系?董仲舒说:"天之生人也,使人生义与利。利以养其体,义以养其心。"③利满足人们肉体器官上的要求,义满足人们心灵精神上的要求,两者不可或缺。但是,"体莫贵于心,故养莫重于义,义之养生人大于利""夫人有义者,虽贫能自乐也。而大无义者,虽富莫能自存。"④可见,对体现封建国家利益原则的道义的追求,应高于对个人利益的追求。只有这样,人生才能获得高度的和谐和最终的满足,也应是人生的基本取向。"正其谊(义)不谋其利,明其道不计其功"⑤,正是董仲舒对这一道德修养原则的总概括。

#### 2. "以仁安人,以义正我"

"仁"是建立在对人类生命珍视热爱的基础上的,它凸显的是对个体生命价值与权利的尊重。"义"是从封建国家的公利出发确定的行为准则,它凸显的是个人对社会及其他个体的责任与义

---

① 《汉书·董仲舒传》。
② 《春秋繁露·精华》。
③ 《春秋繁露·身之养莫重于义》。
④ 《春秋繁露·身之养莫大于利》。
⑤ 《汉书·董仲舒传》。

务。在道德实践中,人们往往易于要求别人履行责任、义务,而过于扩张自己的价值与权利。董仲舒认为,个人修养中应该特别注意"以仁安人,以义正我"。"仁之法在爱人,不在爱我。义之法在正我,不在正人。"①他要求人们从尊重他人的价值与权利出发,以"仁者爱人"的情怀去爱护、关心他人,宽以容众,"躬自厚而薄责于外"②。这实际上是对先秦儒家强调主体道德自觉精神的继承与发展。

3. "必仁且智"

针对道德修养中情感与认知两种不同心理因素之间的关系,董仲舒提出"必仁且智"的命题,认为在道德修养中必须做到"仁"与"智"的统一。他说:"仁而不智,则爱而不别也;智而不仁,则知而不为也。故仁者所以爱人类也,智者所以除其害也。"③这里,他突出强调了道德修养中情感与认知的统一。

### 五、论教学内容和教学方法

(一)教学内容

董仲舒重视教学,他说:"君子不学,不成其德。"教学的主要任务,在于培养德性。从"独尊儒术"的思想出发,董仲舒主张以"六艺"(《诗》、《书》、《礼》、《乐》、《易》、《春秋》)培养人才,教学内容也完全儒学化了。他认为各经所起的教育效果不同:"六学皆大,而各有所长。《诗》道志,故长于质。《礼》制节,故长于文。《乐》咏德,故长于风。《书》著功,故长于事。《易》本天地,故长于数。《春秋》正是非,故长于治人。"④六部教材都有其重要的教育价值。

作为研究《公羊春秋》的大家,董仲舒特别强调《春秋》的教育意义。他对《春秋》作为教材的价值也申述得最为详细。在董仲舒眼里,《春秋》的根本特征是"奉天而法古",它既是一本"上探天端,正王公之位,万民之所欲。……理往事,正是非"⑤的政治哲学课本,又是一本"道往而明来者也"⑥的历史学课本,还是"为仁义法"的伦理道德课本。可以根据《春秋》提供的原则解决社会政治问题,做到通经达用。学《春秋》大义而决狱,便是一个很好的例证。

董仲舒并不提倡学习关于鸟兽草木等自然知识,认为"能说鸟兽之类者,非圣人所欲说也。圣人所欲说,在于说仁义而理之"⑦。这和孔丘要求人们"多识鸟兽草木之名"的态度大相径庭,尽管孔丘的目的也并不在鼓励人们去学习自然知识。

(二)教学方法

董仲舒在教学方法上没有系统的论述。他强调学习者应该尽主观努力,才能学有成就。

1. **强勉努力**

学习本身是一件艰苦的事情,并不是每一项学习内容都令人感兴趣。因此,学习需要坚定的

---

① 《春秋繁露·仁义法》。
② 《春秋繁露·仁义法》。
③ 《春秋繁露·必仁且智》。
④ 《春秋繁露·玉杯》。
⑤ 《春秋繁露·俞序》。
⑥ 《春秋繁露·精华》。
⑦ 《春秋繁露·重政》。

意志,应该努力,肯于刻苦钻研,这便是"强勉"。"强勉学问,则闻见博而知益明;强勉行道,则德日起而大有功。"①不论治学或是修德,都需要发挥"强勉"精神,才能达到成功。

2. 专心致志

无论是学习时的心境,还是平时的志向,都不能心猿意马,应该专一。董仲舒认为,这是受天赋能力的限制所决定的,"目不能二视,耳不能二听,手不能二事,一手画方,一手画圆,莫能成"②。只有心志专一,才能保持高度的学习和工作效率,"形静而志虚者,精气之所趋也"③,精力集中为认识深入创造条件。

3. 精思要旨

董仲舒认为,《春秋》乃圣人之书,文辞简约而蕴含大义,天下之大,事变之博,无所不包。"辞不能及,皆在于指,非精心达思者,其孰能知之。……见其指者,不任其辞。不任其辞,然后可以适道矣。"④"指",即要旨,即所谓原则、大义。要从微言之中把握大义,需要学者精心深入思考,"得一端而多连之,见一空(孔)而博贯之"。求得《春秋》的原则、大义,就可以作为推理的依据。

此外,董仲舒在论述对教师的要求时说:"善为师者,既美其道,有慎其行,齐(剂)时蚤晚,任多少,适疾徐,造而勿趋,稽而勿苦,省其所为,而成其所湛,故力不劳而身大成。此之谓圣化,吾取之。"⑤"圣化"表示教师在教学艺术修养上所达到的出神入化的境界。在他之前的贾谊早已有这样的思想,所谓"吾取之",即表示对贾谊思想的汲取和继承。他不仅提倡"圣化",而且大力去实践,这是值得肯定的。

董仲舒是一位对汉朝政策,特别是文教政策产生重大影响的人物。《汉书》的作者班固说:"及仲舒对册,推明孔氏,抑黜百家,立学校之官,州郡举茂材孝廉,皆自仲舒发之。"⑥董仲舒三大文教政策的提出,特别是"独尊儒术"的提出,对中国封建社会的文化教育产生了极为深远的影响。从此以后,儒家思想成为中国封建社会的统治思想,儒家经典成为国家规定的教科书,儒家的道德观成为道德教育的依据。这些都有助于当时巩固封建中央集权统治。由此,我们可以比较秦汉的文教政策。秦始皇和李斯曾经采用法家思想作为中国社会的统治思想,但其结果反而加速了秦朝的灭亡。而董仲舒、汉武帝等则吸取历史教训,改变思想路线,成功地将儒学抬到了独尊的地位。其中的原因,除了法家思想和儒家思想本身具有不同的内在特质、符合不同的时代要求以外,还与不同阶段统治集团在实行思想统一的过程中采取不同的措施有密切的关系。秦朝一味地采取烧杀的政策,对异端思想实行严厉打击,而汉朝实行的是一种名利引诱的政策,奖励儒学,冷淡异端。显然,后者较能为人们所接受,起到了控制思想又缓和矛盾的作用。

但是,成功并不就等于合理。儒家思想长期占据独尊的地位,无疑对各种非儒学的学术思想起到了抑制作用,从而阻碍了文化的整体发展。

---

① 《汉书·董仲舒传》。
② 《春秋繁露·天道无二》。
③ 《春秋繁露·通国身》。
④ 《春秋繁露·竹林》。
⑤ 《春秋繁露·玉杯》。
⑥ 《汉书·董仲舒传》。

## 第五节 王充的教育思想

### 一、生平和思想特征

#### (一) 生平

王充

王充(27—约100年),字仲任,浙江上虞人。出身于农人兼小商贩家庭。王充6岁开始识字,8岁入书馆学习。学会识字、写字后,王充开始儒学经典的学习,后来又进入太学学习。他不满于太学学风,厌弃章句之学,不肯严守师法家法。在京师,他曾拜班彪为师。因家贫无钱购书,他常到洛阳书肆里读书,记忆力特强,过目成诵,因此,博通了"众流百家之言"①。离开太学后,王充曾两次出任过小官,都因为人耿直,又不愿趋炎附势,结果辞职还家,一边教书,一边研究学问。他的大部分著作于此时开始写作。他60岁时曾被扬州刺史董勤辟为从事,后转治中;63岁即辞官归家,著书、教授终生。王充一生绝大部分时间在教书、思考、写作中度过,生活始终清贫。到了晚年,他依然"贫无一亩庇身,贱无斗石之秩"②。

王充著有《讥俗》、《政务》、《论衡》、《养性》等书,但流传至今的只有《论衡》一书,其他都已失传。

#### (二) 思想特征

具有强烈的批判精神,是王充思想的一个明显特征。王充在《论衡·自纪》篇里叙述他著作的目的时,这样写道:他自小"淫读古文,甘闻异言,世书俗说,多所不安,幽处独居,考论实虚"。《论衡》实际上是一部针对当时盛行的谶纬神学和浮妄虚伪的世书俗说,论其是非,辨其真伪的书籍。《论衡》的书名也正是表明了这个意思。"故《论衡》者,所以铨轻重之言,立真伪之平。"③对儒家的经典,包括孔丘、孟轲的言论,王充也不迷信,所以在《论衡》一书里有《问孔》、《刺孟》这样的篇目。正因为如此,王充和他的书籍一直遭到正统儒家学者的贬斥,认为《论衡》是"异书",《论衡》中所阐发的思想是异端思想。在《论衡》中,王充提出了与董仲舒的神学化儒家明显对立的几个论点:

1. "天道自然"

王充认为,无论天、地,都是自然的物质实体,没有意志。人不能用自己的行动来感动天,天也不能用自己的意志来支配人,天与人之间不存在精神上的联系。

2. 万物自生、万物一元

世界上的万事万物都是自然而然生成的,天没有意志,所以不可能创造万物。天不仅不可能创造万物,而且它本身和世界上其他任何事物一样,都是由"元气"构成的。"元气"不生不灭,是组成一切事物的基础。人也是由"元气"构成的,皇帝和老百姓都一样,没有任何区别。

---

① 《后汉书·王充传》。
② 《论衡·自纪》。
③ 《论衡·对作》。

### 3. 人死神灭

当时普遍存在人死灵魂不灭的说法。王充认为，所谓的灵魂，就是人的精神。精神是依赖于人的形体而存在的。当人的身体强健时，人的精神就饱满；当人的身体有疾病时，人的精神就比较衰弱，萎靡；人死了，形体失去了活力，人的精神也就消散了。

## 二、论人性和教育的作用

### （一）教育与人性的改良

王充对人性形成过程有自己的看法。他认为，决定人性的因素有三个方面，它们分别是：正性、随性、遭性。

"正者，禀五常之性也。"① "五常"即仁、义、礼、智、信，是社会人应具备的五种道德品质。王充把禀有"五常之性"作为人类区别于其他物种的标志。不过，"五常之性"不等于"五常"，是指"五常之气"。这应视为王充对人类种族属性的一种认识。

"随者，随父母之性也。"② 五常之气，人人皆有，但是每个具体的人体现出不同的特征。王充认为，这与各人禀受五常之气中各种不同类型的气的比例和多少有关，是受父母影响的结果，属人性的祖先遗传方面。

"遭者，遭得恶物象之故也。"③ 母亲怀孕期间，母体内、外界环境的变化也可以改变五常之气的比例，甚至使其中的某个方面残缺不全。如孕妇受外界环境不良刺激的影响，使胎儿受损伤，不能正常发育，以致造成将来的"喑聋跛盲"等，就属于此种因素。

人出生以后，人性就已经有了差异。如果个体禀受的五常之气非常淡薄或严重失调，就难以接受五常之教的影响，他的性质便是恶的；如果禀受的五常之气非常浓厚而且协调，便易于接受五常之教的影响，他的性便是善的。处在两者之间的，很难说善或恶。所以，王充也是将人性分成了三个等级。王充的性之善、恶，不是对人的道德定性，而是表示人禀受的先天气质对接受道德教育的难易程度与对个体的和谐发展是否有利。善恶指人性的优劣。

王充充分肯定了教育的作用。首先，他强调胎教。在影响人性的三个因素中，"遭性"是一个最易人为控制的因素。孕妇应该做到"席不正不坐，割不正不食，非正色目不视，非正声耳不听"，保证胎儿发育阶段内外环境的和谐，让出生后的幼儿在走向自身发展的道路之前有个良好的起点。

教育的作用还在于决定人性的发展方向。人初生之时，由于影响人性的三个因素共同作用，人性有优劣之分。虽有优劣之分，但不是一成不变，而是可以改变的。对于劣质的人，仍然可以教育，"其恶者，故可教告率勉，使为善也"④。性恶不过是禀受的五常之气组合不协调，有的部分多或厚，有的部分少或薄，并不是绝对没有。例如："残则受仁之气泊，而怒则禀勇渥也。仁泊则戾而少慈，勇渥则猛而无义。"⑤ 个体因禀受所得的发展条件，可以因环境教育和主观努力程度的

---

① 《论衡·命义》。
② 《论衡·命义》。
③ 《论衡·命义》。
④ 《论衡·率性》。
⑤ 《论衡·率性》。

不同,向不同的方向转换,优势的可以变为劣势,劣势的也可以变为优势。在劣质的人性上,同样可以发展完美的个性品质和优良的心智能力。"人之性,善可变为恶,恶可变为善。"①人的善恶,关键就在于后天人为的努力。就道德而言,先天禀赋的差异与教育作用相比,不是起决定作用的因素,"初生意于善,终以善;初生意于恶,终以恶"②。在把握不同个性特点的前提下,通过教育和个人的主观努力,人人都可以得到良好的发展。"人之善恶,共一元气;气有少多,故性有贤愚。西门豹急,佩韦以自缓;董安于缓,带弦以自促。"③由于他们能够根据自己本性中的弱点进行自我完善,故都"成为完具之人"。

教育不仅可以改造人性,更是人类实现自身价值的必然途径。"禀五常之性",具有心智能力,这是人类区别于其他物种("辨于物")的本质属性,也是人类高于其他物种的标志。"倮虫三百,人为之长。天地之性,人为贵,贵其识知也。"④如果人类放弃学习,"闭暗脂塞,无所好欲",等于是将天赋特有的优越条件摒弃不用,就和一般的动物没有什么差别。"圣贤言行,竹帛所传,练人之心,聪人之知。"⑤因此,教育是使人实现其天赋价值、使人成为真正人的手段。

(二) 论教育对改造社会的作用

王充认为,世界上存在着各种各样的力,其中最容易被人忽视的力量,便是知识的力量。"人有知学,则有力矣"⑥;良医掌握"百病之方",并可"治百家之病";"大才怀百家之言,故能治百族之乱";"萧何入秦,收拾文书,汉所以能制九州,文书之力也"。⑦凡此种种,都是知识力量的表现。在筋骨之力和知识的力量面前,王充更重视知识的力量,"筋骨之力,不如仁义之力荣也"⑧。所谓"仁义之力",便是指道德和知识的力量,它是教育和学习的结果。

王充还认识到教育在发挥社会作用时所表现的隐效性。他认为,有些事本身好像不产生任何效益,但它是那些直接产生效益的事业赖以存在和发展的基础。"事或无益而益者须之,无效而效者之。"⑨教育便是这样一种事业。"夫道,无成效于人;成效者须道而成","儒生,耕战所须待也"。正是因为教育的社会效益是间接的,往往被一些缺乏远见的政治人物所忽视;而视教育事业"为无补而去之",最后导致国家的"乱患"。这里,王充极其深刻地揭示了教育作为其他事业基础的作用。

### 三、培养"文人"和"鸿儒"的教育目标

王充在考察现实社会人才的基础上,提出了培养理想人才的教育目的。王充将当时的知识分子分成五个级别,他们分别是:

一是文吏,受过识字教育,但"无篇章之诵,不闻仁义之语",长大以后,或依靠自己的门第,或

---

① 《论衡·率性》。
② 《论衡·率性》。
③ 《论衡·率性》。
④ 《论衡·别通》。
⑤ 《论衡·别通》。
⑥ 《论衡·效力》。
⑦ 《论衡·别通》。
⑧ 《论衡·效力》。
⑨ 《论衡·非韩》。

攀援权贵,入仕成吏。这些人不入仕,和一般的俗人没有区别,起用这种人不利于国家实行德治的政策。

二是儒生,他们少则能够通儒家经书中的一种,"能说一经","旦夕讲授章句",多则兼通"五经"。虽以教学为职责,但知识面狭窄,知识结构局限于儒学,既不博古,也不通今。他们只是基础的儒学人才,但不能令人满意。

三是通人,广读各种书籍,掌握了丰富的书本知识,"博览古今",但他们不能把书本知识和社会实际结合起来,缺乏理论思维能力,不能"掇以论说"①,也有较大局限。

四是文人,知识渊博,能够将各种知识融会贯通,将书本知识和实际政治结合起来,并利用自己拥有的知识"上书奏记",对实际政治加以评论和提出自己的建议。他们能成为称职的行政人才。

五是鸿儒,知识分子中最高级的一层。他们最明显的特征是能够"精思著文,连结篇章","兴论立说"②,具有创造性的理论思维能力。他们不仅系统地掌握了现存的社会知识,且不受前人思想框框的束缚,能够创新知识,是不可多得的理论学术人才。

王充的培养目标是后两种人,即文人和鸿儒。可见,王充是把培养杰出的政治人才和学术人才作为教育的最高目的。在这里,王充明确地提出教育应培养创造性的学术理论人才。

### 四、"博通百家"的教育内容

自从董仲舒提出"独尊儒术"以后,儒家经典成为官学中规定的教科书。由于今文经学获得封建政府支持,成为官方学术,因此在传授过程中,走上了繁琐化、神学化、宗派化的道路,严重地束缚了士人的头脑,学生学习的范围很难突破儒家的五经。大部分人尚不能通晓五经,只专攻其中的一经或几经。这样培养出来的人才知识面狭窄,思想僵化,目光短浅。王充是古文经学派的思想代表,他反对今文经学派的宗派局限。

王充认为,不仅儒家学术有益于政治,诸子百家的学说同样是"治国肥家之术,刺世讥俗之言"③,同样需要学习。知识是改造社会的重要力量,凡是人类社会有史以来所积累下来的一切文化知识都应当学习。善于学习的人,"其于道术,无所不包"④。人的知识越广博,思考得越深入,他的观察能力就越敏锐,处理政治事务的能力也就越高强。

王充不仅要求人们从书本中获得知识,而且要从现实的自然世界和人类社会中获得知识。从某种意义上说,现实的知识比书本知识更为重要。

### 五、论学习

(一) 学知与闻见

王充生活的时期,谶纬神学盛行,迷信"圣人",认为"圣人"的料事能力是先天具有的,"不学

---

① 《论衡·超奇》。
② 《论衡·超奇》。
③ 《论衡·别通》。
④ 《论衡·别通》。

自知,不问自晓<sup>①</sup>。王充认为,所谓"圣人"的"独见之明,独听之聪",都是建立在一定的经验凭据的基础上,"皆缘前因古,有所据状"②,"有因缘以准的之"③。"圣人"过人的料事能力首先是他积累了比常人更为丰富的可以作为"准的"的经验和知识。

"闻见"是圣人积累经验知识的一个基本手段。"圣人不能生知,须任耳目以定情实。""如无闻见,则无所状"④,他们一方面留心周围的事事物物,注意积累生活经验;另一方面广闻博览,通过书本或其他间接途径吸收他人的生活经验、他人的思想,接受间接知识。

(二) 思考与求是

经验和知识是形成个体分析解决问题能力的第一性因素。缺乏闻见,缺乏学问,就失去了推知事物的依据,思维便缺乏感觉基础。但是,要使经验知识转化为分析解决问题的能力,则少不了理性的思考。所谓"通人",虽精通百家之言,但最后终不为王充所赞赏,就在于他们忽略了将知识转化为分析解决问题能力的思维过程。王充强调"以心原物","是非者,不徒耳目,必开心意"⑤。

许多书本中的知识是经过夸张歪曲、虚伪失实的。使知识虚伪失实的原因有很多方面,有时代局限和认识论方面的原因,也有社会心理的原因:"誉人不增其美,则闻者不快其意,毁人不益其恶,则听者不惬于心。"⑥这种为了增强宣传效果而有意逢迎社会心理的做法,反而掩盖了事实的真相。

王充认为,分辨知识真伪一个行之有效的方法是坚持"效验"、"有证"的原则,要使立论成立,不仅仅要有雄辩的推理,更要有事实的根据,有实践的检验,"事莫明于有效,论莫定于有证"⑦。这是王充在打破圣人崇拜心理后以避免个人主观偏见的良方,也是王充重视实证的认识论思想在学习论上的反映。

(三) "问难"与"距师"

要获得真正的知识,必须打破唯师是从、唯书是从的心理。"学问之法,不唯无才,难于距师,核道实义,证定是非也。"⑧这是说,要打破崇拜古人、崇拜权威的心理。对于古人,包括像孔子、孟子这样的大圣人,如果他们的言论与事实不符或前后自相矛盾,也要敢于提出质疑;对于明显的错误,要敢于否定,敢于批判。"诎难孔子,何伤于义";"伐孔子之说,何逆于理?"⑨

为了使学生深入透彻地理解学习内容,师生双方在教育过程中必须创造可以充分激发思维的学习情境。其中"师弟子相诃难"的学风,便是对这一学习思想的运用。通过激烈辩论,充分调动师生双方的思维积极性,不仅有利于学生深刻领会学习内容("极道之深"),教师亦会在学生的启发下推陈出新,对原有知识产生新的理解("不发苦诘,不闻甘对"),使学术因此"激而深切,触

---

① 《论衡·知实》。
② 《论衡·知实》。
③ 《论衡·实知》。
④ 《论衡·知实》。
⑤ 《论衡·薄葬》。
⑥ 《论衡·艺增》。
⑦ 《论衡·薄葬》。
⑧ 《论衡·刺孟》。
⑨ 《论衡·刺孟》。

而箸明"①。

王充的教育思想以鲜明的批判精神为特征,尤其是他"不避上圣"的风格具有强烈的学术民主精神。在章句和谶纬神学弥漫整个社会的时候,他敢于破除传统,批判权威,给人以耳目一新之感,在一定程度上起到了思想解放的作用。

### 本章小结

秦汉是我国统一的封建国家确立与初步发展时期。统治集团在制定适合中央集权的文教政策过程中,经历了由秦朝的法治教育向汉武帝"独尊儒术"的德治教育的转变。董仲舒提出的独尊儒术、兴太学、重选举的建议被采纳之后,尊儒、教育、选士三者之间紧密地结合起来。从此,汉朝太学、地方官学、私学等各类学校相继发展起来,逐步形成了一个以儒家经籍为基本教学内容的学校教育系统。加上选士制度的激励,对推行以"三纲"、"五常"为核心的封建伦理和培养援儒饰法的治国人才起到了非常重要的作用。

汉朝教育不仅确立了儒学在中国封建社会教育中的独尊地位,同时也在教育制度、设施、内容、形式等各个方面为后来整个封建时代的教育奠定了坚实的基础。中央太学和地方官学的设立,为中国封建社会的官办学校制度提供了基本框架。私学中的书馆和经馆不仅是对春秋战国时期私人讲学传统的继承,实际上也是后来私塾、书院的历史渊源。中国封建社会教育的基本特征在汉朝已初步形成,如教育的政治伦理化、养士与选士的紧密结合,以及儒学对各学科教育的支配性影响等,在汉朝教育中已初见端倪,有的得到了制度上的保证。

### 思考题

1. 评述秦朝的文教政策与措施。
2. 汉朝文教政策是如何演变的?
3. 概述汉朝学校教育制度发展的基本情况,并对其历史地位进行评价。
4. 评述汉朝经学教育的基本特点。
5. 评述董仲舒教育思想的基本内容和历史影响。
6. 评述王充教育思想的基本内容和特征。

---

① 《论衡·问孔》。

# 第五章 魏晋南北朝时期的教育

> **本章导读**
>
> 本章主要概述魏晋南北朝时期各主要王朝学校教育发展的重要史实,侧重叙述在学校教育制度方面的独创之举;介绍和论述玄学的教育思潮、傅玄的教育思想和颜之推的教育思想。应注意掌握的内容和概念有:曹魏时期推行的九品中正制和"五经课试法"。西晋创立国子学的原因及其目的。魏晋时期经学教育内容的变化。南朝宋时设立的四馆、总明观和梁时设立的五馆。北魏设置的中书学,孝文帝汉化改革中的教育改革措施,北魏确立的地方教育制度及其意义。北齐设立的国子寺、孔庙。南北朝经学教育的异同。魏晋南北朝私学教育的主要特点。《千字文》。刘劭的《人物志》。玄学家的自然主义教育主张及其意义,嵇康"越名教而任自然"的主张。傅玄论人性与教育的作用,论道德教育。《颜氏家训》中的教育思想。

公元184年,爆发了黄巾起义,随之而来的军阀混战导致百姓流离失所,甚至出现"千里无烟爨之气,华夏无冠带之人"①的凄惨景象。自公元220年曹丕代汉称帝,到公元589年隋灭陈,史称魏晋南北朝的370年间,先后出现过33个王朝。政治上,世家大族把持做官的特权,"高门华阀,有世及之荣,庶姓寒人,无寸进之路"②;经济上,他们肆意扩大领地,建立起庞大的庄园经济,且拥有私人武装,俨然一独立王国,如江南的许多世家大族都是"僮仆成军,闭门为市,牛羊掩原隰,田池布千里"③;生活上,贵族子弟纵欲享乐,极尽奢靡。门阀士族政治的形成,导致了士庶之间、贫富之间,以及世族与皇室之间等社会矛盾空前尖锐。

战乱频仍,造成了人口大迁徙。公元265年,司马炎代魏称帝,建立西晋,并在280年统一全国。317年,北中国陷入各族的混战之中,中原汉族地主政权被迫偏安江南,史称东晋。其后又有宋、齐、梁、陈王朝建立,是为南朝。在汉族政权南移之时,许多中原汉族百姓也随之南迁江南或徙居巴蜀等地。而在北方先后建立起大小不等的十六个王朝,匈奴、鲜卑、羯、氐、羌等北方少数民族入居中原。386年鲜卑族拓跋氏建立北魏,439年统一了北中国,形成了南北对峙的局面。其后又有东魏、西魏、北周、北齐少数民族王朝的建立,是为北朝。政权变迁、重心转移带来的人口迁徙,同时也促进了民族大融合、文化大交流以及经济大开发,如北方游牧民族进入中原,接受汉文化影响,迅速完成了封建化过程。中原汉族的南迁西移,将中原地区先进的生产技术传到这些地区,有助于该区域的经济大开发。

魏晋南北朝时期由于政局动荡,客观上导致统治者权力控制的松弛,这为各种异质思想文化的活跃带来了有利的条件。玄学、佛学的兴盛,以及它们对传统儒学的冲击、批判、融合等,成为这个时期思想文化发展的重要特点。

魏晋南北朝的教育事业处于大变革、大转轨时期,教育思想、教育内容、教育方法以及学校类

---

① 《晋书·虞预传》。
② 赵翼:《廿二史札记》。
③ 葛洪:《抱朴子·吴失篇》。

型上的贡献，使之无愧于教育上"继汉开唐"的新时代。

## 第一节　魏晋的学校教育

魏晋是封建门阀制度高度发展时期，士族地主把持朝政大权，为维持其特权，在地主阶级内部"严士庶之别"，选士制度保证士族优先做官的权利。魏文帝曹丕采纳吏部尚书陈群的建议，实行"九品中正制"（或称"九品官人法"），即郡设小中正，州设大中正，由地方上有声望的人充任，将士人按"才能"评定为九等，实际上是按门第高低列等，政府按等选用。九品中正制选举法全为世家大族所操纵，限制庶族地主的政治权利。门阀制度的膨胀对学校教育产生极大的消极影响，士族享有受教育的特权和优先选官的特权，挫伤了人们求学的积极性。

魏晋时期的儒学日渐衰微，佛教、玄学以及史学、书学、文学等进入了大发展时期。在这种社会影响下，学制体系也发生了变革。

经学仍为士族地主阶级统治思想的依据。传授经学的学校，在学制系统中始终处于主要地位。经学注重义理，吸收佛、玄思想，注经力求简洁明了，标举大义，形成"魏晋经学"。这对学校教育影响颇大。

### 一、三国时期的官学教育

#### （一）魏的学校教育

魏（220—265年）政权建立初年，对文教事业比较重视。其官学设置，基本上承袭汉制。

##### 1. 太学

曹魏统治者重视儒术，利用其为维护统治服务，相继采取了一系列崇儒措施：修葺孔庙，加封孔丘后裔，兴修太学。黄初五年（224年），魏文帝下令"扫除太学之灰炭，补旧石碑之缺坏"[①]，设太学于洛阳，置经学博士，诏令各州郡，有欲学者，皆遣诣太学。这些措施，使太学得到初步恢复。同时又制定"五经课试法"，使考试与选拔统一起来，规定初入学者称为门人（即预备生）；学满两年并考试能通一经者称作弟子（即正式生），不通者罢遣；弟子学满两年考试通二经者，可补文学掌故的官缺，未能通过考试者，可随下班补考，补考通二经者，亦得为文学掌故；文学掌故满两年并能通三经者，擢其高第为太子舍人，不得第者，也听随下次复试，复试通过者亦为太子舍人；太子舍人满两年并试通四经者，擢其高第为郎中，未及格者，亦随下次复试，复试通过者亦为郎中；郎中满两年并能通五经者，擢其高第而随才叙用，不通者亦听再试，试通亦叙用。此项法令，规定了太学生的学习内容，定期的考试制度，安排了仕进的梯级，对于太学的稳定和发展，起了积极作用。以通经多少来决定官员升迁的考课制度，虽在东汉就已制定，但当时它纯为一种选举制度。魏的"五经课试法"是在此基础上把它的功用已扩充为学校中的一种考课制度。把学校教育与文官选拔考试统一起来，这是魏与东汉的不同之处。

文帝之后的明帝、齐王芳等仍然奉行崇儒的政策，明帝发布诏书宣称"尊儒贵学，王教之本也"[②]，要求太学选博士要坚持高标准，地方贡士能通经学的优先。他们时有临幸太学、祭祀孔丘

---

[①]《三国志·王肃传》注。
[②]《三国志·魏书·明帝纪》。

等举动。正始年间(240—249年)又镌刻古、篆、隶三体石经碑,并立于太学门外,作为政府审定的标准教材。

在曹魏统治的60年间,太学一直处于兴办阶段,太学生员黄初年间为几百人,到景元年间(260—263年)则增至3000人。

太学的教学内容以儒家经典为主,但与两汉太学中今文经学垄断教学不同,此时是古文经学占据优势,太学所置的19个博士中,古文经学博士数量上占据优势,传授郑学、王学经说的博士占15名。今古文经学地位的倒置,是魏太学的特点之一。

魏太学虽兴办数十年,但未能革除衰颓之态。魏正始中,卫尉刘靖就上疏指出:自黄初兴学以来20余年,"寡有成者",太学备员而已。又据史书记载,当时朝堂公卿以下400余人,其能操笔者未有10人。可见太学始终未能较大地发挥其育才的功能。

魏太学办理不善,原因是多方面的:(1)学官遴选不精,生员择取不严。魏太学博士大多并非经明行修、博综经典之辈,虽"有博士十余人,学多褊狭,又不熟悉,略不亲教,备员而已"①。一般学子入学只为避役而至,并不以求学问为目的。而那些士族子弟又"耻非其伦",不愿入太学受教。正是由于太学博士选拔不精,诸生入学动机不纯,士族阶层轻视太学建设,魏太学呈现衰败是不难理解的。(2)学官升迁及官员考选制度有弊。当时太学不论学官优劣,在升迁上一律论资排辈。结果,不仅不能弘扬儒学,反而挫伤了教师的积极性,造成教师怠惰。227年高柔上疏,主张对博士"宜随学行优劣,待以不次之位"②。但这项建议并未真正受到重视。在官员考选方面,由于举官标准过高,考试不得法,"不念统其大义,而问字指墨法点注之间"③。因此,魏太学中能通过补官考试者百不及十,绝大多数学生的前途渺茫,因而学习积极性也受到影响。

#### 2. 地方学校

曹操"挟天子以令诸侯"之时,就于建安八年(203年)颁布了《修学令》,要求"郡国各修文学,县满五百户置校官,选其乡之俊造而教学之"④。曹魏政权建立后,州设文学从事,郡设文学掾,县设校官掾,以主持地方学校。地方官员中,热心者仍然兴学,如王基为荆州刺史时,就整顿军农,兼修学校。不热心者,学官及学校均为虚设,有名无实。

#### 3. 律学

曹魏在教育制度上的新发展是律学的创办。227年,尚书卫觊上书刚即位的明帝,认为"百里长吏,皆宜知律"⑤。他请求置律博士,转相教授各官吏法律诉讼之学。明帝依其所请,于廷尉属下设律博士,这是我国律学设置的开端,打破了经学一统天下的局面。

### (二) 蜀与吴的学校教育

蜀国刘备在221年登帝位后,"乃鸠合典籍,沙汰众学"⑥,立太学,置博士学官,许慈、胡潜、尹宗任博士,教授生徒。州设州学,以劝学从事为学官,名儒尹默与谯周曾先后为益州劝学从事。

---

① 《三国志·魏书·杜恕传》注。
② 《三国志·魏书·高柔传》。
③ 《三国志·魏书·王肃传》注。
④ 《三国志·魏书·武帝纪》。
⑤ 《三国志·魏书·卫觊传》。
⑥ 《三国志·蜀书·许慈传》。

吴主孙权在即位之后,于黄龙二年(230年)诏立国学,设都讲祭酒以教学诸子。吴景帝孙休永安元年(259年)下诏按古制置学官,设五经博士,加以宠禄。文武官吏子弟有志好学者,各令入学。一岁课试,按其成绩加以位赏。在地方也有热心者兴学,例如孙瑜领丹阳郡时,厚礼款待笃学之士马普,使二府将吏子弟数百人就其门下受业,"遂立学官,临飨讲肄"①。

魏、蜀、吴三国,各就其国情,采取一些发展教育事业的措施,所取得的成就都非常有限,这是继两汉教育发展高峰期之后转入低谷期的实际状况。

## 二、两晋时期的官学教育

两晋(西晋,265—316年;东晋,317—420年)建朝150余年,其中西晋虽然短命,仅存50多年,但是,西晋的和平时间却长于东晋,国学教育也较东晋发达。

### (一) 西晋的中央官学

#### 1. 太学

西晋太学是曹魏太学的继续与发展。西晋初期,太学置博士19人,由太常总理之。魏末时太学生员为3000人,到武帝泰始八年(272年)时已增至7000余人,后虽诏令以通经考试来裁减生员,但仍有3000人之多。而且据咸宁四年(278年)所立《晋辟雍碑》载,当时参加行礼的学生来自70余县,几乎遍及西晋初期所属各州郡,甚至有来自西域的学生(参见表5-1)。可见生员人数之多,来源之广,如就此而论,其规模也不逊色于两汉太学。此外,太学生中还有着门人、弟子、散生、寄学、寄学倍位等不同称谓,这可能是一种程度差异的标志。

表 5-1

| 地区 | 司州 | 兖州 | 豫州 | 冀州 | 幽州 | 平州 | 并州 | 雍州 | 凉州 | 秦州 | 梁州 | 青州 | 徐州 | 荆州 | 西域 | 其他 | 合计 |
|---|---|---|---|---|---|---|---|---|---|---|---|---|---|---|---|---|---|
| 人数 | 40 | 41 | 27 | 141 | 11 | 2 | 7 | 7 | 46 | 2 | 1 | 29 | 7 | 3 | 4 | 16 | 384 |

#### 2. 国子学

西晋专门创办培养贵族子弟的学校,这是其教育制度的一个主要特点。咸宁二年(276年)晋武帝下令立国子学,咸宁四年(278年)确定了国子学的学官制度,定置国子祭酒、博士各1人,助教15人,以教国子学生。博士取"履行清淳,通明典义"者任之。惠帝元康三年(293年)明确了国子学的入学资格,规定官品第五以上的子弟方能入学。国子学设立初期,隶属太学,国子学的国子祭酒实由太学博士祭酒兼任。这是国子学发展初期的必然现象。

西晋是一个以士族为政治基础的政权,它的一切政策旨在维护门阀士族的利益和尊贵。国子学的设立,正是为了满足士族阶级享有教育特权,严格士庶之别的愿望。南齐曹思文指出:"太学之与国学,斯是晋世殊其士庶,异其贵贱耳。"②国子学的设置,使中央官学多样化,等级性更加明显。

晋武帝当政时期(265—290年)是社会安定、经济获得恢复发展的时期,也是学校教育发展的鼎盛时期。然而繁荣只是昙花一现,惠帝即位不久,就相继爆发了贾后乱政、八王之争等内讧。

---

① 《三国志·吴书·孙瑜传》。
② 《南齐书·礼志上》。

永康二年(301年)春,赵王司马伦逼惠帝"禅让",登位后,为收买民心,令"郡国计吏及太学生年十六以上皆署吏"①。例外的奖赏,打破了正常的教学秩序,使太学大伤元气。不久,八王之争进入了白热化,洛阳城也成为屠场,国学已是名存实亡。怀、愍二帝即位又都正值永嘉之乱(307—313年),根本无力兴学。永嘉三年(309年),王弥、刘聪以万骑至京师,焚毁国子学与太学,国学名实俱亡,战争对教育事业的破坏极其惨重。

（二）东晋的中央官学

中原沦落后,317年司马睿偏安江左,建立了东晋。

晋元帝司马睿号称中兴之主,他在谋士们推动下对兴学颇为热心。建武元年(317年),骠骑将军王导、征南军司戴邈先后上疏要求立学,从之,同年于都城建康设立了太学,这是东晋于江左立太学的开始。成帝即位后,由于苏峻叛乱(327—328年),在都城燃起战火,刚建立不久的学校即遭毁坏。乱平之后,国子祭酒袁瑰有感于"儒林之教渐颓,庠序之礼有阙,国学索然,坟籍莫启,有心之徒抱志无由"②,上书求立太学。于是咸康三年(337年)立太学于秦淮水南,史书称赞"国学之兴,自瑰始也"。然而永和八年(352年)又因军兴废学。孝武帝当政时(373—396年),是东晋国学建设的一个高潮,除兴复太学外,还复置国子学。太元九年(384年)在尚书令谢石的请求下,选公卿2000名子弟为生,增造庙屋155间,建国子学于太庙之南。至此,两学并存首次出现于东晋官学系统中。

东晋学官与生徒人数大为减少。西晋太学设19名博士,而东晋元帝时所设博士只有9人,后增为11人,但最多也不过16人;西晋的国子助教设15人,东晋减为10人;西晋的太学生员多达数千人,而东晋两学生员也不过200多人。然而不论西晋、东晋,统治者都是有育才之名,而无养贤之实,西晋范宁曾言:"国学开建,弥历年载,讲诵之音靡闻,考课之绩不著。"③东晋统治者兴学只是用以粉饰太平,像王导就认为兴太学能通过礼教使"蛮夷服"、"天下从"。

两晋官学的教学内容,以儒家经学占据主导地位。西晋时19位博士,传授朝廷认可的各家经说:《周易》有郑氏、王氏;《尚书》有郑氏、王氏;《毛诗》有郑氏、王氏;《周官》有郑氏、王氏;《仪礼》有郑氏、王氏;《礼记》有郑氏、王氏;《左传》有服氏、王氏;《公羊》有颜氏、何氏;《谷梁》有尹氏;《论语》有王氏;《孝经》有郑氏。东晋时9个博士,传授经朝廷认可的各家经说:《周易》有王氏(王弼);《尚书》有郑氏;《古文尚书》有孔氏;《毛诗》有郑氏;《周官》有郑氏;《礼记》有郑氏;《左传》有服氏;《左传》有杜氏;《论语》、《孝经》有郑氏。两晋相比可以看出:西晋博士人数多,东晋博士人数减少;西晋注重王肃的经说,而东晋则以郑玄经说占绝对优势;东晋经学则受到玄学影响,采用王弼的《周易注》就表明了这种情况。两晋所设博士,没有汉代所传的今文经说,教育领域几乎为古文经学所覆盖,而今文经学的师法遂归于消亡。

两晋国学不振突出表现在:第一,学校管理松弛。两晋的国学虽然对博士的选拔与生徒的入学资格规定非常严格,但在入学后的管理方面却是"考课不厉,赏黜无章"④。像太元十年(385年)国子学学生放火焚烧学堂一事,事后竟也不严肃追究肇事者的责任。第二,学官中缺乏名师,东

---

① 《资治通鉴》卷八四。
② 《晋书·袁瑰传》。
③ 《全晋文》卷一二五。
④ 《宋书·五行志三》。

晋尤甚。萧子显就指出："江左儒门，参差互出，虽于时不绝，而罕复专家。"①学官是"官师合一"，国子学博士、祭酒等大多以侍中、散骑常侍等兼领之，并不重视学官的学术成就和教学工作。

### （三）两晋的地方学校

两晋地方学校的开办主要得力于某些热心的地方长官。地方长官在兴学方面有影响的不乏其人，像西晋的虞溥为鄱阳内史时，开办了鄱阳郡学，学生达700余人。② 张轨永定年初（301年）出为护羌校尉、凉州刺史后，就在儒生宋配、氾瑗等人的辅助下，征召九郡胄子500人，立学校，并置儒林祭酒。又如东晋的庾亮在咸和九年（334年）镇武昌后，于武昌设置学官，起立讲舍，亮家及文武官员的子弟悉令入学，又建儒林祭酒，厚加款待。范宁在373年至378年的6年内任余杭令，在县兴学校；又在太元十一年（386年）出为豫章郡守时，大设庠序，生员远近至者千余人。由于两晋地方学校绝大多数为地方官员自发设立，因而没有统一规划，经费也无固定来源，没有得到国家制度的保障，一旦热心者调离或去世，这些盛极一时的学校就难逃衰废的厄运。像庾亮设置的学馆，初时轰轰烈烈，然而在庾亮去世后不久即废。

### （四）十六国的学校

东晋时期，北方的十六国虽处于兵戎之时，但仍从各自目的出发重视崇儒兴学，学校教育获得了局部的、暂时的恢复和发展。例如前赵刘曜，迁都长安，于太兴三年（320年）立太学于长乐宫东，树小学于未央宫西，选百姓子弟13至25岁"神志可教者"1500人入学，聘请明经笃学的贤儒教之。后赵石勒在继位之前，便在襄国（今河北邢台西南）设立太学，选将佐子弟300人受业，不久又增置宣文、宣教、崇儒、崇训10余所小学于襄国四门，并置小学博士，选文武官员及豪姓大族子弟受教，并备击柝之卫。石勒称赵王后，又命郡国立学官，每郡置博士、祭酒各1人，弟子150人，同时加以利禄，令学生若"三教修成，显升台府"。石虎即位后又复置国子博士、助教。前燕的慕容皝迁都龙城（今辽宁朝阳），立东庠于旧宫，亲自讲授，学徒甚盛，达千余人。其长子儁承位后，又立小学于显贤里以教胄子。前秦的苻坚于国都长安广修学校，博延学子，每月一临太学，考学生经义优劣，评定等第。后秦姚苌即位前，就立太学，并礼待先贤之后，其子姚兴继位后，除特许诸生到洛阳求学外，又立律学于长安。其他诸如南凉、北燕、南燕、成汉、前凉、后凉、西凉等政权亦有兴学之举。

总之，十六国时期的学校教育事业由于各少数民族统治者的倡导，仍然处于恢复和发展中。虽然它们大多沿袭魏晋的教育模式，并无多大独特性，而且由于战争和佛教的兴盛影响了学校教育，但它们为后来北魏教育的发展奠定了基础，推进了各民族的封建化过程，加速了各少数民族提高文化水平的步伐，在促进各民族的大融合中起到积极的作用。

## 三、魏晋时期的私学教育

魏晋时期官学教育的发展极不正常，私学成为占主导的教育形式。当时在职官员或退职失意官员以及隐居不仕的学者们开办私学的热情似乎并未减退。

---

① 《南齐书·刘瓛陆澄传》。
② 《晋书·虞溥传》。

三国时期东吴的步骘为相,"犹诲育门生,手不释卷,被服居处有如儒生"①,这是在职官员开办私学者;魏国乐祥正始年间"以年老罢归于舍,本国宗族归之,门徒数千人"②。蜀国向朗被免官后,潜心典籍,同时"开门接宾,诱纳后进"③。吴国的虞翻虽被贬官,仍在流放处讲学不倦,门徒常数百人④。这些均为失意或退职官员兴办私学的事例。避地山林、聚徒讲学的学者更是不胜枚举,如当时为战乱所迫,中原一批贤良高士避居辽东,管宁、邴原、王烈号称辽东三杰,他们都于襄平城北设馆授课,从事文化教育。像"(邴)原在辽东,一年中往归原居者数百家,游学之士,教授之声不绝"⑤;管宁到辽东,"因山为庐,凿坯为室,越海避难者,皆来就之而居,旬月而成邑。遂讲《诗》、《书》,陈俎豆,饰威仪,明礼让,非学者无见也"⑥。

两晋统治者控制政局时间短暂,对于此时私学发展的影响并无大碍。《晋书》的《儒林传》、《隐逸传》中记载有诸多潜心学术的学者创办私学、教授生徒的史实,如杜夷"少而恬泊,操尚贞素,居甚贫窭,不营产业,博览经籍百家之书,算历图纬靡不毕究。寓居汝颍之间,十载足不出门。年四十余,始还乡里,闭门教授,生徒千人"⑦;又如霍原,"隐居求志,笃古好学,学不为利,行不要名,绝迹穷山,韫韥道艺,……搢绅慕之,委质受业者千里而应,有孙、孟之风,严、郑之操"⑧。

总体而言,魏晋时期私学一方面承继了汉代私学的传统,但另一方面也呈现出时代特色。

第一,私学设置范围延伸至边陲。如酒泉人祈嘉,"西游海渚,教授门生百余人。……在朝卿士、郡县守令等受业独拜床下者千余人"⑨。敦煌效谷人宋纤,"隐居于酒泉南山,明究经纬,弟子受业三千余人"⑩。这些私学的开办,推动了当地文化教育事业的发展。

第二,授业内容不限于五经,百家之言、文史之学皆在教授之列。如《三国志·蜀书·李譔传》介绍,其父李仁"与同县尹默俱游荆州,从司马徽、宋忠等学。譔具传其业,又从默讲论义理,五经、诸子,无不该览,加博好技艺,算术、卜数、医药、弓弩、机械之巧,皆致思焉"。晋时大儒皇甫谧,"博综典籍百家之言,所著诗赋诔颂论难甚多"⑪,名臣挚虞、张轨等皆出其门下。即使是经学教育,也突破两汉章句之学藩篱,而注重义理的探讨。

第三,开办的私学多元化,道家、天文、占卜等均有私学。如张忠在永嘉之乱时隐居于泰山,修导养之法。"无琴书之适,不修经典,劝教但以至道虚无为宗。"⑫在教学方法上,采取以形不以言,弟子受业,观形而退。步熊"少好卜筮数术,门徒甚盛"⑬。

总之,魏晋时期私学处于相对发展阶段,虽然没有两汉时那样体系完备,但是它在教学内容的广博、设置地域的广袤以及性质多元化方面均为两汉所不及。

---

① 《三国志·吴书·步骘传》。
② 《三国志·魏书·杜畿传》注。
③ 《三国志·蜀书·向朗传》。
④ 《三国志·吴书·虞翻传》。
⑤ 《三国志·魏书·邴原传》。
⑥ 《三国志·魏书·管宁传》注。
⑦ 《晋书·儒林传》。
⑧ 《晋书·李重传》。
⑨ 《晋书·隐逸列传》。
⑩ 《晋书·隐逸列传》。
⑪ 《晋书·皇甫谧传》。
⑫ 《晋书·隐逸列传》。
⑬ 《晋书·艺术列传》。

## 第二节　南朝的学校教育

在南朝近170年间,学校教育仍处于时兴时废的状态。宋、梁是这个时期统治时间较长,学校教育也较为兴盛的朝代。南齐学制多袭刘宋,而陈则多因梁制。南朝前期学校教育的建设受玄学影响较大,而后期除玄学外,受佛学影响则更深。

### 一、宋与齐的官学教育

#### （一）宋朝学校教育

东晋末年的战乱,使官学荒废。宋武帝刘裕对学校"化民成俗"的功能是有认识的。刘宋建立初年,官学未及兴建,他就开始资助以儒学著称的周续之开学馆于京都,招集生徒,并数次亲临学馆视察。永初三年（422年）,宋武帝又颁布第一个兴学诏令,要求广延胄子,选备儒官,然学校未及修建而武帝病故,兴学计划终未实现。

文帝当政的元嘉时期（424—453年）,史称"元嘉之治"。在社会安定、经济发展的形势下,官学教育也出现了暂时的繁荣。元嘉十五年（438年）,文帝征召名儒雷次宗至京师,开儒学馆于京郊鸡笼山,聚徒教授,置生百余人,文帝也数临学馆,奖励生徒。翌年,又使丹阳尹何尚之立玄学馆,太子率更令何承天立史学馆,司徒参军谢元立文学馆。四馆并列,各就其专业招收学生进行教学。此时兴办的研究老庄学说的玄学、研究古今历史的史学、研究词章的文学与研究经术的儒学并列,这是学制上的一大变革,也反映当时思想文化领域的实际变化。元嘉十九年（442年）又令兴复国子学。不久,师生聚集京师,第二年行释菜礼后正式开学,这是刘宋正式设国子学的开始。国子学设国子祭酒1人,国子博士2人,国子助教10人。当时吏部尚书何尚之任国子祭酒,中散大夫裴松之、太子率更令何承天领国子博士。何尚之,雅好文学,尤善玄学,以他领国子祭酒,这是国子学学官选拔标准的一大改变。国子学仍为传授儒家学说的学府,时《周易》、《尚书》、《毛诗》、《礼记》、《周官》、《仪礼》、《左传》、《公羊》、《谷梁》各置一经,《论语》、《孝经》合一经,共计10经,由10位助教分掌。国子学兴立累载,胄子肄业颇有成就,为此,文帝曾诏令赐赏教官。梁时沈约评元嘉兴学:"甫获克就,雅风盛烈,未及曩时,而济济焉,颇有前王之遗典。"①元嘉二十七年（450年）,宋文帝欲再度北伐,也于同年罢停国子学。元嘉兴学宣告结束。

泰始六年（470年）,宋明帝以国学既废,诏立总明观（亦称东观）,置祭酒,设儒、玄、文、史四科,每科置学士10人,其他还置有正令史、书令史、幹、门吏、典观吏等吏员数人。总明观是藏书、研究、教学三位一体的机关,而且教学任务实际上已退居次要地位。值得注意的是总明观的四科虽与元嘉时期的四馆分科相同,但它在四科之上以机构较完备的总明观作为总的领导机构,在管理上要更加完善,也使原来四个单科性质的大学发展为在多科性大学中实行分科教授的制度。

#### （二）齐朝学校教育

南齐的兴学,也与统治者的思想倾向,政治、经济情况直接相关。齐太祖萧道成代宋而建南齐政权后,颇重儒学。建元四年（482年）应崔祖思、王逡之的请求,诏依前制立国学,置生150人,其

---
① 《宋书·臧焘徐广傅隆传》。

中包括有位乐人者50人,学生年龄为15至20岁之间,生员以离京师2000里以内的州官以上子孙为限。学官建制仍沿宋制,设有祭酒、博士、助教。以太常卿张绪兼领国子祭酒。张绪善清谈,长于《周易》,可见玄学对国学的影响。学校建立不久,齐太祖病故,国子学也旋即以"国哀"而被罢废。

齐武帝继位后,推行一些改革措施,经济获得了一定程度的恢复与发展,社会处于相对安定之中。永明三年(485年)诏令兴复国学,置生200人,召公卿子弟以及员外郎之子皆入学受教。教学内容有《周易》(郑玄注、王弼注)、《左氏传》(服虔注、杜预注)、《公羊传》(何休注)、《谷梁传》(糜信注)、《孝经》(郑注)等,大抵仍沿宋国学制度,无大变动。当时国学以吏部尚书诸炫、度支尚书陆澄领国子博士,以辅弼大臣尚书令王俭兼领国子祭酒。王俭好经术,年轻时便留意三礼,尤擅《春秋》。永明三年,废除总明观后,曾于俭宅开学士馆,且以观内儒道文史四部书充俭家,又诏俭以家为府。俭为国子祭酒后,对国子学的教学较为重视,十日一还学,监试诸生,并一改刘宋以来尚文采、轻经业的学风,对于当时国子学的恢复与发展起了很大作用。梁萧子显称:"王俭为辅,长于经礼,朝廷仰其风,胄子观其则,由是家寻孔教,人诵儒书,执卷欣欣,此焉弥盛。"①永明也成为南齐儒教与国学最为兴盛的时期。明帝继位初年,统治集团忙于内争,无暇顾及学校。由于明帝不重儒学,世人亦以文章、谈义相尚,"学校虽设,前轨难追"。数年之后,南齐被灭,国子学终未能重现永明旧况。

## 二、梁与陈的官学教育

### (一) 梁朝学校教育

502年,梁武帝萧衍灭南齐建立梁朝。他是较有作为的统治者,实行了一系列政治、经济的改革措施,在思想上实行"调和"政策,缓和士庶之间、三教(儒、佛、玄)之间的矛盾。

梁武帝出自诸生,故知崇经术,在政治上重用儒林学者,如朱异、贺琛之辈,虽出身寒素,却以明经而取高位。天监四年(505年)下诏令,选官不通一经者不得为官,这种用人制度,有力地促进了教育的发展。梁武帝在学校建设方面也很有建树,中央官学有以下几所:

1. 五馆

天监四年,诏开五馆,置五经博士各1人,总以五经教授。于是以当时硕儒平原明山宾、吴郡陆琏、吴兴沈峻、建平严植之、会稽贺玚补博士,各主一馆。五馆招生只问程度,不限门第、员额,每馆学生都达数百人。五馆之间允许学生自由听讲,这就引入了竞争机制,像严植之开讲时,由于讲说有条不紊、析理分明,故吸引了五馆学生,听者达千余人。五馆学生由国家供其膳宿等费用,并规定生徒射策通明者,即委派官职,一时间,好学之士云集京师。除立五馆外,梁武帝又选派学生往会稽云门山,受业于庐江何胤。

2. 集雅馆

天监五年(506年)又置集雅馆,以招远来学者,也以五经为讲授内容。

3. 国子学

天监七年(508年),诏令兴修国子学,招收胄子入学。天监九年,诏"皇太子及王侯之子,年在

---

① 《南齐书·刘瓛陆澄传》。

从师者,可令入学"①。国子学仍设国子博士2人。学生入学年限不等,有的甚至7岁就入国子学受业(例如王承),有的季春入学,孟冬应举(例如周弘正)。国子学学生按经分专业学习,故有国子《礼》生、国子《周易》生等等之分。国子学的教学除有学官讲授外,还允许学生开讲,例如周弘正10岁时通《老子》、《周易》,15岁招补国子学学生后,乃于国子学讲《周易》,诸生传习其义,当时国子博士到洽也称其"虽曰诸生,实堪师表"②。国子学的教学内容除汉晋人所注经典外,梁武帝本人所著《孝经义》、《孔子正言》等也置学官,并令生员专门修习。

4. 士林馆

大同七年(541年),又于城西立士林馆,延集学者,周弘正、张绾、朱异、贺琛、孔子祛等递相讲述。士林馆是一个讲学与研究合一的机构。

5. 律学

天监四年设置胄子律博士,进行传授。

值得注意的是,梁朝的五馆、集雅馆、士林馆都是以五经为讲授内容,但分设并立,以解决不同出身不同程度者的学习需要,这与刘宋的中央官学是很不相同的。梁武帝在发展地方教育方面也采取了措施,曾派遣博士祭酒分赴州郡立学,如荆州就办起了州学。梁朝文教事业曾盛极一时,可为南朝之冠。

梁武帝晚年舍身佞佛,将梁朝引向衰亡。暂时兴盛起来的国学又归于沉寂。太清二年(548年)爆发的侯景之乱,更使学校受到严重破坏。

(二) 陈朝的学校教育

557年,陈霸先灭梁称帝,建立陈朝。陈武帝在位期间,效法梁武帝舍身佞佛,不谈兴学之事。文帝即位初期(560年),应沈不害之请建立国子学。陈朝国子学学生皆为王公子弟,皇太子也入学受教。国子学在建制上多因袭梁朝。教学内容深受清谈玄学影响,例如周弘正为国子祭酒时,在国子学大讲《周易》;张讥为国子博士时,教授《周易》、《老子》、《庄子》。教学方式也不过以儒经为谈资进行诘辩而已。陈朝国子学处于不振状态,《陈书·儒林传序》言:"世祖以降,稍置学官,虽博延生徒,成业盖寡。"这道出了陈朝国子学没落的趋势。

梁、陈的专科教育主要是律学。陈沿梁朝制度置胄子律博士,属廷尉。

综上所述,陈朝的国学时兴时废,立学时间大多不长,总的趋势是日渐衰落。反映文化学术发展的专门学校相继设立,学校类型的多样化是一大特色,为以后的教育繁荣奠定了基础。

## 三、南朝的私学教育

南朝时期一些统治者对私学也持支持态度,私学的发展呈现以下特点:

第一,私学开办者成分较为复杂,既有隐逸之士,也有贵戚富豪子弟。如顾欢"隐遁不仕,于剡天台山开馆聚徒,受业者常近百人"③;何胤"虽贵显,常怀止足。建武初,已筑室郊外,号曰小

---

① 《梁书·武帝纪二》。
② 《陈书·周弘正传》。
③ 《南齐书·高逸传》。

山,恒与学徒游处其内"①。这些人开办的私学,多远离尘嚣,筑室于山野郊外,学生多为真正的求学者。而富豪子弟徐湛之创办的私学则是另一番景象:"贵戚豪家,产业甚厚。室宇园池,贵游莫及。伎乐之妙,冠绝一时。门生千余人,皆三吴富人之子,姿质端妍,衣服鲜丽。每出入行游,涂巷盈满,泥雨日,悉以后车载之。"②

第二,教学内容多元化。教学不再拘泥于一经一说,而是博通五经,如司马筠师事刘瓛,博通经术,尤明"三礼"。而有的学者甚至以玄学、佛学解经,如吴苞"善三礼及《老》、《庄》。宋泰始中,过江聚徒教学"③。张讥性恬静,不求荣利,"讲《周易》、《老》、《庄》而授焉。吴郡陆大朗、朱孟博,一乘寺沙门法才,法云寺沙门慧休,至真观道士姚绥,皆传其业"④。玄学化与佛学化的儒学教育彰显了南朝在经学教育方面的特色。就非儒学教育而言,以传授史学、文学、道家学说为主的私学也不在少数,如臧荣绪长于史学,"括东西晋为一书,纪、录、志、传百一十卷。隐居京口教授"⑤;沈道虔"少仁爱,好《老》、《易》,居县北石山下。……乡里少年相率受学,道虔常无食以立学徒"⑥。

第三,特殊性质的家学得到较大发展。魏晋以来,家学有较大发展。家庭教育文献大量出现,如诸葛亮的《诫子书》、嵇康的《诫子书》、王祥的《训子孙遗令》、陶潜的《命子十章》等均是古代家训的名篇。南朝时期,家学继续得到发展,主要体现在两个方面:一是家训、家诫之类的撰写极为盛行,王僧虔有《诫子书》,孙谦有《诫外孙书》,魏收有《枕中篇》,而颜之推的《颜氏家训》更是这个时期家庭教育的代表作。二是家庭(族)教育注意家风培养和家族学术的传承,如颜之推在讲述他家的家风培养时说道:"吾家风教,素为整密;昔在龆龀,便蒙诱诲。"⑦萧梁时期的王筠有着悠久的家学渊源,连续7代文才相继,"人人有集"⑧,自然殷切期盼后代传承家学,实现爵位相继。刘宋时期的王准之家族熟悉朝廷礼仪,自其曾祖开始便"练悉朝仪,自是家世相传,并谙江左旧事,缄之青箱,世人谓之'王氏青箱学'"⑨。家学的兴盛,体现了门阀世族对门第前途的期望与忧虑。

童蒙教育也是属于私学的一部分。这个时期编写的童蒙读物《千字文》流传后世一千余年,对古代儿童教材的编写作出了重要贡献。该书系由梁时周兴嗣编撰,全书由 1000 个单字组合而成,4 字一句,共 250 句,句句押韵,并包括了天地、历史、人事、修身、读书、饮食、居住、农艺、园林、祭祀等方面的内容。

## 第三节 北朝的学校教育

中国北部,自十六国政权以后,北魏、北齐、北周王朝,虽都是少数民族统治的政权,但都尊崇孔丘,注意儒学教育,学习先进的汉族文化,以期加速封建化的过程。教育的大融合成为民族大

---

① 《梁书·处士传》。
② 《宋书·徐湛之传》。
③ 《南齐书·高逸传》。
④ 《陈书·儒林传》。
⑤ 《南齐书·高逸传》。
⑥ 《南史·隐逸·沈道虔传》。
⑦ 《颜氏家训·序致》。
⑧ 《梁书·王筠传》。
⑨ 《宋书·王准之传》。

融合的一个重要组成部分。

## 一、北朝的中央官学

### （一）北魏的中央官学

鲜卑拓跋部在拓跋珪的统率下建立北魏（386年），统一了黄河流域，结束了北方十六国的混乱局面。皇始元年（396年）开始建立正规的政治机构，建台省，置百官，深谙治道的儒林学者于是获得了重用。398年建都平城（今山西大同），以传授经学为主的学校教育制度开始建立。《北史·儒林传》载，道武帝拓跋珪初定中原之时，便以经术为先，立太学，置五经博士，生员达千余人。天兴二年（399年）增国子太学生员3000人。次年冬，又集博士儒生考论众经文字，义类相从，撰成《众文经》，成为太学教材。可见北魏建国初期，仿汉晋的学制已初步建立，太学的规模相当可观，教材的编审也受到一定重视，儒学思想已成为统治思想。

明元帝时（409—423年在位）改国子学为中书学，属中书省管辖，学内设中书博士以教授中书学生。中书学名称是北魏的特创。始光三年（426年）春，太武帝另起太学于城东，神䴥四年（431年）广征儒俊以为学官，范阳卢玄，被授为中书博士。又令州郡选送才学之士，入太学学习，由是儒学转兴。太武帝平北凉（439年）后，又礼用凉州大儒索敞、刘昞等人，此外，还屡临中书学。曾诏崔浩选中书学生器业优者为助教，以砥砺生员学业。太平真君五年（444年）诏曰："自顷以来，军国多事，未宣文教，非所以整齐风俗，示轨则于天下也。今制自王公以下至于卿士，其子息皆诣太学。其百工伎巧，驺卒子息，当习其父兄所业，不听私立学校。违者师身死，主人门诛。"①这一鲜明的等级制度，反映了北魏统治者所重视的只是贵族的教育。但鲜卑贵族世尚武功，贵游子弟亦不以受业为意，故其学校教育的实效是有限的。

471年孝文帝即位后，加速了封建化过程，儒学又得到了重视，学制趋于完备。太和九年（485年）时，文明太后下令于闲静之所为皇子皇孙立学馆，设博士以教之。其令曰："自非生知，皆由学海，皇子皇孙，训教不立，温故求新，盖有阙矣！可于闲静之所，别置学馆，选忠信博闻之士为之师傅，以匠成之。"②强调皇族的教育。于是建起了皇宗学。皇宗学为北魏首创。太和十年，改中书学为国子学。

太和十四年（490年）孝文帝亲政，不久即开始实行加速汉化的改革措施。太和十六年二月，改谥宣尼曰文圣尼父，四月，幸皇宗学，问经义。太和十七年（493年）自平城迁都至洛阳，赴旧学，观石经。太和十九年，文武百官全迁洛阳后，更厉行汉化，所亲任者多中州儒士。太和二十年诏立国子、太学、四门小学。次年，国子祭酒刘芳上表孝文帝，请求循古制择太学、国子学基址，国子学应设于宫门之左，太学则在城东开阳门外东汉旧址上建造，又鉴于四门学如设在四郊则离宫太远不便检督，故可与太学同处一地，这一建议被采纳。然而孝文帝不久即崩，虽有三学分建之令，其实仅只国子学有讲肄之业，其他两学虚荷其名而已。

宣武帝在位期间虽屡发兴学诏令，然事不行。北魏的官学教育趋于衰落。延昌元年（512年）在宣武帝的严敕下，国学方始兴建，然当房宇粗置，生徒未立之时，因郭祚上奏："不可于师旅之

---

① 《魏书·世祖纪》。
② 《魏书·咸阳王禧传》。

际,兴板筑之功……宜待丰靖之年,因子来之力,可不时而就。"①兴学之事又被搁置。

孝明帝即位不久,又诏立国学,规定以三品以上及五品清官之子选充学生。未及选置,事又不果。正光元年(520年),为了为来年行释奠礼作准备,孝明帝诏令预先修缮国学,图饰孔丘、颜渊像。三年(522年),释奠于国子学,始置国子生36人,规模已大为萎缩。然而国子学建后,并未能改变自东汉末年以来教学不为人所重的弊端,《魏书·李郁传》称"自国学之建,诸博士率不讲说,朝夕教授,惟郁而已"。孝武帝时,于533年释奠于国学,置生72人,但不久东西魏分立,国学也随之瓦解。

(二) 北齐的中央官学

东魏定都于邺(今河南安阳市北),虽曾置国子学生36人,然无教授之实,国子祭酒亦为闲职而已。550年,高洋灭东魏而立北齐政权。北齐表面上仍实行崇儒兴学的政策,文宣帝即位初,就加封孔丘后裔,诏国子学学生依旧铨补,研习《礼经》。560年,孝昭帝诏国子寺依旧置生,进行讲学,岁时考试,并移汉魏石经于学馆。按齐制,北齐国子寺有国子博士5人,助教10人,学生72人。太学有太学博士10人,助教20人,太学生200人。四门学有四门博士20人,助教20人,学生300人。但实际上北齐唯置国子一学,学生数十人而已,而且学官徒有虚名,生徒学无成效。总之,北齐国学衰落。北齐在学制上的贡献是设置了国子寺。国子寺负责训教胄子,为统理学官、生员的机构,这一教育行政机构后为隋唐因袭。

(三) 北周的中央官学

535年,宇文泰立文帝于长安,建立西魏政权。西魏实为一傀儡政权,西魏诸帝皆为宇文泰所制,兴学令亦出自宇文泰之手。宇文泰颇好经术,为粉饰太平,采取复古政策,学制上亦多沿周制,学校较东魏兴盛。大统五年(539年)宇文泰于行台省置学,取丞郎及府佐中德行明敏者为生,令其旦理公务,晚就讲习,学习内容先六经后子史,这其实是为政府中在职人员开设的夜校。后来又于东馆设学,置博士以教诸将子弟。此外还设有太学,置太学博士下大夫、太学助教上士等以教授诸生。

557年,泰子宇文觉废恭帝而建北周政权。北周仍沿宇文泰所订制度,在学制上除设太学外又有所丰富。北周在学制方面的变化,其一是在明帝宇文毓时期设立了进行文学教育的麟趾学,学徒颇盛,初令在朝有艺文者,不限其贵贱,皆可预听。所招学士也未分贵贱,后在翼的提议下,才对学士区分了等级。麟趾学的设立与明帝本人雅好文史是分不开的。其二是于武帝天和二年(567年)设立了露门学(或称虎门学),并置生72人,露门学是一种小学性质的学校。露门学官有文学博士4人,以及露门学博士下大夫、露门学士若干人。名士萧㧑、曹瑾、元玮、王褒四人为文学博士;名儒沈重、乐逊、熊安生等为露门博士。由露门学所置学官可知,露门学中的教学内容并不以经术为限。露门学设立后,北周统治者对它颇为重视,至北周亡时仍然存在。此外,北周在行太学礼方面也有改变,566年武帝诏入学只行束脩礼于师,释奠为学成之祭。这与魏晋以来以释奠为开学礼是不同的。总之,北周立国时间虽短,但经学颇为兴盛,学制亦有创新,学校教育甚为发达,《周书·儒林传序》称北周时期"衣儒者之服,挟先生之道,开黉舍延学徒者比肩;励从

---

① 《魏书·郭祚传》。

师之志,守专门之业,辞亲戚甘勤苦者成市"。

北朝的中央官学中,除上述学校外,还与南朝一样设有专门学校,例如北魏、北齐、北周都置律学博士;北魏、北周还设有书学,以教授书生;北周还设立了算学,学生称算法生。由此可见,北朝的专门学校不仅有人文学科,亦有自然学科。

## 二、北朝的地方官学

北朝的地方官学远较南朝发达,主要表现在统治者对地方设学的重视和学制的完备。

北魏州郡立学的制度,起自献文帝时期。天安初(466年),李䜣任相州刺史,上疏请求按先典于州郡各立学官,以使"士望之流、冠冕之胄,就而受业"①。进而为王府培养经艺通明的人才。诏从之。于是在这年的九月初立乡学,置博士2人,助教2人,学生60人,这是北魏为州郡立学所订的第一个学令。然此学令未及实行,献文帝又令参决大政的高允议定了一个更加完备,意在全国普立学校的学制,它规定:大郡立博士2人,助教4人,学生100人;次郡立博士2人,助教2人,学生80人;中郡立博士1人,助教2人,学生60人;下郡立博士1人,助教1人,学生40人。高允所议学制中同时又规定了学官与生员的资格。学官博士与助教都应是博通儒经、德行俊异、堪为人表者。此外博士应取40岁以上,助教则为30岁以上,但如学有所长,才任教授者,则可不拘年齿。"学生取郡中清望,人行修谨,堪循名教者,先尽高门,次及中等。"②在选拔的秩序上,则是先高门士族子弟,后中等地主阶级子弟。北魏州郡立学,自此开始。迁都洛阳之后,大体上仍沿此学制。北魏统治者为检督州郡学校、选拔才学之士起见,应封轨请求,遣四门博士明经者,检试诸州学生,且按魏《学令》应是三年一校练,但实际上并未能行之。北魏除州郡设学外,孝文帝时还曾设有乡党之学。

北魏的州郡学制虽然完备,但总的教学实效很可怀疑,宣武帝亦言"学业堕废,为日已久"③。孝昌(525—527年)之后国内动乱,四方学校所存无几。

北齐为粉饰太平,注重州郡立学。文宣帝即位后就诏令州郡修立学校,广延生徒,以"敦述儒风"。又令在郡学内立孔庙,学官博士以下每月一朝,这为后来在各级学校内普设孔庙开了先河。又按北齐学制规定,各郡都得设学,置博士、助教授经,然而实际上生员俱差逼而至,而士族及富豪之家子弟则可不入学,不需入学受教反而成为一种特权,可谓怪哉。此外,学校内部管理混乱,生员多被州郡官员派差驱使,游惰废业,亦不检察,在学之人不以经业为意,州郡学校徒有虚名可见一斑。由此可知,仅靠行政命令,没有自觉的学习要求,没有完善的教育管理制度,是办不好学校的。

北周时期,地方官学亦曾设置,州县有学生。又根据北周官制规定,各县视其大小都设有相当品秩的县学博士。

北朝无论中央官学,还是地方官学,基本上是以经学为主要教授内容,这是南北朝的共同特点。南朝经学受玄学影响较深,注重义理之学。但北朝由于不受玄谈之风的影响,故其治经亦不掺杂玄学因素。北朝的经学基本上承继了汉学传统,谨守章句训诂,注意名物制度的考证,流行

---

① 《魏书·李䜣传》。
② 《北史·高允传》。
③ 《魏书·南安王传》。

于北朝的服虔注《左传》、郑玄注《尚书》、《周易》皆为汉学。《北史·儒林传序》称:"南人约简,得其英华;北学深芜,穷其枝叶。"然而,不论南朝还是北朝,都盛行博涉的学风,以至罕有纯粹的儒门学者,官学学官也大多为博学洽闻之士,这是与汉代学风不同之处。

北朝的官学教育发展情况虽然与南朝一样,处于时兴时废状态,但学校的兴盛时间略长于南朝,而且在地方官学制度的完备方面也强于南朝。但北朝在非儒学教育的兴办方面却不及南朝发达,对经学的发展方面也不如南朝。从总体上讲,北朝统治者在利用儒学维护统治、培养人才方面是有成效的。实行崇儒兴学的政策,学习汉族先进文化,加速封建化的进程,对促进民族大融合,推动历史前进是起了积极作用的。

### 三、北朝的私学教育

北朝时期私学教育曾一度遭受挫折。公元 444 年,北魏太武帝曾下诏禁绝私学:"王公已下至于卿士,其子息皆诣太学。其百工技巧,驺卒子息,当习其父兄所业,不听私立学校。违者师身死,主人门诛。"①表面是为发展官学去除障碍,实际目的乃在控制思想。这种严厉的禁绝措施效果适得其反。其都城由平城迁到洛阳后,私学反而更加昌盛,史称:"时天下承平,学业大盛。故燕齐赵魏之间,横经著录,不可胜数。大者千余人,小者犹数百。"②北齐给私学发展以更大空间,"横经受业之侣,遍于乡邑,负笈从宦之徒,不远千里"③。北周私学依然得到较大发展,史称:"衣儒者之服,挟先王之道,开黉舍延学徒者比肩;励从师之志,守专门之业,辞亲戚甘勤苦者成市。"④

北朝私学的发展,形成了与南朝不同的一些特点:

一是私学在学校规模和数量以及设置地域方面胜过南朝。如熊安生"博通'五经',然专以《三礼》教授,弟子自远方至者千余人"⑤;常爽笃志好学,博学洽闻,讲肆经典 20 余年,他"置馆温水之右,教授门徒七百余人,京师学业,翕然复兴"⑥。

二是私学的教学内容进一步拓展。除儒学、天文学等教育内容外,还有医学的传授。如崔彧"少尝诣青州,逢隐逸沙门,教以《素问》九卷及《甲乙》,遂善医术"⑦。

三是北朝儒学教育较少受玄学影响,对于经典的好尚也与南朝不同,《隋书·儒林传》载:"南北所为章句,好尚互有不同。江左(南朝):《周易》则王辅嗣,《尚书》则孔安国,《左传》则杜元凯;河洛(北朝):《左传》则服子慎,《尚书》、《周易》则郑康成,《诗》则并主于毛公,《礼》则同遵于郑氏。"这势必影响到北朝私学的教学。

## 第四节 魏晋玄学教育思潮

汉魏之际是学术思想发展史上重要的转折时期。如王国维所言:"学术变迁之在上者,莫剧

---

① 《魏书·世祖纪》。
② 《魏书·儒林传》。
③ 《北史·儒林传上序》。
④ 《北史·儒林传上序》。
⑤ 《北史·儒林传》。
⑥ 《魏书·儒林传》。
⑦ 《魏书·儒林传》。

于三国之际。"①其中重要标识之一,便是玄学的兴起。玄学是兼融儒道而成的一种新的思想体系。它在形式上复活了老庄思想,并以此来诠释儒家经典。玄学家们将《老子》《庄子》《周易》并称"三玄",以此作为构建思想体系的基石。

玄学思潮兴起的原因较为复杂。魏晋时期政治的险恶以及统治阶级的腐败与伪善,使士子产生悲观和颓废的情绪,也动摇了其对传统价值观念的信仰。此时,经学教育的衰微、老庄思想的复兴以及清谈之风的盛行,促成了玄学思潮的形成。

嵇康

玄学形成于曹魏正始年间,至东晋时期消退。玄学分为正始玄学、竹林玄学、中朝玄学、东晋玄学四个发展阶段,主要代表人物有正始时期的何晏(约190—249年)、王弼(226—249年),竹林时期的嵇康(223—262年)、阮籍(210—263年),西晋时期的向秀(约227—280年)、郭象(约252—280年),以及东晋时期的张湛等。"名教与自然之辩,是魏晋玄学的基本问题所在。有无之辩为这一论辩提供了理论基石,言意之辩为有无之辩奠定了思维方式上的依据。"②

玄学虽然不是一种教育理论,然而玄学家对于现实社会和世俗教育的批评,包含着对理想教育的向往与追求,却成为一种教育思潮。"自然"是其教育主张的灵魂,"自然主义"是其整个教育思潮的主要特征。

## 一、以顺应天性自然发展为教育旨归

针对功利主义和违背自然人性的教育现实,玄学家以道家自然无为为理论,对于现实教育中远离教育本质的现象进行批判、反思,并提出他们的教育主张。

人性论是中国古代教育家论述教育问题的起点。玄学家同样以此为基础,从对世俗教育的批判入手,阐释他们对于教育理想、教育本质、教育方法的认识。

玄学家对于教育本质认识的介入点,是将个性自由发展作为根基,从对传统教育有效性的质疑和个性自由发展的正当性两个视角阐述其主张。首先,他们秉持自然无为观,认为教育在本质上并不是有为,不是按照既定的规范去塑造人、发展人,而是无为,是顺应人的自然本性、任其发展而已。教育不可能改变人的自然本性,也不需要改变人的自然本性。王弼说:"上德之人,唯道是用,不德其德,无执无用,故能有德而无不为。不求而得,不为而成,故虽有德而无德名也。"③所谓"不德其德,无执无用",意思是说道德修养不可执著于一个固定的标准,而要随缘而作,随机而动,无可无不可。执著于既定的目标,便会丧失个体本性的自由,这不仅会扭曲人的本性,而且也不可能有助于德性修养,所谓"绝仁非欲不仁也,为仁则伪成也"④。表面弃绝仁德,却有助于仁德的形成;有意为仁,反而助长虚伪的产生,一如嵇康所作的判断:"仁义浇淳朴,前识丧道华。"⑤高

---

① 傅杰编校:《王国维论学集》,中国社会科学出版社1997年版,第103页。
② 朱义禄:《中国学术思潮史·卷三·玄学思潮》,上海社会科学出版社2006年版,第96页。
③ 楼宇烈校释:《王弼集校释·老子道德经注》,中华书局1980年版,第93页。
④ 楼宇烈校释:《王弼集校释·老子指略》,中华书局1980年版,第199页。
⑤ 殷翔、郭全芝注:《嵇康集注·五言诗三首》,黄山书社1986年版,第88页。

扬仁义道德,反而导致了虚伪道德的形成,社会风俗的浇薄;对事物预先有固定的看法,其实也就丧失了大道的精华。郭象更明确地认为,人性中先天欠缺的某些素质,后天任何主观努力均无法补足,就像人们无论怎样训练,也无法使自己的听觉达到音乐大师钟离、师旷的水准,人们只能顺应人的自然本性:"人们的行为只要适合各自的'性分',便会达到生命的最高境界;如果不适合自己的'性分',生命将陷入困境。"①玄学家认为,顺应人的自然本性的发展是教育的最终归宿。

其次,他们从个体自然本性的正当性看,认为人的自然本性本身便是合理的,根本不需要后天教育的改造。何晏认为,人的自然本性就是人的自然属性:"性者,人之所受以生者也。"②人性就是人"受道"而生的自然属性,并无善恶的道德成分。王弼认为万物以自然为性,人也以自然为性,无善无恶,是本体"无"在人性上的体现。他在解释孔子"性相近"命题时说:"今云近者,有同有异,取其共是。无善无恶则同也,有浓有薄则异也,虽异而未相远,故曰近也。"③人类无善无恶的相同人性,就是无拘无束、不为外物所累的自由本性。嵇康则将人性解释为人的自然情欲,"夫民之性,好安而恶危,好逸而恶劳",犹如"口之于甘苦,身之于痛痒,感物而动,应事而作,不须学而后能,不待借而后有"④。他并不以为人的这种自然本性需要通过教育加以改造、抑制,他说"六经以抑引为主,人性以从欲为欢,抑引则违其愿,从欲则得自然"⑤。自然而然就产生的欲望是人之本性的冲动,它知足、常足,遇到外物而能恰到好处;相反有意为之的欲望要求则是动心、用智的结果,它常常欲壑难填。给人招致祸患的常常是用心用计,而非人之本性。后期玄学代表张湛等对于人的自然本性的宣扬走得更远,甚至将人的自然本性满足推向极致。张湛在《列子注》中反复主张:个体的生命是短暂的,它只是气的聚散状态而已,而人的本性又是好逸恶劳,对此应采取"顺"、"任"的行为。"任情极性,穷欢尽娱",便是顺着人的自然本性。充分满足人的各种欲望,也是生命乐趣之所在,因而追求当下的快乐没有什么不合理。

玄学家对于自然本性持肯定的态度则是一致的。合理的教育应是顺应人的自然本性的,是对个性自由的张扬。教育的本质不是给人外加什么,而是保持其自由畅达的本性。

## 二、以"真性"、"无为"为理想人格

汤用彤认为,魏晋玄学探讨的主题是理想人格问题。理想人格,是指完满人的模式。玄学家对于理想人格的设计,一方面继承了圣人名号,另一方面吸取了道家尤其是庄子理想人格的思想,体现出对于理想人格的描述从内圣外王的英雄典型向"真性"、"无为"的自然主义人格转型。所谓"真",既指事物的本然、原始和素朴的状态,也指人内心道德、情感的纯真、"真性"和天然。

刘劭是曹魏时期的名理学家,其代表作《人物志》以人物品鉴为主题,是中国古代第一部人才教育理论的专著。在理想人格标准的讨论中,刘劭将人物分为三类:"偏至之才,以材自名;兼才之人,以德为目;兼德之人,更为美号。是故兼德而至,谓之中庸。中庸也者,圣人之目也。"⑥偏才、兼才、圣人是三种不同层次的人格。其中偏才是有着聪明与胆量的英雄,而圣人则是理想人

---

① 王晓毅:《郭象评传》,南京大学出版社 2006 年版,第 277 页。
② 何晏:《论语集解·公冶长注》。
③ 楼宇烈校释:《王弼集校释·论语释疑》,中华书局 1980 年版,第 632 页。
④ 殷翔、郭全芝注:《嵇康集注·难自然好学论》,黄山书社 1986 年版,第 265—266 页。
⑤ 殷翔、郭全芝注:《嵇康集注·难自然好学论》,黄山书社 1986 年版,第 266 页。
⑥ 刘劭:《人物志·九征》。

格。圣人的人格形象是"中庸",而所谓"中庸"是指"中和之质","质性平淡,思心玄微,能通自然,道理之家也"①,刘劭的理想人格圣人,是将其返归至无形、无名、无味、无为的真诚境地,这显然是典型的以道释儒。

正始以后的玄学家们,接续刘劭将圣人人格老庄化的传统,追求去伪存真,以"真"为圣人人格的核心。王弼主张圣人的人格特征是无为和自然本性。他发挥《老子》关于上德、下德的思想,认为上德便是"朴"的时期,"朴,真也"②,圣人完全顺应了人类淳朴的自然本性,所以社会非常和谐,人民非常幸福。王弼塑造的理想人格圣人,一方面有超凡的大智慧,另一方面也有常人的自然情感,但能自觉地"性其情",使情归正,情正的体现便是真情实感,譬如孝应是自己对父母自然情感的真实流露,而忠则是自己情感到了极致的结果。不失"真"的情,应是个人内在的自觉,而非外界利益引诱的结果,这体现了道家自然原则与儒家自觉原则的统一。

嵇康向往的人格楷模是"至人",他认为:"唯至人特钟纯美,兼周外内,无不毕备。"③唯有"至人"聚集了天地纯美之气,无论是内在的心灵还是外在的行为,都与自然相合,完美无缺。"至人"一切听任自然,"旷然无忧患,寂然无思虑"④,一切任其消长,使心情处于闲淡的境界,能放纵自己的意愿,任心灵自由翱翔。

郭象塑造的理想人格则融合了儒家的"圣人"与道家的"至人"两种人格特征——"游外冥内"。所谓游外,是指心理上犹如闲居山林一样逍遥自在;所谓冥内,是指参与政事、日理万机。⑤圣人虽然每天在庙堂之上处理世俗事务,但其内心世界却是超脱现实、自然无为,因而也就是其人性自然的本真表达。以道家的无为、隐逸和自然内塑其心,以儒家的有为、兼济和名教外显其行,名教与自然得到了完全的统一。

玄学家们以自然为准则,对于真性人格的追求,试图通过自然主义教育的超越性赋予传统理想人格新的精神内涵,以适应时代的思想需求。

### 三、顺应自然的道德教育论

玄学家的道德教育论可以从道德起源论以及顺应自然的道德教育法则等方面予以归纳。

#### （一）道德教育的起源

三纲五常一类道德规范(即名教)被赋予具有先天性的合理性、合法性和权威性,成为神圣不可侵犯的规训。然而社会政治中统治者道德上的虚伪,以及司马氏以名教的名义对于异己者的排斥、杀戮,反而激起人们对名教价值的否定,名教陷入空前的危机之中。玄学家们秉持自然主义准则,由道德起源、道德本体的探讨入手,从不同的立场解析这场危机,并将其归结为如何看待道德名教与人的自然本性之间的关系问题。

何晏、王弼是正始玄学的代表,在哲学本体论上,主张"以无为本"。"无"是万物、人类、社会

---

① 刘劭:《人物志·材理》。
② 楼宇烈校释:《王弼集校释·老子道德经注》,中华书局1980年版,第75页。
③ 殷翔、郭全芝注:《嵇康集注·明胆论》,黄山书社1986年版,第251页。
④ 殷翔、郭全芝注:《嵇康集注·明胆论》,黄山书社1986年版,第153页。
⑤ 许抗生:《三国两晋玄佛道简论》,齐鲁书社1991年版,第157页。

的生成之本。"无"就是道,王弼说:"道者,无之称也,无不通也,无不由也,况之曰道。"①道德规范自然也出于"无"。因而在本末关系上,自然是名教之本,名教是自然的必然表现,名教与自然的关系,王弼从理论上将其概括为本末、母子、体用等范畴,主张名教出于自然。王弼的"名教本于自然"的论题,是试图通过吸收道家自然无为的思想,让名教回归真实,以挽救名教的危机。其主张的客观效果却是扬道抑儒。

竹林名士阮籍、嵇康有鉴于司马氏假借名教诛杀异己,从道德起源和道德本体的角度对名教道德存在的合理性予以批判和否定,认为上古时期不存在什么仁义、礼律,人们任自然之情生活着,一切都有条有理。社会上一切虚伪、狡诈的道德败坏现象,都是儒家礼乐名教破坏自然人性的结果。从道德及其教育的起源角度看,名教与自然是对立的,名教发展过程,就是人性变化和堕落的过程。为此,嵇康明确主张"越名教而任自然",即摆脱名教的束缚,而任由人的自然本性张扬。不过,在他的心目中,并非不要道德,而是要唾弃现实中拘泥小节者的狡诈、伪善。

郭象要重新确立名教的地位和价值,其方法是对"自然"涵义重新进行诠释,认为"自然"有两层涵义:一是指万物的本然状态,二是指人的自然本性。人的自然本性不仅指生理本能和气质性格等先天因素,也包括后天社会熏染所造成的变化,这是各人"性分"的自然展现,同样,名教道德规范也属于人的自然本性中的内容。体现名教的等级制度其本身就是天理自然,绝对合理的,由此他得出了"名教即自然"的结论。郭象通过自然名教化和名教自然化,用玄学思维方式较圆满地调和了名教与自然之间的矛盾冲突。

### (二) 顺应自然的道德教育法则

按照道家无为的思想,自然是万物发展的最高法则。玄学家将自然法则也作为教育的最高要求。顺其自然包含两层涵义:一是顺应人的自然本性、自然性情,二是因循自然无为的发展进程。

正始玄学的代表何晏、王弼认为,教育是进德育德的过程,"德,得也。……何以得德?由乎道也。"②教育是循"道"而为的过程。"道"的要求就是顺其自然,"我之教人,非强使从之也,而用夫自然。举其至理,顺之必吉,违之必凶。故人相教,违之必自取其凶也。亦如我之教人,勿违之也。"③教育顺人之自然性情,能使教育更加有效。万事万物均有其自然特性,对其只可因循不可改变,违背事物的特性则只能招致失败。王弼还从本末的关系出发,认为就道德教育而言,"本"便是无欲无求,不是以功名激励人有为,而是让其返归无欲无求的自然本性。

何晏、王弼对于自然教育的倡导,尚未对整个名教和儒家经典否弃,而嵇康、阮籍等人对于经学教育持坚决的否定态度,对世俗教育的价值予以颠覆。嵇康在《难自然好学论》中针对东汉末年的张邈鼓吹的"自然好学"、"六经为太阳"、"不学为长夜"的观点,从人的本质和教育起源的角度予以驳斥。嵇康认为,人的自然本性中只有好逸恶劳等自然属性,好学六经、遵循名教根本不是人的自然本性。就像上古蒙昧时期,原始淳朴的自然状态未被破坏,礼法制度、仁义道德均无从产生。"大道"衰败,道德教育、礼法制度才得以出现。后世人们积极好学,苦读经书并非出自其自然之心,

---

① 《论语释疑》。
② 楼宇烈校释:《王弼集校释·老子道德经注》,中华书局1980年版,第93页。
③ 楼宇烈校释:《王弼集校释·老子道德经注》,中华书局1980年版,第118页。

乃是出于"以代稼穑"、"学以致荣"的功利目的。返朴归真，回复人的自然本性，就应去除名教规范、经学教育，使人的本性得以解放，使教育真正能够顺应自然，让其个性自由地发展。

郭象对于道德教育方法等的主张，与其"独化"说、"足性逍遥"说有着密切的关系。郭象认为："造物者无主，而物各自造。物各自造而无所待焉，此天地之正也。"①天地之间并不存在造物主，万事万物产生和变化，既不受外力的推动，也无内在的根据，每一物都是自己造自己、自己发展、自己变化、自己运动、自己消亡，这就是"独化"之理。既然事物是独立的，都有其自身的特性，而这恰是各事物存在的价值与合理性，其特性的存在便是其对他事物的贡献。从这个意义上讲，自然主义的教育方法是一种无为的方法，教育只能顺应人的自然本性，使其个人的"性分"得到满足即可，而不是通过教育去改变个人的本性。

玄学家们的教育立场并不一致，但对于自然主义教育的崇尚则是一致的。自然主义教育在当时有颓废的一面，但对于个性自由的倡导和教育思维的拓展于中国教育思想的发展有着积极的意义。

## 第五节　傅玄的教育思想

### 一、生平与教育活动

傅玄（217—278年），字休奕，北地泥阳（今陕西耀县）人。为躲避战乱，举家迁于河内。玄博通众学，善于文词，精通乐律。魏时他曾为弘农太守兼典农校尉，封鹑觚男。傅玄性刚直，晋武帝时为谏议官，屡陈政见，要求重农轻商、尊儒尚学，以儒道为治国之本，深受重视。在西晋官至司隶校尉。

傅玄极力反对慕虚无与贵刑名的风气，上疏力陈魏贵刑名、尚玄虚的危害，认为魏之风气无异于亡秦之病复发，要求西晋改弦更张，提倡尊儒重教。傅玄有关教育与政治、经济等关系的论述，颇有精当之处，是晋初的一位教育理论家，教育规划的首倡者。

傅玄的主要著作是《傅子》，现仅存24篇，它是研究傅玄教育思想的主要依据。

### 二、论教育的地位与作用

傅玄从人性论与治国安邦两方面论述教育的地位与作用。

在人性的问题上，傅玄不赞成孟轲的"性善论"，也不同意荀况的"性恶论"，而是认为人性既有善的因素，即所谓"好善尚德之性"，又有恶的因素，即所谓"贪荣重利之性"，有善有恶，才是人性的完整涵义。人性中不论是善的因素，还是恶的因素，都不是固定不变的，可变性是人性的最大特点。他以水性比喻人性，认为后天对人性的影响，犹如容器决定着水的形状，决定着人性向善抑或向恶的转化。他说："人之性如水焉，置之圆则圆，置之方则方，澄之则淳而清，动之则流而浊。"②后天的因素包括环境与教育两因素，关于环境对人性善恶的影响，他说："习以性成，故近朱者赤，近墨者黑。"③教育对人性的作用则表现在因善与攻恶两方面，教育就是扬善抑恶的日长日

---

① 《庄子·齐物论注》。
② 《傅子·附录》，后引同书只注篇名。
③ 《傅鹑觚集·太子少傅箴》。

消的过程。他以猛虎可以威而服,笨鹿可以教而使等为例,说明具备五常之性的人类是可以通过教育改恶迁善的。而且,教育的功能远大于环境的影响。人在接受教育后,就能为道义赴汤蹈火在所不辞。傅玄又认为,为防止教育过程发生偏差,确立一定的法度是必要的,只有以教育为主导,以法度为调节因素,教育才能达到教育者所要求的目标。

从治国安邦的角度,教育的地位与作用亦不可小看。傅玄继承德威并举的政治思想,认为治国应备有两手,一为赏,二为罚,"赏者,政之大德也;罚者,政之大威也"①。只有德威相济,两手并举,方能"使其民可教可制"②。但在德威两者之间,又应以德治为主,必须弘扬德教,"笃乡闾之教,则民存知相恤,而亡知相救"③。通过教育,养成礼义之德,最终才能达到上安下顺、国家长治久安的目的。他把教育看成政治的一部分,是统治的辅助手段,这种观点与传统的"化民成俗"的儒家思想是完全一致的。

### 三、论学校教育

振兴国家,人才是关键,而人才的造就主要得力于学校。傅玄列举了九种社会所需要的人才,即:德才、理才、政才、学才、武才、农才、工才、商才、辩才,这些统治人才的培养都应成为学校教育的目标。然而不论何种人才,都必须以崇德修行为先,否则,"道德不修,虽有千金之剑,何所用之"④。而道德的养成,要依靠学校教育来达到,"宣德教者,莫明乎学"⑤。可见,学校在育人才、宣德教方面的作用是很大的。但是自东汉末年以来,学校衰废,儒学为人所鄙,魏时玄风兴起,"虚无放诞之论盈于朝野"⑥。天下之人不再拘于传统的伦理道德,傅玄对此现象深为不满,建议晋武帝整顿纲维时,应该以尊儒尚学为首务,学校以儒学教育为首位。他说:"儒学者,王教之首也。"⑦可见,傅玄的目的在于复兴儒学。

傅玄以先王为士以上子弟设置太学,并选明师以教之,且各随才能优劣而擢用之的历史为理论依据,要求西晋统治者设立太学,革除自汉魏以来学校虽设,但有学校之名而无教学之实的弊端,采取定名分的措施,使士农工商各就其业,各司其职,清除社会上游手好闲的人员。对于一些无职事的冗散官员,也应采取督其就学或使其耕稼的措施,不使其坐食百姓。值得一提的是,傅玄把尊儒尚学与贵农贱商同样看成事业之要务,振兴教育与发展农业相协调,同是治国要策中不可分割的两部分,这与抛开经济的发展,而一味侈谈发展教育是不同的。

傅玄认为太学的招生对象应为士以上的百官子弟,设学的目的在于培养候补的文武官吏,而社会对官吏的需求量是有限的,因此,学校的发展规模应在考察、统计社会需求量的基础上拟定,学生的数量需加以控制,以使供需平衡,且以不妨碍农业生产的发展为前提。他说:"计天下文武之官足为副贰者使学,其余皆归之于农。"⑧傅玄兴学不妨农事,有计划地发展教育的思想,已开始

---

① 《傅子·治体》。
② 《傅子·治体》。
③ 《傅子·安民》。
④ 《傅鹑觚集·剑铭》。
⑤ 《傅子·阙题》。
⑥ 《晋书·傅玄传》。
⑦ 《晋书·傅玄传》。
⑧ 《晋书·傅玄传》。

涉足教育经济学的领域,实发前人之未发。

傅玄认为既以儒学为治国之道,就应注重传授儒家经典为主的学校教育,尊重儒者,以儒业为贵,严格选拔好儒之士入学受教,慎重聘用学官。他说:"尊其道者,非惟尊其书而已,尊其人之谓也。贵其业者,不妄教非其人也。重其选者,不妄用非其人也。"①只有以"尊其道、贵其业、重其选"为急务,才能振兴衰弱已久的学校教育。

### 四、论道德教育

傅玄非常注重道德教育的地位和作用,认为人的华丽衣裳只能饰其外表,高尚的德行则能修其心灵,内外兼备方为君子之德。就个人而言,只有加强德行修养,才能获得地位报酬;为稳定统治只有以德为上,申之以德教,则百姓"知耻",才能"上安下顺,而无侵夺"②。就整个国家而论,他说:"中国所以常制四夷者,礼义之教行也。"③若失德教,则中国也同于"夷民",近于禽兽。

进行道德教育工作必须以深入地了解教育对象为前提,以便有的放矢。傅玄认为要正确了解教育对象,不能依其表面的言辞而定其善恶,必须进行仔细观察,透过现象看其本质。他提出对不同对象,应采取不同方法。对于沉默寡言者应观其行为,对于高谈阔论者应知其旨义,对于入仕者应察其政绩,对于处家者应究其所学。了解对象的总原则是"听言不如观事,观事不如观行"④。总之,听言必考察其动机,观事必检校其效果,观行必查考其轨迹,"参三者而详之,近少失矣"⑤。能用这些方法了解人,就很少有差错。

关于道德教育的内容,他承袭了传统的观点,认为礼义之教是不可缺少的,它是维护统治的屏障。礼义之教存于三纲,进行礼义教育必须由近及远,自立君臣、定父子、别夫妇的伦理道德教育开始。西晋统治者标榜以"孝"治天下,故孝义之教颇受重视,傅玄也认为"有能行孝之道,君子之仪表也"⑥。道德教育内容当然应包括孝义之教。此外,仁、信、廉、耻等也是道德教育内容中不可缺少的部分。节欲也是修身的重要方面。

傅玄在道德教育的方法与原则方面,强调"内省法",注重自我修养,认为修心是修养的关键,因为心乃神明之主,万理之统,有正心必有正德,所以立德的根本在于正心。所谓正心,即以儒道正己,使忠正仁理等时刻存于心中。在傅玄看来,一个人只有正心,才能修身、齐家、治国、平天下,他说:"心正而后身正,身正而后左右正,左右正而后朝廷正,朝廷正而后国家正,国家正而后天下正。"⑦所以古之君子欲修身治人,必先正心。时人虽知器物要经常擦洗,却不知在道德上也需要洗心革面,这是造成人们道德修养失控的原因之一。因此,傅玄反复强调修养只在求之于心而已。如其心正于内,则不论外界如何变化,都能保其心性而不迷惘。

"因善恶以训诫"是道德教育中另一个重要的原则与方法。傅玄认为,人性中有善恶两种因素,道德教育亦应从正反两方面进行,扬其好善尚德之性,抑其贪荣重利之心,"贵其所尚,故礼让

---

① 《晋书·傅玄传》。
② 《傅子·贵教》。
③ 《傅子·贵教》。
④ 《傅子·通志》。
⑤ 《傅子·通志》。
⑥ 《晋书·何曾传》。
⑦ 《傅子·正心》。

兴,抑其所贪,故廉耻存"①。但从道德的培养计,因善以训表现出更大的效用。他认为人有避害从利之性,故教育者应因势利导,使利出于礼让,则人们趋向修礼让,礼让之德亦易于养成,他说:"因善教义,威而礼行,因义立礼,设而义通。"②如此,人性之善端就不至于埋没。

值得注意的是,傅玄认为道德教育必须以经济的发展为基础,经济的发展能促进道德的培养,他说:"家足食,为子则孝,为父则慈,为兄则友,为弟则悌。天下足食,则仁义之教可不令而行也。"③这种观点与他的政治、经济主张是一致的。经济决定论在当时有着积极的意义。

作为一位纯粹的儒者,傅玄能注意从经济的角度研究教育的发展,在当时是很有积极意义的。由于傅玄所处地位显赫,他的主张对晋初经济的繁荣、文教的发达是有影响的。但是随着晋统治的腐朽,玄风的盛行,傅玄大部分主张只作为一种良好的愿望留于史上。

## 第六节 颜之推的教育思想

### 一、生平与教育活动

颜之推(531—约595年),字介,梁朝金陵(今江苏南京)人,祖籍琅邪临沂。

颜之推

颜之推出身于士族家庭,父亲颜勰,仕梁至咨议参军。颜氏有家学传统,世代相传《周官》《左氏春秋》等儒家专门学术,颜之推少时即传家业。早年时受家传儒学的熏陶,奠定了他整个学术思想的基础,使他在本质上是一位儒家思想的代表。颜之推处于兵祸连连的动乱年代,儒学早已失去了往日独尊的地位,玄学、佛学则大为兴盛,世人以博学广闻为能事,而以专守章句为鄙陋。这种社会现实给他的思想发展以重要的影响。早年他就曾经倾慕名士风度,稍长,又博览群书,无不该洽,且善为词章。北齐时曾待诏文林馆,并主持馆事,晚年转而笃信佛教,宣扬因果报应,主张儒佛调和,佛学为主体,儒学为附庸。可见,颜之推又不是一位纯粹的儒者。

颜之推自20岁步入宦途,历官四朝,凭自己的学问在仕途上曲折前进。他身处社会动荡之时,又多次成为亡国之人,耳闻目睹了许多士大夫身亡家破的现实,看到了社会的险恶及其士族统治的危机。从士族地主的立场出发,为保持自己家族的传统与地位,他根据自己的经历和体验,写出了我国封建社会第一部系统完整的家庭教科书——《颜氏家训》,用以训诫其子孙。这部著作是了解颜之推教育思想的主要依据,有助于研究颜之推在儿童教育、学习方法等方面的某些真知灼见。

### 二、论士大夫教育

颜之推对南北朝时期士族地主教育的没落深为忧虑,如何改良已经衰微的士大夫教育,是他整个教育思想的核心目标。

---

① 《傅子·戒言》。
② 《傅子·贵教》。
③ 《晋书·傅玄传》。

（一）士大夫必须重视教育

南北朝时期，士大夫阶级虽垄断教育，但又轻视教育。他们的子弟庸碌无能，不学无术，只图享乐，倚仗门荫获得一官半职，便自为满足，全忘修学，可见他们的教育程度和精神面貌十分糟糕，为此，颜之推要求整个士族阶层应该注重教育。

首先，他继承了前辈从人性论的角度来论述教育作用的传统，认为人性分为三品，性的品级与教育有直接关系，他说："上智不教而成，下愚虽教无益，中庸之人，不教不知也。"①这种观点虽然在理论上并没有什么新的发展，但却是他强调士大夫教育作用的理论依据。由于绝大多数士族子弟都属于中庸之人，他们只有通过接受教育才能获得知识，否则，终为懵懂之人。

其次，他从接受教育与个人前途的利害关系出发，强调了士大夫受特殊知识教育的必要性。一个人有无知识，决定着他社会地位的高下，如掌握了知识，通明《论语》、《孝经》等儒家经术，虽百世小人，也可为人师；相反，如不读书，即使拥有千载冠冕的荣耀，也将坠为从事体力劳动的小人。士大夫子弟要保持其原有的社会地位，只有重视教育，通过学习获得特殊知识，并依靠这些所占有的知识才能实现。总之，"若能常保数百卷书，千载终不为小人也"②。

再次，他从"利"的角度，从知识也是一种谋生的手段等方面论述了知识教育的重要性。就当时的社会现实来看，知识也是一种资本，它可以作为谋求生活的手段。他说：如明通六经之旨义，涉猎百家之群书，纵然不能增益德行、敦厉风俗，至少可以作为一门艺业，得以自资。当时社会处于战乱和朝代更易频繁的变动时期，个人的地位与前途都没有保障，父兄的庇荫也不可能长久，因此，只有自身有了知识，才能左右逢源。其实，这也是颜之推的经验之谈。

颜之推更多地从"利"的角度来强调教育的重要性，有别于儒家"君子喻于义，小人喻于利"的传统思想，这是当时社会现实的反映。

（二）教育的目标在培养治国人才

颜之推从士族地主的利益出发，认为玄学教育必须抛弃，传统的儒学教育也应改革，要培养的既不是难于应世经务的清谈家，也不是空疏无用的章句博士，而是于国家有实际效用的各方面的统治人才，它具体包括：朝廷之臣；文史之臣；军旅之臣；藩屏之臣；使命之臣；兴造之臣。各种专门人才的培养，要依靠各种专才的教育，使各人专精一职才能实现。这种观点，冲破了儒家以培养较抽象的君子、圣人为教育目标，以儒学教育统括一切专门教育的传统，使教育功能的发挥，不再局限于道德修养与"化民成俗"方面，而更重要的在于对各种人才的培养。

（三）德与艺是教育的主要内容

士大夫教育的目的，就是要培养统治人才，而统治人才必须"德艺周厚"，因此，士大夫教育的主要内容，也应包括德、艺两个方面。

在德育方面，他承袭了儒家以孝悌仁义等道德规范为主要内容的传统，认为树立仁义的信念是德育的重要任务，而实践仁义则是德育的最终目的。士大夫为实践仁义道德的准则，应不惜任何代价，以至牺牲生命。他说："行诚孝而见贼，履仁义而得罪，丧身以全家，泯躯而济国，君子不

---

① 《颜氏家训·教子》。
② 《颜氏家训·勉学》。

咎也。"①针对当时士大夫的情状,他还提出了诸如"少欲"、不吝不奢,以及借人书当爱护,有坏则补等具体的立身修行内容。由于颜之推晚年信佛,以至于其将儒家的仁义道德和佛教的清规戒律相比附,认为:"内典初门,设五种禁;外典仁义礼智信,皆与之符。"②以儒家的五常(仁、义、礼、智、信)等同于佛门的五戒(不杀、不盗、不邪、不淫、不妄),使得他的道德教育主张蒙上了浓厚的宗教色彩。

关于"艺"的教育,颜之推主张以广博知识为教育内容,以读书为主要教育途径。他强调读书的作用,认为读书可以了解人类社会的一切知识,世人要见识广博,而不肯读书,这好比"求饱而懒营馔,欲暖而惰裁衣也"③。颜之推本质上是一位儒家思想家,因此,"五经"在他心目中的地位是很神圣的,认为"五经"是必读之典籍,广博之起点。这不仅因为人们从"五经"中可以学习立身处世的大道理,而且还因为"五经"为文章之根源,学习"五经"也是奠定写文章的基础。当然,读书不能仅限于"五经",百家群书亦当研习,他说:"夫学者,贵能博闻也。"④广博的知识是需要的,提纲挈领与灵活应用的能力也不可缺少,否则就会产生偏差,像"博士买驴,书券三纸,未有驴字"。这种繁琐而不得要领的学风,是颜之推竭力反对的。

"艺"的教育内容除了经史百家等书本知识外,还应包括处身于士大夫社会生活中所需要的"杂艺",即琴、棋、书、画、数、医、射、投壶等,这些技艺在生活中有实用意义,也有个人保健、娱乐的价值,但他反对以"杂艺"专家自命,以"杂艺"取荣宠。他认为技艺只需兼习,稍通能用即可,而不能专业、过精,否则,不仅有劳身、智,而且易为更高一层的统治者所役使、所羞辱。颜之推的这种思想,反映了士族地主阶级对技艺的轻视。

关于德育与艺教两者之间的关系,颜之推认为是互相联系的。以德育为根本这是毋庸置疑的,但艺教也不是可有可无。他指出知识教育是道德教育的基础,并为道德教育服务,他说:"孝为百行之首,犹须学以修饰之。""夫所以读书学问,本欲开心明目,利于行耳。"⑤由于德艺两者关系的密切,因此有可能、也有必要通过阅读记载前人道德范例书籍的途径来进行道德教育。颜之推认为,这种范例可以是圣人君子,也可以是卑贱者中间有德行者,他说:"农工商贾,厮役奴隶,钓鱼屠肉,饭牛牧羊,皆有先达,可为师表,博学求之,无不利于事也。"⑥这比一向唯以圣贤为楷模的传统儒家思想大大前进了一步。

值得一提的是,在教育内容方面,颜之推还提出士大夫子弟也应重视农业生产知识,"知稼穑之艰难"。他从自己的阅历中体会到了农业生产的重要,认为农业是人民生活的根本,这与一般士大夫轻视农业,认为那只是小人之事,士大夫用不着问津的观点是不同的。当然,他并非提倡士大夫子弟躬耕,他所要求的实际上仅限于认识上的重视,以及对农事活动有所了解,以便于齐家治民,这与他提出的培养各种专门统治人才的教育目标是一致的。

### 三、论儿童教育

颜之推非常重视儿童教育,尤其注重儿童的早期教育。他认为一个人的发展,幼年时期是奠

---

① 《颜氏家训·养生》。
② 《颜氏家训·归心》。
③ 《颜氏家训·勉学》。
④ 《颜氏家训·勉学》。
⑤ 《颜氏家训·勉学》。
⑥ 《颜氏家训·勉学》。

定基础的重要阶段,长辈应利用这个最好的教育时机,及早地对幼儿进行教育,而且越早越好,有条件的帝王将相之家的早期教育甚至可以从胎教开始,一般的家庭纵使不能达到这个要求,亦当从婴幼儿时期就开始施行教育。颜之推认为早期教育的效果最佳,其理由是:第一,儿童年幼时期,心理纯净,各种思想观念还没有形成,可塑性很大。这个时期儿童受到好的教育与环境影响,抑或坏的教育与环境的影响,都会在儿童心灵上打上很深的烙印,长大以后很难改变,所谓"少成若天性,习惯成自然"。第二,幼年时期受外界干扰少,精神专注,记忆力也处于旺盛时期,能把学习的材料牢固地记住,以至年长时期都不会忘记,而年长以后思想不易集中,记忆力逐渐衰退。颜之推以自己的经验为例,他说:"吾七岁时,诵《灵光殿赋》,至于今日,十年一理,犹不遗忘;二十之外,所诵经书,一月废置,便至荒芜矣。"①总之,幼儿时期是教育的最佳期,对儿童的教育应自幼儿能感知外界事物时便开始进行。当然,颜之推并不认为如失去早期教育,晚年时便可自暴自弃。他强调,虽然晚学不如幼学效果好,但总强于不学。

当时儿童教育主要在家庭进行,对儿童教育提出的原则与方法,即是家庭教育的原则与方法。颜之推认为对儿童进行教育时,应当遵循严与慈相结合的原则。善于教育子女的父母,能把慈爱与严格要求相结合,并能收到良好的教育效果。不善于教育子女的家长,则往往重爱轻教,对幼儿一味溺爱,任其为所欲为,不加管束,以致在子女面前没有威信,待到儿童已经形成骄横散漫的习气时,却又以粗暴的体罚手段治之,然终不能使儿童改邪归正,也不能使自己树立威信,而且伤害了两者之间的感情,儿童也最终堕为品德败坏者。这种教育失败的责任,主要在于父母。

颜之推认为,一般家庭未能很好地教育儿童,并非存心要让儿童堕为罪犯,而主要是教育不得法。他们着重在口头上的训斥,却舍不得施以肉体的严惩,以使其反省悔过。他认为父母应当严肃地对待儿童教育,树立威严,严加督训,"使为则为,使止则止"②。为了达到教育目的,不论是怒责还是鞭笞,只要是有效的手段都是可以采用的,他甚至认为"笞怒废于家,则竖子之过立见"③。总之,只有严格的教育,子女才能成器。

颜之推认为,在家庭教育中应当切忌偏宠,不论子女聪慧与否,都应以同样的爱护与教育标准来对待。他说:"贤俊者自可赏爱,顽鲁亦当矜怜。"④然而在实际生活中,人之爱子,罕有能均者,聪慧有才的子女往往为父母所偏宠,而失于严格的教育,"一言之是,遍于行路,终年誉之;一行之非,掩藏文饰,冀其自改"⑤。这只能导致儿童狂妄自大。颜之推结合历史事例得出结论,偏宠儿童的父母,虽本意是要厚待之,然而实际上是为其招来祸害。意愿与效果相反,这是值得家庭教育者深思的。

语言是社会交往的工具。颜之推认为语言的学习应成为儿童教育的一项重要内容,对儿童进行的语言教育应注意规范,重视通用语言,而不应强调方言。他指出,父母对儿童学习正确的语言负有重要的责任,不可轻视。

儿童教育内容除语言外,还应注意道德教育,它包括以孝悌为中心的人伦道德教育和立志教

---

① 《颜氏家训·勉学》。
② 《颜氏家训·教子》。
③ 《颜氏家训·治家》。
④ 《颜氏家训·教子》。
⑤ 《颜氏家训·教子》。

育两方面。他认为对儿童进行道德教育应该以"风化"的方式进行,这是一种通过长辈道德行为的示范,使儿童受到潜移默化的影响,从而形成所要求的德行的教育过程。立志的教育,即为生活理想的教育,它一向为儒家所注重,颜之推针对当时的现象,要求士族应教育其后代以实行尧舜的政治思想为志向,继承世代的家业,注重气节的培养,不以依附权贵、屈节求官为生活目标。

### 四、论学习态度和方法

颜之推认为学习主要是为了识见广博、开启心扉、修身利行,不是为了谈说、取官。然而,当时士大夫的学习只满足于高谈阔论,而于世无益,其学习目的在于获取晋升之阶。他要求学习者必须端正学习动机,一切学习都应为了使自己的德行完善和能实行儒道以利于世。颜之推的这种观点是针对当时士大夫玄学清谈而发的。

当时在玄学清谈之风影响下,士人竞以才学相标榜,以虚心求学为耻,以巧辩胜人为荣,稍有学问便"陵忽长者,轻慢同列"。颜之推反对这种学风,主张虚心务实、博学广师,不可自高自大、目空一切。他认为学习的目的本在"求益",若有了一点知识,读了数十卷书便自高自大,目中无人,则对个人修养不仅无益,反而有害,"如此以学自损,不如无学也"①。

在学习方法方面,颜之推根据自己积累的经验与当时的现实,提出了勤学、切磋、眼学的主张。他认为学者自身是学习的主体,学习成绩如何主要取决于自己,而不取决于教师,所以要依靠自己的勤勉努力才能学有所得,任何学习者都应勤学,"自古明王圣帝,犹须勤学,况凡庶乎!"②他还指出,虽然人们在才智上有着聪颖与迟钝的差别,但迟钝者只要勤学不倦,差距是可以缩短的,"钝学累功,不妨精熟"。钝学者如屡下功夫,也是可以达到精通和熟练程度的。

颜之推非常重视切磋交流在学习中的作用。他以《尚书》中"好问则裕"与《礼记》中"独学而无友,则孤陋而寡闻"作为理论依据,认为只有在学习上好问求教与切磋交流,方能互相启迪,较快地增进知识与避免错误。如果一个人闭门读书,不与外界交流,无师无友,则会使自己寡闻少见,闭塞思路,而且常常自以为是,不知纠己谬误,以致贻笑大方。因此,他提倡破除"独学而无友"的陋习,在良师益友之间相互切磋。

颜之推在学习上提倡踏实的学风,重视亲身观察获取的知识。他认为无论是谈说、作文,还是援引古今史实,都"必须眼学,勿信耳受"③。耳听为虚,眼见为实。所谓"眼学",包括书本知识与实践经验两方面。对于书本知识,必须阅读典籍,查考原文,如此方可信受,方可转述。对于实践经验的知识,也必须经自己亲自实践,下亲目勘查与穷源探本的功夫方可信实。他对当时士大夫们既不勤学典籍,又无社会实践经验,仅靠道听途说而获得的"学问"持怀疑态度。他认为这种所谓的"学问"不仅会以讹传讹,错误百出,无多大真实性,而且会引导人们"贵耳贱目",所以应该克服这种倾向。当然,颜之推并非绝对地排斥"耳受",一味提倡一切皆需"眼学",而是认为耳闻的知识虽有一定的价值,但应采取存疑的审慎态度,不可轻易地转述。

颜之推的教育思想是当时社会现实的反映。虽然他的教育思想都是围绕如何加强士大夫子弟的教育这个中心而展开的,而且其中还有诸如提倡棍棒教育等迂腐观点,但是,他的许多主张

---

① 《颜氏家训·勉学》。
② 《颜氏家训·勉学》。
③ 《颜氏家训·勉学》。

是他自己治学治家经验的结晶，他所揭露的士大夫教育的腐朽也是他耳闻目见的经历，因此，他的教育思想仍有着相当高的价值，值得我们研究与吸取。

## 本章小结

魏晋南北朝时期的教育事业总体上呈时兴时废、似断又续的衰落景况，但仍有许多值得后世承继的教育特色和教育成就。

儒学教育依然是各王朝官学制度的主流。北朝儒学教育更多地承袭了汉代经学教育的传统，而魏晋、南朝则是从重今文经学教育转向重古文经学教育，并最终破除二者之间的藩篱。

学校体制多样化，专科教育得到发展。各王朝设立了律学、书学、算学、文学、医学等实用学科的学校，丰富了封建教育制度的内容，也拓展了教育的职能，使教育适应社会发展的需求。

地方教育制度正式确立。北魏时期不仅普遍设置州郡学，而且建立了州郡学校教育制度。这是我国正式实行地方学校教育制度的开始。

私学得到发展，并成为教育的台柱。私学多为名师大儒开办，不仅质量与规模超过官学，而且分布面更广，类型多样化。

家庭教育得到重视。士族十分重视家族教育，并以家学为专业，出现了许多儒学世家。家训、家诫等有关家教的著述也大量出现。

落后地区的文化教育事业起步与发展。随着人口大迁移，文化教育也南迁西移，促进了文教事业在落后区域的传播与发展。

少数民族教育兴盛。少数民族入主中原后，重视儒学教育，大力发展学校教育事业，这些措施提高了少数民族的文化水准，加速了这些地区的封建化进程，促使汉族和少数民族的融合，形成共同的文化、思想。

教育思想多元化。各种思想纷争、交流，形成了教育思想的繁荣，同时冲击了传统的教育思想。崇尚自然的玄学教育思潮，注重对人生内在真实价值的发现、把握和追求，关注个性的自由发展，标志着主体意识的觉醒。儒学教育发生变化，在学风方面，推崇简洁明理、博采众家之长；在教育目标方面，倡导"经世致用"的实用人才的培养。这些教育思想多为后世所继承。

纵观魏晋南北朝教育事业兴衰，可以取得一些历史经验：首先，社会安定是学校教育事业发展的前提；其次，教育必须适应社会发展的需求；再次，教育必须实行"开放"政策，允许办学形式多样化，允许不同的教育思想之间的学术争鸣。

### 思考题

1. 论述魏晋南北朝时期教育制度方面出现的新变化。
2. 比较南北朝学校教育之异同。
3. 试论玄学的自然主义教育思想的价值。
4. 傅玄的教育思想有何理论价值？
5. 试析颜之推教育思想与社会历史现实的关系。

# 第六章 隋唐时期的教育

> **本章导读**
>
> 隋唐时期教育发展进入一个新的历史阶段。重新统一的封建国家,实行中央集权的行政制度。生产的恢复和发展带动了经济繁荣,为文化教育的发展提供了条件,京都长安成为东方文化会合交流的中心。统治集团的文教政策在调控教育事业的发展方面起着重要的作用。儒、道、佛三教在文教领域里各有积极的表现,比较起来,还是世俗化的儒学历史贡献较大。隋唐文教发展值得重视的,是有些历史性的创新:科举考试选官制度建立,并进而支配学校教育;学校教育制度实行官学与私学并举,地方官学与中央官学衔接,形成学校系统;培养人才的教学内容得以贯彻,人文理论与应用科技兼备;学校内部管理在总结历史经验的基础上,形成了一套较完整的制度;新的教育组织形式——书院适应时代需要而产生,对民族文化发展传承开始发挥作用。教育思想家以韩愈为主要代表,他的人性论、教学论、教师论有独立见解,产生较大的历史影响。

隋(581—618年)唐(618—907年)时期的教育,是适应隋唐社会政治、经济、文化发展的需要进行较大变革而形成的,是中国教育发展历史过程的一个重要阶段。

581年,杨坚篡夺北周政权而建立隋朝,史称隋文帝;589年又攻灭南朝的陈国,结束长达300多年分裂对立的局面,形成南北统一的中央集权国家。隋朝进行政治改革,在中央创设三省六部制,六部有明确分工,三省相制衡,决策权归于皇帝;在地方将州、郡、县三级制改为州县二级制,达到裁减冗官、提高效率的目的。这套政治制度尚未充分发挥应有的作用,因隋炀帝施行暴政引起农民起义,使隋朝短命灭亡。唐朝继起,吸取隋亡的教训,改变了路线和政策,政治上继续实行中央集权的三省六部制和地方的州、县制,增设巡察使分道监督州县官吏,加强中央对地方的控制。为巩固中央集权统治,还对法律进行改革。官制的改善,法制的健全,为教育发展创造了良好的环境。

隋、唐推行均田制和租庸调制,使农业生产得到恢复和发展,从而促进手工业和商业的发展,为城市的兴起与经济的繁荣提供了丰富的物质条件。在此基础上,文化教育获得较大发展而达到鼎盛时期。唐朝在当时是世界上最先进的国家,是世界贸易和文化交流的中心。

## 第一节 隋唐的文教政策

在不同的历史时期,因政治经济的变化有不同的文教政策,都直接影响文教事业的发展。隋唐时期有多方面的因素影响文教政策的选择和调整,所以也就出现文教政策有阶段性的变化。在儒学德治思想的主导下,隋唐在开国之初都曾实行崇儒兴学政策,作为推行教化的根本;又兼利用佛教与道教,作为控制民众思想的工具;积极发展科举,作为选拔人才、改进吏治的重要途径;提倡民间办学,听任私学发展,以补充官学在初等教育方面的不足。

### 一、崇儒兴学

隋文帝为了巩固中央集权统治的需要,选择儒学作为政治指导思想,制定德治路线,开皇三年(583年)在诏书中宣布:"朕君临区宇,深思治术,欲使生人从化,以德代刑。"而德治路线的贯彻,就要推行儒学主张的礼教,在同年的《劝学行礼诏》强调:"建国重道,莫先于学,尊主庇民,莫先于礼。……始自京师,爰及州郡,宜祗朕意,劝学行礼。"要宣扬礼教,就需要利用学校教育机构。隋文帝从治术(稳固统治的方法)出发,崇尚儒学和兴办学校。他认为儒学在思想教化和人才培养方面有重要的作用:"儒学之道,训教生人,识父子君臣之义,知尊卑长幼之序,升之于朝,任之以职,故能赞理事务,弘益风范。朕抚临天下,思弘德教,延集生徒,崇建庠序,开仕进之路,伫贤隽之人。"(《简励学徒诏》)。在兴办学校过程中,隋文帝由开始的务广,后来转而务精,认为与其多而广未能出人才,不如少而精能出一部分人才。他不是采取教学改革,而是紧缩学校,使学校教育发展受到极大挫折。隋炀帝即位后,大业元年(605年)宣布《求贤兴学诏》:"君民建国,教学为先,移风易俗,必自兹始。……其国子学等,亦宜申明旧制,教习生徒,具为课试之法,以尽砥砺之道。"他把被隋文帝精简而停办的国子学、州县学重新恢复起来。

唐朝建立后,统治集团总结隋兴亡的经验教训,在政治上还是选择儒学为指导思想,把尊儒的旗帜举得更高,确定崇儒兴学的文教政策。武德二年(619年)《令国子学立周公孔子庙诏》就表明"朕君临区宇,兴化崇儒"。七年《兴学敕》又宣称"自古为政,莫不以学为先。学则仁义礼智信五者俱备,故能为利深博。朕今欲敦本息末,崇尚儒宗,开后生之耳目,行先王之典训。"崇儒兴学政策的实施,使学校得到恢复,奠定了进一步发展的基础。唐太宗当政的贞观年代,重新明确和平时期实施文治路线,贯彻崇儒兴学的政策。他在《帝范·崇文》有概括的说明:"夫功成设乐,治定制礼,礼乐之兴,以儒为本。弘风导俗,莫尚于文,敷教训人,莫善于学。因文而隆道,假学以光身。"改变社会风俗,最上策是依靠学校,推行文教,实施普遍道德教化。唐太宗采取一些有效的措施,使学校教育的发展出现昌盛的局面。唐高宗时是贞观政策的延续,发展势头不减,所以被刘祥道形容为"今庠序遍于四海,儒生溢于三学"。

武则天当政时,文教政策发生了大转折。她尊佛抑儒,重科举轻学校,使贞观以来发展的官学处于荒废状态。

到唐玄宗当政的开元年代,又恢复崇儒兴学的文教政策,使学校教育再次得到发展,并形成法定的制度。以后的当政者都表示要追随贞观开元崇儒兴学的政策,唐宪宗元和元年(806年)四月,国子祭酒冯伉《奏整顿学事》重申:"国家崇儒,本于劝学,既居庠序,宜在交修。"十四年(819年)《上尊号赦文》:"太学崇儒,教化根本。"唐武宗会昌五年正月《加尊号郊天赦文》:"宜阐儒风,以宏教化。"只是贯彻政策的程度各有不同。

## 二、兼用佛道

隋唐的统治者并不独尊儒术,对于佛、道两教同时加以利用。隋文帝为争取佛教信徒的拥护,曾大力提倡佛教,命令恢复被周武帝禁毁的寺院,听任民众出家,使佛教再度风靡天下。他在位二十余年,度僧236200人,立寺3685所,民间佛经多于儒经数十百倍。佛教得到皇帝支持,在竞争中占据优势地位。寺院是僧侣与信徒聚集的会所,佛教传播的据点,也是佛教的教育机构。隋炀帝是天台宗奠基者智顗的弟子,他也积极扶持佛教,使佛教在服从皇权、维护名教的条件下进一步发展。

隋文帝在提倡佛教之时,也没有放弃道教。他利用道士焦子顺编造"受命之符"影响舆论,而夺取北周政权,即位之后又经常召见这位天师商议军国大事。道教的地位仅次于佛教。

唐高祖武德年间实行道儒佛并用的政策,他说:"三教虽异,善归一揆。"出于巩固皇权的政治需要,利用机会制造"皇权神授"的舆论,尊道教始祖李耳为"圣祖",李唐宗室就算是李耳的后裔,借此提高宗室的社会地位。李姓皇帝都崇奉道教,扶植道教,规定道教居三教之首,三教全在他们控制利用之中。唐太宗不喜佛,指责迷信佛教荒谬,但对玄奘取经回来却加以赞扬,支持他译经,还为他写了《大唐三藏圣教序》。唐高宗崇奉道教,且有实际行动。他亲自去亳州谒老君庙,上尊号"太上玄元皇帝",又令百官学《老子》,举子也习《老子》,使道教在全国发展。武则天先迎合唐高宗,后来大权在手就反其道而行。她为争取佛教徒的拥护,大力扶植佛教,宣布佛教居首,道教受抑而居其次,儒则落到第三位。从此,佛教势力极度膨胀,天下财富佛教占有七八,与国家利益发生矛盾。唐玄宗崇奉道教,他认识到佛教势力有潜在的危险。他当政后即对文教政策做了大调整,抬高道教,令两京及诸州各置玄元皇帝庙,依道法斋醮,建崇玄学,每家藏一《道德经》,征召道家学者,这种全国性的崇道措施是前所没有的。他还从维护政权需要人才出发,提倡发展儒学,并使传授儒学的国子监和州县学制度化。他封孔子为文宣王,依法行释奠礼,春秋致祭。他对佛教则加以抑制,禁止造寺,禁止出家,禁止铸佛写经,禁止百官与僧尼往来,以致佛教只能维持旧状。唐玄宗以后的皇帝,亦都为实施三教兼用,只是利用的程度不同而已。

社会的动荡,为佛教、道教的活动提供机会,两教竞相对统治者施加影响。哪一宗教争取支持成功,就借助政治力量推行其宗教而占据上风。唐宪宗信佛,迎佛骨入宫供奉祈福,助长佛教风靡一时。唐武宗信道,听从道士的建议,下令毁佛寺,迫僧尼还俗,打击了佛教,道教一时占据优势地位。继其位的唐宣宗当政,实行相反的宗教政策,佛教又再度恢复。总之,兼用佛教、道教是不均衡的,时有起伏。

### 三、发展科举

隋文帝为了加强中央集权,把任用官吏的权力收归中央,废除由士族门阀垄断的九品中正制。他先恢复利用察举制度来解决官员补充问题,然后对察举制度进行改革,把察举的设科、推荐、考试,与地方按行政区定时、定额、定科选送人才结合起来,逐步形成以文化才能为选拔标准的科举考试制度。又把官学培养人才的制度与科举考试制度衔接起来。开皇七年(587年)"制诸州岁贡三人",这标志着察举制向科举考试制度转变的开始。开皇十八年(598年)诏"以志行修谨、清平干济二科举人",朝着设科方向发展。隋炀帝大业二年(606年)秋七月"始建进士科"(《通鉴纲目》卷三六),标志着科举考试制度的形成。他十分重视以科举选拔人才充任官员,并根据行政管理上多方面的需要,提出十科举人,并表示要"随才升擢"。大业五年,精简为四科举人,突出强调选拔有实际才能的人才。他认为,战乱时期与和平发展时期所需的人才不同,和平发展需要立政经邦之才,必须要有专长。

唐代承续隋代科举考试制度,武德四年(621年)恢复科举。五年三月诏曰:"择善任能,救民之要术,推贤进士,奉上之良规。自古哲王,弘风阐教,设官分职,惟才是与。"科举考试是为了选官,目的非常明确。李肇《唐国史补》卷下:"进士科,始于隋大业中,盛于贞观、永徽之际。"贞观年代,科举考试制度进一步发展,确立为一种常规的以考试选拔人才的制度。唐太宗在贞观二年(628年)曾说:"为政之要,惟在得人,用非其才,必难致治。"(《贞观政要·崇儒学》)他的目的很明确,科举所要选拔的是从政治民的管理人才。唐高宗当政时,科举也盛行,除了常科每年举行之外,他还重视制科,根据需要设置科目,不定期举行。武则天重科举轻学校,特别侧重利用科举吸纳人才,她在《求贤制》说:"不凭群彦,孰赞皇猷!"她的创新之举在于下令开设武科,以吸纳军事人才。

科举考试录取的人数,起初名额较少,后来逐渐放宽。唐睿宗景云元年(710年)《申劝礼俗敕》规定:"每年贡明经进士,不须限数,贵在得人。"同年《博采通经史书学兵法诏》:"才生于代,必以经邦,官得其人,故能理物。朕膺大宝,慎择庶僚,延伫时英,无忘终食。"唐玄宗在先天二年(713年)《命诸州举贤才诏》说:"致化之道,必于求贤,得人之道,在于征实。"开元二十五年(737年)《条制考试明经进士诏》说:"致理兴化,必在得贤。强识博闻,可以从政。且今之明经进士,则古之孝廉秀才。"唐德宗贞元元年(785年)《南郊大赦天下制》说:"致理之本,在乎审官,审官之由,贵乎选士。"这表明唐代实行以科举考试选官的制度。

## 四、任立私学

隋唐时期,私学受重视,鼓励私学发展成为政府的政策之一。

隋文帝开皇三年(583年)《劝学行礼诏》提出:"建国重道,莫先于学,尊主庇民,莫先于礼。……今者民丁非役之日,农亩时候之余,若敦以学业,劝以经礼,自可家慕大道,人希至德。岂止知礼节,识廉耻,父慈子孝,兄恭弟顺者乎?始自京师,爰及州郡,宜祗朕意,劝学行礼。"此诏书是对各级官员的命令,也是对全国民众的号召,他把所有的民众都作为教育的对象,要求利用闲暇时间学经习礼。政府提倡民间办学,听任私人自由设置,不施加限制。社会上一些有文化知识的人士,从事民间教学,以为谋生职业。私学从初等到高等,程度不一。其中不乏术业有专攻的学者,他们或被推荐参加制举,或被直接征召任用。

唐代继续提倡私学。武德七年(624年)《置学官备释奠礼诏》:"州县及乡里,各令置学。官僚牧宰,或不存意,普更颁下,早遣修立。夫安上治民,莫善于礼,出忠入孝,自家刑国,揖让俯仰,登降折旋,皆有节文,咸资端肃。末业疏惰,随时将废。凡厥生民,各宜勉励。"州学县学是由政府办理的地方官学,县以下的乡里,政府不派官办学,由民间人士自己筹办,自己经管,政府鼓励私学并要求私学在施行礼教、移风易俗方面发挥其作用。唐中宗景龙四年(710年)《集学生制》:"古之教者,家有塾,党有庠,术有序,国有学,盖立训之基也。故上务之则敦本,下由之则成俗。"政府要求效法古代,自下而上各级行政组织都要设教育机构,其下层则是乡里所办的民间私学。唐睿宗景云元年《申劝礼俗敕》:"庠序者,风化之本,人伦之先,仰州县劝导,令知礼节。"强调民间私学要施行礼教,这是比较一贯的。

唐玄宗当政时,对于私学更加重视和强调。开元二十一年(733年)《每年铨量举送四门俊士敕》:"诸百姓任立私学,其欲寄州县学授业者亦听。"开元二十六年《亲祀东郊德音》:"古者乡有序,党有塾,将以弘长儒教,诱进学徒,化人成俗,率由于是。斯道久废,朕用悯焉。宜令天下州县,每一乡之内,里别各置学,仍择师资,令其教授。"里这一最基层的行政组织,各自设置学校,政府并不承担筹办责任。私学教师是自由职业,不属政府官员编制,也不必政府花费财政开支,他们承担基础教育和专业教育的职责,为社会培养有文化的人才、为地方移风易俗服务,文化程度高的人才则经过参加科举而为国家所用。

## 第二节　隋唐学校教育的发展

### 一、学校因时而起伏

隋朝存在38年,学校发展呈现两起两伏,都与政策有关。

隋朝建立后,进行一些政治改革,两年后终于稳定。潞州刺史柳昂见天下无事,于开皇三年(583年)上表建议"劝学行礼",隋文帝接受建议,下诏全国"劝学行礼",鼓起隋初的兴学运动,从京师到州县,皆设置博士讲习礼教。《隋书·儒林传》说起当时盛况:"京邑达乎四方,皆启黉校。"此次兴学,成就颇为可观,隋文帝自称:"朕抚临天下,思弘德教,延集生徒,崇建庠序,开进仕之路,伫贤隽之人,而国学胄子,垂将千数,州县诸生,咸亦不少。"

隋文帝晚年,对儒学的态度有很大改变,《儒林传》载:"及高祖暮年,精华稍竭,不悦儒术,专尚刑名,执政之徒,咸非笃好。暨仁寿间,遂废天下之学,唯存国子学一所,弟子七十二人。"对于废学的原因,他在《简励学徒诏》指责官学未能提供人才,"徒有名录,空度岁时,未有德为代范,才任国用。良由设学之理,多而未精。今宜简省,明加奖励"。州县学停废,国学压缩,这是学校教育发展的一次重大挫折。

直至大业元年(605年),隋炀帝复开庠序,颁《劝学诏》:"其国子等学,亦宜申明旧制,教习生徒,具为课试之法,以尽砥砺之道。"《儒林传》载:"炀帝即位,复开庠序,国子郡县之学,盛于开皇之初。"这表明被停废的学校再度恢复,而且还有所发展。大业年间学校教育的繁盛仅十多年,因为战争,又造成学校荒废,师徒息散,空有建学之名,而无弘道之实。

唐朝继隋而起,存在290年,大致以"安史之乱"为界,可分为前后期。前期学校教育的趋势是发展,后期学校教育的趋势是衰落,全过程亦有多次的起伏。

唐朝建立时,郡雄争夺统治权的战争尚未结束,武德年代恢复官学,中央三学(国子、太学、四门)学生342员,郡县学学生也有定员,是当时指令性的计划,只是部分具备条件的地方才能实现。

贞观年代,由于唐太宗贯彻崇儒兴学政策,学校教育迅速发展达到高潮。私学与官学、地方官学与中央官学,不同层次学校相互衔接,多种类型附设学校,培养各类专门人才,形成较完整的学校体系。唐高宗当政时,政策未有大变,学校教育还能保持正常规模。

武则天当政年代,文教政策改变,崇佛抑儒,重科举轻学校。陈子昂于光宅二年(685年)上《谏政理书》指出:"国家太学之废,积岁月矣。学堂芜秽,殆无人踪,诗书礼乐,罕闻习者。"韦嗣立于圣历二年(699年)《请崇学校疏》指出:"国家自永淳(682年)已来,二十余载,国学废散,胄子衰缺,时轻儒学之官,莫存章句之选。"由于武则天不肯采纳保持学校的建议,使学校继续荒废,这是唐前期学校教育低谷时期。

唐玄宗当政,学校教育才得以恢复,再度发展达到繁荣程度,并建立了一套较为完整的官学管理制度,各层次官学有了法令规定的名额,这种局面持续了将近半个世纪。

"安史之乱",使学校教育受到极大的破坏。战后相当长的时间难以恢复,即使有所恢复也难于达到以前的规模。由于不同阶段的当政者有不同的政策和措施,往往造成学校发展的起伏波动。

唐代宗永泰年间、唐宪宗元和年间、唐文宗太和年间都曾下令强调学校整顿,但都只能取得短期效果,或是使国学恢复教学活动,或是使国学保持一定规模,或是使国学管理保持正常秩序,都无法推动官学教育复兴,再现贞观、开元年间官学教育的辉煌。

李绛《请崇国学疏》指出:"故太学兴废,从古及今,皆兴于理化之时,废于衰乱之代。"可见学校教育是在具体的社会条件下发展的,而政治对学校教育的影响最为关键。

## 二、中央官学

### (一) 中央专设的学校

#### 1. 隋代中央专设的学校

隋代中央官学初称国子寺,隶属于太常寺。国子寺的教育行政官员是国子祭酒一人,主簿一人,录事一人。因国子寺规模扩大,学生增多,事务日益繁杂,事事都要向太常寺请示,已不利于国子寺学务的开展,需要分离独立才有利于发展。开皇十三年(593年),"国子寺罢隶太常"。国子寺独立后改名称为国子学。大业三年(607年)改国子学为国子监,教育行政人员增设司业一人,丞三人,并对分工作了适当的安排,明确各人承担的责任。

《隋书》卷二八《百官志》:"国子寺统国子、太学、四门、书、算学,各置博士、助教、学生等员。"各学基本情况简介如下:

国子学,原本是为"殊其士庶,异其贵贱"而特设的,专收贵族及高官子弟。国子博士(正五品)5人,负责分经教授。助教(从七品)5人,助国子博士分经教授。国子学生140名,有缺则补。

太学,学生来源和学习要求与国子学不同,"国学以教胄子,太学以选贤良",太学以教授五经为主要的学习内容。太学博士(从七品)5人,分经教授。助教(正九品)5人,助太学博士分经教授。太学生360人。其门第品级要求低于国子学。

四门学,以五经传授为主要教育内容。四门博士(从八品)5人,分经教授。四门助教(从九品)5人,助四门博士分经教授。四门学生360人,从地方州县选送,多属于庶族优秀子弟。

书学,隋代创设,颇受重视,教授汉字"六书"的构造原则和文字"八体"的不同写法,培养书法的专门人才。书学博士(从九品)2人,助教2人。书学生40人,选自庶族子弟。

算学,隋代创设,培养天文、历法、财务、工程等方面的专业计算人才,以算学专书为主要学习内容。算学博士(从九品)2人,助教2人,算学生80人。

#### 2. 唐代中央专设的学校

(1) 中央教育机构由附属改为独立设置

武德年间以国子学隶属太常寺,管理国子学、太学、四门学等三学,这是恢复旧传统以精简行政机构的做法。这三学虽有等级差别,学生身份也不同,如从学习内容来看,都是学习儒学的高级学校,实是同一类型的学校。

贞观元年(627年)五月,令国子学脱离太常寺,改称国子监,成为与太常寺平行的独立机构。国子监既成为中央政府教育行政机构,可直接对皇帝负责,也要接受上级机关礼部的统调指导;它又是国家最高学府,实际培养统治人才为国家所用,具有两方面的职能。国子监的设立,标志着国家对培养统治人才的重视,学校管理走向专门化,以适应教育事业大规模发展的需要。以后虽有改朝换代,国子监仍然长期延续存在,直到清末学部成立为止。

(2) 国子监作为教育行政机构的官员及分工

国子监作为行政机构，下设几个部门，分工管理监内教育的有关事务，有各自不同的职责。

国子祭酒 1 人，从三品，掌管监学训导之政令。

国子司业 2 人，从四品下，作为祭酒的副手，通判监事。

监丞 1 人，从六品下，掌日常行政全面事务。

主簿 1 人，从七品下，掌印，训导学生与执行学规。

录事 1 人，从九品下，掌来往文书，收发记录。

以上品官 6 人。还有非品官的事务人员，府 7 人，史 13 人，亭长 6 人，掌固 8 人，合 34 人。全监的品官和事务人员总共 40 人。

唐代除了长安京城，还有洛阳东都。唐高宗龙朔二年（662 年）正月设立东都国子监，当时管理人员有监丞 1 人，主簿 1 人，录事 1 人，还有不等的事务人员。

(3) 国子监规模的发展变化

国子监作为国家高等教育机构，其规模不是一成不变，而是不同时期不同条件下有不同的规模。

武德初，国子学始置，国子生 72 人，太学生 140 人，四门生 130 人，三学总共学生 342 人。

贞观元年国子学改称国子监，二年增设新专业书学与算学，六年再增设新专业律学，此后六学的规模继续扩大，各增加学官与学生，学生人数达 3260 人。有讲学活动时，最多达 8000 人，中央官学极其繁荣昌盛。

开元年代是政局稳定的和平发展阶段，政府对教育的重视，使中央官学发展达到适应国家需要的稳定规模，以法令的形式使之制度化，并载入《唐六典》。博士、助教、学生人数多少都有定额，能按制度规定给予物质供应，保证他们正常的教学生活。

表 6-1 开元年代国子监学官学生定额

| 所属学校 | 学官定额 | | 学生定额 |
|---|---|---|---|
| | 博士 | 助教 | |
| 国子学 | 2 | 2 | 300 |
| 太学 | 3 | 3 | 500 |
| 四门学 | 3 | 3 | 500<br>800 |
| 律学 | 1 | 1 | 50 |
| 书学 | 2 | | 30 |
| 算学 | 2 | | 30 |
| | | | 2210 |
| 广文馆 | 4 | 2 | 无定额 |

说明：① 六学的编制依据《唐六典·国子监》；
② 广文馆增设于天宝九年，编制依据《新唐书·百官志》；
③ 四门学招收文武官七品以上及侯、伯、子、男之子为学生者 500 人，招收庶人之子为俊士生者 800 人。

"安史之乱"后，中央官学的恢复和整顿都缺乏明确的数据，到元和二年（807 年）重新确定两监的定额，才有可能来做前后变化的比较。现依据《唐会要》卷六六《国子监》与《新唐书》卷四八《国子监》所提供的史料,来了解元和二年确定的国子监学生定额。

从表6-2列举的数字,说明元和年代虽然整顿,两监学生的定额只650人,仍远不如开元年代国子监学生定额的规模。问题是以后还难以维持这一规模。长庆元年(821年)国子祭酒韩愈《请复国子监生徒状》只申请先给274名监生的厨粮,可见受到科举考试的冲击,在监修业的学生日益减少,其规模在萎缩衰落。

表6-2 元和二年国子监学生定额

| 所属学馆 | 西监 | 东监 |
|---|---|---|
| 国子馆 | 80 | 15 |
| 太学馆 | 70 | 15 |
| 四门馆 | 300 | 50 |
| 广文馆 | 60 | 10 |
| 律 馆 | 20 | 5 |
| 书 馆 | 10 | 3 |
| 算 馆 | 10 | 2 |
|  | 550 | 100 |
| 两监合计学生定额650 | | |

3. 中央专设学校的管理

唐代继承了隋代中央官学的一些管理制度,并根据学校规模的扩大而加以发展。贞观时已建立的一些管理制度,之后陆续又有些补充调整。直到开元年代,才把有关的学令集中整理,载入《唐六典》,成为国家的法制,其重要意义是使教育工作有法可依,对以后的教育管理能加以规范。后来的管理者凡是要对学校进行整顿,往往引据《唐六典》。直到五代,《唐六典》还在继续发挥它的作用。

唐代官学教育管理制度最重要的是以下几项:

(1) 入学制度

唐代中央官学实行等级入学制度,贵族与官僚的子弟有优先入学的特权,学生按出身门第的高低、父祖官位的品级入相应的学校。

国子学接受文武官三品以上及国公子孙、从二品以上曾孙之为生者。

太学接受文武官五品以上及郡县公子孙、从三品曾孙之为生者。

四门学接受文武官七品以上及侯伯子男子之为生者,或庶人子有文化知识经考试选拔为俊士者。

律学接受文武官八品以下子及庶人子之通其学者为生。

书学接受文武官八品以下子及庶人子之通其学者为生。

算学接受文武官八品以下子及庶人子之通其学者为生。

广文馆接受将应进士科考试者申请附监读书备考。

凡申请入国子监的学生,年龄也有一定的限制。一般限年14岁以上,19岁以下;律学18岁以上,25岁以下。唯有广文生不受年龄限制。

(2) 学礼制度

束脩之礼:学生初入学,约定时日,穿好制服,隆重举行拜师礼,师生见面,表示建立师生关系,礼制还规定向学官敬献礼物:束帛一筐(国子生、太学生各绢三匹,四门生各绢二匹,俊士及律、书、算学生各绢一匹),酒一壶,脩一案,称为束脩礼。

国学释奠礼:礼制规定,每年春秋季第二月上丁日,行释奠礼于先圣庙,全体学生学官都要参加行礼仪式,还要奏请在京文武七品以上清资官并从观礼。祭酒为初献,司业为亚献,博士为终献。行礼完毕,接着举行讲学活动,执经论议,不同见解可责疑问难,相互交流。

贡士谒见及使者观礼:贡士拜谒先师,始于开元五年,从此成为法定的礼制。每年诸州贡士明经进士朝见完毕之后,接下一项活动就是引导到国子监拜谒先师,两馆及监内得举人亦参加行礼活动,学官为他们举行讲学活动,质问疑义。当日,清资官五品以上及朝集使,并往观礼。又外国使者来唐,朝见之后,并引导至国子监参观,感受中华的文化礼教。

通过这些定期性的隆重礼仪活动,使学生受到崇儒尊师、登科从政的教育,从思想上受到一定的熏陶。

(3) 教学制度

国子学、太学、四门学从学习的课程内容来看是儒学经典。其教授之经,以《周易》、《尚书》、《周礼》、《仪礼》、《礼记》、《毛诗》、《春秋左氏传》、《公羊传》、《谷梁传》各为一经,《孝经》、《论语》、《老子》兼习之。《礼记》、《左传》为大经,《毛诗》、《周礼》、《仪礼》为中经,《周易》、《尚书》、《公羊》、《谷梁》为小经。通二经者,大经、小经各一,或中经二。通三经者,大经、中经、小经各一。通五经者,大经皆通,余经各一,《孝经》、《论语》兼通之。凡习《孝经》、《论语》共限1年,《尚书》、《公羊传》、《谷梁传》各1年半,《易》、《诗》、《周礼》、《仪礼》各2年,《礼记》、《左氏传》各3年。博士、助教分经授诸生,未终经者无易业。五分其经以为业,《周礼》、《仪礼》、《礼记》、《毛诗》、《春秋左氏传》,三学各五分诸生以习业。学书,日纸一幅,间习时务策,并读《国语》、《说文》、《字林》、《三苍》、《尔雅》。

律学,以学习唐律令为专业,格式法例也兼习之。

书学,以学习《石经》、《说文》、《字林》为专业,余字书也兼习之。《石经》三体书限3年,《说文》2年,《字林》1年。

算学,以学习算经为专业,课业分为两组,习《九章》、《海岛》、《孙子》、《五曹》、《张丘建》、《夏侯阳》、《周髀》、《五经算》15人,习《缀术》、《缉古》15人。《记遗》、《三等数》亦皆兼习之。《九章》、《海岛》共限3年,《张丘建》、《夏侯阳》各限1年,《孙子》、《五曹》共限1年,《周髀》、《五经算》共限1年,《缀术》4年,《缉古》3年。

广文馆,以进士科三场考试的帖经、杂文、时务策为学习内容。

(4) 考核制度

国子监为了督促学生课业,每阶段都有考试,考试形成系列,发展过程有些演变,但考试始终作为考核的基本手段而运用。

旬试,每旬休假前一日举行考试,由博士主持。方式有二,试读者,每千言试一帖,帖三言;试讲者,每两千言问大义一条,总试三条,通二为及格,通一及全不通者有罚。

月试,每月第三次旬试就是月试,试一月内所讲习的内容。旬试与月试结合,循环进行,使博士与学生都承受周期性过重的精神负担,需要精简,后来就放弃旬试而保留月试,每月有考试成绩记录。

季试,由于政局变化,管理松弛,要求降低,不举行月试,只举行季试。广文生也用季试。

岁试,考查一年的学业,口问大义十条,通八为上,通六为中,通五为下。

毕业试,每年有学业完成,能通两经以上的明经或进士而欲求出仕者,登记名册,上报于监,由祭酒、司业、监丞考查其学业。毕业试等于是应科举的资格考试,"其试法皆依考功"。对明经试帖经(十帖通五)、口试(十通六)、时务策(三道);进士试帖一大经(十帖通四)、试杂文(两道)、时务策(五道)。明法,试律令每部十帖(十帖通八);策试律七条令三条(十通八)。明算,各试所习学业,《九章》三帖,其余七部各一帖(十帖通六);《缀术》六帖,《缉古》四帖(十帖通六);《记遗》、《三等数》(十帖通九);又录大义本条为问答。可见不同科目考试的要求有一定差别。

毕业考试合格者,名册经祭酒审阅,然后报送礼部,参加科举考试。

(5) 惩罚制度

国子监主簿负责执行学规,督促学生勤学,保证国子监的教学和生活秩序。据《唐六典》所载的规定,有以下的情节,要给予惩罚处分:

不率师教:不肯听从老师教诲的学生,要报告祭酒,按国子监规定,开除其学籍,令其退学。

学业无成:学业不能进步,连续三年成绩不合格,在学达九年者,律生在学达六年者,令其退学。

假违程限:有事请假回乡,岁中违程满三十日,事故百日,亲病二百日,超过期限,没有充分理由,不如期返学者,要作退学处理,并将退学处理通知原籍政府。

作乐杂戏:在监舍之内,喧闹扰众,影响正常秩序,也要作退学处理。

元和元年(806年),国子祭酒冯伉《奏请整顿学事》对惩罚的规定有所补充:"有其艺业不勤,游处非类,樗蒲六博,酗酒喧争,凌慢有司,不修法度,有一于此,并请解退。"礼部所补学生入监学习,"后每月一度试,经年等第不进者,停厨,庶以止奸,示其激劝"。对于入监后不努力学业,而只是混着吃饭者,采取停止供饭的措施,用威胁饿饭施压,迫其上进。

长庆二年(822年)国子祭酒韦乾度《条制四馆学生补阙等奏》又对惩罚问题建议补充:如生徒"无故喧争"或"事有过误",准由监司自议处分。"如有悖慢,强暴斗打"则通知府县,"锢身递送乡贯"。

(6) 休假制度

中央官学的休假制度要顾及两方面的因素:一方面是国家有统一规定的休假制度,国子监作为中央教育行政机构必须实行国家统一规定的休假制度,学官享受政府规定的休假日,学生们也跟着学官休假;另一方面中央官学又是教育机构,以学生为教育对象,学生与官员情况不同,其所处的社会地位,决定其义务和职责,有其需求,要适当安排其学习和休息,保证其身心健康发展。两方面结合起来考虑,安排学校常规的休假,有旬假、田假、授衣假。旬假,每10日一休沐日,学校与行政机构统一休息。古代一旬10天,学校中8天用于习业,1天用于旬试,接着1天作为旬假,可以看为一个小阶段的小休整。田假,在五月收种农忙时放假15天。授衣假,九月秋凉要准备冬衣之时放假15天。这两次较长休假,学生可以回家省亲或处理个人的事务。若路程超过200里,还可以根据超过的路程分别增加路程假。这种休假制度,反映了农业社会的人性关怀。

(二) 中央附设学校

唐代还有些官学不是独立设置,而是利用行政部门人才资源和业务设备的资源,附设一些学校,并由这些部门管理。

表 6-3 唐代中央附设学校

| 管理部门 | | 学校 | 学官定额 | | 学生 | 招生对象 | 学习内容 |
|---|---|---|---|---|---|---|---|
| | | | 博士 | 助教 | | | |
| 东宫 | | 崇文馆 | 2 | | 20 | 以皇缌麻以上亲,皇太后、皇后大功以上亲,宰相及散官一品、功臣身食实封者,京官职事从三品,中书黄门侍郎之子为之 | 凡学生教授、考试,如国子之制 |
| 门下省 | | 弘文馆 | 不定 | | 30 | | |
| 尚书省 | 礼部祠部 | 崇玄馆 | 1 | 1 | 100 | 官秩荫第同国子 | 习《老子》、《庄子》、《文子》、《列子》 |
| | 太常寺 | 太乐署 | 乐舞学 | | | 舞郎140、散乐382、仗内散乐1000 | 各习其专业 |
| | | 太医署 | 医药学 | 医 1<br>针 1<br>按摩 1<br>咒禁 1<br>药师 2 | 1<br>1 | 40<br>20<br>15<br>10<br>8 | 取庶人十六以上二十以下 | 各习专业之知识技术 |
| | | 太卜署 | 卜筮学 | 卜 2 | 2 | 45 | | |
| | 太仆寺 | 兽医学 | 兽医 1 | | 100 | 以庶人之子考试选录 | 兽医专业之知识技术 |
| | 少府监 | 工艺学 | | | | | 掌教百工杂作之技工,依工艺技术之难度,有限四年成、三年成、二年成、一年半成、一年成、九月成、三月成、五十日成、四十日成 |
| 秘书省太史局（司天台） | | 天文学<br>历数学<br>漏刻学 | 2<br>2<br>6 | 1 | 60<br>36<br>5<br>360 | | 各习专业之知识技术 |
| | | 贵胄小学 | | | | 皇族子孙及功臣子弟 | |
| 内侍省掖庭局 | | 宫教馆 | 宫教 2 | | | | 掌教宫人书算众艺 |

说明：① 秘书省太史局天文学生60人；历数学中历学生36人，装书历生5人；漏刻学生360人。

在唐代中央行政机构附设的学校中,有部分实科学校,医药学校就是较有代表性的实科学校。

中国设置医学始于南朝宋元嘉二十年(443年),但只存在10年就被省去。到隋代再设医学,才延续下来。唐代继承隋的医学教育,并有较大的改革与发展。可以根据《唐六典》卷十四《太常寺》和《新唐书》卷四八《百官志》了解唐代的医学教育制度的基本情况。

唐代的医药学校,不仅具有一定的规模,还具有较完善的教育制度,虽然它附设于政府的事务部门,没有分离而独立设置,但它已实行分科分专业进行教学,各科教学内容比较明确,注重学习传统的医药经验,选用的教材是历代的医药经典,教学注重实用,读《本草》即令识药形而知药性,读《明堂》即令验图识其孔穴,读《脉诀》即令相互搭脉而知四时浮沉涩滑之状,注重临床实践能力的培养,以医疗的效果为考核成绩的依据。这种医药教育制度在七、八、九世纪是先进的,经留学生传至新罗、日本等国,对该国的医药教育产生积极的影响。

表 6-4 唐代太医署附设医药学校分科与课程

| 分科 | | 学生数 | 学习年限 | 课程 | |
|---|---|---|---|---|---|
| | | | | 基础课 | 专业课 |
| 医科 | 体疗 | 22 | 七年 | 读《新修本草》，即令识药形而知药性 | 分业教习 |
| | 疮肿 | 6 | 五年 | 读《明堂》，即令验图识其孔穴 | |
| | 少小 | 6 | 五年 | 读《脉诀》，即令知四时浮沉涩滑之状 | |
| | 耳目口齿 | 4 | 二年 | 读《素问》、《黄帝针经》、《甲乙》、《脉经》，皆使精熟 | |
| | 角法 | 2 | 二年 | | |
| 针科 | | 20 | 不固定年限以考试合格即为业成。九年无成者令其退学 | 习《素问》、《黄帝针经》、《明堂》、《脉诀》 | 习九针补泻之法，兼习流注、偃侧等图，《赤乌神针》等经 |
| 按摩科 | | 15 | 同上 | 欲使骨节调利血脉宣通之理 | 教以消息导引之法，以除人疾，凡人支节府脏积而生疾，导而宣之。若损伤折跌，以法正之 |
| 咒禁科 | | 10 | 同上 | 道禁出于道士，禁咒出于释氏 | 教习咒禁五法：存思、禹步、营目、掌决、手印 |
| 药科 | | 8 | 同上 业成补药师 | 《新修本草》 | 教习药物种植、收采、加工、药性、配合、产地、存贮 |

## 三、地方官学

隋唐的地方官学与地方的行政制度密切相关。地方的行政管理，主要是由州县两级实施，州县的官员都由中央政府吏部任命，听命于中央，统治者在全国文教领域实行崇儒兴学的政策，也推动地方政府发展州学和县学，州学县学由地方政府主办，在管理上也就从属于州县行政机构，由州县的首长州刺史、长史、县令当领导，而具体事务在州由司功办理，在县由司功佐办理。州学按专业和学生人数配备博士、助教，以掌管教学，县学则配备博士掌管经学教育。州县学生受到政府的优待，入学要申报审批。《新唐书·选举志上》说："州县学生，州县长官补，长史主焉。"

地方官学在隋代已有广泛发展，唐代对地方官学更加重视，并且有新的发展。武德初，令地方设学，并规定按郡（州）县大中小确定学生名额，后又发布诏令加以督促，地方官学就先后设立。

初设的郡（州）县学，都是以学习经典为主要内容的经学，以后就在此基础上发展新的学习内容，设置新的专业。《新唐书·百官志四下》载："贞观三年，置医学，有医药博士及学生。开元元年，改医药博士为医学博士，诸州置助教。"在地方设置医学，在教育历史上是一大创新，这体现唐太宗对民众医疗保健的关怀。再添的新内容新专业就是崇玄学。《旧唐书·礼仪志四》载："开元二十九年正月己丑，诏两京及诸州各置玄元皇帝庙一所，并置崇玄学。"崇玄学在地方设置，虽然也是新事物，意义却很不同，这体现唐玄宗对道教的提倡。地方府州一级的官学有三种类型，即经学、医学、崇玄学。崇玄学存在时间较短，经学存在的时间较长。《唐六典》修成在崇玄学设立之前，自然只记载地方官学的经学与医学。《唐六典》一些明确的规定，显示地方官学发展已达到制度化的要求。

表 6-5 隋代的地方官学

| 隋地方官学 | 学生名额 | | |
|---|---|---|---|
| | 上 | 中 | 下 |
| 郡（州）学 | 60 | 50 | 40 |
| 县学 | 40 | 30 | 20 |

表 6-6 唐代的地方官学

| 唐地方行政区 | | | 专科学校 | 教师名额 | | 学生名额 |
|---|---|---|---|---|---|---|
| | | | | 博士 | 助教 | |
| 京都府学<br>（包括京兆、河南、太原） | | | 经学 | 1 | 2 | 80 |
| | | | 医学 | 1 | 1 | 20 |
| 都督府学 | | 大 | 经学 | 1 | 2 | 60 |
| | | | 医学 | 1 | 1 | 15 |
| | | 中 | 经学 | 1 | 2 | 60 |
| | | | 医学 | 1 | 1 | 15 |
| | | 下 | 经学 | 1 | 1 | 50 |
| | | | 医学 | 1 | 1 | 12 |
| 州学 | | 上 | 经学 | 1 | 2 | 60 |
| | | | 医学 | 1 | 1 | 15 |
| | | 中 | 经学 | 1 | 1 | 50 |
| | | | 医学 | 1 | 1 | 12 |
| | | 下 | 经学 | 1 | 1 | 40 |
| | | | 医学 | 1 | | 10 |
| 县学 | 京县（包括长安、万年、河南、洛阳、太原、晋阳、奉先） | | 经学 | 1 | 1 | 50 |
| | 畿县（包括京兆、河南、太原所管诸县） | | 经学 | 1 | 1 | 40 |
| | 上 | | 经学 | 1 | 1 | 40 |
| | 中 | | 经学 | 1 | | 25 |
| | 中下 | | 经学 | 1 | 1 | 20 |
| | 下 | | 经学 | 1 | 1 | 20 |

关于博士，《封氏闻见记》卷一载："国朝以来，州县皆有博士，县则州补，州则吏曹授焉。然博士无吏职，多以醇儒处之。"州博士是由吏部授官委任的，所以州博士有官品，可以按官品获得月俸岁禄。而县博士是州长官在地方上聘请的，地位较低，待遇也差些。不论州博士或县博士，都是以教学工作为业，由"醇儒"充任。

关于学生，政府已按州县大中小规定名额，就地招生，有了缺额，才能以候补补充，成为正式学生。满额之外，还有人要求学习，愿意寄州学或县学授业，也须得到容许随班听讲，这一部分就成为附读生。附读生可等待机会转为正式生。州县学生大多数是庶族子弟。

关于学习内容，州县学生都以经学为主要本业，除此之外，还要兼习文词、史学、吉凶礼仪等，公私有礼事时，令他们参加行礼仪式，也算是实习接受教育的机会。

州县学生有几种出路：一是每年地方主管部门从州县学生中举送人才，经过考试如能录取，则升入四门学充俊士。二是通一经以上，投牒自举，经县、州选拔考试合格者，以乡贡的身份赴京参加科举考试。三是谋求任地方上小官吏，参与公共管理事务。四是自由择业。

政府设置州县学，在全国形成官学的学校教育网，此事有重大的意义。据《新唐书·地理志》

载:"开元二十八年户部帐,凡州府三百二十有八,县千五百七十三。"这是唐代强盛时期设置的州、县数量,州、县学的规模,就以中州、中县的规模计算,州学达 20336 人,县学达 39325 人,合计达 59661 人。《新唐书·选举志》曾统计唐代最盛时,京都诸学馆及地方州县学的学生达 60070 人。

地方官学按地方行政层次相应地设置,并由同层次的行政机关来领导管理,其有利的一面是使地方官学在政治上经济上都由地方行政机关来保证,其不利的一面是地方官学的兴衰,实际取决于地方当政者的思想倾向,能关注学校教育,则采取措施给予大力支持,不关注学校教育,甚至会造成学校荒废。

地方官学与中央官学比较,由于强调招生本地化,庶族子弟占多数,等级意识有所淡化。虽有定额限制不能满足所有人成为正式生的要求,但学校大门还是有条件地开放,凡愿寄学受业者,容许成为附读生,这就鼓励了好学者。地方官学虽不属中央官学领导管理,但由于所学的内容主要是儒学经典,而中央官学比地方官学程度高些,所以存在递升衔接的关系。

## 四、私学

隋唐时期的学校教育,从其办学的主体来区分,由政府办理的为官学,由民间办理的为私学,这是封建教育的两大组成部分。官学与私学所承担的教育任务的差别,就在于官学重在培养未来的官僚后备人才,以有一定文化知识的青年和成人为主要对象,学习的基本内容是儒家的经学,培养封建道德,造就行政管理人才,为国家所用;而私学除了承担基础教育这个重要任务,对儿童进行启蒙识字基础教育外,还承担比官学更广泛的民族文化传承的任务。它不局限于儒家经学,不受学术派别、学科、专业等的限制,凡是社会所需要的知识技术,都会有人要学习有人会传授。在私学场所学习到一定阶段,有的被挑选转入官学,有的另择名师,继续学习以提高文化水平,够条件就参加科举考试,若幸运被录取,则入仕从政,成为行政管理人才。而大部分人最终走入社会,从事不同的职业。私学由民间办理,虽然也要服从政府的管理,但政府对私学的管理相当放松,只要是不触犯禁令,就听任私学自由发展。因此,办学的形式、办学的规模、选聘教师、筹集经费、课程内容,都由办学的主体根据自己的实际需要和条件自主确定。私学的分布面更广,适应性更强。在社会发生动荡、战争破坏或改朝换代之时,官学会受到较大冲击而停滞或荒废,而私学虽然也受影响,但由于比较机动灵活,可以避害减灾,转移而延续,因此私学在担负民族文化传承发展中的历史作用是不能忽视的。

隋唐时期私学蓬勃发展的原因和条件:第一,社会民众的需要。由于地方官学设置限在州、县所在地各一所,名额也有严格限制,广大民众要求子弟入学受教育的愿望不能满足,只好从发展私学找出路,于是就尽可能利用各种条件,挖掘教育资源,开办私学。第二,政府政策的倡导。隋文帝实行德治,重视教化民众,强调劝学行礼,对私学的发展起了推动作用。唐初对私学也采取鼓励政策,唐高祖武德七年二月《置学官备释奠礼诏》:"州县及乡里,并令置学。官僚牧宰,或不存意,普更颁下,早遣修立。"政府只管州学、县学的办理,乡里学校则放开由民众自办,不加限制。唐玄宗开元二十一年五月《每年铨量举送四门俊士敕》重申此项政策,"许百姓任立私学"。开元二十六年正月《亲祀东郊德音》:"宜令天下州县,每一乡之内,里别各置学,仍择师资,令其教授。"政府处于提倡和监督地位,乡里学校,都由民众自主办理,所以民间私学虽有发展,却没有统一的规范。第三,隋唐经济的繁荣。隋唐都有政治较为安定的时段,和平时期利于农业经济的发展,导致经济繁荣,这是民间私学发展的基础。

私学依其教学程度有初级与高级的区分。凡进行启蒙识字教育和一般的生活与伦理常识教育为初级私学,史书中对这一层次教育活动的记载极少;凡进行专经传授或其他专业知识技术传授的为高级私学,史书中对这一层次教育活动的记载渐多。现分别略作介绍。

### (一) 初级私学

初级私学有多种办学主体和办学形式。

#### 1. 办学主体

乡学(乡校),在人烟聚集,居民较多的地方,以乡为办学主体,往往由官绅或富户提倡,带头捐献,地方人士响应,参加筹办乡学、聘请教师,本乡的子弟入学,人数略多。比如《旧唐书·苗晋卿传》:苗晋卿,上党壶关人。为魏郡太守兼河北采访处置使。请假归乡里,大会乡党。又出俸钱三万为乡学本,以教子弟。《王栖曜传》:王栖曜,濮州濮阳人,初游乡学。这些事例,表明乡学的存在不是个别现象。

村学,以村为办学主体。村学不仅招收本村子弟,邻村的儿童也可要求入学。村学的规模比乡学小,而数量要比乡学多。《纪闻·修武县民》载:开元二十九年二月,修武县某村中有小学,时夜学,生徒多宿。赵璘《因话录》卷六载:窦易直,幼时家贫,受业村学。这两个事例说明贫家子弟有部分入村学读书,有的村学还能让学生寄宿。

私塾,由塾师自己办学,自己招生教授,称之为私塾。《太平广记》卷四四《田先生》:田先生,元和中隐于饶州鄱亭村,作小学以教村童十数人。又卷一五七《李生》:李生者,居洛城徽安门内,其所居,有学童十数辈。李生甚贫窭,日不暇给。上述事例,表明当时城市乡村都有私塾,私塾有设在塾师家里,塾师也可以异地设塾。

家塾,以一家或家族为办学主体。家塾是为教自家子弟而设,一般不接受外人,但也有例外。《旧唐书》卷一七七:李德裕设有家塾以教授诸子。润州句容人刘邺七岁能赋诗,德裕对他特别怜爱,让他在家塾与诸子同砚席而学。这表明家塾也是私学的一种形式。

家学,因家庭环境的特殊条件,或因贫困无力求师,或因家人学有专攻可以教授子弟,由父母或兄长在家担当教师。唐代元稹、杨收、李绅,幼年时期都由母亲进行教授,奠定了学问基础,他们后来都登科、做官,成为名人。

#### 2. 办学形式

初级私学没有成文的制度,但遵守历史形成的习俗。

入学年龄,没有统一的硬性规定,主要看儿童成长的情况以及家长的意愿,有早进行的在四五岁,有迟进行的在八九岁,较为通行的习俗是在六七岁开始入学受教。

春季始业,这是东方农业国家的古老习俗,一般是在阴历正月中旬元宵节后入学,到十二月中旬后散学,以年为阶段,无固定的学习年限。学习多长的时间,要看商定学习哪些课程及各人学习进度的快慢而定。

单班学校,由于私学较多在乡村,学生人数不多,十多个不同年龄、不同程度的学生集中在一个教室里,由一位教师对十多个学生轮流进行教学,一个一个进行个别教授,教师没有停息,弄得很疲劳,教学效率又很低。

教学的基本内容为读、写、算。尤其是读写最受重视,占用绝大部分时间。对读的要求,在认识字的基础上,读熟,能背诵,并反复复习巩固。对写的要求,依范本字样摹写,天天练习,先求笔画正确,进一步要求结构美观,熟练之后,达到又好又快。

唐代为了进行识字阅读教学的需要,有多种教材流传于社会,可供选用。

| | |
|---|---|
| 《急就篇》 | 汉史游撰,唐颜师古注(现存) |
| 《劝学》 | 汉蔡邕撰(已佚,有辑录本) |
| 《发蒙记》 | 晋束皙撰(已佚,有辑录本) |
| 《启蒙记》 | 晋顾恺之撰(已佚) |
| 《开蒙要训》 | 马仁寿撰(现存) |
| 《千字文》 | 梁周兴嗣撰(现存) |
| 《训俗文字略》 | 齐颜之推撰(已佚) |
| 《兔园册府》 | 唐杜嗣先撰(原三十卷,今存两卷) |
| 《蒙求》 | 唐李翰撰(现存) |
| 《太公家教》 | 唐佚名(现存) |

儿童除读一些教材之外,还读在当时流行的一些优美而浅近的诗歌,教师所选皆属当代通俗的名诗。元稹《白氏长庆集序》说:"予于平水市中,见诸童竞习诗,召而问之,皆对曰:'先生教我乐天、微之诗。'"这样既可激发儿童的学习兴趣,又可调节儿童的精神状态。习诗歌诗,此后成为蒙学中一项固定的教学内容。如白居易的《〈燕诗〉示刘叟》,就是后来私学中歌诗的一首。

私塾教师以教授乡里儿童而获得有限的束脩,为其生活的基本来源。农民生产收入很低,除了保证基本生活需要和缴纳赋税之外,所剩无几,自然为子弟读书而向教师奉送束脩也很有限。如所在私学学生人数多些,塾师所获束脩还可勉强维持生活,若私学学生人数少些,则所获束脩相应减少,不足以维持生活,穷得日不暇给。所以有些塾师为了维持生活,不得不半农半教或半渔半教,获得微薄的收入以补贴生活。《太平广记》卷三〇九载:"雪人蒋琛,精熟二经,常教授于乡里。每秋冬,于雪溪太湖中流,设网罟以给食。"蒋琛较长时间半渔半教,就是不能完全脱离生产的一位私学教师。

(二) 高级私学

1. 教育对象和教师

高级私学的教育对象,是已受过初级私学教育而具有一定文化基础,要求进一步提高而受专业教育的青年,各社会阶层出身的人都有。

高级私学以教师为中心,自由设置。教师具备专门知识或广博学问,有一定的社会影响力,愿意从事教育工作,即可开设私学,聚徒教授。《新唐书》卷一五一载:蔡州人袁滋,客居荆郢间,起学庐讲授。学门敞开,随时接受学生个别入学。这种私学没有规定何时入学,何时出学,因此也就没有始业和结业的制度。学生可以自主决定是长期从师听讲,还是短期游学请益。特别是知识程度有差距的人就有所选择,要跟名师学习专业知识的人,需要较长时间跟随老师学,而已具有专业知识的人,则是为了进一步加深和提高专业素养,多采取短期游学的形式,访师请益。

《旧唐书》卷一一一《张镐传》所载张镐师事吴兢。又卷一九一《一行传》所载张遂（僧一行）为求师而到天台山国清寺向高僧请教算法，尽受其术。这两者都可视为短期游学。

求师受教不限于当面传授，也可以采取书信往来的函授形式。学生有疑惑，可以书面提问题请教教师；教师可以书面答疑，为学生解惑，这是古代的函授方式。韩愈《答刘正夫书》就是函授方式的表现，柳宗元《答韦中立论师道书》也是函授方式的表现。

高级私学需要一批师资，实际发展过程没有显出缺乏师资，这是由于多方面人士来参与充实师资队伍。

一是学有专长的人士，有一定的政治抱负，但未获得机会，就先以讲学来扩大社会影响，等待时机。如隋马光，精通《三礼》，为儒者宗仰，教授瀛博间，门徒千数。唐王质，寓居寿春，专以讲学为事，受业者大集其门。马氏成为名士，后应征召，王氏成为名士，后应科举，都出来做官。

二是在职官员，具有专门学术素养，为应学者请求，发挥其所长，于公事之余，聚徒讲学。如曹宪、尹知章，都身有官职，他们利用公余之暇讲学。

三是失职的官员，在过渡期间，暂以教授为生，待机再起。如隋刘焯，被人毁谤而除名，于是归乡教授。颜师古，失职归长安，未得调用，生活发生困难，只好暂以教授为生。

四是退休官员，不甘于无所事事而静默过日，于是归乡教授。如隋王孝籍，退职后归乡里，以教授为业。唐张士衡，原为崇贤馆学士，以老还家，复教授于乡里。王义方，由侍御史左迁莱州司户参军，秩满，家于昌乐，聚徒教授。

五是避世隐居的学者，人虽隐居，但名声在外，敬慕者寻踪而至，门下请益求教者，往来不断。隋王通，隐居白牛溪，讲学授徒，往来受业者达千余人。唐马嘉运，退隐白鹿山，而诸方来受业者至千人。阳城，隐居中条山，远近慕其德行，多入山从之学。窦常，居广陵之杨柳，以讲学著书为事，二十年不出。

高级私学教师，能坚持长期讲学不辍，需要保障一定的生活供给，基本的来源是弟子们奉送的束脩。入学之初奉送束脩是当时通行的礼节，履行这一礼节，就形成了师生关系。据孙光宪《北梦琐言》载："唐咸通中，荆州有书生号'唐五经'者，学识精博，实曰鸿儒，旨趣甚高，人所师仰。聚徒五百辈，以束脩自给。"能吸引五百弟子来学习，一个弟子送一份束脩，累积起来还是相当可观的。比较起来，高级私学教师的生活条件优于初级私学教师，他们可以衣食无忧，全身心投入讲学著书。

2. 传授内容

隋唐是中国封建社会鼎盛时期，也是文化繁荣的阶段。文化的繁荣催生多种学科的私学传授，形成这一时期私学的一大特点。从私学传授内容来区分，当时比较突显的有以下几类私学。

《三礼》学　六朝时最重《三礼》学，到唐初还保留这种风气。最著名的《三礼》专家是张士衡，他从刘轨思学《周礼》，又从熊安生、刘焯学《礼记》，后专攻《三礼》。贞观时为崇贤馆学士。张士衡以《三礼》传授，最著名的弟子是贾公彦，先参加《礼记正义》编写，后又独自撰有《周礼义疏》五十卷、《仪礼义疏》四十卷。贾公彦传授弟子李玄植，李撰《三礼音义》行于当代。其时以《三礼》研究著名的专家还有王恭、王方庆等人。

《易》学　《周易》与《老子》、《庄子》并列，称为"三玄"。不仅在官学作为课程传授，民间也长期有人传授。尹知章，绛州翼城人，少勤学，尽通诸经精义，尤明《易》及《庄》、《老》玄学。知章虽居吏职,归家则讲授不辍,远近咸来受业,其有贫匮者,知章尽其家财以衣食之。开元六年卒,年五十余。门人孙季良等,立碑于东都国子监门外,以颂其德。尹知章是当时研究《易》的专家,把传授看作是自己的历史使命,他不仅是义务讲授,还为贫困的学生提供衣食,难怪他的弟子要为他立碑颂德。大历时,蔡广成《易》学名家,他讲学授徒,产生较大社会影响。开成年间,上元瓦官寺僧守亮,精通《周易》,时李德裕镇浙西,守亮初次与李德裕见面谈话,令李德裕信服,于是下令于府中设讲席,凡从事以下,皆来听讲,逾年方毕。

《春秋》学 隋唐时期研究《春秋》比研究《周易》更为广泛,为的是学习历史,总结治国经验教训,明辨为人处世的是非,民间多有专家传授。如隋徐文远,洛州偃师人,其兄于长安以卖书为业,文远日阅书于书店,博览《五经》,尤精《春秋左氏传》。文远为人方正淳厚,有儒者风。窦威、杨玄感、李密皆从其学。顾彪,苏州吴人,精于《春秋左氏传》,讲授于乡里。乡人朱子奢从之习《春秋左氏传》,并以专精而闻名。啖助,赵州人,博通经术,不守章句,曾任丹阳主簿,秩满即隐居著述。他深研《春秋》,考核《三传》短长,撰成《春秋集传集注》及《春秋统例》。其弟子著名的有赵匡、陆质。赵匡撰有《春秋阐微纂类义统》,陆质著有《春秋集传纂例》、《春秋微旨》、《春秋集传辨疑》等。大历时,啖助、赵匡、陆质是研究《春秋》的名家,在学术上有深远的历史影响。

《汉书》学 自汉以来,史书受到重视,借鉴历史经验以处理时事的客观需要,促使有些学者专攻《史记》、《汉书》,因此研究《史记》、《汉书》成为专学,《汉书》尤其受到关注,名家传授不绝。隋包恺,精究《汉书》,学者尊为宗匠,聚徒教授,著录者数千人。唐颜师古,精研《汉书》,所撰《汉书注》因解释详明而大行于时,研究《汉书》者皆推荐为必读书,至今仍为《汉书》研究者的重要依据。贞观年代《汉书》之学大为流行,著名的专家有刘伯庄,撰有《汉书音义》。又有秦景通与其弟暐,皆精通《汉书》,时人号为大秦君、小秦君,欲攻《汉书》者,皆求其指授,非其指授,以为无法。清赵翼《廿二史劄记》评说:"唐人之究心《汉书》,各禀承旧说,不敢以己意为穿凿者也。"这说明研究《汉书》的人,都是有所师承的。

谱学 由于魏晋南北朝以来士族豪门垄断政权的历史影响,隋唐时期习俗仍注重氏姓门第,于是产生研究氏族姓系发展过程的谱学,族谱、家谱都属其研究范围。谱学成为一些学者的专学,一般人弄不清来龙去脉,要有专家传授才能把握住头绪。唐初李守素,通氏姓学,世号"肉谱",虞世南称之为"人物志",欲知古人,可以找他查询。与之同时的李淹,亦明谱学,与李守素齐名。其后有路敬淳,尤明谱学,尽能究其根源枝派,当代无人及之,撰《著姓略记》,行于时。继路敬淳之传的有柳冲、韦述、萧颖士、孔至,各有著述,皆本于路氏。柳冲名亚路敬淳,他建议修改《氏族志》。至先天初,柳冲与魏知古、陆象先、徐坚、刘知几、吴竞等,撰成《姓族系录》。孔至明氏族学,撰成《百家类例》,行于时。

《文选》学 隋唐时期,学者视《文选》为古文学经典,竞相学习。唐初,扬州江都人曹宪,专精《文选》之学。曹原是精研诸家文字之书的文字学家,凡文字均能为之音训,并引证明白。他利用文字学的专长,转而训注《文选》,撰成《文选音义》,甚为时人所重。曹宪开始以《文选》教授诸生,江淮间为《文选》学者,本之于宪。又有许淹、李善、公孙罗相继以《文选》教授,由是其学大兴。润州句容人许淹,博学多闻,尤精训诂,撰《文选音义》十卷,以《文选》教授学者。公孙罗也撰《文选音义》十卷,行于当代。李善撰《文选注解》六十卷,原先为崇文馆学士,获罪罢官,居汴郑间,以教授为业,诸生自远方而至,传其业,号"文选学"。李善之子李邕,传其家学,学有心得,另有别解补充,附事述义,自成一书,故父子两书并行。后人言《文选》者,仍以李善注解本为定。

**文学** 唐代发展了科举考试制度,这是促使唐代文学繁荣昌盛的重要因素,凡应科举考试者都必须有文学素养和技能,全靠平时的学习和训练。为适应这种广泛的社会需要,出现了专以文学传授的私学,传授者都是擅长文辞,竞争考试的优胜者、进士及第出身。元德秀,河南人,善于文辞,任官岁满,架柴车去,爱陆浑山水而定居,是时程休、邢宇、邢宙、张茂之、李崿、李丹叔、乔潭、杨拯、柳识皆为门弟子。萧颖士,四岁能文,观书一览即诵,博学多才,开元二十三年进士对策第一,名播天下。客居濮阳,于是刘太真、王恒、卢异、卢士式、贾邕、赵匡、阎士和、柳并皆执弟子礼,以次受业。独孤及,河南洛阳人,历濠、舒、常三州刺史,其为文彰明善恶,长于议论,梁肃、高参、崔元翰、陈京、唐次、齐抗皆师事之。柳宗元,字子厚,河东人。下笔构思,与古为侔,精裁密致,璨若珠贝。元和十年,移为柳州刺史,江岭间为进士者,不远千里皆随宗元师法,凡经其门,必为名士。两唐书中,此类事例,不胜枚举。

**科学技术** 民间有科学技术方面的专家,个人开展为社会服务的活动,成为地方的知名人士,应学者的请求而传授。因为是专业性的,生徒的数量不可能很多。隋卢太翼,河间人,七岁入学,能日诵数千言,州里号为神童,成年后不求荣利,博综群书,爰及佛道,皆得其精微,尤善占候算历之术,隐居白鹿山数年,徙居林虑山茱萸岖,请业者自远而至,初无所拒,后惮其繁,逃于五台山,地多药物,与弟子数人庐于岩下,萧然绝世,以为神仙可致。孙思邈,京兆华原人,七岁就学,日诵千余言。成人后,善谈《老》《庄》及百家之言,兼好释典,隐居太白山,不应征召,固辞官职,他成为著名的医药专家,民间号为药王。当时名士宋令文、孟诜、卢照邻等,皆执弟子礼以师事之。所撰《千金方》,流传于世。其他不同的科学技术,依靠私学来传授的尚多,不一一列举。

(三) 书院的创立

书院是由私人读书藏书的场所演化为讲学授徒的场所而产生的,也是由实行科举考试制度以选士之后,要求应试者必须博学广识这种现实需要推动而形成的。初期书院的藏书,都是手工抄写的。自己抄写而成的,数量有限,或是雇用书手抄写,或是购自书肆,长时间收藏积累,逐渐丰富。有了藏书,就为教学活动扩大知识面和自学研究,创造了有利的条件。

既有藏书,又有教学活动,才是名符其实的书院,创立于唐贞元(785—805年)、元和(806—820年)年间,最早见于志书的就有三处:一为四川遂宁张九宗书院;二为江西高安桂岩书院;三为湖南衡阳石鼓书院。都是由私人创办,作为讲学之所,既开风气之先,产生广泛社会影响,又引起仿效追随的效应,书院逐渐扩散开来。这种由民间私家设立,既有藏书,又有教学活动,学习内容适应科举考试的需要,不同于以前以单科学习为主的私学,而形成知识面较广的新型教育机构。

唐诗反映唐代社会发展变化,从《全唐诗》诗题中,看到提及的书院就有十多所:李秘书院、第四郎新修书院、赵氏昆季书院、杜中丞书院、宇文裹读书院、费君书院、李宽中书院、南溪书院、(李群玉)书院、田将军书院、子侄书院、白鹿洞书院等。

见于地方志记载为唐代创建的书院则更多。邓洪波《唐代地方书院考》列举了以下一些书院:张九宗书院、丹梯书院、凤翔书院、瀛州书院、李公书院、丽正书院、青山书院、松州书院、鳌峰书院、草堂书院、孔林书院、光石山书院、天宁书院、李宽中秀才书院、南岳书院、韦宙书院、卢藩书院、杜陵书院、皇寮书院、桂岩书院、景星书院、东佳书堂等。这表明书院不是个别现象,而是比较广泛的存在。由私人创办的小规模书院,随着时间的推移,逐渐扩展为地方公众办理规模较大的书院。

唐后期开始有印版书,因是造福社会的事业,受到重视和欢迎,日渐扩大并流行。印版书比手工抄写效率大大提高,印数越多成本越低,为书院增加藏书和丰富藏书品种创造了有利条件,因而促进书院加速发展。

书院承担起培育人才和传播、发展中华文化的双重任务,在中国教育发展史上具有里程碑的意义。

书院产生于唐,发展于五代,而繁荣和完善于宋代。

### 五、学校教育制度的特点

#### (一) 学校体系的形成

隋代在学校设置方面有些创新,中央官学已有五学,地方官学也有州县学,但时起时落,并未组成一个全面稳定的学校体系。唐代吸取隋的经验教训,不仅是恢复了官学,并有较大的发展,特别是贞观年代增设律学,使中央官学作为综合的高级学府具有经科、法科、实科而更加充实,附设的专科学校,也较充分发挥行政机关事务部门的作用,培养多种专门人才。在推行州县学按定额广泛设置之后,又令州设医学,使医学教育进一步向各地区推广。地方官学向中央官学选送学生,使地方官学与中央官学衔接。官学以私学为基础,吸纳私学输送优秀学生。私学与官学并存,私学承担基础教育与专业教育两层次教育任务。在教育行政上官学是教育的主干,私学是官学的重要补充。这一古代学校教育体系的形成,对中国封建社会后期的教育产生了重要影响。

#### (二) 教育行政体制分级管理的确立

隋以前,中央政府没有专设管理学校教育的机构,都由负责管礼乐的太常寺兼管学校。隋代开始,加强对教育事业发展管理的需要,中央官学由附属机构转为独立机构,从太常寺分离,国子学后来改称国子监,既是高级教育学府,也是教育行政机关。从此国家实行分级管理的教育行政体制,中央官学由国子监祭酒负责管理,地方官学由州县长官负责管理。而专科性学校则归对口的行政部门管理,以利于专业教育的实施。这种体制,在当时收到实效。

#### (三) 学校内部教学管理制度及法规的完善

隋以前的官学,教学管理也有些规定,形成一定惯例,在正常条件下就按这些规定和惯例运行,如果管理松懈或社会动荡影响学校,原先的规定和惯例遭到破坏,教学秩序就难于保证。隋唐时期对过去学校教学的规定和惯例加以梳理,按现实的需要,做了新的规定,特别在开元年代对规定又作了一番检查修订,使入学资格、学校礼仪、专业教学、成绩考核、违规惩罚、休假处理等方面都纳入法制轨道,此后可依法制对学校教学进行管理。

#### (四) 专业教育的重视

隋以前的中央官学,都沿袭汉代太学的传统,只重视五经的传授,就是与经学密切相关的史学、文学,也是到南北朝时期才列为课程,设学传授,至于科学和技术,则被忽视,没有独立设置专业进行人才培养,所需的专业人才,则依靠师傅带徒弟的方式个别培养,或从社会上招聘。这种情况到了隋唐时期才发生转变。由于统一的中央集权国家需要大量人才,才能满足行政管理和事业发展的需要,所以在国子监添设算学专科,以培养算学的专门人才,在太医署附设医药专科,以培养医药专门人才,还有其他一些专科教育。从教育制度发展过程来考察,这是实科教育的首创。

### (五) 学校教育与行政机构及事务部门的结合

中央政府的管理机构,为履行某方面服务的职责,下设一些事务部门,这些具体部门为开展服务工作,都集中一批专业人才,并拥有必需的物质设备。这一类人才还需要继续培养和补充,而培养这类人才所需要的师资、设备、实习的场所,事务部门都有条件提供。于是一些事务部门,如司天台、太医署、太仆寺等,负起双重任务,既为政府进行专业服务,又担负起培养专业人才的任务,学生在这种条件下学习,可以更好地把专业知识学习与专业实践密切结合起来。

## 第三节　隋唐科举考试与学校教育

### 一、隋代科举考试制度的产生

隋以前魏晋南北朝实行的是九品中正选官制度,中正官全出自士族豪门,他们以门第为评选的标准,实际是由士族豪门垄断政权。

隋文帝登位之后,力图对妨碍中央集权的旧制度进行改革,建立三省六部制度,规定全国选官任官的权力统归中央吏部。对地方行政机构也进行改革,以加强中央对地方的控制,中正官仅保留乡官的名号而已,到开皇十五年(595年)罢去乡官,从法律上把九品中正完全废除。选官采用察举制,由中央高级官员和地方行政首长负责考察和推荐,规定时间集中到京都,由吏部进行考试,选优录取,量其才能,任以官职。隋代在开皇年间举行五次察举,仁寿年间举行两次察举,大业年间举行三次察举。察举不定期,是根据需要而下令举行的,需要什么类型的人才就定什么科目,科目随时变化。察举有推荐的程序,但不决定于推荐,而决定于用文化考试来取舍人才,这种因素的进一步发展,就为科举制的产生铺设了道路。

科举制度是由察举制度演化而来的,在吸取察举制度历史经验的基础上,经过一定的调整改进,终于形成科举考试制度,中国考试制度的发展由此进入一个新的历史阶段。

由于隋代统一的中央集权国家,各级行政机构需要数量甚多的管理人才,而人才分散于全国各地,因此要面向全国广泛吸纳,用文化考试的方法加以查验鉴别,选拔真正优秀的人才,为国家所用,提高官员的文化素养,以利改进政治。

科举考试制度的特点是:个人自愿报考,县州逐级考试筛选,全国举子定时集中到京都,按科命题,同场竞试,以文艺才能为标准,评定成绩,限量选优录取,以这种方式方法选拔国家官员。科举制度是一种选官制度,它破除了士族豪门对政权的垄断,适应时代进步的需要,使原来封闭的政权向庶族士人开放,扩大了隋代政权的社会基础。

科举制度不是突然变革而形成的,它有发生发展的过程。从开皇年代开始,新制度的因素就逐渐积累。开皇七年(587年)正月"制诸州岁贡三人"(《隋书》卷一《高祖纪上》),此令是科举考试制度起步的重要标志,发布了多方面信息,它明确定区域(州为单位)、定年度(每岁一次)、定贡举(上贡人才)、定名额(限额三人),在打破士族豪门垄断选举之后,实行每年自下而上经过考试选拔人才,为地方庶族士人开辟一条参政的通道。选送的名额有限制,可以缺额,不能超额,但科目却没有限制,有适合秀才或适合明经条件的就举送应考。"诸州岁贡三人"的法令,为年年设科考试选拔优秀人才铺平了道路。

隋文帝受重农主义思想的影响,在经济上实行重农政策,以农业为社会的经济基础,强调四民的社会分工,农为本业,商为末业,维护庶族中小地主的利益,而限制工商的利益。开皇十六年(596年)规定"六月甲午,制工商不得进仕",出身于工商的人不得为官,实际上也不得参加科举考试。显然可见,科举考试并不是向社会所有人开放的。

在诸州每岁贡举获得社会赞成的基础上,科举的因素日益发展,使不定期举行的察举走向科举化。开皇十八年(598年)"以志行修谨、清平干济二科举人"(《隋书》卷二《高祖纪下》),表明察举转向设科举人,具有科举考试制度的重要特征。

隋炀帝当政的大业年代,科举考试制度的因素有了重大的发展,特别是大业二年(606年)"始建进士科"(《通鉴纲目》卷三六),说明以文才为选士方向已经确立,使科举考试科目有了多种类型,适应当时选官的政治需要,终于形成新型科举考试制度。大业三年(607年),下令十科举人:孝悌有闻、德行敦厚、节义可称、操履清洁、强毅正直、执宪不挠、学业优敏、文才美秀、才堪将略、膂力骁壮等。这一方面强化分科取士,另一方面表明随着政治的发展,需要多方面广泛选拔人才。

隋代科举的设科,趋向于以考试选拔比较实用的人才,经过调整后集中到几个科目,如秀才、明经、进士等科,常科是基本的,制科作为补充,常科与制科并行。

606年"始建进士科",是科举考试制度确立的标志,此后科举制度在中国历史上延续了1300年,直到清末1905年才废除,它曾对封建社会的政治、经济、文化产生重大的影响,是不能忽视的。

## 二、唐代科举考试制度的发展

### (一) 唐循隋制与恢复科举

唐代选官,沿用隋代科举考试制度。杜佑《通典》卷一五载:"大唐贡士之法,多循隋制。"《新唐书·选举志》载:"唐制,取士之科,多因隋旧。""多循隋制"或"多因隋旧",表明基本上是承续隋代的科举制度,但又不是全部照旧,而是有发展有创新,逐步调整,使科举考试制度趋于健全。

唐代恢复科举考试,开始于唐高祖武德四年(621年)。《唐摭言》卷一载:"始自武德辛巳岁四月一日,敕诸州学士及早有明经及秀才、俊士、进士,明于理体,为乡里所称者,委本县考试,州长重复,取其合格,每年十月随物入贡。斯我唐贡士之始也。"此敕令在唐代有一定的开创意义,它明确了贡士的范围和主要条件,规定县初试州复试后每年十月入贡的程序,以后基本上依照此先例实行。贡士集中到京都后已处于冬季,要办理一些必要的手续和例行的活动,实际考试及录取都在第二年春季进行。

### (二) 科目标准与贡举名额

州县地方官以考试选拔贡士,不同科目订有不同标准。《唐六典》卷三〇《三府督护州县官吏》规定:"凡贡举人,有博识高才强学待问无失俊选者为秀才;通二经已上者为明经;明闲时务精熟一经者为进士;通达律令者为明法;其人正直清修名行孝义旌表门闾堪理事务,亦随宾贡为孝弟力田。"这是唐代对科目的标准以法令条文明确加以规定,并且对于贡举的名额也按州的大小规定了分配名额："凡贡人，上州岁贡三人，中州二人，下州一人。若有茂才异等，亦不抑以常数。"州作为行政区，所管辖的人户有多有少，贡举名额应该有差别，这是总结了既往经验，做了较为合理的调整。

### （三）科目设置与适时变化

唐代科举考试有常科（每岁举行一次）与制科（不定期举行）。常科的科目是承续隋代的，但随后有不少发展变化。武德四年敕令所列四科，有明经、秀才、俊士、进士。而到开元二十六年《唐六典》卷二《吏部尚书》所载："凡诸州每岁贡人，其类有六：一曰秀才、二曰明经、三曰进士、四曰明法、五曰明书、六曰明算。"六类也就是六科。规定按六类考试与录取，而事实上由于秀才科标准高而应举试者极少，在唐高宗永徽二年（651年）此科已停，而明法、明书、明算三科较为专门，应举的人不多，所以每岁贡举绝大多数集中于明经、进士两科。后来有人发觉科举选拔人才存在一定偏弊，为了多方吸收人才，科目有所增加也有所变化，《新唐书·选举志》的记载反映其变化情况："其科之目，有秀才、有明经、有俊士、有进士、有明法、有明字、有明算、有一史、有三史、有开元礼、有道举、有童子。而明经之别，有五经、有三经、有二经、有学究一经、有三礼、有三传、有史科。此岁举之常选也。"在此对曾开设过的科目加以汇总，显得科目繁多，但各科的情况很不相同，如道举，仅唐玄宗一朝实行，俊士与进士，名虽异而实同，其他各科也有曾实行一段时间，长短不一，只有明经、进士两科，是常科中最为盛行而且始终保持着。尤其是进士科最具代表性，声望最隆，得人最盛，不少进士登科者因才能出众，而步步升迁至于卿相。

### （四）考试内容与项目调整

唐初承续隋代科举考试制度，秀才、明经、俊士、进士的考试都只有试策一项。《旧唐书》卷一一九《杨绾传·条奏贡举疏》说："近炀帝始置进士科，当时独试策而已。"《通典》卷一五《选举三》所载，明经、进士两科"其初止试策"。《大唐新语》卷一〇说：明经、进士两科"古唯试策"。《唐摭言》卷一《试杂文》："进士科与隽、秀同源异派，所试皆答策而已。"虽然都只有试策一项，但科目不同，要求也就两样，秀才科试方略策，明经科试经策，俊士、进士科试时务策。贡举之士在准备参加科举考试时，通常都搜集名家旧策，有人分析其文理，以资借鉴，有人就背诵其文，以备模拟，如果考试时，策题与旧策相近，模拟旧策就好对付，不用再动脑筋去冥思苦想。

有识之士指出，贡士只有试策，其学问未免浅薄。于是贞观八年（634年），诏加进士试读经史一部，意在加强其基础知识，这是科举考试增加内容的开始。《唐会要》卷七六载：唐高宗调露二年（680年）四月，考功员外郎刘思立奏请明经加帖经，进士加试帖经及杂文。永隆二年（681年）八月诏"自今已后，考功试人，明经每经帖试，录十帖得六已上者，进士试杂文两首，识文律者，然后并令试策"。此诏因故未即实行。至唐中宗神龙元年（705年），始实行明经、进士皆三场试。唐玄宗开元二十五年（737年）颁布《条制考功明经进士诏》，规定明经每经帖十，取通五以上，案问大义十条，取通六以上，答时务策三首。进士帖大经十帖，取通四以上，准例试杂文（二首）及策（时务策五道）。从此科举考试的内容项目基本定型，三场试因长期沿用而稳定下来，只有口问大义和杂文有些调整。口问大义简称"口义"，就是口试，有时改变方式用笔试，简称"墨义"。天宝年间，杂文改专试诗赋，因长期沿用，成为定例。唐文宗太和八年（834年）十月，礼部奏文说明缘故："进士举人，自国初以来，试诗赋、帖经、时务策五道。中间或暂更改，旋即仍旧，盖以成俗可守，所取得人故也。"

唐之后进入动乱的五代。五代继续奉行唐代的科举考试制度,只做一些局部的调整。

## 三、科举考试制度对学校教育的影响

### (一) 学校与科举的关系

唐初的统治者重视兴办学校,又重视利用科举。学校教育制度是培养人才的制度,成为国家社会人才的重要来源,学校不断输送人才供科举考试选拔,是科举赖以发展的基础。科举考试成为国家政权选拔优秀人才的重要渠道,也为学校培养的人才开辟了政治出路。中国历来有"学而优则仕"的教育传统,为学修身,以从政为官为第一目标,科举是联通学校教育与从政为官的桥梁。学校教育与科举考试,皆独立而并举,相辅而相成,关系相当密切。

从统治集团的立场来看,学校与科举,两者都是不可缺少的政治工具,只是两者的特点和效用各有不同。学校培养人才需要一定的条件,要有人力、物力、财力的投入,还需有较长费心培植的周期。而科举考试,似乎可以走捷径,坐待收获,可以依靠行政权力,确定选拔的科目、方法、日期,就可以派出考官,以考试选拔录取人才,在较短时间内就能收到显著的成效,并产生轰动的社会效应。历史上随着皇朝政权的稳固,政治形势转入和平发展时期,统治者常以功利的观点来看待学校与科举的关系,越来越重视科举的政治作用。既然成千上万有知识有才能的人,都愿意应考求官而为朝廷效力,只要继续利用科举,就不必担心没有人才可用,兴办学校也就不再重要,任它随科举发展就可以了。这样对待,孰重孰轻已很显然。科举考试制度受重视,居于主导地位,学校教育受轻视,居于次要地位。学校教育要适应科举考试的需要,成为科举的附庸,学校作为科举考试的预备场所,一切受科举考试的直接支配。科举对学校教育发挥着导向调控的作用,科举制度存在的一切消极因素,也直接影响着学校教育。

### (二) 科举影响学校的培养目标

科举考试选拔人才,是为了充实国家官员队伍,所以科举考试就是封建时代选拔官员的制度。平民百姓要想提高自己的社会政治地位,必须经由科举考试的途径,才能跨进入仕做官的行列。而要为参加科举创造条件,必先入学校学习知识。科举以功名利禄的刺激,带给民众提高社会地位的希望,从而调动民间学习文化知识的积极性。民众需要学习文化知识,成为学校发展的动力。学校兴办之后,势必考虑民众的愿望,以适应社会政治需要为方向,所以教育学生必然以育才应举为正道,以登科做官为荣耀。特别是各级政府所办的官学,以通过科举考试而入仕做官为教育目标。

由于时代的发展,隋唐科举考试选官的标准也发生根本性的大变化,既不以出身门第为标准,也不以道德品质为标准,而是以文艺才能为标准。《通典》卷一五载刘峣《取士先德行而后才艺疏》指出:"国家以礼部为考秀之门,考文章于甲乙,故天下响应,驱驰于才艺,不务于德行。……致有朝登科甲,而夕陷刑辟,制法守度使之然也。"科举考试选才的基本原则是以文才出众为标准,不是以德才兼备为标准,这对于学校的培养方向产生极深刻的影响。

### (三) 科举影响学校的教育内容

学校既已成为科举的附庸,被迫适应科举考试的需要,科举考试什么项目有什么样的知识要求,学校必定要安排有什么样的教学内容。如进士科试策,就必须以经书为基础知识,还要从诸史采用典故引据事例,试诗赋,就必须要懂得音韵,所以李揆以礼部侍郎主持考试进士,实行开卷考试,"于庭中设《五经》、诸史及《切韵》于床",听贡士们寻检。(《旧唐书》卷一二六《李揆传》)而科举考试不考的,也就不教不学,科技实用知识根本不接触,造成知识面狭隘。

又由于科举应考的人数很多,而名额有限,通常进士科只有百人取一,明经科也只有十人取一,竞争十分激烈。应考者求功名之心切,在备考之时,动脑筋找窍门走捷径,以求在考试中侥幸获得成功。永隆二年(681年)《条流明经进士诏》就指出:"明经射策,不读正经,抄撮义条,才有数卷。进士不寻史传,惟读旧策,共相模拟,本无实才。"(《唐大诏令集》卷一〇六)应考者不求深入理解,唯求省力有效,选择经书的要点,摘录背诵,选择旧策为范文,熟读若干篇,以供模拟作文,这是应付科举考试通行使用的办法,有人竟然投机得逞。所以科举录取的,不一定是具有真正知识与实际才能的人。

### (四) 科举直接影响学校的考试方法

学校为了使学生将来能适应科举考试的要求,特别重视考试的训练,并作系统的考试安排。在平时督促学生学习,进行阶段或年度考核,都尽量仿照科举考试的方法。科举考试中采用帖经、口问大义等方法,学校加以仿照就有试读与试讲,试读要求读熟能背诵,试讲要求理解能陈述。特别是学生完成学业要出学参与科举考试之时,照例要举行毕业考试,"其试法皆依考功",完全按照科举考试考明经、进士的办法实行三场试,明经试帖经、口义、时务策三项,进士试帖经、杂文、时务策三项,这是资格考试,也是模拟考试,是参与正式科举考试之前的实际演练。

总之,科举考试对学校教育的影响是多方面的,它对学校教育产生实在的导向作用,使学校逐渐成为科举考试的附庸。

## 第四节 隋唐的中外教育交流

隋唐是封建文化教育发达繁荣的时代,从7到9世纪处于世界领先地位,统治者重视与东西各国的文化教育交流。当时与隋、唐有使者往来和通商关系的国家,如安国、康国、史国、曹国、支国、石国、吐火罗、波斯、大食、拂菻、罽宾、天竺、泥波罗国、师子国、骠国、堕和罗、真腊、林邑、瞻博、室利佛逝、诃陵、婆利、盘盘、单单、高丽、新罗、百济、日本等等。它们与隋、唐有文化交流,也有教育交流,重要的方式是派遣留学生、留学僧来唐学习先进的文化。京都长安、洛阳是文化中心,是外国留学生、留学僧向往的目的地。派来留学生、留学僧较多的是东边的新罗与日本,文化教育的交流也推动了这两个国家的社会改革。现着重介绍隋唐时期与新罗、日本的文化教育交流,以反映当时教育交流的情况。

### 一、隋唐与新罗的教育交流

6至7世纪中叶,朝鲜半岛的新罗国力日渐强盛,完全统一弁韩、辰韩的领域,北与高丽为邻,西南与百济为邻,到562年名符其实形成三国鼎立之局面。新罗为了自身安全与发展的需要,展开与邻国的邦交,派遣使者与隋朝(581—618)建立友好联系。

新罗当时未出现官学,实行的是"花郎教育"。花郎集团是由贵族十五六岁青少年男子组成,成员称为郎徒,郎徒的领袖称为花郎,集团的人数通常为数百以至数千,平时实施文武教育,"相磨以道义,或悦以歌乐,游娱山水,无远不至"①。该集团要求奉行三教德目:儒教,"入则孝于家,出则忠于国"。道教,"处无为之事,行不言之教"。释教,"诸恶莫作,诸善奉行"。通过集团生活的考察,当政者"知其人邪正,择其善者,荐之于朝"。战时自成一战斗团体,编制仿军团,独立参加战斗。这是一种特殊形态的教育组织,其教育目标:"贤佐忠臣,从此而秀,良将勇卒,由是而生。"要培养文武人才,为国家所用。花郎教育最盛行的时代是在6世纪中叶至7世纪的中叶。

581年隋朝建立,589年隋朝统一南北。《隋书》卷八一《东夷·新罗》载:开皇十四年(594年),新罗金真平遣使来朝,隋文帝授其王上开府、乐浪郡公、新罗王。其文字甲兵同于中国。大业以来,使者来往不绝。

618年,唐朝代隋而兴,新罗不久也与唐朝建立友好关系。《旧唐书》卷一九九上《东夷·新罗国》载:武德四年(621年),新罗遣使来朝,唐高祖遣庚文素为使者前往,赐玺书及锦彩,自此新罗使者来往不绝。

(一)新罗派遣学生留唐的教育制度

新罗由金真平当政时,特别重视与唐的友好联系,唐朝也有积极的回应,于武德七年(624年),又派遣使者前往新罗,册金真平为柱国,封乐浪郡王、新罗王。史书只记载金真平继续与唐通好,未提起新罗派遣留学生的事。中国史书明确记载新罗、百济、高丽派遣留唐学生入国子监习业,始于唐太宗当政的贞观年代。唐太宗采纳魏征的建议,实施偃武修文的政治路线,文治勃兴,贯彻崇儒兴学的政策,中央官学受到重视,扩建国子监学舍,广纳学生,发展规模达八千余人,包括一部分留学生。《新唐书》卷一九八《儒学传上》载:新罗、百济、高丽"并遣子弟入学",附监读书习业。此时金真平之女金善德已继位为新罗王,她进一步加强与唐的联系,使者来往频繁,留学生随着使者来往,络绎不绝,并形成一定的制度。

派遣留唐学生,初期很重视政治身份,都选自王族子弟。后期较重视学习专业,多选取六头品官的子弟。留学生的身份称为宿卫学生或宿卫。

留学的年限,通常以10年为限,限满申报归还本国。

派遣没有固定名额,人数因年而异,最少2人,多或七八人,甚至近20人不等,10年间同时在唐国子监留学的学生曾达一二百人。《旧唐书》卷一九九上《新罗国》载:"开成五年(840年)四月,鸿胪寺奏:新罗国告哀,质子及年满合归国学生等一百五人,并放还。"这一批回归新罗就100多人,而年限未满的留学生,继续在国子监学习,待年满再分批回归。

留学生受到唐政府的优待,在学期间的费用由唐政府供给。留学生到达长安,由鸿胪寺负责接待,然后安排到国子监学习。他们的服装、粮食、住宿、经籍等费用,由主管部门鸿胪寺依照规定的标准供给。而准备返回时选购书籍的买书银,则由新罗政府支付。

新罗的使者来唐,兼送一批新的留唐学生;使者返国时,接回一批完成学业年限已满的留唐学生。每年或两年一次派遣使者来唐,留学生也就随使者来,或随使者回。有研究者统计,新罗自圣德王以后到景德王期间(702—765年)63年,共遣使入唐56次。来往较为频繁,送来与接回

---

① 金富轼:《三国史记》卷四《新罗本纪》。

的机会较多。《三国史记》卷一一《新罗本纪》：景文王九年（869年，唐懿宗咸通十年）七月条云："又遣学生李同等3人，随进奉使金胤入唐习业。仍赐买书银三百两。"这是新罗使者兼送留学生的事例。此次所送留唐学生3名，每次累积起来，人数也不少。

多数留唐学生学成之后回归本国，为国家服务。留学生多半出身于王族、贵族或官僚家庭，有此政治背景，回国后常任政府部门要职。也有小部分学业优秀的留学生，参加唐科举考试，考试及第者，可以在唐朝任职做官。如留学生金云卿，就是参加科举考试并在唐任职做官的一位。《旧唐书》卷一九九上《新罗国》载：会昌元年（841年）七月敕："归国新罗官、前入新罗宣慰副使、前充兖州都督府司马、赐绯鱼袋金云卿，可淄州长史。"崔致远，也是科举考试及第，在唐任官职位较高的一个。

新罗使者频繁来唐，送来新的留学生，人数渐次增多，形成文化教育交流的高潮，他们自觉吸收唐朝的先进文化，促进新罗文化蓬勃发展，为维持朝鲜半岛200多年统一的局面作出了贡献。

（二）新罗仿唐官学制度的形成

新罗不断派遣留唐学生，同时吸收了唐的教育经验，结合新罗的国情，逐步建立适应新罗需要的官学制度。

新罗官学教育制度的形成，经过两个阶段。第一阶段，先建置教育行政机构。真德王在平定庆州贵族毗昙之乱后，巩固了王权，抓住时机实行中央集权，651年仿效唐朝的政治制度，整顿中央官僚机构，为教育行政机构设中下层职官大舍2人，史2人。大舍一职在十七等官位制中居第十二位，相当于国子主簿，其职责是办理国学事务，有官有职。教育行政机构进入建制的预备阶段。675年完成半岛统一后，国家管理领域扩大，需要行政机构相应地扩充。神文王于682年设立国学，置卿一人为国学长官，完成了形式意义上的学校制度。第二阶段，建立教学机构。当时需要国学设实用学科以培养实用人才，故在圣德王十六年（717年）二月，设置医博士、算博士各一员。经过30年，到景德王六年（747年），国学才设置经学科，完成学校教育制度。

1. 新罗的国学制度

官学建立的目的是为国家官僚机构提供所需的官吏，官学的形成，与地方贵族势力的衰退、王权的巩固、中央集权的实施、半岛的统一、儒教为中心思想的确立等这些变化过程是密切联系的。

新罗的官学制度以国学为主干，国学制度效仿唐朝国子监，根据自己需要有所选择并加以简化。依《三国史记》卷三八《杂志·职官上》国学条，述其概要如下：

（1）国学是在礼部管理下的教育行政机构，设卿1人为长官，其品位与其他卿同。

（2）国学行政机构人员有固定编制，设卿1人、大舍2人、史2人，总共5人。

（3）国学机构人员编制：根据本国需要，设置两科，即经学科与算学科，两科各设博士、助教，员额不定，学生名额也不限定，以便根据实际情况灵活调节。

（4）学生入学资格：凡学生，位自大舍以下至无位，年自15至30岁，皆充之。此规定特别突出位阶，似乎是将大舍以下的下级官员作为教育培养的重点，以提高青年官员的文化水平。

（5）经学的课程教学及出身：课程为《周易》、《尚书》、《毛诗》、《礼记》、《左传》、《文选》、《论语》、《孝经》。这些课程和教材都是从唐朝引进的。《论语》、《孝经》为共同必修。其他六项课程则分三组供选择。三组的课程和学习的年限如下,甲:《礼记》(3 年)、《周易》(2 年)、《论语》与《孝经》(1 年),共 6 年。乙:《左传》(3 年)、《毛诗》(2 年)、《论语》与《孝经》(1 年),共 6 年。丙:《尚书》(1 年半)、《文选》(3 年)、《论语》与《孝经》(1 年),共 5 年半。博士与助教分组负责教授,各有所专。

经学科学生以通经程度的高低,实行"三品出身"的办法。上品:通三组课程中的任何一组(只要有一组全通就是上品)。中品:通《曲礼》及《论语》、《孝经》(《曲礼》是《礼记》中的一篇)。下品:通《曲礼》及《孝经》(《论语》作为必修被省略)。三品是为入仕任官而设置的标准。特品:通五经、三史(《史记》、《汉书》、《后汉书》)、诸子百家书。特品的标准特别高,能达到博通程度的人士很少,这是专为优异杰出人士而设的,一旦发现此类人士就提拔重用。

(6) 算学科的课程及教学规定:课程有四,都是专业的,包括《缀经》(即《缀术》,祖冲之撰,用于计算天体运转与历法修订)、《三开》(撰者不明,未见《隋志》、《唐志》著录。唐算学有《三等数》,未知两者内容的差别)、《九章》(即《九章算经》,撰者不明,用于行政或社会生活上的计算)、《六章》(高氏撰,六卷。未见《隋志》、《唐志》著录)。算学的课程以及教材,都是从唐引进的,根据需要作了选择和精简,以实用为原则。

(7) 在学的年限:"限九岁,若朴鲁不化者罢之",令其退学;"若才器可成而未熟者,虽踰九年,许在学",到了期限想要延期是有条件的,必须得到特别批准才可以。

(8) 毕业的规定:"位至大奈麻、奈麻而后出学。"新罗的官制是实行十七等官位,大奈麻为第十位,奈麻为第十一位,大舍是第十二位。阶位随着学业合格或优秀而提升,要达到大奈麻或奈麻阶位,才可以毕业而出学。

**2. 新罗实行的附属专科教育**

新罗也仿效唐朝,在政府机构的一些部门附设专科学校,利用其人才资源和设备资源开展专业教育,史书中有些简略的记载。

医学 《三国史记》卷三九《杂志·职官中》:"医学,孝昭王元年(692 年)初置,教授学生,以《本草经》、《甲乙经》、《素问经》、《针经》、《脉经》、《明堂经》、《难经》为之业,博士二人。"医学分为两科,医科、针科博士各 1 人。医科课程为《本草经》、《甲乙》、《脉经》;针科课程为《素问经》、《针经》、《明堂经》、《难经》。课程与教材由唐引进,根据新罗本国的需要加以简化而成。

律令学 律令学以本国本朝现行的律令为课程内容。新罗于 648 年(贞观二十二年)派金春秋为使者,赴唐进行一番考察,带回唐朝贞观律令格式,借此为参照,新罗制定自己需要的律令格式,为进行律令教育准备了一定的条件。《三国史记》卷三九《杂志·职官中》:"律令典,博士六人。"已有机构的名称和学官的编制,但未写明设立的时间,考察前后文,似乎在孝昭王元年(692年)建立医学的同时,也建立律令典。又卷九《新罗本纪》景德王十七年(758 年)四月"置律令博士二员"。前后相隔 66 年,情形肯定有变化,博士编制显然缩减,而律令学的教育在实施,以培养专业人才。

天文学 《三国史记》卷三八《杂志·职官上》:"漏刻典,圣德王十七年(718 年)始置。博士六人,史一人。"这是制度建立,并未随即开展教育活动。又卷九《新罗本纪》景德王八年(749 年)三月"置天文博士一员,漏刻博士六员"。这次是有了制度后真正实施专业教育。据《三国史记》卷四三《金庾信传下》记载:金庾信的后裔金岩于大历中(766—779 年)自唐返国,被惠恭王任命为司天大博士。这说明天文博士的名称后来改称司天博士,也证明天文教育在实施。

**通文学** 新罗于内省设有详文师,负责文翰书表之事。《三国史记》卷三九《杂志·职官中》:"详文师,圣德王十三年(714年)改为通文博士,二十年(721年)置所内学生。学生选自贵族子弟,由通文博士教习文章,以培养文书人才。景德王又改为翰林,后置学士。"机构称为翰林台,所内学生称翰林台书生,其官位为大奈麻(第十位)。

3. 新罗的地方官学

地方官学的设立,以中央集权的地方行政体系的形成为基本条件。新罗的中央集权行政体系的确立,在朝鲜半岛统一之后,即685年神文王完成五小京及九州制以后。安鼎福《东史纲目》第四下,景德王六年(747年)"置诸博士教授之官"条注云:"各州亦置助教,以韩恕意为熊川州助教。"助教为州学的学官,所实施的是经学教育。

新罗国与隋、唐是近邻,陆上海上都可以来往。新罗主动与隋、唐建立邦交,积极开展通商和文化交流,不断派遣留学生,到长安国子监学习先进的唐文化,留学生回国后推动本国中央集权制的政治改革,根据本国的需要,建立官学制度,培养了成批人才,发展本民族的文化。由于移植和吸收唐文化,大大缩短了与唐文化的差距。①

## 二、隋唐与日本的教育交流

中日的文化交流,早在西周就开始。汉王充《论衡》提到周成王时倭人曾经来献鬯草,这表明先秦时期中国与日本列岛上的人民已有交往。据《汉书·东夷列传》载,日本列岛上的部落国家,与中国保持着联系,东汉光武帝为表示友好,还授给倭奴国国王一枚刻有"汉委奴国王"的金印。据《北史·倭列传》载:"魏景初三年(239年)……卑弥呼(倭奴国的女王)始遣使朝贡。……江左历晋、宋、齐、梁,朝聘不绝。"这表明在魏、晋、南北朝时期,中、日两国的交往从未中断过。

日本贵族对中国先进文化的追求,使中国儒学教育传统直接影响到日本。日本的史书《古事记》和《日本书纪》记载:285年,日本为了学习中国文化,特地从朝鲜半岛的百济聘请了博士王仁。王仁是精通儒学的汉人,他带去《论语》十卷、《千字文》一卷,日本从此以儒家经典为教科书,并有了记录语言的文字。到了6世纪,日本贵族基本掌握了汉字的用法,对儒家思想有了比较系统的了解。共同的文字和共同的教育内容,使两国的教育交流更加顺畅。

隋唐时期,中国是世界上先进的文明国家,为世界许多国家所仰慕。隋唐对来访使节都以礼优待,他们所到之处,饮食、住宿一概免费招待。唐朝的皇帝一般都要亲自接见使者,而且尽量满足他们的要求。如开元五年(717年),日本又遣使来中国,请求传授经书,唐玄宗就命令派四门助教赵玄默到使者住处传授经书。② 日本对中国的优秀文化热心于学习和模仿,形成一股学习的热潮。

日本自圣德太子摄政以后,由于政治变革、经济发展、社会进步的需要,促使日本与中国直接进行大规模教育交流活动。

(一) 随同遣隋使遣唐使来中国的日本留学生

在隋唐时期的中日教育交流中,随同遣隋使、遣唐使来中国的留学生和留学僧,以及中国东

---

① 高明士:《东亚教育圈形成史论》,上海古籍出版社2003年版,第177—223页。
② 《旧唐书·东夷列传·日本国》。

渡的僧人、学者及科技工作人员,为中日教育交流作出了重要贡献。从公元600年(隋文帝开皇二十年)日本向隋派出了第一批遣隋使,一直到894年(唐昭宗乾宁元年),这294年间,日本朝廷向中国共派出4次遣隋使,19次遣唐使(实际成行的遣唐使为12次)。① 遣隋使的组织规模较小,而遣唐使的组织规模则越来越大,特别是第九次遣唐使的使船,由2艘增至4艘,人员增至500人左右,各色人员齐备,以后也依例派遣。据史籍记载,日本朝廷从607年开始,随同遣隋使、遣唐使派遣留学生和留学僧。留学生是从平素以有才华而闻名的人中各按专业挑选出来的,初期人数较少,后来渐次增加,每批有十多人或20人左右,留学生的人数少于留学僧,名留史籍的留唐学生有27名,而留学僧则有92名。留学生在隋唐学习的时间较长,对隋唐文化作了较深入的研究。如南渊请安、高向玄理就留学32年,回国后成为日本"大化改新"有力的推动者。又如吉备真备就留学18年,他在唐学习经史、律法,涉猎各种技艺,回国时带回《唐礼》130卷,《大衍历经》1卷,《大衍历立成》12卷,《乐书要录》10卷,还有其他相关器物,回国后在大学寮任职,向学生400人教授五经、三史、明法、算术、音韵、籀篆等六道。他输入先进文化和开展培养人才的教育活动,导致后来日本大宝令有关学制的改革、政府礼典的修订、改用大衍历、日本国史的撰修、大学寮音道的发展。大和长冈也留学18年,他入唐专修刑名之学,回国后协同吉备真备删定律令24条,当时日本欲学法律者,都要向大和长冈请教。著名的留学生还有阿倍仲麻吕,他16岁入唐,在太学里学习几年后,学业优秀,因而参加唐朝的科举考试,并获得进士及第,有了出仕任职的机会,开始边做官边学习。他深爱唐诗,以诗会友,与当时著名的诗人李白、王维、储光羲等成为好友,后来改名晁衡,为后续而来的遣唐使担任向导,提供咨询,仕唐终身,对中日文化教育交流作出了很大的贡献。膳大丘留学十多年,进国子监学习经史,回国后任大学助教、博士,768年奏准尊孔子为文宣王,对奈良朝儒学兴起发挥很大作用。藤原刷雄留学二十多年,回国后,于桓武天皇朝任大学头。菅原梶成虽已通晓医经,谙练诊疗,但还有些疑义,为了请教,他作为请益生,入唐留学两年,专学医术,回国后任针博士、侍医等职务,对日本医学教育的发展起了很大的促进作用。

当时也有一些东渡日本的中国人,也对中日教育交流作出了大的贡献。如袁晋卿,送遣唐使到日本,由于他善《文选》、《尔雅》音,受到敬重,被任命为大学音博士,后升任大学头。鉴真和尚,应日本僧人荣睿、普照的邀请,决心东渡,十余年间先后5次筹划试航,均告失败。直至60多岁,双眼也为海水所蚀而失明,仍不动摇,再经苦心策划,753年第六次东渡日本成功,并在日本建造戒坛院、唐招提寺,致力于传播佛教为信徒授戒,此外还传授中国医药和中国建筑的知识经验,促进了日本医药事业、建筑事业的发展。②

### (二) 唐朝的教育对日本奈良时期教育的影响

#### 1. 对官学的影响

623年(唐武德六年,日推古三十一年),在隋唐留学达15年之久的僧惠光、医惠日等回到日本,向朝廷建议:"留于唐国学者,皆学以成业,应唤。且其大唐国者,法式备定,珍国也,常须达。"③朝廷采纳建议,陆续召回在唐的留学生和留学僧,并于630年(唐贞观四年,日舒明二年)开

---

① 木宫泰彦著,胡锡年译:《日中文化交流史·二·隋唐篇》,商务印书馆1980年版,第49—107页,第125—202页。
② 池步洲:《日本遣唐使简史》,上海社会科学院出版社1983年版,第106—111页。
③ 《日本书纪》卷二二。

始派出大批遣唐使随员，包括留学生与留学僧，直接与全面地学习唐文化。先后应召回国的僧旻、高向玄理、南渊请安，他们热情传播唐朝先进文化，推动以唐朝为蓝本的"大化改新"。在随后的半个世纪里，日本又依据唐朝的律令，先后制定了近江令（666年）、大宝律令（701年）、养老律令（718年），比较完备地建立了各项制度。

在《养老律令·学令》中详细规定了学校制度，而在《职员令》《选叙令》《考课令》《医疾令》《东宫职员令》《后宫职员令》《赋役令》《杂令》中，也对有关教育问题有所规定。按照《学令》的规定，官学分为中央与地方两个层次。中央官学称大学寮，另外还有典药寮、阴阳寮、雅乐寮等。地方官学称国学、府学，地方官学学生，凡学成而有志于深造者，可以申报式部省，经考试合格，补送大学寮。这表明日本的官学和唐朝的官学类似，也是使上下层相衔接，下层为上层输送生员。

日本的官学，其性质和组织与唐朝的官学相似，都具有双重的职能，大学寮既是培养人才的学府，又是政府属下的官府，兼有教育行政机构的性质。大学寮的首长称为大学头，其副手称大学助，大学的教师也称作博士或助教，依据阶位的高低，给予不同的待遇。

对学生的入学资格，在《学令》中作了规定："凡大学生，取五位以上子孙，及东西史部子为之。若八位以上子，情愿者听。国学生，取郡司子弟为之。并取年十三以上，十六以下，聪伶者为之。"当时日本等级森严，大学是按等级身份入学。而地方官学，地方官吏子弟优先入学，庶民子弟只有在学员不满额的条件下，经申请被选中的才允许入学。这显然是受唐朝等级性教育制度的影响。

在官学教育内容方面，仿照唐朝官学也很显著。大学寮设有经学、文章、语音、书法、数学、律学等专业。《学令》规定以儒家经学为主要教育内容，并对教材限定版本，凡教授正业，则采用《周易》郑玄、王弼注；《尚书》孔安国、郑玄注等等。课程教材分大、中、小经，不同要求不同程度有不同组合，有必修课与选修课。《学令》规定："凡《礼记》《左传》各为大经；《毛诗》《周礼》《仪礼》各为中经；《周易》《尚书》各为小经。通二经者，大经一经，小经一经；若中经，即并通二经。其通三经者，大经、中经、小经，各通一经。通五经者，大通并通。《孝经》《论语》皆须兼通。"由此可见，日本官学里的教育内容几乎与唐朝国子监中三学课程一致，只是缺了《春秋公羊传》《春秋谷梁传》两小经，但过了70年后又增补了这两经，就达到完全一致。

大学寮所设的书法专业，类似于唐国子监的书学，但只要求学生掌握书写的技巧把字写好而已，并不要求扩大相关的知识面。

大学寮设有文章专业，讲授文学，以唐人的诗文集为主要教材，这是当时日本社会风气崇尚文学在教育中的体现。受唐朝重视史学的影响，日本也于735年在文章道里讲授中国的《史记》《汉书》《后汉书》等史籍。769年下诏为各地方国学颁发《史记》《汉书》《后汉书》《三国志》《晋书》各一部，把学习史书进一步推广到地方官学，并促进日本仿照中国史书体例及干支纪年编写《古事记》和《日本书纪》，对日本史学产生深远的影响。

大学寮还设算学，有博士2人，招收算学生30人，全部教材都是采用唐朝算学所用教材，于是能在较短时间内培养一批计算方面的专门人才，在政府的部门中任职，并缩短中日两国在算学领域的差距。

日本学校的一些管理制度，也以唐朝学校为仿照。如学生初入学要行束脩礼，以表示对教师的尊敬;学生休假,也有放田假和授衣假的规定。

日本学校的考试制度,对旬考、岁考、毕业考有严格的规定。旬考包括读与讲两种方式,其试读者,每千言内,试一帖三言;讲者,每二千言内,问大义一条。共问三条,答对两条为及格,答对一条及全不通者,则酌情处罚。岁考要考一年里所学的专业知识,问大义八条,答对六条以上为上等,答对四条以上、六条以下为中等,答对三条以下为下等。如连续3年下等,或在校学习9年而"不堪贡举者",都要作退学处理。大学寮学生,学业完成而愿意为官者,要参加大学寮的"推荐考试",类似于毕业试,考试及格后,推荐给太政官,再受式部省的"登庸试",类似于唐朝的科举考试。登庸试分为四科:秀才科、明经科、进士科、明法科,其考试的内容、标准不同,对合格者所授予的阶位也不同。由此可见,日本官学的考试制度,除了要求的标准较低及项目简化之外,几乎与唐朝的学校考试一样。学校考试还与科举考试相衔接,成为选拔人才制度的组成部分。

唐朝的医学教育制度对日本的影响较大,日本典药寮仿照唐制设医科、针科、按摩科、咒禁科、药园科。在招生方面,先取药部及医药世家的子弟,若名额不满,也允许录取庶民子弟,年龄限在13—16岁。教材采用唐朝医学的教材,医科学生要学《甲乙》、《脉经》、《本草》,兼习《小品方》、《集验方》等;针科学生要学《素问》、《黄帝针经》、《明堂》、《脉诀》,兼习《流注》、《偃侧》等图,《赤乌神针》等经。由于留学生往来频繁,唐朝医药新的信息和研究成果能较快传到日本,如唐显庆四年(659年)刊布苏敬《新修本草》,就被抄录带回日本,并在日本流传,也成为典药寮的教材。[①]日本能在较短时期内,设置专科学校,培养专门人才,显然受益于日本与唐的教育交流。

**2. 对私学的影响**

日本的私学先于官学存在,自发地进行小范围的教育活动,未受当政者重视。与隋唐进行教育交流后,观察到隋唐的私学发达、遍及城乡,促使日本逐渐重视私学。日本留学生学成归国之后,热心创办私学,引领发展私学的新潮流。私学招收的学生不分贵贱,上至贵族子弟,下至庶民子弟都接受。如640年归国的高向玄理、南渊请安开设的私学,招收了中大兄皇子、中臣镰足等人为弟子,向他们宣讲儒家学说,这些贵族青年在外来新思想的启发下,产生以唐朝为范本改革政治制度建立封建王朝的强烈愿望,后来他们成为"大化改新"的中坚力量。

大化改新之后,私学与官学并行,蓬勃发展。日本律令规定,凡一品至四品的高官之家都要选派一名博士为家庭教师,专教这些官僚家庭的子弟,这是国家法令支持的私学。还有些不够入中央官学规定品位的贵族官僚子弟,也有强烈的入学要求,希望得到机会。有一些已在大学寮或在朝廷任职的博士首先在家里为本族子弟开设私塾。因办学成效较好而闻名的,如菅原梶成办的菅原家塾、气广世办的弘文院、藤原冬嗣办的劝学院、橘逸势办的学馆院,以及在原行平办的奖金院等,都培养了一些人才。但这些私学所教育的只是贵族与官僚的子弟。留学僧空海学成回国之后,为一般贫民百姓办了第一所民间学校,828年创办综艺种智院于京都东寺东郊,明确提出办学目的就是要打破贵贱贫富僧侣平民的等级地位限制,为有志求学的青年提供学习场所。综艺,指各种技艺;种智,指一切知识的智慧。两者结合在一起,就意味着学习各种学问和技艺、一切知识和智慧。综艺种智学院提供食宿条件,以保证贫穷学生能够顺利就读。启蒙教材是采用来自唐朝的《急就章》,进一步提高则学经史与文学。私学培养出的人才,政府以多种形式加以录

---

① 武安隆编著:《遣唐使》,黑龙江人民出版社1985年版,第227—228页。

用,激发人们学习的积极性,客观上也鼓励私学的发展。

### 3. 对文字的影响

日本经历了很长的只有语言没有文字的阶段,到 285 年才由汉人王仁将汉字典籍带去,到了七八世纪才因留学唐朝的留学生、留学僧返回日本,借汉字而创造日本的文字。据说先由吉备真备根据汉字的偏旁部首,创造了片假名。后由空海根据汉字的草书创造了平假名。假,是借的意思;名,就是文字。所谓片假名,是借汉字的偏旁部首,取其音而形成的文字;平假名,则是在日本平安时期借汉字草书而创造的文字。这就使日本有了与本民族语言相应的文字,在日本文化发展史上是划时代的一件大事,这是中日教育交流又一重大的成果。

友好的邦交为教育交流创造条件,社会发展的需要是教育交流的促进力量,先进的教育制度才能发挥积极的影响,这是历史所证明的。

## 第五节　韩愈的教育思想

韩愈(768—824 年),字退之,唐河内南阳(今属河南孟县)人,唐代著名的文学家、思想家和教育家。

韩愈出身于世代官僚家庭,个人生活道路曲折,一生处于社会动荡不安阶段。七岁开始读儒家经籍,学习特别勤奋。青年时曾从独孤及、梁肃、萧存等游学,受其影响,钻研古文,潜心儒道,奠定一生学问的基础。贞元八年(792 年)进士及第。贞元十二年被汴州刺史、宣武节度使董晋招为幕僚,任观察推官,并首次接受弟子,开始教育活动。以后多次起伏,迁徙不定,先后在地方和京都任官,曾为四门博士、权知国子博士、国子博士、国子祭酒。他在当时是三个运动的主要倡导者。在思想文化方面,他主张复兴儒学,认为要维护国家统一,反对藩镇割据,就必须以孔孟之道为思想支柱,发出尊孔孟、排异端的号召,尤其反对佛教。在文学上他反对四六排比的骈体文,主张接近口语的散体文,倡导以儒学为文章思想内容的新古文运动。在教育上倡导师道运动,打破习俗偏见,带头收受弟子,发表《师说》为其宣言,以期逐步转变社会风气。他的教育活动和他的政治的、思想的、文学的活动相互交错,并影响他的教育思想。韩愈最后官至吏部侍郎,长庆四年病逝。其著作由李汉编集为《昌黎先生集》四十卷,又有其他遗文编为外集,《顺宗实录》五卷,均附于后,总称《韩昌黎集》。

### 一、复兴儒学与反对佛老

韩愈在政治上反对藩镇割据,维护中央集权;同情民众疾苦,主张减轻负担;反对僧侣剥削,限制寺院经济。在思想意识上不满宗教猖獗,主张复兴儒学。

他认为儒学纲领是仁义道德,这就是先王之道,也是先王之教。《原道》说:"夫所谓先王之教者,何也?博爱之谓仁;行而宜之之谓义;由是而之焉之谓道;足乎己无待于外之谓德。其文《诗》、《书》、《易》、《春秋》;其法礼、乐、刑、政;其民士、农、工、贾;其位君臣、父子、师友、宾主、昆弟、夫妇;其服麻、丝;其居宫、室;其食粟、米、果、蔬、鱼、肉。其为道易明,而其为教易行也。是故以之为己,则顺而祥;以之为人,则爱而公;以之为心,则和而平;以之为天下国家,无所处而不当。"

先王之道包括了封建社会精神生活和物质生活的一切方面,其中道德问题既是出发点,也是归宿。这表明儒学是与民生实际结合在一起的。

在道德规范方面,他把仁义与道德并提,基本内容是仁义。仁义道德是总纲,体现在政治制度上就是礼乐刑政,具体的制度规定君臣上下劳心劳力的分工:"君者,出令者也;臣者,行君之令而致之民者也;民者,出粟米麻丝,作器皿,通货财,以事其上者也。"他把统治与被统治、剥削与被剥削的关系,说成仁义的体现,实际上是视封建社会为理想化的制度。

韩愈把仁义道德说成是历代圣人相互传授的传统。"尧以是传之舜,舜以是传之禹,禹以是传之汤,汤以是传之文、武、周公,文、武、周公传之孔子,孔子传之孟轲。"排出儒家圣人的序列,以表示儒道的源远流长,有传承的系统,居于中国历史上正统地位。有了这个道统,与佛教宗派传法世系的祖统相抗衡也就更有力了。

他特别推崇孔丘和孟轲。对孔丘的推崇达到新的高度,在《处州孔子庙碑》中说,"生人以来,未有如孔子者,其贤过于尧舜远者",把孔丘尊为历史上超过尧舜的最高圣贤。他高度地评价孟轲是孔学最忠实的继承者,认为"孟氏醇乎醇者也"。在《与孟尚书书》中还提出当战国之时,杨墨交乱,圣贤之道不明,三纲沦,礼乐崩,幸而有孟轲辟杨墨,传圣人之道:"然赖其言,而今学者尚知宗孔氏、崇仁义、贵王而贱霸。""故愈尝推尊孟氏,以为功不在禹下者为此也。"

韩愈认为孟轲之后,圣人之道无人继传。他鼓起任道的勇气,欲挽救先王之道,再兴而传。他表示"使其道由愈而粗传,虽灭死万万无恨"①。他要成为道统的继承人而不惜牺牲生命。其道统说的建立,加强了儒学在民族文化中居主导地位的意识。

韩愈还从政治、经济、思想理论多方面揭露了佛教、道教与封建制度不可调和的矛盾。

第一,佛、老是社会祸乱的根源。古代只有士农工商,自秦以后,增生老、佛两家,士农工商各有所业,这是社会分工的需要,而佛、老则是四民之外游手好闲待人供养的两类人。由于佛、老盛行,"丁皆出家,兵皆入道",寺观占有大量的人力、土地和财力,使社会结构的均衡失调,生之者寡,食之者众,这是造成百姓贫穷而产生盗贼的原因。

第二,佛、老是破坏仁义道德的罪人。仁义道德使社会有和谐的秩序。但佛、老与仁义道德对立,使得人们是非混淆。他指出,儒与老关于道德的含义是各不相同的。"凡吾所谓道德云者,合仁与义言之也,天下之公言也,老子之所谓道德云者,去仁与义言之也,一人之私言也。"儒家的道德以仁义为内容,而老氏则是舍去仁义而言道德,这是违犯先王之教的。

第三,佛、老求出世而破坏纲常。佛、老之法与先王之教背道而驰。儒家遵先王之教,真心诚意的目的是为现实的齐家治国平天下;佛家"治其心"的目的是"求其所谓清静寂灭",为了出世,把天下国家都视为累赘,抛弃君臣、父子及一切相扶养的社会义务。如依了佛法,三纲沦丧,礼乐崩坏,国家就不成国家了。

韩愈主张排佛,令人注目的行动是元和十四年谏迎佛骨。他指出从历史上看,事佛求福全属虚妄,佛教根本不合民族传统和先王礼法,要求制止伤风败俗的丑事,把佛骨投诸水火加以销毁。此番言行惹怒了皇帝,欲处死罪,经群臣求情,才改贬为潮州刺史。即使被贬了官,韩愈也未改变排斥佛教的决心。

---

① 《韩昌黎集》卷一八,《与孟尚书书》。

## 二、论人性与教育的作用

韩愈的《原性》从天命论出发，论述人性三品，借以说明教育的作用和规定教育权利。他认为人由天命而生，人性也由天命而成，人性三个等级和人性五项道德内容，都本于天命。

韩愈在论述人性问题时把性与情并提，而以性为情的基础。他说："性也者，与生俱生也；情也者，接于物而生也。"人接触外界事物，受到刺激引起反应而产生情。性和情的关系是完全相应。性之品有上中下，情之品也有上中下与之对应。性的内容是仁、礼、信、义、智等五德，情的表现是喜、怒、哀、惧、爱、恶、欲等七情。上品的性是善的，以仁德为主，但也通于其他四德，相应地产生上品的情，动而得中，符合五德的规范。中品的性既可能善也可能恶，其表现为仁德有所不足或有所违背，其余四德或有而不完全纯粹，相应产生中品之情，有时过分有时不及，但也有合乎道德规范要求的。下品的性是恶的，既违反仁德，也不能符合其他四德，相应产生下品的情，任凭感情支配行动，都不符合道德规范。

这种人性三品的理论，把封建的仁、礼、信、义、智等道德原则，说成是人天生的本性，作为区分善恶的标准，使各阶级各阶层的人，都遵从道德原则的制约，从而达到维护封建社会秩序的目的。

韩愈接受了董仲舒的性三品说并作了一些修正，他把性与情结合起来，比董仲舒说得更细致，但仍然是一种唯心主义的人性论。他反对任情纵欲，也反对绝情禁欲，而主张以道德规范来节制情欲。

韩愈制定性三品的理论，其现实的政治意义就是以人性的等级来作为社会阶级划分的依据，统治者是上品，劳动人民是下品，处于两者之间是中品。既然人性三品不能变，社会的三个等级也就不能变。统治者命定为统治者，被统治者命定为被统治者，这种理论必然受统治者欢迎。

韩愈的性三品的人性论成为其教育学说的理论基础，具体表现在三个方面。首先，人性决定教育所起的作用。人性存在等级差别，教育对不同的人性发挥不同作用。上品的人，"上之性就学而愈明"，教育能使其先天具有的仁义之善性得到发扬，行动都符合道德原则。中品的人，"中焉者可导而上下"，可引导往上也可引导向下，这部分人存在着被改造的可能性，对他们的改造，教育起重要的作用，使他们往上品靠拢。下品的人，"下之性畏威而寡罪"，他们的行为总是违反道德标准，对他们只有用刑罚，使他们害怕刑罚而避免犯罪，以此来保证社会秩序。其次，由人性而规定教育的权利。人性等级不同，教育作用不同，教育的实施只限在一定范围内，没有必要遍及每一个人。"上者可教，而下者可制也。"只有统治阶级才可以享受学校教育的权利，而对被统治阶级则实行专制，剥夺教育权利。这种理论，没有改变现实，而是对已有的现实作论证而已。第三，由人性决定教育的主要内容。人性以仁、礼、信、义、智为内容，教育要发挥人内在的善性，以五常道德教育为主，最好的教本，是儒家的《诗》、《书》、《礼》、《易》、《春秋》。这种主张，和他捍卫儒学反对佛老的思想路线是一致的。

《原性》是唐代人性论的重要著作，其目的在于把唐以前的人性论作一总结，并将新的人性论公式化，以成为政治、教育的理论依据。《原性》不能结束争论，反而进一步引起争论。他的弟子李翱对性三品说作了重大的修正，发展为性善情恶的复性说。

## 三、论学校教育与措施

韩愈认为治国人才依靠教育培养。他主张发展学校教育,并采取一些措施。

第一,用德礼而重学校。韩愈继承儒家德治的思想,把教育作为首要的政治工具。他说:"孔子曰:'道之以政,齐之以刑,则民免而无耻。'不如以德礼为先,而辅以政刑。夫欲用德礼,未有不由学校师弟子者。"德礼指的是德政和礼教。德礼和刑罚在政治上是不可缺少的两种手段,而从实际政治效果比较来看,先进行道德的思想灌输,人民对封建统治会更加顺从。要实行德治,必先德礼而后刑法。强调德礼,也必然重视以学校教育为重要政治工具。

第二,学校的任务在训练官吏。学校是宣扬封建道德的中心,又是训练封建官吏的机构。特别是中央官学,是补充官员的重要来源,应选拔最优异的人才来加以训练,"自非天姿茂异,旷日经久,以所进业发闻于乡间,称道于朋友,荐于州府,而升之司业,则不得齿乎国学矣。"[①]优秀青年集中于国学,把他们培养成为治人的君子,"皆有以赞于教化,可以使令于上者也"。符合标准的官吏,应该是"纯信之士,骨鲠之臣,忧国如家,忘身奉上者"。这些是忠心为封建统治效劳的臣僚,他们的职责是把君主的政令推行到民众中去。

第三,整顿国学。韩愈在穆宗即位后被任命为国子祭酒。在这之前,国子监积弊甚深,教学活动几乎停顿,不能发挥其培植人才维护封建统治的职能。韩愈上任后,作为优先的任务是对国子监实行整顿。

在招生制度方面,他发现学生出身成分起了很大变化:"国家典章,崇重庠序,近日趋竞,未复本源,至使公卿子孙,耻游太学,工商凡冗,或处上庠。今圣道大明,儒风复振,恐须革正,以赞鸿猷。"[②]由于社会经过动荡之后,原定的教育制度逐渐破坏,贵族官僚子弟,依靠门荫而当官,轻视学习,而工商子弟,则以钱财为贿赂手段,取得入学资格,以提高其社会地位,打通参政道路。为此,韩愈建议调整招生制度,稍微放宽入学的等级限制,太学由文武五品之子放宽为八品之子可入学,四门学由七品之子改为有才能艺业者也可入学。入学的等级虽放宽了,等级制还存在,依旧保留贵族官僚的教育特权。

在学官选任方面,原来只凭年资,"多循资叙,不考艺能",所以让不称职的人,也混在学官中。韩愈主张以实际才学为标准选任学官,"非专通经传,博涉坟史,及进士五经诸色登科人,不以比拟"[③]。他推荐张籍为国子博士,列举条件是:"学有师法,文多古风,沉默静退,介然自守,声华行实,光映儒林。"[④]新学官一概拔用儒生,经过考试合格,才能正式委任。

在转变学风方面,以恢复教学秩序为首要。原来国子监规章破坏,纪律松弛,学官不讲,学生不学,教学几乎停顿。韩愈上任后,恢复定时进行教学活动,学官对教学有较高的积极性,日集讲说,还有经常性的会讲,吸引学生竞相听讲,国子监出现的新气象:"韩公来为祭酒,国子监不寂寞矣。"师生研讨学问,形成新的风尚。

第四,恢复发展地方学校。韩愈写《子产不毁乡校颂》,既歌颂郑子产保存乡校,也是主张学

---

① 《韩昌黎集》卷十四,《省试学生代斋郎议》。
② 《韩昌黎集》卷三十七,《请复国子监生徒状》。
③ 《韩昌黎集》卷四十,《国子监论新注学官牒》。
④ 《韩昌黎集》卷三十九,《举荐张籍状》。

习郑子产重视地方学校。他任潮州刺史时，注意到州学荒废，礼教未行，造成"间里后生，无所从学"的局面，要求恢复地方官学，并从潮州实际做起，运用州刺史的权力，下令恢复州学，聘请了学官，帮助筹集经费。州学的恢复，促进了该地区文化的发展。

### 四、论教学

学生有德的修养，还要有艺的训练，需要教师的教学。教学的目的在于"修先王之道"，而其途径则是"读六艺之文"。

韩愈以儒学为教学的指导思想，严格选择学习内容。他自己就做到"其所读皆圣人之书，杨墨释老之学无所入其心"①。他根据这种经验，规定学生"读六艺之文，修先王之道"②。

对于文与道的关系，他认为文是手段，道是目的；文是形式，道是内容，文道合一，而道为主。先王之道载于六艺之文，欲学先王之道，当读六艺之文。要宣传先王之道，其形式也应当用古文。韩愈提倡新古文，教人学古文，着眼于学古道。他说："思古人而不得见，学古道则欲兼通其辞，通其辞者，本志乎古道者也。"③鼓励青年根据仁义之道用古文的形式去写作。

他认为要学习古文应该选择古代名家作为学习的典范。"宜师古圣贤人。""师其意，不师其辞。"在古代名家中被推为典范的是司马迁、司马相如、扬雄，他们用功较深，扬名也远。学习古文首先要熟识其著作，吸收其精华，在此基础上推陈出新。

他对于"为文之道"，提出了自己的独创见解，认为写文章要有自己独创的语言，把"能自树立不因循"④作为写作的一般原则，力求"不袭蹈前人"、"惟陈言之务去"，坚持"辞必己出"，强调在继承优秀传统的基础上创新。他还主张文章要写得流畅，做到"文从字顺各识职"⑤，把独创的语言和文从字顺两方面统一起来，这是写好文章的条件。

对于学习问题，韩愈既吸收前人的经验，更着重总结自己的经验，提出了一些重要的见解。

第一，要努力勤学。他说："诗书勤乃有，不勤腹空虚。"⑥认为一切知识可由勤学习得。他自己就利用一切能利用的时间，看书学习，"平居虽寝食未尝去书，忌以为枕，食以饴口"⑦。《进学解》自述学习情况："先生口不绝吟于六艺之文，手不停披于百家之编，记事者必提其要，纂言者必钩其玄，贪多务得，细大不捐，焚膏油以继晷，恒兀兀以穷年，先生之业，可谓勤矣。"韩愈勤学，至老依然，认为人要有学问并不断精进，都离不开勤学。他把自己的经验概括为"业精于勤，荒于嬉"，要取得学业的精进需要依靠勤学不辍，而造成学业的荒废则是由于嬉游终日。

第二，要多读博学。学先王之道的基本途径是读六艺之文，此外，还要尽量多读书，扩大知识眼界。韩愈说"读书患不多"⑧，"穷究于经传史记、百家之说"⑨。他的知识不局限于经传，而是扩及百家。他在《答侯继书》中说："仆少好学问，自五经之外，百氏之书，未有闻而不求，得而不观

---

① 《韩昌黎集》卷十六，《上宰相书》。
② 《韩昌黎集》卷三十九，《请上尊号表》。
③ 《韩昌黎集》卷二十二，《题欧阳生哀辞后》。
④ 《韩昌黎集》卷十八，《答刘正夫书》。
⑤ 《韩昌黎集》卷三十四，《樊绍述墓铭》。
⑥ 《韩昌黎集》卷六，《符读书城南》。
⑦ 皇甫湜：《韩文公墓志铭》，《全唐文》卷六八七。
⑧ 《韩昌黎集》卷六，《赠别元十八》。
⑨ 《韩昌黎集》卷十五，《上兵部李侍郎书》。

者。"这种好学的精神,使他在少年时期就奠定了广博的学问基础。这是他的散文写作取得很高成就的原因之一。

第三,要积极思考。对于经史百家之书的学习,绝不可食而不化,韩愈劝导弟子说:"子诵其文,则思其义。"①要边读书边思考其意义,又说:"手披目视,口诵其言,心惟其义。"②学习时,感觉器官与思维器官都要一齐动员,有助于求得书中义理。他积累了一些读书思考的经验,对于历史著作必提其要;对于理论著作必钩其玄;都是经过一番深入的思考,才达到要求。

韩愈对教学方法也有自己的主张和特点:

第一,重视因材施教。韩愈认为每个时代都有人才,关键的问题在于教育者善于识别和培养。伯乐善识千里马,只要有伯乐,千里马不会被埋没。人才就如千里马,既要善鉴别,又要善培养,人才就不会被糟蹋,而会涌现出来。韩愈一贯主张教人者要尽其材,教育者应充分发挥受教育者的才能,这应成为教育的原则。韩愈热心培养青年,指导他们进行文学创作,发挥他们的才能,成为知名的作家。他要求当权者在用人方面做到人尽其才,能容纳和使用各种人才。他把因材施教和因材使用统一起来。

第二,注意生动活泼。韩愈在讲课中力求运用多种形式活跃课堂教学。他的教学态度是认真的,"讲评孜孜,以磨诸生,恐不完美,游以诙笑啸歌,使皆醉义忘归"③。他在讲解中,有时穿插一些诙谐的话,令人兴奋,有时甚至吟诗唱歌,他说理深刻,使人陶醉在他的讲学中,这些都表明他很善于宣讲,能扣动学生的心弦。有人把教学的生动性和严肃性对立起来,张籍曾写两封信给韩愈提出批评:"比见执事多尚驳杂无实之说,使人陈之于前以为欢。此有以累于令德。"他干脆要求韩愈"弃无实之谈"。韩愈对这种批评不以为然,他辩解说:"驳杂之讥,前书尽之,吾子其复之,昔夫子犹有所戏。《诗》不云乎:'善戏谑兮,不为虐兮。'《记》曰:'张而不弛,文武不能也。'恶害于道哉?吾子其未之思乎!"④他认为教学要生动有趣,有严肃的时候,也有活泼的时候,有张有弛,灵活运用,教学的生动性不影响内容的思想性,这种教学主张,既有历史根据,也有实践经验。

## 五、论师道

《师说》是韩愈论师道的重要教育论著,贞元十八年(802年)写成并公开发表。韩愈从贞元十二年(796年)在汴州任观察推官开始接受学生,到贞元十八年任四门博士接受更多学生,其教育活动前后六年。这些教育活动,引起较大的社会反响。有部分人积极赞成从师学道,而更多的人则激烈反对有师与弟子的名义,焦点集中在师道问题上。为了复兴儒学和促进古文运动继续前进,就需要解决教育思想上的这个关键问题。于是,他抓住对学生赠文的机会,撰写了《师说》,公开发表了议论。

《师说》提出的新观点,对当时士大夫的旧思想是一次极大的冲击。自唐朝建立以来,科举制度盛行,士人依靠文学来争名位,文学的重要性超过经学,学风和思想观念都已发生变化,"文士撰文,唯恐不自己出",竞相显示才能,不以师传为荣,而以求师为耻,形成轻视师道的风气。当

---

① 《韩昌黎集》卷十九,《送陈密序》。
② 《韩昌黎集》卷十五,《上襄阳于相公书》。
③ 皇甫湜:《韩文公墓志铭》,《全唐文》卷六八七。
④ 《韩昌黎集》卷十四,《重答张籍书》。

时,学校虽有传经博士,科举虽有明经之科,但无人以"传道"之师自任。文士普遍的风气是"耻学于师":"士大夫之族,曰师曰弟子云者,则群聚而笑之。问之,则曰:'彼与彼年相若也,道相似也,位卑则足羞,官盛则近谀。'"不承认师弟子关系,主要是由于考虑社会地位关系问题。不打破这种顽固的旧思想势力,复兴儒学运动、古文运动的开展都要受到阻碍。韩愈挺身而出,敢于为师,凡是来向他请教的,都不拒绝,"来者则接之"。他说:"君子之于人,无不欲其入于善,宁有不可告而告之,孰有可进而不进也。……苟来者吾斯进之而已矣,乌待其礼逾而情过乎!"①韩愈有接受弟子的实际行动,又发表新的观点,在士大夫中引起轰动。柳宗元在《答韦中立论师道书》中谈到这个轰动一时的事件:"今世不闻有师,有辄哗笑之以为狂人,独韩愈不顾流俗,犯笑侮,收召后学,作《师说》,因抗颜为师,世果群怪聚骂,指目牵引而增为言辞,愈以是得狂名。"韩愈与众不同,有了接待后辈的声名,名之所存,谤也随之。当时柳宗元支持韩愈关于师道的主张,指出那些咒骂韩愈的人,实如蜀犬吠日。韩愈不畏攻击毁谤,以《师说》为宣言,造成较大的社会影响,引起社会风气逐渐转变。《师说》起了解放思想的作用,具有进步意义。

从教育思想发展的历史来看,《师说》在理论上是具有新意的。具体表现为:

第一,由"人非生而知之者"出发,肯定"学者必有师"。韩愈的"人非生而知之者"的论点,直接否定了"生而知之",与儒家传统思想有出入。儒家的祖师孔丘认为"生而知之者上也",孟轲更是发挥这种"生而知之"的思想,认为圣人是先知先觉者,可以不学而能,不虑而知。这种思想曾遭到东汉的王符的批判,认为"虽有至圣,不生而智,虽有至材,不生而能",所以,"人不可不就师"②。韩愈受王符等人的思想影响,结合自己对社会的观察,得出了"人非生而知之者"的论点,强调后天学习的重要性,从而使"学者必有师"这个观点有了充分牢靠的理论依据。《师说》在认识论上倾向唯物主义,人非生而知之,因而人人都有学习的必要。学习一定要有教师指导,教师是社会所必需。

第二,"传道、授业、解惑"是教师的基本任务。自古以来,关于教师工作任务的言论和事例不少。如孔丘,他以教师为职业,教训学生们要"笃信好学,守死善道"③,他对学生传授《诗》、《书》、《礼》、《乐》,回答学生们提出的许多问题,实际上是在做传道、授业、解惑的工作。荀况曾说:"师者,所以正礼也。"④师长是弟子们学礼的准则。汉代扬雄曾说:"师者,人之模范也。"⑤他们虽然做了教师工作或从某一方面提出教师的任务,但还没有一个比较全面概括的定义。韩愈总结了以往教师工作的经验,提出:"师者,所以传道、授业、解惑也。"他规定教师工作的三项任务,都有它特定的时代内容。所谓"传道"是儒家的仁义之道,以达到治国平天下的目的。所谓"授业",是儒学的"六艺经传"与古文。所谓"解惑"是解决学"道"与"业"过程中的疑问。三项最主要的是"传道","授业"和"解惑"都要贯穿"传道",为"传道"服务。韩愈在历史上首先提出教师的基本任务,其文字表达比较概括,比较明确,有主有次,一经提出,流传为共知的名言,也为以后的教师所接受。韩愈这个观点强调了教师的主导作用,其影响延续到现代。

---

① 《韩昌黎集》卷十六,《重答李翊书》。
② 《潜夫论·赞学》。
③ 《论语·泰伯》。
④ 《荀子·修身》。
⑤ 《法言·学行》。

第三，以"道"为求师的标准，主张"学无常师"。韩愈认为，求师的目的是为学"道"，办法是"学无常师"。这种教育思想有其历史渊源。孔丘提出"就有道而正焉"[1]，主张学无常师，其弟子子贡曾说："夫子焉不学，而亦何常师之有"[2]。学无常师这种思想到了科举盛行、文学风靡的唐代，已被人抛弃了，不再以"道"为求师的标准。韩愈针对时风，认为教师教学的主要任务在"传道"，学生求学的任务主要在学道，能否当教师也就以"道"为标准来衡量。谁先闻道，谁就有条件给人传道，在实际上起教师的作用，因此不论年龄大小，也不论地位的贵贱，凡有道就可为师，"道之所存，师之所存"。社会上有道的人不少，皆可为师，求学的范围就不应受到限制，而应当学无常师。他举出孔丘向郯子、苌弘、师襄、老聃学习的历史事例，说明善于学习他人的长处，才能成为"圣贤"。韩愈提出有道为师、学无常师的主张，在当时对打破士大夫们妄自尊大的心理，促进思想和文学上的交流，具有一定的积极意义。

第四，提倡"相师"，确立民主性的师生关系。韩愈观察各种职业的人，指出："巫医乐师百工之人，不耻相师"，认为这种做法合理，比士大夫更为明智。士大夫应当矫正"耻学于师"的坏风气，形成相互学习的新风气，不限于同辈朋友之间，也要实行于教师学生之间。教师与学生年龄有差别，而闻道则不以年龄大小定先后，学术业务也可能各有专长。"弟子不必不如师，师不必贤于弟子"，弟子如果有专长，也可以为教师，教师也可以向有专长的弟子学习，教师与弟子相互学习，教学相长，是理所当然的事。他把师生的关系看为是相对的可以转化的，这种具有辩证法因素的民主性的教育思想，确有重要的历史意义。

韩愈是唐后期儒学教育思想的主要代表。他是在反对佛教道教、反对轻视教育、反对旧的社会习俗的斗争中，形成具有一定进步性的教育思想的，经韩门弟子的继承发展以及他的著作的传播，产生了广泛的影响，对其进行评价时不能忽视历史条件和实际影响。

### 本章小结

隋唐是封建社会发展达到鼎盛的时期。隋重新统一了国家，唐前期百余年社会比较安定，经济的恢复与繁荣，为文化教育的发展提供了重要条件。由于统治者采取了较为开明的崇儒兴学的政策，有力地促进了学校教育事业的繁荣。同时，佛教和道教的兴盛，使不同形态的文化得以交流融合，推动了多元文教事业的发展。

科举考试选士制度产生于隋，而发展于唐。统治者把选士制度和育士制度紧密地结合在一起，使科举考试制度成为操纵学校教育发展的杠杆。学校失去独立性，变为科举制度的附庸，对以后学校教育的发展产生了重大的影响。

隋朝创立一些新的教育制度，唐朝加以继承和发展，学校教育的发展超过以前任何一个皇朝而达到新的高度。官学和私学并举，以官学为主干，私学为补充；在地方行政区，建立州学、县学的学校网；地方官学与中央官学联系，向中央官学选送生员；以儒家经典与历史文学为教育内容的传统经学和以应用知识为教育内容的专科性学校并立；专设的学校与附设于事务部门的学校并行，构成适应国家需要的教育体系。学校内部管理，也进一步完善。入学制度、学礼制度、教学制度、考核制度、奖惩制度、休假制度等

---

[1]《论语·学而》。
[2]《论语·子张》。

都以法制化的方式,组成一套管理制度。隋唐先进的教育制度,成为东方邻国学习的对象,在世界教育发展史上占有重要的地位。

在教育思想方面,由于中外文化交流空前活跃,佛、道、儒三教为扩大社会影响、提高政治地位开展激烈的竞争,教育思想的发展出现多元化的局面,在斗争过程中交互影响与吸收,又形成新的融合儒、佛、道的教育思想。这些都为以后的宋明理学教育思想开辟了道路。

**思考题**

1. 隋唐时期的文教政策对其教育的发展有何作用?
2. 隋唐时期在教育制度上有何创新?
3. 隋唐时期教育发展的特点是什么?
4. 隋唐科举制度对学校教育发展有何影响?
5. 韩愈在教育理论方面有什么新的发展?

# 第七章 宋辽金元时期的教育

> **本章导读**
>
> 宋朝以"兴文教,抑武事"为国策,先后发生了三次兴学运动,建立了中央和地方官学体系,设立了武学、画学、道学等新型学校,创立了分斋教学制度、学田制度和地方教育行政管理机构。辽、金、元推行"汉化"政策,同时重视民族学校的设立,促进了民族文化和教育的发展。书院萌芽于唐,但作为一种教育制度的形成和兴盛则在宋,其时不仅产生了著名的六大书院,而且形成了书院教育的重要特点。元朝对书院采取保护、提倡和加强控制的政策,书院在积极发展的同时,使自宋朝以来的官学化倾向更为明显。宋元的蒙学取得了长足的发展,在教育内容、教育方法和教材编写等方面积累了许多成功的经验。宋元的科举制度有许多新的变化和发展,对学校教育产生了严重的制约作用。王安石是北宋重要的教育改革家,领导了著名的"熙宁兴学"。他以崇实尚用为特征的教育思想和系统的人才理论,值得重视。朱熹是南宋最负盛名的大教育家,他精心编撰了《四书章句集注》等多种教材,制定了中国书院史上纲领性的学规——《白鹿洞书院揭示》。他的教育思想内容丰富,影响很大。

宋朝分为北宋(960—1127年)和南宋(1127—1279年),共320年。差不多与此同时,我国北方少数民族契丹族和女真族,先后建立起辽(916—1125年)、金(1115—1234年)政权。1279年,我国北方的又一少数民族——蒙古族灭亡南宋,建立全国统一的元朝(1271—1368年),共98年。

宋朝的建立,结束了自唐"安史之乱"以后至五代十国长期分裂割据局面,重建了统一的中央集权的封建国家。相对稳定的社会环境,为农业、手工业和商业的恢复和发展创造了有利条件。辽、金、元政权大力推行"汉化"政策,加速了封建化进程,促进了封建政治和经济的发展,也促进了各民族相互之间的融合。

在学术思想方面,理学的产生是宋辽金元时期的一个重要特点。理学产生于北宋,完成于南宋。北宋初胡瑗、孙复、石介三人,被称为"理学三先生"。但是,理学的实际创始人为"北宋五子",即周敦颐(1017—1073年)、邵雍(1011—1077年)、张载(1020—1077年)、程颢(1032—1085年)、程颐(1033—1107年),至南宋朱熹(1130—1200年)始集大成,建立了一个比较完整的客观唯心主义体系。后人称为"程朱理学"。按理学家们讲学的地域划分,宋朝理学又分为濂、洛、关、闽四个主要学派。濂学以周敦颐为代表,洛学以程颢、程颐两兄弟为代表,关学以张载为代表,闽学以朱熹为代表。在南宋,与朱熹同时的还有陆九渊为代表的主观唯心主义学派,提出"宇宙便是吾心"的命题;至明朝,王守仁发展了陆九渊的学说,形成了理学中一个重要派别,后人称为"陆王心学"。除理学之外,以王安石(1021—1086年)为代表的"新学",以陈亮(1143—1194年)、叶适(1150—1223年)为代表的南宋事功学派,也是这个时期的重要学术派别。后者不仅在当时与心学、理学教育思想相抗衡,而且上承前者"经世应务"的教育思想传统,下启明清之际黄宗羲、王夫之、颜元等人的早期启蒙教育思想,对中国教育思想的发展产生过积极影响。

# 第一节　宋朝的文教政策和教育制度

## 一、文教政策

宋初的统治者在打败割据势力,基本统一国家之后,在统治策略上作了重大改变,即由原来的重视"武功",改为强调"文治"。太平兴国七年(982年),宋太宗明确指出:"王者虽以武功克定,终须用文德致治。"①与统治策略的这一转变相适应,确立了"兴文教,抑武事"的国策。

### (一)重视科举,重用士人

北宋统治者鉴于唐末、五代各地节度使拥兵自重,割据称雄的危害,为了巩固政权,一方面采用政治威慑和物质利诱的手段迫使将帅交出兵权,另一方面重用文人,让他们充任全国各级政权的官吏,军队也受文官节制。开宝五年(972年),宋太祖对宰相赵普说:五代方镇残虐,人民深受其害,我今日选用儒臣百余人,分治各大州,纵然他们都是贪婪昏庸之徒,其危害"亦未及武臣一人也"。正因为政治上迫切需要文人,于是便利用传统的科举考试,大量取士。对于取中者,又给予很高的地位和待遇。太平兴国二年(977年),宋太宗对近臣说:"朕欲博求俊乂于科场中,非敢望拔十得五,止得一二,亦可为致治之具矣。"②八年(983年),他又对大臣们表白:"朕亲选多士,殆忘饥渴。召见临问以观其才,拔而用之,庶使岩野无遗逸而朝廷多君子耳。"③由于朝廷对科举考试寄予厚望,宋初每科录取人数之多,大大超过了前代。开宝六年取士127人,以后愈益增多。太平兴国二年,一次取士达500人。其中第一、二等进士及《九经》授官将作监丞、大理评事、通判诸州,同出身进士及诸科并送吏部免选,优等注拟。

### (二)"三次兴学",广设学校

宋初通过科举考试,选拔了不少人才,基本上适应了当时统治策略的转变以及用人的需要,有利于中央集权的建立与巩固,但却忽视了兴建学校培育人才。随着时间的推移,统治阶级内部一些有识之士,越来越清楚地认识到,仅仅依靠科举考试选拔人才是远远不够的,还必须广设学校培育人才。"兴文教"的政策在宋初80多年主要表现为重视科举选拔人才,在这以后,这个政策的侧重点转为兴学育才,先后出现了三次著名的兴学运动。

第一次兴学运动是范仲淹在宋仁宗庆历四年主持的,史称"庆历兴学"。

范仲淹(989—1052年),北宋著名的政治家、文学家和教育家。庆历三年七月,任参知政事,不久即条奏十项改革案,要求兴学育才,改革科举等。翌年三月,仁宗因范仲淹"数言兴学校,本行实",下诏大臣们讨论。宋祁、王拱辰、张方平、欧阳修等人深表赞同,并联合上奏称:"教不本于学校,士不察于乡里,则不能核名实。有司束以声病,学者专于记诵,则不足尽人材。谨参考众说,择其便于今者,莫若使士皆土著而教之于学校,然后州县察其履行,学者自皆修饬矣。"④于是,便在范仲淹主持下兴学。

---

① 《续资治通鉴》卷一一。
② 《续资治通鉴》卷九。
③ 《续资治通鉴》卷一一。
④ 《续资治通鉴》卷四六。

庆历兴学的主要内容有三项：第一，普遍设立地方学校。要求诸路府州军皆立学，县有士子200人以上亦设学；教官选本地宿学硕儒充任。并规定"士须在学业三百日，乃听预秋赋；旧曾充赋者，百日而止"，必须接受一定时间的学校教育，才可以应科举。第二，改革科举考试。规定科举考试先策，次论，次诗赋，罢贴经、墨义。凡士子通经术，愿对大义者，试十道，以晓析意义为通；三史科取其明史意而文理可采者；明法科试断案。第三，创建太学。因原国子监规模狭小，不足以容学者，即以原锡庆院为校址，修建讲堂，创建太学，招生200人。聘请石介、孙复等名儒到太学执教，并派人"下湖学取瑗之法以为太学法"，在太学中推行著名教育家胡瑗创立的"分斋教学"制度。"庆历兴学"虽然由于范仲淹不久被排挤出朝廷遂告失败，但它毕竟对于北宋教育事业的发展起了促进作用，其余波一直荡漾不息。

第二次兴学运动是王安石在宋神宗熙宁年间主持的，史称"熙宁兴学"。具体内容本章第六节将有详述。

第三次兴学运动是蔡京在宋徽宗崇宁年间主持的，史称"崇宁兴学"。

崇宁元年（1102年），宋徽宗委任蔡京（1047—1126年）为尚书右仆射，希望继承熙宁新法来挽救北宋统治危机。蔡京秉承徽宗旨意，主持"崇宁兴学"，恢复和发展了"熙宁兴学"的某些措施，主要有以下五个方面。第一，全国普遍设立地方学校。崇宁元年八月，令天下州县并置学，州置教授2员。小州或举人少则令二三州学者聚学于一州。县设小学。同年十二月，又颁布《州县学敕令格式》，对如何办理地方学校进一步作了具体规定。第二，建立县学、州学、太学三级相联系的学制系统。规定县学生考选升州学，州学生每三年根据考试成绩升入太学不同的斋舍。成绩上等者升上舍，中等者升下等上舍，下等者升内舍，其余升外舍。这种学制系统对元、明、清的学校教育产生了深刻影响。第三，新建辟雍，发展太学。崇宁元年，在京城开封南门外营建规模恢宏的辟雍，亦称"外学"，作为太学的外舍，专"待州县学之贡士"。同时增加太学生数量，上舍生200人，内舍生600人，外舍生3000人。第四，恢复设立医学，创立算学、书学、画学等专科学校。崇宁二年，置医学。次年六月，创设算学、书学和画学。九月令州学另置斋舍，以养材武之士。四年正月，正式立武学法。第五，罢科举，改由学校取士。崇宁三年十一月，诏"天下取士，悉由学校升贡，其州郡发解，凡试礼部法并罢"，规定："每岁试上舍生，则差知举如礼部法云。"①这是对取士制度的重大改革。

上述三次兴学运动，虽然前两次均未能取得预期效果，但都不同程度地将宋朝教育事业向前推进了一大步。第三次兴学，对宋朝教育事业发展所起的促进作用，超过了前两次。因此，这三次兴学运动是宋朝"兴文教"政策最直接，也是最重要的体现。

（三）尊孔崇儒，提倡佛道

宋朝推行"兴文教"的政策，势必要尊孔崇儒。早在建隆三年（962年）六月，宋太祖即命在国子监中"增葺祠宇，塑绘先圣、先师之像"，并亲自撰文颂扬孔丘和颜渊。宋太宗即位后，也明确规定，选用人才"须通经义，遵周孔之礼"，竭力提高儒学地位。宋真宗以后，尊孔崇儒尤为突出。大中祥符元年（1008年），加谥孔丘为"玄圣文宣王"，五年（1012年），改为"至圣文宣王"。宋真宗亲

---

① 《续资治通鉴》卷八九。

撰《至圣文宣王赞》，称颂孔丘是"人伦之表"，又撰《崇儒术论》，赞扬儒学是"帝道之纲"。宋真宗还命邢昺、孙奭等人校定《周礼》、《仪礼》、《公羊》、《谷梁》、《孝经》、《论语》、《尔雅》等七经疏义。后来，邢昺又撰《论语正义》、《尔雅疏》、《孝经正义》，孙奭撰写《孟子正义》，合唐人《九经正义》，共为《十三经正义》，颁于学校，成为法定教材。

在尊孔崇儒的同时，宋朝统治者也大力提倡佛教和道教。太平兴国七年（982年），宋太宗设立译经院。翌年，赐译经院匾额"传法"，命选童子50人，入院学习梵文、梵学。他还手拿新译佛经五卷，劝告宰相学佛，说："方外之说，亦有可观，卿等试读之。"①宋真宗更重佛教，咸平二年（999年），即位不久即著《释氏论》，明确认为"释氏戒律之事，与周、孔、孟、荀迹异道同"。全国僧徒增至近40万，女尼近6万，佛教盛行。南宋时，全国寺院林立，佛教极盛。宋朝对道教也极力提倡。早在宋太宗时，就在开封、苏州等地建道观，多方收集道教经典。宋真宗时诏天下遍建天庆观。徽宗时提倡尤力。重和元年（1118年），诏"自今学道之士，许入州县学教养；所习经以《黄帝内经》、《道德经》为大经，《庄子》、《列子》为小经"，"州县学道之士，初入学为道徒，试中升贡，同称贡士。到京，入辟雍，试中上舍，并依贡士法"②。还规定在太学、辟雍中各置《内经》、《道德经》、《庄子》、《列子》博士2员。并颁布《御注道德经》，刻石神霄宫，又根据蔡京的建议，收集古今道教纪事编撰《道史》。道教地位提高，在全国盛行。

宋朝统治者尊孔崇儒，大力提倡佛、道，其主观目的是为了维护统治，但积极提倡的结果，使儒、佛、道三家在长期而激烈的斗争中，逐渐走上了融合的道路，最后终于孕育出以儒家思想为主体，糅合佛、道思想而成的新的思想体系——理学思想，后经元、明、清统治者的不断提倡，成为中国封建社会后期的统治思想。

## 二、教育制度

宋朝的教育制度基本上沿袭唐制。宋初由于重视科举取士，虽设官学，而未被重视，自三次兴学运动后，才在中央和地方陆续建立起了完备的官学教育体系。南宋虽偏安江南，但在绍兴、乾道、淳熙年间，官学亦有一定程度的发展。

官学教育制度分为中央官学和地方官学。中央官学属于国子监管辖的有国子学、太学、辟雍、四门学、广文馆、武学、律学、小学等；属于中央各局管辖的有医学、算学、书学、画学等；直属于中央政府的有资善堂、宗学、诸王宫学、内小学等。地方官学有州学、府学、军学、监学以及县学，属于地方政府及诸路提举学事司管辖。

（一）中央官学

1. 国子学、太学、辟雍、小学

国子学亦称国子监。它既是宋朝最高教育管理机构，又是最高学府。国子学招收"京朝七品以上子孙"为学生，称国子生。初未定名额，后以200人为限。国子学初置判监事、讲书（淳化五年改为直讲）、丞、主簿等职。国子学以后，周世宗显德二年（955年）建造的国子监为学舍。建隆三年（962年），宋太祖命左谏议大夫崔颂首任判监事，"始聚生徒讲书"。至开宝八年（975年），国子

---

① 《续资治通鉴》卷一二。
② 《续资治通鉴》卷九三。

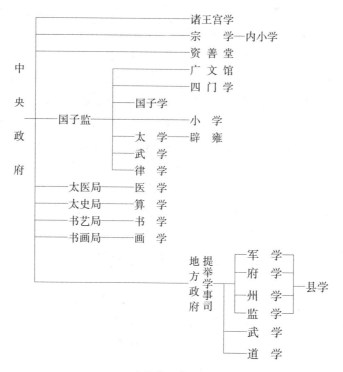

**宋朝简明学制图**

生增至70人，分习五经。但由于国子学不受重视，办理不善，许多学生空挂学籍而久不到校，"居常听讲者，一二十人尔"。所以在开宝年间采取了插班补缺的办法，由在京进士及诸科常赴国子学肄业，以补国子生之缺。真宗景德年间，又采取附学旁听的措施，即允许"文武升朝官嫡亲附国学取解"，"远乡久寓京师，其文艺可称"者，"亦听附学充贡"①。可见，宋朝的国子学，虽名为最高学府，实则徒具空名。诚如《文献通考》所云："国子监以国子为名，而实未尝教养国子。"

太学的地位比国子学低，招收八品以下子弟或庶人之俊异者为学生，设立的时间也较迟，但办理得比国子学有成效。它是宋朝兴学育才的重点，也是中央官学的核心。太学创设于仁宗庆历四年（1044年），初招生200人，神宗熙宁初，又增百人，后规定以900人为限。熙宁四年（1071年），创立太学三舍法，太学生增至1000人，其中外舍生700人，内舍生200人，上舍生100人。随着学生人数的增加，校舍也得到了扩建。除整个锡庆院外，另在朝集院西庑建造讲书堂四间，基本满足了教学、生活用房，"诸生斋舍、掌事者直庐始仅足用"。元丰二年（1079年），太学规模发展至2400人，其中外舍生2000人，内舍生300人，上舍生100人。在"崇宁兴学"中，太学又获得较大发展。崇宁元年（1102年），太学生总数达到3800人，其中外舍生3000人，内舍生600人，上舍生200人，为宋代太学的极盛时期。南宋高宗绍兴十三年（1143年），始建太学，亦实行三舍法。太学生700人，其中外舍生570人，内舍生100人，上舍生30人。到宁宗时，有较大发展，外舍生1400人，内舍生130人，上舍生仍30人，太学生总数达1560人。

---

① 《宋史·选举志三》。

太学的教官,根据《宋史·职官志》记载,祭酒总掌政令;司业协助祭酒管理校务;博士掌分经讲授,考校程文,以德行道艺训导学生;学正、学录掌举行学规,凡诸生之戾规矩者,处以五等之罚①;学谕掌以所授经传谕诸生;直学掌诸生簿籍,以及稽察出入。此外,每斋设斋长、学谕各1人,管理斋务及考核斋生行艺。学正、学录、学谕等均"以上舍生为之"。

太学的教学内容,主要是学习儒家的经书,但也有几次大的变动。神宗熙宁八年(1075年),将王安石编注的《三经新义》颁于学校,作为太学生必须学习的内容。徽宗重和元年(1118年),又在太学中设置《内经》、《道德经》、《庄子》、《列子》博士,向学生教授黄老之学。南宋孝宗淳熙中,曾"命诸生暇日习射,以斗力为等差,比类公、私试,别理分数",显然是为了对付当时迫在眉睫的外患的需要。总起来说,太学在宋朝绵延不断,在中央官学中办得较有成效。

辟雍是太学的分校,始建于崇宁元年。当时蔡京主持"崇宁兴学",各地州学每三年一次向太学选送学生,为了安置这些新生,于开封南郊新建辟雍,"外圆内方,为屋千百七十二楹",并将原太学外舍也合并于此。这样太学专处上舍生、内舍生,而辟雍则专处外舍生,故亦称"外学"。辟雍的"敕令格式,悉用太学见制"。其教官设司业、丞各1人,博士10人,学正、学录各5人,学谕10人,直学2人。

小学招收8岁至12岁儿童入学,创办于宋哲宗时期。《宋史·选举志三》记载:"哲宗时,初置在京小学,曰'就傅'、'初筮',凡两斋。"至宋徽宗政和四年(1114年),学额近千名,分设十斋。小学与太学一样实行三舍法。初入外舍,以诵经书字多少升补内舍。若能文,从博士试本经、小经义各一道,稍通补内舍,优补上舍。

2. 四门学、广文馆

这两所都是为士子准备参加科举考试而设立的预备学校。四门学始建于仁宗庆历三年(1043年),招收"八品至庶人子弟充学生"。学生在学期间,"差学官锁宿、弥封校其艺,疏名上闻而后给牒,不中式者仍听读,若三试不中,则出之"②。不久,学校停办。广文馆设立于哲宗元祐七年(1092年),目的在于"以待四方游士试京师者",学生曾达2400人。但存在仅两年,绍圣元年(1094年)停办。

3. 专科学校

宋朝的专科学校有六所:武学、律学、医学、算学、书学、画学。

武学 是宋朝最早设立的专科学校。仁宗庆历二年(1042年)十二月,置武学教授。翌年五月,正式在开封武成王庙设立武学,以太常丞阮逸为教授。但在八月即停办。神宗熙宁五年(1072年),在原址重设武学,以兵部郎中韩缜判学,内藏库副使郭固同判。"生员以百人为额,选文武官知兵者为教授。使臣未参班与门荫、草泽人召京官保任,人材弓马应格,听入学,习诸家兵法。教授纂次历代用兵成败、前世忠义之节足以训者,讲释之。愿试阵队者,量给兵伍。在学三年,具艺业考试等第推恩,未及格者,逾年再试。"③徽宗崇宁初,诸州皆置武学。崇宁五年(1106年)三月,又罢诸州武学。南宋高宗绍兴十六年(1146年),始建武学。二十六年(1156年)加以整

---

① 五等之罚:轻者关暇几月,不许出入;重则前廊关暇;再重则迁斋;再重则下自讼斋,自宿自处;又重则夏楚,屏斥终身不齿。
② 《宋史·选举志三》。
③ 《宋史·选举志三》。

顿,规定:"凡武学生习《七书》兵法、步骑射,分上、内、外三舍,学生额百人。置博士一员,以文臣有出身或武举高选人为之;学谕一员,以武举补官人为之。"①宋朝重视武学,是由于当时外患侵逼,需要军事人才。在长期的教育实践中,积累了办理武学,培养军事人才的经验。在中国教育史上,培养军事人才的武学始设于宋朝,其对后来元、明、清的教育产生了深刻影响。

**律学** 在宋朝也颇受重视。开国初,即置博士,教授法律。神宗熙宁六年(1073年),在国子监下专设律学,以朝集院为校舍,置教授4员,后又置学正1员。"凡命官、举人皆得入学,各处一斋。举人须得命官二人保任,先入学听读而后试补。"律学设断案和律令两个专业。习断案,则试案一道,每道叙列刑名五事或七事;习律令,则试大义五道。各以所习,月一公试、三私试。凡朝廷有新颁条令,刑部即送学,令学生研习。律学"用太学规矩",学生都得遵守,但命官允许在校外住宿。元丰六年(1083年),采用国子监司业朱服的建议:"命官在学,如公试律义、断案俱优,准吏部试法授官。"②律学的设置,为宋朝培养了所需要的法律人才。

**医学** 设置较早,初隶属于太常寺,至神宗时,始置提举判局官1人专管。设教授1人,学生300人。分设三科:方脉科、针科和疡科,学习内容各有侧重。方脉科以《素问》《难经》《脉经》为大经,以《巢氏病源》《龙树论》《千金翼方》为小经。针科、疡科去《脉经》,而增《三部针灸经》。徽宗崇宁年间,医学改隶于国子监,设置博士、学正、学录各4员,分科教导,纠行规矩。学校实行三舍法,上舍生40人,内舍生60人,外舍生200人,总计300人。各斋另置斋长、学谕各1人。考试分三场,各场的内容是:第一场问三经大义五道;第二场方脉科学生试脉证、运气大义各二道,针科、疡科学生试小经大义三道、运气大义二道;第三场假令治病法三道。凡考试合格,成绩优等者,则任尚药局医师以下职,其余"各以等补官,为本学博士、正、录及外州医学教授"。大观四年(1110年),医学归入太医局。金兵侵宋,医学停办。南宋高宗绍兴年间,曾恢复医学。

**算学** 设于徽宗崇宁三年(1104年)。招收"命官及庶人"为学生,定额210人。教学内容为《九章》《周髀》《海岛》《孙子》《五曹》《张丘建》《夏侯阳》算法以及历算、三式、天文等。此外,还学习一小经或大经。每月公试、私试及实行三舍法,与太学相同。大观四年(1110年),算学归于太史局。南宋高宗绍兴初年,命太史局试补算学生。孝宗淳熙元年(1174年),"聚局生子弟试历算《崇天》《宣明》《大衍历》三经,取其通习者"。随后,又连续分别在淳熙五年、九年、十四年三次试补算学生。光宗绍熙二年(1191年)、宁宗嘉定四年(1211年),也分别试补算学生,以补充当时太史局对于历算人才的需要。

**书学** 亦创立于徽宗崇宁三年(1104年),实行三舍法。学生不受出身的等级限制,亦无定额。主要学习篆、隶、草三体,同时须明晓《说文》《字说》《尔雅》《博雅》《方言》,并兼通《论语》《孟子》义或儒家大经。学习篆字,以古文、大小二篆为法;学习隶书,以王羲之、王献之、欧阳询、虞世南、颜真卿、柳公权的真行为法;学习草书,以章草、张芝九体为法。考试分为上中下三等:"以方圆肥瘦适中,锋藏画劲,气清韵古,老而不俗为上;方而有圆笔,圆而有方意,瘦而不枯,肥而不浊,各得一体者为中;方而不能圆,肥而不能瘦,模仿古人笔画不得其意,而均齐可观为下。"③大观四年(1110年),并入翰林院书艺局。

---

① 《宋史·选举志三》。
② 《宋史·选举志三》。
③ 《宋史·选举志三》。

**画学** 不仅与算学、书学同时设立,而且实行"三舍试补、升降以及推恩"亦相同。画学开设佛道、人物、山水、鸟兽、花竹、屋木等专业课程,学生除学习这些专业课之外,还必须学习《说文》、《尔雅》、《方言》、《释名》等基础理论知识,而且要求"《说文》则令书篆字,著音训,余书皆设问答,以所解义观其能通画意与否"。学生分为士流和杂流,分斋而居。士流另兼习一大经或一小经,杂流则诵小经或读律。作画考试的评分标准是:"以不仿前人而物之情态形色俱若自然,笔韵高简为工。"①大观四年(1110年),并入翰林院书画局。

4. 贵胄学校

宋朝专为教育宗室子孙而设立的贵胄学校主要有:资善堂、宗学、诸王宫学和内小学。资善堂为皇太子就学之所,创建于真宗大中祥符九年(1016年),位于开封元符观南。真宗命入内押班周怀政为都监,入内供奉官杨怀玉为伴读,并面戒不得于堂中戏笑及陈列玩弄之具。宗学在宋初已设立,但废置无常。神宗熙宁十年(1077年),始立《宗子试法》。徽宗崇宁年间,在两京皆置敦宗院,各设大、小学教授,立考选法。靖康之乱,宗学遂废。南宋高宗绍兴十四年(1144年),重建宗学于临安,定员100人,其中大学生50人,小学生40人,职事各5人。学生都是南宫、北宅诸王之子孙。宁宗嘉定九年(1216年),改宗学教授为博士,又置学谕1员,隶属于宗正寺。诸王宫学在北宋时已有设立,南宋初仍继续设置。绍兴十四年,置大、小学教授各1员。它与宗学一样,亦是大、小学混合设置的。内小学创立于理宗淳祐二年(1242年),置教授2员,招收宗子入学就读。

(二) 地方官学

宋朝的地方行政分为三级:第一级为路;第二级为州、府、军、监(一般设州或府,特殊情形才设军、监);第三级为县。路不直接设学,仅置学官管辖所属各学校。因此,宋朝地方学校仅有两级,即由州或府、军、监设立的称州学或府学、军学、监学,由县设立的称县学。由于州、县设置最普遍,故宋朝大量的地方学校是州学和县学。

宋朝很早就设立地方学校。据《广西通志》记载,开宝年间(968—975年),建立了来宾县学。《江西通志》载,兴国县学建于太宗太平兴国七年(982年)。又据《江南通志》记载,镇江府学建于太平兴国八年(983年)。由此可见,在宋朝立国之初,各地便开始陆续兴建地方官学。当时,统治者虽然并没有要求在全国范围内广泛设立地方学校,但对于已设之学校则表示了积极支持的态度。主要表现为:一是赐书。例如,真宗咸平四年(1001年)六月,诏"州县学校及聚徒讲诵之所,并赐《九经》"②。仁宗景祐元年(1034年),又向京兆府府学赐《九经》。二是赐学田。真宗乾兴元年(1022年),向兖州州学赐学田十顷,这是宋朝向地方官学赐学田的开始。在这之后,赐学田的事在仁宗景祐、宝元年间,屡见于史籍记载。宋朝政府向各地州、县学校赐书、赐学田,对于地方官学的发展起了积极的推动作用。

宋朝地方官学的大发展开始于"庆历兴学"。庆历四年"诏令州县皆立学",于是各地纷纷奉诏兴学。"熙宁兴学"也促进了地方官学的发展。熙宁四年,"诏置京东、西、河东、北、陕西五路学,以陆佃等为诸州学官。仍令中书采访,逐路有经术行谊者各三五人,虽未仕亦给簿尉俸,使权

---

① 《宋史·选举志三》。
② 《续资治通鉴》卷二二。

教授他路州军。……州给田十顷为学粮。仍置小学教授"①。从师资和经费两个重要的方面保证了州学的发展。至元丰年间，全国已有18路53个州、府、军、监任命了学官教授。"崇宁兴学"使宋朝地方官学空前兴盛。大观二年(1108年)，提举京西南路学事路瑗称：他所辖共8州30余县，在诸路中属最小，但已"教养生徒三千三百余人，赡学田业等岁收钱斛六万三千余贯石"②。其他各路有的也新建了大批州学、县学，有的则扩大了办学规模。正因为这样，所以当时全国学生数多达20万余人。

南宋初，仍注意地方官学的设立和发展，高宗绍兴二十一年(1151年)，曾诏借寺观绝产以赡地方学校。但自孝宗以后，由于金兵进逼，连年干戈不息，灾荒频起，经费困难等原因，地方官学日益衰落。

宋朝地方官学一般都有颇具规模的校舍，分成教学、祭祀、娱乐、膳食、住宿、收藏等几大部分。普遍设立藏书楼，藏书往往相当可观，并具地方特色。在教师和学生管理上也形成了一定的规章制度，如熙宁八年(1075年)创立的"教官试"，即诸州学官必先赴学士院考试，"优通者"才能任职等。在办学经费上，实行以学田为主，政府资助、社会献田、捐款集资、学校刻书创收等多种途径相结合的办法，等等。

宋朝地方官学除传统的儒学之外，还增设了武学和道学。武学设于宋徽宗崇宁年间(1102—1106年)。《宋史·选举志三》记载："崇宁间，诸州置武学。"武学仿儒学制，其武艺绝伦、文又优特者，用文士上舍上等法，岁贡释褐；中等仍隶学俟殿试。道学设于宋徽宗政和年间(1111—1118年)。《宋史·选举志三》记载："政和间，即州、县学别置斋授道徒。"学习内容以《黄帝内经》《道德经》为大经，《庄子》、《列子》为小经。凡精通道经者，不问已命、未仕，经提学司审验合格，皆可入学肄业。同时，也招收"业儒而能慕从道教者"。道学设立时间不长，宣和二年(1120年)即废止。

宋朝地方官学还创立了分斋教学制度。该制度是胡瑗在主持湖州州学时创立的一种新的教学制度，其主要内容是在学校内分设经义斋和治事斋。经义斋选择"心性疏通，有器局，可任大事者"，学习儒家经义。治事斋又称治道斋，分设治兵、治民、水利、算数等学科，学生可选择其中一科为主修，另选一科为副修。"治事则一人各治一事，又兼摄一事。"③两斋的培养目标不同，经义斋以培养比较高级的统治人才为目标，即所谓"可任大事者"；治事斋是为了造就在某一方面有专长的技术、管理人才，"如治民以安其生，讲武以御其寇，堰水以利田，算历以明数是也"④。在中国教育史上，虽然有孔子以德行、言语、政事、文学四科教人，魏晋南北朝时，有宋朝设立儒学、玄学、史学、文学四个学馆的记载，但就分科的具体内容来说，均囿于文科；隋唐时期，设立了算学、书学、律学等专科学校，这是一大进步，但是这些学校的地位比儒学低得多，规模也小得多。直至胡瑗创立分斋教学制度，才在中国教学制度发展史上，第一次按照实际需要，在同一学校中分设经义斋和治事斋，实行分科教学；治民、治兵、水利、算数等实用学科正式纳入官学教学体系之中，取得了与儒家经学同等的地位；并且，治事斋学生治一事，又兼摄一事，开了主修和副修制度的先声。分斋教学制度产生后，在当时社会上引起了强烈的反响，"四方之士，云集受业"，纷纷到胡瑗

---

① 《文献通考·学校考七》。
② 《续资治通鉴》卷九〇。
③ 《宋元学案·安定学案》。
④ 《宋元学案·安定学案》。

主持的湖州州学来求学。甚至京师太学,也"取胡瑗法以为法",并且对后世产生了深远影响。

总的来说,宋朝官学制度,继承和发展唐制,形成了自己的特点。概括起来,主要有以下四点。第一,管理体制进一步完备。不仅在中央设立国子监,管理中央官学,而且于崇宁二年(1103年),在诸路设置提举学事司,"掌一路州县学政,岁巡所部以察师儒之优劣、生员之勤惰,而专举刺之事"①。提举学事司虽设置时间不长,宣和三年(1121年)即废止,但在宋朝以前,我国还没有专门的教育行政机构来管理地方官学,它的设立,在中国教育史上具有创新意义。从此,从中央到地方建立起了专门的教育行政管理机构。第二,官学类型多样化。宋朝中央官学除设置儒学(包括国子学、太学、四门学等)、律学、医学、算学、书学之外,还创立武学和画学。在地方官学中,除儒学之外,也分别设置武学和道学。在中央设立武学和画学,在州县建立武学与道学,这是唐朝官学中所没有的。同时,宋朝又创立了分斋教学制度。这些在中国古代学制发展史上具有重要意义。第三,中央官学的等级限制放宽。书学甚至取消了限制,这是学校教育的一大进步。第四,学田制度的确立。五代时已有关于学田的记载,但学田作为一种制度被确定下来,实始于宋朝。在这以后,宋朝地方学校一般均有学田,作为学校经费的主要来源。这一制度为后来的元、明、清三朝所长期沿用。

## 第二节 辽金元时期的教育

公元10世纪至14世纪,我国历史上先后出现了三个重要的朝代,这就是辽、金、元。它们的一个共同特点,就是分别由我国境内的少数民族——契丹、女真和蒙古族的统治者建立起来的王朝。为了巩固政权,维护统治,它们都大力推行"汉化"政策,从政治、经济、文化教育等各个方面广泛地吸收先进的中原文化,不断进行社会变革,加速了本民族封建化的进程,促进了各民族和民族文化的融合。同时,为了培养本民族人才,金、元两朝还专门设立民族学校,建立起了比较完整的民族教育体系,推动了民族教育事业的发展。所以,辽、金、元的教育,在中国古代教育史上颇具特色。

### 一、辽朝的教育制度

辽朝的教育制度草创于辽太祖时期。辽太祖耶律阿保机是依靠武力建国的。神册元年(916年)立国之后,为了巩固统治,他积极推行"汉化"政策,注意发展文化教育事业。建国不久,即于神册三年(918年),诏令建孔庙、佛寺、道观,并于翌年亲谒孔庙,命皇后、皇太子分谒寺、观,表明他在思想上主张儒、佛、道并举,但更尊崇儒学。神册五年(920年),辽人制成契丹大字,辽太祖下令颁行全国,从此结束了契丹无文字的历史。他还仿效唐朝的教育制度,在皇都创置国子监(太宗时将皇都改称上京,故称上京国子监)。据《辽史·地理志》记载,国子监位于皇都城的西南,监北即为孔庙。国子监设有祭酒、司业、监丞、主簿等职,既是最高学府,又是全国教育管理机构。后来,太宗、圣宗、道宗诸帝,在太祖建立的基础上,惨淡经营,逐渐确立起辽朝教育制度。

太宗在南京设立国子学,又称南京太学。圣宗统和十三年(995年),因学生数额增多,"特赐水硙庄一区",以供所需。道宗清宁元年(1055年)十二月,"诏设学养士,颁'五经'传疏,置博士、助教各一员"②。于是,上京、东京、中京、西京都设国子学,连同先前设立的南京国子学,总称为

---

① 《宋史·职官志七》。
② 《辽史·道宗本纪一》。

"五京学"。清宁六年(1060年)六月,中京又置国子监。此外,西京也曾设国子监,其建筑规模,"宏敞静深冠他所"。所以,辽朝除了5所国子学外,还设有上京、中京、西京3所国子监。

辽朝地方官学有府学、州学和县学。《辽史·百官志》记载,黄龙府、兴中府并有府学,皆置博士、助教。州学以涿州州学设立较早。据应历十年(960年)《崇圣院碑记》,"涿州学廪膳生员卢进达书",表明早在穆宗时已设有州学。归州州学建于圣宗开泰元年(1012年)。应州州学和滦州州学则设于道宗清宁年间(1055—1064年)。至于县学,道宗时,大公鼎任良乡县令,"建孔子庙学",马人望任新城县令,建新城县学。萧萨八在寿昌元年(1095年)建永清县学。州学和县学亦设博士、助教。

辽朝统治者也十分重视贵族子弟教育,曾专门创立"诸王文学馆",设有"诸王伴读"和"诸王教授"。圣宗太平七年(1027年)十一月,诏从匡义军节度使中山郡王查葛(汉名宗政)等的奏请,"选伴读书史"。兴宗重熙年间(1032—1055年),姚景行曾任燕赵国王教授。辽朝还曾吸收朝鲜留学生。《辽史·圣宗本纪》记载:统和十三年(995年)十一月,"高丽遣童子十人来学本国(契丹)语",次年三月,"复遣童子十人来学本国语"。这是继唐朝吸收外国留学生之后,在中外文化交流史上发生的又一盛事。

综上所述,契丹虽属游牧、狩猎民族,但在辽朝立国的200余年间,积极学习中原文化,尊孔崇儒,努力发展文教事业,从中央到地方建立起了官学体系。尤其是澶渊结盟以后,社会相对安定,经济较为繁荣,各地设学渐多,教育得到进一步发展,促进了辽朝社会的进步。

## 二、金朝的教育制度

金朝的学校教育制度效法唐、宋,逐渐建立起了较为完整的官学体系和相应的管理制度。至世宗、章宗时期,金朝教育达到全盛。

### (一) 中央官学

《金史·章宗本纪》明昌四年(1193年)载:"学官刘玑亦率六学诸生赵楷等七百九十五人诣紫宸门请上尊号。"这里所说的"学官刘玑",是当时的国子监祭酒,"六学"是指隶于国子监的6所中央学校:国子监、小学、太学、女真国子学、女真小学和女真太学。下面分述之。

#### 1. 国子监

国子监系金朝最高学府,始设于海陵天德三年(1151年)。小学附设于国子监。两学都以宗室、外戚皇后大功以上亲属以及诸功臣和三品以上官员的兄弟或子孙为招收对象。所不同的是凡年龄在15岁以上者入国子监肄业,不满15岁者则进小学学习。小学学额为100人,设教授等学官。国子监有词赋、经义学生100人。除了教学任务外,它还管理中央其他各学事宜。初设祭酒、司业、监丞各1员。明昌二年(1191年),又增设监丞1员,"兼提控女直(真)学"。同时,国子监还负责刊印各种教科书。当时学校所用各种教材,如《易经》、《尚书》、《诗经》、《春秋左氏传》、《礼记》、《周礼》、《论语》、《孟子》、《孝经》等九经,《史记》、《前汉书》、《后汉书》、《三国志》、《晋书》、《宋书》、《齐书》、《梁书》、《陈书》、《后魏书》、《北齐书》、《周书》、《隋书》、《旧唐书》、《新唐书》、《旧五代史》、《新五代史》等十七史,以及《老子》、《荀子》、《扬子》等书,"皆自国子监印之,授诸学校"[①]。

---

① 《金史·选举志一》。

所以,国子监又是当时金朝教科书的刊印发行中心。

2. 太学

太学始设于大定六年(1166年),学生来源有两类:一是五品以上官员的兄弟及子孙;二是地方各府推荐的生员以及终场举人。他们入学一般须经礼部考试,但第二类学生可以免试。最初学生为160人,后增至400人,规定其中第一类学生为150人,第二类学生为250人。学校设置博士、助教等教职,专掌教授。学生每三日作策论一道,又三日作赋及诗各一篇。三个月举行一次私试,在季月初举行,内容先试赋,间一日试策论,考试成绩在前五名者直接报部。每十天休假一次,称为"旬休"。此外,逢年节、省亲、生病等均给假期。学生若在遭丧百日后要求入学,则不得参与释奠礼。如果违犯校规或不堪教育者,则根据情节轻重分别给以各种处罚,直至开除学籍。

3. 女真国子学、女真小学、女真太学

大定十三年(1173年),金朝正式建立女真国子学,设女真进士科,以策、诗取士,有27人登第,在女真族的历史上产生了第一批进士。为了培养更多的女真族人才,这批新科进士,皆被授以教授职,有的就在新成立的女真国子学任教。为了使年龄较小的女真族贵族子弟也能及时受到正规的学校教育,同年又成立女真小学。规定国子学策论生和小学生各为100人。大定二十八年(1188年),又创建女真太学,规定教授必以宿儒高才者充任。金朝的中央官学,除了国子监、小学和太学以外,又建立了专门以培养女真族人才为目的的女真国子学、女真小学和女真太学,这在中国古代教育史上颇具特色。

中央学校除上述6所之外,还有司天台办学和宫女学校。司天台是政府机构,掌天文历数,观察风云气色,隶秘书监。它有系籍学生76人,其中汉学生50人,女真学生26人,分隶天文、算历、三式、测验、漏刻等科。司天台的学生由"官民家年十五以上、三十以下试补。又三年一次,选草泽人试补"。考试办法,"以《宣明历》试推步,及《婚书》《地理新书》试合婚、安葬,并《易》筮法、六壬课、三命五星之术"①。

宫女学校设在宫廷内,专事教授诸宫女。教官称"宫教",由行为端正、学问通达的老成之士担任。宫教授课需用青纱与宫女隔离,不能直接见面。《金史·章宗元妃李氏传》载:"宫教以青纱隔障蔽内外,宫教居障外,诸宫女居障内,不得面见。有不识字及问义,皆自障内映纱指字请问,宫教自障外口说教之。"

(二) 地方官学

金朝的地方官学主要有府、镇、州学和女真府、州学,此外还有医学。

1. 府、镇、州学

早在金朝立国之初,一些热心教育的地方官员就在他们的辖地先后办起了一些地方学校。由政府下令普遍设立府学,则始于世宗大定十六年(1176年)。《金史·世宗本纪》载:是年四月,诏京府设学养士。于是,京府设立府学共十七处,学生千人。随后又置州学。至大定二十九年(1189年),又接受户部尚书邓俨等的建议,诏令在全国京、府、节镇、防御州普遍设立学校,并根据各府、节镇、州人口的多寡,规定设学规模。据《金史·选举志一》记载:在这一年,增设府学24处,

---

① 《金史·选举志一》。

学生 880 人,其中大兴、开封、平阳、真定、东平府学各 60 人,太原、益都府学各 50 人,大定、河间、济南、大名、京兆府学各 40 人;增设节镇学 39 处,学生 630 人,其中绛、定、卫、怀、沧州镇学各 30 人,莱、密、潞、汾、冀、邢、兖州镇学各 25 人;增设防御州学 21 处,学生 235 人,其中博、德、洛、棣、亳州学各 15 人,余下 16 处学各 10 人。总计在全国共新设府学、镇学、州学 84 处,增加学生 1745 人,金朝教育进入全盛时期。各府、节镇、防御州学各设教授 1 人,"选五举终场或进士年五十以上者为之"①。大定十六年规定,府学生必须是曾取得廷试资格以及宗室皇亲或得解举人。后来扩大为五品以上,朝官六品以上官员的兄弟或子孙,以及获得府荐的其他官员的兄弟或子孙和举人等。学生入学,需经府、州提举学校学官主持考试,但获得府荐者和终场举人可以免试,不过人数不能超过 20 人。

2. 女真府、州学

大定十三年(1173 年),金朝在中央设立女真国子学的同时,又在女真人居住集中的中都、上京、胡里改、恤频、合懒、蒲与、婆速、咸平、泰州、临潢、北京、冀州、开州、丰州、西京、东京、盖州、隆州、东平、益都、河南、陕西设置女真府、州学 22 处,以这一年新科女真进士为教授。学生全为女真族子弟。规定"每谋克取二人,若宗室每二十户内无愿学者,则取有物力家子弟年十三以上、二十以下者充。凡会课,三日作策论一道,季月私试如汉生制"②。

3. 地方医学

地方医学分为十科,学生数多寡不同,大兴府为 30 人,其余京府为 20 人,散府节镇 16 人,防御州 10 人。每月考试疑难问题,根据学生成绩优劣,给以奖惩。三年一次试诸太医,即使不属系籍学生,也听试补。

在金朝,无论是中央官学还是地方官学的学生,都由政府供养。经费的主要来源是学田。《金史·章宗本纪》记载,泰和元年(1201 年),"更定赡学养士法:生员,给民佃官田人六十亩,岁支粟三十石;国子生,人百八亩,岁给以所入,官为掌其数"。兴定元年(1217 年),尚书省因军储不继,请罢州府学生廪给,但宣宗认为:"自古文武并用,向在中都,设学养士犹未尝废,况今日乎?其令仍旧给之。"③金朝官学生除在经济上得到供养外,还终身免除杂役。

综上所述,金朝学校教育制度有以下两个明显特点:

第一,建立起了较为完整的女真族教育体系。金朝是由女真族贵族建立的王朝。当时,女真族尚处在奴隶社会发展阶段,政治、经济、文化教育等都比较落后,甚至还没有本民族的文字。金朝建立后,对宋、辽发动兼并战争,同时又积极吸收中原文化,采取各种措施,大力发展本民族的文化教育事业,形成了女真族自己的文字——女真大字和女真小字,并从中央到地方建立起了一套较为完整的女真族教育体系,使女真族人才的培养教育工作走上了较为正规的发展道路,对加速金朝政权的封建化进程起了积极的促进作用,对后来元朝蒙古族教育体系的形成也有一定影响。

第二,学生入学资格的规定更为严格。在有关中央官学学生入学资格的规定方面,宋朝较唐朝有所放宽,但是,金朝在这个问题上却舍宋制而采唐制。毋庸讳言,这是一种倒退,它重新以法

---

① 《金史·选举志一》。
② 《金史·选举志一》。
③ 《金史·宣宗本纪》。

定的形式保证了上层官僚子弟享有文化教育的特权。这是金朝政权在其社会性质从奴隶制向封建制转化过程中,封建性不断加强的一种反映。

### 三、元朝的教育制度

元朝的学校教育,开始于太宗窝阔台时期。据《元史·选举志》记载,太宗六年(1234年)灭金朝,即改金之枢密院为宣圣庙,"以冯志常为国子学总教,命侍臣子弟十八人入学"。至世宗忽必烈时期,学校教育的发展进入兴盛时期,从中央到地方建立起了较为完备的官学体系和教育管理机构。

（一）中央官学

元朝的中央官学主要有国子学、蒙古国子学和回回国子学。

1. 国子学

这是专门学习汉文化的学校。始创于至元六年(1269年)。翌年,即命侍臣子弟11人入学肄业,其中年龄稍大的4人从学于许衡,童子7人从学于王恂。至元二十四年(1287年)定制,设博士、助教、学正、学录、典给等职。博士掌教授生徒、考校儒人著述和教官所著文字。助教同掌学事,分教各斋生员。学正、学录负责申明规矩,督习课业。典给掌生员膳食。学生为七品以上朝官子孙及卫士子弟,平民中俊秀者,需得三品以上朝官之保举,方能为陪堂生伴读(类似现代的旁听生)。学额初定200人,武宗至大四年(1311年)增至300人,仁宗延祐二年(1315年)又增至400人,另设陪堂生20人。学生中包括蒙古人、色目人和汉人,其中蒙古人所占比例最高。例如,在最初入学的"百人之内,蒙古半之,色目、汉人半之"①。学习内容为:先学《孝经》、《小学》、《论语》、《孟子》、《大学》、《中庸》,次及《诗》、《书》、《礼记》、《周礼》、《春秋》、《易》。教学形式有讲说、属对、诗章、经解、史评等。凡讲说,博士、助教亲授句读、音训,学正、学录、伴读依次传习,次日,即经抽签由学生复述。凡属对、诗章、经解、史评,则由博士出题,学生书面解答,先呈助教批阅,最后俟博士评定成绩,记录课簿,以凭考核。

元朝国子学的重要特点是,在仁宗延祐二年(1315年),采纳集贤学士赵孟𫖯、礼部尚书元明善等的建议,实行"升斋等第法"和"积分法"。"升斋等第法"就是把国子学分为下、中、上三个等级六个斋舍,学生按程度分别进入各个斋舍学习不同的内容,依据其学业成绩和品德行为,依次递升的方法。它是宋代三舍法的延续与发展。"积分法"与"升斋等第法"相联系。汉人学生升至日新、时习两斋,蒙古、色目学生升至志道、据德两斋,则实行积分法。"汉人私试,孟月试经疑一道,仲月试经义一道,季月试策问、表章、诏诰科一道。蒙古、色目人,孟、仲月各试明经一道,季月试策问一道。辞理俱优者为上等,准一分;理优辞平者为中等,准半分。每岁终,通计其年积分,至八分以上者升充高等生员,以四十名为额,内蒙古、色目各十名,汉人二十名。岁终试贡,员不必备,惟取实才。有分同阙少者,以坐斋月日先后多少为定。其未及等,并虽及等无阙未补者,其年积分,并不为用,下年再行积算……应私试积分生员,其有不事课业及一切违戾规矩者,初犯罚一分,再犯罚二分,三犯除名。"②可见,"积分法"是累积计算学生全年学业成绩的方法。它始行于宋朝太学,至元朝国子学趋于完善。"积分法"注重学生平时的考试成绩,故具有督促学生平时认

---

① 《元史·选举志一》。
② 《元史·选举志一》。

真学习的积极作用。

#### 2. 蒙古国子学

元世祖至元八年(1271年)正月，立京师蒙古国子学，教习诸生，于随朝蒙古、汉人百官及宿卫官员，选子弟俊秀者入学，但未定员数。① 成宗大德十年(1306年)，增至60人。武宗至大二年(1309年)，确定陪堂生为40人，以学问优异的在籍生员充任。仁宗延祐二年(1315年)，因原设生员额100人(其中蒙古50，色目20，汉人30)不能满足需要，当时百官子弟实际就学者常有二三百人，所以除增设生员额50名外，又选114人为陪堂生，办学规模有较大发展。学官有博士、助教、教授、学正、学录、典书、典给等。主要教授译成蒙古文的《通鉴节要》，学生学成精通者，量授官职。蒙古国子学的设立，显然是受到金朝女真国子学的启发，旨在发展本民族的文化，加速培养本民族的人才。不过，元朝蒙古国子学又有了改进，除了主要招收蒙古族学生之外，还同时招收其他民族学生入学。

#### 3. 回回国子学

这是专门学习亦思替非文字(即波斯文字)的学校。始设于至元二十六年(1289年)。当年五月间，"尚书省臣言：'亦思替非文字宜施于用，今翰林院益福的哈鲁丁能通其字学，乞授以学士之职，凡公卿大夫与夫富民之子，皆依汉人入学之制，日肄习之。'帝可其奏"②。于是，同年八月，在国都正式设立。学官有博士、助教等。学生来源为公卿大夫与富民之子。泰定二年(1325年)，因人数增多，除已供给廪膳的27人之外，又增加廪膳名额25人，学校规模发展到50余人。创办回回国子学，是鉴于当时与西域诸国交流频繁，迫切需要懂得亦思替非文字的专门人才。所以，《元史·选举志一》云：亦思替非文字"便于关防"。学校设立之后，也确实培养出了众多的外语专门人才，适应了当时社会的需要。回回国子学是我国中央官学最早的外国语学校，它对于当时中西文化交流起了积极的促进作用。

另外，元朝还在司天台和太史院附设学校。司天台设于中统元年(1260年)，"掌凡历象之事"，分天文、算历、三式、测验、漏刻等科，设提学、教授、学正各2员，天文生75人。太史院始立于至元十五年(1278年)，"掌天文历数之事"，设教授、学正各1员，星历生44员。司天台和太史院虽同是掌管国家天文历算事务，但两者有分工，"颁历之政归院，学校之设隶台"③。所以，天文、星历学生的教育工作主要归司天台负责。

### (二) 地方官学

元朝按路、府、州、县的行政区划，在地方上建立起了路学、府学、州学、县学以及小学、社学的儒学系统。除此之外，还开设了蒙古字学、医学、阴阳学等专门学校。

#### 1. 路学

创设于元世祖中统二年(1261年)。《元史·选举志一》记载："世祖中统二年，始命置诸路学校官，凡诸生进修者，严加训诲，务使成材，以备选用。"至元十九年(1282年)，又命边远省份云南诸路皆建学。路学学官设教授、学正、学录。府学、州学设教授、学正。县学设教谕。教授由朝廷

---

① 《元史·选举志一》。
② 《元史·选举志一》。
③ 《元史·百官志六》。

任命,学正、学录、教谕则由礼部、行省或宣慰司任命。凡在路学、府学、州学和县学肄业的生徒,学成后,经守令举荐,台宪考核,或用为教官,或取为吏属。

2. 小学

始设于至元二十八年(1291年),附设于江南诸路学及各县学内,选老成之士为教师。

3. 社学

创办于至元二十三年(1286年)。《新元史·食货志》记载,是年规定:"诸县所属村疃,五十家为一社,择高年晓农事者立为社长……每社立学校一,择通晓经书者为学师,农隙使子弟入学。如学文有成者,申复官司照验。"可见,社学是设在农村地区,利用农闲空隙时间,以农家子弟为对象的初等教育形式,它对于发展农村地区文化教育事业具有一定意义。这是元朝在教育组织形式上的一种创新,对后世产生深远影响。

4. 蒙古字学

地方上学习蒙古文字的学校,创建于至元六年(1269年),目的在于普及蒙古文字,培养懂得蒙古文的人才。中统元年(1260年),元世祖命国师八思巴制蒙古新字,至元六年,诏"以新制蒙古字颁行天下"。为了把蒙古文字推行到全国,普及到民间,元朝效法金朝设立"女真府学"和"女真国子学"的经验,于至元六年创设蒙古字学。除招收蒙古族学生外,还吸收其他民族的学生入学肄业。同年十二月,中书省颁行的学制对招收对象和名额作如下规定:诸路府官子弟,上路2人,下路2人,府1人,州1人;民间子弟,上路30人,下路25人。大德五年(1301年),又改定为:散府20人,上、中州15人,下州10人。为了保证办学经费,元贞元年(1295年),命有司割地充学田,作为学生饩廪的来源。蒙古字学的学习科目与京师蒙古国子学相同,主要是译成蒙古文的《通鉴节要》。学官设教授、学正等。在学生员,得免杂役。学成考试合格者,可充任学官、译史等职。

5. 医学

中统二年(1261年)根据太医院使王猷的建议创设。《元史·选举志一》记载:是年五月,"太医院使王猷言:'医学久废,后进无所师授。窃恐朝廷一时取人,学非其传,为害甚大。'乃遣副使王安仁,授以金牌,往诸路设立医学。"于是,自南宋末年以来废弛已久的地方医学,又重新建立起来。学生主要招收在籍医户及开设药铺人家的子弟。一般良家子弟,若愿意就读,且资质亦可学医者,经考选也可入学肄业。学官有教授、学正、学录等。无论是教学人员或是医学生员,均得免杂役。学习内容除《素问》、《难经》、《神农本草》等医学经典外,还需研习十三科(即大方脉、杂医科、小方脉、风科、产科、眼科、口齿科、咽喉科、正骨科、金疮肿科、针灸科、祝由科、禁科)的疑难问题。太医院每年将这些疑难问题,"发下诸路医学,令生员依式习课医义,年终置簿解纳送本司,以定其优劣"①。此外,医学生也要学习《四书》。

6. 阴阳学

学习天文、算历的学校,创设于至元二十八年(1291年)。据《元史·选举志一》记载:学校招收"通晓阴阳之人"入学,"依儒学、医学之例,每路设教授以训诲之。其有术数精通者,每岁录呈省府,赴都试验,果有异能,则于司天台内许令近侍"。在地方上设立培养天文、算历人才的学校,这是元朝的创新,对后来的明朝教育产生了重要影响。

---

① 《元史·选举志一》。

由于元朝统治者视学校为"风化之本,出治之原(源)",所以注重学校教育,积极创办各级各类地方学校,并且重视学田的设置和管理,使教育经费有一定保证。例如,至元二十三年,诏江南诸路学田,由官府改归本学管理;至元二十九年,诏江南州县学田,其岁入听各学自掌,春秋释奠以外,余为师生饩廪,从而促进了元朝地方教育事业的发展。元世祖时期学校发展达到高潮。据《元史·世祖本纪》记载:至元二十三年(1286年),"大司农司上诸路学校凡二万一百六十六所";至元二十八年(1291年),"(大)司农司上诸路所设学校二万一千三百余"。按当时的人口统计,至元二十八年这年全国共有1343多万户,5984多万人。① 这样,平均每2800余人就有一所地方学校,这在当时是相当可观的。尤其值得注意的是,在边远地区亦广设学校,促进了这些地区的开化、发展。

### (三) 教育管理机构

元朝在建立从中央到地方的官学体系的同时,设置了相应的教育管理机构。在中央,国子学隶属于国子监。国子监创立于至元二十四年(1287年),设祭酒、司业、监丞、典簿、令史、译史、知印、典吏等。其中祭酒、司业"掌学之教令,皆德尊望重者为之",监丞"专领监务"。国子监归属集贤院管辖。蒙古国子学隶于蒙古国子监。蒙古国子监,创设于至元十四年(1277年),置祭酒、司业、监丞、令史等,归蒙古翰林院管辖。回回国子学隶于回回国子监。回回国子监建于延祐元年(1314年),归翰林兼国史院管辖。天文、星历学生归司天台管辖。在地方上,诸路、府、州、县学等儒学系统归儒学提举司管辖。《元史·百官志七》云:"儒学提举司,秩从五品。各处行省所署之地,皆置一司,统诸路、府、州、县学校祭祀教养钱粮之事,及考校呈进著述文字。"每司设置提举、副提举、吏目、司吏等职。儒学提举司又上隶中央大司农司。"大司农司,秩正二品。凡农桑、水利、学校、饥荒之事,悉掌之。"②诸路蒙古字学归蒙古提举学校官管理。蒙古提举学校官,仅置于江浙、湖广、江西三省,上隶中央蒙古翰林院。诸路医学由医学提举司管理,上隶太医院。诸路阴阳学,在仁宗延祐初规定由阴阳学教授管理,上隶太史院。综上所述,兹列简明学制如下图所示。

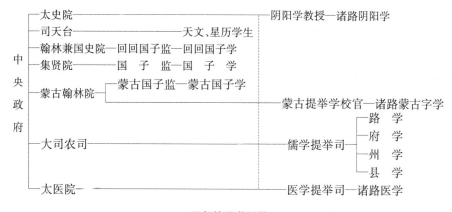

**元朝简明学制图**

---

① 《元史·世祖本纪十三》。
② 《元史·百官志三》。

## 第三节　宋元时期的书院

### 一、书院的萌芽

书院是我国封建社会自唐以来一种重要的教育组织形式。"书院"的名称始出现于唐朝,当时有两种场所被称为书院。一种是由中央政府设立的主要用作收藏、校勘和整理图书的机构,例如丽正修书院和集贤殿书院。另一种是由民间设立的主要供个人读书治学的地方,这类书院或者直接以个人名字称呼,或者以所在地命名。

在私人设立的书院中,出现了授徒讲学的活动。据光绪《江西通志》卷八十一记载:皇寮书院,"唐通判刘庆霖建以讲学";梧桐书院,"唐罗靖、罗简讲学之所"。又据同治《福建通志》卷六十四记载:松州书院,"唐陈珦与士民讲学处"。同治《九江府志》卷二十二记载:义门书院,"唐义门陈衮即居左建立,聚书千卷,以资学者,子弟弱冠,皆令就学"。虽然具有授徒讲学活动的书院在当时还不普遍,规模一般也不大,没有形成系统的规章制度,但它作为中国封建社会的一种新的重要的教育组织形式正式萌芽了。现有资料表明,从事授徒讲学活动的书院在唐萌芽,原因主要有以下三方面。

首先,由于官学衰落,士人失学。唐朝自"安史之乱"以后,由盛而衰,形成藩镇割据的局面。各地节度使拥兵自重,相互征伐,战争不断,严重危害了学校教育事业,造成官学日趋衰落,士人大量失学。于是,一些好学之士便在山林名胜僻静安全之处,建屋藏书,读书求学,进而聚徒讲学。正如朱熹在《衡州石鼓书院记》一文中所说:"前代庠序之教不修,士病无所于学,往往相与择胜地,立精舍,以为群居讲习之所。"①阐明了社会动乱,官学衰落,是书院萌芽的直接原因。

其次,因为我国有源远流长的私人讲学传统。早在春秋战国时期,私学就是一种重要的教育组织形式。秦朝虽禁私学,但私学禁而不止。汉朝以后,私学一直与封建官学并行发展,遍设于全国城乡各地,成为培养人才的另一条重要渠道。当社会发生动乱,官学无法维持时,私学往往能以顽强的生命力生存下来,甚至还会有一定程度的发展。

再次,受佛教禅林的影响。佛教在西汉末、东汉初开始传入中国,魏晋时期日益兴盛。至唐朝,佛教重要派别禅宗流行。禅宗把禅定作为修养的重要途径之一。所谓"禅定"就是"安静而止息杂虑"的意思。认为只要静坐敛心,专注一境,久之达到身心"轻安"、观照"明净"的状态,即成禅定。佛教徒往往在山林名胜之处建立禅林精舍,从事于坐禅和讲授佛经,以为依傍山林胜地便于清静潜修。书院大多也设立于名胜之处,显然是受到禅林的影响。此外,佛教禅林中,高僧讲经说法通常所采取的升堂讲说、质疑问难等方式,以及徒众把讲经说法的内容记录下来称为《语录》、《章句》、《讲义》等做法,对于书院的教学活动也产生了影响。

### 二、宋朝的书院

书院萌芽于唐,但作为一种教育制度形成和兴盛则在宋朝。

宋朝实现了国家统一,结束了自唐中叶、五代以后长期分裂割据的混乱局面,社会生产得到

---

① 《朱文公文集》卷七十九。

一定程度的恢复和发展,人民生活相对安定,士心向学。然而,当时的统治者急功近利,只注重科举选拔人才,以满足立国之初对于大批治术人才的需要,而忽视设学培育人才,以至在立国之后的 80 多年间,官学没有得到应有的发展。在这种情况下,书院便以新生事物所特有的强大生命力,得到较大程度的发展,并成为一种重要的教育组织。吕祖谦在《白鹿洞书院记》中说:"国初斯民,新脱五季锋镝之厄,学者尚寡,海内向平,文风日起,儒生往往依山林,即闲旷以讲授,大率多至数十百人。"马端临在《文献通考》中亦云:"是时未有州县之学,先有乡党之学……乡党之学,贤士大夫留意斯文者所建也。故前规后随,皆务兴起。后来所至,书院尤多。而其田土之赐,教养之规,往往过于州县学。"

宋初书院在得到较大发展的基础上,出现了一些著名的书院。素来就有"天下四大书院"之说,但各书记载,略有所异。吕祖谦在《白鹿洞书院记》中认为白鹿洞、嵩阳、岳麓和睢阳书院(应天府)为天下"四书院"。王应麟的《玉海》赞同此说。然而马端临的《文献通考》,却认为四大著名书院应该是白鹿洞、石鼓、应天府和岳麓,有石鼓而无嵩阳,理由是嵩阳书院"后来无闻"。后世学者或采吕、王之说,或采马说,一直没有定论。事实上,上述白鹿洞、岳麓、应天府、嵩阳、石鼓五所书院,还有茅山书院,虽然后来的变迁各不相同,然而在宋初确均曾名闻一时,影响较大,所以宋初的著名书院,至少应该为以上六所。现简要作一介绍。

### (一)白鹿洞书院

白鹿洞书院在江西星子县北(今江西九江市)庐山五老峰下。唐贞元年间(785—805 年),洛阳人李渤与其兄李涉隐居庐山读书,"谓其所居曰白鹿洞"。长庆(821—824 年)初,渤任江州刺史,在其读书旧址建筑台榭,引流植花,白鹿洞遂盛闻于世。唐末,颜真卿后人颜翊率子弟 30 余人,授经洞中。南唐升元年间(937—943 年),始在此建学校,称庐山国学,亦称白鹿洞国庠,国子监九经李善道为洞主,掌教授,培养了一批人才。《白鹿洞志》云:"四方之士受业而归,出为世用,名绩彰显者甚众。"宋初置书院,有生徒数十百人。太平兴国二年(977 年),知江州周述上书朝廷,请赐《九经》以

白鹿洞书院

供生徒肄习,诏从其请,驿送国子监印本《九经》至书院,白鹿洞书院遂名闻天下。太平兴国五年(980 年),书院洞主明起被任蔡州褒信县主簿,随后书院逐渐衰落。皇祐五年(1053 年),礼部郎中孙琛在书院旧址建学舍 10 间,"俾弟子居而学",时称"白鹿洞之书堂"。翌年,毁于兵火,后长期废弃。淳熙六年(1179 年),朱熹知南康军,重新加以修复,八年(1181 年),朝廷又赐国子监经书,白鹿洞书院便重又扬名于世。

### (二)岳麓书院

岳麓书院在湖南善化县(今长沙市)西岳麓山抱黄洞下,原为智璇等僧所建佛寺。开宝九年(976 年),潭州太守朱洞在此基础上"因袭增拓",建讲堂 5 间,斋舍 52 间,创建岳麓书院。咸平二年(999 年),潭州太守李允则又加以扩建,中开讲堂,揭以书楼,塑先师十哲之像,画七十二贤。他还于咸平四年(1001 年),上书朝廷,请赐诸经释文义疏,以及《史记》、《玉篇》、《唐韵》等书,上从其

请。这是岳麓书院第一次获得朝廷的赐书。当时书院生徒正式定额为60余人。大中祥符五年(1012年),湘阴人周式主持书院,为岳麓书院第一任山长。他呈请太守刘师道扩建书院,于是书院规模大为扩展,生徒增至数百人。大中祥符八年(1015年),真宗接见周式,任命其为国子监主簿,仍归书院教授,真宗并亲书"岳麓书院"匾额以褒奖,"于是书院之称闻天下"。

岳麓书院

### (三) 应天府书院

应天府治所在睢阳(今河南商丘县),所以应天府书院又名睢阳书院。大中祥符二年(1009年),应天府民曹诚于名儒戚同文旧居旁,建造学舍150间,聚书1500余卷,"博延生徒,讲习甚盛",曹诚愿以所建学舍捐赠入官,府奏其事,诏赐"应天府书院"匾额,命戚同文孙子奉礼郎戚舜宾主持,曹诚为助教。景祐二年(1035年),书院改为应天府学,给学田十顷。

### (四) 嵩阳书院

嵩阳书院在河南登封县太室山(即嵩山)南麓。北魏时为嵩阳寺,唐代为嵩阳观,五代后周时改为太室书院。宋太宗至道二年(996年),赐"太室书院"匾额及印本《九经注疏》。真宗大中祥符三年(1010年),复赐《九经》。仁宗景祐二年(1035年),秘书著作郎王曾奏置书院院长,赐学田一顷,诏更名嵩阳书院,名闻天下。南宋时衰废无闻。

### (五) 石鼓书院

石鼓书院在湖南衡阳县(今衡阳市)北石鼓山,原为寻真观。唐刺史齐映曾建合江亭于山之右麓。唐宪宗元和年间(806—820年),衡阳士人李宽因寻真观之旧址,构屋读书其中。刺史吕温慕其名,曾上山访之。宋太宗至道三年(997年),李宽族人李士真,援李宽故事,呈请郡守在李宽读书故址创建书院,以居衡阳学者。景祐二年(1035年),集贤校理刘沆为衡阳太守,他请于朝廷,赐额"石鼓书院"并学田。《衡州府志》记载:于是石鼓书院"遂与睢阳、白鹿、岳麓称四大书院焉"。当时衡阳尚未设立州学,即以石鼓书院为州学。

## （六）茅山书院

茅山书院坐落在江苏江宁府茅山（今江苏金坛县境内），为宋初处士侯遗（字仲遗）所建。据《茅山志》云：他"营创书院，教授生徒，兼饮食之，积十有余岁"。宋仁宗天圣二年（1024年），光禄卿王随知江宁府，上奏朝廷，请于三茅斋粮庄田内赐学田三顷，以充书院赡用。上从其请。后来书院废弛。南宋理宗淳祐年间（1241—1252年），金坛知县孙子秀在旧址重建书院，不久亦斋空徒散，地为宗禧观占据。度宗咸淳七年（1271年），书院徙建于金坛县南顾龙山麓。茅山书院在获得朝廷赐田时，曾名闻一时，但不久即衰落，后来又兴废无常，影响不大。

上述六所书院，在宋初均曾先后受到朝廷褒奖，或赐院额，或赐书，或赐学田，甚或兼而有之，一度社会影响较大，因而称其为著名书院。

北宋自仁宗庆历四年（1044年）起，开始重视设学育才，曾先后三次掀起大规模的兴学运动。虽然书院不可能再像以前那样获得统治者的专注和积极提倡，不少书院也相继衰落，甚至有的是著名书院。但是，与此同时又创立了不少新的书院，有的废弛的书院也重新被修复。因而，从总体上说，这个时期的书院仍有一定程度的发展。正如《续文献通考》云："宋自白鹿、石鼓、应天、岳麓四书院后，日增月益。书院之建，所在有之。"

宋高宗南渡以后，设置国子监和太学，地方州县学校也相继恢复和建立。但是，由于重科举轻学校，士人"荣辱升沉，不由学校；德行道艺，取决糊名"。因此，学校有名无实，生徒"视庠序如传舍，目师儒如路人；季考月书，尽成文具"①。同时，理学发展到南宋已趋成熟，学派勃兴，形成了以朱熹为代表的闽学，以张栻为代表的湖湘学，以陆九渊为代表的心学，以陈亮为代表的永康之学，以叶适为代表的永嘉之学，以及以吕祖谦为代表的婺学等。各派学术大师为了讲论，传授自己的学术主张，积极创设书院。所以，南宋书院得到很大发展。宋理宗又热心提倡，或赐院额，或赐御书，书院发展达到极盛。《续文献通考》记载了南宋宁宗、理宗、度宗统治时期新设立书院22所：南岳书院（衡山）、北岩书院（涪州）、明道书院（应天）、鹤山书院（苏州）、丹阳书院（丹阳）、天门书院（太平）、紫阳书院（徽州）、考亭书院（建阳）、庐峰书院（建阳）、武夷书院（崇安）、丽泽书院（金华）、甬东书院（宁波）、柯山书院（衢州）、稽山书院（绍兴）、河东书院（黄州）、濂溪书院（丹徒）、濂溪书院（道州）、涵江书院（兴化）、宣成书院（桂州）、清湘书院（全州）、石峡书院（淳安）、清献书院（衢州）。

当然，上述书院仅是南宋书院中的一小部分，书院的实际数量大大超过此数。南宋时影响较大的也有四大书院：白鹿洞书院、岳麓书院、丽泽书院和象山书院。全祖望在《答张石痴征士问四大书院帖子》中说："故厚斋（王应麟）谓岳麓、白鹿，以张宣公朱子（朱熹）而盛；而东莱（吕祖谦）之丽泽、陆氏（陆九渊）之象山，并起齐名，四家之徒遍天下。则又南宋之四大书院也。"②

南宋书院的兴盛与发达，与朱熹修复白鹿洞书院有密切的关系。淳熙六年（1179年）三月，朱熹知南康军。当时，"庐山一带老佛之居以百十计，其废坏无不兴葺"，而白鹿洞书院废弛已100余年，不能修复，因此，他呈报朝廷，请求修复白鹿洞书院。同年秋，他亲自察看遗址，并指定由军学教授杨大法和星子县令王仲杰二人具体负责修复事宜，次年三月竣工。书院修复后，朱熹自任洞

---

① 《宋史·选举志三》。
② 全祖望：《鲒埼亭集外编》卷四五，四部丛刊本。

主,亲自掌教,聘学录杨日新为书院堂长;发文各地征求图书,并于淳熙八年(1181年)上书朝廷请赐御书石经和监本《九经注疏》、《论语》、《孟子》等书;设法筹措置田资金等。最重要的是他亲自制定《白鹿洞书院揭示》(亦称《白鹿洞书院学规》、《白鹿洞书院教条》)。这是中国书院发展史上一个纲领性学规,不仅对于当时及以后的书院教育,而且对于官学教育都产生过重大影响。兹摘录如下:

  父子有亲,君臣有义,夫妇有别,长幼有序,朋友有信。
  右五教之目。尧舜使契为司徒,敬敷五教,即此是也。学者学此而已。而其所以学之之序,亦有五焉。其别如左:
  博学之,审问之,慎思之,明辨之,笃行之。
  右为学之序。学问思辨四者,所以穷理也。若夫笃行之事,则自修身以至于处事接物,亦各有要。其别如左:
  言忠信,行笃敬,惩忿窒欲,迁善改过。
  右修身之要。
  正其义,不谋其利,明其道,不计其功。
  右处事之要。
  己所不欲,勿施于人,行有不得,反求诸己。
  右接物之要。[①]

在这个学规中,朱熹明确了教育的目的,阐明了教育教学的过程,提出了修身、处事、接物的基本要求。虽然这些思想早在儒家《周易》、《论语》、《孟子》、《礼记》等典籍中就已经出现,然而,把这些儒家思想汇集起来,用学规的形式固定下来,形成较为完整的书院教育理论体系,成为后世学规的范本和办学准则,使书院教育逐步走上制度化的发展轨道,其贡献不可低估。

总起来说,宋朝的书院具有以下特点:

第一,书院作为一种教育制度已经确立。书院在唐萌芽时,多为个人或家族读书治学之所,既不普遍,也没有系统的规章制度。至宋朝,不仅书院的数量大为发展,遍及全国许多地方,并且逐渐形成了较为完整的书院教育体系。书院内部设立山长、洞主、院长、堂长等职,由"年德老成"者担任,负责书院的组织管理和教育教学工作。设置学田,使书院办学经费有了一定保证。活动内容更加丰富、充实,除聚徒讲授之外,还从事学术研究以及祭祀、藏书、刻书活动。当然,最为主要的是形成了以《白鹿洞书院揭示》为代表的书院教育理论,明确了书院教育宗旨、教育教学原则等根本问题,标志着书院作为一种教育制度正式形成。

第二,书院促进了南宋理学的发展和学术文化的繁荣。南宋的理学家往往以一所或几所书院作为他们讲学的场所。例如,朱熹曾在白鹿洞书院、岳麓书院和武夷精舍、沧州精舍等处讲学;张栻曾在岳麓书院讲学;吕祖谦创办和主讲丽泽书院;陆九渊曾主讲象山书院等。他们把书院作为讲论和传播自己学说思想的重要基地,从而形成了不同的学术流派。同时,他们又邀请不同学术流派的大师到自己主讲的书院来讲学。例如,张栻邀请朱熹到他主讲的岳麓书院讲学,朱熹邀

---

[①] 《朱文公文集》卷七四。

请陆九渊到他主讲的白鹿洞书院讲学等。书院又成为不同学术流派之间展开讨论争鸣,相互交流的重要场所。总之,书院促进了理学的兴旺和文化学术的繁荣。

第三,书院官学化倾向已经出现。所谓书院官学化,就是书院受制于政府,被纳入官学体系。这种倾向在宋朝已经明显出现,其表现形式主要有两种:一种是私人将所建的书院斋舍,所购置的藏书及田产等设施,捐赠给政府,以谋得一定的官职,即所谓"以学舍入官"。朝廷对书院或赐院额,或赐书、赐田等,并任命书院学官。这类书院已改变私立性质,变成由政府办理,有的直接被改为地方官学,如应天府书院等。另一种是州郡长官直接利用地方官府财力兴建,嗣后或由朝廷赐院额,或赐书,或赐学田等,成为地方官学,如石鼓书院等。这种倾向带来两种效应:一是这些书院本身由于得到朝廷的褒奖而名闻天下,同时也因为朝廷的提倡,而刺激了其他书院的发展;二是政府加强了对书院的控制,书院逐渐纳入官学体系,有的直接变成地方官学,成为准备科举的场所。

### 三、元朝的书院

元朝统治者对于书院采取保护、提倡和加强控制的政策。早在太宗八年(1236年),就在燕京(即后来元朝首都大都,今北京)创立了元朝第一所书院——太极书院。此后,为夺取全国的统治权,战争频繁,各地经常出现军队骚扰书院教学活动的情况。因此,中统二年(1261年),元世祖忽必烈下诏严禁侵犯书院。然而尽管如此,书院在战火中被毁坏的情况依然十分严重。

元世祖至元十六年(1279年),南宋灭亡,国家统一,社会相对安定。元朝书院发展出现两种动向:一是在一些热心"地方教化"人士的倡议和筹划下,全国不少路、府、州、县开始了书院的重建工作。二是南宋灭亡后,有些士人不仕新朝,纷纷避居山林,自建书院,专事教授和学术研究;有的则应聘在地方缙绅、豪富所建书院中任主讲。面对这种情况,元朝政府因势利导,对于书院从原来采取的保护态度发展成为积极提倡。至元二十八年(1291年),明令"先儒过化之地,名贤经行之所,与好事之家出钱粟赡学者,并立为书院"①。从而大大促进了元朝书院的发展。仅《续文献通考》一书,即记载了谏议书院(昌平)、毛公书院(河间)、董子书院(景州)、鲁斋书院(京兆)、崇义书院(开州)、景贤书院(宣府)、甫里书院(苏州)、文正书院(苏州)、文学书院(苏州)、石洞书院(松江)、龟山书院(常州)等40所书院。未载入《续文献通考》而见于《元史》、《宋元学案》等其他史书的元朝书院数量更多。据学者研究,元朝书院计有408所,其中新建134所,再建59所,两项合计为193所。在408所书院中,除9所尚无法知道其所在地点外,其余399所则分布于全国13个行省中的7个行省,依次是:江浙行省167所,江西行省80所,中书省55所,湖广行省42所,河南行省37所,陕西和四川两行省各9所。② 由此看来,《日下旧闻》称"书院之设,莫盛于元,设山长以主之,给廪饩以养之,几遍天下",是有一定根据的。

元朝政府在积极提倡办书院的同时,也加强对书院的控制,使自宋朝以来书院的官学化倾向更为明显。元朝对于书院的控制,主要表现为三方面。首先,政府任命书院的教师。据《元史·选举志》记载,"书院设山长一员",与地方官学的学正、学录、教谕一样,同"命于礼部及行省及宣

---

① 《元史·选举志一》。
② 王颋:《元代书院考略》,《中国史研究》1984年第1期。

慰司"。书院山长或由集贤院及台宪等官荐举充任,或由地方官学的教谕、学录历经两考后升任,后来又改为以下第举人担任。山长同地方官学的学正一样,经考核合格,可以"升散府上中州教授",最后升为路学教授。除山长外,路府州书院还"设直学以掌钱谷,从郡守及台府官试补"。很明显,这样的书院山长、直学,实际上已成为由政府任命的地方学官。其次,控制书院的招生、考试及生徒的去向。《元史·选举志》云:"自京学及州县学以及书院,凡生徒之肄业于是者,守令举荐之,台宪考核之,或用为教官,或取为吏属。"这样的书院生徒,实质上同官学生已没有多大区别。再次,设置书院学田。元朝政府在鼓励民间士绅捐资创办书院的同时,还积极为书院设置一定数量的学田。据《元代书院考略》一文对42所书院学田的统计,其中学田超过1000亩的书院有6所,超过500亩的有8所,两项合计占总数的三分之一。书院把学田出租给佃户,岁入租税以作办学经费。因而,学田是书院赖以存在的经济基础。元朝政府拨学田给书院,并设法保护书院学田不受地方豪强和佛、道侵夺,这样一方面保证了书院教学活动得以顺利进行,另一方面也控制了书院的经济命脉,从而也就控制了书院。

元朝书院传授的内容,主要是儒家经书和理学家的著作。如元朝最早设立的太极书院,"立周子祠,以二程、张、杨、游、朱六君子配食,选取遗书八千余卷,请(赵)复讲授其中"①。《元史·张翌传》亦载,金华人王柏,得朱熹三传之学,讲学于台州上蔡书院,张翌从而受业。学习的内容为"《六经》、《语》、《孟》传注,以及周、程、张氏之微言,朱子所尝论定者"。在书院中讲授的,有不少是著名的学者。仅据《宋元学案》记载,就有太极书院的赵复,鲁斋书院的同恕,齐山书院的贡奎,明经书院和道一书院的胡炳文等。值得注意的是,元朝有的书院还教授其他学科。如濮州历山书院设有医学,南阳府博山书院设有数学、书学,鄱阳县鄱江书院设有蒙古字学等。这在元朝书院中是颇具特色的。

总之,由于元朝对书院采取保护、提倡和加强控制的政策,元朝的书院一方面在数量上得到了较大的发展,遍及于全国许多地区;另一方面,官学化的倾向越来越严重,许多书院甚至已完全被纳入地方官学系统,与路、府、州、县学一样,成为科举的附庸,丧失了书院淡于名利,志在问学修身的初衷。尽管如此,元朝的书院对于当时文化教育的普及,理学的传播,以及人才的培养,仍发挥了一定的积极作用。

## 第四节　宋元时期的蒙学

儒家经典《周易·蒙卦》有"蒙以养正,圣之功也"之说,因此,在中国封建社会时期,一般将8至15岁儿童的"小学"教育阶段,称为"蒙养"教育阶段,对儿童进行启蒙教育的学校称为"蒙学",所用的教材称为"蒙养书"或"小儿书"。

我国古代历来关心儿童的启蒙教育。早在殷、周时期,就已经为贵族子弟设立了小学。春秋战国时期,随着私学的产生,民间也开始出现了对儿童进行启蒙教育的机构。汉代时,这种机构已渐趋成熟,称作"书馆",教师称"书师",规模也较大,肄业学童多达"百人以上"。宋元时期,是我国古代蒙学发展的一个重要阶段,不仅在数量上得到了进一步的发展,而且在教育内容、方法以及教材等方面,都形成了自己的特点,对后来明清时期的蒙学教育产生了重要影响。

---

① 《元史·赵复传》。

## 一、蒙学教育的发展

宋元时期,在全国城乡设立了不少蒙学。统治者重视蒙学教育,曾多次下令在中央和地方设立小学。就其设立的性质而言,不仅有民间办的私学,而且有政府办的官学。

由政府办的蒙学可以分为两种。一种是设在京城宫廷内的贵胄小学。《宋史·选举志》记载:宋初,"凡诸王属尊者,立小学于其宫。其子孙,自八岁至十四岁皆入学,日诵二十字"。又载:南宋理宗淳祐二年(1242年),"建内小学,置教授二员,选宗子就学"。另一种是设在地方上的庶民小学。据《续资治通鉴》记载,在蔡京主持的北宋第三次兴学运动中,崇宁元年(1102年),下令"天下州县并置学……县置小学"。元朝在立国之初,也下令在路学和县学内附设小学。《元史·选举志》记载:至元二十八年(1291年),"令江南诸路学及各县学内,设小学,选老成之士教之,或自愿招师,或自受家学于父兄者,亦从其便。"这类由官府办的小学,有的还制定了学规,对诸如入学手续,注意事项,教师职责,教学计划,奖罚制度等,都作了详细的规定。例如,宋朝《京兆府小学规》有关教学计划的规定:"教授每日讲说经书三两纸,授诸生所诵经书、文句、音义,题所学字样,出所课诗赋题目,撰所对诗句,择所记故事。诸生学课分三等:第一等,每日抽签问听经义三道,念书二百字,学书十行,吟五七言古律诗一首,三日试赋一首,看史传三五纸;第二等,每日念书约一百字,学书十行,吟诗一绝,对属一联,念赋二韵,记故事一件;第三等,每日念书五七字,学书十行,念诗一首。"①不仅规定了教师每日教授的内容,而且将学生分为三等,根据其程度,规定每日的功课。此外,元朝还于至元二十三年(1286年),下令全国各地农村每50家组成一社,每社设立学校一所,"择通晓经书者为学师,农隙使子弟入学"。显然,这种社学是设在乡村地区,利用农闲时节,以农家子弟为对象的具有蒙学性质的教育机构。

宋元时期另外一类蒙学是民间设立的私学。它有各种不同的名称。有的称为"小学"。如苏轼自称:他8岁入小学,以道士张易简为师,一起受业的学童有几百人。在农村地区农家子弟利用冬闲时节读书的蒙学,则称为"冬学"。此外,还有称作"乡校"、"家塾"、"私塾"、"蒙馆"等。由于官方设立的小学数量有限,而办理蒙学一般所需经费不多,所以在中小城镇和乡村地区,这一类私人设立的蒙学较为普遍。

## 二、蒙学教育的内容和方法

宋元时期蒙学教育的基本内容,包括初步的道德行为训练和基本的文化知识技能学习两方面。朱熹说得很明确,小学的任务是"教以事",即"教人以洒扫、应对、进退之节,爱亲、敬长、隆师、亲友之道",以及"礼、乐、射、御、书、数之文"。因此,蒙学每日的功课一般主要是教儿童识字、习字、读书、背书、对课与作文,同时向他们进行基本的道德观念灌输和道德行为习惯的培养。

宋元蒙学在长期的教学实践中,积累了一些成功的经验,最突出的有以下三点。

第一,强调严格要求,打好基础。蒙学教育是基础教育,在这个阶段严格要求,打好基础,对于儿童日后的发展将会长期起作用。因此,宋元蒙学教育十分强调对儿童进行严格的基本训练。例如,在生活礼节方面,要求儿童居处必恭,步立必正,视听必端,言语必谨,容貌必庄,衣冠必整,

---

① 王昶:《金石萃编》卷一三四。

饮食必节,堂室必洁等。在学习方面,要求儿童读书必须字字响亮,"不可误一字,不可少一字,不可多一字,不可倒一字",且要熟读成诵;写字必须"一笔一画,严正分明,不可潦草",而且尤为重视良好学习习惯的培养。如要求:"凡读书,须整顿几案,令洁净端正。将书册整齐顿放,正身体,对书册,详缓看书,仔细分明读之";"凡书册,须要爱护,不可损污皱折";"读书有三到,谓心到、眼到、口到"等。良好的生活、学习习惯一经形成,不仅有利于儿童的成长,而且还会使他们终身受益。

第二,重视用《须知》、《学则》的形式培养儿童的行为习惯。蒙学阶段的儿童可塑性大,为了培养儿童的行为习惯,宋元时期的教育家制定了各种形式的《须知》、《学则》等,以此作为规范儿童行为的准则。如朱熹的《童蒙须知》,对儿童的衣服冠履、语言步趋、洒扫涓洁、读书写字、杂细事宜等都作了详密的条文式规定。程端蒙、董铢的《学则》,也对儿童生活、学习的各个方面提出了具体的要求。这些规定和要求虽不免繁琐,且有压抑儿童个性发展的缺陷,但使儿童的一言一行,一举一动,都有章可循,有规可依,对于培养他们的行为习惯,有一定的积极作用。

第三,注意根据儿童的心理特点,因势利导,激发他们的学习兴趣。蒙学阶段的儿童活泼好动,宋元教育家已经注意到儿童的这个特点,积极引导,唤起他们的学习兴趣。程颐曾说:"教人未见意趣,必不乐学。"朱熹亦主张用历史故事、道德诗歌来教育儿童,并开展"咏歌舞蹈"等文娱活动,以引起他们的乐趣,增加他们学习的自觉性,达到"习与智长,化与心成"的境界。在他为儿童编写的教材《小学》中,充分体现了这一主张。他在书中辑录了"古圣先贤"不少格言、故事、训诫诗等,以此来激起儿童的学习兴趣。同时,他们又根据儿童记忆力强、理解力弱的特点,强调对学习内容要熟读牢记。这些经验值得我们重视。

### 三、蒙学教材

我国古代一直重视蒙学教材的编写。西汉时,以史游所作的《急就篇》流传最广,影响最大。顾炎武曾说:"汉魏以后,童子皆读史游《急就篇》。"①自东汉至隋唐,也编写了多种蒙学教材。如汉蔡邕撰《劝学》1卷,晋束晳撰《发蒙记》1卷,晋顾恺之撰《启蒙记》3卷,梁周兴嗣撰《千字文》1卷,以及唐人编撰的《蒙求》、《太公家教》、《兔园策》等。

宋元时期的蒙学教材,继承和发展了前人编写蒙学教材的经验,开始出现分类按专题编写的现象,使我国古代蒙学教材的发展进入了一个新阶段。宋元时期的蒙学教材,按其内容的侧重点,大致可以分为下面五类。

第一类是识字教学的教材,如《三字经》、《百家姓》等。主要目的是教儿童识字,掌握文字工具,同时也综合介绍一些基础知识。

第二类是伦理道德教材,如吕本中的《童蒙训》、吕祖谦的《少仪外传》、程端蒙的《性理字训》等,侧重于向儿童传授伦理道德知识以及为人处世、待人接物的准则。

第三类是历史教学的教材,如宋王令作《十七史蒙求》、胡寅作《叙古千文》、黄继善作《史学提要》,元陈栎作《历代蒙求》、吴化龙作《左氏蒙求》等。这类教材,有的是简述历史的发展,有的是选辑历史故事或历史人物的嘉言善行,既向儿童传授历史知识,又对他们进行思想教育。体例

---

① 顾炎武撰、黄汝成集释:《日知录集释》卷二十一,中华书局,四部备要本。

"多是四言,参为对偶,联以音韵",便于记诵。

第四类是诗歌教学的教材,如朱熹的《训蒙诗》、陈淳的《小学诗礼》等。选择适合儿童的诗词歌赋供他们学习,对他们进行文辞和美感教育。

第五类是名物制度和自然常识教学的教材,以宋方逢辰的《名物蒙求》为代表。内容涉及天文、地理、人事、鸟兽、草木、衣服、建筑、器具等。

在上述各类蒙学教材中,以《三字经》、《百家姓》、《千字文》流传最为广泛,一般合称为"三、百、千"。

《三字经》相传为宋末王应麟(1223—1296年)撰(一说为宋末区适子撰)。全书共有356句,每句三个字。句句成韵,通俗易懂,读来朗朗上口,便于背诵。而且文字简练,善于概括。全书先阐述教育的重要性:

> 人之初,性本善。性相近,习相远。苟不教,性乃迁。教之道,贵以专。昔孟母,择邻处;子不学,断机杼。窦燕山,有义方;教五子,名俱扬。养不教,父之过。教不严,师之惰。

随后,便提出封建道德教育的基本纲领"三纲五常":

> 三纲者:君臣义,父子亲,夫妇顺……曰仁义,礼智信,此五常,不容紊。

接着,介绍一些名物常识、历史知识以及古人勤奋好学的范例等。使儿童在很短的篇幅内,获得较为丰富的知识,并从古人刻苦求学的榜样中受到激励。因此,《三字经》从宋末开始,经元、明、清,直到近代广为流传,后来还出现了不少仿照《三字经》体例编写的蒙学教材,但均未能取代《三字经》的地位。

《百家姓》相传为宋初所编,作者佚名。全书集各种姓氏编为每句四个字的韵语,共400多字。明人朱国桢说:"今《百家姓》,以为出于宋,故首以'赵、钱、孙、李',尊国姓也。"①《百家姓》虽无文理,但便于诵读。故在南宋时,已十分流行,成为农家子弟在冬学中的识字课本。陆游称农家子弟在冬学所读教材有《百家姓》。

《千字文》为南北朝梁周兴嗣所撰。他模写王羲之书1000个不同的字,编为四言韵语,共250句。主要是供儿童识字,同时也介绍了有关自然、社会、历史、伦理、教育等方面的知识。隋朝即开始流行,至宋朝时已成为广泛采用的蒙学教材。

宋元时期的蒙学教材开始分类按专题编写,使蒙学教材在内容和形式上呈现多样化;一些著名学者,如朱熹、吕祖谦、王应麟等亲自编撰蒙学教材,对提高蒙学教材的质量起了重要作用;蒙学教材注意儿童的心理特点,采用韵语形式,文字简练,通俗易懂,并力求将识字教育、基本知识教育和伦理道德教育有机地结合起来,这些经验是值得我们认真研究的。

## 第五节 宋元时期的科举制度

宋元时期的科举制度,在沿袭唐制的基础上,又根据宋元社会的实际情况,有许多新的变化和发展。科举制度渐趋成熟和完善,成为各级官员选拔的主要途径,对社会发展和学校教育发生

---

① 《涌幢小品》卷一八。

了重要影响。

## 一、宋朝的科举制度

宋朝科举考试有常科和制科之分。常科是指常设科目,有进士、九经、五经、开元礼、三史、三礼、三传、学究、明经、明法诸科。"皆秋取解,冬集礼部,春考试。合格及第者,列名放榜于尚书省。"① 其中进士科录取的人数最多。制科为非常设科目,是由皇帝根据需要临时设置并亲自主持的特种考试,"所以待天下之才杰"②,即选拔特殊人才,以应特殊需要。因此科目名称也各异,如贤良方正能直言极谏、经学优深可为师法、详闲吏理达于教化、孝悌力田、奇才异行、文武才干、才识兼茂明于体用、军谋宏远才任边寄、博学宏词等。

文科之外还有武科。武科考试始于宋仁宗天圣八年(1030年),宋仁宗亲试武科12人,考试内容为先骑射后策问,其中策问决定去留,弓马区分高低。宋神宗元丰元年(1078年),规定考试内容为步射、马射、马上武艺、孙、吴兵法、时务边防策、律令等。至南宋孝宗乾道五年(1169年),颁布武科之法,规定武科殿试之后,"依文科给黄牒,榜首赐武举及第,余并赐武举出身"③。武科始与文科取得同等待遇。

成人科目之外又有童子科。宋朝的童子科,规定凡15岁以下,能通经作诗赋的少年儿童,由州官推荐,经皇帝亲自考试,中式者赐进士出身或同学究出身。宋朝名人如杨亿、宋绶、晏殊、李淑等都是经童子科考试而官至高位。童子科为非常设科目,至南宋理宗后废止。

概要地说,宋朝科举考试制度对唐制的变化和发展,主要表现在以下方面:

### (一) 扩大科举名额

唐朝进士科,每榜录取人数很少。据《唐代进士科举年表》统计,自唐高祖武德五年(622年)至唐哀帝天祐四年(907年)近300年间,进士科共开考262次,录取6656人,④平均每榜不到26人。宋太祖时录取人数更少,平均每榜不到13人。但自宋太宗以后,科举名额大为扩张,每榜多达数百人。如宋太宗即位次年即太平兴国二年(977年)第一次开考,录取进士109人,诸科207人,共计316人。

宋朝科举考试除按照常例录取正奏名之外,还增设特奏名。所谓"特奏名",即是特赐连续多次应省试而不第的年老举子以本科出身,又称"特奏名及第"或"恩科及第"。开宝三年(970年),宋太祖特赐连续15次参加进士科、诸科考试而没被录取的106人以本科出身,此为宋朝特奏名之始,以后逐渐形成为定制。特奏名的设立促使科举名额进一步膨胀。如宋真宗景德二年(1005年),录取正奏名1661人,其中进士393人,诸科1268人;特奏名1388人,其中进士316人,诸科1072人,合计总数3049人。⑤ 一榜录取人数之多,在中国1300年的科举史上可谓空前绝后。

在扩张录取名额的同时,又提高科举及第后的地位和待遇。除皇帝赐宴、题名金榜等荣誉外,最主要的是及第后即可直接授官,而不需要像唐朝那样还必须通过吏部考试。因此,在宋朝

---

① 《宋史·选举志一》。
② 《宋史·选举志二》。
③ 《宋史·选举志三》。
④ 刘海峰、李兵:《中国科举史》,东方出版中心2004年版,第432—444页。
⑤ 刘海峰、李兵:《中国科举史》,东方出版中心2004年版,第450页。

许多人通过科举考试而被授予官职,其中高居宰相的比例也远胜于唐朝。据《宋史·宰辅表》记载,在宋朝133名宰相中,由科举出身者为123名,占总数的92.5%。而在唐朝368名宰相中,由进士出身者为143人,只占总数的38.9%。

宋朝科举考试制度如此优渥士人,对广大士人,尤其是寒门子弟产生了很强的吸引力。因此,宋真宗曾写下了流传千古的《劝学诗》,劝诱士人读书应举。诗云:

> 富家不用买良田,书中自有千钟粟。安房不用架高梁,书中自有黄金屋。娶妻莫恨无良媒,书中有女颜如玉。出门莫恨无人随,书中车马多如簇。男儿欲遂平生志,六经勤向窗前读。

读书人也把"金榜题名"作为人生的重要追求。南宋洪迈在《容斋四笔》中记述宋朝所流行的得意、失意诗,便是这种心态的一种反映。《得意诗》:"久旱逢甘雨,他乡见故知。洞房花烛夜,金榜挂名时。"《失意诗》:"寡妇携儿泣,将军被敌擒。失恩宫女面,下第举子心。"①

### (二) 确定"三年一贡举"

宋朝科举考试的时间,最初没有明确的规定。宋太祖时沿袭唐制,也是一年开考一次。自宋太宗以后,开考时间没有规律,间隔2年、3年、4年,甚至5年,长短不一,对士人备考应举很不方便。宋仁宗嘉祐二年(1057年)后,曾固定为"间岁一贡举",同时将每科录取名额减少一半。实施结果虽缓和了士人因开考时间无常而产生的不满,但同时也因为间隔时间太短,开科过于频繁而造成士人疲于奔波,官场穷于应付。有鉴于此,宋英宗治平三年(1066年),确定科举考试时间为"三年一贡举"。这一改革,不仅在当时效果很好,"恩典不增而贡举期缓,士得休息,官不以烦"②。而且在历史上也产生了深远影响,从此,三年一科举成为定制,一直延续到清末科举考试制度被废除。

### (三) 殿试成为定制

殿试始于唐朝武则天,但没有成为制度。开宝六年(973年),落第考生徐士廉等告发考官录取不公,宋太祖在讲武殿亲自主持考试,"殿试遂为常制"③。从此,形成三级科举考试制度:州试(由地方官主持)——省试(由尚书省礼部主持)——殿试(由皇帝主持)。自宋太宗太平兴国八年(983年),开始将殿试成绩评定等第,把进士分成三甲。宋真宗景德四年(1007年),《亲试进士条例》规定进士分为五等:第一、二等为及第,三等为出身,四、五等为同出身。宋神宗时发展成第一、二等为赐进士及第,三等为赐进士出身,四等为赐同进士出身,五等为赐同学究出身。南宋时取消了后者,而变成:第一甲赐进士及第,第二甲赐进士出身,

**宋代科举殿试图**

---

① 《容斋四笔》卷八《得意失意诗》。
② 《文献通考·选举考四》。
③ 《宋史·选举志一》。

第三甲赐同进士出身,影响了元、明、清的科举考试制度。

### (四) 建立新制,防止科场作弊

为了维护考试的客观性和公平性,防止作弊,宋朝在科举考试的实践中,逐渐建立了一些新制度,其主要内容有:

建立锁院制。宋朝主持礼部试的主考官称知贡举,由皇帝直接任命,通常由六部尚书、翰林学士等充任,人员年年变动,还配置"同知贡举",即副考官,使权力相互监督和制约。尤其重要的是,宋太宗淳化三年(992年),建立锁院制,即主考官一旦受命,立即住进贡院,与外界隔离,以避免请托。

实行别头试。别头试又称"别试",最初出现于唐朝进士科的考试中,凡考生与主考官礼部侍郎有亲戚故旧关系的,另由吏部考功员外郎主持考试,称为考功别头试。别头试作为一种制度被确定下来,始自宋太宗雍熙二年(985年),规定凡是省试主考官、州郡发解官和地方长官的子弟、亲戚、门生故旧等参加科举考试,都应另派考官,别院应试。

采用糊名法。所谓"糊名",即是将试卷上的姓名、籍贯等密封起来,以防止考官徇私舞弊。所以,又称"弥封"与"封弥"。唐朝武则天时首创此法,但没有形成制度。宋朝科举考试采用糊名,开始于宋太宗淳化三年(992年)殿试。后来,宋真宗景德四年(1007年)省试采用糊名,宋仁宗明道二年(1033年)州试也采用糊名。至此,宋朝殿试、省试、州试三级考试均采用糊名法。

创立誊录制。在誊录官监督之下,由书吏用朱笔誊抄试卷。誊抄后的试卷称"朱卷",原来的试卷称"墨卷"。景德二年(1005年),宋真宗在亲自主考礼部奏名的河北举人中,率先采用誊录。大中祥符八年(1015年),省试也采用誊录,标志着宋朝科举考试誊录制度的创立。

尽管在防止科场舞弊方面,宋朝作了积极的探索,在实际中也取得了一定的成效,然而科场舞弊防不胜防,作弊手法五花八门。《宋史·选举志二》曾概括了当时科场作弊常用的五种手法:一是传递答案;二是调换试卷;三是涂改试卷编号;四是将试卷传出考场,请人代答;五是疏通关节,誊录时篡改。

综上所述,宋朝科举考试制度在扩大科举名额,提高及第者的社会地位和待遇的同时,在制度建设方面也作了积极而有成效的探索,为中国科举考试制度的日臻成熟和完善作出了独特的贡献,在中国科举考试制度发展史上占有十分重要的地位。

## 二、元朝的科举制度

元朝统治者入主中原,建立疆域横跨欧亚大陆的庞大帝国。尽管早在1237年,元太宗窝阔台下诏诸路考试,设立经义、词赋、策论三科取士,在次年1238年录取4030人。但是,在立国后的相当长一段时期内,元朝并不很在意建立科举制度。虽然儒臣们开科取士的建议不断,但决策者总是犹豫不决。直至元仁宗皇庆二年(1313年),才建立了科举考试制度。

元朝科举考试,每三年举行一次,分为乡试(行省考试)、会试(礼部考试)和御试(即殿试)三级。将地方解送考试称之为乡试,即始于元朝。考试的时间,乡试在八月二十日、二十三日和二十六日三天,会试在次年的二月初一、初三和初五三天,御试在三月初七。据《元代进士登科表》统计,自元仁宗延祐二年(1315年)到元惠宗至正二十六年(1366年),元朝共开科16次,录取进士

1139人,平均每科71人。① 放榜后,皇帝在翰林院设恩荣宴招待新进士,新进士陛见皇帝,到孔庙行礼,并在国子监刻石题名。

相对于其他朝代,元朝科举制度具有以下显著特点:

(一) 民族歧视明显

元朝统治者将国人分为四等:第一等是蒙古人;第二等是色目人(回回等少数民族);第三等是汉人(包括契丹、女真及原来金朝统治下的汉人);第四等是南人(原南宋所辖的南方汉人及西南少数民族)。四等人在考试科目、答题要求、考试结果等方面都各不相同。据《元史·选举志一》记载:会试时蒙古人、色目人只考两场,第一场考经问五条,从《四书》中出题,以朱熹《四书章句集注》为答题标准;第二场考策论一道,以时务出题,限500字以上。而汉人、南人则必须考三场,第一场考明经经疑二问,从《四书》中出题,以朱熹《四书章句集注》为答题标准,限300字以上;经义一道,从《五经》中选一经,限500字以上。第二场考古赋、诏诰、章表一道。第三场考策论一道,从经史、时务内出题,限1000字以上。御试时,汉人、南人试策论一道,限1000字以上;而蒙古人、色目人试时务策一道,只要500字以上。而且还规定,蒙古人、色目人如果愿意试汉人、南人的科目,中选者则可以加授一等官职。

御试放榜时,分为左、右两榜,蒙古人、色目人为一榜,称"右榜";汉人、南人为一榜,称"左榜"。两榜均各分三甲,但以右榜为尊。御试后授官,第一名赐进士及第,从六品,第二名以下及第二甲,皆正七品,第三甲皆正八品。如果考虑到当时汉人、南人和蒙古人、色目人文化程度差异的实际情况,在科举考试科目、考试要求等方面作适当区别,这本无可厚非,但元朝在科举考试中的种种规定,显然已不是简单的所谓"蒙易汉难"问题,而是体现了明显的民族歧视。

(二) 规定从《四书》中出题,以《四书章句集注》为答题标准

《四书》中《大学》和《中庸》原是《礼记》中的两篇,宋儒程颢、程颐对其特别推重,故而与《论语》、《孟子》两书并行,合称《四书》。朱熹从30岁开始就对这四本书作注,历时40余年,终其毕生精力而成。朱熹知漳州时,于绍熙元年(1190年)首次刊刻,称《四书章句集注》(简称《四书集注》)。朱熹注释的特点是训诂简略,而重在义理的发挥,旨在阐明理学思想。元仁宗皇庆二年(1313年)下诏:规定科举考试从"《大学》、《论语》、《孟子》、《中庸》内设问,用朱氏章句集注"②。从此《四书章句集注》成为科举考试的答题标准,取得了与《五经》的同等地位,成为广大士人和各类学校必读的教科书,影响中国封建社会后期的文化教育长达数百年之久。

(三) 科举制度日趋严密

《元史·选举志一》记载:凡倡优之家及患废疾、犯十恶奸盗之人,不能参加科举考试;考生与主考官有五服内亲者,自应回避,另由同试官主持考试;考生入贡院时进行严格的搜检,除规定的书籍之外,不许夹带任何其他文字资料;考生违反考场纪律,在考场内大声喧哗,取消下两次考试资格;夹带或找人代考者,汉人、南人居父母丧而应举者,也取消下两次考试资格;考生谤毁主司,率众喧哗,不服制约者,治罪;实行试卷弥封、誊录制,建立严格的试卷处理流程;规定监试官、知

---

① 刘海峰、李兵:《中国科举史》,东方出版中心2004年版,第464页。
② 《元史·选举志一》。

贡举官、同试官、阅卷官、收卷官、弥封官、誊录官、对读官,以及帘内官、帘外官的职责,有越轨者治罪。所有这些,为科举考试制度进一步完善积累了经验,对明清科举制度产生了重要影响。

### 三、宋元科举制度对学校教育的影响

出于立国之初对人才的迫切需要,宋初的统治者十分重视科举制度,而且每榜录取人数之多,大大超过前代,录取者待遇之优,也为前代所未有。这样做,虽然适应了宋初对于人才的需求,有利于政权的巩固和统治,但对学校教育却带来了消极的影响。其一,学校教育受到冷落。在宋初80多年中,统治者只重视科举选拔人才,而忽视了兴建学校培养人才,把人才的培养和选拔完全割裂。范仲淹对此做法就十分不满,一针见血地指出,这是不问耕耘而只求收获。北宋"三次兴学",虽然具体做法不完全相同,但其基本精神则都是为了扭转这种不正常的状况,加强学校教育与科举制度之间的联系,突出学校教育在人才培养和选拔中的重要地位。其二,助长了士人名利之心,侥幸奔竞之风,不尚实才,不务实学,使学校成为"声利之场"。诚如朱熹在《学校贡举私议》中所揭露的:"所谓太学者,但为声利之场。而掌其教事者,不过取其善为科举之文,而尝得隽于场屋者耳。士之有志于义理者,既无所求于学,其奔趋辐辏而来者,不过为解额之滥舍选之私而已。师生相视,漠然如行路之人,间相与言,亦未尝开之以德行道艺之实,而月书季考者,又祗以促其誉利苟得,冒昧无耻之心,殊非国家之所以立学教人之本意也。"

元朝的科举制度,对提高官僚阶层文化素质,促进学校教育发展,加强民族文化交流,加快政权封建化进程起到了一定作用,但是其负面影响同样不可低估。元朝科举制度中严重存在的民族歧视,人为地造成了各民族之间的不平等和矛盾;规定科举考试从《四书》中出题,以朱熹《四书章句集注》为考试答题标准,严重限制了士人的思想,对中国封建社会后期的学校教育都有消极影响。

## 第六节 王安石的教育思想

王安石是北宋著名的政治家和文学家,同时又是一位重要的教育改革家。在宋神宗熙宁年间,他领导"熙宁兴学",推进了北宋教育的发展。他以崇实尚用为特征的教育思想和系统的人才理论,不仅在当时产生了积极作用,而且对中国古代教育的发展也产生了深远影响。

### 一、生平与教育活动

王安石

王安石,字介甫,号半山,抚州临川(今江西省临川)人,人称临川先生。晚年受封荆国公,故亦称王荆公。宋仁宗庆历二年(1042年),王安石22岁,"擢进士上第",从此开始仕途生涯。一直至嘉祐三年(1058年),他主要在州县官任上,先后担任扬州签判、鄞县知县、舒州通判、常州知州、提点江东刑狱等职。嘉祐三年,他写成《上仁宗皇帝言事书》,倡言变法。

宋英宗治平年间(1064—1067年),王安石因母丧居江宁,从事授徒讲学活动。熙宁二年(1069年)二月,王安石拜参知政事(副宰相),三年(1070年)十二月,拜同中书门下平章事(宰相),在神宗皇帝的信

任和支持下,主持改革,推行新法。但是,变法遭到以司马光为代表的守旧派的强烈反对,他曾二度被罢宰相职。晚年,长期闲居,致力于学术研究。宋哲宗元祐元年(1086年),卒于江宁。现存著作有《王文公文集》,其中《上仁宗皇帝言事书》、《原教》、《伤仲永》、《慈溪县学记》、《虔州学记》等,比较集中地反映了王安石的教育思想。

## 二、主持"熙宁兴学"

王安石被列宁称为中国11世纪时的改革家。在宋神宗的支持下,他在政治、经济、军事和文化教育等方面,进行了一系列改革,其中在文化教育方面的改革,称为"熙宁兴学"。主要有以下四方面内容。

### (一) 改革太学,创立"三舍法"

第一,扩增太学校舍。北宋太学至熙宁初,仅借用锡庆院廊庑数十间房子,局居一隅,十分拥挤。王安石执政后,于熙宁四年(1071年),将整个锡庆院均作为太学校舍,并另在朝集院西庑建造讲书堂数间,基本上保证了教学以及师生工作、生活用房。第二,充实和整顿太学师资。规定除主管官员之外,增设太学直讲至10人,每两人负责讲授一经。为了保证质量,增设的直讲必须由中书亲自遴选,或由主管官员奏举。对于"教导有方"者,予以提升;而对"职事不修"者,则坚决贬黜。第三,创立"太学三舍选察升补之法",简称"三舍法"。这是王安石改革太学最重要的措施。《宋史·神宗本纪》记载:熙宁四年(1071年)十月,"立太学生内、外、上舍法"。在元丰二年(1079年),经御史中丞李定等的修订,"三舍法"更为完备。其主要内容为:将太学分为外舍、内舍和上舍三个程度不同、依次递升的等级,太学生相应分为三部分,初入太学者,"验所隶州公据",经考试合格入外舍肄业,为外舍生,初不限员,后定额700人,元丰二年增至2000人。外舍每月考试一次,每年举行一次公试(升舍考试),成绩获得第一、二等者,再参酌平时行艺,升入内舍肄业,为内舍生。内舍初定学额200人,元丰二年增为300人,每二年举行一次升舍考试,成绩为优、平两等者,再参酌平时行艺,升入上舍肄业,为上舍生。上舍学额100人,亦每两年举行一次考试,考试方式与科举考试"省试法"相同,由朝廷另委考官主持。成绩评定分为三等:平时行艺与所试学业俱优为上等,一优一平为中等,全平或一优一否为下等。上等者免殿试,直接授官;中等者免礼部试,直接参加殿试;下等者免贡举,直接参加礼部试。"三舍法"是在太学内部建立起严格的升舍考试制度,对学生的考察和选拔力求做到将平时行艺与考试成绩相结合,学行优劣与对他们的任职使用相结合,这有利于调动学生学习的积极性,提高太学教学质量。同时又把上舍考试与科举考试结合起来,融养士与取士于太学,无疑提高了太学的地位。总之,"三舍法"是中国古代大学管理制度上的一项创新,它不仅对宋朝学校教育产生了积极作用,而且对后来元、明、清教育也有深远影响。

### (二) 恢复和发展州县地方学校

北宋普遍设立州县地方学校,始于"庆历兴学"。但是,范仲淹不久即被挤出中央,兴学夭折,州县学徒有其名,而无其实。为了改变这种状况,王安石执政后,即奏请恢复和整顿地方学校。宋神宗接受了王安石的建议,熙宁四年(1071年)二月,先在京东、京西、陕西、河东、河北五路设置学官,接着又在三月,"诏诸路置学官","使之教导",即专司地方学校的恢复、整顿和教育教学工作。同时,又命诸州皆设学校,每州学给学田"四十顷以赡士",并设立小学教授。为了保证教师的质量,熙宁八年(1075年),又下诏各州学官先赴学士院考试,"取优通者选差"。这样,在"庆历兴学"后沉寂了一个时期的北宋地方学校,又得到了一定程度的恢复和发展。

### (三) 恢复和创设武学、律学和医学

熙宁五年(1072年),在京师武成王庙旧址恢复了已废近30年的武学。熙宁六年,在朝集院创立律学,并规定了教学内容和考核方式。同一时期,又对医学进行了整顿。以上这些措施,使北宋的专科学校教育进入了一个新的发展阶段。

### (四) 编撰《三经新义》作为统一教材

为了统一思想,改变"谈经者人人殊"的局面,熙宁六年三月,宋神宗下诏设置经义局,训释儒家三部经书:《诗经》、《尚书》和《周礼》,命王安石主持,吕惠卿和王安石儿子王雱同修撰。王安石对此十分重视,亲自训释《周礼》,并为其他两书撰写序言。熙宁八年六月书成,"遂颁于学官,号曰《三经新义》"。自此,在"熙宁兴学"期间,《三经新义》不仅成为士子必须学习的官定统一教材,而且也是科举考试的基本内容和标准答案。"(王)安石《新义》行,士子以经试于有司,必宗其说,少异,辄不中程。"[①]

此外,王安石还主持了对科举考试制度的改革。根据他的建议,熙宁四年二月,正式下令废除明经诸科,进士科考试罢诗赋、帖经、墨义,试以经义、论、策。

王安石不避流俗,在熙宁年间对教育所作的一系列改革,不仅使北宋的教育出现了转机,进入了一个新的发展阶段,同时也使他自己以一个教育改革家的形象,出现在中国古代教育史上。

## 三、崇实尚用的教育思想

王安石针对当时教育存在的严重弊病,从变法图强,兴利除弊的实际需要出发,在一些基本的教育理论问题上,发表了不少精辟的见解。主要有以下两点。

### (一) 学校应该培养具有实际才能的治国人才

王安石十分重视学校教育对于治国安民的重要作用。他在《慈溪县学记》中说:"天下不可一日而无政教,故学不可一日而亡于天下。"在《乞改科条制》中又说:"古之取士,皆本于学校,故道德一于上,而习俗成于下。"他从一个政治家的角度,明确提出国家兴学设教的根本目的在于培养"为天下国家之用"的人才。他在《上仁宗皇帝言事书》中写道:"学士所观而习者,皆先王之法言德行治天下之意,其材亦可以为天下国家之用。"这种人才具体来说,应该是"遇事而事治,画策而利害得,治国而国安利"[②]。就是说,应该具有实际的治国才能。

王安石强调人才的实际才能,既是对儒家历来主张培养佐治人才思想的继承和发展,同时也是针对当时教育存在的严重脱离实际的状况而提出的。他指出,当时学者所传授的仅是"课试之

---

① 《续资治通鉴》卷七一。
② 《王文公文集》卷三十二。

文章"。"夫课试之文章,非博诵强学穷日之力则不能。及其能工也,大则不足以用天下国家,小则不足以为天下国家之用。故虽白首于庠序,穷日之力以师上之教,乃使之从政,则茫然不知其方者,皆是也。"①学校培养出这样的人,究竟对国家何益？正是为了改变这种状况,王安石把着眼点放在人才的治国才能上,主张学校应该培养"有实才可用者",以"致用于天下"。

王安石强调人才实际的治国才能,并不是只注重功利,而忽视道德修养。事实上,王安石把人的道德修养置于人才培养的首要地位。他在《致一论》中说:"夫身安德崇而又能致用于天下,则其事业可谓备也。"②只是由于为了扭转当时教育的空疏无用,他才把人才的实际才能放在突出地位,这在当时无疑是积极的。

(二) 教学内容应该是"为天下国家之用者"

从学校教育的根本目的在于培养有实际才能的治国人才的思想出发,王安石认为教学内容应该以是否"为天下国家之用"为标准。"苟不可以为天下国家之用,则不教也。苟可以为天下国家之用者,则无不在于学。"③所谓"为天下国家之用者"主要指以下三方面的内容。

1. 经术

王安石指出:"经术正所以经世务,但后世所谓儒者,大抵皆庸人,故世俗皆以经术不可施于世务尔。"④儒家经学并非是用来空谈"性命"、"天理"的,而是为了"经世务"。因此,学校要培养治国安民的人才,就必须学习儒家经学。这就是王安石所谓"以经术造士"的思想。同时,为了"知经",他也主张要读"百家之书",要博学多问。

2. 朝廷礼乐刑政之事

王安石认为,懂得"朝廷礼乐刑政之事",这是为官从政的基本条件。然而,当时的学校教育却存在着学非所用,用非所学的严重弊端。一方面,"朝廷礼乐刑政之事,未尝在于学",士人也误以为"礼乐刑政为有司之事,而非己所当知",朝夕从事于学习课试文章。另一方面,一旦他们为官从政,则又"责之以天下国家之事"。平常学习的无用,而有用的又没有学,他们怎么可能胜任呢？为了改变这种局面,王安石坚决反对学习于治国治民毫无实用价值的课试文章,而主张学习"朝廷礼乐刑政之事"⑤。

3. 武事

王安石在《上仁宗皇帝言事书》中说:"先王之时,士之所学者,文武之道也。士之才,有可以为公卿大夫,有可以为士。其才之大小、宜不宜则有矣,至于武事,则随其才之大小,未有不学者也。"明确提出"武事"也是应该学习的重要内容。这不仅对于改变长期以来学校教育中存在的视"文武异事","重文轻武"的偏向有积极意义,而且对于当时边患频繁,"愳愳然常抱边疆之忧,而虞宿卫之不足恃"的北宋来说,尤为切实有用。

由此可见,王安石的教育思想具有崇实尚用的特征,同注重探究"心性"、"天理"的理学家的教育思想迥然异趣。他的教育思想不仅在当时有积极意义,而且对后来南宋事功学派陈亮、叶

---

① 《王文公文集》卷一。
② 《王文公文集》卷一。
③ 《王文公文集》卷二十九。
④ 《宋史·王安石传》。
⑤ 《王文公文集》卷一。

适,以及明末清初早期启蒙教育家黄宗羲、颜元等的思想,也产生了一定影响。

### 四、系统的人才理论

教育问题说到底是一个人才问题。王安石从变法图强的政治需要出发,以一个思想家、政治家和教育家的广阔视野,在《上仁宗皇帝言事书》中,提出了陶冶人才的系统理论。它包括以下四个环节。

（一）"教之之道"

所谓"教之之道",即是人才的教育培养问题。王安石认为应该做到以下三点:第一,从中央到地方普遍设立学校,并严格挑选学官。第二,教学内容以"实用"为准则,凡是对国家有实际用处的知识,"则无不在于学";反之,凡是对国家没有实际用处的内容,则一律"不教也"。第三,以造就有实际才能的治国人才为培养目标。王安石的这些主张是指导他从事教育改革的理论基础,在"熙宁兴学"中得到了实现。

（二）"养之之道"

所谓"养之之道",即是人才的管理问题。王安石提出三条具体措施。第一,"饶之以财",就是各级官吏应该有较高的俸禄,"使其足以养廉耻,而离于贪鄙之行"。第二,"约之以礼",就是明确规定各级官吏有关衣、食、住、用,以及婚丧、祭养等的标准,以此来约束他们的行为,防止发生放荡、奢侈的事情。第三,"裁之以法",就是在上面两条的基础上,若有的官吏仍违反法律,则依法严罚。对于不帅教者,则"屏弃远方终身不齿";对于不循礼者,则处以"流杀之法"。

（三）"取之之道"

所谓"取之之道",即是人才的选拔问题。王安石提出三点主张。第一,选拔人才应该自下而上推荐。"必于乡党,必于庠序,使众人推其所谓贤能,出之以告于上而察之。"第二,对于推荐上来确是贤能者,则应根据其"德之大小、才之高下",授以相应的官职。第三,考察人才不能偏听偏信,而应该察其言,观其行,试之以事。"欲审知其德,问以行;欲审知其才,问以言。得其言行,则试之以事。"在王安石看来,在实际工作中进行考察,是最重要的。因此,他说:"所谓察之者,试之以事是也。"①

（四）"任之之道"

所谓"任之之道",即是人才的使用问题。王安石的思想主要有两点。其一,"任其所宜"。由于各人的专长不一,德行之高下,才能之大小不同,因此,使用人才时应该做到用其所长,任其所宜。"知农者以为后稷,知工者以为共工。其德厚而才高者以为之长,德薄而才下者以为之佐属"②。其二,"久其任",即任职要相对稳定。他认为这样就可以使"上狃习而知其事,下服驯而安其教,贤者则其功可以至于成,不肖者则其罪可以至于著"。

王安石认为,上述四个环节是相互联系的,只要在某一个环节上出了问题,就会整个地影响人才的成长,而当时北宋在这四个环节上都存在着严重弊病,因此,人才之不足是一点也不奇怪

---

① 《王文公文集》卷一。
② 《王文公文集》卷一。

的。"夫教之、养之、取之、任之,有一非其道,则足以败乱天下之人才,又况兼此四者而有之?则在位不才、苟简、贪鄙之人,至于不可胜数,而草野闾巷之间,亦少可任之才,固不足怪。"①

王安石的人才理论,其目的虽然是为了挽救北宋王朝的危机,维护其封建统治,然而,他能够从"教"、"养"、"取"、"任"四个方面,综合考察人才问题,这在中国古代教育史上实不多见,表明了他的远见卓识。他所提出的一些具体主张,其中不少含有合理因素,反映了人才成长的共同规律。

## 第七节 朱熹的教育思想

朱熹是理学思想的集大成者,也是南宋最负盛名的大教育家。他长期从事讲学活动,精心编撰了多种教材,培养了众多人才,对书院教育作出了重要贡献。他的教育思想博大精深,对当时及后世教育的发展,产生了重大而又深远的影响。

### 一、生平和教育活动

朱熹(1130—1200年),字元晦,后改为仲晦,号晦庵。祖籍婺源(现江西婺源县),出生在福建南剑(今南平)尤溪县。他18岁中举人,19岁登进士,从此走上仕途。他先后任泉州同安县主簿、知江西南康军、提举浙东常平茶盐、知漳州、知潭州等地方官。绍熙五年(1194年)八月,朱熹已65岁,被任命为焕章阁待制兼侍讲,为宁宗皇帝进讲《大学》。但仅40天即被罢免,从此结束了坎坷不平的仕途生涯。

朱熹

朱熹一生主要是从事学术研究和教育活动。他继承和发展了二程学说,成为南宋理学思想的集大成者。同时,他又是一位大教育家,毕生讲学活动不断。他曾长期在福建崇安武夷山"寒泉精舍"、"武夷精舍"授徒讲学。绍熙二年(1191年),他由崇安迁居建阳考亭,建"竹林精舍",聚徒讲学。绍熙五年(1194年),由于学生人数增多,他扩建精舍,并改名为"沧洲精舍",表示"永弃人间事,吾道付沧洲"的志向。即使在为官从政期间,他每到一地,也不忘设学育才,并亲自讲学。他在任同安县主簿时,从选择俊秀之民为学生、访求名士为教师、讲授圣贤修己治人之道三个方面整顿县学,取得了显著成效。在知南康军时,他主持修复白鹿洞书院,直接参与书院的组织管理,派人四处搜寻、购置图书典籍,亲临讲学,而且还亲自拟订了著名的《白鹿洞书院揭示》,成为南宋以后书院和各地方官学共同遵守的学规。在知漳州时,他仍"时诣学校训诱诸生"。知潭州时,除热心提倡州、县学外,他还主持修复岳麓书院,亲自规制擘画,扩建校舍,增加学田;利用从政之暇,亲临书院,教诲诸生。

朱熹一生编撰了多种教材。例如,他与吕祖谦在淳熙二年(1175年)合作编成的《近思录》一书,精选了周敦颐、张载、二程的语录622条,分成14卷,是学习理学的重要入门书。又如,他于淳熙十四年编成的《小学》一书,辑录了"古圣先贤"的言行,共6卷,分内、外两篇。内篇四:《立教》、《明伦》、《敬身》、《稽古》,外篇二:《嘉言》、《善行》,是中国封建时代颇有影响的蒙学教材。当然影

---

① 《王文公文集》卷一。

响最深广、最重要的是《四书章句集注》(简称《四书集注》)。

朱熹在长期的教育实践活动中,培养的学生多达几千人。其中有名可查者即有 378 人。他的著述浩瀚,除《资治通鉴纲目》、《伊洛渊源录》、《四书集注》等 20 多种专著外,有《朱文公文集》、《续集》、《别集》,三种共计 121 卷,《朱子语类》140 卷。主要教育著作有《大学章句序》、《白鹿洞书院揭示》、《学校贡举私议》、《读书之要》、《童蒙须知》等。

## 二、关于教育的作用和目的

朱熹重视教育对于改变人性的重要作用。他从"理"一元论的客观唯心主义思想出发来解释人性论,提出了人性就是"理",就是"仁、义、礼、智"封建道德规范的观点。他说:"性只是理,以其在人所禀,故谓之性。"①又说:"性者人之所受乎天者,其体则不过仁、义、礼、智之理而已。"②这里就产生这样一个问题,既然"性即理","性"的具体内含是"仁、义、礼、智",那么为何还会有各种不同的人性呢？在这个问题上,朱熹接受了张载、程颐的观点,把人性分成"天命之性"和"气质之性"两种。所谓"天命之性"(又称"天地之性"、"义理之性"或"道心"),是"专指理言",它是禀受"天理"而成的,所以浑厚至善,完美无缺;所谓"气质之性"(又称"人心"),"则以理与气杂而言之",就是说它是禀受"理"与"气",两者杂然相存而成。由于"气"有清明、浑浊的区别,所以"气质之性"有善有恶。如果所禀之"气"是"极清且纯者",那么"气与理一","理"在"清气"中,就好比宝珠在清水里,光泽透彻明亮;反之,如果所禀之"气"是浑浊的,则"理"在"浊气"中,就好比宝珠在浊水中,看不到宝珠的光泽。他认为教育的作用就在于"变化气质",发挥"气质之性"中所具有的"善性",去蔽明善,就好比下功夫把浊水中的明珠揩拭干净,恢复宝珠原有的光泽一样。他说《大学》中所说的"明明德",就是这个意思。而且,他还进一步指出,要"明明德",就必须"复尽天理,革尽人欲"。因为在他看来,"天理"与"人欲"是两相对立,水火不相容的。"人之一心,天理存,则人欲亡;人欲胜,则天理灭,未有天理人欲夹杂者。"所以,他告诫道:"学者须是革尽人欲,复尽天理,方始是学。"③朱熹就是这样用理学的观点来论述教育的作用在于"变化气质"、"明明德",以实现"明天理、灭人欲"的根本任务。

与关于教育作用的思想相联,朱熹主张学校教育的目的在于"明人伦"。他说:"古之圣王,设为学校,以教天下之人……必皆有以去其气质之偏,物欲之蔽,以复其性,以尽其伦而后已焉。"④在朱熹看来,要克服"气质之偏",革尽"物欲之蔽",以恢复具有的善性,就必须"尽人伦"。所以,他强调"父子有亲,君臣有义,夫妇有别,长幼有序,朋友有信,此人之大伦也。庠、序、学、校皆以明此而已"⑤。在《白鹿洞书院揭示》中,他也明确把上述五伦列为"教之目",置于首位,指出"学者学此而已"。

从教育的目的在于"明人伦"的思想出发,朱熹严厉抨击了当时以科举为目的的学校教育。他认为:"古昔圣贤所以教人为学之意,莫非使之讲明义理以修其身,然后推己及人,非徒欲其务

---

① 《朱文公文集》卷五十九。
② 《朱子四书或问》卷十四。
③ 《朱子语类》卷十三。
④ 《朱文公文集》卷十五。
⑤ 《孟子集注》卷五。

记览、为词章,以钓声名取利禄而已。"然而,当时的学校教育却反其道而行之,士人"所以求于书,不越乎记诵、训诂、文词之间,以钓声名,干利禄而已",完全违背了"先王之学以明人伦为本"的本意。他尖锐地指出:这样的学校,其名"虽或不异乎先王之时,然其师之所以教,弟子之所以学,则皆忘本逐末,怀利去义,而无复先王之意,以故学校之名虽在,而其实不举,其效至于风俗日敝,人材日衰"①。因此,他要求改革科举,整顿学校。朱熹针对当时学校教育忽视伦理道德教育,诱使学生"怀利去义",争名逐利的现实,以及为了改变"风俗日敝,人材日衰"的状况,重新申述和强调"明人伦"的思想,在当时具有一定的积极意义。同时,他对当时学校教育和科举制度的批评也切中时弊。

### 三、论"小学"和"大学"教育

朱熹在总结前人教育经验和自己教育实践的基础上,基于对人的心理特征的初步认识,把一个人的教育分为"小学"和"大学"两个既有区别,又有联系的阶段,并分别提出了两者不同的任务、内容和方法。

8岁至15岁为小学教育阶段。朱熹十分重视这个阶段的教育,认为小学教育的任务是培养"圣贤坯璞"。他说:"古者小学已自养得小儿子这里定,已自是圣贤坯璞了。"②同时指出,"蒙养弗端,长益浮靡",若儿童时期没有打好基础,长大就会做出违背伦理纲常的事,再要弥补,就极为困难了,"而今自小失了,要补填,实是难"③。因而,他认为小学教育对一个人的成长非常重要,必须抓紧,抓好。

关于小学教育的内容,朱熹指出,因为小学儿童"智识未开",思维能力很弱,所以他们学习的内容应该是"知之浅而行之小者",力求浅近、具体。为此,他提出以"教事"为主的思想。他说:"小学是事,如事君、事父、事兄、处友等事,只是教他依此规矩做去。"④强调让儿童在日常生活中,通过具体行事,懂得基本的伦理道德规范,养成一定的行为习惯,学到初步的文化知识技能。因此,他在《小学序》中说道:"古者小学,教人以洒扫、应对、进退之节,爱亲、敬长、隆师、亲友之道。"在《大学章句序》中他又说:"人生八岁,则自王公以下,至于庶人之子弟,皆入小学,而教之以洒扫、应对、进退之节,礼、乐、射、御、书、数之文。"希望儿童通过"学其事",在实际活动中得到锻炼,增长才干,成为"圣贤坯璞"。

为了实现上述目标,在教育方法上,朱熹强调以下三点。首先,主张先入为主,及早施教。在朱熹看来,小学儿童"人之幼也,知思未有所主",很容易受各种思想的影响,而一旦接受了某种"异端邪说",再教以儒家的伦理道德就会遇到抵触。因而,必须先入为主,及早进行教育,"必使其讲而习之于幼稚之时,欲其习与智长,化与心成,而无扞格不胜之患也"⑤。其次,要求形象、生动,能激发兴趣。朱熹接受程颐等前辈学者的思想,认为在对小学儿童进行教育时,应力求形象、生动,以激发其兴趣,使之乐于接受。在此思想指导下,他广泛地从经传史籍以及其他论著中采

---

① 《朱文公文集》卷七十八。
② 《朱子语类》卷七。
③ 《朱子语类》卷七。
④ 《朱子语类》卷七。
⑤ 《朱文公文集》卷七十六。

集有关忠君、孝亲、事长、守节、治家等内容的格言、训诫诗、故事等，编成《小学》一书，作为儿童教育用书，广为流传，产生了重要影响。再次，首创以《须知》、《学则》形式来培养儿童道德行为习惯。儿童道德行为习惯的形成有一个从不自觉到逐步自觉的过程。因此，朱熹一方面主张要严格地、不间断地对儿童进行道德行为习惯的训练，使之"积久成熟"，自成方圆。另一方面他又重视《须知》、《学则》的作用，认为可以使儿童的一言一行，一举一动，都有章可循，有规可依，有利于儿童道德行为习惯的形成。因此，他曾亲自制定《童蒙须知》和《训蒙斋规》，并为其弟子程端蒙、董铢两人拟订的《程董二先生学则》作跋和推荐。其中《童蒙须知》影响最大。它按照三纲五常的封建道德要求，对于儿童日常生活、学习各个方面，都作了极为详细的条文规定。诚然，这些规定的基本内容是向儿童灌输封建伦理道德，各种规定中也确实存在着繁琐和压抑儿童个性发展的严重缺陷，这些都是我们应该抛弃的糟粕。然而，《童蒙须知》对于从小培养儿童良好的生活、学习习惯，实不无可取之处。如在生活习惯方面，要求"大抵为人，先要身体端整。自冠巾、衣服、鞋袜，皆须收拾爱护，常令洁净整齐"；"凡脱衣服，必整齐折叠箧中。勿令散乱顿放，则不为尘埃杂秽所污，仍易于寻取，不致散失。著衣既久，则不免垢腻，须要勤勤洗浣。破绽，则补缀之。尽补缀无害，只要完洁"；"凡为人子弟，当洒扫居处之地，拂拭几案，当令洁净。文字笔砚，百凡器用，皆当严肃整齐，顿放有常处。取用既毕，复置元所"；"凡饮食之物，勿争较多少美恶"。又如在学习习惯方面，要求"凡读书，整顿几案，令洁净端正。将书册整齐顿放。正身体，对书册，详缓看书，仔细分明读之。须要读得字字响亮。不可误一字，不可少一字，不可多一字，不可倒一字。不可牵强暗记，只是要多诵遍数，自然上口，久远不忘……余尝谓读书有三到，谓心到、眼到、口到。心不在此，则眼不看仔细，心眼既不专一，却只漫浪诵读，决不能记，记亦不能久也。三到之法，心到最急，心既到矣，眼口岂不到乎"；"凡书册，须要爱护，不可损污绉折"；"凡写字，未问写得工拙如何，且要一笔一画，严正分明，不可潦草"。儿童生活、学习能力较弱，道德观念和意志也较差，为他们制定一些简明的条文和准则，让其遵照实行，这对于他们道德行为习惯的培养是有积极意义的。因此，朱熹开创的以《须知》、《学则》形式来训练儿童道德行为习惯的经验，值得我们借鉴。

15岁以后为大学教育。大学教育是在"小学已成之功"基础上的深化和发展，与小学教育重在"教事"不同，大学教育内容的重点是"教理"，即重在探究"事物之所以然"。朱熹在《小学辑说》中说："小学是事，如事君、事父兄等事。大学是发明此事之理，就上面讲究所以事君、事父兄等事是如何。"又说："小学之事，知之浅而行之小者也；大学之道，知之深而行之大者也。"大学教育任务也与小学教育不同。小学教育是培养"圣贤坯璞"，大学教育则是在坯璞的基础上"加光饰"，再进一步精雕细刻，把他们培养成为对国家有用的人才。他写道："国家建立学校之官，遍于郡国，盖所以幸教天下之士，使之知所以修身、齐家、治国、平天下之道，而待朝廷之用也。"①在大学教育方法方面，朱熹在长期的教育实践中，积累了许多成功经验，其中两点值得注意：其一，重视自学。他曾对学生说："书用你自去读，道理用你自去究索，某只是做得个引路底人，做得个证明底人，有疑难处同商量而已。"②在教师指导下重视学生的自学与研究，确是大学教育中一种重要的方法。其二，提倡不同学术观点之间的相互交流。淳熙八年(1181年)，他邀请持不同学术见解的著名学

---

① 《朱文公文集》卷七十五。
② 《朱子语类》卷十三。

者陆九渊到他主持的白鹿洞书院讲学,并称赞其讲学"切中学者深微隐痼之病",使"听者莫不竦然动心焉",还将其讲稿刻石为记。朱熹不囿门户之见,进行不同学术观点之间交流的做法,长期以来一直是学术史和教育史上的美谈。

朱熹认为,尽管小学和大学是两个相对独立的教育阶段,具体的任务、内容和方法各不相同,但是,这两个阶段又是有内在联系的,它们的根本目标是一致的。它们之间的区别只是因教育对象的不同而所作的教育阶段的划分,并不是像"薰莸冰炭"那样截然对立。朱熹关于小学和大学教育的见解,反映了人才培养的某些客观规律,为中国古代教育理论的发展增添了新鲜内容。

### 四、关于道德教育的思想

道德教育是理学教育的核心,也是朱熹教育思想的重要内容。朱熹十分重视道德教育,主张将道德教育放在教育工作的首位。他说:"德行之于人大矣……士诚知用力于此,则不唯可以修身,而推之可以治人,又可以及夫天下国家。故古之教者,莫不以是为先。"[①]就是说,德行对人有重大意义,不仅可以修身,而且还可以推而广之去治人、治国,因此,古代的教育者都把道德教育置于优先地位。反之,如果缺乏德行而单纯追求知识,人就会像离群的"游骑",迷失方向,而找不到归宿。

道德教育的根本任务是"明天理、灭人欲"。朱熹说:"修德之实,在乎去人欲,存天理。"[②]朱熹所说的"天理",是指以"三纲五常"为核心的封建伦理道德。对此他说得十分明确:"所谓天理,复是何物?仁义礼智,岂不是天理!君臣、父子、兄弟、夫妇、朋友,岂不是天理!"[③]又说:"三纲五常,礼之本也。"他所说的"人欲",则是指"心"的毛病,是为"嗜欲所迷"的心。比如,饮食"要求美味",穿着"必欲精细",言行则"非礼而视听言动",等等。因此,要实现道德教育"明天理、灭人欲"的根本任务,就必须进行以"三纲五常"为核心的封建伦理道德教育,这是朱熹道德教育的基本内容,也是他道德教育思想的重要特点。

朱熹关于道德教育的方法,可以概括为以下几点。

#### (一)立志

朱熹认为,志是心之所向,对人的成长至为重要。因此,他要求学者首先应该树立远大的志向。"问为学功夫,以何为先?曰:亦不过如前所说,专在人自立志。"[④]人有了远大的志向,就有了前进的目标,能"一味向前,何患不进"。如果不立志,则目标不明确,前进就没有动力,"直是无著力处"。他指出当时有的人悠悠然,"遇事则且胡乱恁地打过了,此只是志不立",有的人"贪利禄而不贪道义,要作贵人而不要作好人",也是因为"志不立之病"。所以,朱熹要人立志即是要成为像尧、舜那样的圣人,他说:"所谓志者,不是将意气去盖他人,只是直截要学尧、舜。"[⑤]又说:"学者大要立志,才学便要做圣人,是也。"[⑥]

---

[①]《朱文公文集》卷六十九。
[②]《朱文公文集》卷五十九。
[③]《朱文公文集》卷五十九。
[④]《性理精义》卷七。
[⑤]《性理精义》卷七。
[⑥]《朱子语类》卷十三。

## （二）居敬

朱熹强调"居敬"。他说："敬字工夫，乃圣门第一义，彻头彻尾，不可顷刻间断。"①还说："敬之一字，圣学之所以成始而成终者也。为小学者不由乎此，固无以涵养本原，而谨夫洒扫应对进退之节与夫六艺之教。为大学者不由乎此，亦无以开发聪明，进德修业，而致夫明德新民之功也。"②由此可见，"居敬"是朱熹重要的道德修养方法。朱熹说的"居敬"，不是主静，也不同于佛家闭目合十，"耳无闻，目无见，不接事物"的"坐禅"，而是指专心致志，谨慎认真的意思。他说："敬不是万虑休置之谓，只是随事专一谨畏，不放逸尔。"③又说："敬者，守于此而不易之谓。"④在朱熹看来，只要坚持"居敬"的修养功夫，就能做到"明天理、灭人欲"。"敬则天理常明，自然人欲惩窒消治。"⑤"人能存得敬，则吾心湛然，天理粲然。"具体来说，朱熹认为"居敬"的修养功夫，要求从两方面努力："内无妄思"，即自觉抑制人欲的诱惑，自觉执守封建伦理道德；"外无妄动"，即在服饰动作、言语态度等外貌方面，"整齐严肃"，符合封建伦理道德规范。

## （三）存养

所谓"存养"就是"存心养性"的简称。朱熹认为每个人都有与生俱来的善性，但同时又有气质之偏和物欲之蔽。因此，需要用"存养"的功夫，来发扬善性，发明本心。他说："如今要下工夫，且须端庄存养，独观昭旷之原。"⑥从另一方面来说，"存养"又是为了不使本心丧失。"圣贤千言万语，只要人不失其本心。""心若不存，一身便无主宰。"⑦同时，从道德教育的根本任务来说，"存养"是为了收敛人心，将其安顿在义理上。"学者为学，未问真知与力行，且要收拾此心，令有个顿放处。若收敛都在义理上安顿，无许多胡思乱想，则久久自于物欲上轻，于义理上重。"⑧可见，朱熹"存养"的思想，是从理学的角度对孟轲"存其心，养其性"和"求放心"思想的继承和发展。

## （四）省察

"省"是反省，"察"是检查。"省察"即是经常进行自我反省和检查的意思。朱熹认为一个人要搞好自身道德修养，就应当"无时不省察"。在他看来"凡人之心，不存则亡，而无不存不亡之时。故一息之顷，不加提省之力，则沦于亡而不自觉。天下之事，不是则非，而无不是不非之处。故一事之微，不加精察之功，则陷于恶而不自知"⑨。因此，为了使人心不"沦于亡"，做事不"陷于恶"，经常进行自我反省和检查，是必不可少的。他十分赞赏孔丘的学生曾参"吾日三省吾身"的修养方法，认为这是"得为学之本"，是抓住了道德修养的根本。朱熹认为，在两种情况之下，应该加强"省察"。一是"省察于将发之际"，即在不良念头刚刚露头时，就应进行反省和检查，将其消灭在"始萌"之中；二是"省察于已发之后"，即在不良言行已经暴露后，要及时进行检查和纠正，不让其继续滋长。朱熹的这一见解，表明他在道德教育中既强调防微杜渐，同时又重视纠失于后。

---

① 《朱子语类》卷十二。
② 《朱文公文集》卷七十六。
③ 《宋元学案·晦翁学案》。
④ 《朱子语类辑略》。
⑤ 《朱子语类》卷十二。
⑥ 《宋元学案·晦翁学案》。
⑦ 《朱子语类辑略》。
⑧ 《朱子语类辑略》。
⑨ 《性理精义》卷七。

### （五）力行

朱熹十分重视"力行"。"夫学问岂以他求，不过欲明此理，而力行之耳。"①"故圣贤教人，必以穷理为先，而力行以终之。"②他所说的"力行"，是要求将学到的伦理道德知识付之于自己的实际行动，转化为道德行为。朱熹反对知而不行，认为这"与不学无异"。同时，他又反对不知而行，以及知之不深而行，指出"行而未明于理，则其践履者又未知其果为何事"，"穷理不深，则安知所行之可否哉？"而且他还认为，"行"有检验"知"的作用。"欲知之真不真，意之诚不诚，只看做不做，如何真个如此做底，便是知至意诚。"③由此可见，朱熹把"知"看作是"行"的前提，"行"是"知"的目的和检验标准，强调身体力行，反对言行脱节。朱熹的这些见解，已经触及道德认识转化为道德行动，道德行动接受道德认识的指导，并检验道德认识的正确与否等这样一些道德教育的基本问题。

朱熹上述见解，反映了道德教育中某些带规律性的东西，至今仍有可供借鉴之处。

## 五、论读书法

朱熹强调读书穷理，认为"为学之道，莫先于穷理；穷理之要，必在于读书"。他自己一生又酷爱读书，对于如何读书有深切的体会，并提出了许多精辟的见解。他的弟子将其概括为"朱子读书法"六条，即循序渐进、熟读精思、虚心涵泳、切己体察、着紧用力、居敬持志。④ 这是朱熹教育思想的重要组成部分。兹逐条简析如下。

### （一）循序渐进

朱熹主张读书要"循序渐进"，包含三个意思：第一，读书应该按一定次序，不要颠倒。"以二书言之，则通一书而后又一书。以一书言之，篇、章、文、句、首尾次第，亦各有序而不可乱也。"第二，应根据自己的实际情况和能力，安排读书计划，并切实遵守它。"量力所至而谨守之。"第三，读书要扎扎实实打好基础，不可囫囵吞枣，急于求成。"字求其训，句索其旨。未得乎前，则不敢求乎后；未通乎此，则不敢志乎彼。"否则，"若奔程趁限，一向趱着了，则看犹不看也"。

### （二）熟读精思

朱熹认为，读书既要熟读成诵，又要精于思考。他说有些人读书"所以记不得，说不去，心下若存若亡，皆是不精不熟之患"。他提出，熟读的要求是"使其言皆若出于吾之口"。为此，朱熹主张读书要能成诵，认为"横渠（即张载）教人读书必须成诵，真道学第一义"。而且他强调读书必要读足一定的遍数，即使已能成诵，但若遍数不够，仍要读够遍数。因为在他看来，"百遍时自是强五十遍时，二百遍自是强一百遍时"。熟读确实有助于理解，"读书千遍，其义自见"，说的就是这个意思。然而，朱熹过于强调读书遍数，则未免陷于机械。熟读的目的是为了精思。朱熹提出精思的要求是"使其意皆若出于吾之心"。如何"精思"呢？朱熹提出了"无疑——有疑——解疑"的过程。他说："读书始读，未知有疑。其次则渐渐有疑。中则节节是疑。过了一番后，疑渐渐解，

---

① 《朱文公文集》卷五十四。
② 《朱文公文集》卷五十四。
③ 《朱子语类》卷十五。
④ 《程氏家塾读书分年日程·朱子读书法》。

以至融会贯通,都无所疑,方始是学。"①这里所说的从无疑到有疑再到解疑的过程,即是发现问题和解决问题的过程。无论是发现问题还是解决问题,都是精心思考的结果。读书若真能做到既读得熟,又思之精,那么就真正把书读通了,理解了。

### （三）虚心涵泳

虚心涵泳的读书方法包括两方面的涵义。所谓"虚心",是指读书时要虚怀若谷,静心思虑,仔细体会书中的意思,不要先入为主,牵强附会。读书中发现了疑问,"众说纷错",也应虚心静虑,切勿匆忙决定取舍。所谓"涵泳",是指读书时要反复咀嚼,细心玩味。他说:"读书之法无他,惟是笃志虚心,反复详玩为有功耳。"②

### （四）切己体察

朱熹强调读书不能仅仅停留在书本上、口头上,而必须见之于自己的实际行动,要身体力行。他说:"读书不可只专就纸上求义理,须反来就自家身上推究。"③他竭力反对只向书本上求义理,而不"体之于身"的读书方法,认为这样即使是"广求博取,日诵五车",也无益于学。只有"从容乎句读文义之间,而体验乎操存践履之实,然后心静理明,渐见意味。"

### （五）着紧用力

着紧用力的读书方法,包含两方面的意义:其一,必须抓紧时间,发愤忘食,反对悠悠然;其二,必须抖擞精神,勇猛奋发,反对松松垮垮。为此,朱熹把读书形象而又深刻地比喻为救火治病,撑上水船和破釜沉舟。他认为读书应该具有犹如救火治病那样的紧迫感,撑上水船那样不进则退的顽强作风和破釜沉舟那样勇往直前的精神。

### （六）居敬持志

居敬持志既是朱熹道德修养的重要方法,也是他最重要的读书法。他指出:"读书之法,莫贵乎循序而致精,而致精之本,则又在于居敬而持志。此不易之理也。"④所谓"居敬",就是读书时精神专一,注意力集中。朱熹说:"读书须收敛此心,这便是敬。"⑤又说:"读书须将心贴在书册上,逐句逐字,各有著落,方始好商量。大凡学者须是收拾此心,令专静纯一,日用动静间,都无驰走散乱,方始看得文字精审。"⑥所谓"持志",就是要树立远大的志向,高尚的目标,并要以顽强的毅力长期坚持。他说:"立志不定,如何读书?"⑦只有树立了明确的志向,才能"一味向前",学业不断长进。

朱熹的读书法是他自己长期读书经验以及对前人读书经验的概括和总结,比较集中地反映了我国古代对于读书方法研究的成果,其中不乏合理的内容,如"循序渐进"包含的量力性和打好基础的思想,"熟读精思"包含的重视思考的思想,"虚心涵泳"包含的客观揣摩的思想,"切己体

---

① 《宋元学案·晦翁学案》。
② 《学规类编》。
③ 《学规类编》。
④ 《程氏家塾读书分年日程·朱子读书法》。
⑤ 《程氏家塾读书分年日程·朱子读书法》。
⑥ 《朱子语类辑略》。
⑦ 《朱子语类辑略》。

察"包含的身体力行的思想,"着紧用力"包含的积极奋发的思想,"居敬持志"包含的精神专一、持志以恒的思想等,都是在读书治学中必须注意的问题,曾在历史上产生过重要影响,在今天对我们也仍有借鉴作用。当然,朱熹读书法也不可避免地存在时代和阶级的局限,突出地表现为:其一,朱熹所提倡读的书,主要是宣扬封建伦理道德的"圣贤之书";其二,他的读书法主要是强调如何学习书本知识,而未曾注意到与实际知识之间的联系。这不仅使读书的范围受到极大限制,而且对造成"万般皆下品,唯有读书高","两耳不闻窗外事,一心只读圣贤书"的不良学风,也有消极作用。因此,我们在肯定朱熹读书法积极意义的同时,也应注意到它的不足及其消极影响。

## 本章小结

宋辽金元时期的教育在我国古代教育发展历程中占有重要地位。它在当时社会政治、经济、科学技术、学术思想和文学艺术等影响下,在吸取前代教育经验的基础上,逐渐形成了自己的特点。宋朝统治者确立了"兴文教"的政策,尊孔崇儒,提倡佛道;重视科举,重用士人;通过三次兴学,在中央和地方建立起了完备的官学教育体系。辽、金、元统治者在大力推行"汉化"政策的同时,在中央和地方设立民族学校,促进了民族文化教育事业的发展。书院作为一种教育制度已经确立。它不仅在数量上得到很大发展,而且还形成了以《白鹿洞书院揭示》为代表的书院教育理论,并对于当时学术文化的发展起了重要作用。宋辽金元时期的蒙学也得到较大发展,在教育内容、方法以及教材编写等方面积累了许多成功的经验。这个时期的教育思想非常丰富和活跃,不仅在理学教育思想内部有各种不同的派别,而且还有与理学教育思想异趣的"新学"教育思想和事功学派的教育思想,涌现出一大批有重要影响的教育思想家和实践家。他们从各自不同的角度论述教育问题,发表不同看法,争奇斗艳,百花齐放,丰富和充实了中国古代教育理论宝库,在中国古代教育思想发展史上具有十分重要的意义。

## 思考题

1. 北宋"三次兴学"的具体内容是什么?宋朝官学制度有哪些特点?
2. 述评辽、金、元学校教育制度的特点。
3. 分析书院产生的原因及两宋书院的特点。
4. 试论宋元时期蒙学教育的基本经验及现实启示。
5. 述评宋元时期的科举制度及其对学校教育的影响。
6. 试论王安石的教育理论和人才思想。
7. 朱熹是怎样论述"小学"和"大学"教育的?
8. 述评朱熹道德教育思想。
9. 评析"朱子读书法"。

# 第八章 明朝的教育

> **本章导读**
> 
> 明初统治者制定了"治国以教化为先,教化以学校为本"的文教政策,促进了学校教育事业的发展。明朝建立了较完备的中央官学和地方官学体系,形成了诸多特点。由于受统治阶级内部矛盾斗争的影响,明朝曾四毁书院。在明朝众多书院中,东林书院的地位特殊。它是当时一个重要的学术文化中心和政治活动中心。明朝科举制度是中国科举史上的鼎盛时期,八股文成为固定的考试文体,学校教育受到科举制度的严重影响。王守仁是明中叶著名的哲学家和教育家。他创立了与程朱理学异趣的"心学"体系;他的讲学活动,形成了中国学术史上有重要地位的阳明学派;他的教育思想,在明中后期产生了广泛而深刻的影响。

明朝(1368—1644 年)是我国封建社会的一个重要朝代,历时 277 年。明初,统治者为了巩固政权,在政治和军事方面进行了诸多改革。同时,在经济方面,推行了一系列"安养生息"、发展生产的政策,推动了农业、手工业的恢复和发展,促进了商业和城市经济的繁荣。随着商品经济的增长,自明中叶以后,特别是在嘉靖、万历年间(1522—1620 年),在长江三角洲和沿海地区的一些手工业部门中出现了资本主义生产关系的萌芽。这是在封建社会内部出现的新的经济因素。明朝的统治思想是程朱理学。统治者曾采取种种措施,提高程朱理学的社会地位。明中叶以后,王守仁继承和发展了陆九渊的学说,创立了与程朱理学相悖的"王学",曾风行一百余年。自万历以后,一些西方耶稣会传教士,如利玛窦、庞迪我、汤若望、熊三拔等人,陆续来到中国。他们在进行传教活动的同时,介绍一些西方有关历算、水利、测量等方面的知识。所有这一切,对明朝教育的发展产生了重要影响。

## 第一节 明朝的文教政策

明太祖朱元璋从历史的经验教训和亲身的实践中,深刻地认识到学校教育对于治理国家的重要作用。因此,在立国之初,他便将发展教育事业置于重要地位。他说:"治天下当先其重其急而后及其轻且缓者。今天下初定,所急者衣食,所重者教化。衣食给而民生遂,教化行而习俗美。足衣食者在于劝农,明教化者在于兴学校。"①从而确立了"治国以教化为先、教化以学校为本"的文教政策。② 综观明朝历史,实行这一政策,具体表现在以下三个方面。

### 一、广设学校,培育人才

朱元璋认为,人才是国家的宝贵财富,而"人材以教导为先",主要依靠学校培养。因此,在明朝立国之前,于元至正二十五年(1365 年),将应天府学改为国子学,创建了中央最高学府。明洪武元年(1368 年),"令品官子弟及民俊秀通文义者"入学肄业。至洪武四年(1371 年),学生已达

---

① 《明太祖实录》卷二六。
② 《明史·选举志一》。

2728人。① 洪武十四年(1381年),又改建国子学于鸡鸣山下。洪武十五年(1382年),改国子学为国子监,设祭酒1人,司业1人,监丞、典簿各1人,博士3人,助教16人,学正、学录各3人,掌馔1人。永乐元年(1403年),另设北京国子监。这样,明朝便有南北两个国子监。永乐十八年(1420年),迁都北京,将原京师国子监改为南京国子监,北京国子监则为京师国子监。

在积极创建中央学校的同时,明朝统治者十分重视发展地方教育事业。洪武二年(1369年),发布兴学令,要求全国各地普遍设立学校。兴学令称:"学校之教,至元其弊极矣。上下之间,波颓风靡,学校虽设,名存实亡。兵变以来,人习战争,惟知干戈,莫识俎豆……京师虽有太学,而天下学校未兴。宜令郡县皆立学校,延师儒,授生徒,讲论圣道,使人日渐月化,以复先王之旧。"②于是,全国各府、州、县便纷纷设立学校,府学设教授,州学设学正,县学设教谕,俱有1人。各学还另设训导,人数多寡不等,府学4人,州学3人,县学2人。同时,对于各学入学人数、师生待遇等,也都一一作了明确的规定。洪武八年(1375年)又因"京师及郡县皆有学,而乡社之民未睹教化",下令设立社学,"延师儒以教民间子弟"。这样,从京师到郡县以及乡村地区,建起了学校教育网络,明初学校教育事业获得了空前发展。

## 二、重视科举,选拔人才

设立学校是为了培养人才,而学校培养的人才要成为明朝政府的官员,还必须经过人才的选拔。明朝选拔人才的制度原来主要有两种:荐举和科举。明初,"两途并用,亦未尝畸重轻"。明太祖曾多次下求贤诏,访求天下贤才。例如,洪武六年(1373年)下诏称:"贤才,国之宝也……人君之能致治者,为其有贤人而为之辅也。山林之士德行文艺可称者,有司采举,备礼遣送至京,朕将任用之,以图至治。"③荐举制度也确实为明朝政府网罗了许多人才,其中不少人由布衣而登大僚,甚至身居大学士、尚书、侍郎等高官。然而,自建文、永乐以后,科举日重,荐举日轻,士人都以科举登进为荣,而荐举则名存实亡。科举日益成为明朝主要的选士制度。

## 三、加强思想控制,实行文化专制

明朝统治者为了培养和选拔他们所需要的治术人才,在积极发展文化教育事业的同时加强思想控制,实行文化专制统治。重要的有以下三点。

### (一) 推崇程朱,删节《孟子》

明朝统治者竭力推崇程朱理学,把它作为思想、文化、教育领域的统治思想。朱元璋曾下令,学者讲学"一宗朱子之学","非濂、洛、关、闽之学不讲"。洪武二年(1365年),明确规定:"国家取士,说经者以宋儒传注为宗。"明成祖永乐十三年(1415年),命翰林学士胡广等编纂《五经大全》、《四书大全》和《性理大全》,颁行天下,作为钦定的学校教科书。程朱理学成为天下士人研习的基本内容,入仕的主要途径。此外,明朝统治者还表彰程朱门人。例如,景泰七年(1456年),令朱熹门人黄幹、蔡沈、刘钥、真德秀陪祭孔庙,以此来提高程朱理学的社会地位。

---

① 《南雍志》卷十五《储养考》。
② 《明史·选举志一》。
③ 《明史·选举志三》。

在推崇程朱理学的同时，对其他有碍于专制统治的思想学说则采取排斥的态度，即使是被历代统治者尊崇的《孟子》一书，也概莫能外。明太祖认为，《孟子》中的有些话不利于君主专制统治。在洪武二十七年(1394年)，令儒臣对此书进行审查。《孟子》中"民为贵，社稷次之，君为轻"、"桀纣之失天下也，失其民也，失其民者，失其心也"、"君有大过则谏，反复之而不听，则易位"、"君之视臣如草芥，则臣视君如寇仇"等85处尽行删除，并规定凡是删除的内容"课士不以命题，科举不以取士"。经删节后的书称《孟子节文》，刻板颁行全国学校。对《孟子》一书的删节，足以表明明朝的文化专制统治。

（二）严格管理学校，禁止学生议政

明朝政府对中央和地方学校都严加管理。国子监设立"绳愆厅"，由监丞负责，凡"诸师生有过及廪膳不洁"，则书之于集愆簿，并依据情节加以惩罚，严重者则"发遣安置"。国子监还屡次更定学规，严格管束监生的言论、行动，禁止他们"议论他人长短"，各堂之间不准"往来相引"、"交结为非"。如有违者，则从绳愆厅纠察，严加治罪，甚至法外用刑。如洪武二十七年，监生赵麟因受不了虐待，揭帖子表示抗议，学校当局认为是犯了毁辱师长罪，按照学规应该是杖一百而后充军。但为了杀一儆百，竟将赵麟处以极刑，并在国子监前立一长竿，悬首示众。这竿子一直竖了126年，至明武宗正德十四年(1519年)才撤掉。在地方学校中，也同样实行专制管理。洪武十五年，"颁禁例十二条于天下，镌立卧碑，置明伦堂之左。其不遵者，以违制论"。禁例不准生员参与国家政治，议论朝政得失。如第三条明文规定："一切军民利病，农工商贾皆可言之，唯生员不许建言。"①而且也不准生员对教师的讲授提出不同意见。如第五条规定："生员听师讲说，毋恃己长，妄行辨难，或置之不问。"②如此等等，都是为了禁锢思想，钳制舆论，加强专制统治。

（三）屡兴文字狱

明朝统治者为了加强思想控制，还屡兴文字狱，以莫须有的罪名，残酷迫害士人。当时有不少人因文字而惨遭杀害。清人赵翼在《明初文字之祸》一文中作了集中记载。如杭州府学教授徐一夔，在所撰贺表中有"光天之下，天生圣人，为世作则"等语，明太祖"览之大怒曰：'生'者，僧也，以我尝为僧也；'光'则剃发也；'则'字音近贼也。遂斩之"③。又如，浙江府学教授林元亮，为海门卫作《谢增俸表》，以表内"作则垂宪"诛；澧州学正孟清，为本府作《贺冬表》，以"圣德作则"诛；祥符县学教谕贾翥，为本县作《正旦贺表》，以"取法象魏"诛。朱元璋如此枉杀无辜，残害各级教官，目的是为了造成一种恐怖气氛，使学校师生慑于其淫威，俯首帖耳，服从统治，为其效劳，不敢心怀二意。这是明朝专制统治在思想、文化教育领域的具体表现。

明朝统治者鉴于历史的经验和治国的实际需要，把教育置于十分重要的地位，确立了"治国以教化为先，教化以学校为本"的文教政策。在这一政策指导下，学校教育得到了很大发展，普及程度为"唐、宋以来所不及"；科举制度重新受到青睐，"翰林之盛则前代所绝无"。与此同时，又采取种种措施，加强思想控制，其文化专制统治，达到了登峰造极的地步。

---

① 《续文献通考·学校考》。
② 《续文献通考·学校考》。
③ 《廿二史劄记》卷三二。

## 第二节 明朝的官学制度

明朝官学按其设置可以分为中央和地方两大类。中央设立的主要有国子监,此外还有宗学、武学等。地方设立的主要有府学、州学、县学,以及都司儒学、行都司儒学、卫儒学、都转运司儒学、宣慰司儒学、按抚司儒学,此外还有武学、医学、阴阳学和社学等。其中,国子监属大学性质;武学、医学、阴阳学属专科学校性质;各府、州、县学和都司、行都司、卫、都转运司、宣慰司、按抚司儒学相当于中等学校性质;社学属小学性质;宗学是贵胄学校。在教育行政管理方面,国子监同时又是明朝最高教育行政管理机关,长官为祭酒,司业为其副,主管中央官学的政令。地方教育行政机关,明初沿袭元朝制度,在各直省设置儒学提举司。正统元年(1436年),始设"提督学校官"(简称"提学官"或"提学"),南、北直隶由御史充任,各省由按察司副使、佥事担任。"提学之职,专督学校,不理刑名……督、抚、巡按及布、按二司,亦不许侵提学职事也。"[①]明朝地方教育行政具有一定的独立性。兹列简明学制图如下。

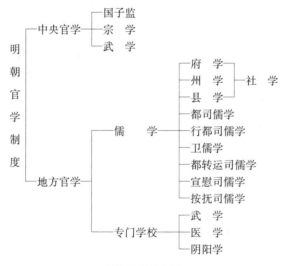

**明朝简明学制图**

## 一、中央官学

明朝的中央官学,可以分为以下两大类:

### (一) 国子监

明朝国子监有南北之分,并以北京国子监为京师国子监。南京国子监规模恢宏,校内建筑直接用于教学活动的有正堂和支堂:正堂称"彝伦堂",共15间,"左列鼓架,右建钟楼,堂前树石晷甚巨";支堂在正堂之后,共有6堂,它们是率性、修道、诚心、正义、崇志、广业,"每堂各十五间,中五间设师座,左右各五间,设大凳桌,为弟子肄业所。庭前各树以杉桧"。可见,明朝南京国子监不仅教室宽敞,而且环境优美。此外,还有书楼、射圃、馔堂(餐厅)、号房(学生宿舍)、光哲堂(外国留学生宿舍)、养病房、仓库、文庙等建筑。

---

[①]《明史·选举志一》

在国子监肄业的学生,通称为监生。因其入学资格不同,分为"举监"、"贡监"、"廕监"和"例监"。会试下第举人入监肄业,称为"举监"。地方府、州、县学生员被选贡到国子监肄业,通称为"贡监"。品官荫一子入监,称为"廕监"。庶民援生员之例,通过纳粟纳马等捐资入监,称为"例监",亦称"民生"。此外,在国子监肄业的还有来自邻邦高丽、日本、暹罗等国的留学生,称为"夷生"。国子监学生的来源虽不同,但在肄业期间,均受到较优厚的待遇。"厚给廪饩,岁时赐布帛文绮、袭衣巾靴。"每遇节日,"俱赏节钱"。朱元璋之妻(孝慈皇后)并积粮监中,置红仓20余间,养诸生之妻子。因此,监生数量发展较快,洪武二十六年(1396年),已达8124人,永乐二十年(1422年),更增至9972人①,为明朝国子监学生数量之最。但自正德以后,则逐渐衰落,至隆庆、万历以后,"南北国学皆空虚",已有名无实。

国子监的教官各司其职。祭酒、司业"掌国学诸生训导之政令",明初选择有学行者任之,后皆由翰林官迁转。监丞参领监务,掌管绳愆厅,"坚明其约束,诸师生有过及廪膳不洁,并纠惩之,而书之于集愆册"。博士掌分经讲授。助教、学正、学录共同负责"六堂之训诲",对本堂学生"讲说经义文字,导约之以规矩"。典簿负责文书及经费,典籍管理书籍,掌馔负责伙食。

关于教学内容,《明史·职官志二》云:对监生"造以明体达用之学,以孝弟、礼义、忠信、廉耻为之本,以六经、诸史为之业"。"凡经,以《易》、《诗》、《书》、《春秋》、《礼记》,人专一经,《大学》、《中庸》、《论语》、《孟子》兼习之"。进入国子监肄业,目的是为了入仕参政,因而学习本朝律令,当为必需。刘向的《说苑》,"多载前言往行,善善恶恶,昭然于方册之间,尝以暇时观之,深有劝戒"。因此,令监生读之,自有教益。《御制大诰》为明太祖所撰,主要内容是列举他所杀之人的罪状,以及教人民守本分,纳田租,出夫役,替朝廷当差的训话,让监生学习,可以使他们知所警戒,安分守己。除上述内容之外,每月朔望还须习射,每日还要习字200多,以二王、智永、欧、虞、颜、柳诸著名书法家的字帖为法。

明朝国子监在教学制度方面,有两点值得注意。第一,创立历事制度。洪武五年(1372年)规定:国子监生学习到一定年限,分拨到政府各部门"先习吏事"。他们"昼则趋事于各司,夕则归宿于斋舍。……廪食学校,则俾其习经史;历事各司,则俾其习政法",称为"历事监生"。除中央政府各部门之外,历事监生也被分派到州、县清理粮田,或督修水利等。监生历事的具体时间不相同,有的三个月,半年,有的则长达一年,甚至还有更长的。建文时(1399—1402年),确定考核办法:监生历事期满经考核,分为上、中、下三等,上等者送吏部铨选授官,中、下等者仍历一年再考,上等者依上等用,中等者不拘品级,随才任用,下等者回监读书。明朝统治者选派监生历事,起因是为了弥补明初官吏的不足,然而监生通过历事,可以广泛地接触实际,获得从政的实际经验。因此,明朝监生历事制度,可视为是中国古代大学的教学实习制度。不过,此制实行到后来,监生日增,历事冗滥,弊端丛生,徒具形式。

第二,实行积分法。明朝国子监分为六堂三级:正义、崇志、广业三堂为初级;修道、诚心二堂为中级;率性一堂为高级。监生按其程度进入各堂肄业,然后逐级递升。凡仅通《四书》而未通经者,居正义、崇志、广业三堂肄业。学习一年半以上,文理条畅者,升入修道、诚心二堂肄业。再学习一年半,经史兼通,文理俱优者,则升入率性堂肄业。升至率性堂,便采用积分法。"其法,孟月

---

① 《南雍志》卷十五《储养考》。

试本经义一道,仲月试论一道,诏、诰、表内科一道,季月试经史策一道,判语二条。每试,文理俱优者与一分,理优文劣者与半分,纰缪者无分。岁内积八分者为及格,与出身。不及者仍坐堂肄业。"①很明显,这是对元朝国子学积分法的继承和发展。

### (二) 其他中央官学

#### 1. 宗学

专为贵族子弟设立的贵胄学校。招收世子、长子、众子、将军、中尉年未弱冠者入学,称宗生。宗学的教师,从王府长史、纪善、伴读、教授中挑选学行优长者担任,另在宗室中推举1人为宗正,负责学校行政。后又增设宗副2人。学习内容为《皇明祖训》、《孝顺事实》、《为善阴骘》诸书,兼读《四书》、《五经》、《通鉴》、《性理》等。每年由提学官组织考试,后来宗生也参加科举,出了不少人才。

#### 2. 武学

明朝设有中央武学。"正统六年(1441年),设京卫武学。置教授一员,训导六员,教习勋卫子弟。以兵部司官提调。七年,设南京武学。"②成化元年(1465年),审定武学学规。九年,令都司、卫所应袭子弟,年10岁以上者,由提学官选送入武学读书。弘治六年(1493年),接受兵部尚书马文升的建议,刊印《武经七书》分送两京武学,令武生学习。嘉靖十五年(1536年),改建京城武学,"俾大小武官子弟及勋爵新袭者,肄业其中,用文武重臣教习"。万历年间,武库司专设主事1员,管理武学。由上可见,明朝对于中央武学是十分关注的。

## 二、地方官学

明朝的地方官学,按其性质划分,可以分为儒学、专门学校和社学三类。

### (一) 儒学

儒学包括按地方行政区划设立的府学、州学、县学,按军队编制设立的都司儒学、行都司儒学、卫儒学,以及在谷物财货集散地设置的都转运司儒学,在土著民族聚居地区设立的宣慰司儒学和安抚司儒学等。其中,都司儒学始设于洪武十七年(1384年),最初置于辽东。明太祖在上谕中称:"武臣子弟久居边境,鲜闻礼教,恐渐移其性。今使之诵诗书,习礼义,非但造就其才,他日亦可资用。"③行都司儒学始设于洪武二十三年,最初置于北平。卫儒学始设于洪武十七年,最初置于岷州卫,二十三年,大宁等卫亦开始设置。上述学校的设立,目的是为了"教武臣子弟",故学生称军生。各学俱设教授1人,训导2人。

府、州、县学的普遍设立始于洪武二年(1369年)。是年,"诏天下府州县皆立学"。于是各地纷纷设学,府设教授1人,从九品,训导4人。州设学正1人,训导3人。县设教谕1人,训导2人。"教授、学正、教谕,掌教诲所属生员,训导佐之。"凡入府、州、县学肄业者,通称为生员(亦称诸生,俗称秀才)。每人专治一经,以礼、乐、射、御、书、数设科分教。生员分为廪膳、增广、附学三种。廪膳生员在学期间享受政府提供的伙食。明初,凡生员均食廪,"月廪食米,人六斗,有司给

---

① 《明史·选举志一》。
② 《明会要》卷二十五《学校上》。
③ 《明会要》卷二十五《学校上》。

以鱼肉"。后来,因为要求入学者增多,所以增广人数,"增广者谓之增广生员"。正统十二年(1447年),礼部接受凤阳知府杨瓒的建议,又于额外增取生员入学,附于诸生之末,谓之附学生员。明朝府、州、县学的学生数,廪膳、增广生员有限额,在京府学60人,在外府学40人,州学30人,县学20人,附学生员没有限制。凡初入学者,止为附学生员,需经过岁、科两试,成绩优秀者,才能依次递补为增广生员、廪膳生员。生员在学10年,若学无所成,或有大过者,则罚充吏役,并追还廪米。反之,若学行优秀则依次递升,至廪膳生员,可通过贡监进入国子监肄业。因此,明朝府、州、县学的生员在学校内部是流动的,在外部同国子监是相衔接的。

### (二) 专门学校

此类学校包括武学、医学和阴阳学。明初未设武学,直至崇祯十年(1637年),"令天下府、州、县学皆设武学生员",武学才正式成为地方学校。然而,此时明朝已濒临灭亡,未能普遍设立。医学始设于洪武十七年(1384年),学官:府设正科1人,从九品,州设典科1人,县设训科1人。阴阳学亦始设于洪武十七年,学官:府设正术1人,从九品,州设典术1人,县设训术1人。

### (三) 社学

洪武八年(1375年)太祖"诏天下立社学"。于是全国各地纷纷设立社学。例如,《松江府志》记载:"国朝洪武八年三月,奉礼部符,仰府州县每五十家设社学一所。延有学行秀才教训军民子弟,仍以师生姓名申达,于是本府两县城市乡村皆设社学。"《姑苏志》亦载:"洪武八年,府州县每五十家设社学一所。本府城市乡村共建七百三十所。"可见,明朝社学是设在城镇和乡村地区,以民间子弟为教育对象的一种地方官学。它招收8岁以上、15岁以下民间儿童入学,带有某种强制性。如《明史·杨继宗传》记载:成化初,他任嘉兴知府,大兴社学,规定"民间子弟八岁不就学者,罚其父兄"。儿童进入社学,先学习《三字经》《百家姓》《千字文》等,然后学习经、史、历、算等知识。同时也须兼读《御制大诰》、明朝律令以及讲习冠、婚、丧、祭之礼。社学的教师称社师,一般挑选地方上有学行的长者担任。在教学活动方面,明朝社学对于如何教儿童念书、看书、作文、记文,培养儿童学习习惯以及每日活动安排等,都有较具体的要求。吕坤(1536—1618年)的《社学要略》对此作了详细介绍,现摘录有关内容如下:

> 教童子,先学爽洁。砚无积垢,笔无宿墨。蘸墨只着水皮,干笔先要水润。书须离身三寸,休令拳搂。手须日洗两番,休污书籍。案上书,休乱堆斜放。书中句,休乱点胡批。学堂日日扫除,桌凳时时擦抹。

> 念书初要数字(即认字之法),次要联句,次要一句紧一句。眼睛定,则字不差;心不走,则书易入;句渐紧,则书易熟;遍数多,则久不忘。

> 看书不可就讲。先令童子将注贴经,贴过一番,令之回讲,然后一一细说,巧比再看。复回不知,再讲,庶几有得。

> 作文出极明浅、易于发挥题目。作不得题,细讲一遍,仍作此题。一题三作,其思必尽,其理自通,胜于日易一题也(十分深奥不能作之题,则且缓出)。

> 记文须选前辈老程文,极简、极浅、极切、极清者。每体读两篇。作文之日模放(仿)读过文法者出题,庶易引触。

> 读书以勤为先。童子不分远近,俱令平明到学。背书完,读新书。吃饭后,略令出

门松散一二刻,然后看书作文。写仿毕,仍读书。午饭后,再令出门松散一二刻,仍读书。日落后,凡班对立,出对一个,破题一个,即与讲改,然后放学。盖少年脾弱,饭后不可遽用心力,恐食不消化也。

还提出:"每日遇童子倦怠懒散之时,歌诗一章。择古今极浅、极切、极痛快、极感发、极关系者,集为一书,令之歌咏,与之讲说,责之体认。"

明朝社学是对元朝社学制度的继承和发展。它设立更普遍,数量更多,在教学的各个方面也更趋成熟。它之所以得到较大发展,与明朝统治者的重视、提倡是分不开的。例如,正统元年(1436年),"诏有俊秀向学者,许补儒学生员",把社学与府、州、县等儒学衔接起来。弘治十七年(1504年),又"令各府、州、县建立社学,选择明师,民间幼童十五以下者送入读书"。当然,明朝统治者之所以如此大力发展社学,其目的是为了从小培养安分守己的"良善之民",以维护明王朝的统治。

明朝官学制度有以下四点值得注意:第一,作为最高学府的国子监有许多新发展,例如,放松学生入学资格的限制,根据学生的不同来源,分为举监、贡监、荫监和例监等;创立监生历事制度,使学校培养人才与业务部门使用人才直接挂钩,有利于促进学校教学,提高人才素养;实行积分法,使起源于宋,发展于元的这一方法,更为完善。第二,地方官学得到空前发展。不仅按地方行政区域设学,而且也按军队编制设学,"教武臣子弟",还在全国谷物财货集散地和土著民族聚居地设学。因此,明朝地方学校的普及,超过了以前任何一个朝代。第三,社学制度更趋完善。社学产生于元朝,明朝继承和发展了元朝的社学制度,大加提倡,在全国城镇和乡村地区广泛设立,并在招生择师、学习内容、教学活动等方面形成较为完善的制度,成为对民间儿童进行初步文化知识和伦理道德教育的重要形式。第四,形成从地方到中央相衔接的学制系统。明朝政府规定,凡社学中"俊秀向学者,许补儒学生员";府、州、县学生员则可通过岁贡、选贡、恩贡、纳贡等途径进入国子监肄业,形成了社学——府、州、县学——国子监三级相衔接的学校教育体系。明朝官学制度的上述特点,对清朝教育发生了深刻影响。

## 第三节 明朝的书院

### 一、明朝书院的发展

明朝书院由于受统治阶级文教政策及其内部矛盾的影响,其发展经历了沉寂——勃兴——禁毁的曲折过程。

从明朝立国至孝宗弘治十八年(1505年)的130余年间,明朝书院处于沉寂状态。当时,统治者重视学校教育,大力发展官学,使明初官学的普及出现了唐、宋所未有的盛况。与重视官学、积极发展官学形成鲜明对照,统治者对于书院则既不提倡,也不修复。如著名的白鹿洞书院,自至正十一年(1351年)毁于元末兵火后,迟至正统三年(1438年)才得以重建,荒废了87年之久。有的甚至在发展官学时,还侵占书院院址,或直接将书院改为官学。据《道光南昌县志》记载,洪武五年(1372年),南昌知县将原在南昌抚州门外的县学迁入东湖书院院址,书院停办。《同治新建县志》载,宗濂书院为新建县学所占。明初统治者在积极发展官学的同时,又大力提倡科举,并将科举与学校教育紧密结合,规定"科举必由学校","学校则储才以应科目者"。这样,一方面士人为了获取功名利禄,纷纷趋向官学,书院受到冷落;另一方面,统治者既然通过官学和科举,已满足了对于人才的需要,也就无意再兴办书院。此外,书院比较自由的学风,也有悖于明初的专制统治。以上种种原因,造成明初书院在一个相当长的时期内,处于沉寂状态。

明初书院沉寂,并不是没有书院的设置。洪武元年(1368年),明太祖即"因元之旧",设立了洙泗、尼山二书院。在这之后,各地亦时有书院创立。正如《续文献通考·学校考》所云:"其时各省皆有书院,弗禁也。"据《白鹿洞书院史略》记载,自洪武元年至弘治十八年(1505年),江西省新建有年代可考的书院51所。《广东书院制度沿革》亦载,在与上述相同的时期内,广东新设书院17所,包括象山书院(洪武七年)、昌溪书院(洪武年间)、养正书院(永乐六年)、崇正书院(正统二年)、濂溪书院(正统二年)等。由此可知,所谓明初书院沉寂,是指由于统治者对书院不重视、不提倡,造成书院的数量较少,没有得到应有的发展,而并不是统治者禁止书院,在全国不设书院。

明朝书院自正德(1506—1521年)之后,开始兴盛起来,至嘉靖年间(1522—1566年)勃兴。据曹松叶《宋元明清书院概况》统计,明朝书院共计1239所,其中嘉靖年间最多,占总数的37.13%;万历年间其次,占总数的22.71%,有些省的统计资料,亦与上述情况相符。如吴景贤在《安徽书院沿革考》中统计,明朝安徽省共建书院98所,其中在嘉靖年间建39所,约占40%。又如刘伯骥在《广东书院制度沿革》中统计,自正德以后广东创建书院共计150所,其中正德年间建8所,嘉靖年间建78所,万历年间(1573—1620年)建43所。设立书院的除广州、惠州、高州、潮州、钦州、雷州等州府外,还有一些比较偏远的县份。尽管上面所引的统计数字不一定十分精确,但已清楚地显示,书院自明朝中叶以后,又渐渐兴起,嘉靖年间则达到极盛。

明中叶以后书院之所以兴盛起来,主要原因有以下三点:第一,明朝统治者内部矛盾激化,尤其是出现了宦官专权,排斥异己,打击反对派。于是,在野士大夫便设立书院,在讲学之余,讽议朝政,裁量人物。因此,这个时期书院的讲学,往往带有政治色彩。第二,科举腐败,官学衰落。科场中,贿买钻营、怀挟倩代、割卷传递、顶名冒籍等弊端百出,相沿成风;官学已变成科举的附庸,学生"奸惰",不肯读书,仅视官学为取得应试资格的场所,学校有名无实。于是,一些有志于从事学术研究的士大夫便纷纷创建书院,授徒讲学。第三,湛若水、王守仁等著名学者的倡导。湛若水(1466—1560年),是著名学者陈献章(白沙)的学生。他一生讲学55年,广建书院,门人众多。《明儒学案·甘泉学案一》记载,他"平生足迹所至,必建书院以祀白沙,从游者殆遍天下"。王守仁(1472—1528年)从34岁起开始授徒讲学,历时23年之久,先后修建了龙冈书院、濂溪书院、稽山书院、敷文书院等,并在文明书院、岳麓书院、白鹿洞书院讲学。著名学术大师到处设书院讲学,对于明中叶以后讲学之风的兴起、书院的迅速发展起了直接的推动作用。

不过,明中叶以后书院的发展命运多舛,曾先后四次遭到当权者的禁毁。第一次是在嘉靖十六年(1537年)。据《续文献通考》记载:是年二月,"御史游居敬疏斥南京吏部尚书湛若水,倡其邪学,广收无赖,私创书院,乞戒谕以正人心。帝慰留若水,而令所司毁其书院"。湛若水虽保留了官职,但所创立的书院却遭到了禁毁。第二次是在嘉靖十七年(1538年)。据《皇明大政纪》记载,这次毁书院显然是受上年的影响,吏部尚书许赞以官学废坏不修,而各地别起书院,不仅耗财,"动费万金",而且还与官学争师,"征取各属师儒,赴院会讲",上书请求"毁天下书院",诏从其言。第三次是在万历七年(1579年),执政的张居正憎恶书院聚徒讲学,害怕书院"徒侣众盛,异趋为事","摇撼朝廷,爽乱名实"。因此,他"不许别创书院,群聚徒党",遂以常州知府施观民科敛民财私创书院为借口,请毁书院。结果,是年正月,"诏毁天下书院。……尽改各省书院为公廨,凡先后毁应天等府书院六十四处"①。第四次是在天启五年(1625年)。当时宦官魏忠贤专权,专横跋扈,坑害异己,朝政极度腐败。顾宪成、高攀龙等讲学于东林书院,在讲习之余,"讽议朝政,裁量人物。朝士慕其风者,多遥相应和。由是东林名大著,而忌者亦多"②。魏忠贤党人为倾东林,遂矫旨"毁天下东林讲学书院"。只因当时东林书院社会影响很大,人们把书院都同东林联系在一起,所以,魏忠贤等在禁毁书院时,也就把天下的书院都疑为是东林,一律严令禁毁。由忌恨东林书院,而殃及了天下的书院。

上述四次禁毁书院,虽然具体起因不尽相同,但均同当时统治阶级内部的矛盾斗争紧密相关,其实质是为了加强封建专制统治。然而,书院是禁不住的。嘉靖一朝连续两次禁毁书院,但明朝书院反以嘉靖年间为最多。同样万历、天启二朝二毁书院,但万历年间书院数量之多,仅次于嘉靖时期,天启年间书院亦有发展。由此可见,官方越禁,民间越办;越是禁毁,越是发展,这就是历史的辩证法。

## 二、东林书院

在明朝众多书院中,名声大、影响广者,莫过于东林书院。柳诒徵曾在《江苏书院志初稿》中说:"合宋元明清四代江苏书院衡之,盖无有过于东林书院者矣。"

东林书院在江苏无锡城东南,原为北宋理学家杨时(1053—1135年)讲学之所,后在该地建书院。杨时人称龟山先生,故东林书院亦称龟山书院。元朝至正年间,废为僧庐。明万历三十二年(1604年),无锡人顾宪成(1550—1612年)及其弟顾允成,在当时常州知府、无锡知县等地方官的支持下,重新修复,邀约同志讲学其中,形成著名的"东林学派"。顾宪成去世后,高攀龙(1562—1626年)、叶茂才相继主其事。东林诸子学术思想的基本倾向是推崇程朱,反对王学。《明史·顾宪成传》记载:顾宪成"力辟王守仁'无善无恶心之体'之说"。《明史·高攀龙传》亦云:"初海内学者,率宗王守仁,攀龙心非之。"顾宪成还以朱熹的《白鹿洞书院揭示》为范本,制定《东林会约》,将"五教之目"、"为学之序"、"修身之要"、"处事之要"、"接物之要"作为基本内容。

东林书院是当时一个重要的文化学术中心,它形成了一套完备的讲会制度。书院讲会活动产生于南宋,至明朝逐渐制度化,东林书院的讲会是明朝书院讲会制度的突出代表,集中反映在《东林会约》"会约仪式"中,兹摘录如下,以窥书院讲会的具体情形。

一、每年一大会,或春或秋,临时酌定。先半月遗帖启知。每月一小会,除正月、六月、七月、十二月祁寒盛暑不举外,二月、八月,以仲丁之日为始,余月以十四日为始,各三日。愿赴者至,不必遍启。

一、大会之首日,先捧圣像,悬于前堂,午初击鼓三声,会众至,各具本等冠服,诣圣像前行四拜礼。随至道南祠,礼亦如之。礼毕,入讲堂,东西分坐,先各郡各县,次本郡本县,次会主。各以齿为序,或分不可同班者,退一席。俟众已齐集,东西相对二揖。申末,击磬三声,东西相对一揖,仍诣圣像前及道南祠,肃揖而退。第二日、第三日免拜。早晚肃揖,用常服。其小会,二月、八月,如第一日之礼。余月,如第二日、第三日之礼。

---

① 《明通鉴》卷六十七。
② 《明史·顾宪成传》。

一、大会每年推一人为主,小会每月推一人为主,周而复始。

一、大会设知宾二人。愿与会者,先期通刺于知宾,即登入门籍。会日,设木柝于门,客至,阍者击柝传报知宾,延入讲堂。

一、每会推一人为主,说《四书》一章。此外有问则问,有商量则商量。凡在会中,各虚怀以听。即有所见,须俟两下讲话已毕,更端呈请,不必搀乱。

一、会日,久坐之后,宜歌诗一、二章,以为涤荡凝滞,开发性灵之助。须互相倡和,反复涵咏,每章至数遍,庶几心口融洽,神明自通,有深长之味也。

一、会众毕聚,惟静乃肃。须烦各约束从者,令于门外候听,勿得混入,以致喧扰。

一、每会须设门籍,一以稽赴会之疏密,验现在之勤惰,一以稽赴会之人,他日何所究竟,作将来之法戒也。

一、每会设茶点,随意令人传送,不必布席。

一、各郡各县同志临会,午饭四位一席,二荤二素;晚饭荤素共六色,酒数行。第三日之吃,每席加果四色,汤点一道,攒盒一具,亦四位一席,酒不拘,意浃而止。

一、同志会集,宜省繁文,以求实益,故揖止班揖,会散亦不交拜。惟主会者,遇远客至,即以一公帖迎调。客至会所,亦止共受一帖。其同会中有从未相识,欲拜者,止于会所,各以单帖通名,庶不至疲敝精神,反生厌苦。其有不可已者,俟会毕行之。

由上可知,东林书院的讲会定期举行,每年一大会,每月一小会,各三日,推选一人为主持;讲会之日,必举行隆重的仪式;讲学内容主要为"四书",讲授时,与会者"各虚怀以听",讲授结束,相互讨论,会间还相互歌诗倡和。此外,关于讲会组织的其他一些方面,如通知、稽察、茶点、午餐等,也都作了具体规定。所有这一切都清楚地表明,东林书院的讲会已经制度化了,这是它的一个重要特点。

东林书院的另一个重要特点,即是密切关注社会政治,将讲学活动与政治斗争紧密结合起来。东林书院的这个特点,集中地体现在顾宪成题写的一副著名对联上:"风声雨声读书声声声入耳,家事国事天下事事事关心。"这副对联至今仍刻存在书院旧址的石柱上。顾宪成认为:"官辇毂,志不在君父,官封疆,志不在民生,居水边林下,志不在世道,君子无取焉。"[①]强调讲学不能脱离"世道"。因此,东林书院在讲习之余,抨击政治,评判权贵,以正义的舆论力量给朝廷施加压力。正如《明儒学案·东林学案》所云:"庙堂亦有畏忌。"东林书院的清议活动,产生了巨大社会影响,使许多有识之士慕名而来。《明史·顾宪成传》记载:"当是时,士大夫抱道忤时者,率退处林野,闻风向附,学舍至不能容。"甚至一部分在职官员,如吏部尚书赵南星等人,也与他们"遥相应和"。天启五年,终于遭到以魏忠贤为首的阉党的迫害,书院被禁毁,许多东林党人,如高攀龙、杨涟、左光斗、魏大中、周顺昌、黄尊素、李应升等横遭迫害致死。但不久,崇祯即位,魏忠贤缢死,其他阉党人物也受到应有的惩治,东林党人得以昭雪,东林书院也于崇祯六年(1633年)修复。经历这一番曲折之后,东林书院"名益高,人乃以附东林为荣",又重新生意盎然。

东林书院既是当时一个重要的文化学术中心,同时是一个重要的政治活动中心。无论是在明朝,还是在中国古代书院发展史上,东林书院都具有其特殊的地位。

---

① 《明史·顾宪成传》。

## 第四节　明朝的科举制度

明朝科举制度是中国科举制度史上的鼎盛时期。它在继承宋、元科举制度的基础上,建立了称为"永制"的科举定式,将八股文作为一种固定的考试文体,并将学校教育纳入科举体系,严重地影响和制约着学校教育的发展。

### 一、建立科举定式

朱元璋深谙人才为"立国之本",他起初采取荐举选拔人才。由于立国之初需要大量官员,因此,洪武三年(1370年)五月,诏令"特设科举",并颁行了科举考试条例,规定了乡试、殿试的考试内容、日期及举额的分配等具体事宜,标志明朝科举考试正式启动。

连续3年开科取士后,朱元璋发现"所取多后生少年",他们长于文辞而少有实际才干。于是,洪武六年(1373年)二月,他下诏"遂罢科举",恢复荐举。设立的科目有聪明正直、贤良方正、孝悌力田、儒士、孝廉、秀才、人才、耆民等,意在选拔真正能"以所学措诸行事"的实用人才,而非徒具虚文的书生。

在罢科举、重新恢复荐举10年后,洪武十五年(1382年),朱元璋又宣布恢复科举考试。不过,当初是与荐举并行的,两者的地位是平等的。后来,由于"荐举渐轻,久且废不用",科举制度才逐渐取代荐举,成为明朝主要的取士制度。

明朝科举制度的定式始于洪武十七年(1384年),由礼部向全国各省颁布实行,"后遂以为永制"。① 这个制度的主要内容:一是确定每逢三年开科考试;二是规定科举考试分为乡试、会试和殿试,再加上具有预备性质的童试,明朝科举考试实际上分为依次递进的四级考试:童试——乡试——会试——殿试。

#### (一)童试

童试又称童生试,是府、州、县学的入学考试,也是科举的预备考试。它包括县试、府试、院试三级考试。县试由知县主持,录取者参加由知府主持的府试,府试录取者再参加由各省提学官在府、州巡回举行的院试,院试录取者取得县学、州学、府学学生资格,称为生员,俗称秀才、相公。

#### (二)乡试

乡试又称乡闱、大比,是在省城举行的考试,由皇帝钦命的正副主考官主持。在乡试举行之前,由各省提学官主持的考试称为科试,考试成绩一、二等的生员才有资格参加乡试,称为科举生员。乡试的考试时间在子、午、卯、酉年的八月,当时正是秋天,所以乡试又有秋闱、秋试、秋榜、桂榜、秋贡、秋赋等各种名称。乡试分为三场:八月初九日为第一场,试《四书》义三道,每道限200字以上;经义四道,每道限300字以上。有困难者,允许各减一道。十二日为第二场,试论一道,限300字以上;判语五条,诏、诰、章、表内科一道。十五日为第三场,试经史策五道,限300字以上。有困难者,允许减其二。每场考试时间均为一天,如果"至晚纳卷,未毕者给烛三枝"②。

---

① 《明史·选举志二》。
② 王世贞:《弇山堂别集》卷八一《科试考一》。

乡试录取者称举人,俗称孝廉,第一名为解元。乡试中榜称乙榜,也叫乙科。乡试的录取率各省不同,高的如成化二十二年(1486年),顺天乡试的录取率为5.8%,低的如嘉靖十三年(1534年),江西乡试的录取率不足3%。① 举人是一种正式的功名和资格,可以经吏部铨选而授官。当然,其最理想的选择是参加会试中进士。

### (三)会试

会试是在京城由礼部主持的考试,因而又称礼闱。会试的时间在乡试的次年,即丑、辰、未、戌年的二月,此时正是春季,故会试又称春试、春闱、春榜、杏榜等。会试的参加者为各省举人,包括上一年中式的新举人和以前历届会试落榜者。考试分三场:二月初九为第一场,试经义一篇,限500字;"四书"义一篇,限300字。十二日为第二场,试礼乐论,限600字。十五日为第三场,试时务策一道,限1000字以上。会试中式者为贡士,第一名称会元。

### (四)殿试

殿试又称廷试,由皇帝主持考试。时间为一整天,自成化八年(1472年)以后,定于会试当年的三月十五日。考试内容为时务策一道,限1000字以上,规定不用八股文。殿试没有黜落者,只是确定考生的等第,结果分为三甲:一甲为赐进士及第,只有三名,第一名为状元,第二名为榜眼,第三名为探花,合称三鼎甲;二甲为赐进士出身;三甲为赐同进士出身,二、三甲第一名称传胪。殿试中式者为进士,又称甲科、甲榜。凡通过乙榜中举人,又通过甲榜中进士而授官者,称两榜出身,为官场之正途。明朝共开科91次,录取进士24363名,平均每科录取267名。②

殿试后,一甲三人立即授官,状元授翰林院修撰(六品官),榜眼、探花授翰林院编修(七品官)。其余二甲、三甲进士则参加翰林院庶吉士考试,称之为"馆选",录取者入翰林院学习。庶吉士的学习年限一般为三年,期满经散馆考试,优者留翰林院为编修、检讨,其余则为给事中、御史等职。翰林院为明朝"储才重地",其受重视的程度,为"前代所绝无"。《明史·选举志二》记载:自英宗以来,"非进士不入翰林,非翰林不入内阁,南、北礼部尚书、侍郎及吏部右侍郎,非翰林不任。而庶吉士始进之时,已群目为储相。通计明一代宰辅一百七十余人,由翰林者十九"。

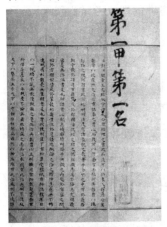

**明代状元殿试卷**

开始于洪武十七年(1384年),以三年一大比,童试——乡试——会试——殿试四级考试程试为主要内容的明朝科举制度,为后来的清朝所继承,直至1905年才被废除,在1300年的中国科举史上,它历时500多年,其影响可谓巨大而又深远。

## 二、八股文成为固定的考试文体

明朝科举制度不仅规定了考试程式,而且还将八股文固定为考试文体。所谓八股文,《明史·选举志二》解释说:"其文略仿宋经义,然代古人语气为之,体用排偶,谓之八股,通谓之制

---

① 刘海峰、李兵:《中国科举史》,东方出版中心2004年版,第286—287页。
② 刘海峰、李兵:《中国科举史》,东方出版中心2004年版,第292页。

义。"八股文还称时艺、时文、八比文、四书文,它在宋朝经义的基础上演变而成,是一种命题作文,有固定的结构。一般而言,每篇八股文的结构由破题、承题、起讲、入手(又称出题、领题等)、起股、中股、后股、束股八个部分组成。其中起股、中股、后股和束股四个部分,是文章的主体。这四个部分中各有两股,两股的文字繁简、声调缓急,都要对仗,合称八股,八股文之名即是由此而来。

作为一种考试文体,八股文形成于明成化年间(1465—1487年)。在产生之初,它对于考试文体的标准化,促进人才选拔的客观公正,应该说有其积极意义。然而,八股文的负面影响也同样明显。它禁锢了士人的思想,严重败坏了士风、学风和社会风气,对于学校教育的影响,危害尤甚。因此,八股文遭到许多有识之士的猛烈抨击。明清之际,著名思想家顾炎武甚至认为:"八股之害,等于焚书,而败坏人材,有甚于咸阳之郊,所坑者但四百六十余人也。"①

### 三、学校教育纳入科举体系

自洪武十七年(1384年),科举成为明朝人才选拔的制度被确定下来以后,学校教育与科举之间的关系极为密切。学校教育"储才以应科目者也"②,学校教育的直接目的是为了参加科举考试;"科举必由学校"③,只有接受学校教育取得出身的学子才有资格参加科举考试。学校教育与科举制度紧密结合的结果,一方面,有利于士人向学,促进学校教育事业的发展。明朝学校教育的规模和数量远胜于以前各个朝代,应该说科举制度是起了一定作用的。但是,另一方面,也是更为重要的方面,学校教育被纳入科举体系,成为科举制度的附属物。由于八股文是明朝科举考试的主要文体,而八股文有固定的格式,可以通过摹仿别人的文章,掌握其写作的基本技巧。因此,学做八股文,便成了明朝学校教育的主要内容和重点;学习《程墨》、《房稿》等各种科举中式者的八股文刻本,是读书人的主要功课。而经史等典籍,则遭到冷落,甚至被束之高阁。诚如顾炎武所说:"天下之人,惟知此物可以取科名,享富贵。此即谓学问,此即谓士人,而他书一切不见。""嗟呼!八股盛而六经微,十八房兴而二十一史废。"④

## 第五节　王守仁的教育思想

王守仁是明中叶著名的哲学家和教育家。他长期从事授徒讲学活动,其门徒遍天下,形成了在中国学术史上有重要地位的阳明学派。他的思想远承孟轲,近接陆九渊,创立了与程朱理学异趣的"心学"体系,在明中后期产生了广泛而又深刻的影响。

### 一、生平和教育活动

王守仁(1472—1529年),字伯安,号阳明,浙江余姚人。21岁中浙江乡试,28岁举进士,曾任刑部主事、兵部主事等。武宗正德元年(1506年),因上疏援救戴铣等而得罪宦官刘瑾,被谪为贵州龙场驿丞。刘瑾被诛后,王守仁先后任庐陵知县、南京刑部主事、考功郎中、南京太仆寺少卿、

---

① 顾炎武撰,黄汝成集释:《日知录集释》卷十六《拟题》。
② 《明史·选举志一》。
③ 《明史·选举志一》。
④ 顾炎武撰,黄汝成集释:《日知录集释》卷十六《十八房》。

王守仁

鸿胪寺卿等职。正德十四年，他率兵平息宁王朱宸濠在江西南昌发动的叛乱。十六年，升任南京兵部尚书（属闲职），受封"新建伯"。

王守仁继承和发展了陆九渊的学说，提出"心即理"、"致良知"、"知行合一"等命题，创立了与程朱理学相径庭的"阳明学派"（亦称"姚江学派"、"王学"）。其学说以"反传统"的姿态出现，在明中叶以后曾广为流行，并曾流传到日本，对明治维新产生过积极影响。

王守仁从34岁起，开始从事讲学活动，直至去世，前后历时23年。其中除6年（1522—1527年）是专门从事讲学之外，其余均是一面从政，一面讲学。他所到之处，讲学活动不断，并热心建书院，设社学，立学校。此外，他还不拘形式，随处讲学。如正德七年，他与徐爱同舟返乡，在舟中与之讲论《礼记·大学》宗旨。诚然，王守仁如此热心设学、讲学，其目的一是为了传播自己的学说，二是为了对民众加强封建伦理道德教化，即所谓"破心中贼"。但在客观上，对于明中叶以后书院的发展，讲学之风的兴起，起了积极的推动作用。正如沈德符在《野获编·畿辅》中所云："王新建（即王守仁）以良知之学，行江浙两广间，而罗念庵、唐荆川诸公继之，于是东南景附，书院顿盛。"

王守仁的著作有《王文成公全书》38卷，主要教育著作有《答顾东桥书》、《稽山书院尊经阁记》、《训蒙大意示教读刘伯颂等》、《教约》等。

## 二、论教育作用

王守仁十分重视教育对于人的发展所起的重要作用，提出了"学以去其昏蔽"的思想。他是用"心学"的观点来阐明这一思想的。

王守仁不同意朱熹将"心"、"理"区分为二，认为"理"并不在"心"外，而是存在于"心"中，"心即理"。同时，他又继承和发展了孟轲的"良知"学说，认为"良知即是天理"，即是"心之本体"。良知不仅是宇宙的造化者，而且也是伦理道德观念。他说："见父自然知孝，见兄自然知弟，见孺子入井，自然知恻隐，此便是良知，不假外求。"① 又说："良知只是个是非之心，是非只是个好恶。"② 作为"知孝"、"知弟"、"知恻隐"、"知是非"等伦理道德观念的"良知"，王守仁认为具有以下特点。首先，它与生俱来，不学自能，不教自会，即所谓"不待虑而知，不待学而能，是故谓之良知"；其次，它为人人所具有，不分圣愚，"良知之在人心，无间于圣愚"；再次，它不会泯灭，"良知在人，随你如何，不能泯灭"，也不会消失，"虽妄念之发而良知未尝不在"，"虽昏塞之极而良知未尝不明"。不过，"良知"也有致命的弱点，即在与外物接触中，由于受物欲的引诱，会受昏蔽。所以，王守仁认为，教育的作用就在于去除物欲对于"良知"的昏蔽。他说得很明确，"良知""不能不昏蔽于物欲，故须学以去其昏蔽"③。

"学以去其昏蔽"的目的是为了激发本心所具有的"良知"。所以，从积极的角度来说，王守仁又认为教育的作用是"明其心"。他指出："君子之学，以明其心，其心本无昧也，而欲为之蔽，习为

---

① 《王文成公全书》卷一。
② 《王文成公全书》卷三。
③ 《王文成公全书》卷二。

之害,故去蔽与害而明复。"①无论是"学以去其昏蔽",还是"明其心",其实质是相同的,即在王守仁看来,教育的作用就在于实现"存天理、灭人欲"的根本任务。基于此,他认为用功求学受教育,并不是为了增加什么新内容,而是为了日减"人欲"。他说:"吾辈用功只求日减,不求日增,减得一分人欲,便是复得一分天理。"②

尽管王守仁关于教育作用的思想是建立在唯心主义"心学"基础上的,但其中包含着某些积极的内容。他认为,"良知"人人都有,因此人人都有受教育的天赋条件,圣愚的区别仅在于能不能"致良知","圣人能致其知,而愚夫愚妇不能致";由于"在常人,不能无私意障碍",总要受到物欲的引诱,所以人人都应该受教育;教育是为了去除物欲对"良知"的昏蔽,因此它"不假外求",而重在"内求",即强调人的主观能动性的发挥,自觉"胜私复理","去恶为善"。王守仁教育作用思想中所包含的这些合理因素,值得我们注意。

### 三、论道德教育

王守仁坚持了我国古代儒家教育的传统,把道德教育与修养放在学校教育工作的首要地位。他说:"学校之中,惟以成德为事,而才能之异,或有长于礼乐,长于政教,长于水土播植者,则就其成德,而因使益精其能于学校之中。"③认为培养学生形成优良的品德,是学校中最重要的工作。唯其如此,才能使学生的各种才能得到发展,日臻精熟。所以,他与陆九渊一样,重视"尊德性",强调道德教育与道德修养。

王守仁所要培养学生形成的优良品德,具体地说,就是封建的伦理道德。因此,他把"明人伦"作为道德教育的目的。"夫三代之学,皆所以明人伦。"④所谓"人伦",在王守仁看来,即是"'父子有亲,君臣有义,夫妇有别,长幼有序,朋友有信'五者而已。"他说:"唐虞三代之世,教者惟以此为教,而学者惟以此为学。当是时,人无异见,家无异习。安此者谓之圣;勉此者谓之贤;而背此者,虽其启明如朱,亦谓之不肖。下至闾井田野,农工商贾之贱,莫不皆有是学,而惟以成其德行为务。"⑤甚至他还认为,明人伦之外无学。外此而学者,谓之异端;非此而论者,谓之邪说;假此而行者,谓之伯术;饰此而言者,谓之文词;背此而驰者,谓之功利之徒,乱世之政。

为了实现"明人伦"的教育目的,虽然王守仁同样主张以六经为主要学习内容,但对于六经提出了与朱熹不同的看法。朱认为,经书是圣人的教训,所以学者必须读经训史策以穷理。王则认为,"圣人述六经,只是要正人心,只是要存天理去人欲"。因此,在他看来,经书之所以能作为最重要的教材,不是为了讲学记诵,而是因为它可以帮助明吾心之常道,即普遍永恒的道理。如果只注重于文义辞章,则完全背离了学习六经的本义。他说:"六经者非他,吾心之常道也。……故六经者,吾心之记籍也,而六经之实,则具于吾心。……而世之学者,不知求六经之实于吾心,而徒考索于影响之间,牵制于文义之末,硁硁然以为是六经矣。"⑥

---

① 《王文成公全书》卷七。
② 《王文成公全书》卷一。
③ 《王文成公全书》卷二。
④ 《王文成公全书》卷七。
⑤ 《王文成公全书》卷二。
⑥ 《王文成公全书》卷七。

正是基于上述认识,他猛烈抨击当时在科举制度影响下的学校教育,指出:"今之学宫皆以明伦名堂,则其所以立学者,固未尝非三代意也。然自科举之业盛,士皆驰骛于记诵辞章,而功利得丧分惑其心,于是师之所教,弟子之所学者,遂不复知有明伦之意矣。"①认为当时的学校老师所教,学生所学,都已完全失去了"明人伦"的立学本意。王守仁"明人伦"的道德教育目的论,虽然并没有超出儒家思孟学派的一贯主张,然而,他在当时士人"皆驰骛于记诵辞章",重功利而轻修养的社会风气中,重新强调自身道德修养的重要,应该说具有一定的历史进步意义。

在道德教育和修养的方法上,王守仁以"知行合一"思想为指导,针对程朱理学知而不行,知行脱节的"空疏谬妄",强调道德践履和实际行动对于道德教育和修养的重要性。他在《答顾东桥书》中说:"夫问、思、辨、行皆所以为学。未有学而不行者也。如言学孝,岂徒悬空口耳讲说,而遂可以谓之学孝乎!"表现出更重视行的倾向,这是有积极意义的。具体而言,他提出下列四个基本主张。

### (一) 静处体悟

这是王守仁早年提倡的道德修养方法。他认为道德修养的根本任务是"去蔽明心"。因而,道德修养无须"外求",而只要做静处体悟的功夫。他在《与辰中诸生书》中写道:"前在寺中所云静坐者,非欲坐禅入定,盖因吾辈平日为事物纷拏,未知为己,欲以此补小学收放心一段工夫耳。"所谓"静处体悟",实际上就是叫人静坐澄心,摈去一切私虑杂念,体认本心。这是对陆九渊"自存本心"思想的继承和发展,与佛教禅宗的面壁静坐、"明心见性"的修养功夫,也并没有根本的区别。

### (二) 事上磨炼

这是王守仁晚年提出的道德修养方法。他认识到一味强调静坐澄心,会产生各种弊病,容易使人"喜静厌动,流入枯槁之病",甚至使人变成"沉空守寂"的"痴呆汉"。因此,他改而提倡道德修养必须在"事上磨炼"。他说:"人须在事上磨炼做功夫乃有益;若只好静,遇事便乱,终无长进;那静时功夫,亦差似收敛,而实放溺也。"②他所说"在事上磨炼",即是结合具体事物,"体究践履,实地用功"。他举例说:"如言学孝,则必服劳奉养,躬行孝道,然后谓之学。"③很显然,王守仁晚年重视"在事上磨炼",是他"知行合一"思想在道德修养方法上的反映。

### (三) 省察克治

王守仁说:"省察克治之功则无时而可间。如去盗贼,须有个扫除廓清之意,无事时将好色、好货、好名等私,逐一追究,搜寻出来,定要拔去病根,永不复起,方始为快。"他主张要不断地进行自我反省和检察,自觉克制各种私欲。这是对儒家传统的"内省"、"克己"修养方法的继承和发展,其中所包含的强调道德修养的自觉性和主观能动性的合理因素,是可以批判地吸取的。

### (四) 贵于改过

王守仁认为,人在社会生活中总会发生这样或那样一些违反伦理道德规范的过错,即是大贤人,也难以避免。他说:"夫过者自大贤所不免,然不害其卒为大贤者,为其能改也。故不贵于无

---

① 《王文成公全书》卷七。
② 《王文成公全书》卷三。
③ 《王文成公全书》卷二。

过而贵于能改过。"①要能改过,首先必须对过错要有认识,表示悔悟,但悔悟并不就是改过。所以,他又说:"悔悟是去病之药,然以改之为贵。"②这种"贵于改过"的主张,体现了求实精神和向前看的态度,是可取的。

王守仁道德教育思想的根本目的虽然是为了维护明王朝的统治,但他对于道德教育的某些主张,反映了学校道德教育和道德修养某些规律性的东西,对我们是有启发的。

### 四、论儿童教育

王守仁十分重视儿童教育,在《训蒙大意示教读刘伯颂等》一文中,比较集中地阐发了他的儿童教育思想,主要有以下内容。

（一）揭露和批判传统儿童教育不顾儿童的身心特点

王守仁说:"近世之训蒙稚者,日惟督以句读课仿,责其检束,而不知导之以礼;求其聪明,而不知养之以善。鞭挞绳缚,若待拘囚。"指出当时从事儿童教育的老师,每天只是督促儿童读书习字,责备他们修身,但不知道用礼义来引导;想使他们聪明,但不知道用善德来培养。对待儿童用鞭打,用绳缚,就像对付囚犯一样。他认为这种儿童教育的结果,与施教者的愿望相反。儿童"视学舍如图狱而不肯入,视师长如寇仇而不欲见",常常借故逃学,"以肆其顽鄙","以遂其嬉游",放肆地从事各种顽劣活动,达到嬉游的目的。久而久之,"偷薄庸劣,日趋下流"。因而,他深刻地揭露道:"是盖驱之于恶,而求其为善也,何可得乎!"不顾儿童的身心特点,把他们当作小大人,这是传统儿童教育的致命弱点。这种揭露和批判,可谓入木三分,切中时弊。

（二）儿童教育必须顺应儿童的性情

王守仁认为:"大抵童子之情,乐嬉游而惮拘检,如草木之始萌芽,舒畅之则条达,摧挠之则衰萎。"一般说来,儿童的性情总是爱好嬉游,而厌恶拘束,就像草木开始萌芽,顺应它就发展,摧残它就衰萎。因而,他主张儿童教育必须顺应儿童的身心特点,使他们"趋向鼓舞","中心喜悦"。这样,儿童自然就能不断地长进,好比时雨春风滋润草木一样,日长月化,生意盎然,而不是如冰霜剥落,生意萧索。

（三）儿童教育的内容是"歌诗"、"习礼"和"读书"

王守仁认为,对儿童"诱之歌诗",不但能激发他们的意志,而且能使其情感得到正当的宣泄,这有助于消除他们内心的忧闷和烦恼,使其"精神宣畅,心气和平"。"导之以礼",不但能使儿童养成威严的仪容和仪表,而且通过"周旋揖让"、"拜起屈伸"等礼仪动作,"动荡其血脉","固束其筋骸",也有利于锻炼身体,增强体质。"讽之读书",不但能增长儿童的知识,开发其智力,而且还能"存其心","宣其志",有利于培养儿童的道德观念和理想。总之,在王守仁看来,对儿童进行"歌诗"、"习礼"和"读书"教育,是为了培养儿童的意志,调理他们的性情,在潜移默化中消除其鄙吝,化除其粗顽,让他们日渐礼义而不觉其苦,进入中和而不知其故,在德育、智育、体育和美育诸方面都得到发展。

---

① 《王文成公全书》卷二十六。
② 《王文成公全书》卷一。

## （四）要"随人分限所及"，量力施教

王守仁认为，儿童时期正处在一个重要的发展时期，儿童的精力、身体、智力等方面都在发展过程中，即所谓"精气日足，筋力日强，聪明日开"。因此，教学必须考虑到这个特点，儿童的接受能力发展到何种程度，便就这个程度进行教学，不可躐等。他把这种量力施教的思想，概括为"随人分限所及"。他说："我辈致知，只是各随分限所及……与人论学，亦须随人分限所及。"比如树刚萌芽，只能用少量的水去浇灌；萌芽再长，便又加水，"若些小萌芽，有一桶水在，尽要倾上，便浸坏他了"。同样，如果不顾及儿童的实际能力，把大量高深的知识灌输给他们，就像用一桶水倾注在幼芽上把它浸坏一样，对儿童毫无益处。

王守仁还认为，儿童教学"授书不在徒多，但贵精熟"。因此，教学应该留有余地，"量其资禀能二百字者，止可授以一百字"，使儿童"精神力量有余"，这样他们就"无厌苦之患，而有自得之美"，不会因学习艰苦而厌学，而乐于接受教育。

王守仁的儿童教育思想虽其目的是为了向儿童灌输封建伦理道德，即所谓"今教童子，惟当以孝、弟、忠、信、礼、义、廉、耻为专务"，但他反对"小大人式"的传统儿童教育方法和粗暴的体罚等教育手段，要求顺应儿童性情，根据儿童的接受能力施教，使他们在德育、智育、体育和美育诸方面得到发展等主张，反映了其教育思想的自然主义倾向。早在15、16世纪就提出这一思想，实在是难能可贵的。

### 本章小结

明朝教育是中国古代教育发展历程中一个重要的阶段，是对唐宋以来教育的继承和发展，并逐渐形成了自己的风格和特点。明初统治者比较清醒地认识到教育对于治国的重要作用，把教育置于国家发展的重要地位，确立了"治国以教化为先，教化以学校为本"的文教政策，大力发展学校教育事业，使中央官学、地方官学得到空前规模的发展，在全国形成了比较完备的教育体系，并摸索出许多成功的经验。与此同时，明朝统治者采取种种措施加强对学校的控制，实行文化专制管理，并且重视科举制度，使学校进一步成为科举的附庸。与重视官学和科举形成鲜明对照的是：明初统治者对于书院则没有给以应有的注意，而且由于受到统治阶级内部矛盾斗争的影响，书院的发展道路极不平坦，经历了明初沉寂、中叶以后勃兴、又遭受四次禁毁的曲折过程。不过，明朝的东林书院颇有特色，在中国古代书院发展史上具有重要地位。程朱理学是明朝占统治地位的教育理论。但是，明中叶以后，王守仁创立的"心学"教育理论以反传统教育的姿态出现，风行了100多年，曾产生重大影响。

### 思考题

1. 述评明朝的文教政策及其具体表现。
2. 明朝官学制度具有哪些主要特点？
3. 述评明朝书院的发展及东林书院的特点。
4. 述评明朝的科举制度及其对学校教育的影响。
5. 王守仁道德教育思想的基本内容是什么？有什么积极意义？
6. 试论王守仁的儿童教育思想及其意义。

# 第九章 清初至鸦片战争前的教育

> **本章导读**
>
> 清朝统治者重视发展文化教育事业，制定了"兴文教，崇经术，以开太平"的文教政策。至乾隆年间，清朝官学达到全盛。在长期的发展中，清朝官学形成了自己的特点。书院在经历清初一段时间的沉寂后，至雍正年间获得长足发展。清朝书院不但数量超过前代，而且涌现出了漳南书院、诂经精舍、学海堂等颇有特色的书院。科举制度是"国家抡才大典"，但科场舞弊丛生，积重难返，学校也沦为科举的附庸。黄宗羲、王夫之、颜元是清朝著名的教育家，他们抨击理学教育的空疏无用，揭露科举制度的危害，提出了许多颇有见地的教育观点，在当时和历史上产生了重要影响。

鸦片战争以前的清朝（1644—1840年），是中国封建社会的最后阶段，历时197年。清朝统治者在率兵入关、定都北京后，经过40多年时间，平定了各地的反抗势力，统一了全中国。为了维护和巩固其统治，他们采取了一系列恢复、发展农业和手工业的措施。在农业、手工业发展的基础上，清朝商业和城市的繁荣超过了明朝。尤其值得注意的是，到乾嘉、道光时期，手工业发达的一些地区（如江南、广东）和部门（如纺织、造纸、制糖、矿冶等）中的资本主义生产关系萌芽，比明朝有所增长。

在学术思想和文化领域，实学思潮至明末清初达到全盛。其基本特征是"崇实黜虚"，即鄙弃理学末流的空谈心性，在一切社会文化领域提倡"崇实"。这表现为针砭时弊的批判精神，锐意社会改革的经世思想，重视自然科学，注重实践、考察、验证、实测的科学精神，以及反映市民阶层利益和愿望的启蒙意识。[①] 主要代表人物有黄宗羲、顾炎武、王夫之、唐甄、颜元等。考据学亦称汉学或朴学，至乾隆、嘉庆时期兴盛起来，形成考据学派，称为"乾嘉学派"。主要是从文字音韵、名物训诂、校勘辑佚等方面进行经史古义的考证，范围涉及经、史、文学、天文、历算、地理、目录等，在考订整理古籍方面作出了贡献。清朝编纂了《古今图书集成》、《四库全书》等大型书籍，并在地方志编撰和史学理论等方面有很大进展。古典小说的创作成绩巨大，其中《儒林外史》深刻揭露了封建教育，特别是科举考试制度对士人心灵的腐蚀和对社会的危害，可以视为是一部教育讽刺小说。在科学技术方面，虽然发展缓慢，但也取得了一定成就。在康熙的倡导下，编定了《永年历》、《数理精蕴》、《历象考成》等书。著名历算家梅文鼎著有天文、历法、数学书籍计86种，其中《古今历法通考》是我国第一部历学史著作，《中西数学通》反映了当时世界数学的主要成果。张履祥的《补农书》，总结了南方农业生产的经验，对水稻如何增产提出了许多有益的见解。

上述清朝社会在政治、经济以及学术、文化诸领域的发展状况，是清朝教育制度和教育思想赖以存在和发展的基础。

## 第一节 清朝的文教政策

清朝统治者在入关定都北京以后，开始重视发展文化教育事业对于治理国家的重要作用。

---

① 陈鼓应、辛冠洁、葛荣晋主编：《明清实学思潮史·导论》，齐鲁书社1989年版，第1—6页。

顺治十二年(1655年)，在给礼部的谕令中称："帝王敷治，文教是先。臣子致君，经术为本……今天下渐定，朕将兴文教，崇经术，以开太平。"①确定了"兴文教，崇经术，以开太平"的文教政策。纵观鸦片战争以前的清朝历史，贯彻这一文教政策突出地表现为以下三个方面：

## 一、崇尚儒家经术，提倡程朱理学

儒家经术被历代封建统治者视为支配人们思想、行为的最高权威，是巩固封建统治的精神支柱。清朝统治者也不例外。在清朝立国之初，顺治帝就尊崇"六经"是"天德王道备载于书，其万世不易之理也"，既是"帝人修身治人之道"，又是"臣子致君"之本。要求"择满汉词臣，朝夕进讲"《六经》，大小官员更需"留心学问"，研究经术。崇经必然尊孔。定都北京后，清朝统治者采取了一系列尊孔措施。顺治元年(1644年)，袭封孔丘第六十五世孙孔允植为"衍圣公"；二年，封孔丘为"大成至圣文宣先师"，十四年，改封为"至圣宣师"，康熙二十二年(1683年)，康熙帝亲书"万世师表"匾额，悬挂于全国各地孔庙，并于翌年到曲阜，亲自祭孔。乾隆帝曾九次亲赴曲阜朝拜。

在崇尚儒家经术和尊孔的同时，清朝统治者大力提倡程朱理学。为了表示对程朱理学的尊崇，顺治十二年和康熙五年，分别下诏以朱熹婺源十五世孙朱煌、十六世孙朱坤承袭翰林院《五经》博士，在籍奉祀。康熙二十九年，康熙帝亲书"大儒世泽"匾额，及对联"诚意正心阐邹鲁之实学，主敬穷理绍廉洛之心传"，赐考亭书院悬挂。康熙五十一年，他下诏朱熹配享孔庙，列为"十哲之次"。康熙五十二年，他又命熊赐履、李光地等理学名臣编辑《朱子全书》，并亲自为之作序，认为："非先王之法不可用，非先生(指朱熹)之道不可为。"他还说："朕读其书，察其理，非此不能知天人相与之奥，非此不能治万邦于衽席，非此不能仁心仁政施于天下，非此不能内外为一家。"康熙五十六年，他又为新编《性理精义》一书撰序，再次推崇程朱理学。经统治者的大力提倡，程朱理学成为清朝兴学育才的指导思想、科举考试的基本内容。

## 二、广兴学校，严订学规

清初沿袭明制，在中央和地方广泛设立学校。《清史稿·选举志一》记载，顺治帝刚刚定鼎北京，即"修明北监为太学"，设置祭酒、司业及监丞、博士、助教、学正、学录、典籍、典簿等学官，设立率性、修道、诚心、正义、崇志、广业六堂为讲学肄业之所，"一仍明旧"。随后，又陆续创立了算学、八旗官学、宗学、觉罗学、景山官学、咸安宫官学、俄罗斯文馆等。在地方上，也因袭明制，设立府、州、县、卫儒学，府设教授1人，州设学正1人，县设教谕1人，各学均另设训导佐之。并在各省设置管理教育的行政长官，起初各省称督学道，以各部郎中进士出身者充任。唯独顺天、江南、浙江称提督学政，由翰林官担任。他们的职责，据《清史稿·职官志三》记载："掌学校政令，岁、科两试。巡历所至，察师儒优劣，生员勤惰，升其贤者能者，斥其不帅教者。凡有兴革，会督、抚行之。"雍正四年(1726年)，这些讲学肄业之所一律改为学院，亦称学政。此外，还在全国城乡地区和少数民族聚居地区设立社学、义学、井学等。从中央到地方建立起完整的学校体系，学校数量发展较快。

在广泛兴设学校、积极发展文教事业的同时，清政府仿照明朝的做法，制定各种严厉的学规，加强对各级学校的管理和控制。其中影响最大的是以下三个：

---

① 《清朝文献通考·学校考七》。

其一,顺治九年(1652年)颁布于直省儒学明伦堂的《卧碑文》,亦称《训士卧碑文》。具体内容为八条:

> 一、生员之家,父母贤智者,子当受教。父母愚鲁或有为非者,子既读书明理,当再三恳告,使父母不陷于危亡。一、生员立志,当学为忠臣清官。书史所载忠清事迹,务须互相讲究,凡利国爱民之事,更宜留心。一、生员居心忠厚正直,读书方有实用,出仕必作良吏。若心术邪刻,读书必无成就,为官必取祸患。行害人之事者,往往自杀其生,常宜思省。一、生员不可干求官长,交结势要,希图进身。若果心善德全,上天知之,必加以福。一、生员当爱身忍性,凡有司官衙门不可轻入。即有切己之事,止许家人代告。不许干与他人词讼,他人亦不许牵连生员作证。一、为学当尊敬先生。若讲说,皆须诚心听受,如有未明,从容再问,毋妄行辨难。为师亦当尽心教训,勿致怠惰。一、军民一切利病,不许生员上书陈言。如有一言建白,以违制论,黜革治罪。一、生员不许纠党多人,立盟结社,把持官府,武断乡曲。所作文字,不许妄行刊刻。违者听提调官治罪。①

《卧碑文》虽然对地方官学中学生的为人、求学,以及教师的教学等提出了一些具体要求,但其实质是禁止学生过问社会现实问题,剥夺他们结社和发表言论的权利,要求他们成为"忠臣清官",心甘情愿地为清政府的统治效劳。

其二,康熙三十九年(1700年)颁布于直省学校的《圣谕十六条》。具体内容是:

> 一、敦孝弟以重人伦;一、笃宗族以昭雍睦;一、和乡党以息争讼;一、重农桑以足衣食;一、尚节俭以惜财用;一、隆学校以端士习;一、黜异端以崇正学;一、讲法律以儆愚顽;一、明礼让以厚风俗;一、务本业以定民志;一、训子弟以禁非为;一、息诬告以全良善;一、戒窝逃以免株连;一、完钱粮以省催科;一、联保甲以弭盗贼;一、解仇忿以重身命。②

统治者以封建的政治、伦理、道德为标准,对生员的思想、行为、学习、生活等各个方面都提出了明确的要求,成为全国各类学校培养、教育学生的准则,并且明文规定:"每月朔望,令儒学教官传集该学生员宣读,务令遵守。违者责令教官并地方官详革治罪。"

其三,雍正二年(1724年)颁布于"直省学宫"的《圣谕广训》。据《御制圣谕广训序文》称:"谨将上谕十六条,寻绎其义,推衍其文,共得万言,名曰《圣谕广训》。"因此,《圣谕广训》的基本内容与《圣谕十六条》相同,只是对《圣谕十六条》的具体条文"旁征远引,往复周详,意取显明",作了进一步的解释和发挥。

### 三、软硬兼施,加强控制

清朝统治者"兴文教,崇经术",目的是为了巩固清王朝的统治。他们采用软硬兼施的手段,加强对汉族知识分子的控制。一方面,清政府通过开科取士和编辑书籍,笼络士人。康熙、乾隆年间,清政府曾组织学者编纂大型书籍,如康熙时编纂的《明史》、《康熙字典》、《佩文韵府》、《古今

---

① 《清朝文献通考·学校考七》。
② 《清朝文献通考·学校考七》。

图书集成》等,乾隆时编撰的《续通志》、《续通典》、《续文献通考》、《清朝通志》、《清朝通典》、《清朝文献通考》、《大清会典》、《四库全书》等。其中《古今图书集成》、《四库全书》最为重要。前者10000卷,内容分历象、方舆、明伦、博物、理学、经济六篇,取材宏富,脉络清晰,是我国现存规模最大的类书。后者共收图书3503种,79337卷,装订成36000余册,分经、史、子、集四部,故名四库,历时10年编成,是我国最大的一部丛书。清政府组织学者编书的目的是为了笼络士人,宣扬所谓的文治盛世,但对于整理、保存古代文献有积极意义。需要指出的是,尽管清政府所采取的手段颇有诱惑力,但清初仍有一些"海内大师宿儒",如孙奇逢、李颙、黄宗羲等,以名节相高,不为所动。

另一方面,清政府亦采用高压手段,士人进行严厉钳制和残酷镇压。第一,严禁立盟结社。在《卧碑文》中,规定不许"立盟结社"。顺治十七年(1660年)又强调:"士习不端,结社订盟……著严行禁止。以后再有此等恶习,各该学臣,即行革黜参奏,如学臣徇隐,事发一体治罪。"① 第二,销毁书籍。清政府在组织学者编书的同时,又对那些被认为不利于统治的书籍进行销毁。仅乾隆三十八年到四十七年之间,先后焚书24次,烧毁书籍538种,13862部。实际上被烧毁的书籍远远不止这些。第三,大兴文字狱。康熙、雍正、乾隆三朝曾大兴以思想、文字定罪的文字狱,据不完全统计,多达108起。清朝文字狱株连之广,处罚之重,都是历史上罕见的。例如,雍正四年(1726年),礼部侍郎查嗣廷任江西考官,用《大学》中"维民所止"四字作为科举考试的题目,被认为"维止二字,意在去雍正二字之首",遂被革职下狱,病死狱中后,还被戮尸枭首,查氏子坐死,家属流放,查氏家乡浙江省停止乡试、会试6年。其他文字狱大案还有康熙二年(1663年)发生的"庄廷鑨《明史》案",康熙五十二年发生的"戴名世《南山集》案",雍正六年发生的"吕留良文选案"等。清政府对士人采取如此残酷的手段,迫使他们只得埋头于故纸堆中,以求身家性命的安全。

## 第二节 清朝的官学制度

清朝官学制度基本上沿袭明朝旧制,亦分为中央和地方两大类。中央设立的主要有国子监,此外还有宗学、觉罗学、景山官学、咸安宫官学和俄罗斯文馆等。地方设立的主要有府学、州学、县学和卫学,统称为儒学,此外还有社学、义学和井学等,如下图所示。

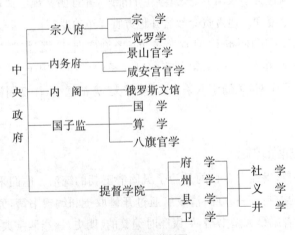

清朝简明学制图

---

① 《清朝文献通考·学校考七》。

## 一、中央官学

### （一）国子监

国子监亦称国学和太学，始设于顺治元年（1644年）。《清朝文献通考·学校考三》记载："顺治元年，始置国子监官，详定规制。"规制的主要内容有：第一，国子监内设立彝伦堂，"系诣学御讲之所"，另分设率性、修道、诚心、正义、崇志、广业六堂"教习诸生"，又设号房521间，"为诸生读书之所"。第二，设置学官，规定职责。祭酒、司业为国子监的正、副首长，"职在总理监务，严立规矩，表率属员，模范后进"。祭酒为从四品，满、汉各1人。司业为正六品，满2人，蒙、汉各1人；监丞"职在绳愆，凡教官怠于师训，监生有戾规矩，并课业不精，悉从纠举惩治"；博士、助教、学正、学录，"职在教诲，务须严立课程，用心讲解，如或怠惰致监生有戾学规者，堂上官举觉罚治"；典籍"职在收掌，一应经史书板"；典簿"职在明立文案，并支销钱粮，季报文册"。此外，清政府还对国子监的教学内容、讲学方法以及监生肄业期限等其他许多重要问题，作了具体规定。顺治元年制定的这个国子监规制，对于当时国子监的恢复和建立起了重要作用，为以后国子监的发展打下了基础。

清朝国子监在后来的发展中，以下数端值得注意。第一，实行监生历事制度和积分法。清初国子监生坐监期满，即拨历各部院衙门练习吏事，每隔三月考核一次，一年期满送廷试授官，至康熙初停止。积分法始于顺治三年（1646年），为祭酒薛所蕴奏定。汉人监生于常课外，月试经义、策论各一道，合式者拔置一等，岁考一等十二次者为及格，免拨历，送廷试铨选。第二，设置管理监事大臣。国子监的长官原是祭酒、司业，雍正三年（1725年），又开始另设管理监事大臣1人，成为国子监的主管官。第三，实施分斋教学制度。乾隆二年（1737年），根据刑部尚书兼管理监事大臣孙嘉淦的建议，国子监仿照胡瑗"经义、治事分斋遗法"，实施分斋教学制度。"明经者，或治一经，或兼他经，务取《御纂折中》、《传说》诸书，探其原本，讲明人伦日用之理。治事者，如历代典礼、赋役、律令、边防、水利、天官、河渠、算法之类。或专治一事，或兼治数事，务穷究其源流利弊。考试时，必以经术湛深、通达事理、验稽古爱民之识。三年期满，分别等第，以示劝惩。"①当时，乾隆帝重视国子监，孙嘉淦则"严立课程，奖诱备至"，各堂教师又都是挑选当时比较优秀的人才，所谓"极一时之选"。国子监内"师徒济济，皆奋自镞砺，研究实学"，国子监达到全盛。

国子监的学生通称为监生。因其资格不同，又分为贡生和监生。贡生有六种：岁贡、恩贡、拔贡、优贡、副贡和例贡。岁贡为常贡，每年各府、州、县学均根据定额，选送"食廪年深者，挨次升贡"，入监肄业。每一正贡设二陪贡，正贡不中选陪贡，一陪不行取二陪。恩贡与明制相同，凡国家遇有庆典或新君即位，特别开恩选送生员入监，以当年正贡作恩贡，陪贡作岁贡。拔贡即明制选贡，在常贡之外，另外"遴选文行兼优者"贡入国子监，初不定期，雍正五年（1727年），定每六年选拔一次，乾隆七年（1742年），改定为每十二年一次。优贡为每三年选送"文行兼优者"入监，初不拘廪、增、附生，雍正年间，始定仅限于廪生和增生，正取之外，亦另设陪优。副贡即选取乡试中列名副榜的生员入监。例贡为生员捐纳资财入监。其中，岁贡、恩贡、拔贡、优贡和副贡，时称"五贡"，被认为是正途，以区别于例贡。监生有四种：恩监、荫监、优监和例监。恩监为八旗汉文官学

---

① 《清史稿·选举志一》。

生、算学满汉学生考取国子监者,以及圣贤后裔入监者。荫监分为恩荫和难荫。顺治二年(1645年)规定文官京官四品,外任官三品以上,武官二品以上,荫子一人入监读书,称为恩荫;凡任职三年期满,后死于职守的文武官员(顺治九年规定三品以上),可以荫一子入监肄业,称为难荫。荫监之设,是封建官僚子弟享受教育特权的一种重要表现。优监为优秀附生入监学习者。例监则是庶民通过捐纳资财入监者,与例贡一样,被认为是杂流。

在国子监肄业的,还有外国留学生。如康熙二十七年(1688年),琉球国王开始派遣陪臣子弟梁成楫等随贡使至京师,入国子监肄业。雍正六年(1728年),俄罗斯派遣官生鲁喀等来中国留学,后来又有好几批。直至同治年间,仍有琉球的留学生在国子监肄业。监生学习期间,由"户部岁发帑银,给膏火"。外国留学生,也同样"月给银米器物",学成则遣归。

国子监的教学内容,主要是"四书"、"五经"、《性理》、《通鉴》等书,学生"兼通《十三经》、《二十一史》,博极群书者,随资学所诣"。此外,还要学习清朝有关的诏、诰、表、策论、判,每日临摹晋、唐名帖数百字。乾隆时,祭酒赵国麟奏准将《钦定四书文》颁布于六堂,令诸生诵习。此书系乾隆帝命方苞所编,汇辑了明清时期的所谓优秀时文,以为"举业指南"。由此可见,清朝国子监的教学同样受到科举制度的严重影响。关于教学方法,《清史稿·选举志一》这样记载:"月朔、望释奠毕,博士厅集诸生,讲解经书。""祭酒、司业月望轮课'四书'文一、诗一,曰大课。祭酒季考,司业月课,皆用'四书'、'五经'文,并诏、诰、表、策论、判。月朔,博士厅课经文、经解及策论。月三日,助教课,十八日,学正、学录课,各试'四书'文一、诗一、经文或策一。"又据《清朝文献通考·学校考三》记载:监生在"听讲书后,习读讲章。有未能通晓者,即赴讲官处讲解,或赴两厢质问"。可知教学方法既有教师讲授,又有学生自学和质疑问难。监生的肄业时间,初不统一,恩贡6个月,岁贡8个月,副贡原为廪膳生者6个月,原为增广、附学生者8个月,拔贡原为廪膳生者14个月,原为增广、附学生者16个月,恩荫24个月,难荫6个月,例贡原为廪膳生者14个月,原为增广、附学生者16个月,庶民俊秀者24个月,例监从捐监之日计36个月。雍正五年(1727年),规定各类监生肄业时间率以三年为期,"告假、丁忧、考劣、记过,则扣除月日"。监生肄业时间始为统一。

与国子监相连的还有南学和辟雍。南学设于雍正九年(1731年),当时"各省拔贡云集京师,需住监者三百余人",于是拨国子监署南面的官房,供他们及助教等学官居住,"岁给银六千两为讲课、桌饭、衣服、账助之费",并题其匾额曰"钦赐学舍"。因而,南学可以认为是国子监的一个分校。辟雍系仿"古国学之制,天子曰辟雍",于乾隆四十八年(1783年)开始营建,翌年落成。它位于国子监内彝伦堂南面,供皇帝视学时举行讲学之用,是国子监内一处特设的讲学场所,类似于现代大学内的礼堂。

(二)宗学、觉罗学

宗学是专为清宗室子弟设立的学校。顺治十年(1653年),八旗各设宗学,凡宗室子弟,年满10岁以上者,都入学学习清(满)书,由满洲生员充当教师。雍正二年(1724年)规定:"左、右两翼设满、汉学各一,王、公、将军及闲散宗室子弟十八岁以下,入学分习清、汉书,兼骑射。以王、公一人总其事。……三年期满,分别等第录用。"[1]自此清政府建立起了比较完善的宗学制度。关于宗

---

[1]《清史稿·选举志一》。

学生的出路,乾隆九年(1744年)规定,每届五年,选派大臣合试,钦定名次,以会试中式注册。俟会试年,习翻译者,与八旗翻译贡生同引见,赐进士,用府属额外主事。习汉文者,与天下贡士同殿试,赐进士甲第,用翰林部属等官。通过举行特殊的考试,为宗学生的会试中式,进士及第和入仕做官,创造了条件。

觉罗学是专为清觉罗氏子弟设立的学校。始设于雍正七年(1729年)。规定于八旗衙署旁设立满、汉学各1所,"八旗觉罗内自八岁以上十八岁以下子弟,俱令入学"。设总管1人,由王、公大臣充任。每学设副管2人,"每日在学行走,稽察勤惰"。清书教习1人,以满洲进士、举贡生员充补。骑射教习1人,以本旗善射者充补。汉书教习每生徒10人设1人,以举贡充。学生在学期间的待遇,如"给予公费银米纸笔墨冰炭等物,俱照宗学之例"。学成之后,与旗人同应岁、科试及乡、会试,并考用中书、笔帖式等官。觉罗学属于宗学性质,只是其学生来源比宗学广,扩展到了整个觉罗氏。在有的地方,又把宗学和觉罗学合二为一。

(三) 八旗官学、景山官学、咸安宫官学

这些都是为八旗子弟设立的旗学,所不同的是,前者隶于国子监,后两者属内务府管辖。

八旗官学设于顺治元年(1644年)。《清朝文献通考·学校考二》记载:"八旗分为四处,各立官学一所,用伴读十人勤加教习。每十日赴国子监考课一次,春秋演射五日一次。"学校设满、汉教习,最初从京省生员中挑选,顺治十二年,由礼部会同国子监于监生中考选,十七年,确定选用恩、拔、副、岁贡生。雍正元年(1723年),又从八旗蒙古护军、领催、骁骑内,挑选满语、蒙古语熟练者担任蒙古教习。学生按每佐领(300人为一佐领)选送,雍正五年,规定每旗额设百人,其中满60人,蒙、汉各20人。学习内容为满书、汉书及骑射。乾隆初定肄业时间"以十年为率,三年内讲诵经书,监臣考验,择材资聪颖有志力学者,归汉文班;年长愿学翻译者,归满文班"。乾隆三年(1738年),钦派大臣主持考试,选拔汉文明通者升入国子监肄业,学习期满,择优保荐,考选录用。八旗官学在学制上与国子监相衔接。但自嘉庆、道光以后,学校积渐废弛,"八旗子弟仅恃此进身","月课虚应故事",已有名无实。

景山官学创立于康熙二十五年(1686年),设在京师北上门两旁官房内,满、汉文各三房。每房教习,满文3人,汉文4人。《清史稿·选举志一》记载:"初,满教习用内府官老成者,汉教习礼部考取生员文理优通者。寻改选内阁善书、射之中书充满教习,新进士老成者充汉教习。雍正后,汉教习以举人、贡生考取,三年期满,咨部叙用。"招收内府三旗佐领、管领下幼童366人入学,分习满文和汉文。乾隆四十四年(1779年),又准许在回族佐领下选补学生4名。学生肄业3年,考列一等用笔帖式,二等有库使、库守。

咸安宫官学创立于雍正七年(1729年)。该学设立的直接原因是因为"景山官学生功课未专",所以于咸安宫内另外修理读书房3所,从景山官学生及佐领、管领下招得13岁至23岁俊秀青少年90名入学读书,每所30名。于翰林院内挑选翰林9人担任教习,每所各3人,"勤加督课"。另于乌拉人及原满洲人内挑选9人,亦每所3人,在学生读书之暇,教授满语、弓马骑射。

清政府设立的旗学,除上述之外,重要的还有盛京官学、八旗蒙古官学、八旗义学、八旗教场官学、八旗学堂等。重视对旗人子弟的教育,广泛设立旗学,这是清朝官学制度一个重要的特点。

### （四）算学、俄罗斯文馆

早在康熙九年（1670年），即在八旗官学中挑选学生习算学。雍正十二年（1734年），又增设八旗官学算学教习16人，挑选资质聪明的八旗官学生30余人，教他们学习算学。乾隆三年（1738年），在钦天监附近专门设立算学，招收满、汉学生各12人，蒙古、汉军学生各6人，是为清朝创立算学之始。翌年，归国子监管辖，称国子监算学。后来又续招汉学生24人。据《清史稿·选举志一》记载，算学"遵《御制数理精蕴》，分线、面、体三部。部限一年通晓。七政限二年。有季考、岁考"。肄业五年期满考取者，"满、蒙、汉军学生咨部，以本旗天文生序补。汉军生举人用博士，贡监生童用天文生"。

俄罗斯文馆是清政府为了培养俄语人才而设立的一所俄文学校。创立于乾隆二十二年（1757年），原为安置来京俄商之所，后来就原址设馆，"专司翻译俄罗斯文字，选八旗官学生二十四人入馆肄业"。额设助教2人，满汉各1人。以蒙古侍读学士或侍读1人担任提调官，专司稽察课程。另由理藩院委派郎中或员外郎1人兼管。学生肄业五年期满考试，列一等者授八品官，二等者授九品官，三等者不授官，且留馆继续再读。该馆于同治元年（1862年）裁撤。①

## 二、地方官学

清朝的地方官学主要有按地方行政区划设立的府学、州学、县学，按军队编制设立的卫学，以及在乡镇地区设立的社学，为孤贫儿童及少数民族子弟设立的义学，在云南设立的井学等。

### （一）府、州、县、卫学

统称为儒学。清朝在明朝的基础上，普遍建立起府、州、县学。顺治元年（1644年），"诏各省府、州、县儒学，食廪生员仍准廪给，增、附生员仍准在学肄业，俱照例优免"，并定各学支给廪饩法，"在京者户部支给，在外者州、县官支给"②。四年，又规定各学廪膳、增广生员人数：府学各为40名，州学各为30名，县学各为20名。同时，还规定仿照明制，在军队驻地设立卫学（有的地方设立所学），以教育"武臣子弟"。卫学额设廪膳、增广生员各10名。顺治十六年制定《直省各卫归并各府州学例》，一般卫学（有的是所学）都并入府、州学。

府、州、县学的教官，府设教授，州设学正，县设教谕，均为1人，他们的职责是"训迪学校生徒，课艺业勤惰，评品行优劣，以听于学政"。此外，各学"皆设训导佐之"，协助教授、学正、教谕教导学生。府、州、县学的学生，如明制，亦通称生员，分为廪膳、增广、附学三种。初入学者称附学生员，须经岁、科两试，等第高者才能递补增广、廪膳生员。附学生员人数各学均无限额，而廪膳，增广生员则有定额。清朝对于生员的管理，建立了严格的"六等黜陟法"③，其基本特点是对生员实行动态管理，生员的等级并不是固定不变的，而是根据学业成绩或升或降。把生员的等级与学业

---

① 《清会典事例》卷十五。
② 《清朝文献通考·学校考七》。
③ "六等黜陟法"的具体内容为："考列一等，增、附、青、社俱补廪。无廪缺，附、青、社补增。无增缺，青、社复附，各候廪。原廪、增停降者收复。二等，增补廪，附、青、社补增。无增缺，青、社复附。停廪降增者复廪。增降附者复增，不许补廪。三等，停廪者收复候廪。丁忧起复，病痊考复，缘事办复，增降附者许收复，青衣发社者复附，廪降增者不许复。四等，廪免责停饩，不作缺，限读书六月送考。停降者不许限考。增、附、青、社俱扑责。五等，廪停作缺。原停廪者降增，增降附，附降青衣，青衣发社，原发社者黜为民。六等，廪膳十年以上发社，六年以上与增十年以上者，发本处充吏，余黜为民。入学未及六年者发社。"（见《清史稿·选举志一》）

成绩紧密挂钩,有助于调动他们的学习积极性,提高学校教育质量。"六等黜陟法"是在明朝"六等试诸生优劣"方法基础上发展起来的,但它比明朝的方法更为周密、成熟,也更为有效,可以说,这是清朝在地方官学管理上的一个重要创新。

清朝府、州、县学的教学内容,据《清朝文献通考·学校考七》记载:顺治九年(1652年)规定:"嗣后直省学政将《四子书》、《五经》、《性理大全》、《资治通鉴纲目》、《大学衍义》、《历代名臣奏议》、《文章正宗》等书,责成提调教官课令生儒诵习讲解。"此外,还须学习《卧碑文》、《圣谕十六条》、《御制训饬士子文》、《圣谕广训》和《大清律》等。凡新进生员,规定"如国子监坐监例,令在学肄业"。考试分月课、季考。生员除丁忧、患病、游学等原因之外,若不应月课三次者戒饬,无故终年不应者黜革。试卷必须申送学政查核。但自嘉庆以后,月课渐渐不再按月举行,"嗣是教官多阘茸不称职,有师生之名,无训诲之实",清朝府、州、县学在总体上开始走向衰败。

### (二)社学、义学、井学

社学是设在乡镇地区最基层的一种地方官学。康熙九年(1670年)下令各直省设置社学、社师,规定:"凡府、州、县每乡置社学一,选择文艺通晓,行谊谨厚者,考充社师。免其徭役,给饩廪优膳。学政按临日,造姓名册申报考察。"①雍正元年(1723年),又重新申定办理社学规定。《清朝文献通考·学校考八》记载:"旧例各州、县于大乡巨镇各置社学,凡近乡子弟年十二以上二十以下有志学文者,令入学肄业。至是复经申定,将学生姓名造册申报。"社学与府、州、县学在学制上相互联系,凡在社学中肄业者,学业成绩优秀,经考试可升入府、州、县学为生员;反之,若成绩不佳,则被遣退回社学。义学最初设在京师,教师称塾师。后来各省府、州、县纷纷设立,成为孤贫生童,或苗、黎、瑶等族子弟秀异者接受教育的机构。雍正元年定义学例,规定义学学习的内容为"《圣谕广训》,俟熟习后再令诵习诗、书。以六年为期,如果教导有成,塾师准作贡生。三年无成,该生发回,别择文行兼优之士。应需经书日用,令该督抚照例办给"②。井学是设在云南边疆地区的学校。《清史稿·职官志三》记载:雍正二年(1724年),设置云南井学训导,"井学自此始"。

清朝官学制度基本上沿袭明朝,但在发展过程中也有自己的特点。第一,重视八旗子弟教育,广泛设立各种名目的旗学;第二,在府、州、县学中创立"六等黜陟法",对生员实行动态管理,使他们的升降与学业成绩紧密挂钩。此外,还设立俄罗斯文馆,重视俄语人才的培养,并在国子监实行分斋教学制度等。虽然清朝已步入封建社会的暮年,但在顺治、康熙、雍正、乾隆时期,学校教育还是得到较大发展,对于人才培养和社会发展起了积极作用。然而,自嘉庆、道光之后,学校积渐废弛,已有名无实。封建教育为近代新教育所取代,已成为历史发展的必然趋势。

## 第三节 清朝的书院

### 一、清朝书院的发展

从清朝立国至鸦片战争之前,在社会政治、经济以及清政府对书院政策的影响下,清朝书院的发展大体上经历了两个时期。

---

① 《清朝文献通考·学校考七》。
② 《清朝文献通考·学校考八》。

顺治元年(1644年)至雍正十年(1732年)为前期。这个时期书院的发展表现为从沉寂转变为复苏,具体可分为两个阶段,顺治年间(1644—1661年)为沉寂阶段。当时,清朝虽已定都北京,但全国尚未统一,政权还很不稳固。清政府为了防止利用书院讲学宣传民族思想,聚众成势,反对清朝的统治,因而在积极创办官学的同时,严禁创设书院。顺治九年,下令:"各提学官督率教官生儒,务将平日所习经书义理,着实讲求,躬行实践。不许别创书院,群聚徒党,及号召地方游食无行之徒,空谈废业。"①清政府虽明令禁止创设书院,但在地方上仍有一些书院经修复后恢复讲学。如在江西,巡抚蔡士英于顺治十年前后,将白鹿洞、鹅湖、白鹭洲、友教书院等"次弟(第)修复",聘师开讲。对于一些著名书院,清政府也直接允许重新修复。如顺治十四年,根据巡抚袁廓宇的请求,修复衡阳石鼓书院。然而,从总体上来说,这个阶段由于政府禁止"别创书院",因此书院的发展处于沉寂状态。康熙年间(1662—1722年)至雍正初为复苏阶段。其间虽然曾发生"三藩之乱",但清政权已基本巩固,社会相对稳定,经济得到发展。在文化教育上,清政府实行专制统治的同时,也积极采用怀柔手段,笼络汉族知识分子。对于书院则通过赐匾额、赐书籍的方法,加以褒扬。如康熙二十五年(1686年),御书"学达性天"匾额,分赐周敦颐、张载、程颢、程颐、邵雍、朱熹祠及白鹿洞书院、岳麓书院,并颁发《十三经》、《二十一史》等书。四十二年,赐"学宗洙泗"匾额于山东济南省城书院。四十四年,赐"经术造士"匾额于胡安国书院。六十一年,赐"学道还淳"匾额于苏州紫阳书院等。最高统治者以赐匾额赐书的形式褒扬书院,办理文化教育事业又往往被视为是封建官吏"善政"的重要标志,于是各地缙绅之士便积极创立和修复书院,清朝书院逐渐由沉寂走向复苏。

雍正十一年(1733年)至鸦片战争以前为清朝书院发展的后期。这个时期,清政府改变了对书院的政策,在积极提倡的同时加强了控制,使书院得到很大发展。与此同时,书院官学化倾向日趋严重。这是清朝后期书院发展的基本特点。

雍正十一年,政府下令:"近见各省大吏渐知崇尚实政,不事沽名邀誉之为,而读书应举者,亦颇能屏去浮嚣奔竞之习,则建立书院,择一省文行兼优之士读书其中,使之朝夕讲诵,整躬励行,有所成就,俾远近士子观感奋发,亦兴贤育才之一道也。督抚驻扎之所为省会之地,着该督抚商酌奉行,各赐帑金一千两。将来士子群聚读书,须预为筹划,资其膏火,以垂永久。其不足者,在于存公银内支用。"②确认书院是"兴贤育才"的途径之一,要求督抚于省会创办书院,并提供办学经费。各省督抚便遵旨设立或确定省城书院,如直隶为莲池书院(保定),江苏为钟山书院(江宁)和紫阳书院(苏州),浙江为敷文书院(杭州),江西为豫章书院(南昌),湖南为岳麓书院和城南书院(均在长沙),湖北为江汉书院(武昌),福建为鳌峰书院(福州),等等。各府、州、县也纷纷仿而效之,创建书院。因而,书院大发展,其数量之多,"远过前代",而且在一些边远地区,也都设立了书院,有的在历史上还是首创。如乾隆元年(1736年),在大通卫(今大通县)创立的三川书院,是青海历史上第一所书院。

在积极倡设书院的同时,清政府采取种种措施加强对书院的控制,以使书院"于士习文风,有裨益而无流弊"。清政府对书院的控制,集中表现在以下几方面。第一,控制书院的设立,掌握书

---

① 《图书集成·选举典·学校部》。
② 《清朝文献通考·学校考八》。

院的经费。规定省会书院由督抚"商酌奉行",其余各府、州、县书院不管是由绅士捐资设立,还是由地方官创立,"俱申报该管官查核",牢牢控制书院的创办权。同时,对于书院的经费,规定省会书院"恩赐帑金","不敷,在存公项下拨补,每年造册报销"。府、州、县书院中,虽亦有绅士捐资倡立者,但更多的是"地方官拨公款经理"。因而,绝大部分书院的经费来源是靠政府拨款。书院的经费虽然有了保证,但同时也受到政府的控制。第二,控制书院山长的选聘权。乾隆元年(1736年)规定:"嗣后书院讲席,令督抚学臣悉心采访,不拘本省邻省,亦不论已仕未仕,但择品行方正,学问博通,素为士林所推重者,以礼相延,厚给廪饩,俾得安心训导。……如果六年著有成效,该督抚学臣,酌量提请议叙。"①督抚学政控制了书院山长的选聘,实质上就抓住了书院的领导权,书院也就被掌握在政府手中了。第三,控制书院的招生和对生徒的考核。乾隆元年上谕规定:书院的生徒,由地方官"择乡里秀异,沉潜学问者,肄业其中。其恃才放诞,佻达不羁之士,不得滥入。……有不率教者,则摈斥勿留。"对其中"材器尤异者,准令荐举一二,以示鼓舞"②。乾隆九年又重申:"嗣后各省书院肄业之人,令各州县秉公选择报送,各布政会同专司稽查之道员再加考验,其果才堪造就者,方准留院肄业,毋得滥行收送。"③牢牢抓住了书院的招生权和对生徒的考核权。清政府对书院的严密控制,其结果导致书院的官学化愈来愈严重。

  清朝书院的类型按其讲学的内容来划分,大体上可以分为以下四类:第一类,以讲求理学为主的书院,如清初大儒李颙讲学的关中书院。第二类,以学习制艺为主的书院。所谓制艺,通称八股文,亦称制义、时艺、时文。这类书院办学的主要目的是为了应科举,因而其主要工作便是举行课试,一般每月两次,一为官课,一为师课,依据课试等第发给赏银,已与官学没有多大差别。第三类,以学习"经世致用"之学为主,反对学习理学和帖括的书院,如颜元主持的漳南书院,设立

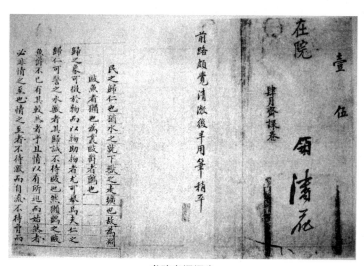

**书院考课课卷**

  清代书院考试,按主持人身份的不同,可分为官课和师课两大类,前者由地方官出题并评阅,后者由书院院长(山长)命题阅卷。此图为斋课卷,是院长主持考试的试卷。

① 《清会典事例》卷三九五。
② 《清会典事例》卷三九五。
③ 《清会典事例》卷三九五。

"文事"、"武备"、"经史"、"艺能"四斋,学习礼、乐、书、数、天文、地理、兵法、战法、射御技击、十三经、历代史、诰制章奏、诗文、水学、火学、工学、象数等内容。第四类,以博习经史词章为主的书院,这类书院倡导于清初,兴盛于清中叶,至清末还有余风。在上述四类书院中,第一、二类设置最普遍,尤以第二类为甚,但一般学术地位不高;第三类书院反映了当时书院发展的新趋势,但社会影响并不很大;第四类书院虽然数量不多,但学术影响较大,对清朝文化学术的发展起了积极作用,其中诂经精舍和学海堂最为著名。

### 二、诂经精舍和学海堂

诂经精舍和学海堂,均为阮元所创建。阮元(1764—1849年),字伯元,号芸台,江苏仪征人。他是清朝封疆大吏,曾作过几省学政,先后任浙江、江西、河南三省巡抚,湖广、两广、云贵总督。他又是当时的学术巨子,"所至必以兴学教士为急"。诂经精舍就是他任浙江巡抚时,于嘉庆五年(1800年)在杭州孤山创立的。后来,在任两广总督时,他又根据创办诂经精舍的经验,于道光四年(1824年)在广州粤秀山创立学海堂,道光六年制定《学海堂章程》。诂经精舍于光绪三十年(1904年)废止,前后长达100余年。学海堂停办于光绪二十九年,也存在80年。这两所书院培养了许多人才,"致身通显及撰述成一家言者,不可殚数",成为当时浙江、广东两个重要的文化学术研究中心,并"泽溉全国"。许多地方都仿而效之,设立了不少类似的书院,如上海的诂经精舍和龙门书院、江阴的南菁书院、武昌的经心书院、长沙的校经堂、成都的尊经书院等。这两所书院在办学宗旨、教学内容和方法等方面,也积累了许多成功的经验,形成了自己的特点。概而言之,有以下三点:

第一,"以励品学,非以弋功名"。书院作为一种教育组织形式,其创立的初衷是专志于学术研究,而不事科举。但是,在其发展过程中,由于受到政府的控制和利禄的引诱,逐渐官学化。书院与官学一样,一步一步成为科举的附庸。绝大多数书院学习的主要内容是八股文、帖括,目的是为了准备参加科举考试,获取功名。然而,阮元却一反当时书院教育的腐败之风,强调书院的宗旨是"以励品学,非以弋功名"[①]。因而,他在诂经精舍中,"课以经史疑义及小学、天文、地理、算法"等知识,而不习时文、帖括,也"不用扃试糊名法"。在学海堂,同样不事举业课试之文,而由学生在《十三经注疏》、《史记》、《汉书》、《后汉书》、《三国志》、《文选》、《杜诗》、《昌黎先生集》、《朱子大全》等书中,自择一书肄业。这无疑在当时腐败的书院教育中,注入了一股清新之风,具有积极的意义。当然,这两所书院也存在严重的局限,突出地表现为引导学生终日埋头于故纸堆,从事名物训诂,辨白考订,从而脱离社会实际,缺少"经世"才能。

第二,各用所长,因材施教。诂经精舍和学海堂在对教师的使用上贯彻"各用所长",即充分发挥教师学术专长的原则。如孙星衍"深究经史文字音训之学,旁及诸子百家,皆心通其义",就请他在诂经精舍中向学生传授经史、文字、音训以及诸子之学。在学海堂,不设山长,改设学长,由吴兰修、赵均、林伯桐、曾钊、徐荣、熊景星、马福安、吴应逵等8人担任学长,规定"必须八学长各用所长,协力启示",各人用自己的专长教育学生,但又须齐心协力,"同司课事"。对于学生,则因材施教。在诂经精舍和学海堂肄业的学生,一般原来已有一定专长,入学后则因其所长进行教育,使他们的专长得到进一步发展。如学海堂创立了专课肄业生制度,允许专课生"各因资性所

---

[①] 阮亨:《瀛舟笔谈》卷四。

近,自择一书肄业",各因自己所长,"于学长八人中择师而从"。这一制度在实践中取得了很好的效果,有的专课生后来成为著名学者。因此,对教师"各用所长",对学生因材施教,是这两所书院取得成功的一个重要原因。

第三,教学和研究紧密结合,刊刻师生研究成果。诂经精舍和学海堂既进行教学活动,又从事学术研究。学海堂学生的学习日程包括四项,对所读之书或先句读,或加评校,或抄录精要,或著述发明,他们每人有一日程簿,"依所颁日程簿,逐日自为填注",注重自学与独立研究。两所书院均组织师生合作编书,学生也独立从事著述,对其中优秀的文章,书院编集刊刻,甚至还出学生的专著。诂经精舍和学海堂刊刻了许多书籍,其中师生编撰的主要有《十三经注疏校勘记》、《诂经精舍集》、《皇清经解》(亦称《学海堂经解》)、《学海堂全集》、《学海堂课艺》等。这些书籍,既是学术研究成果,又是重要的教学参考书,反过来又推动和促进了书院教学和研究活动的开展。

诂经精舍和学海堂继承和发扬了书院教育的优良传统,培养和造就了众多人才,对清朝学术文化的发展作出了重要贡献。同时,这两所书院成为许多书院的楷模,对改变当时腐败的书院教育起了积极作用。

## 第四节　清朝的科举制度

清朝的科举制度是国家人才选拔的根本制度。它在沿袭明制的基础上,根据自身利益和实际需要进行损益,建立了更为严密的制度体系。但是,清朝科场舞弊层出不穷,积重难返,学校成为科举的附庸,丧失了作为教育机构的独立性。

### 一、科举为"国家抡才大典"

清朝统治者深知"治天下在得民心"、"士为秀民,士心得,则民心得"[①]的道理。因此,他们以科举制度为"国家抡才大典",制定各种科场条例,为士人提供相对公平的竞争环境,以此来维护和巩固其统治。诚如《清史稿·选举志三》所云:"慎重科名,严防弊窦,立法之周,得人之盛,远轶前代。"

清朝科举考试分常科和制科两大类。常科是主要形式,包括文科、武科和翻译科等。文科为清朝科举考试的主体,开始于顺治二年(1645年)。它沿袭明制,三年一大比,"子午卯酉年乡试,辰戌丑未年会试。乡试以八月,会试以二月。均初九日首场,十二日二场,十五日三场。殿试以三月"[②]。考试程式也与明朝一样,士人依次通过童试、乡试、会试和殿试四级考试,可以分别获得秀才、举人、贡士和进士称号。据《清代进士登科表》统计,清朝共开科114次,录取进士26888名。[③]

武科考试与文科一样,始于顺治二年(1645年),每三年举行一次,实行武童试、武乡试、武会试和武殿试四级考试。武科的目的在选拔文武兼备的军事人才,因此考试内容与文科大不相同。武科乡、会试各分内、外共三场,其中外场两场,主要试武艺,首场马射,二场步射、技勇;内场一场,主要试文化知识,策二问、论一篇。三场之中,尤重外场。清初,一甲武进士或授副将、参将、游击、都司,二、三甲授守备、署守备。后来,一甲一名授一等侍卫,二、三名授二等侍卫。二、三甲

---

[①]《清史稿·范文程传》。
[②]《清史稿·选举志三》。
[③] 刘海峰、李兵:《中国科举史》,东方出版中心2004年版,第472—480页。

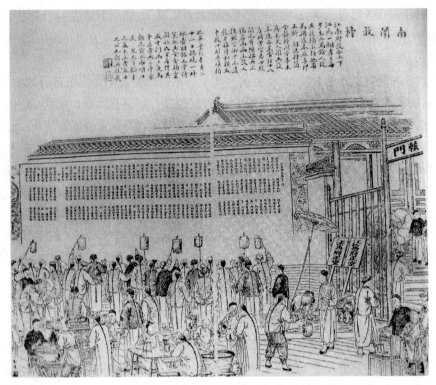
**南闱放榜图**
科举时公布考试录取者名单称放榜。清代乡试在顺天府及各省官府放榜,此图描绘江宁府(今南京)乡试放榜时的情景。

进士授三等及蓝翎侍卫,营、卫守备等。

翻译科是清朝创立的一个科目,意在选拔满蒙语言文字翻译人才。它始设于顺治八年(1651年),分为满洲翻译和蒙古翻译。前者是将汉文翻译成满文,后者是将满文翻译成蒙古文。雍正元年(1723年),规定翻译科考试每三年举行一次,考试时间乡试为子、午、卯、酉年2月,会试为辰、戌、丑、未年8月,录取举人、进士数,视考试人数多寡由皇帝决定。翻译科考试中式者,授清朝处理民族事务的理藩院和各部院满蒙中书、笔帖式等职。

制科是清朝科举考试的特殊科目,为"天子亲诏以待异等之才"[①],设有博学鸿词科、经济特科和孝廉方正科。其中博学鸿词科影响最大。博学鸿词科始设于康熙十七年(1678年),选拔的标准是"学行兼优、文词卓越之人",选拔的方法是高级官员推荐与皇帝亲自考试相结合,结果录取彭孙遹等50人,均授为翰林官,其中朱彝尊等5人以布衣入选,"海内荣之"。

## 二、科场舞弊丛生,积重难返

士人的出路十分狭窄,清朝又特重科举。因此,科举得第,入仕做官,便成为当时士人梦寐以求的人生理想。秀才、举人和进士不仅表明了社会身份和地位,同时意味着荣华富贵和光宗耀祖。巨大的物质利益和精神诱惑,促使士人终身皓首穷经,竭尽全力去获取它,甚至不惜铤而走

---
① 《清史稿·选举志四》。

险,以身试法,营私舞弊。清朝科场的条例最为缜密,但其舞弊现象也最为严重。

科场舞弊手法五花八门,层出不穷,最常见的有冒籍、怀挟、倩代、传递和通关节。冒籍就是假冒籍贯。清朝科举制度规定,各省乡试,非本省人不可以应试。同时,还实行乡试分省定额录取,即根据各省的贡赋和人文情况分配举人录取名额。据《钦定学政全书》记载,直隶贝字号举人定额最多,为102名,贵州最少,只有40名,湖南、广西也不多,仅各45名。为了能增加录取的机会,就有考生冒充籍贯。

怀挟就是考生私自将文字材料藏于衣帽、裤子和器具之中,或者直接将文字写于衣裤上面,带进考场。

倩代又称倩枪,就是考试时雇人代笔。代笔者称枪手,其舞弊行为称枪代或枪替。

传递则是考场内外相互勾结,为考生传递各种信息,其手法也是多种多样。乾隆五十二年(1787年),礼部对此作了很详细的揭露:"京城举场附近之地,近科以来,闻有积惯奸徒,窝藏枪手,专为场内代倩文字。而不肖举子,勾通外场巡绰兵役及闱中号军,将题目走漏消息,用砖石等物掷出场外。及文字作成,或遥点灯杆,连放爆竹;或将驯养鸽鹞,系铃纵放,作为记号,预行指定地点,以便关通接递,仍用砖石等物掷入场内,最为积弊。"①

通关节即是考生与考官相互串通,这是科场中危害最为严重的一种舞弊行为。《清史稿·选举志三》曾称:"交通关节贿赂,厥幸尤重。"最常用的手法是,约定在试卷的某个地方使用某字,以作为考官阅卷时的标记。通关节俗称"用襻",钟毓龙先生在《科场回忆录》中对此作了具体说明:"襻者,随举两字,约定卷中之第几行,其上面之第几格必用某字,下面之第几格必用某字,如衣之有襻,故曰襻也。所以必用两字者,仅用一字,防其偶同,用两字则无讹矣。此等襻字,皆由誊录生拟定而交与考生,名曰'送襻'。"②

对于科场严重存在的种种舞弊行为,清朝统治者并没有听之任之,无所作为,而是进行严厉打击,查处了多次科场大案。如清朝第一次科场大案,顺治十四年(1657年),顺天乡试同考官李振邺、张我朴收受科臣陆贻吉、博士蔡元禧、进士项绍芳的贿赂,录取田耜、邬作霖为举人。给事中任克溥举报核实后,李振邺、张我朴、陆贻吉、蔡元禧、项绍芳、田耜、邬作霖七人被斩首,家产没收,其父母、兄弟、妻子均流放尚阳堡戍边。主考官曹本荣、副主考宋之绳也因"失察降官"。

在如此严厉的打击之下,科场舞弊现象大有改观,史称"一时人心大震,科场舞弊为之廓清者数十年"③。然而,这是慑于强力之下的暂时收敛,并没有改变产生舞弊的根源。因此,时间一长,一有机会,各种舞弊行为又纷纷登场。清朝的科场舞弊已经是积重难返。

## 三、学校成为科举的附庸

自从科举制度产生以后,学校受科举的影响日益加深,逐渐成为科举的备考和训练机构,这种情况在清朝尤甚。学校教育的目的、内容、方法等,都围绕着科举考试进行。科举考什么,学校学什么;科举怎么考,学校也就怎样考。学校完全成为科举的附庸,丧失了作为教育机构的独立性,日益走向衰败,突出地表现在以下三方面:

---

① 《清会典事例》卷三百四十《礼部·贡院·申严禁令》。
② 钟毓龙:《科场回忆录》,浙江古籍出版社1987年版,第62页。
③ 《清史稿·选举志三》。

首先,学校以科举中式为目的。清朝重科举,学校"储才以应科目"。因此,科举中式是学校教育的目的,也是士人的志向所在。"考其学业,科举之法之外,无他业也;窥其志虑,求取科名之外,无他志也。"①

其次,教学内容空疏无用。清朝科举考试,"名为三场并试,实则首场为重。首场又《四书》艺为重"②。因此,清朝科举考试实际上是八股文的考试。这就使八股文成为学校教学的主要内容。结果使天下聪明士人困顿于场屋中,尽一生之精力于空疏无用的八比、小楷、试帖中;造成无数士人除了学做八股文之外,其他一切古今治国之体,朝廷礼乐之制,兵刑、财赋、河渠、边塞之利病,漠不关心。

最后,教学管理松弛。既然以科举中式为目的,八股文为主要教学内容,学校在教学管理上自然只重视各种八股文考试。学校的讲学已经成为虚设,即使举行讲学活动,也只是集合于明伦堂,由教官宣读《卧碑文》、《圣谕广训》数条,或举要讲解《大清律例》而已。学校全部教学管理活动,只剩下月课、季考、岁考和科考等各种名目的为科举作准备的考试,学校完全沦为训练八股文考试技巧的机构,学生也仅于考试日或领取膏火时才偶尔聚集。尤为可悲的是,到后来,连考课也只是勉强维持,许多学生连考课也不参加,因此学校中缺考现象相当普遍,也相当严重。如嘉庆二十四年(1819年),湖南学政谢阶树在给皇帝的报告中说:"湖南各地欠考诸生,自三次以上至八次者,竟有七百七十名之多。"③可见,受科举考试制度的影响,清朝的学校教育已经名存实亡了。

## 第五节　黄宗羲的教育思想

黄宗羲是中国17世纪伟大的启蒙思想家和杰出的史学家,也是著名的教育家。他长期从事教育活动,培育了清代浙东学派。他提出了具有近代色彩的民主教育思想,对中国近代资产阶级的教育思想发生了重要影响。

### 一、生平和教育活动

黄宗羲

黄宗羲(1610—1695年),字太冲,号南雷,学者尊称梨洲先生。浙江绍兴府余姚县黄竹浦(今浙江余姚市明伟乡)人。

黄宗羲从小随父读书求学,14岁补仁和县学生员,但他对举业"弗甚留意",而"好窥群籍"。他19岁时,"袖长锥、草疏,入京讼冤",与阉党余孽对簿公堂,展开面对面的斗争,并当堂惩治了陷害其父的凶手。20岁时,他遵照父亲遗命,正式拜刘宗周为师,发愤攻读二十一史。顺治二年(1645年),他在自己家乡组织"数百人"的义军,时称"世忠营",参加南明鲁王监国在浙东的抗清武装斗争,前后历时8年。其间,他曾数次遭清政府"悬像"搜捕,"濒于十死",但仍坚持斗争,矢志不渝,充分反映了他的民族气节和不屈不挠的斗争精神。

黄宗羲17岁便担负起教育两个弟弟的责任。即使在抗清武

---

① 盛康编:《皇朝经世文续编》卷六五。
② 《清史稿·选举志三》。
③ 《清会典事例》卷三八三《礼部·学校·诸生考课》。

装斗争十分艰难的情况下,他仍坚持讲学,教授历算、乐律等知识。康熙二年(1663年)四月,他应吕留良之邀,设馆于吕氏祖居友芳园梅花阁,教授吕留良的子侄及其友好子弟,历时4年;康熙六年九月,他与姜希辙等重新恢复绍兴证人书院的讲学活动,同张应鳌等"共主教事"。在黄宗羲的教育实践中,最重要的是两次:第一次是康熙七年(1668年)三月,在宁波创建并主讲证人书院,前后长达8年,培养学生有姓名可考者60余人,其中高足18位,奠定了清代浙东学派的基础,培育了主张经世致用和擅长史学的学术风格。第二次是康熙十五年(1676年)二月,应邀到海宁主持讲席,历时5年,培养学生20余人,对清初浙西学术文化的发展作出了贡献。康熙二十八年,黄宗羲已八十岁高龄,仍兴致勃勃,"会讲于(余姚)姚江书院"。黄宗羲讲学时间之长,成就学生之多,足以表明他是当时的大教育家。

在坚持讲学活动的同时,黄宗羲积极开展学术研究,并在诸多领域取得了令人瞩目的成就。其中影响最大的,当首推《明夷待访录》的撰写和《明儒学案》的编著。前者成书于康熙二年。在书中,他猛烈抨击封建君主专制,集中阐发了民主启蒙思想,提出了"天下为主、君为客"的著名论点,指出"为天下之大害者,君而已矣",被称为是"一部划时代的民主主义思想专著"。后者编成于康熙十五年以后,共62卷,对明朝270多年的儒学,尤其是王学的发展演变状况,作了全面系统的总结,是我国学术史上第一部学术思想史专著。

黄宗羲的著作甚丰,共有112种,约有1300卷,2000万字。现流传下来的计有55种、1077卷。前人编有《梨洲遗著汇刊》,今人编有《黄梨洲文集》和《黄宗羲全集》。主要教育著作有《明夷待访录》中《学校》、《取士上》、《取士下》三篇,以及《留别海昌同学序》、《广师说》、《续师说》等。

## 二、"公其非是于学校"

黄宗羲认为,学校不仅应具有培养人才改进社会风俗的职能,而且还应该议论国家政事,"公其非是于学校"。这是他对于中国古代教育理论的独特贡献,闪烁着民主思想的光辉。

黄宗羲"公其非是于学校"的思想,集中反映在《明夷待访录·学校篇》中。他写道:"学校,所以养士也。然古之圣王,其意不仅此也,必使治天下之具皆出于学校,而后设学校之意始备。非谓班朝,布令,养老,恤孤,讯馘,大师旅则会将士,大狱讼则期吏民,大祭祀则享始祖,行之自辟雍也。盖使朝廷之上,间阎之细,渐摩濡染,莫不有诗书宽大之气,天子之所是未必是,天子之所非未必非,天子亦遂不敢自为非是,而公其非是于学校。"黄宗羲所谓"治天下之具皆出于学校",并不是要学校像古代的辟雍那样,承揽政府机构的某些职能,而是应该在学校中由大家共同来议论国家政事之是非标准。因为学校议政,可以使上至朝廷命官,下至里巷平民,逐渐养成普遍议政的社会风气,而不再以天子的是非为标准,这样天子也就不敢"自为非是"。"公其非是于学校"思想的基本精神,在于反对封建君主专制,改变国家政事之是非标准由天子一人决断的专制局面。这是对中国古代关于学校职能理论的创新,反映了他要求国家决策民主化的强烈愿望。这种性质的学校,究其实,已与近代资本主义制度下的议会相近。可以说,黄宗羲"公其非是于学校"的思想,是近代议会思想的萌芽。

正是从上述思想出发,黄宗羲主张将寺观庵堂改为书院和小学,实现在全国城乡人人都能受教育、人人都能尽其才的理想,而且强调学校必须将讲学与议政紧密结合。他提出:京师太学于每月朔日讲学,上自天子,下至宰相、六卿、谏议等朝廷大臣都到太学听讲,"天子亦就弟子之列",

执弟子之礼。"政有缺失,祭酒直言无讳。"地方郡县学于每月朔望讲学,当地绅士皆须入学听讲,"郡县官就弟子列",无故缺席者,则要受到惩罚。学官对"郡县官政事缺失,小则纠绳,大则伐鼓号于众"①。这样,学校集讲学和议政于一身,既是培养人才,传递学术文化的机构,又是监督政府、议论政事利弊的场所。黄宗羲的上述思想,对中国近代资产阶级反对封建君主专制、反对封建教育起了启蒙作用。

## 三、论教育内容

黄宗羲关于教育内容的思想具有广泛、实用的特点。具体包括经学、史学、文学和自然科学四部分内容。

### (一)"学必原本于经术"

黄宗羲重视经学的学习,认为学问必须以经学为根底,求学者首先应当通经。他说:"学必原本于经术,而后不为蹈虚。"②又指出"受业者必先穷经","以经术为渊源"。在实际教学中,他把经学列为最基本的教学内容。如此重视经学的传授,主要有以下两方面的原因。首先,他认为经学能够经国济世。这是他经世致用思想在教育内容上的反映。其次,是为了改变当时空疏浅薄的学风。自明中叶以后,"讲学之风,已为极敝"。士人或者高谈性命,直入禅障,束书不观;或者"袭语录之糟粕",而"不以六经为根柢"。他认为强调学习经学,可以改变这种学风。

### (二)"不为迂儒,必兼读史"

黄宗羲在强调学经学的同时,重视向学生传授史学。他说:"学者必先穷经,经术所以经世。不为迂儒,必兼读史。"③因此,在他的学生中出现了像万斯同这样的史学大师,以甬上证人书院学生为基础而形成的清代浙东学派,也具有擅长史学的特点,这些都与他将史学列为重要教育内容密切有关。黄宗羲重视史学的传授,认为史学具有经世致用的意义,学习历史,可以从"古今治乱"中吸取经验教训,"以显来世"。他还主张学习和研究历史,必须重视史实,强调广泛搜集史料;要重视志和表的作用;提出"以诗补史之阙"等。这些都是他长期从事史学教学的成功经验,值得我们注意。

### (三)教授诗文

除经学、史学之外,诗文也是黄宗羲教授的重要内容。他的学生万言在《郑禹梅制义序》一文中说,在甬上证人书院中,黄宗羲"取宋、元、明以来未经表暴之文百余家,手为划画,以授之吾党"。在主持海宁讲席时,他亦向查慎行、查嗣瑮等教授"诗、古文"。同时,根据他长期教学经验,对于如何教授诗文,提出如下主张。首先,必须有浓厚的兴趣。因为学习诗文必须坚持长期不懈地努力,所以只有"好之",才能"专于是","聚一生之精力而为之",其诗文才工。其次,反对模仿,提倡独创。他强调学文一定要"去陈言",只有"皆自胸中流出",才是好文章。再次,为文要情理交融。文章固然"以理为主",但还必须要有真情实感,只有情理交融,才能"恻恻动人"。最后,必

---

① 《黄宗羲全集》第一册,浙江古籍出版社1985年版,第12页。
② 全祖望:《鲒埼亭集外编》卷十六。
③ 《清史稿·黄宗羲传》。

须兼通经史百家之学。他认为"文必本之六经,始有根本"。同样,学诗也必须多读经史百家之书,"则诗不期工而自工",否则,任凭怎样跟从名人"章参句炼",也写不出好诗。

（四）传授天文、数学、地理等自然科学知识

黄宗羲精研天文、数学、地理、乐律等,曾撰有《授时历故》、《西历假如》等天文类著作10种,《圆解》、《割圆八线解》等数学类著作6种,《今水经》、《四明山志》等地理类著作5种,以及《律吕新义》乐律著作一种。向学生传授天文、数学、地理等自然科学知识,是黄宗羲关于教育内容的一个显著特点。顺治四年(1647年),他在极为困难的条件下,向王正中传授历算、乐律等知识。在甬上证人书院中,他亦向学生讲授"天文、地理、六书、九章至远西测量推步之学"。他的海宁学生陈讦,更是因得益于他的教授,撰成数学专著《勾股术》,成为黄宗羲在浙西最杰出的数学传人。黄宗羲将天文、数学、地理等自然科学知识列为重要的教育内容,既是对中国古代科技教育传统的继承和发展,也是受当时传入中国的西方科学知识的影响,反映了资本主义生产关系萌芽对教育所提出的新要求。他不仅开清代"浙人研治西洋天算之风气",而且开清代浙人传授西洋历算之先河。

## 四、论教学思想

黄宗羲在长期的教学实践中,认真吸取前人的优秀成果,不断总结自己的成功经验,形成了颇具特色的教学思想。主要有以下三点:

（一）力学致知

在人的知识来源问题上,黄宗羲虽然存在着"天地万物之理,即在吾心之中","穷理"即"穷心"的王学思想残余,但其基本的方面则是主张躬行实践以求知,力学致知。他曾把王守仁"致良知"的致字解释为行字,认为其用意在于"救空空穷理"。正如梁启超在《中国近三百年学术史》中所云:"像他这样解释致良知——说致字即是行字,很有点像近世实验哲学的学风。"在《孟子师说·曹交章》中,黄宗羲还通过对历史上各种学说进行比较,认为无论是"静坐澄心","格物穷理","求之人生以上",还是"察见端倪",都不能使人成为圣人,而唯有重在自己的"所行所习",才能"去圣不远",是人才成长的正确途径。正是基于这种认识,他在实际教学中,总是教育和引导学生勤奋刻苦求学,而"独于静坐参悟一类工夫,绝不提倡"。他自己更是以身作则,一生勤奋好学,并且老而弥坚:"年逾六十,尚嗜学不止,每寒夜身拥缊被,以双足置土炉上,余膏荧荧,执一卷危坐。暑月,则以麻帷蔽体,置小灯帷外,翻书隔光,每至丙夜。"[①]甚至行年八十,仍手不释卷。黄宗羲好学如此,正是他主张力学致知最有力的证据。

（二）学贵适用

自明中叶以后,理学教学的空疏无用已发展到极端。当时的各种学者严重地脱离实际,热衷于空谈心性,专注于八股时文,而对正在发生剧烈变动的社会却漠不关心。同时,又都卑视实际的经世才能,视治财赋为聚敛,垦荒戍边为粗材,读书作文为玩物丧志,留心政事为俗吏。因此,他们平时徒以"生民立极,天地立心,万世开太平"一类高谈阔论来欺世盗名,而一旦遇到国家有

---

① 李邺嗣:《杲堂诗文集》,浙江古籍出版社1988年版,第463页。

事需要报国时,"则蒙然张口,如坐云雾",束手无策。

正是为了改变上述学风,黄宗羲提出了"学贵适用"的思想。他说:"道无定体,学贵适用。奈何今之人执一以为道,使学道与事功判为两途。事功而不出于道,则机智用事而流于伪;道不能达之事功,论其学则有,适于用则无;讲一身之行为则似是,救国家之急难则非也,岂真儒哉?"①明确认为求学贵在适于实用,只有学问与事功相结合,学用一致,方是真儒。从这一思想出发,他强调只有适于实用的知识才是真正的学问。并且,他还将是否有真才实学作为选拔人才的重要原则。

黄宗羲的上述观点,正是他经世致用思想在教学上的反映,折射出当时比较注意实际、希望发展社会生产的城市工商业者对教学的要求,对于改变当时的空疏学风起了积极作用,诚如全祖望所评论的,"前此讲堂锢疾为之一变"。

### (三) 学贵独创

求学贵在创新,提出独立见解,反对"墨守一先生之言",这是黄宗羲教学思想的又一显著特点。在长期的教学实践中,黄宗羲积累了许多经验,主要有以下四点:

#### 1. 强调由博致精

所谓"博",就是要多读书,有渊博的学识,这是提出独立见解的前提。但广泛读书,必须抓住各家学派的宗旨。他说各家学派"自有宗旨",这既是学派创立者的"得力处","亦是学者之入门处"。因此,抓住了宗旨,即把握了学派思想的精华。反之,"学者而不能得其人之宗旨,即读其书,亦犹张骞初至大夏,不能得月氏要领也"。同时,黄宗羲又指出,要在"博"的基础上向"精"发展,他曾说:"学不患不博,患不能精。"②所谓"精"就是专精。要做到"精",必须要"求于心","深求其故",即要深入思考,发现其规律。唯有由博致精,才能在求学中有所创新。

#### 2. 重视"异同之论"

在学术发展过程中,由于各人"心之万殊","功力所至"不同,因而必然会出现各种不同见解,即所谓"一偏之见",或"相反之论",而这些恰恰是学者自己研究的心得。因此,他要求"学者于其不同处,正宜著眼理会"。他还根据历史经验,强调指出:"古之善学者,其得力多在异同之论。"③事实一再表明,学术上的创新,往往是从各种不同学术见解中引发的。因此,黄宗羲重视"异同之论"的见解,是颇有道理的。

#### 3. 深思与能疑

无论是由博致精,还是重视"异同之论",关键都离不开"深湛之思"。只有对所学知识,"加之湛思",在自己的头脑中经过一番加工和整理,才能深刻理解,融会贯通,产生自己的见解。反之,如果对所学内容只是"生吞活剥",没有经过深刻的思考,那就不可能有所创见,"无深湛之思,学之不成"④。学习的成功与否,取决于思考的深刻程度。只有思考得越深刻,获得的见解才越真实,"求之愈艰,则得之愈真"⑤。

---

① 《黄梨洲文集》,中华书局1959年版,第77页。
② 《黄梨洲文集》,中华书局1959年版,第199页。
③ 《黄梨洲文集》,中华书局1959年版,第443页。
④ 《黄梨洲文集》,中华书局1959年版,第389页。
⑤ 《黄梨洲文集》,中华书局1959年版,第160页。

当然，要进行深刻的思考，离不开在求学过程中善于提出各种怀疑。所以，黄宗羲又强调"能疑"。他把怀疑视为是"觉悟之机"，认为"小疑则小悟，大疑则大悟，不疑而不悟"，有的人不怀疑而轻以相信，并非是真信，只是因为不善于提出怀疑。黄宗羲强调怀疑在治学过程中的重要作用，认为只有善于提出怀疑者，才能引起深思，才会有所创见，这是符合学习规律的。

4. 讨论辩难

黄宗羲认为，要在求学过程中有所创见，调动学生个体主观能动性固然重要，同时必须注意发挥师生群体的积极作用。因此，讨论辩难是他在讲学中采用的一种基本方法。他在主讲证人书院期间，"与同志讨论得失，一义未安，迭互锋起"。他在主持海宁讲席时，每当司讲读毕，亦"辩难逢（锋）起"。在讨论辩难过程中，他提倡"各持一说，以争鸣于天下"的精神，不"以一先生之言为标准"，而要敢于创新，发"先儒之所未廓"。这是黄宗羲的民主思想在教学上的集中表现。学生们在这样一种较为自由、活泼的学习氛围中，相互质疑问难，切磋讨论，就容易在学业上取得较大的长进。

## 五、论教师

黄宗羲长期从事教育工作，对教师职业有特殊感情，对教师问题发表了许多独特见解。

他十分重视教师在人类文化知识传递和发展过程中的重要作用。他认为，古往今来，人的学问虽然有大小，水平有高低，但每个人的成长都离不开教师。他说："古今学有大小，盖未有无师而成者也。"[1]可谓确论。

当时，在科举制度影响下，士人因"势利所诱"，纷纷以门生自称，投靠各种权势者为师，社会上师道名目泛滥，出现如举业之师、主考之师、分房之师、荐举之师、投拜之师等的情况。对此，他作《广师说》和《续师说》，重新强调"慎重师道"，指出"道之未闻，业之未精，有惑而不能解，则非师矣"。本不能为师，而强以为师，"则是为师者之罪也"。这对于改变当时士人浮夸的学风和"轻自为师"的社会风气起了积极作用。

他主张尊师，认为学生必须"重师弟子之礼"。他要求提高教师的社会地位。在《明夷待访录·学校篇》中，他提出"太学祭酒，推择当世大儒，其重与宰相等，或宰相退处为之"；郡县学官，"请名儒主之"，若没有名儒，则由"郡县官之学行过之者"担任。按照黄宗羲的设想，中央太学祭酒的地位应该与最高行政官员宰相相当，地方郡县学官的地位应该与同级政府的行政官员相当，这确实极大地提高了教师的社会地位，在中国古代教育史上是空前的。

尤其值得注意的是，黄宗羲还认为，教师除了向学生进行传道、授业、解惑之外，还必须从事清议。他指出，太学祭酒在讲学时，应该议论朝政，若"政有缺失"，则"直言无讳"。同样，郡县学官也应当议论地方政事。黄宗羲关于教师议政的思想，发前人所未发，是对传统教师职责理论的拓展和深化。与此相联，他主张教师不仅要有真才实学，而且还必须品行端正，"无玷清议"。甚至认为即使确是名儒，但若有碍清议，亦不能充任教师。"其人稍有干于清议，则诸生得共起而易之，曰：'是不可以为吾师也。'"[2]在黄宗羲看来，"无玷清议"对于教师尤为重要。他还提出地方官

---

[1]《黄梨洲文集》，中华书局1959年版，第287页。
[2]《黄宗羲全集》第一册，浙江古籍出版社1985年版，第11页。

学的学官,不应该由政府委任,而应该由"郡县公议"产生;也不应该局限于官吏,而应该"不拘已仕未仕",皆可担任。这是他民主思想的反映。

黄宗羲有关教师的思想突破了传统的教师理论,鲜明地反映了他的民主思想,具有强烈的时代特征。

## 第六节 王夫之的教育思想

王夫之是我国明清之际伟大的思想家和卓越的教育家。他在极为艰难困苦的条件下,坚持学术研究和授徒讲学活动数十年。他以"六经责我开生面"自勉,对教育理论进行了诸多创新。他的教育思想在我国古代教育思想发展史上占有重要地位。

### 一、生平和教育活动

王夫之

王夫之(1619—1692年),字而农,号姜斋,湖南衡阳人。晚年隐居于石船山,后人称其为船山先生。他出身于一个知识分子家庭,从小"颖悟过人",4岁起即跟大哥王介之读书,7岁读完《十三经》,被视为是"神童"。10岁起,他直接受业于父亲王朝聘及叔父王廷聘。他14岁考中秀才,24岁与大哥同时中举。

青年时代的王夫之不仅勤奋好学,而且关心国家、民族的前途和命运。明亡后,他与管冶仲等在衡阳举兵抗清,终因寡不敌众,"战败军溃"。他后投奔南明永历政权,曾任行人司行人。不久,因反对大学士王化澄勾结太监夏国祥徇私枉法,排斥异己,而横遭迫害,被迫弃官归里,"退伏幽栖",从事学术研究和授徒讲学活动,前后长达40年之久。

王夫之的学术研究和授徒讲学活动是在极为困难的条件下进行的。他不肯向清政府屈服,抗拒"剃发"令。为了躲避政府的搜捕,他不得不隐姓埋名,遁迹于荒山野岭之中,初时居无常处,讲无课堂。后来虽曾先后筑有"败叶庐"、"观生居"和"湘西草堂",作为从事学术研究和授徒讲学的场所,但亦均是极为简陋的土室茅屋。除住以外,吃、穿也同样非常困难。他常常是"严寒一敞麻衣,一褴袄而已,厨无隔夕之粟",有时甚至与弟子们一起"昼共食蕨,夜共燃藜",以山中野果果腹,燃野草取暖。同时缺乏书籍、纸张、笔墨,"贫无书籍纸笔,多假之故人门生",且很不安全。然而,就在如此艰难困苦的环境下,王夫之还是坚持从事学术研究。即使是在年老体弱的情况下,他仍著述不辍。正如他的儿子王敔所述:"虽饥寒交迫,生死当前而不变。迄于暮年,体羸多病,腕不胜砚,指不胜笔,犹时置楮墨于卧榻之旁,力疾纂注。"①同时,他坚持授徒讲学不断,在67岁时,"从游诸子求为解说《周易》","乃于病中勉为作传",授予诸生。他带病讲学的精神甚至感动过盗贼。在一个北风呼啸、寒冷异常的深夜,王夫之在为"从游诸子"讲授其所注《礼记》,有盗贼至,"窃听而异之,相戒无犯焉"。王夫之还注意把学术研究与授徒讲学紧密地结合在一起,他的有些著作是为"授徒"而撰写的,如《礼记章句》、《周易内传》等;有些则是在教学生的"口授讲章"

---

① 王敔:《姜斋公行述》。

基础上整理而成的,如《春秋家说》、《四书训义》等。

王夫之一生著作,计有 100 余种、400 多卷、800 多万字,后人编有《船山遗书》。比较集中论述教育问题的著作,有《太甲二》、《说命中二》、《书院》、《学记》等。

## 二、关于教育作用的思想

王夫之继承了我国儒家重视教育的传统。他认为,教育的作用主要表现在两个方面。

### (一) 教育是治国之本

王夫之指出:"王者之治天下,不外政教之二端。语其本末,则教本也,政末也。"①认为治理国家不外乎政治和教育两大问题,其中教育最为根本。历史上许多王朝的败亡,并非"其政之无一当于利病也",而只是因为"言政而无一及于教也",即败在"失其育才"。他说明亡的重要原因,就是因为"教化日衰",学校教育"名存实亡",培养不出国家"可用之士",他告诫"谋国者"必须记取这个历史教训,欲"安天下",当以"文教为重",必须把教育置于重要地位。

在王夫之看来,教育的发展又离不开政治,只有"政立民安",政治清明,人民安居乐业,才能"学校兴"。在政治和教育的关系上,"语其先后,则政立而后教可施焉"②。同时,教育的发展还必须以经济为基础,人民"衣食足"而"天下治","乃可以文"。王夫之正确地指出了教育对于治理国家的重要作用,但教育的发展又必须受制于政治与经济,他的这种认识,弥足珍贵。

### (二) 教育对人的发展起重要作用

王夫之关于教育在人发展过程中作用的认识,是同其人性论紧密联系在一起的。王夫之认为,人性不是一成不变的,而是处在不断的变化发展过程之中。他提出人性"日生日成"的著名论断。他说:"性者,生也,日生而日成之也。"③又说:"夫性者,生理也。日生则日成也。……故善来复而无难,未成可成,已成可革。性也者,岂一受成侀,不受损益也哉?"④他明确提出人性不是天生的,而是在后天不断的生长变化过程中逐渐形成的。

从上述思想出发,王夫之十分重视教育对人的发展所起的作用。他认为,这种作用主要表现为两方面:一是继善成性,使之为善。他说:"道之不息于既生之后,生之不绝于大道之中,绵密相因,始终相洽,节宣相允,无他,如其继而已矣。……滋之无穷之谓恒,充之不歉之谓诚,持之不忘之谓信,敦之不薄之谓仁,承之不昧之谓明,凡此者所以善也,则君子之所以为功于性者,亦此而已矣。继之则善矣,不继则不善矣。"⑤这种继善成性的过程,亦即是教育的过程。二是可以改变青少年时期因"失教"而形成的"恶习"。他说:"教是个大炉,治与其洁,而不保其往者,无不可施。"⑥不过,要改变人的"恶习"使之为善,必须花大气力才能成功。在他看来,人之不幸而失教,陷入于恶习,耳所闻者非人之言,目所见者非人之事,日渐月渍于里巷村落之中,而有志者欲挽回于成人之后,非洗髓伐毛,必不能胜。

---

① 《礼记章句》卷五。
② 《礼记章句》卷五。
③ 《尚书引义》卷三。
④ 《尚书引义》卷三。
⑤ 《周易外传》卷五。
⑥ 《读四书大全说》卷九。

教育既对治国至关重要，又同人的发展密切相关，它或使人继善成性，或使人改恶为善。这就是王夫之关于教育作用思想的基本观点。

### 三、教学思想

王夫之认为，教学是教师和学生共同活动的过程，教师在这个过程中居于主导地位。善教、乐施的教师，必有善学、乐受的学生。他指出"善教育者必有善学者，而后其教之益大"，"施者不吝施，受者乐得其受"。当然，学生并不是消极被动的，他们是教学活动的主体，教学的成功与否往往取决于他们的自觉程度的高低。因此，王夫之又认为，在教学活动中，教师只是向学生指明如何"进善"，而"进善"的实现则完全依靠学生的"自悟"。他说得好："教者但能示以所进之善，而进之之功，在人之自悟。"①在王夫之看来，教学是在教师指导下学生自觉学习的过程。具体而言，王夫之的教学思想主要有以下内容：

（一）"因人而进"

王夫之指出，学生之间存在着个别差异，他们"质有不齐"，有刚有柔，有敏有钝；"志量不齐"，有大有小；德性不同，有优有劣；知识不等，有多有少。因此，教师应该根据学生的实际状况，有针对性地施教，即"因人而进"。他说："君子之教因人而进之，有不齐之训焉。"②如果不顾学生的个别差异，采取"一概之施"，将会造成"躐等之失"，教学难以成功。

正因为要"因人而进"，所以教师在实际教学活动中应该采用各种不同的方法。他说："顺其所易，矫其所难，成其美，变其恶，教非一也，理一也，从人者异耳。"③这是说，虽然具体教学方法各不相同，但道理是一样的，就是因人而异。

王夫之还认为，实施"因人而进"的关键在于熟悉、了解学生。他说："必知其人德性之长而利导之，尤必知其人气质之偏而变化之。"对于深入了解学生，他说："始则视其质，继则问其志，又进而观其所勉与其所至，而分量殊焉。"④教师通过平时考察学生的品质、询问他的志向、观察他的行为等途径了解学生的特点，然后才能有的放矢地施教。

（二）"施之有序"

王夫之认为，事和理都有序，人的能力也是逐步发展的，因而教学也应该顺序进行，即所谓"施之有序"。他把"立教之序"分为五个阶段，就是"始教之以粗小之事，继之以精大之事，继教以精大之理，乃使具知粗小之理，而终以大小精粗理之合一"⑤。具体地说，这五个阶段的教学内容分别为：第一阶段是教学如洒扫、应对等粗小之事；第二阶段是教学如洒扫、应对等粗小之理；第三阶段是教学如正心、诚意、修身、齐家、治国、平天下等精大之事；第四阶段是教学如正心、诚意、修身、齐家、治国、平天下等精大之理；第五阶段是教学大小精粗之理的综合和统一。很明显，这是对传统的循序渐进原则的继承和发展。

---

① 《四书训义》卷五。
② 《四书训义》卷十。
③ 《张子正蒙注·中正篇》。
④ 《四书训义》卷十。
⑤ 《读四书大全说》卷七。

## （三）学思"相资以为功"

王夫之指出，人们获得知识的途径有两条，即学与思。如何学，如何思，学与思的关系又是怎样呢？他说："学则不恃己之聪明，而一唯先觉之是效；思则不徇古人之陈迹，而任吾警悟之灵。乃二者不可偏废，而必相资以为功。……学非有碍于思，而学愈博则思愈远。思正有功于学，而思之困则学必勤。"①主张学习必须虚心，要尽量吸取前人的宝贵经验，以丰富自己的学识；思则不应墨守古人的成规，而要敢于独立思考，充分发挥自己的聪明才智。在学与思的关系上，他认为两者不可偏废，而必须紧密结合。学与思并不矛盾，而是相辅相成，相互促进。学识愈是广博，思考就愈深远。思考产生困惑，必定会促进人们更勤奋地学习。众所周知，儒家历来重视学与思的结合，孔丘曾说，"学而不思则罔，思而不学则殆"。王夫之的思想显然是继承了这一传统，并在此基础上更深刻地揭示了学与思的辩证关系。他所说的"学愈博则思愈远"，"思之困则学必勤"，是对学思关系的概括，可谓是至理名言。

## 四、道德观和道德修养论

王夫之的道德观具有两个显著特点。首先，他主张"天理"和"人欲"紧密相联，"天理"存在于"人欲"之中。王夫之认为，所谓"人欲"，"盖凡声色、货利、权利、事功之可欲而我欲之者，皆谓之欲"②。它与"天理"并不是截然对立的，"天理充周，原不与人欲相为对垒"③。恰恰相反，两者是相互联系，密不可分的，"天理"即在"人欲"之中。他说："终不离人而别有天，终不离欲而别有理也。……随处见人欲，即随处见天理。"④又说："私欲之中，天理所寓。"⑤在王夫之看来，"离欲而别为理"，这是受佛、老思想的影响，其结果是"厌弃物则而废人之大伦矣"。当然，王夫之强调"天理"和"人欲"的紧密联系，并不是赞成纵欲，而是主张依据"天理"适当满足人们的欲望，即所谓"节欲"。他写道："夫仁者天理之流行，推其私而私皆公，节其欲而欲皆理者也。"⑥由上可见，虽然王夫之所说的"天理"仍没有越出封建道德的藩篱，但他反对理欲对立而主张理欲统一；反对灭欲而主张节欲。很显然，这是对佛、老二氏和宋明理学家道德观念的批判和否定，具有历史的进步性。

其次，他提倡不以"一人之私"而"废天下之公"。王夫之指出："以天下论者，必循天下之公，天下（非夷狄盗逆之所可尸，而抑）非一姓之私也。"⑦他又说："一姓之兴亡，私也；而生民之生死，公也。"⑧因此，在君臣关系上，臣该不该忠君，不能一概而论，取决于君主是否为"天下之君"，能否成为"天下所共奉"。假如"君非天下之君"，"人心不属"，那么就不应该为"一人之私"而"废天下之公"⑨。也就是说，臣不应该对非天下之君主尽忠。由此可知，尽管王夫之还没有从根本上否定君为臣纲，然而他对传统的君臣之伦和忠君观念表示了异议，作出了自己的理解和分析，富有时代气息。

---

① 《四书训义》卷六。
② 《读四书大全说》卷六。
③ 《读四书大全说》卷六。
④ 《读四书大全说》卷八。
⑤ 《读四书大全说》卷二十六。
⑥ 《读四书大全说》卷十八。
⑦ 《读通鉴论》卷末《叙论》。
⑧ 《读通鉴论》卷末《叙论》。
⑨ 《读通鉴论》卷十四。

在道德修养方面，以下三点是重要的。

第一，强调立志。王夫之十分重视"志"在道德修养中的重要作用，甚至认为一个人的道德修养取决于立志是否远大坚定，圣人和普通人的不同之处，就在于圣人有远大而坚定的志向。他说："学者德业之始终，一以志为大小久暂之区量，故《大学》教人，必以知止为始，孔子之圣，唯志学之异于人也。"①鉴于这种认识，他强调教师必须把教育学生树立正确的志向置于重要地位。"正其志于道，则事理皆得，故教者尤以正志为本。"②同时，他还要求志向必须专一，不可朝三暮四，无论发生什么情况，都要矢志不移，"身可辱，生可损，国可亡，而志不可夺"。王夫之所说的立志是"志于道"，即志于封建伦理道德，这是他思想的局限性。然而他强调立志，主张把教育学生树立正确的志向作为教育之本，要求志向必须专一、执著，这是正确的。

第二，主张自得。王夫之认为道德修养的关键在于学生的自觉。他曾说："教在我，而自得在彼。"③怎样才能做到自得呢？他提出，首先，学生要能"自勉"。他说："学者不自勉，而欲教者之俯从，终其身于不知不能而已矣。"④如果学生要求教师降低标准，放松要求，"俯从"自己，最终将陷于"不知不能"的结局。所谓"自勉"，即是学生应该对自己坚持高标准，严要求。其次，学生要有"自修之心"。他说："有自修之心则来学，而因以教之。若未能有自修之志而强往教之，则虽教无益。"⑤认为只有在学生产生了道德修养的自觉要求后，教师因势利导给予教育，才会取得好的效果，否则，即使教了也不会见效。

第三，重视力行。王夫之指出，道德修养不能仅停留在知识阶段，还必须将道德知识变成实际行动。因此，他极为重视力行，认为在学、问、思、辨、行五者之中，"第一不容缓则莫如行"⑥。在他看来，"行"不仅有验证道德知识真假的功效，"知者非真知也，力行而后知之真"，更为重要的是，"行"还是衡量道德心的标准，如果"知而不复行"，则非真有"大公之心"。所以，他说："何以谓之德？行焉而得之谓也。"⑦认为所谓道德，即是将道德知识转化成为自身的道德行为。

王夫之的道德观虽然从根本上说，仍没有越出封建道德的窠臼，但他主张理欲相统一，提出当"君非天下之君"时臣可以对君不尽忠，无疑是对正统的封建伦理纲常表示了异议和否定，具有进步意义。同样，在道德修养方面，尽管总的说来，并没有超出个人封建道德践履的范围，然而他继承和发展了儒家重视道德修养的传统，强调"立志"在道德修养中的重要作用，主张道德修养贵在学生自觉，重视把道德知识转化为道德行为。王夫之的这些见解，揭示了道德修养某些规律性的东西，值得我们认真吸取。

## 五、论教师

王夫之重视教师在教育过程中的主导作用，对于"教者之事"，即为师之道，提出了明确的要求。概括起来，主要有以下几点：

---

① 《张子正蒙注》卷五。
② 《张子正蒙注》卷四。
③ 《四书训义》卷十一。
④ 《四书训义》卷三十五。
⑤ 《礼记章句》：《曲礼》、《大学补传衍》。
⑥ 《四书训义》卷十三。
⑦ 《礼记章句》：《曲礼》、《大学补传衍》。

第一,"必恒其教事"。王夫之认为,教师对待教育工作,应该像园丁精心培育花卉、农夫辛勤耕耘土地一样,要孜孜不倦,坚持不懈。他说:"讲习君子,必恒其教事。"①这就是要求教师应该热爱教育工作,乐意精心培育人才。

第二,"明人者先自明"。教师的责任在于向学生传授知识,讲明道理。"欲明人者先自明。"教师只有具有渊博的知识,深刻领会了道理,才能胜任教育工作。他写道:"夫欲使人能悉知之,能决信之,能率行之,必昭昭然知其当然,知其所以然,由来不昧而条理不迷。贤者于此,必先穷理格物以致其知,本末精粗晓然具著于心目,然后垂之为教。"②否则,若自己于道茫然未有所得,大义不知其纲,微言不知其隐,"实则昏昏也",是不配也不能充当人师的。

第三,要"正言"、"正行"、"正教"。王夫之非常重视教师自身的道德行为在教育活动中对学生所产生的潜移默化的影响,曾将此称为"起化之原"。他指出:"立教有本,躬行为起化之原;谨教有术,正道为渐摩之益。"③鉴于此,他强调教师应该以身作则,为人师表,要以自己的模范行为,即"正言"、"正行"、"正教",教育和影响学生,以扶正世道人心。他说:"师弟子者以道相交而为人伦之一……故言必正言,行必正行,教必正教,相扶以正。"④

王夫之要求教师热爱教育工作,具有广博的知识,能为人师表,这是他长期从事教育工作的经验总结,也确实是一个教师所必须具备的基本素质,至今仍有现实意义。

## 第七节　颜元的教育思想

颜元是清初杰出的唯物主义思想家和教育家。他毕生从事教育活动,培养了众多学生,形成了著名的"颜李学派"。他深刻批判传统教育,尤其是宋明理学教育,竭力提倡"实文、实行、实体、实用"的教育,创立了以"实学"为特征的教育理论体系。颜元的教育思想在当时独放异彩,对我国近代教育也曾产生一定的影响。

### 一、生平和教育活动

颜元(1635—1704年),字易直,又字浑然,号习斋,直隶博野县北杨村(今属河北省)人。他 8 岁发蒙,从学于吴持明。吴能骑、射、剑、戟,精战守机宜,通医术,又长术数。因此,颜元从小所受的教育与众不同。19 岁,他又师从贾珍。贾主张以"实"为生活的准则,提倡"讲实话,行实事",这对于颜元后来的"实学"思想不无影响。同年,中秀才。20 岁,"遂弃举业"而"究天象、地理及兵略";21 岁,"阅《通鉴》,忘寝食";22 岁,学医;23 岁,"学兵法,究战守机宜",还学习技击。如此广泛的涉猎,为他后来在教育思想上的创新打下了基础。

颜元的学术思想有一个变化发展过程。24 岁时,他获得陆九渊和王守仁的语录,遂"深喜陆、王,手抄《要语》一册"。26 岁时,他又得到

颜元

---

① 《姜斋文集》卷一。
② 《四书训义》卷三十八。
③ 《四书训义》卷三十二。
④ 《四书训义》卷三十二。

《性理大全》一书,始知程朱理学之学旨,"屹然以道自任,期于主敬、存诚,虽躬稼胼胝,必乘闲静坐。人群讥笑之,不恤也"①。"信之甚笃"。34岁时,他的养祖母去世,颜元替父行孝。他居丧期间悉遵朱熹《家礼》,深切感受到有违人之性情,校以古《礼》,非是。"因悟周公之六德、六行、六艺,孔子之四教,正学也;静坐读书,乃程、朱、陆、王为禅学、俗学所浸淫,非正务也。"②从此以后,他力主恢复尧舜周孔之道,猛烈抨击程、朱、陆、王学说。他从原来笃信理学变成批判理学的杰出代表,其学术思想发生了根本性的转变。

颜元毕生从事教育活动。他24岁时,始设家塾,训子弟;26岁时,设教于西五夫村;33岁时,应聘在新兴村设馆;39岁时,由蠡县回博野县归宗,教书于杨村;41岁时,因学生日益增多,申订教条二十则,称"习斋教条";62岁时,应郝公函之聘,主持肥乡漳南书院。颜元亲自规划书院规模,制定"宁粗而实,勿妄而虚"的办学宗旨。虽然由于漳水泛滥淹没了书院,颜元主持的时间不长,但办学宗旨比较集中地反映了他的教育主张。

颜元的著作原被收在《畿辅丛书》和《颜李丛书》中,今人编有《颜元集》上、下两册,其中主要教育著作有《总论诸儒讲学》、《上太仓陆桴亭先生书》、《性理评》、《漳南书院记》等。

## 二、对传统教育的批判

批判传统教育,尤其是批判宋明理学教育,这是实学教育思潮的一个显著特征。颜元是这一思潮中的重要代表。他的批判主要在以下三个方面:

### (一) 揭露传统教育严重脱离实际

颜元指出,传统教育一个最突出的弊病就是脱离实际,把读书求学误认为是训诂,或是清谈,或是佛老,而程朱理学兼而有之,故其脱离实际更为严重。他在《寄桐乡钱生晓城》一文中写道:"迨于秦火之后,汉儒掇拾遗文,遂误为训诂之学。晋人又诬为清谈,汉、唐又流为佛、老,至宋人而加甚矣。仆尝有言,训诂、清谈、禅宗、乡愿,有一皆足以惑世诬民,而宋人兼之,乌得不晦圣道,误苍生至此也!"③在颜元看来,教育只在"文墨世界"中,在口头纸笔上下功夫,而不在习行经济上求实学,这种教育不仅无益,而且有害,"中于心则害心,中于身则害身,中于家国则害家国"。所以,他认为,"误人才、败天下事者,宋人之学"④。这些看法表示了他对传统教育,尤其是对程朱理学教育严重脱离实际的深恶痛绝。

### (二) 批驳传统教育的义、利对立观

传统教育的另一个严重弊病是在伦理道德教育方面,把"义"和"利","理"和"欲"对立起来。董仲舒提出"正其谊不谋其利,明其道不计其功"。理学家主张"明天理,灭人欲"。颜元针锋相对地作了批判,明确指出:"'正其谊,不谋其利',过矣!宋人喜道之,以文其空疏无用之学。"⑤并反驳说:"世有耕种,而不谋收获者乎?世有荷网持钩,而不计得鱼者乎?""宋儒之学不谋食,能无饥

---

① 《颜元集》,中华书局1987年版,第713页。
② 《颜元集》,中华书局1987年版,第726页。
③ 《颜元集》,中华书局1987年版,第439页。
④ 《颜元集》,中华书局1987年版,第776页。
⑤ 《颜元集》,中华书局1987年版,第163页。

乎?"在他看来,"义"和"利"两者并非截然对立,而是能够统一起来的。其中,"利"是"义"的基础,"正谊"、"明道"的目的就是为了"谋利"和"计功","全不谋利计功,是空寂,是腐儒"。当然,"利"不能离开"义",而且"利"必须符合"义"。他针对传统教育的偏见,继承和发展了南宋事功学派的思想,明确提出了"正其谊以谋其利,明其道而计其功"的命题①,冲破了传统的禁锢,使中国古代对于义、利关系问题的认识近乎科学。

（三）抨击八股取士制度

颜元深刻揭露了八股取士制度对于学校教育的危害。他指出,士人在利禄的引诱下,"自幼惟从事破题、捭八股,父兄师友期许者,入学、中举、会试,做官而已",读书求学完全成了"名利子"。他认为,"学从名利入手,如无基之房,垒砌纵及丈余,一倒莫救"。因此,他对八股取士制度进行了猛烈抨击,指出:"天下尽八股,中何用乎! 故八股行而天下无学术,无学术则无政事,无政事则无治功,无治功则无升平矣。故八股之害,甚于焚坑。"②其反对八股取士制度的激烈态度,跃然纸上。

诚然,颜元是打着古人的旗号批判传统教育的,即所谓"必破一分程、朱,始入一分孔、孟"。然而,在当时"非朱子之传义不敢言,非朱子之家礼不敢行"的社会条件下,他无惧"身命之虞"而敢于猛烈批判传统教育,尤其把抨击的矛头集中指向程朱理学。这种大无畏的勇敢精神,在当时的思想界引起了巨大震动。梁启超说颜元是当时思想界的大炸弹,这是颇有见地的。

## 三、学校为"人才之本"

颜元十分重视人才对于治理国家的重要作用,他指出:"人才者,政事之本也","无人才则无政事,无政事则无治平,无民命"③。把人才视为治国安民的根本。因而,他在"九字安天下"的方针中,把"举人材"列于首位。他说:"如天不废予,将以七字富天下：垦荒,均田,兴水利；以六字强天下：人皆兵,官皆将；以九字安天下：举人材,正大经,兴礼乐。"④

颜元不仅重视人才,而且进一步指出人才主要依靠学校教育培养。"学校,人才之本也。"⑤正是从这一思想出发,他说:"昔人言本原之地在朝廷,吾则以为本原之地在学校。"⑥在他看来,"朝廷,政事之本也；学校,人才之本也,无人才则无政事矣"。颜元的这个思想,正确地揭示了学校、人才、治国三者之间的关系,突出了学校教育的重要地位。

颜元主张学校应该培养"实才实德之士"。他说,"令天下之学校皆实才实德之士,则他日列之朝廷者皆经济臣",若"令天下之学校皆无才无德之士,则他日列之朝廷者皆庸碌臣"⑦。所谓"实才实德之士",即是品德高尚、有真才实学的经世致用人才。颜元有时也称这种人才为"圣人"或"圣贤"。他指出,"学者,学为圣人也","人必能斡旋乾坤,利济苍生,方是圣贤"。并且,他认为圣人亦是人,圣人与庸人的区别仅在于肯不肯下功夫,"故圣人是肯做工夫庸人,庸人是不肯做工

---

① 《颜元集》,中华书局1987年版,第163页。
② 《颜元集》,中华书局1987年版,第691页。
③ 《颜元集》,中华书局1987年版,第398页。
④ 《颜元集》,中华书局1987年版,第763页。
⑤ 《颜元集》,中华书局1987年版,第403页。
⑥ 《颜元集》,中华书局1987年版,第403页。
⑦ 《颜元集》,中华书局1987年版,第404页。

夫圣人"。具体来说，颜元所谓的"实才实德之士"有两种：一种是"上下精粗皆尽力求全"的通才，另一种是"终身止精一艺"的专门人才。在颜元看来，成为通才当然最好，那是"圣学之极致"，但专门人才只要能经世致用，同样"便是圣贤一流"。他说得很明确，如禹终身司空，弃终身教稼，皋终身专刑，契终身专教，"皆成其圣矣"。

颜元提出"实才实德之士"的培养目标，虽然其目的是为了维护封建统治，即他所说的"他日列之朝廷者皆经济臣"，能够"佐王治，以辅扶天地"，这是他的局限性。然而，他重视人才对于治国的重要作用，强调人才主要依靠学校教育培养，这些都是正确的。同时，他主张学校应该培养"实才实德之士"，显然已冲破了理学教育的桎梏，具有鲜明的经世致用特征，反映了要求发展社会生产的新兴市民阶层对于人才的要求，在当时无疑具有进步意义。

### 四、"真学"、"实学"的教育内容

为了培养"实才实德之士"，在教育内容上，颜元针对理学教育的虚浮空疏，提出了"真学"、"实学"的主张。他说，"庶几学则真学"①，"真学不明，则生民将永被毒祸"②。又说，"彼以其虚，我以其实"③，"救弊之道在实学不在空言"④。

颜元认为，尧舜周孔时代的学术便是"真学"、"实学"。他大力提倡当时的"六府"、"三事"、"三物"。他说："唐、虞之世，学治俱在六府、三事，外六府、三事而别有学术，便是异端。周、孔之时，学治只有个三物，外三物而别有学术，便是外道。"⑤这里所说的"六府"、"三事"，即《尚书·大禹谟》所云的"水、火、金、木、土、谷"和"正德、利用、厚生"；"三物"即《周礼·地官》所云的"六德"（知、仁、圣、义、忠、和）、"六行"（孝、友、睦、姻、任、恤）、"六艺"（礼、乐、射、御、书、数）。在颜元看来，"六府亦三事之目，其实三事而已"。"三物"与"三事"是异名同实。"六德即尧、舜所为正德也，六行即尧、舜所为厚生也，六艺即尧、舜所为利用也。"⑥"三物"之中，又以"六艺"为根本，"六德"、"六行"分别是"六艺"的作用和体现。他在《大学辨业序》中说："《存学》一编，复明周、孔六德、六行、六艺；而于六艺尤致意焉，谓是六德之作用，六行之材具。"⑦还说"学自六艺为要"。所以，颜元提倡"六府"、"三事"、"三物"，其核心是强调"六艺"教育。

颜元托言经典强调"六艺之学"，并非真是要回复到尧舜周孔时代，而是托古改制，"以复古求解放"，在古圣昔贤"六艺"教育的旗帜下宣扬自己的主张。晚年，他曾规划漳南书院设置六斋，并规定了各斋的具体教育内容。这是对他"真学"、"实学"内涵最明确也是最有力的说明。漳南书院的六斋及各斋教育内容为：

第一，文事斋：课礼、乐、书、数、天文、地理等科；
第二，武备斋：课黄帝、太公以及孙、吴五子兵法，并攻守、营阵、陆水诸战法，射御、技击等科；

---

① 《颜元集》，中华书局1987年版，第77页。
② 《颜元集》，中华书局1987年版，第43页。
③ 《颜元集》，中华书局1987年版，第40页。
④ 《颜元集》，中华书局1987年版，第75页。
⑤ 《颜元集》，中华书局1987年版，第685页。
⑥ 《颜元集》，中华书局1987年版，第439页。
⑦ 《颜元集》，中华书局1987年版，第396页。

第三，经史斋：课《十三经》、历代史、诰制、章奏、诗文等科；

第四，艺能斋：课水学、火学、工学、象数等科；

第五，理学斋：课静坐、编著、程、朱、陆、王之学；

第六，帖括斋：课八股举业。①

虽然漳南书院仍设置"理学斋"和"帖括斋"，但两斋之门"皆北向"，颜元以此表示"为吾道之敌对"，之所以暂时还设立，只是为了"应时制"，"俟积习正"则关闭这两斋。因此，颜元"真学"、"实学"的教育内容不仅同理学教育有着本质的区别，而且无论是在广度上，还是在深度上，都大大超越了"六艺"教育。它除了经、史、礼、乐等知识之外，还把诸多门类的自然科技知识、各种军事知识和技能正式列进教育内容，并且实行分科设教。这在当时确实是别开生面的，已经蕴含近代课程设置的萌芽，将中国古代关于教育内容的理论推进到一个新的发展阶段。

### 五、"习行"教学法

强调"习行"教学法，是颜元在学术思想转变后关于教学方法的一个最基本也是最重要的主张。他35岁时，"觉思不如学，而学必以习"，便将家塾之名由"思古斋"改为"习斋"。他在62岁规划漳南书院时，又把讲堂命名为"习讲堂"。他一再强调"习行"是读书求学最重要的方法，"读书无他道，只需在'行'字著力"②。他自己更是身体力行，坚持"习行"不断，直至59岁时，还感到"思一日不习六艺，何以不愧'习斋'二字乎"！

颜元所说的"习行"教学法，强调在教学过程中要联系实际，要坚持练习和躬行实践，认为只有如此，学得的知识才是真正有用的。他以学乐为例，深入浅出地说明这个问题。他说任凭读乐谱几百遍，讲问、思辨几十次，但"总不能知"，必须搏拊击吹，口歌身舞，亲下手一番，"方知乐是如此"，才真正知乐。学习数学知识同样如此，要"学而必习，习又必行"。如果不练习，又不在实际中运用，则"入市便差"。所以，他认为不和自己的躬行实践相结合的知识是无用的。"心中醒，口中说，纸上作，不从身上习过，皆无用也。"

颜元重视"习行"教学法，一方面同他朴素的唯物主义认识论有密切的关系。他主张"见理于事，因行得知"，认为"理"存在于客观事物之中，只有接触事物，躬行实践，才能获得真正有用的知识。他甚至把"格物致知"中的"格物"两字，解释为"犯手实做其事"。因此，"习行"教学法是他的这一思想在教学上的反映。另一方面，这是为了反对理学家静坐读书、空谈心性的教学方法。这是颜元重视"习行"教学法的直接原因。对此，颜元自己说得很明确：理学家"不学一事，而以诵读为学，以能讲其所读者为明道，为大儒，是吾忧也"③。在他看来，"从静坐讲书中讨来识见议论"，一是由于脱离实际，不能解决实际问题，"望梅画饼，靠之饥食渴饮不得"。且"爱静空谈之学久，必至厌事，厌事必至废事，遇事则茫然"，毫无实际处事能力。二是终日兀坐书房中，影响健康，"萎惰人精神，使筋骨皆疲软"，造成天下无不弱之书生，无不病之书生。颜元指出，造成这种状况，"从源头体认，宋儒之误也"，而朱熹是祸首。他写道："千余年来率天下人故纸堆中，耗尽身心

---

① 《颜元集》，中华书局1987年版，第413页。
② 《颜元集》，中华书局1987年版，第623页。
③ 《颜元集》，中华书局1987年版，第192页。

气力,作弱人、病人、无用人者,皆晦庵为之,可谓迷魂第一、洪涛水母矣。"①为了改变这种把道全看在书上、把学全看在读和讲上的教学方法,颜元大力提倡"习行"教学法,强调"吾辈只向习行上做工夫,不可向言语、文字上著力"②。因为在他看来,"人之岁月精神有限,诵说中度一日,便习行中错一日;纸墨上多一分,便身世上少一分"③。颜元的学生钟铃,在解释其师为什么要把家塾之名改为"习斋"时曾说:"斋以习名者何?药世也。药世者何?世儒口头见道,笔头见道,颜子矫枉救失,遵《论语》开章之义,尚习行也。"④这"药世"二字,可谓深得其师之精义。

需要指出的是,颜元强调"习行",并非排斥通过读和讲学习书本知识。他认为书本记载的"原是穷理之文,处事之道","岂可全不读书"。因而通过读书获得知识,"乃致知中一事"。但"将学全看在读上","专为之则浮学",而且书读得愈多,愈缺乏实际办事能力。同样,讲说也不能废除,但不可脱离实际空讲。颜元说:"讲亦学习道艺,有疑乃讲之,不专讲书。"⑤因而,他主张读书、讲说必须与"习行"相结合,而且要在"习行"上下更多功夫,花更大精力。颜元所说的"习行",虽然讲的是个人行动,没有社会实践的意义,但他强调接触实际,重视练习,从亲身躬行实践中获得知识,这在当时以读书为穷理功夫、讲说著述为穷理事业、脱离实际的"文墨世界"中,无疑是吹进了一股清新之风,令人耳目一新。

## 本章小结

从清朝立国至鸦片战争以前的清朝教育已是中国封建社会教育的末期,同时也孕育着近代教育的某些萌芽。因此,这个时期的教育有它自己的特点。清朝统治者重视发展文化教育事业对于治理国家的作用,在立国之初便制定了"兴文教,崇经术,以开太平"的文教政策。他们崇尚儒家经术,大力提倡程朱理学,以此作为巩固统治的精神支柱和办学的指导思想。在中央和地方,广泛设立各类学校。顺治、康熙、雍正、乾隆时期,学校教育得到恢复和较大的发展,至乾隆年间达到全盛。在积极发展学校教育的同时,清朝统治者采取各种措施,制定种种学规,加强对学校的管理与控制,并对士人实行笼络利诱和高压手段,进行严厉钳制和镇压,屡兴文字狱,以莫须有的罪名残酷迫害知识分子。清朝的书院经历了顺治年间沉寂、康熙年间复苏、雍正十一年以后勃兴的发展过程,其数量之多,远过前代,而且遍及一些边远省份。在政府控制下,书院官学化现象日趋严重,绝大部分书院都成为准备科举考试的场所。不过,诂经精舍与学海堂两所著名的书院独具特色,对于清朝文化学术的发展以及人才的培养,都起了重要作用。

清朝的教育思想,最值得注意的是实学教育思潮,黄宗羲、王夫之、颜元等是重要代表人物。他们站在时代的高度,抨击传统教育,尤其是宋明理学教育,揭露科举考试制度的危害,主张"公其非是于学校",要求培养"实才实德之士",重视学习包括自然科技知识、军事知识和技能在内的经世致用之学,强调"学贵实行"、"学贵适用"、"习行"等联系实际的教育、教学原则和方法。实学教育思潮是中国古代教育理论向近代教育理论发展的中间环节,不仅在当时使人耳目一新,而且对中国近代资产阶级教育思想也产生过积极的启蒙作用。

---

① 《颜元集》,中华书局1987年版,第251页。
② 《颜元集》,中华书局1987年版,第663页。
③ 《颜元集》,中华书局1987年版,第42页。
④ 《颜元集》,中华书局1987年版,第393页。
⑤ 《颜元集》,中华书局1987年版,第730页。

## 思考题

1. 述评清朝文教政策的内容及其具体表现。
2. 试论清朝的官学制度及其主要特点。
3. 简述清朝书院的发展及诂经精舍和学海堂的特点。
4. 述评清朝的科举制度及对学校教育的影响。
5. 试析黄宗羲"公其非是于学校"的思想。
6. 王夫之的道德观有什么特点?他提出了哪些道德修养的方法?
7. 试比较黄宗羲与王夫之关于教师思想的异同。
8. 颜元提出的"真学"、"实学"以及"习行"的具体内容是什么?有何积极意义?

# 第十章 中国教育的近代转折

**本章导读**

本章介绍鸦片战争后中国传统教育的境况、所面临的危机和改革派的文化教育主张,近代教会学校的发展过程及其性质和影响;概述洋务学堂、洋务留学教育的实施过程和历史作用,并对"中体西用"思想的形成、发展过程及其历史作用和局限进行评述。应注意掌握的内容和概念有:鸦片战争后传统教育的困境;太平天国对儒学的批判、对文化教育和科举制度的改革;改革派有关复兴"经世致用"学风和"师夷长技以制夷"的主张;教会学校从兴起到扩张的发展过程,英华书院、马礼逊学校及其他重要教会学校,从"学校与教科书委员会"到"中华教育会",教会学校的课程,教会学校的性质和影响;洋务学堂的举办、类别和特点,京师同文馆、福建船政学堂等重要洋务学堂,留美幼童、留欧学生的派遣和洋务留学教育的影响;"中体西用"思想的形成发展、历史作用和时代局限,张之洞《劝学篇》对"中体西用"思想的系统论述。

从1840年到1860年的20年里,以英国为首的西方资本主义列强先后对中国发动了两次鸦片战争,强迫清政府签订了一系列不平等条约,对中国进行无情的经济掠夺和政治压迫。中华帝国开始丧失其独立地位,逐步向半殖民地的社会演变。中国的教育主权也因此部分丧失,西方列强开始以教会办学等形式公开在中国进行文化教育活动。

1851年开始的太平天国农民革命风暴严重动摇了清王朝的统治,封建政治和经济结构因此有所松动。这不仅改变了传统教育生存发展的社会环境,也促使部分封建统治者在与农民革命的对抗中增强了改革意识,从而对中国教育近代化的启动产生了间接影响。

面对列强的凌逼和农民革命的冲击,一些开明官吏和知识分子从关心国家民族的命运出发,睁眼看世界,率先发出要求变革和向西方学习的呼声,成为中国教育近代化的思想先导。他们的改革主张最终在19世纪60年代开始的洋务运动中得到实施。

洋务运动的基本内容是引进和学习西方先进的科学技术。从大量向外国购买枪炮,采用新法操练海、陆军,兴办军用企业开始,发展到兴办诸如厂矿、铁路、航运、电报等民用企业。洋务事业呼唤培养洋务人材,相应地在文化教育上也采取了一些举措,如创办新式学堂、翻译西学书籍、派遣留学生等。倡导和主持这些活动的人物,在皇室内以奕䜣为代表,另有一些封疆大臣如曾国藩、左宗棠、李鸿章和稍后的张之洞等,被称为洋务派。洋务运动本质上是清政府拯救其垂危统治的自强运动,但客观上反映了资本主义发展的历史要求,开启了中国早期近代化的进程。

## 第一节 传统教育的危机和改革派的文化教育主张

### 一、明末清初西学的输入

16世纪初,欧洲发现了通往亚洲的新航路,欧亚之间即开始商务往来,并有传教士随船队来华进行传教活动。明代万历九年(1581年)意大利传教士利玛窦来到中国,除带来神学书籍外,还带来了一些关于数学、天文、地理等科技知识的书籍。他长期生活在中国,并与徐光启合译了欧几里得的《几何原本》,撰写了《万国舆图》等。从这时开始到清朝康熙(1662—1722年在位)末年的一百多年里,西方传教士频繁来华,带来西方有关地图、钟表、望远镜、天文历法、医学、水利、音乐、生理等方面的知识。由于西学和中国文化在内容和治学方法上的差异,无疑给中国传统文化教育注入了一种新元素,并直接、间接地影响了当时的一些学者,如徐光启、梅文鼎、方以智、颜元等。他们在反思中国传统文化教育时或多或少地引入了西学的因素,在教育目标、内容、方法、考试制度等方面提出了许多富有新意的见解,表现出近代特征。明末清初的"西学东渐",是一种缺乏自觉的被动输入。传教士宣传科技知识也仅是以其新异性来吸引中国的学者和皇帝,减少在中国传教的阻力。但是,它毕竟为中西文化交流提供了机会和渠道,有利于中国传统教育观念的更新。

传教士的活动本来就受到中国朝野部分人物的疑忌和议论,后来围绕"天主之名"和"祭祖敬孔"而展开的"礼仪之争",中西双方文化思想和意识形态之间的碰撞直接导致康熙皇帝与罗马教皇之间的对峙和交锋。18世纪初、中叶,特别是清雍正皇帝即位后,传教士的活动在中国遭到禁止,派遣教士来中国活动的主要差会耶稣会在欧洲也被解散,这样也就关闭了中西文化交流的窗口。1757年,乾隆皇帝下令封闭江苏、浙江、福建三个海关,只留下广州一口对外通商,开始对外实行闭关政策。以后,清政府又先后颁布了《防范外夷规条》、《民夷交易章程》、《防范夷人章程》等,对外国人的商务活动、居留期限、行动范围作了苛细烦琐的规定,以限制外国人的行动。这种局面一直延续到鸦片战争。

闭关政策有复杂的政治、经济、文化原因,但其后果是不利于中国人民与世界各民族的正常交往,不利于进行思想文化和科学技术的交流,隔断了中国与西方的联系。而明末至鸦片战争时期,恰恰是世界文化发展的一个特殊时期。随着欧洲近代科学技术的进步和资本主义的发展,教育上呈现出普及化和科技知识课程化的倾向。按文化交流的正常趋势,中国应该在早期"西学东渐"的引导下,吸收西方先进的文化和科学技术,然而随之而来的闭关政策,使中国的文化教育拒绝了西学的影响,依然沿着传统的方向发展。

## 二、传统教育的困境

由于闭关自守,中国的教育依然保持着传统封建教育的特点。一旦西方列强用武力打开中国的国门,这种封建传统的教育根本无法应对西方文化教育的挑战,从而陷入难以自拔的困境。

### (一)官学教育有名无实

鸦片战争时期的教育制度与清朝前期一脉相承,在形式上是相当完备的。官学在中央有国子监,有专为宗室和觉罗氏子弟设立的宗学和觉罗学等贵胄学校,有主要面向满族官僚子弟的八旗官学等;在地方有府、州、县学和程度较低的社学、义学等。私学根据程度大致分为启蒙教育的"私塾"和专经教育的"经馆"等。另外,还有大量官学化程度不等的书院。

在这些学校中,除初等教育和部分私学进行正常教学外,其余学校特别是官学已徒具虚名,甚至很少从事教学活动,"儒学寖衰,教师不举其职"[①]。早在乾隆十六年,就有因管理乏术,导致

---

① 《清史稿·选举志一》,中华书局1976年版。

学生长期滞留官学，视学校为栖身避役之所的现象，"天下教官多昏耄，滥竽恋栈。虽定例六年甄别，长官每以闲曹，多方宽假"①。就中央官学而言，"沿及嘉、道，浸失旧规，……咸丰军兴，岁费折发，章程亦屡变更"②。此时国子监因年久失修，生徒"坐监"制度已无法执行，只是到释奠、月课、季考之时，方需回监一时；八旗官学更"积渐废弛，八旗子弟仅恃此进身。教习停年期满予录用例，月课虚应故事"③。"道光末年诏整饬南学，住学者百余人，卒因隳颓已久，迄难振作。"④府、州、县学教学活动亦几于停废，学生只在每月朔望到校祀孔，听学官讲《训饬士子文》、《卧碑条例》、《圣谕广训》，应付月、季考课。教师只起典名册、计赀币的作用。

(二) 教育内容不切实用

当时人们热衷的学问有义理、词章和考据等。所谓义理，是以程朱理学形式表现的儒家学说。清初将理学列为儒学正宗，作为统治思想贯穿在学校教育和科举考试之中，也成为学术研究的重要内容，发展到"非朱子之传义不敢言"⑤的地步。词章是以桐城派古文为代表的，标榜古文复兴，强调道学的思想内容。考据又称"汉学"、"朴学"，作为一种学术研究方法，在清初启蒙思想家那里是为了克服宋明理学的弊病，目的在"经世致用"。但因清朝政府制造了一起又一起的文字狱，大多数学者为了逃避政治，开始专心致志于考证、训诂、校勘。一些考据大师往往考证于不必考之地，"言言有据，字字有考，只向纸上与古人争训诂形声。传注驳杂，援据群籍，证佐数百千条，反之身己心行，推之民人家国，了无益处"⑥。

这些学问在封建统治相对稳定的时候，可以起到装潢门面、粉饰太平，甚至维系"世道人心"的作用。但是，在封建统治面临"内忧外患"之际，它一筹莫展，日益显露出陈腐和无用。

(三) 科举考试弊病丛生

科举考试的弊病，首先表现在使教育成为科举的附庸上。整个学校教育与科举紧密结合，教育的目的、内容、方法完全以科举考试为依归，学校成为科举的预备场所。科举考试的弊病还来自其空疏的内容、专制的形式以及考试过程中种种作弊行为。科举考试在字体、格式、文章结构等方面都有严格的规定，在命题上也常出一些偏怪的"截搭题"、"枯窘题"来刁难考生。特别是其中的八股文，成为约束禁锢士子思想的工具。在科举考试过程中，各种舞弊行为层出不穷，手段花样百出。其中，"通关节"、"冒名顶替"、挟带、联号换号等是常用的方式。清末，形形色色的科举舞弊行为已成为公开的秘密。这既反映了政治的腐败，也反映了统治者对科举的实际功效已失去信心。

### 三、太平天国运动对传统教育的冲击

中国传统教育也受到来自农民革命的冲击。太平天国是中国历史上规模空前的农民革命运动。从1851年金田村首义至1864年天京陷落，历时十四年，纵横十八省，并以南京（天京）为中心建立了与清王朝对峙的农民革命政权。它不仅冲击了清王朝的封建统治，在文化教育领域也引

---

① 《清史稿·选举志一》。
② 商衍鎏：《清代科举考试述录》，生活·读书·新知三联书店1958年版，第26页。
③ 《清史稿·选举志一》。
④ 商衍鎏：《清代科举考试述录》，生活·读书·新知三联书店1958年版，第26页。
⑤ 朱彝尊：《曝书亭集·道传录序》。
⑥ 方东树：《汉学商兑》卷中之上。

起强烈的震撼。

（一）对儒学的批判

太平天国运动借以发动和组织农民的思想武器，是洪秀全等创立的"拜上帝教"教义。在教义中，只有上帝是唯一的真神，其他一切权威和偶像都是"邪神"，都必须打倒。在被称为"邪神"的权威和偶像中，孔子及其所代表的儒家学说是清王朝统治的精神支柱，加上洪秀全、冯云山等人因多次科举失意而对儒学滋生的厌恶，因此成为被推倒的第一尊偶像。

在金田起义之前，洪秀全、冯云山、洪仁玕就在他们任教的私塾里撤除孔子的牌位，以示与传统儒学教育的决裂。洪秀全还在《太平天日》（1848年写成，1862年经修改后刊印）中借助宗教神话述说了一个故事：皇上帝"推勘妖魔作怪之由，总追究孔丘教人之书多错"，因而怒责孔丘，并将他捆绑后严加鞭打，以至孔丘跪地"再三讨饶"①。金田起义之后，太平天国实行了激烈的反儒政策。行军所过之地，往往焚烧学宫、毁坏孔像，至十哲两庑，狼藉满地。有的地方还将孔庙、学宫改作马厩或屠宰场。定都天京后，即宣布"四书"、"五经"都是"妖书邪说"，下令"凡一切孔孟诸子百家妖书邪说者尽行焚除，皆不准买卖藏读，否则问罪"②。他们开展了大规模的搜书和烧书运动，"搜得藏书论担挑，行过溷厕随手抛，抛之不及以火烧，烧之不及以水浇。读者斩，收者斩，买者卖者一同斩，书苟满家法必犯，昔用撑肠今破胆"③，出现了"敢将孔孟横称妖，经史文章尽日烧"④的局面。

太平天国后来改变了对儒家文化的政策，1854年成立了"删书衙"，对儒家经典进行删改后印行，准民间阅读。1861年颁布《钦定士阶条例》，在所附《劝戒士子文》中声称："孔孟之书不必废，其中合于天情道理亦多。"并让士子们"诵习书史，博览篇章"⑤。这实质上已经将包括儒学在内的中国传统文化纳入了教育内容。尽管太平天国对儒学最终采取了容纳的政策，但其对儒学及其创始人孔子的无情批判，无疑动摇了儒学在教育内容中的核心地位。

（二）对文字、文风与科举制度的改革

为了有利于广大群众掌握文化、理解和接受革命道理，有利于发动和组织群众参加革命，太平天国对文字、文风的改革表现出简易、通俗化的倾向。其主要改革措施有：(1)吸收民间常用的简体字作为官方用字，便于书写。在太平天国的公文书籍里采用的简体文字约百余个，如"帮"、"虫"、"条"、"铁"、"粮"、"响"、"庄"等。(2)仿照西方的做法，在书写、印刷时引入标点符号，便于识读。(3)改革文风，要求文章的内容反映现实生活，做到"文以纪实"，提倡使用"俗语"即大众化的语言，反对言不从心和各种阿谀奉承的文字。这些改革无疑有利于文化教育的平民化发展。

1853年定都天京起，太平天国开始利用传统的科举考试招揽人才。考试的程序基本沿用明清旧制，但对考试的内容和对象则作了重大改革。在考试内容上，废除从"四书""五经"中出题的做法，而根据太平天国所颁发的《旧遗诏圣书》、《新遗诏圣书》和《真命诏旨书》，并突出"策论"，以

---

① 中国史学会主编：中国近代史资料丛刊《太平天国》（二），上海人民出版社1957年版，第636页。
② 马寿龄：《金陵癸甲新乐府》，《太平天国》（四），上海人民出版社1957年版，第735页。
③ 马寿龄：《金陵癸甲新乐府》，《太平天国》（四），上海人民出版社1957年版，第735页。
④ 山曲寄人：《题壁·禁孔孟书》，《太平天国资料丛编简辑》第六册，中华书局1963年版，第388页。
⑤ 参见陈学恂主编：《中国近代教育史教学参考资料》（上册），人民教育出版社1986年版，第10页。

选择能经邦济世的人才。在考试对象上，废除了门第、出身、籍贯等方面的限制，"无虑布衣、绅士、倡优、隶卒"，均准应考。特别是1853年还曾开设女科，专门选拔女子人才，突破了中国古代科举考试对女性的限制。1861年颁布《钦定士阶条例》，对考试程序、日期、场次、科名及对应试者的要求等都作了更加具体严格的规定。这标志太平天国科举制度的完备化。

### （三）建立普及教育组织，改革教育内容

太平天国颁布《天朝田亩制度》，其内容之一是在农村地区建立一套军事、政治、宗教合一的地方政权体系。按规定：农村政权从大到小分别是军、师、旅、卒、两、伍，其长官分别为军帅、师帅、旅帅、卒长、两司马、伍长。其中"两"为基本单位，由两司马领导管理，共二十五家（含两司马实为二十六家），每个两都设立一座储存粮食的国库和一座礼拜堂。规定凡二十五家的儿童每天都要到礼拜堂去听两司马教读《旧遗诏圣书》、《新遗诏圣书》和《真命诏旨书》等宗教性读物。成年人在礼拜天也要由伍长带领来礼拜堂，"分别男行女行，讲听道理，颂赞祭奠天父上主皇上帝焉"①。"两司马"，实际上是一个集军政头领、教师、教士等角色于一身的人物。据称"两"设一礼拜堂的规定未实施，因此儿童教育的规定也无法落实，但它至少反映了太平天国希望普及儿童教育的理想。

在天京城区，"设有育才书院，延师教各官子弟读"，其教师称育才官，有正、副之分，"育才书院"是一种比较正规并主要面向将官子弟的学校。太平天国所到城市，也常设立育才馆和义学，对儿童实施教育。② 此外，各王府也设有担任"教读"的人员，未能入育才书院和育才馆的各官子弟和义子义弟也常延师教读。就城市地区和将官子弟来说，太平天国并未因战争环境而放弃对儿童教育的努力。

太平天国教育内容主要是以宗教教义的形式组织起来的，把政治思想、道德教育融汇到宗教教育与宣传之中，也可达到初步读写和文化知识教育的目的。其基本材料主要有以下两类：第一类是群众性宗教、政治思想教育读物。主要有《天条书》、《旧遗诏圣书》、《新遗诏圣书》、《真命诏旨书》等。洪秀全早期写的文章如《原道救世歌》、《原道醒世训》、《原道觉世训》，以及在起义中形成的著名文告、檄文等，都作为一般宗教和政治思想教育的读物广为流传。第二类是儿童启蒙性读物。主要有太平天国自己编订的《三字经》(1853年)、《御制千字诏》(1854年)和《幼学诗》(1852年)等。这类读物整体上以宣传拜上帝教教义和太平天国的政治、伦理思想为主，但模仿中国传统启蒙教材，采用韵语形式，重视识字教育，更适合儿童诵读。

1859年，熟悉西学的洪仁玕从香港辗转来到天京，被封为干王，总理朝政，并任主持文教工作的文衡正总裁。他大力提倡学习西方科技知识，认为"火船、火车、钟表、电火精、寒暑表、风雨表、日暑表、千里镜、量天尺、连环枪、天球、地球等物，皆有夺造化之巧，足以广闻见之精，此正正堂堂之技"③。他主张凡外国人技艺精巧者，只要不干涉天国的内政，都准其"教导我民"，表现出对西学的开放态度。

太平天国运动对以儒学为核心的传统教育展开批判，建立了普及教育的组织形式，同时开放女子教育，允许女子参加科举考试。洪仁玕等人还提出了学习西学等发展资本主义教育的主张。

---

① 陈学恂主编：《中国近代教育史教学参考资料》（上册），人民教育出版社1986年版，第1页。
② 参考中国史学会主编：中国近代史资料丛刊《太平天国》（四），上海人民出版社1957年版，第709、621页。
③ 中国史学会主编：中国近代史资料丛刊《太平天国》（二），上海人民出版社1957年版，第526页。

这些都对传统教育体系产生了重大的冲击,并具有近代教育的因素。

## 四、改革派的文化教育主张

鸦片战争前夕,封建社会已显露"衰世"的景象,列强的炮火更加剧了清朝统治的危机。以龚自珍(1792—1841年)、魏源(1794—1857年)等为代表的一批先行觉醒的知识分子,从训诂考据的圈子中挣脱出来,开一代教育改革之风。他们的变革教育主张是:

### (一)"不拘一格降人才"

以揭露封建"衰世"的黑暗腐朽著称的龚自珍,将人才问题作为批判现实社会各种弊端的出发点。他认为当时的社会简直就是一个"无才之世":"左无才相,右无才史,阃无才将,庠序无才士,陇无才民,廛无才工,衢无才商,抑巷无才偷,市无才驵,薮泽无才盗,则非但鲜君子也,抑小人甚鲜。"[①]

他不仅痛心于缺乏"才相"、"才史"、"才将"、"才士"、"才民"、"才工"、"才商",而且把处在道德另一极上的"才偷"、"才驵"、"才盗"的缺乏也作为时代悲哀的一个方面加以嘲讽。这不仅反映了龚自珍对所处时代平庸、鄙俗的愤激,也透出其人才观的两个基本方面:其一,他以缺乏"才偷"、"才驵"、"才盗"反衬整个社会智能程度的低下,并不表明他对道德价值的否定,而在于突出强调人才品质中可以"经世致用"的智能因素;其二,他从社会实际需要出发,从不同类型人才的分工合作上,提出了一个由相、史、将、士、民、工、商等组合起来的人才整体结构形态。这反映了社会发展要求人才由单一化向多样化转变的趋向。

人才的多样化要求有一个"不拘一格"的选取人才的途径,龚自珍热情呼唤:"九州生气恃风雷,万马齐喑究可哀。我劝天公重抖擞,不拘一格降人才。"[②]在这方面,他集中批判了以科举制度为主体的人才选拔和晋升制度。首先,他指责科举制度以单一的儒家经义和八股文作为选才的标准,使士人们在功名利禄的引诱下不惜成年累月埋首于故纸堆中,读那些空洞而无实用价值的文章,以致其智能与人格都得不到正常的发展,也不利于多种类型人才的涌现。其次,他指责重出身、重资格、熬年月的官吏进用制度,剥夺了优秀人才脱颖而出的机会,导致无数有才之士在官阶递进的漫长岁月中耗尽年华与精力而无所作为。

### (二)复兴"经世致用"学风

龚自珍认为,学用一致、学术与政务统一是中国教育的优良传统,"自周而上,一代之治,即一代之学……是道也,是学也,是治也,则一而已矣"[③]。但唐、宋、元、明以降,学用分离的现象愈演愈烈,至清朝更为严重,结果培养出一批学用脱节、不通业务的书生。他认为,科举制度和封建教育是造成这种学治分离、学用脱节局面的原因。士子们为了应付科举考试,"疲精神耗日力于无用之学",钻研八股时文。一旦中第得官,则抛弃这块敲门砖,转而去应付从未学过的礼乐、兵刑、钱谷之事,其结果必然是学非所用、用非所学。[④]

从"经世致用"的观点出发,龚自珍指出,有关民生日用的知识都是士人应当学习研究的,"田

---

[①]《龚自珍全集》,上海人民出版社1975年版,第6页。
[②]《龚自珍全集》,上海人民出版社1975年版,第521页。
[③]《龚自珍全集》,上海人民出版社1975年版,第4页。
[④]《龚自珍全集》,上海人民出版社1975年版,第116页。

夫、野老、驺卒之所习熟,今学士大夫谢之,以为不屑知,自珍获知之,而以为创闻"①。他还由一人专治一官出发,流露出培养专门人才的思想:"夫皋、夔、稷、契,皆大圣人之材,而终身治一官,自恐不足"②,何况于平常人。龚自珍以"通经致用"的观点来看待儒学。首先,他认为儒家只不过是百家中的一家,"兰台序九流,儒家但居一,诸师自有真,未肯附儒术"③,所以儒学不能作为教育之唯一独尊的内容。其次,他认为儒经也应随世变通,因时制宜,根据实际进行取舍,"经史之言,譬方书也,施诸后世之孰缓、孰亟,譬用药也","至夫展布有次第,取舍有异同,则不必泥乎经、史"④。

魏源也主张恢复古代"以经术为治术"的"通经致用"的经学教育传统,倡导"经世致用"的学风。他批判考据之学和义理之学远离政治、不切实际。他认为考据之学是"以诂训音声蔽小学,以名物器服蔽《三礼》,以象数蔽《易》,以鸟兽草木蔽《诗》,毕生治经,无一言益己,无一事可验诸治者"⑤。针对义理之学的空腐,魏源说:"口心性,躬礼义,动言万物一体,而民瘼之不求,吏治之不习,国计边防之不问,一旦与人家国,上不足制国用,外不足靖疆圉,下不足苏民困,举平日胞与民物之空谈,至此无一事可效诸民物,天下亦安用此无用之王道哉?"⑥

《皇朝经世文编》是鸦片战争前魏源受江苏布政使贺长龄延请主持编写的。它集清朝前、中期经世实学之大成,对当时和后代的文化教育有深远的影响。魏源在该书序言中提出,"善言心者,必有验于事矣";"善言人者,必有资于法矣";"善言古者,必有验于今矣";"善言我者,必有乘于物矣"。他通过对心与事、人与法、古与今、我与物的关系的理论阐述,将"经世致用"之"用"确立在现实与事功的层面上。⑦ 魏源还从"经世致用"的观点出发,指出当时"所用非所养,所养非所用"的科举教育是:"其造之试之也,专以无益之画饼,无用之雕虫,不识兵农礼乐工虞士师为何事;及一旦用之也,则又一人而遍责以六官之职,或一岁而遍历四方民夷之风俗"。⑧ 这种完全不从治事出发的教育,必然导致士人对政事的轻视,缺乏事功能力,入仕后也不能给治国安民带来实际的功效。

### (三)"师夷长技以制夷"

海国图志封面

鸦片战争的炮火硝烟造成了深重的民族危机。"制夷"成为举国注意的焦点,"经世致用"思想也沿着制夷、悉夷、师夷的路径发展,其中"制夷"始终作为目标贯穿在发展过程之中。被誉为"开眼看世界的第一人"的林则徐,在广州办夷务时就注意到对"夷情"的了解。他除自己调查研究之外,还组织专人翻译外文书刊,编译《华事夷言》、《四洲志》和《各国律例》等,以了解外国情况。这是中国人自明末西学东渐以来少有的从自己的目的出发主动地了解世界。

魏源是林则徐的好友,他在林则徐主持编译的《四洲志》之基础

---

① 《龚自珍全集》,上海人民出版社1975年版,第10页。
② 《龚自珍全集》,上海人民出版社1975年版,第116页。
③ 《龚自珍全集》,上海人民出版社1975年版,第487页。
④ 《龚自珍全集》,上海人民出版社1975年版,第117页。
⑤ 《魏源集》,中华书局1976年版,第24页。
⑥ 《魏源集》,中华书局1976年版,第36页。
⑦ 参见《魏源集》,中华书局1976年版,第156—158页。
⑧ 《魏源集》,中华书局1976年版,第37页。

上,增补中外资料,编成《海国图志》。他在介绍世界主要国家的地理、历史概况和社会现状的同时,明确提出了"师夷长技以制夷"的思想。他在该书的序言即表示其目的是"为以夷攻夷而作,为以夷款夷而作,为师夷长技以制夷而作"。魏源对西方长技的了解,较之林则徐更全面系统。出于制夷的目的,军事技术成为首先被重视的内容。魏源认为,在这方面,"夷之长技三:一战舰,二火器,三养兵练兵之法"①。除向西方学习船、炮、军器等物质方面的长处外,他还注意到组织、纪律等人事制度方面。他还将学习军事技术引申到学习民用技术方面,他设想将来中国造军舰的工厂也可以造商船,军火工厂也可以造民用器械,如"量天尺、千里镜、龙尾车、风锯、水锯、火轮机、火轮舟、自来火、自转碓、千斤秤之属……皆可于此造之"②。他还提倡"沿海商民,有自愿仿设厂局以造船械,或自用,或出售者听之"③。

魏源还希望通过改革科举制度,以选拔精通西洋军事技术的人才。他建议福建、广东两省武试,增加水师一科,"有能制造西洋战舰、火轮舟,造飞炮、火箭、水雷、奇器者为科甲出身。能驾驶飓涛,能熟风云沙线,能枪炮有准者,为行武出身"④。这已经表现出将对"夷之长技"的学习纳入封建教育制度的趋向。以魏源的"师夷长技以制夷"思想为先导,在19世纪四五十年代,出现了一批旨在介绍西方世界、吸收新知的著作,其中著名的如梁廷枏的《海国四说》(1844)、徐继畬的《瀛环志略》(1848)等。这些著作在对西方国家的风俗人情、先进的科学技术和民主政治制度作介绍的同时,还对其进行了较为深入的探讨。随着对西方了解的渐趋全面和深入,魏源对《海国图志》不断增补,由最初的50卷最后定本为100卷。

改革派人士对西学的倡导和介绍在知识观上突出"经世致用"的标准,不拘泥于夷夏之辨,把被人们视为奇技淫巧的西方近代科技知识当成可以师、可以学的内容,这是促使中国教育由以民族文化为中心的传统封闭型向与世界文化交流的开放型转变的重要一步。

## 第二节 教会学校的兴办和西方教育观念的引入

明末来华的西方传教士,其主要活动是传教,附带介绍近代西学和西方的情况。后来,这扇中西文化交流的窗口在中西夹击下关闭了。一个世纪以后,西方传教士又一次潮水般地涌向中国,但此时的中西态势已非一个世纪前可比了。

### 一、从英华书院到马礼逊学校

19世纪初,随着资本主义势力的进一步扩展,海外传教事业也随之兴盛。当时的中国,海禁未开,西人传教仍被严厉禁止,但也有些传教士受派遣来中国沿海一带进行传教活动。

英国作为当时的头号资本主义强国,正锐意向东方扩张,把印度变为殖民地后,中国开始成为英国觊觎的主要对象。1807年,英国传教士罗伯特·马礼逊(1782—1834年)受基督教新教伦敦会的派遣,搭乘美国商船,辗转来到澳门,然后进入广州。因不能公开传教,他只能隐匿于广州的美国商馆,暗中随人学习粤语和中国官话,了解中国情况,以作传教的准备。1809年,马礼逊与

---

① 《海国图志·筹海篇》。
② 《海国图志·筹海篇》。
③ 《海国图志·筹海篇》。
④ 《海国图志·筹海篇》。

玛丽小姐结婚，因其岳父的关系被东印度公司聘为翻译。借此合法身份，他在之后的20多年里，一直在广州、澳门及南洋各地进行传教活动。在这期间，他汉译《圣经·新约全书》（1814年在广州印刷出版）、《圣经·旧约全书》（1819年在马六甲出版）等，编纂《华英字典》一至六卷（1817—1823年在澳门等地分别出版）等众多书籍，为以后西人在华传教工作作了必要的准备。

1813年，伦敦会派遣另一名传教士米怜（1785—1822年）前来协助马礼逊工作。鉴于清廷的传教禁令，他们决定将传教重点暂时放在南洋一带的华人身上，然后慢慢向大陆发展。后来，伦敦会在马六甲、巴达维亚（今雅加达）等地建立了传教站，汇聚了一批来自欧美的传教士。

兴办学校，传播西学，是传教士借以扩大影响、进一步达到传教目的的重要手段。1815年，马礼逊提出创办马六甲书院的设想，得到有关方面的支持。学校最终定名为英华书院（The Anglo-Chinese College），于1818年11月11日在马六甲奠基，同年开学。米怜任院长，马礼逊任校监。

根据马礼逊、米怜所拟《马六甲筹组英华书院计划书》，书院涵盖中学、小学，以中、英文交互进行教学。这样，一则造就欧人学习中国语言文字，二则让素习中文的中国、印支及中国东部诸藩属如琉球、高丽、日本等民族的学生，皆能以英语从事西欧文学及科学的学习。聘任中、西籍教习均以基督教徒为限。在课程上，对于欧籍学生，除必修中国语文外，根据学生的志愿选修宗教、文字、经济等科目；对于本土学生，以英语教授地理、历史、数学及其他有关学术和科学的各种科目。书院供给部分学生膳宿，有自我照顾能力并自愿者可寄宿校外，并设立基金以供本土贫寒学生维持生活。

英华书院在以后办学过程中实际分成小学、中学及中学以上程度两部分：小学部分不限于英华书院内，以英华书院主办的多所小学组成。中学及中学以上的学生在程度、年龄、国籍和所受课程方面均参差不齐，人数也较少，1818年初创办时仅7人，1839年达到70人的规模。

英华书院所培养的华人学生中，日后较为知名的有梁发、袁德辉、何进善等人。梁发可说是对中国近代社会产生巨大影响的人物，他是广东肇庆高明县（今高鹤县）人，1820至1821年在校，学习神学并获得奖学金，后来成为中国第一个华人传教士。1836年，洪秀全在广州参加科举考试时，有人在街头送给他一本由梁发编写的布道书，名为《劝世良言》，这是洪秀全第一次接触到的介绍西方宗教的小册子。它成为引导洪秀全进一步吸取基督教知识，最后创立"拜上帝教"的入门读物。

1842年中英签订《南京条约》后，英国霸占香港。为便于向华人传教和传学，1843年，英华书院正式迁往香港，1844年更名为英华神学院（Anglo-Chinese Theological Seminary），1856年停办。

英华书院尽管不是设在中国大陆本土，办学目的也只在"为宣传基督教而学习英文与中文"，但它是第一所主要面向华人的新式学校。该校毕业的部分华人学生，成为近代中国第一批西学的知情者。从传教士方面说，英华书院也为鸦片战争后教会学校的大量设立积累了经验，探索了路径，准备了人才。

马礼逊学校是最早设立于中国本土的、比较正式的教会学校，因纪念马礼逊而得名。1834年8月，马礼逊在澳门去世。1835年1月，在澳门、广州等地的外国人中开始传阅一份成立"马礼逊教育协会"的倡议书，得到部分传教士和来华商人的签名响应，筹集到4860镑基金，并组成了临时筹委会。1836年9月28日，马礼逊教育协会在广州美国商馆正式宣告成立，通过了《马礼逊教育协会章程》,确定其宗旨为"以学校或其他方法促进或改善在中国之教育"。与此同时,作为协会各项事业中的重要一项,他们积极筹备马礼逊学校,并在《马礼逊教育协会章程》的附则部分对马礼逊学校有关学生、教师和课业的原则作了说明,明确学校兼采中英文教科书,教授学生阅读、写作、算术、地理及其他科学知识。学校为学生提供《圣经》课程,并给予指导和帮助,但不作为学生入学的条件(主要是为了避免中国政府和社会的疑忌)。

1834年,伦敦会女传教士郭士立夫人(其丈夫郭士立为德国人)在澳门创办女塾一所。1835年,马礼逊教育协会筹设马礼逊学校,先期招生男童2人,附读于郭士立夫人所设女塾。后来对中国近代留学教育作出重大贡献的爱国人士容闳,便是其中之一。1839年初,因清政府厉行禁烟政策,中英关系紧张,英国蓄意发动战争,女塾因此停办。1839年11月,独立的马礼逊学校始在澳门成立,由美国人布朗(1810—1880年)主持并任教师。除增添新生外,原附读于郭士立夫人女塾的学生也陆续来校复课。

1842年11月,马礼逊学校迁往香港,成为香港开埠后的第一所学校,随校迁港的学生有11名,至1844年学生发展至32名。学生按程度分第一、第二、第三、第四班,课程包括中文科和英文科,英文科计有天文学、历史、地理、算术、代数、几何、初等机械学、生理学、化学、音乐、作文等课目,中文科计有四书、《易经》、《诗经》、《书经》等课目。中文科由华人任教,英文科由英美人任教。1847年1月,布朗离港回美,1850年马礼逊学校因故停办。在马礼逊学校接受教育的学生中,日后知名的有容闳、黄宽、黄胜等人,其中以容闳对中国近代教育影响最大。

马礼逊学校是一所专门为华人开办的学校。它以丰富的西学课程充实了在此求学的中国青年,开阔了他们的知识视野,形成了他们的近代社会观念的基础。有些人从此出发,成为近代中国不可多得的人才。

## 二、教会学校的竞相设立

1842年,中英签订《南京条约》,割让香港,开放广州、福州、厦门、宁波、上海为通商口岸。其他西方列强接踵而来,强迫清政府签订了一系列不平等条约。他们在政治、经济上加强对中国的控制和掠夺的同时,也获得了在"五口"进行宗教活动的特权,如1844年签订的中法《黄埔条约》第二十二款就明确规定:"佛兰西人亦一体可以建造礼拜堂、医人院、周急院、学房、坟地各项。"①各国又利用不平等条约中有关片面最惠国待遇的条款,恣意引申。清政府与一国有约,他国援例权益均沾。

凭借不平等条约的保护,西方传教士纷纷来华传教、办医院、办学校。到1860年,天主教耶稣会在江南一带已发展教徒7.7万余人,有传教据点400余处,传教士约50人,天主教小学90所②;基督教传教士约100人,教徒约2000人③,设于"五口"的基督教新教小学就达50所、学生1000余人。表10-1是两次鸦片战争期间设于香港和上述五个通商城市确切可考的教会学校。

---

① 朱有瓛、高时良主编:《中国近代学制史料》第四辑,华东师范大学出版社1993年版,第25页。
② 顾长声:《传教士与近代中国》,上海人民出版社1981年版,第107页。
③ 顾长声:《传教士与近代中国》,上海人民出版社1981年版,第117页。

表 10-1　中国近代早期教会学校名录(1842—1860)[①]

| 年份 | 地址 | 校名 | 创办单位、创办人 | 备　注 |
|---|---|---|---|---|
| 1842 | 香港 | 马礼逊学堂 | 马礼逊教育协会,布朗 | 由澳门迁来 |
| 1842 | 香港 | 宏艺书塾 | 浸礼会,叔未士 | |
| 1843 | 香港 | 英华书院 | 伦敦会 | 由马六甲迁来 |
| 1844 | 宁波 | 宁波女塾 | 爱尔德赛 | |
| 1844 | 香港 | 女子寄宿学校 | 浸礼会,叔未士夫人 | |
| 1845 | 宁波 | 崇信义塾 | 长老会,麦加缔等 | |
| 1845 | 澳门 | 男子寄宿学校 | 长老会,哈巴安德 | 1850年迁广州 |
| 1846 | 香港 | 英华女学 | 伦敦会 | |
| 1847 | 上海 | 怀恩小学 | | 后改为上海市四川中学 |
| 1848 | 福州 | 福州男塾 | 美以美会,柯林 | |
| 1849 | 上海 | 徐汇公学 | 法国天主教,晁德莅 | 后改为徐汇中学 |
| 1850 | 厦门 | 厦门男塾 | 伦敦会,亚历山大·施敦力 | |
| 1850 | 广州 | 男子日校 | 长老会,哈巴安德 | 由澳门迁来,1856年停办 |
| 1850 | 香港 | 圣保罗书院 | 圣公会 | 一说创办于1843年 |
| 1850 | 上海 | 英华学塾 | 圣公会 | |
| 1850 | 上海 | 裨文女塾 | 公理会,裨治文夫人 | 后改为上海市第九中学 |
| 1850 | 上海 | 女塾 | 浸礼会,碧架 | |
| 1850 | 福州 | 福州女塾 | 美以美会,麦利和夫人 | |
| 1851 | 上海 | 石室小学 | 法国天主教 | 初为读经班 |
| 1851 | 上海 | 文纪女塾 | 美国传教士,琼司 | 后改为圣玛利亚女校 |
| 1851 | 上海 | 男塾 | 圣公会,吕底亚 | |
| 1851 | 香港 | 女塾 | 浸礼会,约翰夫人 | |
| 1852 | 上海 | 仿德小学 | 法国天主教 | 后改为董家渡路第二小学 |
| 1853 | 上海 | 明德女校 | 法国天主教 | 后改为上海市蓬莱中学 |
| 1853 | 广州 | 女子日校 | 长老会,哈巴安德 | |
| 1853 | 广州 | 寄宿学塾 | 长老会,哈巴安德 | |
| 1853 | 福州 | 男童寄宿学塾 | 公理会,卢公明 | 后发展为格致书院 |
| 1854 | 福州 | 女童寄宿学塾 | 公理会,卢公明夫人 | 后发展为文山女塾 |
| 1854 | 广州 | 女子学塾 | 循道会,俾士夫人 | |
| 1855 | 上海 | 男子日校 | 长老会 | |
| 1855 | 上海 | 女子日校 | 长老会 | 后并入裨文女塾 |
| 1855 | 上海 | 徐汇女校 | 法国天主教 | 后改为上海市第四中学 |
| 1855 | 上海 | 经言小学 | 法国天主教 | |

---

[①] 参考熊月之:《西学东渐与晚清社会》,上海人民出版社1994年版,第288—289页。

(续表)

| 年份 | 地址 | 校名 | 创办单位、创办人 | 备注 |
|------|------|------|----------------|------|
| 1856 | 厦门 | 真道学堂 | 长老会 | |
| 1856 | 福州 | 寄宿义塾 | 美以美会 | |
| 1857 | 宁波 | 女子学校 | 长老会 | 将爱尔德赛所办女塾并入 |
| 1859 | 福州 | 毓英女校 | 美以美会 | |
| 1860 | 上海 | 清心男塾 | 长老会,范约翰 | 后发展为清心中学 |

两次鸦片战争时期的教会学校集中在五个开放通商的沿海城市和香港。大多附设于教堂,规模小,开始时一般不满10人,有的只有两三个学生;程度低,绝大多数是相当小学程度的学塾。办学目的是为"传播福音开辟门路",在中国人中培植一批传教助手,从而扩展传教的范围,加快宗教影响的速度。招生对象以贫苦人家的孩子为主,有些学生父母已经信教成了教徒,还有一些无家可归的难童。为吸引学生,早期教会学校多免收学费和膳食费,甚至还提供衣服和路费等。

教会女学在招生时更加困难,首要原因是受中国社会"女子无才便是德"的传统观念影响;其次是中国的门户刚刚开放,国人对西人的文化教育生活还很陌生;更重要的是,西方列强是以鸦片和大炮与中国人民相见的,这不能不引起中国人民的反抗和仇恨。尽管传教士是以慈善的面目出现的,但要消除中国社会对教会学校的疑忌还必须费一番努力。1844年,伦敦会女传教士爱尔德赛创办宁波女塾时,便引起当地民众的种种猜疑。在传教士的种种努力下,全国教会女学生的人数呈增长趋势。爱尔德赛所办的宁波女塾,在1845年只有学生15名,到1852年学生增至40名。[①]

### 三、教会学校的发展

第二次鸦片战争后,西方列强通过与清朝政府新签或修订的一系列不平等条约,进一步夺取了自由进入中国内地传教、通商、租买土地建造教堂、学校等特权,教会学校也随之由原来的五个通商口岸发展到内地,数量迅速增加。同时,西方列强在中国开办的企事业日益增多,包括被它们控制的中国海关、邮局等重要部门。另外,随着洋务运动的开展,各种洋务事业也不断发展,这些都需要越来越多的新式人才,因而促进了教会学校的发展。

近代中国教会教育主要由基督教各差会和天主教各修会举办。19世纪60年代以后,在基督教办学层次不断提高的情况下,天主教教会学校虽然数量不断增加,但仍停留在初等教育层次,中等程度学校寥寥无几,因此影响远远不及基督教教会学校。以下以基督教教育为主进行介绍。

教会学校的发展可大致划分为两个阶段:

第一阶段从19世纪60年代初到1876年,教会学校数量由60年代初的不足200所[②]发展到1876年的大约800所,学生人数达到两万人左右(其中基督教传教士开办的情况如表10-2),其余为天主教开设。这一阶段的教会学校仍以小学为主,但已有少量中学出现,约占学校总数的

---

[①] 朱有瓛、高时良主编:《中国近代学制史料》第四辑,华东师范大学出版社1993年版,第263—264页。
[②] 参阅本书第十章第三节,1860年天主教小学90所,基督教新教学校可考者约50所。

7%。从下表可知,女生占了相当的比例。①

表 10－2

| 男日校数<br>(学生数) | 177 所<br>(2991 人) | 男寄宿校数<br>(学生数) | 31 所<br>(647 人) | 传道学校数<br>(学生数) | 21 所<br>(236 人) |
|---|---|---|---|---|---|
| 女日校数<br>(学生数) | 82 所<br>(1307 人) | 女寄宿校数<br>(学生数) | 39 所<br>(794 人) | 学校总数<br>(学生总数) | 350 所<br>(5975 人) |

  第二阶段开始于1877年的第一次基督教传教士大会。基督教势力在中国的发展和传教活动不断扩大,但这些传教士是由不同的差会派遣来华的,国籍也不尽相同,传教士之间甚至经常为争夺传教范围而发生摩擦。就教会学校而言,大多依附于教堂,为传教服务,独立性不强。为了促进传教活动的协调,加强传教士之间的联系与交流,1877年5月10—24日,在华基督教传教士在上海举行第一次传教士大会。在这次大会上,美国传教士狄考文根据他在山东办学的经验,作了题为《基督教会与教育》的讲演,强调教会学校对中国基督教事业发展的重要作用。他指出"教育在培养把西方文明的科学、艺术引进中国的人材方面,十分重要","教育在中国是晋升到上等阶层的最佳途径"等;呼吁"基督教教会应把教育列为工作的一个重要组成部分"。狄考文的演讲虽然在大会上并没有得到普遍赞同,但在以后的年代里,传教士们在这一点上逐渐形成共识。

  大会之后,基督教教会学校改变了过去零星分散、各自为政的状态,加强了相互之间的联系。在教会内部,教会学校的独立性加强了,并着手讨论和解决教会教育的具体问题,如教科书、课程设置、师资培训、考试制度及教学方法等,从而加速了教会学校的制度化发展。到19世纪末,教会学校总数增加到2000所左右,学生数增加到4万人以上。增加的数量不算多,但层次更高了,中等学校占10%,很多学校在中学的基础上发展了大学班级。大学生总数虽不到200人,但表明教会大学在逐渐形成之中。② 此时,天主教教会在办学层次上已远不及基督教教会。基督教教会学校尤以美国基督教各差会开办的最多,据李杕《拳祸记》记载:1898年,美国传教士在中国拥有155个教会和849个分会,开办初等学校1032所,学生16310人;中等以上学校74所,学生3819人。③

  这一时期设立的教会学校,其比较著名者按年列举如下。④ 1864年:公理会裨治文夫人在北京设立贝满女学(此乃华北第一所女学,后发展为贝满女中);长老会狄考文在山东登州创办蒙养馆(后改为登州文会馆,即齐鲁大学前身)。1865年:长老会丁韪良在北京设立崇实馆。1867年:公理会在通州设立潞河书院(后发展为华北协和大学,并进而发展为燕京大学)。1870年:美国归正会在厦门鼓浪屿设立毓德女中。1871年:圣公会在武昌设立文氏学堂(1891年改为文华书院);美以美会女差会在福州设立毓英女学,监理会在苏州设立存养书院(后改为博习书院)。1874年:法国天主教圣母会在上海设立圣芳济学堂(后改为圣芳济中学)。1879年:圣公会教士施约瑟将1865年设立的培雅书院和1866年设立的度恩书院合并为圣约翰书院(后发展为上海圣

---

① 参考陈景磐编:《中国近代教育史》,人民教育出版社1979年版,第65页;顾长声著:《传教士与近代中国》,上海人民出版社1981年版,第227页。
② 顾长声:《传教士与近代中国》,上海人民出版社1981年版,第228页。
③ 转引自陈景磐编:《中国近代教育史》,人民教育出版社1979年版,第65页。
④ 参考熊月之:《西学东渐与晚清社会》,上海人民出版社1994年版,第291—292页。

约翰大学)。1881年:圣公会将上海文纪、裨文两女塾合并,成立圣玛利亚女校;美以美会在福州设立鹤龄英华书院。1882年:监理会林乐知在上海设立中西书院(后与苏州的博习书院等合并,发展为东吴大学)。1884年:美以美会在重庆设立男塾(后发展为求精中学)。1885年:美长老会在广州设立格致书院(后发展为岭南大学)。1886年:法国天主教在上海设立中法学校(后改为光明中学)。1888年:浸礼会在广州设立培道女中;美以美会在南京创办汇文书院(后发展为金陵大学)。1890年:监理会教士林乐知在上海设立中西女塾(后改为中西女中,1952年改为上海市第三女子中学)。1894年:法国天主教在上海设立善导学堂(后改为善导中学)。这一时期还出现传教士与中国官绅共同创办新式学堂的情况,如1873、1874年间创办的上海格致书院,即为此类学堂的典型。

随着洋务运动的发展,多数教会学校,特别是位于沿海通商口岸的教会学校,已不再免费招收穷苦人家的孩子,而是吸收新兴资产阶级家庭和其他富裕家庭的子弟,收取较高的学费。这样不仅可以提高教会教育的影响力,还能在进行文化渗透的同时获取经济利益。

### 四、从"学校与教科书委员会"到"中华教育会"

1877年5月,第一次在华基督教传教士大会在上海举行。参加大会的有来自全国各地的126名基督教传教士。为适应教会学校的发展,规范教会学校的教学内容,大会决定成立"学校与教科书委员会"(School and Textbook Series Committee),当时中文名称为"益智书会"。这是近代第一个在华基督教教会的联合组织。委员会成立后,即开会议决编写初、高级两套中文教材,其科目包括:

1. 初级和高级的教义问答手册,以直观教学课的形式,各分三册。
2. 算术、几何、代数、测量学、物理学、天文学。
3. 地质学、矿物学、化学、植物学、动物学、解剖学和生理学。
4. 自然地理、政治地理、宗教地理和自然史。
5. 古代史纲要、现代史纲要、中国史、英国史、美国史。
6. 西方工业。
7. 语言、文法、逻辑、心理哲学、伦理科学和政治经济学。
8. 声乐、器乐和绘画。
9. 一套学校地图和一套植物与动物图表,用于教室张贴。
10. 教学艺术,以及任何以后可能被认可的其他科目。[①]

委员会还提请编者注意:使用统一的术语;充分照顾中国文字、民族格言、风俗习惯特点;在保证"具有严格的科学性的同时,抓住一切机会引导读者注意上帝,罪孽和灵魂拯救的全部事实"[②]。

"学校与教科书委员会"成立后,推动了教会学校的教材编写工作。所编教科书除供应教会学校外,也赠送给各地传教区的私塾应用,促进了基督教教士、教会和学校之间的联系和交流。

---

[①] 朱有瓛、高时良主编:《中国近代学制史料》(第四辑),华东师范大学出版社1993年版,第33—34页。
[②] 朱有瓛、高时良主编:《中国近代学制史料》(第四辑),华东师范大学出版社1993年版,第35页。

根据 1890 年统计,"学校与教科书委员会"出版和审定的教科书情况如下表:

表 10-3①

| 科目类别 | | 算学 | 科学 | 历史 | 地理 | 道学 | 读本 | 拼音 | 其他 | 合计 |
|---|---|---|---|---|---|---|---|---|---|---|
| 出版 | 种数 | 1 | 21 | 4 | 5 | 12 | 1 | 0 | 6 | 50 |
| | 册数 | 1 | 25 | 15 | 5 | 16 | 3 | 0 | 9 | 74 |
| 审定 | 种数 | 7 | 24 | 0 | 4 | 7 | 0 | 0 | 6 | 48 |
| | 册数 | 10 | 62 | 0 | 4 | 20 | 0 | 0 | 19 | 115 |

注:科学类包括理化、生物、矿物、工艺、生理卫生、医药等;道学类包括哲学与宗教两项;读本类指 Chinese Reader 而言;拼音类指罗马拼音书籍。

此外,还出版各类教学用图表 40 幅。

1890 年 5 月 7—20 日,第二次"在华基督教传教士大会"在上海召开,将 1877 年成立的"学校与教科书委员会"改组为"中华教育会"(The Educational Association of China),议定每三年召开一次大会。

根据《中华教育会章程》(1890 年大会制定通过,1893 年大会修正),教育会干事部由会长、副会长(2 人)、总编辑、秘书、会计 6 人组成,另设执行和出版两个委员会。执行委员会由正、副主席和秘书 3 人组成;出版委员会由主席和若干名秘书共 7 人组成。所有干事部成员均参加另外两个委员会,其中总编辑为执行委员会的当然委员(一般任主席)。所有成员三年改选一次。在 1890 年大会上,狄考文当选为首任会长,兼任出版委员会主席;傅兰雅当选为干事部总编辑,兼任执行委员会主席和出版委员会首席秘书。该章程规定:"凡正在和曾经从事教育工作,或办学校,或编教科书的基督教各差会成员,都得为本会会员。"

中华教育会标榜"以提高对中国教育之兴趣,促进教学人员友好合作为宗旨",对整个在华基督教教育进行指导。通过对中国教育进行调查,办杂志和各种讲习会、交流会、演讲会,并鼓励个人之间以通信的方式推广教育经验,策划教育方针和具体措施。还在基督教教会学校推行公共考试计划,其步骤是:先收集在华各类教会学校和学院开设的学习科目;然后据此制定一个能包括每个学校要求的全面计划;制定出推荐给每门学科的教科书书单;根据学习年限的长短,设置不同的课程,并确定一定的程度标准,由各分会负责,每年或半年在各传教中心举行一次考试,检查一般的宗教内容和其他选修课程,向所有达到本会要求的人颁发不同层次的文凭或证书。② 按照规划,1893 年大会如期在上海举行,大会主席美国传教士潘慎文在开幕词中说:必须在中国大力推广基督教教育,以"打破中国人的傲慢和除去中国人的惰性"。这次大会就传统儒经、英语在教会学校中的地位进行了更广泛的讨论。

中华教育会扩大了工作范围,强调工作的经常性和规范性,后来实际上成为中国基督教教会教育的最高领导机构,对当时中国教育的发展产生过较大的影响。

## 五、教会学校的课程

教会学校的课程设置经历了由各自为政逐渐走向统一的过程。在 1877 年之前,各校基本由

---

① 此表参考朱有瓛、高时良主编:《中国近代学制史料》(第四辑),华东师范大学出版社 1993 年版,第 63 页中的表格制成。
② 朱有瓛、高时良主编:《中国近代学制史料》(第四辑),华东师范大学出版社 1993 年版,第 43 页。

主办者自行选择、编写教材,自行安排课程。1877年第一次基督教传教士大会上设立"学校与教科书委员会",就是希望通过统一编译教科书的方式引导课程朝规范化发展。从1890年第二次基督教传教士大会开始,对课程统一问题有了较多的关注,并成为中华教育会努力推行的事项。其课程设置一般包括宗教、外语、西学、儒学经典等。

## （一）宗教

这是教会学校必开的主课,除课程表里列有宗教课程外,学生还参加弥撒、做礼拜等其他活动,大部分学校都规定宗教课程不及格者不能升级。但也有鲜见的特例,如上海中西书院在课程规划中就不列宗教课程,学生是否听讲圣经,"以各随自便,毋稍勉强之"。

## （二）外语

1861年,冯桂芬在《采西学议》中提到,教会学校开设外文已不是个别现象。1865年,上海英华书院为适应中外交往和工商买办型人才的需要,决定"认真地教授英语。学生在校期间,如果英语熟练,条件许可的话,还可进行一些其他课程的英语教学"[①]。这显然已有意将英语提升到教学语言的位置。1877年,基督教传教士大会上尽管对是否应加强教会学校的英语教学产生争论,但以后英语却越来越受到重视。1890年,基督教传教士大会上再次对这一问题展开争论时,大多数人已赞同教会学校应普遍开设外语。在争论中,狄考文虽持激烈反对的态度,但也认为"一方面教以有限的英语",另一方面"授予优化的中文教育",是一种"实际的做法"[②],并不完全排斥英语课程。从整体上来讲,19世纪90年代后,教会学校已普遍开设外语课程,有些学校已用之作为教学语言。

## （三）西学

早期的教会学校程度较低,但一般都开设有数学、天文、地理等课程。随着学校层次的提高,开设相当数量的数学、物理、化学课程和其他科技课程。高等级的学校也开设一定数量的人文社会学课程,如哲学、逻辑学、经济学等。因为洋务运动开始后,西方科技越来越受到中国人的重视,传教士认为只有"培养受过基督教和科学教育的人,使他们能够胜任中国的旧式士大夫",才能"从受过儒家思想教育的人那里夺取他们现在所占有的地位"[③]。

## （四）儒学经典

早期的传教士视儒家文化和基督教文化为势不两立,但他们的传教活动受到儒家思想的强烈抵制,迫使传教士不得不有所妥协,正如有些传教士所言:"我们不能和中国经书相处,而我们不能不和它相处。"[④]同时,教会学校要使培养的学生能对中国一般民众产生影响或居于领袖地位,就必须适应中国的文化教育背景甚至通过科举考试取得功名。19世纪70年代后,教会学校一般都开设相当数量的儒经课程。1890年基督教传教士大会上,美国传教士潘慎文建议教会学校要以1/3—1/2的时间学习经书,"每个学生要熟记'四书'、《诗经》和《史记》"。但强调对于儒经

---

[①] 转引自顾长声:《传教士与近代中国》,上海人民出版社1981年版,第231页。
[②] 朱有瓛、高时良主编:《中国近代学制史料》(第四辑),华东师范大学出版社1993年版,第101页。
[③] 陈学恂主编:《中国近代教育史教学参考资料》(下册),人民教育出版社1987年版,第10、15页。
[④] 朱有瓛、高时良主编:《中国近代学制史料》(第四辑),华东师范大学出版社1993年版,第126页。

中的"异端学说和伪科学",要通过基督教和自然科学的教学予以抵消。①

作为实例,现将上海中西书院和山东登州文会馆的课程设置列表如下(表10-4、表10-5):

**表10-4　上海中西书院课程规划(1881年)②**

| 第一年 | 认字写字、浅解辞句、讲解浅书、习学琴韵。年年如此。 |
|---|---|
| 第二年 | 讲解各种浅书、练习文法、翻译字句、习学琴韵、习学西语。年年如此。 |
| 第三年 | 数学启蒙、各国地理、翻译选编、查考文法、习学琴韵、习学西语。 |
| 第四年 | 代数学、讲求格致、翻译书信、习学琴韵、习学西语。 |
| 第五年 | 考究天文、勾股法则、平三角、弧三角、习学琴韵、习学西语。 |
| 第六年 | 化学、重学、微分、积分、讲解性理、翻译诸书、习学琴韵、习学西语。 |
| 第七年 | 航海测量、万国公法、全体功用、翻译作文、习学琴韵、习学西语。 |
| 第八年 | 富国策、天文测量、地学、金石类考、翻译作文、习学琴韵、习学西语。 |

**表10-5　登州文会馆课程规划表(1891年)③**

| | | |
|---|---|---|
| 备斋 | 第一年 | 官话问答全(指教义问答);马太六章(即《圣经·新约》若干章);孟子(上);诗经选读(一、二);分字心算;笔算数学(上)。 |
| | 第二年 | 以弗所罗西书(即《圣经·新约》若干章);圣经指略(下);诗经选读(三、四);孟子(下);唐诗选读;笔算数学(中);地理志略;乐法启蒙。 |
| | 第三年 | 诗篇选读(即《圣经·旧约》的一部分);圣经指略(上);书经(一、二);大学中庸;读作文章韵诗;笔算数学(下);重学;地理志略。 |
| 正斋 | 第一年 | 天道溯源;书经(三、四);诗经(全);论语;读作诗文(后改读作策论经义);代数备旨。 |
| | 第二年 | 天路历程;礼记(一、二);书经(全);孟子;读作诗文;形学备旨;圆锥曲线;万国通鉴。 |
| | 第三年 | 救世之妙;礼记(三、四);诗经;大学中庸;读作诗文;八线备旨;测绘学;格物(力、水气、热、磁);省身指掌。 |
| | 第四年 | 天道溯源;左传(一、二、三、四);礼记(一、二、三);书经;读作诗赋文;量地法;航海法;格物(声、光、电);地石学。 |
| | 第五年 | 罗马书(《圣经·新约》的一部分);礼记(四);左传(五、六);读作诗赋文;代形合参;物理测算;化学;二十一史约编;动植物学。 |
| | 第六年 | 心灵学;是非学;易经(全);系辞;读文;作文(七日二课)微积分;化学辨质;天文揭要;富国策。 |

注:1864年狄考文在登州创办蒙养学堂(相当于小学),1873年设立正斋(相当于中学),1876年正式改名为登州文会馆。备斋相当于小学。

从表10-4和10-5中可以看出,上海中西书院不设宗教课程,登州文会馆不设英语课程(狄考文是反对教会学校强化英语教学的代表),均属特例。合两校而观之,可知教会学校的整体课程情况。

### 六、教会学校的性质和影响

教会学校是西方世界殖民扩张的产物。传教士宣称要以"基督教征服世界",使中国完全基

---

① 朱有瓛、高时良主编:《中国近代学制史料》(第四辑),华东师范大学出版社1993年版,第130页。
② 朱有瓛、高时良主编:《中国近代学制史料》(第四辑),华东师范大学出版社1993年版,第286—287页。
③ 陈学恂主编:《中国近代教育史教学参考资料》(下册),人民教育出版社1987年版,第224—225页。

督教化,向中国传播西方的科学和文明。事实上,传教士的活动领域并不限于文化和宗教,即使是传教士所从事的文化教育活动,其目的也不是单一的,而是与各宗主国的政治、经济甚至军事目的紧密结合的,带有强烈的殖民性质。

教会学校的存在,是近代中国半殖民地的国家地位在教育上的反映。19世纪后期,西方传教士在华开设的一大批教会学校,没有一所在中国政府立案。它是以武力开道,以不平等条约为保护伞的。清政府在自己办理的洋务学堂里明确禁止洋教习有传教行为,表明对教育领域内洋教的顾忌;但对教会学校如何教育中国儿童和青年,则只能任凭传教士的愿望,基本无力制止。这是教育主权不能独立的表现。教育主权是国家主权的一部分,一个主权完整的国家不会允许其教育主权受到如此公然的侵犯。

教会学校同时也是中国传统教育向近代教育过渡的促进因素。教会学校与洋务学堂被并称为新式学堂,但教会办学的整体规模大于洋务教育的规模。除宗教课程外,教会学校的课程设置和洋务学堂并无显著差别,特别是其中的"西文"和"西艺"部分,都是当时中国人急需了解的西学成分。教会学校的广泛设立,无疑加速了西学在中国的传播进程。教会学校毕竟来自相对先进的资本主义国家,它在学校教学体制、课程规划、教学方法、考试管理等各方面,都具有近代教育的特征。这样,教会学校就成了中国人学习西方教育的"样本"。通过教会教育这个渠道,中国人逐渐开阔了教育的视野,如开放女子教育,设立学前教育机构,都是从教会教育开始的。中国教育由传统教育向近代教育转变的起步阶段,需要大批懂"西学"的新式教师,但当时非常缺乏。教会学校的毕业生至少在知识结构上符合新式教育的需要,成为洋务时期乃至维新时期、清末新政时期新式学堂教师的重要来源。

## 第三节 洋务教育及中国教育近代转化的启动

洋务运动发生发展于19世纪60年代至90年代。1861年1月,因奕䜣等人的奏请,清政府批准设立"总理各国事务衙门",作为总揽洋务全局的中央枢纽。这标志洋务运动的开始。1895年,中国在甲午战争中彻底失败,清政府与日本签订割地赔款、丧权辱国的《马关条约》。在此之后,洋务运动虽余波未平,甚至还有局部的发展,但从此逐渐让位于资产阶级改良派发起的维新变法运动。

洋务运动时期的中国教育仍然以传统的封建教育为主体,但在传统教育主体中萌生了近代新教育的幼芽。正是洋务派举办的新式学堂和留学教育,开辟了传统教育之外的另一番天地。

### 一、洋务学堂的创立和发展

(一)洋务学堂概览

兴办学堂,其目的在于培养洋务活动所需要的翻译、外交、工程技术、水陆军事等多方面的专门人才,其教学内容以所谓"西文"与"西艺"为主。从19世纪60年代至90年代,洋务派创办洋务学堂30余所,它们是随着洋务运动的展开而逐渐开办的,大致上可以分为外国语("方言")学堂、军事("武备")学堂和技术实业学堂三类。现将主要学堂按类列举如下:

1. **外国语("方言")学堂**

**京师同文馆** 1862年,恭亲王奕䜣奏请设立于北京。

上海广方言馆　1863年,江苏巡抚李鸿章奏请仿照京师同文馆之例设立于上海,初名"上海同文馆",1867年后改称本名。1870年2月,上海广方言馆正式移入江南制造局办学。

广州同文馆　1864年,广州将军瑞麟等奏请在广州开设。

新疆俄文馆　1887年,巡抚刘襄勤奏请在新疆设立。

台湾西学馆　1888年,巡抚刘铭传奏请仿京师同文馆章程在台湾设立。

珲春俄文馆　1889年,吉林将军长顺奏请在珲春设立,专门培养俄文翻译。

湖北自强学堂　1893年,湖广总督张之洞奏请在武昌开办。初设方言、格致、算学、商务四斋,但"惟方言一斋住堂肄业"。1896年改为专习泰西方言的外国语学堂,分为英文、法文、俄文、德文四门,1898年又添设东文(日文)。

### 2. 军事("武备")学堂

福建船政学堂　1866年,闽浙总督左宗棠奏请设立于福州。

上海江南制造局操炮学堂　1874年设立,学习科目有汉文、外文、算学、绘图、军事、炮法等,1881年改为炮队营。1898年炮队营并入江南制造局新设的工艺学堂(分化学工艺、机器工艺两科),工艺学堂隶属于上海广方言馆。

广东实学馆及广东水陆师学堂　广东实学馆又称西学馆,经先后担任两广总督的刘坤一、张树声等人奏请筹划,于1882年4月建成于广州黄埔,6月正式招生开学。仿照福建船政学堂,分制造和驾驶两科,但仅习英文而不学法文。1884年夏,张之洞接任两广总督,先改"实学馆"为"博物院",随即又改名为"广东水陆师学堂",并增添校舍,扩充规模。学生除从原实学馆学生挑选外,另从军营兵士和官学生员中遴选。其中水师学习英文,分管轮、驾驶两个专业;陆师学习德文,分马步、枪炮、营造三个专业。教师分别聘自英、德两国。

广东黄埔鱼雷学堂　1884年两广总督张之洞奏请设立,附设于广州黄埔水雷局,聘请德国人马驷为总教习。1904年并入广东水陆师学堂。

天津水师学堂　也称北洋水师学堂,经直隶总督李鸿章奏请设立,1881年落成开学。招收13—17岁已读过数年书的良家子弟。学生在堂时间为4年,学习内容有英文、地舆图说、数学、天象测量、驾驶诸法、化学格物等方面。而后上船实习("练船")一年。该学堂办学模式成为以后各水师学堂模仿的"样本"。

天津武备学堂　1885年由李鸿章奏请设立。学堂教师是从德国聘请来华协助练兵的军官,学员是从各营中挑选来的弁兵。学习年限约为一年,学习内容为"各种枪炮、土木营垒及行军布阵分合攻守各法",学习期满后发回各营"量材授事"。这是我国近代设立陆军军官学校之始,北洋军阀将领段祺瑞、冯国璋、曹锟、王士珍、段芝贵、吴佩孚等曾在该堂肄业。

北京昆明湖水师学堂　1886年,总理海军衙门大臣醇亲王奕譞奏请设立。校址位于北京昆明湖边,以便就湖演练。目的在培养满族海军人才,以便日后接替汉人掌握海军实力,因此,学生全是满籍。学堂课程、章程等均仿照天津水师学堂。

山东威海卫水师学堂　1890年北洋海军提督丁汝昌奏请在威海卫刘公岛设立,故又名刘公岛水师学堂,专门学习海军驾驶。甲午战争失败后停办。

江南水师学堂　由两江总督兼南洋大臣曾国荃奏请设立,1890年9月正式开办,又称南洋水师学堂。设有驾驶、管轮两科,并附设鱼雷专科。辛亥革命后停办。

旅顺口鱼雷学堂　1890年由北洋舰队设立,聘请德籍鱼雷专家为教习。课程以鱼雷为主,兼习德文及普通数学、航海常识等。先后毕业三届学生共23名,甲午战争后停办。

山东烟台海军学堂　1894年设立,只开设航海专科,先后毕业学生达233人。

江南陆师学堂　两江总督张之洞1896年1月奏请在南京设立。招收13—20岁文理通顺、能知大义之聪颖子弟,研习兵法、行阵、地利、测量、绘图、算术、营垒、桥路及德文等,并附设铁路学堂。西学教习聘自德国。1909年停办。

直隶武备学堂　1896年由督练新建陆军袁世凯奏请设立。学员从士兵中挑选,学习期限为2年,学习课目有兵法、战法、算学、测绘、沟垒、枪学、炮学、操法及德国语言文学等。

湖北武备学堂　1896年,湖广总督张之洞奏请在武昌设立。考选"仕进已有功名之人或世家子弟向多闻见之人入学"。功课分讲堂、操场两项,讲堂以明其理,操场以尽其用。讲堂功课有军械学、算学、测绘、地图学、各国战史、营垒桥道制造之法、营阵攻守转运之要。教习也主要聘自德国。张之洞特别强调学生在课程余暇要诵习"四书"等,以固中学之根柢,端正趋向。

3. 技术实业学堂

福州电报学堂　丁日昌于1876年4月奏请设立。先前有丹麦大北电报公司在厦门福州间及马尾擅自架设旱线,经营电报业,引起当地老百姓的不满并导致毁抢电线及器材的事件。1875年丁日昌任福建巡抚后,经与该公司多方交涉,将已架设的线路买回拆毁,电线及有关器材留存。并设立电报学堂,从广州、香港等地和福建船政学堂内选择学生,商请该公司派员教习电报原理、操作方法和有关设备的制造之法。这是我国最早的电报学堂。当时中国政府对发展电报业正举棋不定,尚未有自己的电报事业,丁日昌先行设学培养人才,可谓是一项有远见的举措。

天津电报学堂　1879年李鸿章从军需出发,架设从天津至大沽北塘海口炮台的电报线。1880年9月,他又奏请架设津沪电线并附及设立电报学堂。天津电报学堂于1880年10月正式开学,对培训我国电报业初创时期的人才起过重大作用。

上海电报学堂　19世纪80年代初,是我国近代电报业大发展的时期,津沪、沪汉、沪浙闽粤等乃至各省的电线相继架设,对电报人才的需求迫切,天津电报学堂的学生供不应求,乃于1882年在上海设立规模较大的电报学堂。

天津西医学堂　前身是1881年设立的"总督医院附属医学校"。总督医院是伦敦传教会医生梅琴兹于1880年在李鸿章资助下开办的新式医院,1881年梅琴兹建议对撤回国内的一些留美学生进行现代医学训练,以充任海陆军医官,因而设立附属医学校。1888年梅琴兹去世后,总督医院被伦敦传教会收买,李鸿章另建天津总医院,并于1893年将原来的附属医学校扩充而成北洋医学堂,即天津西医学堂,又称天津海军医学校。它是我国近代最早的官办西医学堂。

湖北矿务局工程学堂　原为湖北矿务局于1890年建立的一个矿石分析实验室,1892年发展为工程学堂。

山海关铁路学堂　1895年由津榆铁路公司在山海关创办,1900年义和团运动爆发后解散。这是我国最早的铁路学堂。

南京储才学堂　1896年2月,两江总督张之洞在南京创办,分交涉、农政、工艺、商务四门。1898年,继任两江总督刘坤一将其改名为江南高等学堂,后更名为南京格致书院。

在上述洋务学堂中,京师同文馆作为开端,福建船政学堂是办学极具成效的一所,历来受人注目,特另目着重介绍。

### (二) 京师同文馆

#### 1. 创立与发展

京师同文馆最初是作为外语学校设立的,是近代中国被动开放的产物。

鸦片战争后,中外交涉活动日渐纷繁,培养多方面外交人才,特别是外语人才的要求越来越迫切。但迟至19世纪60年代初,一直没有什么进展。1860年10月,英、法联军攻陷北京,《北京条约》签订,重新认定《天津条约》各项条款。中英、中法《天津条约》中都有两国交涉使用文种的规定,即以后在与中国的交涉中,只使用英文和法文,在三年内暂时配附汉文,待中国选派学生学习外文以后,即停附中文。如以后有关交涉文件中发生文

京师同文馆

词争议,均以英、法文为准。这一歧视性的规定,迫使清政府作出了开办外语学校的决定。

第二次鸦片战争结束后不久,1861年1月清廷应主持对外交涉事务的奕䜣等人奏请,批准在总理各国事务衙门下设立外语学馆。但因一时找不到合适的外语教习,迟迟没有开张。后经英国公使威妥玛推荐,聘请英国传教士包尔腾为英文教习。1862年6月11日(同治元年五月十五日),学馆终于在东堂子胡同的总理衙门内正式上课,定名为同文馆。开办之初,只设有英文馆,第二年添设俄文馆和法文馆,各馆学生均为10名,都是从八旗子弟中挑选,年龄在15岁以下。

京师同文馆设立不久,随着各地洋务事业的开展,洋务官员们越来越感到培养科技人才的重要。有人倡议在学习外国语言文字的同时,兼学西洋格致之学。1866年12月,奕䜣上奏朝廷,正式提出在京师同文馆内添设天文、算学馆(即科技馆)的请求,并提议以"满汉举人及恩、拔、岁、副、优贡,汉文业已通顺,年在二十以外者"和"前项正途出身五品以下满汉京外各官,少年聪慧,愿入馆学习者"为招生对象,"延聘西人在馆教习"①。奏请得到朝廷的批准。

显然,这一计划如能得到切实推行,对改变封建士大夫的知识结构,提高其近代科技修养,进而对推进洋务事业的发展将大有裨益,因此,引起了强烈反响,特别是守旧派士大夫的疑忌和非议。鉴于此,奕䜣再次上奏说明开设天文、算学馆的必要性和紧迫性,进一步建议将招生对象扩大到翰林院编修、检讨、庶吉士等官员,又一次得到朝廷的批准。于是,奕䜣等人遭到守旧派士大夫的公开抵制和攻击,引发了近代以来关于教育改革问题的第一场大争论。

山东监察御史张盛藻、大学士倭仁等一批高层官僚在争论中先后出场。张盛藻极力强调道德气节的重要性,指责奕䜣等人拟议采取鼓励科甲人员学习科技知识的措施是"借升途、银两以诱之,是重名利而轻气节"②。张盛藻的奏议被同治皇帝以"著毋庸议"予以否定后,同治皇帝的师傅倭仁很不甘心,又上疏重述张盛藻的观点说:"立国之道,尚礼义不尚权谋;根本之图,在人心不在技艺。"除此之外,他更耸言"奉夷人为师"的危害,认为"夷人吾仇也",向夷人学习,乃是一种忘记"仇耻"的行为,同时也是上夷人借机传教的当,这样必将于"数年以后,不尽驱中国之众咸归于

---

① 高时良编:《中国近代教育史资料汇编·洋务运动时期教育》,上海教育出版社1992年版,第43页。
② 高时良编:《中国近代教育史资料汇编·洋务运动时期教育》,上海教育出版社1992年版,第7—8页。

夷不止"①。

这场历时半年之久的争论,在朝廷的干预下,形式上以倭仁的辞职(仍保留大学士衔)、奕䜣等人的胜利告一段落,实际上所造成的社会影响是负面的。在一片反对添设天文、算学馆的声浪中,原准备报考的正途人员退缩了。奕䜣等人不得不放宽报考条件,不再拘执于正途人员。1867年6月,天文、算学馆正式举行招生考试时,报名的98人实到72人,酌取30名,半年后又因程度低劣,经复试后仅留下10人,被并入英、法、俄文馆。所谓天文、算学馆已名存实亡,京师同文馆也处于衰落时期。

1869年11月,原来教授英文、万国公法等课程的美国人丁韪良受聘担任京师同文馆总教习,采取了一些改革措施,逐渐扩大了课程范围。上海广方言馆和广东同文馆也在1868年后陆续选送一些优秀学生来馆肄业。因此,70年代后京师同文馆有所发展。1871年,添设德文馆。1876年,馆中正式规定除外语外,学生还要学习数学、物理、化学、天文测算、万国公法、各国历史、地理等课程,使同文馆由单纯的外语学校发展成为一所以外语教学为主、兼习各门"西学"的综合性学校。同年,建立了中国近代最早的化学实验室和博物馆。1888年添设翻译处、天文台、格致馆,1895年又添设东文(日文)馆。1898年,在维新变法高潮中,京师大学堂成立,同文馆的科技教育部分归于京师大学堂。1902年1月(光绪二十七年十二月),京师同文馆并入京师大学堂。

2. 教师与学生

教师(教习)有外国人也有中国人,按职责可分为总教习、教习和副教习。

至1898年底,同文馆先后共聘请86名中外教习(不计副教习)。其中外国人50余名,大多从传教士中聘请,担任外语、天文、化学、格致、医学、万国公法等方面的教学任务;中国学者30余名,担任汉文、算学等方面的教习。副教习协助教习的教学工作,一般都是从优秀的高年级学生中挑选,他们仍不脱离学生的身份,需在馆学习、考试,每门课程设1—4人不等。

同文馆由总理各国事务衙门直接管理,校内最初并无专任长官。1869年聘丁韪良为总教习,总揽全馆教务。他于1894年因健康原因回国后,由英国人欧礼斐接任。

同文馆的规模不大,也不年年招生。初创时仅有学生10人,发展到1887年为120多人,这是在馆学生最多的时候。学生入学途径主要有三种:咨传、招考和咨送。初创时以咨传为主,对象为八旗子弟,方法是由各旗推荐,再由总理各国事务衙门择优录取,年龄一般在15岁以内。招考始于1867年添设天文、算学馆的时候,以后在1870年、1878年、1885年举行过三次招考。每次准考对象和招生人数不一,如1885年招考范围较广,凡15岁以上、20岁以下文理通顺者,不分满汉,皆可报考;对于举贡生监,具备一定天文、算学和外文基础者,不限年龄。结果应考者达394人,经初试、复试后录取108名,这是历届录取人数最多的一次。咨送生由上海广方言馆和广东同文馆从本馆优秀生中选送。从1868年到1899年,上海分五批共咨送28名,广东分五批共咨送46名,他们多成为京师同文馆毕业生中的佼佼者。其实,在同文馆早期,因生员不足,由有关官僚、馆内教习甚至资深学生引荐而直接入馆的学生也不在少数。

在学生待遇和出路方面,体现了奕䜣当初"厚给薪水以期专致","优加奖叙以资鼓励"的思想。学生分成两类:一类称额内学生,享有津贴;另一类是额外学生,不享受津贴。京师同文馆开

---

① 高时良编:《中国近代教育史资料汇编·洋务运动时期教育》,上海教育出版社1992年版,第9页。

馆初期,都是额内学生。到七八十年代,西学开始有一定的吸引力,愿意到同文馆的人越来越多,才有额外生。

京师同文馆原为培养外语人才而设,所以毕业生中从事涉外工作,如就职海关、担任翻译和出任外交使节者不少。但随着洋务事业的发展和同文馆培养目标的调整,学生的出路非常广阔,其中在政府机构、军事部门、新式教育和实业部门任职者占大多数,也有一些参加科举而获取功名,或被送往国外进一步深造。

3. 课程和考试

京师同文馆的课程经历了不断丰富和逐渐规范化的发展过程。成立之初,课程仅为外文和汉文。1866年,丁韪良开设万国公法;1867年,添设天文、算学馆,陆续开设了一些"西艺"课程,当年中国教习李善兰来馆教授数学;70年代初,相继开设医学、生理学、化学等课程。1876年,按八年制和五年制的构想分别拟定了分年课程计划,表10-6是京师同文馆一份最完整的课程规划。

表10-6 京师同文馆分年课程计划(1876年拟定)[①]

| 年次 | 八年制课程规划 | 五年制课程规划 |
| --- | --- | --- |
| 第一年 | 认字写字。浅解辞句。讲解浅书。 | 数理启蒙。九章算法。代数学。 |
| 第二年 | 讲解浅书。练习文法。翻译条子。 | 学四元解。几何原本。平三角。弧三角。 |
| 第三年 | 讲各国地图。读各国史略。翻译选编。 | 格物入门。兼讲化学。重学测算。 |
| 第四年 | 数理启蒙。代数学。翻译公文。 | 微分积分。航海测算。天文测算。讲求机器。 |
| 第五年 | 讲求格物。几何原本。平三角。弧三角。练习译书。 | 万国公法。富国策。天文测算。地理金石。 |
| 第六年 | 讲求机器。微分积分。航海测算。练习译书。 | |
| 第七年 | 讲求化学。天文测算。万国公法。练习译书。 | |
| 第八年 | 天文测算。地理金石。富国策。练习译书。 | |

上述两类规划中,八年制作为常规安排,可望那些"汉文熟谙,资质聪慧者"有所成就。至于五年制,则是专门为那些年岁较大、不再有精力学习外文、只能借助译本来学习西艺的人安排的。

同文馆主要以考试来督促和检查学生的学业。日常考试分月课、季考、岁试三项,每届三年举行一次大考,由总理各国事务衙门主持,其成绩作为授官或降革的依据。

就办学成效而言,京师同文馆不能列入洋务学堂的前列,也未表现出比其他洋务学堂更鲜明的特点。它在近代中国教育史上的地位主要表现在:第一,它是洋务学堂的开端,也是中国近代新教育的开端。京师同文馆的设立,表明近代以来向西方学习开始由观念变为现实。正是由于它的"领头羊"作用,才有紧随其后的一批外国语言学校的创立和众多其他类型的洋务堂的涌现。第二,京师同文馆位于帝都北京,乃全国政治和文化中心,又为洋务中枢总理各国事务衙门直接统领,为社会关注的焦点。它的一些重要举措以及由此引起的争执往往能反映出各派关于教育改革的观点。以上两点,决定了京师同文馆在中国近代教育史上的地位和象征意义。

---

[①] 根据高时良编:《中国近代教育史资料汇编·洋务运动时期教育》,上海教育出版社1992年版,第86—87页内容绘制。

## （三）福建船政学堂

### 1. 创立和发展

福建船政学堂又称"求是堂艺局"或"福州船政学堂"，是福建船政局的组成部分。福建船政局也称"马尾船政局"或"福州船政局"，它由闽浙总督左宗棠于1866年奏请创办，是近代中国第一个、也是洋务运动时期最大的专门制造近代轮船的工厂。设立船政局的主要目的是造轮船以应军需，加强海防，有效地抵御列强的海上侵略；同时也鉴于两次鸦片战争后，航行于沿海及长江的洋行轮船日渐增多，而传统的船运业已面临破产，必须发展自己的近代船运业与之竞争。

在中国近代造船业的起步阶段，设备、人才、技术上都只能依赖外人。为了逐渐摆脱这种局面，左宗棠从一开始就十分明确地将设厂造船和培养人才紧密地联系在一起。他说：

> 夫习造轮船，非为造轮船也，欲尽其制造驾驶之术耳；非徒求一二人能制造驾驶也，欲广其传（，）使中国才艺日进，制造、驾驶展转授受，传习无穷耳。故必开艺局，选少年颖悟子弟习其语言、文字，诵其书，通其算学，而后西法可衍于中国。①

因此，福建船政学堂从一开始就被纳入船政局的整体规划之中。后来，受左宗棠推荐担任船政局大臣的沈葆桢也一再强调，"船政根本在于学堂"，"不重在造而重在学"②。1866年底，左宗棠在《详议创设船政章程折》里确定学校名称为"求是堂艺局"，并拟定《艺局章程》八条，对有关假日制度、生活待遇、考试奖罚、学习年限、师生管理以及学生毕业后的出路都作了规定。

1867年1月6日，在校舍尚未建成之际，福建船政学堂"借城南定光寺为学舍"，开始正式上课。初创时的学生约百余人，后来成为近代著名思想家的严复即其中之一。③学生是从闽、粤、浙、沪等地招来的十几岁的聪颖幼童，以及有一定文化知识和翻砂、金工等经验的青年工人。

学堂由前学堂和后学堂两部分组成，学制五年。前学堂专习制造技术，又称造船学堂。因认为法国的造船技术最先进，故多以法国人担任教习，学习法文。目标是培养能够设计制造各种船用零件并能进行整船设计的人才。课程有基本课程和实践课程，基本课程包括法文、算术、代数、画法几何和解析几何、三角、微积分、物理以及机械学等；实践课程包括船体建造、机器制造和操纵等。

后学堂学习驾驶和轮机技术。因认为英国的航海技术最先进，故多以英国人担任教习，学习英文。除英文外，驾驶专业的基本课程设有算术、几何、代数、平面三角、球体三角、航海天文学、航行理论、地理等；轮机专业的基本课程设有算术、几何、制图、发动机绘制、海上操纵轮机规则及指示计、盐重计和其他仪表的应用等。实践课驾驶专业主要是上船实习（"练船"）；轮机专业主要是在岸上装配发动机或为本厂所造船只安装发动机等。

1868年2月，前学堂内添设"绘事院"和"艺圃"。

绘事院的目标是培养生产用图纸的制作人员，包括船图和机器图的绘制和说明。课程有法语、算术、平面几何和画法几何，并有一门150匹马力轮机结构的详细分析课。

艺圃实际上是一所在职培训学校。学员是从船政局各生产部门招收的15至18岁"有膂力悟

---

① 中国史学会主编：中国近代史资料丛刊《洋务运动》（五），上海人民出版社1961年版，第28页。
② 朱有瓛主编：《中国近代学制史料》（第一辑上册），华东师范大学出版社1983年版，第338、340页。
③ 朱有瓛主编：《中国近代学制史料》（第一辑上册），华东师范大学出版社1983年版，第337、341页。

性"的青年工人，名曰"艺徒"。实行半工半读，学习年限为3年。这种通过工读结合形式有计划地培养生产和技术骨干的做法，实开我国近代职工在职教育的先声。

福建船政学堂初创时，教学人员基本上聘自英、法两国，其中有专职教师，不少聘来担任船政局指导工作的技术人员也兼任教师。1874年，大批教师和技术人员因合同期满回国，船政局留任并陆续重聘了一些外国教师。以后的教师逐渐中、外兼用，中国教师多为学成留校的早期学生。

1872年前后，是福建船政学堂的兴盛期，在校的学生和艺徒达到300余人。以后由于各种原因，学堂兴衰不定。1913年，福建船政学堂从船政局中析出，改组为三个独立的学校：前学堂改组为福州制造学校；后学堂改组为福州海军学校，直属民国政府海军部；"艺圃"改组为艺术学校。

### 2. 近代中国海军人才的摇篮

福建船政学堂从1867年开办，到1913年改组，历时近半个世纪。它是洋务学堂中持续时间最久的一所学校。在这期间，共毕业学生510名，其中前学堂造船专业毕业八届计143人；后学堂驾驶专业毕业十九届计241人，轮机专业毕业十一届计126人。① 他们在近代中国各项科技事业中发挥了重要作用。

福建船政学堂尤其在近代中国海军事业的发展中占有重要地位。首先，它为近代中国海军输送了第一代舰战指挥和驾驶人才。自19世纪70年代中期以后，福建船政局所造轮船的管驾大多由该学堂的毕业生担任。在清末抗击外来侵略的两次重大海战中，福建船政学堂毕业生都是骨干力量。1884年中法马尾海战中，福建水师各舰只的管驾，如福胜号管带吕瀚和管驾叶琛、振威号管驾许寿山、福星号管驾陈英、建胜号管驾林森林、飞云号管驾高腾云、扬武号管驾张成和副管驾梁梓芳等都是福建船政学堂的毕业生。他们绝大部分在海战中英勇顽强，以身殉国。北洋水师有11艘舰只的管带是福建船政学堂的毕业生，他们是镇远号管带林泰曾、定远号管带刘步蟾、致远号管带邓世昌、经远号管带林永升、来远号管带邱宝仁、靖远号管带叶祖珪、超勇号管带黄建勋、扬威号管带林履中、平远号管带李和、广丙号管带程璧光、济远号管带方伯谦。其中林泰曾、刘步蟾、邓世昌、林永升、黄建勋、林履中等在甲午黄海大东沟海战中殉国。其次，福建船政学堂为近代中国船舰制造业的发展写下了光辉的一页。1876年3月，在外国技术人员期满回国的情况下，经第一届造船专业学生汪乔年、吴德章等人的努力，船政局第一艘由中国科技人员独立设计制造的木质兵船"艺新号"下水试航，证明"船身坚固，轮机灵捷"。1880年代后，福建船政学堂留欧学生相继回国，把近代中国的船舰制造业推进到一个新的水平。

尽管进入19世纪80年代后，相继成立了多所海军军事学校，但福建船政学堂作为同类学堂的先驱和办得最久的一所，为这些学校输送了一批教师和管理人员。就所培养人才的数量和层次而言，是任何其他一所同类学校所难以比拟的。福建船政学堂无愧于"近代中国海军人才摇篮"的称誉。

### （四）洋务学堂的特点

洋务学堂与封建官学、书院、私塾等中国传统学校有显著的差异，因此人们常称其为新式学堂。所谓新，主要表现在培养目标、教学内容、教学方法和教学组织形式等方面。

---

① 张侠等编《清末海军史料》（上册），海洋出版社1982年版，第434—439页。高时良编：《中国近代教育史资料汇编·洋务运动时期教育》，上海教育出版社1992年版，第380—386页收载。

洋务学堂的培养目标是造就各项洋务事业需要的专门人才,广泛分布于外交、律例、水陆军事、机械制造、电报、矿务、铁路、冶炼、企业管理、科技出版和教育等诸多领域,它们属于提供专门训练的专科性学校。大多数洋务学堂带有部门办学的性质,是洋务机构的组成部分或附属单位,直接针对本部门和机构的需要培养人才。这和传统学校培养科举入仕的人才,有所不同。

在教学内容上,洋务学堂以学习"西文"、"西艺"为主,课程多包括外语、数学、格致、化学等一般性课程以及和各自专业相关的科学技术课程,注意学以致用。它明显区别于传统学校的经史义理和八股文章。

在教学方法上,洋务学堂能按照知识的接受规律由浅入深、循序渐进地安排教学内容,重视理解,一定程度上改变了偏重死记硬背的传统学风。洋务学堂注意教学中的理论与实践结合,很多学校安排有实践性课程,有的还建立了实习制度,不似传统学校完全把学生禁锢在书斋之中。

在教学组织形式上,洋务学堂普遍制定有分年课程计划,确定了学制年限,采用班级授课制,突破了传统的进度不一的个别教学形式。

然而,洋务学堂是套种在传统封建教育体制边上的幼苗,植根于半殖民地半封建社会的土壤,难脱其桎梏和影响,又表现出新旧杂糅的特点。首先,洋务学堂是洋务大臣们各自为政办起来的,零星分散,缺乏全国性的整体规划和学制系统。学校与学校之间是相互孤立的,上下、同级之间没有形成规范的程度标准,没有明确的界限和衔接关系。像上海广方言馆和广州同文馆向京师同文馆输送生员的现象,体现了传统官学体制中地方向中央贡士的观念。事实上,沪、粤两馆的办学质量和所选送学生的水平都不在京师同文馆之下。

其次,在"中学为体,西学为用"的总原则下,洋务学堂必然在传授西文西艺的同时,不放弃四书五经的学习。京师同文馆虽未将四书五经列入分年课程表,但要求学生每日专以半日用功于汉文经学;上海广方言馆则规定"通馆每七日中,以四日读西书,三日读'四书'、'五经'";广东水师学堂"限定每日清晨先读'四书'、'五经'数刻,以端其本"①。

再次,洋务学堂为洋务大臣所举办,但洋务大臣也是封建官僚,因此,对洋务学堂的管理免不了沾上封建官僚习气。学生不过百余人的学校,从设置、招生、官员任命、经费筹措到章程制定、馆舍设备的添置、学生的奖惩,要层层上报,奉旨行事。由于洋务学堂在西学课程的教学和相关环节的管理上都依赖外人,洋人往往挟以自重。因此,就难免在薪给、聘期、人员去留等方面受其牵制,影响学堂的正常办理。

概言之,洋务学堂以西方近代科技文化作为主要课程,在形式上引入了资本主义因素,初步具备了近代教育的特征。在它产生之初,并未有意与科举为核心的旧教育体制对抗,甚至还乞求后者的容纳,但它产生之后,逐渐动摇和瓦解了旧的教育体制,实际启动了近代中国教育改革的进程。

## 二、洋务留学教育

两次鸦片战争期间,曾出现过一些零星自发的留学行为。留学生基本是教会学校的学生,他们在传教士的撮合下成行。倡导由政府派遣出国留学人员,是在洋务运动开始之后。1863年,拣

---

① 高时良编:《中国近代教育史资料汇编·洋务运动时期教育》,上海教育出版社1992年版,第87、196、454页。

选知县桂文灿鉴于日本派遣学生分赴俄、美两国"学习制造船炮、铅药及一切军器之法",上书总理衙门奕䜣,建议中国仿效执行。奕䜣虽然充分肯定了这一建议,但以难以物色到合适的出国带队人选予以推谢。① 之后,又有来自不同渠道的留学教育建议,都因时机不成熟而未付诸实施。

19世纪70年代初,洋务运动开展已近十个年头。洋务派认识到,要全面深入地学习西方的先进技术,国内的学堂存在诸多局限。于是,向国外派遣留学生,便被纳入洋务计划。留学教育主要是派遣留美和留欧学生。

(一) 首批留美学生的派遣

1872年出发的留美学生是近代中国政府派出的首批留学生,他们的成行得力于容闳的倡导。容闳(1828—1912年),广东香山县南屏镇(今属珠海市)人,1835年,马礼逊学校筹设时即作为先期招生的两名学生之一,附读于郭士立夫人所设女塾。1839年马礼逊学校独立设校后,容闳、黄宽、黄胜等先后入学。1847年,三人在教会资助下随布朗至美国留学,成为中国第一批留美学生。1854年,容闳毕业于耶鲁大学,获学士学位,成为第一个"毕业于美国第一等之大学"的中国人,并于当年回国。容闳回国后,虽历经挫折,但始终不忘通过留学教育实现"以西方之学术灌输于中国,使中国日趋于文明富强之境"②的宏愿。1863年,容闳因朋友的介绍,成为曾国藩的幕僚。1868年,容闳向江苏巡抚丁日昌提出了他酝酿多年的派遣留美学生的设想,但因故搁置。1870年,曾国藩、丁日昌等人奉命处理"天津教案",电招容闳担任译员。容闳从而得以通过丁日昌正式向曾国藩提出派遣留美学生的计划,并在曾国藩等人奏请下得到朝廷批准。后又经各方函商和总理衙门复议,确定了最终方案和有关事宜,归结如下:

容闳

选派学生数量每年为30名,分四年共120名,学习年限为15年。在上海、宁波、福建、广东等地挑选聪慧学生,年龄在12—16岁之间,经在国内试读考试合格后录取。经费由海关洋税(进口关税)中指拨。学生到美国后除学习西学外,仍要兼讲中学,课以《孝经》、小学、五经及国朝律例等书,在规定日期由正、副委员集中学生宣讲《圣谕广训》,还要由驻洋委员率领学生和随行教师向至圣先师神位行礼等。上海设立"沪局"负责留学生出洋事务,在美国设立留学事务所。派遣正、副委员(监督)和数名"中学"教师同往,首任正委员是翰林出身的守旧派人物陈兰彬,副委员为容闳。

值得一提的是,派遣留美学生于中美关系上有条约依据。1868年,《中美续增条约》(亦称《蒲安臣条约》)正式签字,其中第七条规定:

嗣后中国人欲入美国大小官学学习各等文艺,须照相待最优国之人民一体优待。美国人欲入中国大小官学学习各等文艺,亦照相待最优国之人民一体优待。③

---

① 《筹办夷务始末》(同治朝)卷十五。
② 容闳:《西学东渐记》,湖南人民出版社1981年版,第23页。
③ 高时良编:《中国近代教育史资料汇编·洋务运动时期教育》,上海教育出版社1992年版,第853页。

留美计划确定后,首先在学生选拔上遇到困难。由于当时社会风气未开,一般人对美国的情况不甚了解,不愿将自己的子弟送往留学,而且一别就是15年。第一期30名学生,招了几个月也招不满。容闳亲赴香港,从英国人所办的学校里遴选了一些聪颖而于中西文化略有根柢的华人学生,以足其数。

1872年8月11日(同治十一年七月八日),詹天佑等第一期30名学生经上海预备学校培训后,在监督陈兰彬带领下从上海出发赴美(容闳已先期赴美做准备工作)。1873年6月、1874年11月、1875年10月第二、三、四期各30名学生也按计划出发。其中第二、第四期在30名正额之外,还有各7名和3名自费生随行。四批120名学生的籍贯、年龄分配情况见表10-7(第二期曾溥、容尚勤两生年龄不详未列):

第一批留美学生

表10-7 留美学生籍贯及抵美时年龄分配表(单位:人)①

| 批次 | 籍贯分配 | | | | | | 抵美时年龄分配 | | | | | | | |
|---|---|---|---|---|---|---|---|---|---|---|---|---|---|---|
| | 广东 | 江苏 | 安徽 | 浙江 | 山东 | 福建 | 10岁 | 11岁 | 12岁 | 13岁 | 14岁 | 15岁 | 16岁 | 抵美平均年龄 |
| 第一批 | 24 | 3 | 1 | | 1 | 1 | 2 | 4 | 3 | 7 | 10 | 3 | 1 | 13岁 |
| 第二批 | 24 | | | 4 | | | | 3 | 3 | 12 | 10 | | | 13岁 |
| 第三批 | 17 | 7 | 1 | 3 | | 2 | 4 | 3 | 15 | 3 | | | | 12岁 |
| 第四批 | 19 | 8 | | 2 | | 1 | 1 | 2 | 11 | 11 | 4 | 1 | | 12.5岁 |
| 小计 | 84 | 20 | 2 | 9 | 1 | 4 | 7 | 12 | 32 | 36 | 26 | 4 | 1 | |

学生到美国后,为了尽快提高外语水平和适应美国的生活,被分散到美国教师家中,每位教师负责2—4人。英文基础较好的学生直接进入美国学校,不合格者在教师家中接受个别补习。学生一般根据各自的情况先进入小学不同的年级,而后由中学而至大学。建于康涅狄格州首府哈特福德市的留美事务所是管理中心,学生逢假期要到这里补习中文,平时犯有过失者需在这里接受处分。

学生们以其勤奋好学的精神和优异的成绩赢得了中外人士的赞誉。耶鲁大学长朴德等联名致函总理衙门,评价学生"人人能善用其光阴"、"成绩极佳"、道德"优美高尚"、"咸受美人之欢迎"②。在1876年费城举办美国独立100周年纪念博览会期间,学生受到美国总统的接见。③ 前来参观博览会的中国官员,在看过留学生的作业展览后感慨:"诚可见用心专而教法备焉。"④

---

① 根据陈学恂、田正平编:《中国近代教育史资料汇编·留学教育》,上海教育出版社1991年版,第685页内容编制。
② 容闳:《西学东渐记》,湖南人民出版社1981年版,第108页。
③ 李圭:《环游地球新录》,钟叔河主编:《走向世界丛书》第1辑第6种,岳麓书社1985年版,第300页。
④ 李圭:《环游地球新录》,钟叔河主编:《走向世界丛书》第1辑第6种,岳麓书社1985年版,第212页。

然而,这些学生并没有按计划完成学业而被中途撤回。这次留学活动在培养目标和培养措施上存在着难以克服的矛盾。为贯彻"中体西用"的指导思想,洋务派对留学生的教学内容和管理人员都作了精心安排。有中文和经学教师随行,不中断"中学"的学习;管理人员以陈兰彬等守旧派人物为主,容闳为辅,即在利用容闳的"西学"素养和美国关系的同时,对其亲美的思想倾向予以平衡和制约。但是,对于平均十二三岁、正处在人格形成期的学生,要求他们在美国文化环境中生活、学习15年,只接受其科技文化的熏陶而拒绝其价值观念、行为方式的影响,则近乎天方夜谭。学生到美国后不久,渐渐发生改穿西服、同美国教师家庭一起祈祷、参加体育运动等现象。对此,容闳认为在美国生活环境下是难以避免的,而陈兰彬则认为这是悖逆朝廷,学生"习为跳掷驰骋,不复安行矩步",有损于中国传统儒生的斯文形象。两人在留学生管理上"时有龃龉"。

1875年,正监督陈兰彬回国,区谔良代署。1876年,以驻美公使身份重返美国的陈兰彬推荐随行来美的同僚吴子登代替因故辞职回国的区谔良任监督,使留学生管理上的矛盾更加尖锐。吴子登的守旧性较陈兰彬有过之而无不及,对留美学生更加不满。他不断寄书国内,指责留学生"专好学美国人为运动游戏之事,读书时少而游戏时多","绝无敬师之礼,对于新监督之训言,若东风之过耳","学生已多半入耶稣教";并指责容闳"纵容学生,任其放荡淫佚,并授学生以种种不应得之权利"。吴子登认为:"此等学生,若更令其久居美国,必致全失其爱国之心,他日纵能学成回国,非特无益于国家,亦且有害于社会。"他建议解散留美事务所,撤回留美学生。① 国内守旧派与之遥相呼应,"士大夫议者纷纷",认为"幼童出洋一事,糜费滋弊,终鲜实效"②。此时,美国又掀起排华浪潮,更助长了撤退留学生的声浪。

经过一段时间的撤与不撤、全撤还是半撤的争论之后,1881年7月,清政府作出了全数撤回留美学生的决定。这样,当初派出的120名学生,除先期遣回(如1876年因擅自剪辫子等事被遣送回国者9名)、执意不归、病故者共计26人外,其余94人于1881年下半年分三批凄然返国。其中只有詹天佑、欧阳赓两人获学士学位,60人进入专业学习阶段,其他都还是中、小学生。第一批撤回的21名均送电局学传电报,第二、三批学生由福建船政局、上海机器局留用23名外,其余50名分拨天津水师、机器、鱼雷、水雷、电报、医馆等处学习当差。③

对于留美学生的悉数撤回,当时就有人为之愤慨和惋惜。如爱国诗人黄遵宪为此写下近千字的《罢美国留学生感赋》,其中叹道:"亡羊补牢迟,蹉跎一失足,再遣终无期,目送海舟返,万感心伤悲。"④郑观应也认为:"全数遣回,甚为可惜,既已肄业八九年,算学文理俱佳,当时应择其品学兼优者,分别入大学堂,各习一艺,不过加四年工夫,必有可观,何至浅尝辄止,贻讥中外,日本肄业英、德、美、俄之学生,至今尚络绎不绝。"⑤但是,即使这些未完成学业的留学生,后来仍然成为近代中国科技、实业和管理等领域的一支重要力量。在他们中间,如铁路工程师詹天佑、开滦煤矿矿冶工程师吴仰曾、北洋大学校长蔡绍基、清华学校校长唐国安、第一位美国华裔律师张广仁、清末交通总长梁敦彦、民初国务总理唐绍仪、1884年中法战争中英勇殉国的薛友福等,都是中

---

① 参考容闳:《西学东渐记》,湖南人民出版社1981年版,第十九章。
② 李鸿章光绪五年六月十九日《复陈荔秋星使》,《李文忠公全书》朋僚函稿卷18,第31页。
③ 陈学恂、田正平编:《中国近代教育史资料汇编·留学教育》,上海教育出版社1991年版,第161—162页。
④ 黄遵宪著,钱仲联笺注:《人境庐诗草笺注》,古籍文学出版社1957年版,第114页。
⑤ 郑观应:《考试上》,璩鑫圭、童富勇编:《中国近代教育史资料汇编·教育思想》,上海教育出版社1997年版,第77页。

国近代史上的知名人物。

（二）留欧学生的派遣

留欧学生的派遣始于船政大臣沈葆桢的建议，并以福建船政学堂的学生为主。1873年12月，外国技术人员和教师按合同即将期满回国，福建船政局面临如何发展的问题。沈葆桢上折建议：选择前学堂优秀学生"赴法国深究其造船之方，及其推陈出新之理"；选择后学堂优秀学生"赴英国深究其驶船之方，及其练兵制胜之理"。这一建议经总理衙门征求李鸿章、左宗棠等人意见后，同意施行。沈葆桢即组织拟订了一份赴欧学生的学习计划。但由于1874年日本侵略台湾，沈葆桢受命赴台筹划防务，同时也因一时"无巨款可筹"，计划被暂时搁置。

1875年初，一直担任船政局正监督的法国工程师日意格回法国为船政局购买设备，沈葆桢奏准选派前学堂学生魏瀚、陈兆翱、陈季同和后学堂学生刘步蟾、林泰曾5人与之同行，以便"涉历欧洲，开扩耳目，既可以印证旧学，又可以增长心思"①。后来，刘步蟾、林泰曾、陈季同于1876年随日意格同回（三人又于1877年作为第一批留欧生再次赴欧留学），而魏瀚、陈兆翱则仍留在法国学习至1879年11月回国。他们实际成为近代中国官派留欧学生的前导。与此同时，北洋大臣李鸿章也于1876年4月奏准派遣武弁卞长胜、王得胜等7人随同德国军官李劢协赴德国学习军事，这是最早的陆军留欧学生。

1877年1月，李鸿章等奏请派遣福建船政学堂学生留欧，朝廷照准执行。当时确定留学的具体目标是：到法国学习制造者，"务令通船新式轮机、器具无一不能自制"；到英国学习驾驶者，"务令精通该国水师兵法，能自驾铁甲船于大洋操战"；如果学生中有天资杰出者，也可学习矿学、化学以及交涉公法等。②1877年3月31日，中国近代第一批正式派遣的留欧学生在监督李凤苞、日意格的带领下出发赴欧。其中前学堂学生郑清濂、罗臻禄等12人，艺徒裘国安等4名，赴法国学习制造；后学堂学生刘步蟾、林泰曾、严宗光（严复）等12人，赴英国、西班牙等国学习驾驶。规定在洋期限均为三年。上述人员连同已留在法国的魏瀚、陈兆翱和1878年增派到法国的5名艺徒，共35名，通称"第一届留欧生"。如算上作为工作人员随行同时也学习的马建忠、陈季同、罗丰禄，则为38名。

第一届留欧生经过三年的学习，于1880年左右先后回国。在他们即将成批回国之前的1879年11月，两江总督沈葆桢领衔奏请续派，也得到清廷的批准。但由于具体负责实施（包括经费筹措）的闽浙总督提出异议，同时也因为福建船政学堂可派出的优秀学生已经不多，新招入的学生程度又不够，只选得前学堂学生陈伯璋、黄庭等8名，后学堂学生李鼎新、陈兆艺，共10名，于1881年底由香港出发，③分赴英、法、德三国，学习营造、枪炮、火药、轮机、驾驶、鱼雷等，年限为三年，这是第二届留欧学生。

1886年，因船政大臣裴荫森奏请，从福建船政后学堂中选取黄鸣球等10名学生，从北洋（天津）水师学堂中选取刘冠雄等10名学生赴欧学习驾驶；从福建船政学堂前学堂中选取郑守箴等

---

① 陈学恂、田正平编：《中国近代教育史资料汇编·留学教育》，上海教育出版社1991年版，第229页。
② 陈学恂、田正平编：《中国近代教育史资料汇编·留学教育》，上海教育出版社1991年版，第230、239页。
③ 参考陈学恂、田正平编：《中国近代教育史资料汇编·留学教育》，上海教育出版社1991年版，第240—241页、第266页。

14人赴欧学习制造。在洋学习年限为驾驶三年,制造六年,与前两期有所不同。以上34名除北洋水师学堂学生黄裳吉因故未成行外,均于1886年4月6日(阴历三月三日)由香港出发,是为第三届留欧学生。

这三届留欧学生,从1879年起陆续学成归国。虽然由于社会的落后和封建制度的桎梏,并非人人得以尽展其才,但对近代中国社会的影响是不容低估的。特别是在近代中国海军建设事业中发挥了重要的作用:首先,留欧学生把中国近代军舰制造技术推进到一个新水平。如1887年船政大臣裴荫森奏称:"制造船身学生魏瀚、郑清濂、吴德章,制造轮机学生陈兆翱、李寿田、杨廉臣等六员,自出洋艺成回华,先后派充工程处制造以代洋员之任,历制开济、横海、镜清、寰泰、广甲、龙威等船,均能精益求精,创中华未有之奇,以副朝廷培植之意。"①第二,留欧学生成为近代海军重要将领的人选。如北洋舰队最大的巡洋舰镇远号和定远号的管带是林泰曾和刘步蟾,其他如靖远号管带叶祖珪、超勇号管带黄建勋、济远号管带方伯谦也都是留欧学生。1909年,清政府将南北舰队归并统一,成立巡洋舰队和长江舰队,并筹办海军处,留欧学生萨镇冰为筹办海军副大臣、沈寿堃为长江舰队统领。民国成立后,刘冠雄、萨镇冰、李鼎新等先后出任海军总长。第三,在近代海军教育事业上大显身手。例如严复担任北洋水师学堂总教习和总办达20余年,蒋超英、魏瀚也曾分别担任江南水师学堂和广东黄埔水师学堂总办。担任各水师学堂教习者则比比皆是。当然,留欧学生的影响不局限于海军领域,在外交、实业和其他科技领域均有建树。严复则通过翻译世界名著宣传进化论和天赋人权思想,对近代思想解放作出了重大贡献,影响则更为深远。

上述两个方面的留学生约200人,是甲午战争前留学生的主体。洋务留学教育虽然规模小、人数少,但是中国教育走向世界过程中最名副其实的一步。就引进"西学"而言,不再有比留学更彻底的途径。归国留学生献其所学,在事业上作出突出成就,取得了一定的社会地位,有力地回击了守旧派"终鲜实效"的预言,也改变着人们的科举正途观念。洋务留学教育对中国教育近代化的推进之功不可磨灭。

### 三、"中体西用"的演变与张之洞的系统阐述

"中学为体,西学为用"(简略为"中体西用"),是洋务派关于中西文化关系的核心命题,也是洋务教育的指导思想。

#### (一)"中体西用"思想的形成和发展

洋务运动的过程实质上是一场对近代西方文明成果的移植过程,因此必然引出这样一些问题:要不要移植"西学"(或称"新学")?移植"西学"能否解决中国面临的困境?如果必要,是全盘移植还是部分移植?如何解决"西学"与中国固有文明之间的关系?在回答上述问题时,守旧派对"西学"采取了顽固拒绝的态度,认为提倡学习"西学"就是"舍本逐末";洋务派应付守旧派攻讦和处理中、西学关系的典型方案就是"中体西用",认为在突出"中学"(又称"旧学")主导地位的前提下,应该肯定"西学"的辅助作用和器用价值。

---

① 中国史学会主编:中国近代史资料丛刊《洋务运动》(五),上海人民出版社1961年版,第381页。

从19世纪60年代初开始,就有人用"主辅"、"本末"、"体用"这些中国传统文化中固有的概念范畴来表达"中学"与"西学"两者应该何为主导、何为从属的观点。如1861年,冯桂芬在《采西学议》中写道:"如以中国之伦常名教为原本,辅以诸国富强之术,不更善之善者哉?"①到19世纪90年代,发表类似观点的人越来越多,而表达方式越来越明确,并逐渐定型于"中学为体,西学为用"这一流行语。1892年,郑观应在《西学》篇中说:"中学其本也,西学其末也。主以中学,辅以西学。"②1895年4月,沈寿康(沈毓桂)在《万国公报》第75期上发表《匡时策》一文,以洋人的口吻说道:"中西学问本自互有得失,为华人计,宜以中学为体,西学为用。"1896年8月,孙家鼐在《议复开办京师大学堂折》中说:"今中国京师创立大学堂,自应以中学为主,西学为辅;中学为体,西学为用。中学有未备者,以西学补之;中学有失传者,以西学还之。以中学包罗西学,不能以西学凌驾中学,此是立学宗旨。"③直到1898年春,张之洞撰成《劝学篇》,围绕"旧学为体,新学为用"的主旨集中阐述,形成了一个比较完整的思想体系。

(二) 张之洞在《劝学篇》中对"中体西用"思想的系统阐述

张之洞(1837—1909年),直隶南皮(今属河北)人,字孝达,号香涛,晚年自号抱冰老人,卒后谥文襄。张之洞是晚期洋务派的主要代表,对清末教育思想和实践都产生过重大影响。张之洞出身于官宦之家,14岁中秀才,16岁中举人。1863年,他27岁时,以一甲第三名中进士,任翰林院编修。

从1867年至1876年,张之洞经历了近十年的考官和学官生涯,历任浙江乡试副考官(1867年)、湖北学政(1867—1870年)、翰林院教习庶吉士(1871—1873年)、四川乡试副考官(1873年)、四川学政(1873—1876年)。1877年初,张之洞重回翰林院再任教习庶吉士,后又任国子监司业、翰林院侍讲学士等,直至1882年初出任山西巡抚。这五年期间,张之洞过的是一种翰林谏官的生活,他以清流健将的形象出现在政治舞台上。1882年以后,他出任山西巡抚(1882—1884年)、两广总督(1884—1889年)、湖广总督(1889—1894年),暂署两江总督(1894—1896年),返任湖广总督(1896至1907年、1902年10月至12月,因刘坤一死,张之洞曾短暂署理两江总督),授军机大臣(1907—1909年)。

张之洞一生以1884年中法战争为分界线。前期,他基本上是一个守旧的封建官僚和清流党人。当洋务大臣们致力于发展洋务学堂的时候,张之洞却醉心于举办传统书院。当洋务派在讲求"西学"的时候,张之洞鼓励士子考究经史诸子,著《輶轩篇》和《书目答问》,前者教人如何敦励品行、读书作文,后者示人治学门径但基本不录西学书籍。总之,此时的张之洞虽然热心教育但缺乏洋务新学的精神。

1882年左右,张之洞开始向洋务派转化。1884年以后,他一跃成为洋务派的后起之秀。由一个学务、谏议官向一个政务官的过渡,是这一转变的重要因素。角色的转换,迫使他不得不由坐而论道转而讲求实际。在这以后,他仍然保持重视教育的本色,但办学重心渐渐移向新式学

---

① 冯桂芬:《校邠庐抗议·采西学议》。关于"中体西用"思想的发展,陈旭麓:《论中体西用》(载《陈旭麓文集》第二卷,华东师范大学出版社1997年版)考之甚详,可参阅。
② 郑观应:《盛世危言》第一卷。
③ 陈学恂主编:《中国近代教育史教学参考资料》(上册),人民教育出版社1986年版,第413页。

堂。但是，这一时期的张之洞仍然寄意于对中国传统教育的整顿和振兴。他1888年在广州创设的广雅书院和1890年在武昌建立的两湖书院，是他甲申战争前教育思想路线的继承和发展。广雅书院分经学、史学、理学、文学四门教学，两湖书院在此基础上另添算学和经济学两门，但这两门"始终虚悬"，实际和广雅书院一样。虽然在两院的藏书中可能有些"西学"书籍，但它们所授的课程都是中国传统旧学，目的是在时局大变动中维持"中体"于不坠。这两所书院的改革和"西学"课程的添设，都是1898年以后的事。

1896年，张之洞返任湖广总督。此时正是维新呼声高唱入云的时候，他在总结洋务实践和对时局走势进行思考的基础上，于1898年著成《劝学篇》，提出"中体西用"的理论体系，并按此思想路线进行湖北的教育改革。很快，张之洞在朝野赢得了"通晓学务"的声誉。当清末新政开始后，他奉旨参与并主持《奏定学堂章程》的制定，1907年又奉旨管理学部事务。

张之洞的《劝学篇》是对洋务运动的理论总结，并试图为以后的中国改革提供理论模式。《劝学篇》共24篇4万余字，分内篇和外篇。内外篇各有主旨："内篇务本，以正人心；外篇务通，以开风气。"（《序》）而通篇主旨归于"中学为体，西学为用"。

内篇分《同心》、《教忠》、《明纲》、《知类》、《宗经》、《正权》、《循序》、《守约》、《去毒》等9篇；外篇分《益知》、《游学》、《设学》、《学制》、《广译》、《阅报》、《变法》、《变科举》、《农工商学》、《兵学》、《矿学》、《铁路》、《会通》、《非弭兵》、《非攻教》等15篇。内篇专从"中学"发题，外篇专从"西学"发题，但所论常兼及中、西学的关系。

何为"中学"？"中学"也称"旧学"，"四书五经，中国史事、政书、地图为旧学"（《设学》）。对"中学"的各方面都要通其大概，但他最注重的是纲常名教："五伦之要，百行之原，相传数千年更无异义。圣人所以为圣人，中国所以为中国，实在于此。""中国神圣相传之至教，礼政之原本，人禽之大防"，必须无条件地坚守，"不得与民变革者也"。"三纲"是维持封建王权和家族伦理的基本准则，其废除必然招致封建社会秩序的彻底崩溃。危害"三纲"正是维新派的民权平权主张，"近日微闻海滨洋界，有公然创废三纲之议者，其意欲举世放恣黩乱而后快，怵心骇耳无过于斯"；只有维护"三纲"才能消弭民权平权之说，"故知君臣之纲，则民权之说不可行也；知父子之纲，则父子同罪免丧废祀之说不可行也；知夫妇之纲，则男女平权之说不可行也"（以上见《明纲》）。

何为"西学"？"西学"也称"新学"，"西政、西艺、西史为新学"。在西政、西艺、西史三类西学中，张之洞着重对西政、西艺加以解释和强调："政艺兼学：学校、地理、度支、赋税、武备、律例、劝工、通商，西政也；算绘矿医、声光化电，西艺也。"（《设学》）很明显，西政是指西方有关文教制度、工商财政、军事建制和法律行政等管理层面的文化；西艺即近代西方科技。在办理教育和个人学习时，应该根据具体情况分出西政与西艺的轻重缓急，他认为："才识远大而年长者，宜西政；心思精敏而年少者，宜西艺。小学堂先艺而后政，大中学堂先政而后艺。西艺必专门，非十年不成；西政可兼通数事，三年可得要领。大抵救时之计，谋国之方，政尤急于艺。然讲西政者亦宜略考西艺之功用，始知西政之用意。"（《设学》）由此可知，张之洞认为西艺难学，适合于年少者，着眼于长远；西政相对易学，适合于年长者，着眼于当前急需。《劝学篇》主要是写给士大夫们看的，以成年人为主。因此，张之洞在《劝学篇·序》中说"西艺非要，西政为要"，显然是就这部分人而言的。

对于中、西学的关系，概言之为："旧学为体，新学为用，不使偏废。"（《设学》）但如何体现于教育和个人的成长中,他在内篇的《循序》篇和外篇的《会通》篇中作了集中阐发。《循序》篇主要是论证中学之"体"对西学之"用"的主导和导向作用。他认为,通"中学"是中国人之所以为中国人的基本条件,直接关系到一个人对国家、民族和祖国文明的情感,是保国、保种、保教的前提:"如中士而不通中学,此犹不知其姓之人,无辔之骑,无舵之舟,其西学愈深,其疾视中国亦愈甚,虽有博物多能之士,国家亦安得用之哉?"中学强调的是人品行的修养,具有德育的功能,"不先以中学固其根柢,端其识趣,则强者为乱首,弱者为人奴,其祸更烈于不通西学矣"。因此,学者必须在通中学的基础上,"然后择西学之可以补吾阙者用之,西政之可以起吾疾者取之"。鉴于当时"旧学恶新学"、"新学轻旧学"的情况,《会通》篇旨在化解中、西学之间的隔阂和纷争,论证两者的结合和共存。他认为:"中学治身心,西学应世事。……如其心圣人之心,行圣人之行,以孝弟忠信为德,以尊主庇民为政,虽朝运汽机夕驰铁路,无害为圣人之徒也。"相反,如果"昏惰无志,空言无用",对西学"孤陋不通",即使"手注疏而口性理",也必将为天下万世"怨之詈之",被视为"尧舜孔孟之罪人"。

(三)"中体西用"的历史作用和局限

洋务运动时期,封建传统教育处在中国教育的主体地位,封建旧文化充斥整个社会,"西学"动辄受到守旧派的指斥。洋务派提出"中体西用",在不危及"中体"的前提下侧重强调采纳西学,这既是洋务派的文化教育观,也是洋务派应对守旧派的策略。在"中体西用"形式下,"西学"教育的规模不断扩大。两次鸦片战争中,中国人首先看到和领受的是西方的"坚船"和"利炮",所以19世纪60年代洋务运动开始后,首先讲求的就是这些军事"长技"和中外交涉所必需的"西文"。但人们很快认识到近代军事技术是离不开数学和其他科技知识的,因此这些学问也被纳入应该学习的范围。1870年代后,洋务运动由开办军用工业的"求强"渐渐转入同时举办民用工商业的"求富"阶段,教育内容扩展到商学、兵制、工矿农医、铁路、律例、学校组织等应用、管理学领域。"中体西用"的内涵也因此不断调整,"西用"的范围不断延伸,逐渐纳入新的成分。这一时期,"中体西用"理论为"西学"教育的合理性进行了有效的论证,促进了资本主义文化在中国的传播;在此原则下实施的留学教育和举办的新式学堂,给僵化的封建教育体制打开了缺口,改变了单一的传统教育结构。

在上述过程中,西方资本主义社会政治学说、民主平等思想必然被裹挟着一起传播。到甲午战争后,经维新派的大力宣传介绍,"西学"的传播重心由科技领域推进到涉及政治体制、意识形态的上层建筑领域,由物质文明层次进入到精神文明层次,直接冲击封建专制主义的政治制度和纲常伦理等"中体"的核心部分,"中体西用"正面临被突破。正当此时,张之洞即时出台《劝学篇》,起到了维护封建专制等级制度和意识形态的作用,阻抑了维新思想广泛的传播,十分不利于近代刚刚开始的思想启蒙运动。

"中体西用"作为中西文化接触后的初期结合方式,有其历史的合理性。但是,"中体西用"作为一种文化整合方案和教育宗旨,是粗糙的。它是在没有克服中、西学之间固有的内在矛盾的情况下的直接嫁接,必然会引起两者之间的排异性反应。尽管在维新运动前后,维新派人物有时也标榜"中体西用",但其内涵及着眼点与洋务派有本质上的差异。

## 本章小结

鸦片战争开始了中华民族一段屈辱抗争的历史,也揭开了中国教育近代化的序幕。面对国门被强迫打开后变化的形势,封建传统教育已再难发挥其维护中国社会生存发展的作用,开始了艰难的改革历程,逐渐由以民族文化为中心的封闭型向与世界文化交流的开放型转变。

两次鸦片战争期间,中国教育近代化的进程虽尚未实际启动,但近代教育发生发展的条件已初步形成。其一,封建传统教育面临严峻挑战并受到强烈冲击。传统教育的危机首先来自国家民族的危机,鸦片战争的失败结局和一系列不平等条约的签订,暴露了中西文化差距的严酷事实,预示中国封建传统教育必然要面临和应对来自西方的挑战。同时,封建传统教育还受到来自以太平天国为主体的农民革命的冲击,对儒学独尊地位的否定,对普及平等教育的向往。这些都蕴含近代教育的因素,足以启发来者。其二,要求对传统教育进行改革、向西方学习的思想开始萌芽并得到发展。在鸦片战争前,龚自珍就曾经对当时的中国社会,包括传统教育进行过猛烈的抨击。在鸦片战争的刺激下,以魏源为代表的一些开明地主阶级知识分子喊出了"师夷长技以制夷"的口号,在向西方学习的过程中起了思想先导的作用。此后一种欲求变革、对外开放的思想得到不断发展,汇聚成一股涌动不止的思潮。

鸦片战争后,凭借不平等条约强行设立的教会学校,在封建传统教育主体中契入了资本主义教育的因素,成为中国近代最早以学校形式传播西学的组织。第二次鸦片战争后,传教士所办的教会学校有较大的发展。虽然教会学校的根本目的是进行宗教和文化扩张,但它所传授的外语和自然科学方面的内容,以及所采取的近代教育形式,还是有利于中国近代教育的产生和发展的。

1860年代洋务运动兴起后,为适应洋务事业发展的需要,在洋务派的倡导和推动下,从1862年设立京师同文馆开始,在30余年的时间里,举办了外国语、军事、技术实业等类型的洋务学堂约30所。与此同时,洋务派组织实施了几次较大规模的留学教育计划,向海外派遣了约200名留学生。他们有机会亲身体验近代资本主义的文化教育环境和社会生活,部分人完成了系统的近代高等教育,其中不少人成为清末民初活跃在科技、实业、外交、军事和文化传播等领域的风云人物。

洋务教育活动受"中学为体,西学为用"指导思想的制约,处在封建传统为主体的文化教育环境中,其成效有限。但是,洋务教育实际启动了中国传统教育向近代教育过渡的进程,将魏源等人"师夷长技"的思想付诸实践,冲击了传统封建教育体制,传播了近代资本主义文化和教育观念。

### 思考题

1. 清末传统教育的危机主要表现在哪些方面?
2. 评述改革派的教育主张。
3. 概述近代教会学校的发展情况,评析教会教育的性质和作用。
4. 简要介绍洋务学堂的发展概况,并评析其特点。
5. 评价洋务留学教育的历史作用。
6. 评述"中体西用"的洋务教育指导思想。

# 第十一章 维新运动到清末新政时期的教育

> **本章导读**
>
> 本章展示了从早期改良主义教育思想到维新教育实践再到"百日维新"中教育改革措施颁布的递进发展过程；分别介绍了维新代表人物康有为、梁启超、严复等人的教育活动和思想；对清末新政时期颁布学制、废科举兴学堂、建立近代教育行政体制等教育改革措施和发展留学教育的情况进行了评述；最后介绍了资产阶级革命派的教育思想和实践活动。
>
> 应当掌握的内容和概念有：早期改良派的基本教育主张；维新教育实践活动的基本内容；万木草堂、湖南时务学堂、北洋西学堂、南洋公学、经正女学等重要学堂的建立；"百日维新"中设立京师大学堂、废除八股考试等教育改革措施；维新代表人物康有为、梁启超、严复等人的教育思想及其教育实践活动；清末新政时期的教育改革及近代教育体制的确立；资产阶级革命派对教育的定位及其教育实践活动，中国教育会、爱国女校、爱国学社、大通师范学堂的兴建等。

洋务运动开始后，随着"西学东渐"的深入以及近代工商业的产生和发展，中国思想界涌动着一股资产阶级启蒙思潮，即人们常说的早期改良主义思潮。中日甲午战争后，民族危机急剧加深，这股改良主义思潮迅速转变为一场声势浩大的要求变法维新的政治运动，到1898年"百日维新"达到高潮，颁布了一系列包括文化教育在内的变法律令，此即"戊戌变法"。"戊戌变法"虽然在以慈禧太后为首的守旧势力的绞杀下归于失败，但1900年八国联军侵入北京后，中国社会矛盾又一次空前激化，清廷不得不于1901年1月下诏变法，开始了清末最后十年的所谓"新政"时期。在各项新政改革措施中，教育改革是其中力度较大的一个方面。

## 第一节　维新教育的渐次推进

### 一、早期改良派的教育主张

早期改良派是19世纪70年代后逐渐形成的一个思想群体。他们成分复杂，所受教育和生活经历也各不相同。有的是长期生活在香港或国外，直接受资本主义文化熏陶的知识分子，如王韬（1828—1897年）、容闳（1828—1912年）等；有的是从小饱读四书五经，后来通过书本或其他途径间接接受资本主义文化，逐渐背离传统思想的激进士大夫，如陈虬（1851—1903年）、汤震（1857—1917年）、陈炽（？—1899年）等；有的是在思想上对洋务派有所超越的洋务幕僚，如薛福成（1838—1894年）、郑观应（1842—1922年）、马建忠（1845—1900年）等。早期改良派对西方政治、经济、文化以及中国社会的危机和洋务运动的局限有较深的认识，他们的社会观念和治国方略带有明显的资产阶级意识。他们认为，洋务派仅仅局限于技术层面的引进学习是"遗其体而求其用"，提倡在政治、经济、文化教育等方面进行全面改革，如在经济上要求发展民办企业，反对官僚垄断或借督办之由进行盘剥，要求发展民族工商业以与西方列强竞争；在政治上不满君主独断，要求君民一体，设立议院等。他们都认识到，改革的关键在于人才，人才的基础在于教育。特别是郑观应,他明确提出了兵战不如商战、商战不如学战的思想。因此,早期改良派都把改革封建传统教育制度,培养新型人才,作为实现整体改革方案的基础。他们在文化教育上的主张大致可归结为如下几个方面:

### (一) 全面学习西学

鸦片战争后不久,魏源即提出了"师夷长技以制夷"的口号,他的思想路径是"制夷"、"悉夷"、"师夷",即要抵制外夷,就要了解外夷,掌握外夷的"长技",进而必须向外夷学习。当时,"制夷"主要表现在军事上。因此,魏源着重提倡的西学内容受这一具体目标的局限,但他并未自觉讨论中、西学之间的关系。洋务派提出"中体西用"的文化模式,既是对魏源思想的继承,也是对魏源思想的限定。早期改良派更是将近代向西方学习的思想推进了一步,认为西学的内容非常丰富,要求扩大向西方学习的规模和领域,深化学习的层次。马建忠在1884年指出,洋务运动热衷讲求的"制造、军旅、水师诸大端,皆其末者也"①。郑观应之后在《盛世危言·西学》中,将西学分为天学、地学、人学三部分,内容包括西方的自然、工艺和社会科学诸多学科。到甲午战争前夕,陈炽更直截了当地批评洋务派的学习外国是"弃其菁英而取其糟粕,遗其大体而袭其皮毛"②。在一定程度上,早期改良派是用人类整体文化的观念来考虑中学和西学的关系。他们认为,一个国家的政教法度应该择善而从,不应该有古今、中外、华夷的区分。这完全突破了民族文化本位观念。

### (二) 改革科举制度

鸦片战争前后,改革派对科举制度进行过激烈的批判。随着新式学堂的产生和发展,科举制度阻碍中国教育发展的弊端越来越明显。第一,中国教育近代化的主旋律是学习西学,而科举考试重经史,尤重八股时文,严重阻碍了西学的传播和课程化。第二,近代教育应以培养多种类型、多种层次的人才为目标,而科举考试以选取单一的政治人才为目的。19世纪70年代中期,即有人提议"别开一科,以试天文、算数、格致、翻译之学,与正科并重"③。随后,科举制度自然受到早期改良派的批判。王韬认为,"时文不废,人才不生,必去时文尚实学,乃见天下之真才",主张"以学时文之精神才力,专注于器艺学术"④。郑观应也于1884年提出:最好能"选材于学校",如不能做到,也应改革科举,在经史、时事、例案等传统学问之外另立一科,"挂牌招考西学"⑤。早期改良派虽然猛烈抨击科举制度,但并未彻底予以否定,仍主张保留科举制度的形态,甚至在他们设计近代学制时还考虑到与科举制度接轨。

### (三) 建立近代学制

容闳作为我国最早接受美国高等教育的知识分子,曾寄希望于太平天国能实现他建立近代学校教育制度的理想。1860年,他到天京谒见干王洪仁玕,建议设立武备学校和海军学校,仿照西方颁定各级学校教育制度,广泛设立各种实业学校。⑥ 然而,他的这一主张在当时并未成文传

---

① 马建忠:《上李伯相言出洋工课书》,见《适可斋记言》卷二。
② 陈炽:《庸书内外篇·自序》。
③ 高时良:《中国近代教育史资料汇编·洋务运动时期教育》,上海教育出版社1992年版,第602页。
④ 王韬:《原士》,璩鑫圭、童富勇编:《中国近代教育史资料汇编·教育思想》,上海教育出版社1997年版,第49页。
⑤ 郑观应:《考试上》,璩鑫圭、童富勇编:《中国近代教育史资料汇编·教育思想》,上海教育出版社1997年版,第75页。
⑥ 参见容闳:《西学东渐记》第十章《太平军中之访察》,湖南人民出版社1981年版。

世。在早期改良派中,勾画出中国近代学制轮廓的是郑观应。郑观应认为,中国传统教育不可能培养出适应近代工商业发展的人才。他通过比较,认为中国传统教育是"只知教学举业",不屑讲求商贾农工之学;西方教育是"士有格致之学,工有制造之学,农有种植之学,商有商务之学。无事不学,无人不学"①。"无事不学,无人不学",可谓一语道破近代教育多样化、职业化、普及化的特征。

在此认识基础上,郑观应提出仿照西方学制设立小学、中学、大学三级学制系统,"设于各州县者为小学,设于各府省会者为中学,设于京师者为大学"②。大、中、小学均采取班级授课的形式,规定学习年限各为三年,以考试的结果为升学的标准。鉴于当时的现实,他提出了"变通"的方法,即将科举制的进士、举人、秀才三级科名与大、中、小三级学校相配合,并将各省、府、县的书院改为学堂。他是国内最早倡导改书院为学堂的人。郑观应设想的这个三级学制系统,实际上是以中等教育作为正规学制起点的,学制中的"小学"已略相当于中等教育的起始程度。而"各乡亦分设家塾、公塾",初等教育主要在家塾、公塾中进行,未纳入正式学制系统,不规定学习年限,学生通过考试才能进入"小学"。从入"小学"开始实行分科教育,分文、武科两大类,文科类有六科:文学、政事、言语、格致、艺学、杂学;武科类只有陆军和海军两科。

这种学制设想虽然还显得粗糙,且明显有与科举挂钩的痕迹,包括三年学制年限也与科举三年一试相通,但是它反映了早期改良派要求系统地改革封建教育体制的思想,也远远地超出洋务派教育实践的水平,克服了洋务学堂孤立、分散和应急性的特点。

### (四) 倡导女子教育

中国封建社会的学校只对男性开放,与女子无缘。在近代西方男女平权观念的影响下,早期改良派最早关注女性的社会地位。到甲午战争前夕,他们普遍发出重视女子教育的呼声。陈虬提出中国应仿照西方"设女学以拔取其材,分等录用"的主张,并认为占人口半数的妇女不读书,不能服务于社会,是"无故自弃其半于无用,欲求争雄于泰西,其可得乎"③?当时,出现了如郑观应的《盛世危言·女教》等集中讨论女子教育问题、倡导女子教育的专篇文章。

正是有早期改良派的教育思想启蒙,才会导致甲午战争后维新教育思潮的一触即发,并迅速转化为维新教育运动。

## 二、维新教育实践

中日甲午战争后,民族危机加深,资产阶级领导的维新运动蓬勃兴起。所谓维新,就是在保留满清皇权的前提下,用和平的方式进行自上而下的改良,建立君主立宪的政治体制,使中国走上资本主义道路。维新派普遍认为,改革教育、培养新式人才是实现变法维新的基础。因此,维新教育实践活动便成为维新运动的基本内容。

### (一) 兴办学堂

维新性质的学堂包括两类。第一类是维新运动的代表人物为培养维新骨干、传播维新思想而设立的学堂,著名的有:

---

① 郑观应:《盛世危言·商战》。
② 郑观应:《考试下》,璩鑫圭、童富勇编,《中国近代教育史资料汇编·教育思想》,上海教育出版社1997年版,第77页。
③ 陈虬:《治平通议》,翦伯赞等编:《戊戌变法》第1册,神州国光社1953年版,第228页。

**万木草堂** 1890年康有为在广州讲学授徒,弟子有陈千秋、梁启超等。1891年春,租赁长兴里(位于今广州市中山四路)邱氏书屋,设立讲堂,称"长兴学舍",并著《长兴学记》作为学规。1893年冬,选定仰高祠(位于今广州市文明路)为正式讲舍,定名为"万木草堂",学生达100余人,以陈千秋、梁启超为学长。1898年戊戌政变后自行解散,并被清政府查抄。万木草堂继承了传统书院的办学方式和教学方法,但在旧形式中注入了新内容。教学内容虽沿用了义理、考据、经世和文字之学等传统提法,但包括了西方哲学、万国史学、地理学、数学、格致、外国文字、政治原理学、中国政治沿革得失、政治应用学、群学等学科内容,成为酝酿、研究、宣传维新变法理论的场所,也造就了一大批维新人才,梁启超即是典型代表。

**湖南时务学堂** 1897年,维新运动趋向高潮,湖南巡抚陈宝箴、按察使黄遵宪和学政江标都倾向维新。在谭嗣同的推动下,创办时务学堂于长沙,当年11月开学。聘梁启超为中文总教习,李维格(1867—1929年)为西文总教习。梁启超以万木草堂学规为蓝本,制定《湖南时务学堂学约》10条,分别为立志、养心、治身、读书、穷理、学文、乐群、摄生、经世、传教。梁启超在此讲学数月,教学中着重宣传维新变法思想,倡导民权学说,推动了维新运动在湖南的开展。

第二类学堂在办学类型与模式、招生对象、教学内容等某些方面对洋务办学观念有所突破,领风气之先。著名者,如下:

**北洋西学堂与南洋公学** 1895年,津海关道盛宣怀呈请北洋大臣王文韶奏准在天津开办中西学堂,亦称北洋西学堂。内分头等学堂(大学专科程度)和二等学堂(中学程度),并各分四班(相当于今天的年级),学制共为8年。后发展为北洋大学。1896年,盛宣怀又奏请在上海仿照北洋西学堂设立南洋公学,以后逐年开办了师范院、外院(小学程度)、中院(中学程度)、上院(大学程度,分内政、外交、理财各专门)和特班。民国后发展为交通大学。这两所学校最早采取西方近代学校体系的形式,分初、中、高等级,相互衔接,并按年级逐年递升,具有近代三级学制的雏形,因而事实上将早期改良派学制改革思想付诸实践。虽为洋务派人物创办,但维新观念已寓于其中。

**经正女学** 又称"中国女学堂"。1897年,梁启超、经元善等人倡议在上海设立女学堂,以发中国女子教育的先声。1898年由经元善集资,并得到中外人士的赞助,设女学于上海城南桂墅里,后又设分校于城西淘沙场。经正女学教师和管理人员皆聘中外女士担任。课程分中西两大类:中文课程授中国传统女性读物,如《女孝经》《女论语》《女诫》《内则衍义》,及女红、绘画、医学等;西学课程有英文、算术、地理、体操等。经正女学创办仅一年多,即于1900年停办。尽管如此,作为近代第一所国人自办的正规女子学校,起到了开风气之先的作用。

其他具有维新性质的学堂,如严复协助张元济在北京创办的通艺学堂(1897年)、徐树兰捐资创办的绍兴中西学堂(1897年)、谭嗣同发起创办的浏阳算学馆(1897年),等等,也都较为著名。

### (二) 兴办学会与发行报刊

维新派还通过创办各种学会和发行报刊来宣传维新思想。1895年8月,康有为与陈炽发起并筹资在北京创办《万国公报》,由汪大燮、梁启超任主编。同年11—12月间,北京强学会和上海强学会相继成立,《万国公报》更名为《中外纪闻》,[①]又在上海创办《强学报》,分别作为两会的机关

---

[①] 19世纪70年代英美传教士在上海办有中文《万国公报》(英文名为Globe Magazine),后成为教会出版机构广学会的机关报,在中国官僚士绅中已颇知名。康有为等借用其名以扩大报纸的影响,后因广学会反对而改名《中外纪闻》。

报。南北呼应,形成甲午战争后维新宣传活动的第一次高潮。上述两会和两报虽在1896年1月被清廷查禁,但各地维新人士发起成立的学会和出版的报刊犹如雨后春笋般地不断涌现,如1896年梁启超在上海创办的《时务报》,1897年严复在天津创办的《国闻报》,广西的圣学会和《广仁报》,湖南的南学会和《湘报》,上海的蒙学会和《蒙学报》,无锡的《无锡白话报》等等。各地林立的学会,除通过集会、演讲、印发书报等形式传播维新思想以外,还聘有教师定时讲课,收藏图书仪器,广招学生(会员)。如上海强学会便宣称"聚天下之图书器物、集天下之心思耳目,略仿古者学校之规及各家专门之法,以广见闻而开风气"①。更重要的是,维新派通过学会联络和组织维新人才,形成维新变法的政治团体。

总之,维新派以学会为阵地,以报刊为传媒,讲西学,论国事,宣传变法主张,抨击封建势力,进行维新思想的启蒙。学会与维新学堂相互补充,起到了扩大教育面,开民智、新民德的作用。使不少人逐渐认识维新变法的意义,参加和支持变法,扩大了维新变法运动的社会基础。

### 三、百日维新中的教育改革

中日《马关条约》签订后,西方列强企图进一步以中国为宰割对象。1897至1898年之际,相继出现德国强占胶州湾、法国强占广州湾、沙俄"租借"旅大等事件,国家面临被瓜分的危局。康有为等维新派人物大声疾呼,力陈变法图存。1898年6月11日,支持变法的光绪皇帝发布《明定国是诏书》,宣布维新变法。9月21日,慈禧太后发动政变,软禁光绪皇帝,变法宣告夭折。在这被称为"百日维新"的103天中,光绪皇帝颁布了一系列改革法令,使甲午战争以来维新人士的变法要求一变而为朝廷的施政措施,维新运动被推向高潮。其中教育改革是一个重要的方面。

#### (一) 设立京师大学堂

早期改良派人物郑观应已有在京师设立大学堂的思想。1896年6月,刑部侍郎李端棻在《请推广学校折》中首次向朝廷正式提出设立京师大学堂的建议。此后,康有为、王鹏运等也多次奏请开办京师大学堂,光绪帝准其建立,但因奕䜣和大学士刚毅等人的反对而搁置。1898年6月11日,光绪帝在《明定国是诏》中即特别提出:"京师大学堂为各行省之倡,尤应首先举办。"在此严令下,总理衙门委托梁启超草拟《京师大学堂章程》于7月3日上报,光绪帝当即批准,并派吏部尚书、协办大学士孙家鼐为管学大臣,管理京师大学堂。后经孙家鼐提议,分设中、西学总教习,聘许景澄为中学总教习、丁韪良为西学总教习。

《京师大学堂章程》共8章,对大学堂的性质、办学宗旨、课程、入学条件、学成出身、教习聘用、机构设置、经费筹措及使用都作了详细规定。其中,《总则》规定:"各省学堂皆当归大学堂统辖。"京师大学堂不仅为全国最高的学府,也是全国最高的教育行政机关。对于京师大学堂的办学宗旨,孙家鼐早有定调,即"中学为体,西学为用",《章程》重申了这一原则。课程设置遵照这一宗

京师大学堂牌

---

① 《上海强学会章程》,汤志钧、陈祖恩、汤仁泽编:《中国近代教育史资料汇编·戊戌时期教育》,上海教育出版社1993年版,第77页。

旨,分溥通学和专门学两大类。溥通学即基础课程,包括经学、理学、掌故学、诸子学、逐级算学、初级格致学、初级政治学、初级地理学、文学、体操学 10 门,学生年龄在 20 岁以下者必须从英、法、俄、德、日五国语言文字中认习一种。基础课程学习年限为 3 年,卒业后进入专门学的学习。专门学分高等数学、高等格致学、高等政治学(包括法律学)、高等地理学(包括测绘学)、农学、矿学、工程学、商学、兵学、卫生学(包括医学)共 10 门,学生从中选学 1 至 2 门,学习年限也是 3 年。这 6 年课程规划中,西学比重高于中学。

正值京师大学堂筹办之际,发生了"戊戌政变"。京师大学堂以"萌芽早,得不废"①,继续由孙家鼐筹办,于当年 11 月正式开学。与原《章程》的规划相比,正式开办的京师大学堂仅设有仕学院及附设中小学堂,其封建性明显加强。学生不到 100 人,分为"诗"、"书"、"易"、"礼"四堂。所招收的学生,完全是五品到八品的官员和举人,学生在学堂被称为"老爷",封建等级非常浓厚。戊戌政变后,慈禧下令恢复八股取士,大学堂又被学生当成了科举准备的场所。1900 年,京师大学堂毁于八国联军战火,1902 年恢复开办,并被纳入清末学制系统,规模逐步扩大。

(二) 废除八股考试,改革科举制度

1898 年 6 月 23 日,光绪皇帝下诏"着自下科为始,乡会试及生童岁科各试,向用'四书'文者,一律改试策论"②。这里所说的"四书"文,即八股文。八股废除后,人们不得不寻求新的学问,促进了西学的传播。7 月 23 日,光绪皇帝下诏催立经济特科,以选拔维新人才。经济特科是贵州学政严修于上年底奏请设立的,区别于明清的进士科,拟分为内政、外交、理财、经武、格物、考工六项,并强调科举考试要以实学实政为主,不讲求楷法。③ 百日维新失败后,虽然恢复了八股考试,罢经济特科,但人们开始向往富有朝气的新式教育。科举考试经此次冲击后,比以前冷清多了,考试的人数锐减。

(三) 实力讲求西学,普遍建立新式学堂

光绪皇帝在《明定国是诏》中即明白宣示:从今以后,王公大臣、士子以及庶民百姓,都要兼习中、西学问,"以圣贤义理之学,植其根本,又须博采西学之切于时务者,实力讲求,以救空疏迂谬之弊"。嗣后,光绪皇帝又令各省督抚督饬地方官将各省府厅州县之大小书院,一律改为兼习中学、西学的新式学堂。以省会之大书院为高等学堂,郡城之书院为中学堂,州县之书院为小学堂,地方自行捐资办理的社学、义学等一律中西学兼习。凡民间祠庙不在祀典者,也一律改为学堂,并鼓励绅民捐资兴学。中、小学所用课本由官设书局统一编译印行,造成一种"人无不学,学无不实"的局面。④

百日维新期间,还计划设立铁路、农务、茶务、蚕桑等实业学堂,广派人员出国游学游历,设立译书局和编译学堂,奖励开设报馆,开放言论,书籍、报纸免税等。

百日维新中的教育改革措施反映了资产阶级维新派的主张和愿望,对封建传统教育产生了强大冲击。因为时间短,大多数封建官僚因循守旧,废八股、改祠庙为学堂等又触及一些人的切

---

① 《清史稿·学校》。
② 汤志钧、陈祖恩、汤仁泽编:《中国近代教育史资料汇编·戊戌时期教育》,上海教育出版社 1993 年版,第 47 页。
③ 朱有瓛主编:《中国近代学制史料》(第一辑下册),华东师范大学出版社 1986 年版,第 65 页。
④ 朱有瓛主编:《中国近代学制史料》(第一辑下册),华东师范大学出版社 1986 年版,第 442 页。

身利益,这些措施在推行中遭到抵制和拖延,大多未及施行即被守旧派宣布废止。但是,百日维新中那种"人人谈时务,家家言西学"的局面,激荡起一股思想解放的潮流。放眼世界,渴求新知,已成为不可遏止的士林风尚。

## 第二节 维新代表人物的教育思想

在维新运动中,康有为、梁启超、严复等维新代表人物,沿着早期资产阶级改良派的思想路线,形成了比较系统的维新理论。他们一致强调教育的作用和地位,把教育作为改变中国落后状况的出发点,呼吁改革科举制度,建立新的学校制度,发展新式教育,开放女子教育。维新代表人物的教育思想和早期改良派的教育主张一脉相承,但由于国家危机严重,他们的要求更强烈,表达更明确,理论也更系统。

### 一、康有为的教育思想

#### (一) 生平和教育活动

康有为(1858—1927年),广东南海县人,原名祖诒,字广厦,号长素,人称南海先生。他出身于世代官僚家庭,从小受过严格的封建传统教育。1879年出游香港,"始知西人治国有法度,不得以古旧之夷狄视之",开始留心西学。1884年中法战争失败,刺激他进一步向西方寻求真理,逐渐突破封建传统观念的藩篱,形成资产阶级改良主义思想。

1888年,康有为第二次到北京参加顺天乡试,不第,向清帝上第一书,提出变成法、通下情、慎左右的政治改革主张,被守旧派扣压而未能上达。他深感"非别制造新国之才,不足以救国,乃决归讲学于粤城"①。1891年,他接受陈千秋、梁启超的建议,在广州长兴里设万木草堂聚徒讲学,培养了一批维新运动的骨干。

康有为

1895年初,康有为与梁启超入京会试。中日《马关条约》签订,朝野哗然。5月,康有为联合各省在京应试的举人联名上书请愿,要求拒和、迁都、练兵、变法,受阻未达,此即"公车上书"。中进士,授工部主事,未到职。

以后,他多次上书,劝说光绪皇帝变法,并与维新人士一起组织学会、创办报纸,广泛开展救亡图存的维新活动。1898年6月11日"百日维新"开始,16日康有为受光绪帝召见,"着在总理衙门章京行走",并许专折奏事。维新运动进入高潮。

戊戌变法失败后,康有为逃亡海外,从事保皇活动。后来又与资产阶级革命派论战,坚持改良路线。民国初,发起成立"孔教会",创办《不忍》杂志,思想更趋保守。1927年3月病逝于青岛。梁启超在《康有为传》中评价其一生说:"吾以为谓之政治家,不如谓之教育家,谓之实行者,不如谓之理想者。"

---

① 陆乃翔等:《新镌康南海先生传》,万木草堂1929年版,第3页。

## （二）维新运动中的教育改革主张

康有为对教育改革的迫切愿望源于对教育作用的认识。维新运动中，他无论上书还是呈折，都将"兴学育才"作为维新救国的基本保障加以强调。在《公车上书》中，康有为通过比较不同国家的强弱形势和人才状况，得出结论说："才智之民多则国强，才智之士少则国弱。"[①]1898年，他在《请开学校折》中更将日本战胜中国的原因归结为教育的成功。他说："近者日本胜我，亦非其将相兵士能胜我也。其国遍设各学，才艺足用，实能胜我也。"[②]所以，他指出："欲任天下之事，开中国之新世界，莫亟于教育。"[③]泰西为何"户口少而才智之民多"？中国为何"户口多而才智之民少"？在于泰西广设学校，"百业千器万技，皆出于学"[④]，而中国的八股考试严重桎梏人才。他提出教育改革的主要措施是：

第一，废八股考试，改试策论，等学校普遍开设后，再废科举。康有为认为，八股取士导致读书人不研究现实，不研究世界各国情形，也放弃了真正的中国传统学问。这样选拔的官吏不能应变，不能做实事。并指出清政府在军事上失利实源于八股："中国之割地败兵也，非他为之，而八股致之也。"因此，他建议光绪帝立即下诏废八股，改试策论。他认为策论这种体裁，"能通古证今，会文切理，本经原史，明中通外，犹可救空疏之宿弊，专有用之问学"。"然后宏开校舍，教以科学，俟学校尽开，徐废科举。"[⑤]

第二，大力创办学校，改变传统的教育内容，传授科学技术，培养新型人才。他在《请开学校折》中设计了一个学校系统：在乡间设立小学，学习文史、算术、地理、物理、歌乐。时间为8年，7岁以上儿童必须入学。县立中学，儿童14岁入学，加深小学阶段的内容，另外还要学习外国语，重视实用学科。中学分初等和高等两个阶段，各2年。中学初等科毕业后可以升入专门学校。专门学校或中学高等科毕业的学生，可以升入省府设立的专门高等学校或大学。康有为力图仿照西方建立近代中国学制。

为了更快更有效地学习西学，他还提出了派遣留学生、翻译西书等建议。作为维新运动的领袖，康有为的上述建议直接影响了百日维新中的教育改革措施。

## （三）《大同书》中的教育理想

《大同书》是康有为的代表作之一，成书于1901至1902年间。但其基本思想早已产生，万木草堂讲学期间，曾向他的弟子梁启超等讲过"大同"学说，即后来《大同书》的基本内容。

康有为认为，现实世界一切苦难的根源皆因有"九界"的存在。所谓"九界"，是国界、级界、种界、形界、家界、业界、乱界、类界、苦界。[⑥]他创造性地描绘了一幅"大同"社会的蓝图。在这个理想社会里，破除了"九界"，即消灭了国家、阶级、种族、家庭，消除了性别、职业所导致的社会差别，实现了天下太平、仁爱万物、人生极乐。大同社会"无邦国，无帝王，人人平等，天下为公"，根除了

---

① 璩鑫圭、童富勇编：《中国近代教育史资料汇编·教育思想》，上海教育出版社1997年版，第135页。
② 璩鑫圭、童富勇编：《中国近代教育史资料汇编·教育思想》，上海教育出版社1997年版，第141页。
③ 梁启超：《康有为传》，见《戊戌变法》（四），上海人民出版社1957年版，第9页。
④ 《请开学校折》，璩鑫圭、童富勇编：《中国近代教育史资料汇编·教育思想》，上海教育出版社1997年版，第140页。
⑤ 以上见《请废八股试帖楷法试士改用策论折》，璩鑫圭、童富勇编：《中国近代教育史资料汇编·教育思想》，上海教育出版社1997年版，第136—139页。
⑥ 康有为：《大同书》，辽宁人民出版社，1994年版，第66页。

愚昧和无知，教育昌盛，文化繁荣，语言统一，教化相同。因为消灭了家庭，"人人皆无家累"。儿童是整个社会的儿童，不再是某个家庭或个人的子女，对儿童的抚养和教育均由社会承担。康有为设计了一个前后衔接的完整的教育体系，从母亲受胎怀孕进入人本院接受胎教时起，到出生后进育婴院，然后再进入慈幼院，直到进入小学院、中学院和大学院。

1. **人本院**

已怀孕的妇女进入人本院。康有为继承了中国古代的胎教思想，认为胎儿时期是人生的关键时期，"生人之本，皆在胚胎，人道之始，万物之原也"①，对人的教育在其"未成形质之前"就应该开始。人本院必须有优良的环境条件，院址最好处在地球的温带和近寒带之间。孕妇的居室要宽敞清洁、通风去湿，其外景应"楼观高峻，林园广大，水池环绕，花木扶疏，皆务使与孕妇身体相宜，俾其强健"。院内应有品种丰富、内容健康的书画、音乐，随时供孕妇阅读欣赏。工作人员需经过精心选择，有女医、女师、女保、女傅等。

2. **育婴院和慈幼院**

婴儿断乳之后，即送入育婴院抚养，3岁后送入慈幼院。也可两院合并，不设慈幼院。育婴院和慈幼院是幼儿教育的主要承担机构，其建筑结构和环境布置应做到"楼居少而草地多，务令爽垲而通风，日临池水以得清气，多植花木，多蓄鱼鸟，画图雏形之事物，皆用仁爱慈祥之事以养婴儿之仁心。凡争杀、偷盗、奸诈种种恶物，皆当屏除"。管理者应"仁质最厚"，熟悉"养生学"。工作人员有医生和女保等。医生负责诊视幼儿的身体，节度幼儿的衣着、饮食和作息；女保负责规划和执行对幼儿的看护。幼儿的保育目标是："养儿体，乐儿魂，开儿知识。"在保证幼儿身体健康之外，保育内容还有语言。

3. **小学院、中学院和大学院**

6—11岁入小学院。小学教育应该遵循"以德育为先"、"养体为主而开智次之"的原则。校址应选择在爽垲广原之地，要远离戏院、酒馆和市场，以使儿童的学习和精神免受干扰。校园要环境优美，多设置秋千、跳木，供学生游戏，满足儿童好动的天性。小学教师专用"女傅"，兼有慈母的职责，应选"德性仁慈、威仪端正，学问通达，诲诱不倦者为之"。女傅的言行举止、音容笑貌都应善良规范，让儿童从小模仿，培养起影响其终生的善良德性。

儿童11—15岁入中学院。中学院阶段是人生的关键时期，"人生学问之通否，德性之成否，皆视此年龄"。因此，应当德、智、体兼重，但尤应以育德为重。中学的设施应该齐全，应有食堂、体操场、藏书楼(包括实验室和展览室)、游乐园等。教师男女均可，但一定要选择"有才有德者"充任。中学院课程应照顾学生的个性特征，根据学生资禀的"敏钝好尚"设班开课。

16岁以后进入大学院，学习至20岁。大学院教育是专门之学，它的主要任务是"于育德强体之后，专以开智为主"。大学教育应注重实验，校址的选择应结合专业的实际，如农学设于田野，矿学设于矿山，工学设于工场，商学设于市肆，渔学设于水滨，政学设于官府，为便于实验。应让学生"各从其志"，自由选择专业。教师不限男女，但应选择"专学精深奥妙，实验有得者"担任。

在《大同书》里，康有为还以《去形界保独立》专章论述了男女平等和女子教育问题。他说："男女皆为人类，同属天生"，而几千年世界各国"压制女子使不得仕宦，不得科举，不得为议员，不

---

① 康有为：《大同书·去家界为天民》，本目以下引文未注出处者均引于此。

得为公民,不得为学者,乃至不得自主,不得自由",这是人类社会历史上最大的不平等。大同世界里,应当"男女平等,各有独立,以情好结合"。在教育上,女子在入学资格和毕业出路上应该与男子平等。如果女子"学问有成",应该许以"选举、应考、为官、为师"。康有为还从利用女性人才资源,以及对胎教和儿童教育的影响角度,说明重视女子教育的意义。

如果说康有为在维新变法中的教育改革建议是一种着眼于中国社会现实的资本主义改良方案,那么《大同书》中教育理想的观念背景,则是中国传统的大同思想和近代空想社会主义的综合体,带有明显的未来乌托邦色彩。

## 二、梁启超的教育思想

### (一) 生平和教育活动

梁启超

梁启超(1873—1929年),广东新会人,字卓如,号任公,又号饮冰室主人。出身于"且耕且读"之家,祖父为秀才,父亲以布衣教授于乡里。梁启超自幼聪慧,熟读经史典籍,12岁中秀才,17岁中举人。他18岁(1890年)入京会试,落第回乡,途经上海,购《瀛环志略》,知有五大洲各国,始接触西学。这年秋天,经学海堂同学陈千秋介绍,他拜康有为为师。1891年至1894年,他在"万木草堂"学习,并一度担任学长,承担部分教学工作。

1895年春,他入京参加会试,代表广东190名举人上书清廷,陈述对时局的意见,并随同康有为发起"公车上书"。秋后,他与康有为一起创办《万国公报》,旋改《中外纪闻》,组织强学会。从此,"康梁"成为一面夺目的维新旗帜。1896年,他担任上海《时务报》主笔,发表《变法通议》、《论君政民政相嬗之理》等重要政论文章。1897年秋,他赴长沙担任湖南时务学堂中文总教习,制定《湖南时务学堂学约》,在课内课外讲维新变法,倡导民权学说。

1898年"百日维新"期间,他力助康有为倡行新法新政,受到光绪皇帝的召见。他帮助康有为组织保国会,草拟《京师大学堂章程》,以六品衔主持京师大学堂译书局。

戊戌政变后,梁启超逃亡日本,继又远游美澳印度。他先后在日本创办东京高等大同学校(1898年10月)、《清议报》(1898年)、《新民丛报》(1902年2月),撰写了一系列介绍西方资本主义国家社会、政治、经济、文化教育的文章,堪称一代资产阶级思想启蒙的大师。但是,他同时也礼赞改良。1905年后,资产阶级改良派以《新民丛报》为阵地,与资产阶级革命派进行激烈论争,梁启超成为资产阶级改良派的首席理论辩手。辛亥革命后回国,20年代后,他在北京大学、北京师范大学和南京东南大学讲学,并任清华研究院导师。1929年病逝于北京。

梁启超一生著述宏富,有《饮冰室合集》传世。教育代表作有《变法通议》、《湖南时务学堂学约》、《教育政策私议》、《论教育当定宗旨》等。

### (二) 论教育作用和宗旨

梁启超认为,国势强弱随人民的教育程度为转移,他说:"世界之运,由乱而进于平,胜败之原,由力而趋于智,故言自强于今日,以开民智为第一义。"又说:"亡而存之,废而举之,愚而智之,弱而强之，条理万端，皆归本于学校。"①梁启超思想的突出之点是在维新变法期间，即明确地将"开民智"与"兴民权"联系起来，为"兴民权"而"开民智"。他认为，权生于智，"有一分之智，即有一分之权；有六七分之智，即有六七分之权"，"权之与智相倚者也，昔之欲抑民权，必以塞民智为第一义。今之欲伸民权，必以广民智为第一义"②。这在一定程度上揭示了专制与愚民、民主与科学的内在联系。他的"开民智"实具有科学与民主启蒙的内涵。

戊戌政变后，梁启超觉察到"民智"和"民权"并不能划等号，教育可以培养一个人的"权利"意识，也可以培养一个人的奴隶性。正是由这一点出发，他提出教育应当确定宗旨，并在1902年发表了《论教育当定宗旨》，对这一问题进行集中阐述。他指出："夫培养汉奸之才，亦何尝非人才；开奴隶之智，亦何尝非民智。"教育是一项"收效纯在于将来"的长远事业，也是国家用以"制造国民"的宏大事业，"决非可以东涂西抹，今日学一种语言，明日设一门学科，苟且敷衍，乱杂无章而遂可以收其功也"③。

然而，中国国民教育究竟应确立何样的宗旨？梁启超认为：它应建立在对民族文化的优点和缺点有所分析抉择，并广泛汲取世界各国文明的优秀成果的基础上；应包括德育、智育、体育，即"品行智识体力"三种基本要素；务使受教育者能"备有资格，享有人权"，具有自动、自主、自治、自立的品质，融民族性、现代性、开放性于一体（"为本国之民"、"为现今之民"、"为世界之民"）。④在同时期写成的《新民说》⑤中，他称这理想的国民为"新民"。"新民"必须具有新道德、新思想、新精神、新的特性和品质，诸如国家思想、权利思想、政治能力、冒险精神，以及公德、私德、自由、自治、自尊、尚武、合群、生利、民气、毅力等。显然，这种"新民"，正是具有资产阶级政治信仰、思想观念、道德修养和适应资本主义社会生活的知识技能的新国民。梁启超在清廷声称实行"新政"之初，即抛出教育宗旨和"新民"一说，显然有引导新政教育发展的用心。

（三）维新运动时期的教育改革主张

维新运动时期，梁启超不仅著文对教育改革发表评论，还以维新先锋的身份呈奏教育改革建议、草拟教育改革新章。其内容虽不外乎变科举、兴学校、译西书、重女学等维新时论，但也有不少他人所未发、梁氏所独到的论述。

1. 变科举、兴学校

甲午战争后不久，梁启超即提出了变科举、兴学校的系统主张。他指出："兴学校、养人才，以强中国，惟变科举为第一义。大变则大效，小变则小效。"并设计了上策、中策和下策三种方案以供采择，其中上策是将科举合并于学校，具体做法是："入小学者比诸生，入大学者比举人，大学学成比进士；选其尤异者出洋学习，比庶吉士。"⑥这实际上是一套废科举、兴学校的方案，除保留科

---

① 《变法通议·学校总论》，璩鑫圭、童富勇编：《中国近代教育史资料汇编·教育思想》，上海教育出版社1997年版，第188、193页。
② 《论湖南应办之事》，璩鑫圭、童富勇编：《中国近代教育史资料汇编·教育思想》，上海教育出版社1997年版，第237、238页。
③ 《论教育当定宗旨》，璩鑫圭、童富勇编：《中国近代教育史资料汇编·教育思想》，上海教育出版社1997年版，第254、252、253页。
④ 《论教育当定宗旨》，璩鑫圭、童富勇编：《中国近代教育史资料汇编·教育思想》，上海教育出版社1997年版，第259—260页。
⑤ 见《饮冰室全集·饮冰室专集之四》。
⑥ 《变法通议·论科举》，璩鑫圭、童富勇编：《中国近代教育史资料汇编·教育思想》，上海教育出版社1997年版，第196页。

举的各级科名外,科举实体已不复存在。

由于守旧势力的阻挠,科举不可能骤停,因此,他在百日维新前集中批判了八股和楷法取士的危害,指出由此所选取之士,学非所用,用非所学,于"内政外交、治兵理财,无一能举者"。因此,他奏请立即"停止八股试帖,推行经济六科,以育人才而御外侮"①。戊戌政变后,梁启超更为痛切地指出:"八股取士,为中国锢蔽文明之一大根源,行之千年,使学者坠聪塞明不识古今,不知五洲,其蔽皆由此。"更关键的是不变科举,难以形成激励人才进入新学堂的机制,导致"士大夫之家聪颖子弟皆以入学为耻,……如是则有学堂如无学堂"②。

### 2. 师范学校,群学之基

1896年,梁启超于《时务报》上发表《变法通议·论师范》,在中国近代教育史上首次专文论述师范教育问题。文章对新、旧学堂教师状况进行了分析,指出当时府州县学、书院和蒙馆等传统学校的教师都是一些不通六艺、不读四史的人,更不了解西学最基本的常识,让他们做学校的教习,"是欲开民智适以愚之,欲使民强而适以弱之也"。而新式学堂中聘请的外国教习,又存在诸种弊端,如:言语不通,转译费时,效率低下;聘金昂贵;学问粗陋,滥竽充数。他认为,中国急需普遍设立中、西学兼习的新式学堂,但不能依靠上述两类人,根本的解决办法是设立师范学校,培养符合时代要求的教师。"夫师也者,学子之根核也","故师范学校立,而群学之基悉定"。

梁启超倡导师范教育,不仅是从教师职业的特殊性出发,强调对教师进行专门培养,更重要的是希望通过广设师范学校,统一课程设置,培养一批在知识结构和思想观念上都符合维新要求的新教师,推动维新教育活动的全面开展。

### 3. 倡导女子教育

重视女子教育,也是梁启超维新教育思想的重要内容。1896年,他在《时务报》上发表《记江西康女士》一文,以介绍中国早期女子留美学生康爱德的经历和优异成绩为由头,号召发展女子教育。不久,他又发表《变法通议·论女学》,系统地论述女子教育问题,从女子自养自立、成才成德、教育子女、实施文明胎教等方面揭示女子教育的必要性。他还认为,接受教育是女子的天赋权利,也是男女平等的保障。他提出女子有耐心、喜静、心细等特点,与男子相比,各有所长,可以相互补充,中国应充分开发和利用女性这一巨大的人才资源。

梁启超通过考察世界各国的情况得出结论:女子教育的发展水平反映国势的强弱,中国欲救亡图存,由弱转强,就必须大力发展女子教育,但发展女子教育必须从破除女子缠足陋习、给女子行动自由开始。1898年,他积极参与中国第一所女学——经正女学的筹办,以实际行动推动女子教育的发展。梁启超的女子教育思想内容广泛,有鲜明的近代特征,为以往论者所不及。

### 4. 改革儿童教育

在戊戌变法前,西方心理学和教育学知识已零星传入中国。梁启超通过对这些知识的了解,对中、西教学方法进行比较,撰成《变法通议·论幼学》一文,倡导对中国儿童教育进行改革。他比较中、西儿童教育的差异,如:(1)西人强调由浅入深,由易到难,循序渐进,"先识字,次辨训,次

---

① 以上见《公车上书请变通科举折》,璩鑫圭、童富勇编:《中国近代教育史资料汇编·教育思想》,上海教育出版社1997年版,第234—237页。
② 梁启超:《戊戌政变记》,见《戊戌变法》(一)。

造句，次成文，不躐等也"。而中国则"未尝识字，而即授之以经。未尝辨训，未尝造句，而即强之为文"。(2)西人注重儿童的学习兴趣，如采用演戏法、说鼓词、歌谣、音乐等儿童乐知、乐闻、易上口、易索解、无厌苦的形式进行教学，且"不妄施扑教"。(3)西人重视理解，而"中国之教人，偏于记性也，……惟苦口呆读，必求背诵而后已"。另外，西人注意用实物教学、直观教学，而中国只注重言语文字等。同时，他也指出中国古代《学记》等已对教学之道有所认识，只是近世尽失古意。他建议中国应从编写儿童教学用书入手，对儿童教育进行改革，应编的书包括：(1)识字书。选择实用的字，采用合理的方法进行编排，让儿童尽快识得约 2000 个常用字。(2)文法书。教儿童联字成句，联句成篇的方法。(3)歌诀书。将当前各种知识，选择切用者，借鉴中国古代的经验，编成韵语。(4)问答书。与歌诀书相配合。歌诀助记忆，问答通过设问以发明之，引导学生理解。(5)说部书。文言合一，采用俚语俗话，广著群书，包括圣教史事等。让儿童阅读。(6)门径书。开列儿童应读书目。(7)名物书。即字典。梁启超还为上述七类书各应包括的学科内容作了说明。

### （四）介绍西方学理，指点教育新政

清廷宣布实行新政后，逃亡海外的梁启超更加关注中国社会的走向。他在介绍西方资本主义文化学术的同时，对新政的具体政策和措施发表建议和评论，其中针对教育方面的，以 1902 年发表的《论教育当定宗旨》和《教育政策私议》为代表。前者关乎教育发展的大方向，后者讨论制定学校教育制度的原则和如何筹措教育经费、保障新教育的实施，这些都是新政教育改革的根本性问题。关于教育宗旨已见前述，这里仅就《教育政策私议》中的思想进行介绍。

1. **论学校教育制度**

梁启超根据当时西方心理学研究成果中的年龄与身心发展的关系理论，列出一份《教育期区分表》，将受教育者划分为 5 岁以下（幼儿期——家庭教育与幼稚园期）、6—13 岁（儿童期——小学校期）、14—21 岁（少年期——中学校期）、22—25 岁（成人期——大学校期）四个年龄阶段，分别介绍了各个年龄阶段的学生在身体、知、情、意、自观力（自我意识）等方面的发展情况和基本特征。他同时详细介绍了日本学者根据上述分期理论设计的《教育制度表》，其中幼稚园 2 年、小学 8 年、中学 8 年、大学 3 至 4 年，分别对应《教育期区分表》中的四个阶段。根据学生身心发展的阶段性特征来确定学制的不同阶段和年限，是近代西方教育心理研究的成果。梁启超是中国近代最早系统介绍和倡导这一理论的人物。

2. **论教育经费**

梁启超还通过对日、德、英、法等国教育经费制度的介绍分析，归结出这些国家在义务教育阶段的经费筹措原则，即："凡小学校者，大率由国家监督，立一定之法，而征地方税以支办其财政者也。"他建议清政府采取如下办法，筹措经费，推行普及教育：一是小学教育经费由公产所入支办。无公产或公产不足者，则征学校税，附于田亩税、房屋税、营业税、丁口税等项税目，或因地制宜，制定特别税目，依法征收。二是学校所在的各级区域，如市、乡镇直至下属的更小区域，都应设立教育会议所，由本区域居民选举出若干人作为教育议员，考查该区的办学实绩，负责教育财政、庶务等，地方行政长官不得干预。三是学校税为法定税收项目，如有违抗不肯交纳者，则由当地教育会议所禀官，依法究取。虽然他的教育经费筹措策略未被清政府采纳，但具有近代财税制度

特征。

梁启超在维新变法和清末新政前期提出的许多教育改革建议,汲取了西方教育的新知学理,措施具体而观点新颖,在中国教育近代化发展的许多方面起到了思想先导的作用。

## 三、严复的教育思想

### (一) 生平和教育活动

严复

严复(1854—1921年),福建侯官(今闽侯县)人,初名本初,后改名宗光,字又陵,又字几道。祖父中过举人,曾任县学训导。父亲为乡间儒医。严复童年时拜同邑名儒黄少岩等为师,打下了坚实的中学根底。1866年7月,父亲病逝,家庭经济陷入困境,严复别师弃学。当年冬,适逢福建船政学堂招考学生,严复报考,以第一名录取。

1867年初至1871年,他在福建船政学堂驾驶专业学习,以最优等成绩毕业,上军舰进行航海实习,先后到达新加坡、槟榔屿和日本长崎、横滨等地。

1877年,严复作为福建船政学堂的第一批留欧生,被派往英国学习海军。留学期间,他注意研究西方资本主义思想文化,考察英国的社会政治实际,深受进化论思想的影响。1879年,他从格林尼茨海军大学毕业后回国,先在母校福建船政学堂担任教习。1880年李鸿章创办天津水师学堂,调严复任总教习,后升任会办(1889年)、总办(1890年),在该校任职长达20年之久。这期间,严复深感"出身不由科举,所言多不见重",多次参加乡试,均不第。1896年,他创办天津俄文馆,兼任总办,同年支持张元济在北京办通艺学堂。1906年初,他协助马相伯办复旦公学,并一度出任监督,不久任安徽高等学堂监督。1912年,民国成立,他出任京师大学堂总监督。5月,京师大学堂改北京大学后,严复担任首任校长并兼任文科学长,11月辞职。

在维新运动和清末新政期间,严复是倡导变法和宣传资本主义思想文化的代表人物之一。1895年,他先后在天津《直报》上发表了《论世变之亟》、《原强》、《救亡决论》、《辟韩》等重要文章,阐述变法图存和教育改革主张,并着手翻译《天演论》。1897年,他与夏曾佑等合作创办《国闻报》,成为宣传维新变法的重要报刊。1898年后,他以极大的热忱翻译介绍西方学术名著。继1898年《天演论》出版通行本后,1901至1909年先后翻译出版了亚当·斯密《原富》、约翰·穆勒《群己权界论》、斯宾塞《群学肄言》、甄克思《社会通诠》、孟德斯鸠《法意》、穆勒《名学》(前半部)、耶芳斯《名学浅说》等。"严译八种"在清末西学传播中发挥了显著的作用,影响了整整一个时代的青年知识分子。

严复在教育方面的主要论著有:《原强》、《救亡决论》、《西学通门径功用说》、《与外交报主人论教育书》、《论教育与国家的关系》等,中华书局于1986年出版有《严复集》共5册。

### (二) 培养德、智、体兼备的真国民

严复是中国近代从德、智、体三要素出发构建教育目标模式的先导性人物。他从对资本主义价值观念和优胜劣汰的国际竞争形势认识出发,对这一教育目标模式进行了论证。严复的德、

智、体"三育论"首次在《原强》①中提出,源于近代英国实证主义哲学家斯宾塞的教育著作《教育论》。《原强》提到斯宾塞的《明民论》和《劝学篇》,并说:"《明民论》者,言教人之术也。《劝学篇》者,勉人治群学之书也。其教人也,以浚智慧、练体力、厉德行三者为之纲。"从严复的论述来看,他所说的《劝学篇》就是《教育论》的第一篇《什么知识最有价值》,《明民论》应是《教育论》的另外三篇。②

斯宾塞基于社会生物进化论观点,认为竞争可以促进人的德、智、体的发展;在竞争中取胜者,也正是德、智、体三方面表现突出者。严复自然地由此导出:一国的政治经济状况、参与国际竞争的能力,取决于国民德、智、体三方面的发展水平,所谓"国之强弱、贫富、治乱者,其民力、民智、民德三者之征验也"③。他认为,中国"积弱积贫"的根源就在于"民力已茶,民智已卑,民德已薄"④。中国欲改变这种状况,必须从提高国民这三方面素质着手,"是以今日要政统于三端:一曰鼓民力,二曰开民智,三曰新民德"⑤。"是三者备,而后可以为真国民。⑥"

所谓"鼓民力",就是提倡体育,包括禁止吸鸦片和女子缠足等陋习,使国民有强健的身体。他认为体育和智育是相辅相成的,"形神相资,志气相动,有最胜之精神而后有最胜之智略"⑦。所谓"开民智",就是要全面开发人民的智慧,提高人民的文化教育水平,但实际牵涉对传统教育体制、教育内容、学风和教学方法的改革,其核心是改革科举制度,废除八股取士和训诂词章之学,讲求西学。所谓"新民德",主要是改变传统德育内容,用西方的民主自由平等取代封建伦理道德,培养人民忠爱国家的观念意识。"新民德"要从改变人民的奴隶地位开始,如"设议院于京师,而令天下郡县各公举其守宰"。因为"新民德"涉及上层建筑的意识形态领域,故严复认为"尤为三者之最难"⑧。

严复在国家危亡的严重关头,希望通过改革教育来全面提高国民素质,以实现救亡图存,进而走上独立富强的道路,反映了他对教育作用的高度重视和评价。他提出的德、智、体三育兼备的教育目标体系,无论就其结构要素,还是各育的内容而言,都基本确立了中国教育目标体系的近代化模式。

### (三) 指摘八股考试,比较中西学风

在严复的德、智、体三育体系中,智育处于基础地位。他认为,中国所面临的愚、贫、弱三方面的问题中,"愚"是最基本的问题。⑨ "开民智"直接可以治愚,间接可以"鼓民力"和"新民德",因此是救亡图存的突破口和当务之急。而在八股考试主导下的封建教育,不仅不能启迪人的智慧,反

---

① 《原强》发表于1895年,后经修订,见载璩鑫圭、童富勇编:《中国近代教育史资料汇编·教育思想》,上海教育出版社1997年版,第274—290页。
② 斯宾塞《教育论》由四篇独立而互有联系的文章组成,分别是《什么知识最有价值》、《智育》、《德育》、《体育》,参见《教育论》,人民教育出版社1962年版。
③ 《原强》,璩鑫圭、童富勇编:《中国近代教育史资料汇编·教育思想》,上海教育出版社1997年版,第283页。
④ 《原强》,璩鑫圭、童富勇编:《中国近代教育史资料汇编·教育思想》,上海教育出版社1997年版,第278页。
⑤ 《原强》,璩鑫圭、童富勇编:《中国近代教育史资料汇编·教育思想》,上海教育出版社1997年版,第285页。
⑥ 《〈女子教育会章程〉序》,王栻主编:《严复集》(二),中华书局1986年版,第253页。
⑦ 《原强》,璩鑫圭、童富勇编:《中国近代教育史资料汇编·教育思想》,上海教育出版社1997年版,第285页。
⑧ 《原强》,璩鑫圭、童富勇编:《中国近代教育史资料汇编·教育思想》,上海教育出版社1997年版,第288页。
⑨ 《与外交报主人论教育书》,璩鑫圭、童富勇编:《中国近代教育史资料汇编·教育思想》,上海教育出版社1997年版,第307页。

"适足以破坏人才"。在《救亡决论》中,严复详细地分析了八股式教育的三大弊端:其一,"锢智慧"。八股式教育违反了由浅入深、由简到繁、循序渐进的学习规律。"垂髫童子,目未知菽粟之分,其入学也,必先课之以《学》、《庸》、《语》、《孟》,开宗明义,明德新民,讲之既不能通,诵之乃徒强记。"①八股式教育还导致士人拒绝接受其他知识,固步自封,孤陋寡闻。其二,"坏心术"。科举试场作弊之风盛行。科举之士平时诵读陈篇,到考场后因袭成文,长期"习为剿窃诡随之事",导致丧失"羞恶是非之心"。其三,"滋游手"。八股教育目标单一,与生产严重脱离,导致士人与农工商壁垒分明,积累了一支庞大的官僚后备军,成为衣食仰赖于社会的游民。因此,他大声疾呼:"痛除八股而大讲西学。"

严复还通过中西学风对比,对中国传统学风进行反省和批判。他认为中西学风明显不同,首先,西学提倡独立思考的精神,不因循古人的见解,不盲从别人的结论,"贵自得而贱因人,喜善疑而慎信古"。而中学注重知识的积累,崇尚述而不作。其次,西学贵于采用观察、试验、实测、归纳等实证的方法独创新知或对前人的既成之论进行验证和质疑,认为"读书得智,是第二手事,唯能以宇宙为我简编,名物为我文字者,斯真学耳"。而中学沉湎于对古训的考释求证,演绎发微。所做的学问,表面看来,"持之似有故,言之似成理",但"若穷其最初所据,……则虽极思,有不能言其所以然者矣"。其原因就在于:立论的最初根据不是来源于观察实验、实证实测,而是想当然,陈陈相因,不究根源。②

传统学风和近代科学精神的格格不入,不利于西学的广泛传播。严复希望通过思维方式的训练来改变这一学风,他翻译《穆勒名学》和耶芳苏的《名学浅说》正是出于这一想法。

### (四) 体用一致的文化教育观

对八股考试和传统学风的批判,旨在揭露中国封建传统文化教育的悖时和衰败,不足以救亡适足以致亡。在确立中国未来文化教育发展的基本原则上,严复则以强调"体用一致"而独树一帜。

甲午战争后,严复发表了《论世变之亟》、《原强》、《救亡决论》等文章。他通过中西文化的比较,明确肯定西方文化的先进性和优越性,其中充满了颂扬民主、自由、平等的激昂文字。针对守旧派常用"天不变,道亦不变"③的老套说教来说明人道"三纲"的永恒性,严复从"天有变"论证"道亦有变",直揭"中体"不可变的立论前提。同时,他指出,社会犹如完整的有机体,"一群之成,其体用功能,无异生物之一体",西方社会是"以自由为体,以民主为用"④,隐含有"体"、"用"不可割裂的观念,间接对"中学为体,西学为用"加以否定。因此,他倡导对西方的自然科学和社会政治学说要一体学习。此时,他的"体用一致"思想表现为"全盘西化"和西学自成体用的倾向。

严复的"体用一致",还包括对西学整体性和发展性的认识。他把近代科学按从基础到应用的层次划分为三类:第一类称"玄学",即名学(逻辑学)和数学,属思维和工具学科;第二类是"玄

---

① 《救亡决论》,璩鑫圭、童富勇编:《中国近代教育史资料汇编·教育思想》,上海教育出版社 1997 年版,第 290 页。
② 参见《原强》,璩鑫圭、童富勇编:《中国近代教育史资料汇编·教育思想》,上海教育出版社 1997 年版,第 287 页;严复译《穆勒名学》部乙篇四、篇五案。
③ 《救亡决论》,王栻主编:《严复集》(一),中华书局 1986 年版,第 50—51 页。
④ 《原强》,璩鑫圭、童富勇编:《中国近代教育史资料汇编·教育思想》,上海教育出版社 1997 年版,第 276、281 页。

著学",如物理学、化学等,属基础理论科学,提供应用学科的一般原理;第三类是"著学",如天学、地学、人学、动植之学、生理之学、心理之学、群学(各种社会学科)等等,属应用学科。各类学科联成一体,相资为用,交叉发明,特别是名学、数学和各种基础理论学科更渗透到近代学术的方方面面。① 他认为,西学还是一个发展的体系,运用考察、实验、归纳(内籀法)等方法创造新知和验证学理,要不断更新、改进和发展。据此,他批评洋务教育只是急功近利孤立地学习西方的某些技术,或仅是抄袭西学的现成结论,忽视了西学的整体性和发展性。

1902年,严复发表的《与外交报主人论教育书》,堪称是批判"中体西用"及类似流行语的典型之作。该文鲜明地表达了"体用一致"的观点。他认为,一个国家的政教学术犹如一有机体,"有其元首脊腹而后有其六府四支;有其质干根荄,而后有其支叶华实。使所取以辅者与所主者绝不同物,将无异取骥之四蹄以附牛之项领,从而责千里焉"。他指出:"中学有中学之体用,西学有西学之体用,分之则两立,合之则两亡。"当然,这种牛体马用的比喻存在逻辑上的缺陷,他只是借此说明文化的整合不是简单的支解拼凑。其时,严复实际已改变了过去"全盘西化"的倾向,提出要构建一种融会中西,兼备体用的新文化体系的设想。他自问自答道:"然则今之教育,将尽去吾国之旧以谋西人之新欤?曰:是又不然。……必将阔视远想,统新故而视其通,苞中外而计其全,而后得之。"因为在民族文化中存在有经长期积累、淘汰、选择而保存下来的文化精华,代表了民族的特色,也是吸纳西学、孕育新文化体系的母体。②

严复童年接受传统教育,在福建船政学堂和英国留学期间接受了较为系统的西学教育。他回国后,因不甘受功名之士的轻视几度入乡试考场,以后因译介西学名著,又悉心钻研近代自然科学和社会科学。他是维新巨子中绝无仅有的一位学贯中西的人物。独到的经历和学识背景,使他在讨论诸如废八股、兴学校、尊西学、重女学这些时代主题时,不流于表层的评论、倡导或谴责,多能从中西文化比较的角度进行深入的分析,从历史演变的规律和学理上进行阐述。因此,他的"德智体三育论"和"体用一致"文化教育观等,具有较强的系统性并初具理论形态。

## 第三节 清末新政下的教育改革

19世纪末,正当日本和欧洲列强为瓜分中国而矛盾重重的时候,美国抛出"门户开放"政策,相继被各国接受。这一政策旨在将中国变成一个完整、稳定的世界市场,起到了协调各国在华利益、纠集各国力量共同对付中国政府和人民的作用。1900年七八月间,在英、法、德、美、意、奥、日、俄等国联军的大举进攻下,天津、北京相继陷落,慈禧太后挟光绪帝和一批王公大臣仓皇西逃。侵略者的炮火再一次强烈震撼了中国朝野上下。在严酷的时势逼迫下,1901年1月29日,慈禧太后以光绪帝的名义在西安颁布了"预约变法"的上谕,承认"世有万古不变之常经,无一成不变之治法",指令"军机大臣、大学士、六部九卿、出使各国大臣、各省督抚,各就现在情形参酌中西政要,举凡朝章国故、吏治民生、学校科举、军政财政,当因当革,当省当并,或取诸人,或求诸己,……各举所知,各抒所见,通限两个月内详悉条议以闻"③。这揭开了清末新政的序幕。之后

---

① 《西学通门径功用说》,璩鑫圭、童富勇编:《中国近代教育史资料汇编·教育思想》,上海教育出版社1997年版,第302—305页。
② 璩鑫圭、童富勇编:《中国近代教育史资料汇编·教育思想》,上海教育出版社1997年版,第307页。
③ 《光绪政要》卷二十六。

陆续有关于教育改革的奏章呈报,清廷也出台了一些变科举、兴学校的措施。在应诏陈政的奏折中,最为著名的莫过于1901年7月由两江总督刘坤一、湖广总督张之洞联衔发出的所谓"江楚会奏三疏"。其中,第一疏为《变通政治人才为先遵旨筹议折》①,专论育才兴学,包括设文武学堂、酌改文科、停罢武科、奖劝游学四个方面,为新政期间的教育改革规划了基本纲领。

### 一、清末学制的建立

洋务运动和维新运动时期,相继建立了一些新式学堂,但因数量少,培养目标和主办者的观念各异,在学业程度、课程设置、学习年限等方面基本处于各自为政的状态。19世纪70年代后,部分改良派人士、维新代表人物甚至一些知名的欧美传教士,纷纷以著文、上书等形式建议清政府仿行西方建立学校制度,并提出了不尽相同的学制方案。但因科举为核心的传统教育制度并未根本动摇,"百日维新"的教育改革又兴而复止,近代学制处在呼之欲出而又呼之不出的难产境地。1901年拟行新政后,各地官绅纷纷响应清廷的兴学诏书,设立了不少新式学堂。这些学堂或自立章程,或转抄酌改他校章程,程度、课程、年限参差不齐。同时,纳科举于学校也被提起公议。在这种情况下,通过制定全国统一的学制系统来确立标准,加强规范,消除分歧,已成为清廷和办学者的共同愿望。同时,1901年5月创刊的中国近代最早的教育专业刊物《教育世界》,系统地翻译介绍了日本重要的教育法规、条例和学制,研究探讨教育改革问题,也为学制的制定提供了参照蓝本和人才准备。清末颁布学制始于《钦定学堂章程》,而成于《奏定学堂章程》。

#### (一)"壬寅学制"与"癸卯学制"

**1. 壬寅学制**

1902年,在管学大臣张百熙的主持下,拟定了一系列学制系统文件,包括《京师大学堂章程》、《考选入学章程》、《高等学堂章程》、《中学堂章程》、《小学堂章程》和《蒙学堂章程》共6件②,8月15日奏呈颁布,统称《钦定学堂章程》。因该年为壬寅年,又称"壬寅学制"。这是中国近代第一个以中央政府名义制定的全国性学制系统,具体规定了各级各类学堂的性质、培养目标、入学条件、在学年限、课程设置和相互衔接关系。

学制主系列划分为三段七级。第一阶段为初等教育,包括蒙学堂4年、寻常小学堂3年、高等小学堂3年。规定儿童从6岁起入蒙学堂,其宗旨"在培养儿童使有浅近之知识,并调护其身体"。蒙学堂毕业后方可升入小学堂学习,小学堂宗旨是:"在授以道德知识及一切有益身体之事。"蒙学堂和寻常小学堂共7年,规划为义务教育性质,"无论何色人等皆应受此七年教育"。第二阶段为中等教育,设中学堂4年,"为高等专门之始基"。第三阶段为高等教育,分为三级:高等学堂或大学预科3年(设政、艺两科);大学堂3年(设政治、文学、格致、农业、工艺、商务、医术共7科,各科下又分若干专业,如医术科分医学、药学两个专业);大学堂之上设大学院,年限不定,以研究为主,不立课程,不主讲授。不算大学院,整个学制年限长达20年。

学制主系列之外,与高等小学堂平行的有简易实业学堂;与中学堂平行的有中等实业学堂、

---

① 《张文襄公奏稿》卷三十二。
② 《张百熙进呈学堂章程折》,朱有瓛主编:《中国近代学制史料》(第二辑上册),华东师范大学出版社1987年版,第64页。

师范学堂；与高等学堂（或大学预科）平行的有高等实业学堂、师范馆、仕学馆等。

在《京师大学堂章程》中规定，设学宗旨"激发忠爱，开通智慧，振兴实业"为全学之纲领，从蒙学堂到大学堂一律遵守。"壬寅学制"公布后未及实行，很快被"癸卯学制"所取代。

### 2. 癸卯学制

由于主持制定"壬寅学制"的张百熙素以偏护新学遭谤议，同时也由于该学制制定仓促，存在诸多不足，公布后即有人提出不同意见，其中湖广总督张之洞还提出了较为系统的建议。在这种情况下，管学大臣张百熙、荣庆于1903年6月以"学堂为当今第一要务，张之洞为当今第一通晓学务之人"①，奏请派张之洞会同商办学务，上谕照准。

1904年1月13日（光绪二十九年十一月二十六日），清政府公布了由张百熙、荣庆、张之洞主持重新拟订的一系列学制系统文件，

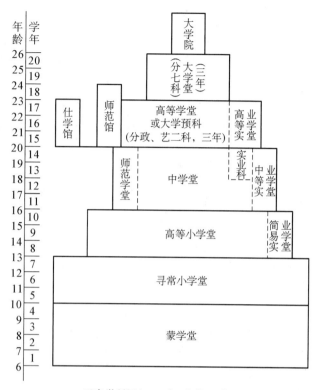

壬寅学制图（1902年，光绪28年）

包括《学务纲要》、《各学堂管理通则》、《蒙养院章程及家庭教育法章程》、《初等小学堂章程》、《高等小学堂章程》、《中学堂章程》、《高等学堂章程》、《大学堂章程》（附通儒院章程）、《初级师范学堂章程》、《优级师范学堂章程》、《任用教员章程》、《初等农工商实业学堂章程》（附实业补习普通学堂及艺徒学堂各章程）、《中等农工商实业学堂章程》、《高等农工商实业学堂章程》、《实业教员讲习所章程》、《实业学堂通则》、《译学馆章程》（译学馆又称方言学堂）、《进士馆章程》等，统称《奏定学堂章程》。②因公布时在阴历癸卯年，又称"癸卯学制"。这是中国近代由中央政府颁布并首次得到施行的全国性法定学制系统，较"壬寅学制"更为系统详备。

奏定学堂章程

学制主系列划分为三段七级。第一阶段为初等教育，包括蒙养院4年、初等小学堂5年和高等小学堂4年。蒙养院是幼儿教育机构，招收3—7岁幼儿，将其纳入学制系统标志我国学前幼儿教育已进入到国家规划发展的新阶段。初等小学堂规划为强迫教育阶段，儿童

---

① 朱有瓛主编：《中国近代学制史料》（第二辑上册），华东师范大学出版社1987年版，第71页。
② 朱有瓛主编：《中国近代学制史料》（第二辑上册），华东师范大学出版社1987年版，第78—79页。

7岁进入学龄期后,理应一律进入,"使邑无不学之户,家无不学之童","以启其人生应有之知识,立其明伦理爱国家之根基,并调护儿童身体,令其发育为宗旨",课程有修身、读经讲经、中国文字、算术、历史、地理、格致、体操等;高等小学堂则"以培养国民之善性,扩充国民之知识,强壮国民之气体为宗旨",课程有修身、读经讲经、中国文学、算术、中国历史、地理、格致、图画、体操等。第二阶段为中等教育,设中学堂5年。设修身、读经讲经、中国文学、外国语、历史、地理、算学、博物、物理及化学、法制及理财、图画、体操等课程。第三阶段为高等教育,分为三级:高等学堂或大学预科3年(分第一、二、三类);大学堂3—4年(分为经学、政法、文学、商、格致、工、农、医共8科,京师大学堂8科全备,设于各省至少备其中3科);通儒院5年,属研究院性质,以"能发明新理以著成新书,能制造新器以利民用"为宗旨。从小学堂到大学堂,学制总年限长达20—21年之久。

在主系列之外的各类学堂中,主要有:(1)实业类:与高等小学平行的实业补习学堂、初等农工商实业学堂和艺徒学堂,与中学堂平行的中等实业学堂,与高等学堂平行的高等实业学堂,各级实业学堂一般划分为农业、工业、商业、商船四个专业。(2)师范类:与中学堂平行的初级师范学堂,以培养初等、高等小学堂教员为宗旨;与高等学堂平行的优级师范学堂,"以造就初级师范

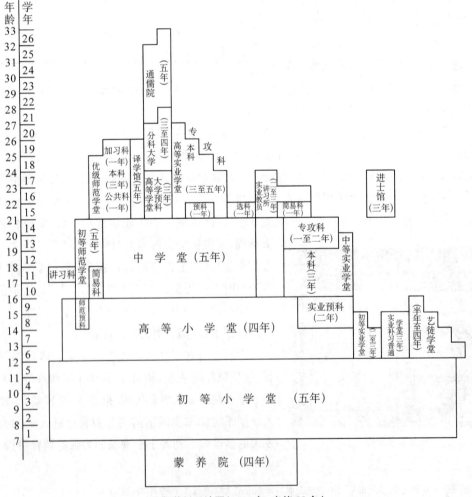

**癸卯学制系统图(1904年,光绪29年)**

学堂及中学之教员管理人员为宗旨"。支系中各学堂其修业年限和起始年龄与对应的平行主系列或略有参差。①

（二）清末学制的半资本主义半封建性②

清末学制的制定是近代以来学习西方教育的系统性成果，是近代中国教育改革的承前启后之作，在中国教育近代化发展中具有标志性意义。在制定过程中直接参考日本，间接吸纳欧美，反映了近代资本主义教育的诸多特点。学制整体结构仿照西方流行的三级学制系统模式，分初等、中等、高等三级。学制规划了义务教育（强迫教育）的目标，反映了对教育普及性和平等性的要求；在学制的各阶段特别是初等教育阶段，教育目标上确立了德、智、体三方面协调发展的"三育"模式；设置了众多的实业学堂，以适应和推动近代资本主义工商业的发展；重视师范教育，加强教师职业训练；将分年课程规划、班级授课制作为基本的教学管理和教学组织形式；要求尊重儿童个性，禁止对13岁以上儿童施行重于罚站之类的体罚；在课程整体比重上，西学占主导地位；等等。

但是，清末新政毕竟是封建王朝在垂亡时的自救性改革。从维护王朝的统治地位出发，它不可能放手让中国全面走上资本主义发展的道路。在这一历史背景下形成的清末学制也不可能不受到封建思想的支配，因此又表现出浓厚的封建性。以癸卯学制为例：第一，学制的指导思想仍是洋务教育"中学为体，西学为用"的延续，没有本质上的突破，强调对学生进行封建伦理道德知识的灌输，首要任务是培养学生效忠封建王朝。第二，"读经讲经"课的比重过大，初等小学堂占课程总数的五分之二，高等小学堂占三分之一，中学堂占四分之一，大学设有经学科。中西兼学，既要学西学，又不肯稍减中学，导致学制偏长。第三，各级各类学堂尽管无明确的等级限制，但进入大学堂"须觅同乡京官为保人，出具确实具保印结；……京城学堂须常有保人在京，外省学堂须常有保人在省。"③客观上限制了普通民众进入高等教育的机会，无形中维护了教育的封建等级性。第四，广大妇女被排斥在学校教育之外，章程中明确指出："惟中国男女之辨甚谨，少年女子断不能令其结队入学，游行街市。"第五，《各学堂管理通则》中对教职员和学生规定了许多旨在维护封建统治秩序的禁令和严厉的惩儆条例，显示了较强的封建专制性。第六，根据学生的表现和学业程度奖励相应的科举功名，这虽然是无关宏旨的形式问题，但毕竟未割断与旧教育体制的瓜葛。

由此不难看出，清末学制包含了资本主义和封建性因素，是传统性和近代性的综合产物。

（三）清末学制的补充与修订

学制的制定特别是癸卯学制的颁布，解决了各地兴学无章可依的矛盾，为新式学堂的发展奠定了基础。在其他教育改革措施的配合下，各级各类学堂的数量和在校生人数不断增加。

---

① 通行"癸卯学制系统图"中，常将艺徒学堂与初等小学堂平行排列，根据《奏定艺徒学堂章程》（载朱有瓛主编：《中国近代学制史料》（第二辑下册），华东师范大学出版社1987年版，第38—40页）《立学总义第一》："设艺徒学堂，令未入初等小学而粗知书算之十二岁以上幼童入焉"；又《计年入学章第三》："入艺徒学堂之学生，以已毕业初等小学堂者为合格。"从入学年龄和入学资格看，将艺徒学堂与高等小学堂平行排列为妥。
② 人们常以半殖民地半封建性评价清末学制，编者认为：清末学制是清政府学务官按清廷授意独立主持制定，虽曾益外人，但未受外人意志的左右，说不上半殖民地性。中国近代教育诚然有半殖民地性，但主要表现在近代教会教育方面。
③ 朱有瓛主编：《中国近代学制史料》（第二辑上册），华东师范大学出版社1987年版，第816页。

根据形势的发展和实施中的问题,癸卯学制颁布后又作过一些补充和修订,影响较大的有:其一,在学制中开放了"女禁"。继近代第一所国人自办的女子学堂——经正女学之后,全国各地不同形式的女子学校相继出现,如严氏女塾(1902年)、上海务本女塾(1902年)、蔡元培在上海开办的爱国女学(1902年)、湖北幼稚园附设女学堂(1903年)等。1904年《奏定学堂章程》明令禁办女子学堂,对女学的发展起到一定的限制作用,特别是限制官办女学的发展。在迅速发展的形势下,《奏定学堂章程》对女学的限制越来越不得人心,振兴女学已成为不可阻挡的时代潮流,慈禧太后也不得不正视这一事实,1906年2月面谕学部,振兴女学。1907年,学部颁布《女子小学堂章程》和《女子师范学堂章程》。这虽然离全面开放女子学校教育相差甚远,但却是我国女子教育在学制上取得合法地位的开始。其二,针对民间关于初等小学堂难于按章程规定普及的议论,1909年颁布了《变通初等小学堂章程》,规定根据师资和入学对象的情况,原"章程"中初等小学完全科的部分课程可以删减,初等小学简易科的年限(原"章程"也规定初等小学设简易科,但只删减课程,不缩短年限)可缩至4年或3年,课程更为简缩。这些补充和修正措施有助于扩大教育的对象和范围,促进了新式学堂的发展。其三,1909年对中学制度进行调整,实行文、实分科,课程各有侧重。

## 二、废科举、兴学堂

科举制度一直是清末影响新式学堂发展的重大障碍,所以在制定学制的同时,开始了如何处置科举考试的讨论。

1898年百日维新中已出台了设立经济特科、取消八股考试的措施,但戊戌政变后均一笔勾销。1901年拟行新政后,又重新确认了这两项改革措施。1901年6月,慈禧太后懿旨:"开经济特科,于本届会试前举行。"8月光绪帝上谕:改革科举考试内容,"一切考试均不准用八股文程式"①。与此同时,一些官僚和封疆大吏则提出了进一步的请求,如同年7月由刘坤一、张之洞联衔发出的"江楚会奏三疏"第一疏中,明确提出:"俟学堂人才渐多,即按科递减科举取士之额,为学堂取士之额",并说明暂时保留科举考试只是"稍宽停罢场屋试士之期,……兼顾统筹潜移默化而不患其窒碍难行者也。"这寓示科举将最终废除。1903年3月,张之洞、袁世凯上书疾呼废科举,要求确定废科举的最后期限、具体步骤和时间表,并提出按科递减的方案,"学政岁科试分两科减尽,乡会试分三科减尽"②。后来,张百熙、荣庆、张之洞按此方案拟定了《递减科举注重学堂折》,"请自下届丙午科起,每科分减中额三分之一。俟末一科中额减尽以后,即停止乡会试"。于1904年1月13日与《奏定学堂章程》同时奏呈,获得照准。按此方案,科举期于10年后停止。但是,时代对新学人才的热望已使部分官僚感到时不我待。时隔不到两年,袁世凯、张之洞等各省督抚会奏立停科举以广学校,说明停科举与发展新式教育的关系:"科举一日不停,士人皆有侥幸得第之心,以分其砥砺实修之志。民间更相率观望,私立学堂者绝少,又断非公家财力所能普及,学堂决无大兴之望。"③迫于形势,光绪帝于1905年9月2日(光绪三十一年八月四日)上谕:"著即自丙午科(1906年)为始,所有乡会试一律停止,各省岁科考试亦即停止。"这宣告了自隋代起实行了1300

---

① 朱有瓛主编:《中国近代学制史料》(第一辑下册),华东师范大学出版社1986年版,第120、129页。
② 朱有瓛主编:《中国近代学制史料》(第二辑上册),华东师范大学出版社1987年版,第105页。
③ 朱有瓛主编:《中国近代学制史料》(第二辑上册),华东师范大学出版社1987年版,第110页。

年之久的科举考试制度的终结。

科举从议废到实废,仅用了两年左右的时间,有力地配合了学制颁布后兴学政策的落实,出现了中国近代史上难得的兴办新学的热潮。至1909年,办学成绩已斐然可观,各级各类新式学堂的数量已达5万多所,在校学生超过160万人,由于京师与各省统计口径不同,现分别列表如下(见表11-1和表11-2),其中许多新式学堂是由传统书院改造而来的。

表11-1 1909年全国(不含京师)各级各类学校数和在校学生数详情总表

| 学校类别 | | 学校数 | 学生数 | 学校类别 | | 学校数 | 学生数 | 学校类别 | | 学校数 | 学生数 |
|---|---|---|---|---|---|---|---|---|---|---|---|
| 初等小学堂 | | 44558 | 1170852 | 高等学堂 | | 21 | 3387 | 工业实业学堂 | 初等 | 47 | 2558 |
| 两等小学堂* | | 3487 | 199018 | 大学堂 | | 2 | 549 | | 中等 | 10 | 1141 |
| 高等小学堂 | | 2038 | 111519 | 专门学堂 | 文科 | 17 | 1983 | | 高等 | 7 | 1136 |
| 中学堂 | | 438 | 38881 | | 理科 | 3 | 211 | 商业实业学堂 | 初等 | 17 | 751 |
| 师范学堂 | 初级完全科 | 91 | 8358 | | 法科 | 46 | 11688 | | 中等 | 10 | 973 |
| | 初级简易科 | 112 | 7195 | | 医科 | 8 | 336 | | 高等 | 1 | 24 |
| | 优级完全科 | 8 | 1504 | | 艺术 | 7 | 485 | 实业预科** | | 67 | 4038 |
| | 优级选科 | 14 | 3154 | 农业实业学堂 | 初等 | 59 | 2272 | 其他类 | 蒙养院 | 92 | 2662 |
| | 优级专修科 | 8 | 691 | | 中等 | 31 | 3226 | | 半日校 | 966 | 25251 |
| | 传习所讲习科 | 182 | 7670 | | 高等 | 5 | 530 | | 女学堂 | 298 | 13489 |

注:*指初等小学堂和高等小学堂合并设立的学堂;**包括实业预科和其他一些实业学堂。

表11-2 1909年京师学堂学生统计总表

| 学校类别 | | 学校数 | 学生数 | 学校类别 | 学校数 | 学生数 |
|---|---|---|---|---|---|---|
| 初等小学堂 | | 191 | 7022 | 大学堂 | 1 | 200 |
| 两等小学堂 | | 26 | | 法政学堂 | 1 | 594 |
| 高等小学堂* | | 14 | 2688 | 译学馆 | 1 | 323 |
| 中学堂 | | 22 | 1587 | 八旗高等学堂 | 1 | 367 |
| 师范学堂 | 初级 | 1 | 83 | 满蒙文高等学堂 | 1 | 240 |
| | 优级** | 1 | 79 | 顺天高等学堂 | 1 | 209 |
| | 传习所 | 9 | 316 | 实业学堂 | 2 | 174 |
| 其他 | 蒙养院 | 1 | 49 | | | |

注:*高等小学堂校数和学生数为1908年统计数据。**优级师范学堂统计数据有两处,另一处学生数为76。

科举废除后,学校与科举之争仍在继续,清末民初不断有人提出改造、恢复科举的建议。科举制度对中国封建社会发展起过重要的作用,产生过重大的影响,是中国古代选官文化和考试文化遗产的重要组成部分,并渗透到我们今天的文化教育中。因此,仍然需要我们加以认真对待和总结。

### 三、改革教育行政体制,厘订教育宗旨

为保证学制颁布后兴学政策的落实,1904年《学务纲要》规定专设总理学务大臣。废科举后,

为适应教育形势的新变化,加强教育管理,清政府进一步对教育行政体制进行了改革。

1905年12月,清廷批准成立学部,作为统辖全国教育的中央教育行政机关,并将原来的国子监并入。学部的最高长官为尚书,其次为左、右侍郎等,并聘请谘议官作为学部的顾问人员。首任学部尚书为荣庆、左侍郎为熙瑛、右侍郎为严修。学部内分为5司12科,即:总务司,下设机要、案牍、审定3科;专门司,下设教务、庶务2科;普通司,下设师范教育、中等教育、小学教育3科;实业司,下设实业教务、实业庶务2科;会计司,下设度支、建筑2科;设视学官专任巡视京外学务。各司设郎中,各科设员外郎,主持司、科事务。学部附设有编译图书局、京师督学局、学制调查局、高等教育会议所、教育研究所等机构。机构设置整体上注意到教育行政与教育学术的联系,注重实业教育的地位。1906年9月,清政府颁布"预备仿行宪政"谕旨,启动君主立宪的政治体制改革,而后颁布各部官制通则草案,学部机构又作了相应调整,主要是将总务司改为承政厅,增设图书司等。1909年又颁布了《视学官章程》,规定不再设专门的视学官,而以部中人员和直辖学堂管理人员充任,并将全国划为12个视学区,每区2至3省,每三年为一视学周期,各视学区必被视察一次。

地方教育行政也相应作了改革。清朝官制在各省设立提督学政管理教育,1904年后部分省根据《学务纲要》规定设立学务处。1906年4月,上谕各省设提学使司作为各省专管教育的行政机构,长官为提学使。各省提督学政和新设学务处撤销。提学使司下设总务、专门、普通、实业、图书、会计6课,并设省视学6人,巡视各府厅州县学务。同时,在府、厅、州、县设立劝学所为各级教育行政机关,县设视学1人并兼任学务总董。至此,形成了一套新的从中央到地方的教育行政系统。

维新运动开始后,涉及教育宗旨①的议论逐渐多起来。1902年,梁启超著文明确提出教育当定宗旨。1903年8月,王国维在《教育世界》第五十六号上发表《论教育之宗旨》一文,从受教育者的基本素质要素出发,提出以体育培养人的身体之能力,智、德、美三育培养人的精神之能力,相应发展真善美之理想,以期培养"完全之人物"。这是中国近代教育史上第一次提出德、智、体、美四育并重的教育宗旨,对以后教育目标模式的设计产生了重大的影响。1904年,张之洞等在奏请颁布《奏定学堂章程》时也声明:"至于立学宗旨,无论何等学堂,均以忠孝为本,以中国经史之学为基。俾学生心术壹归于纯正,而后以西学瀹其智识,练其艺能,务期他日成材,各适实用,以仰副国家造就通才、慎防流弊之意。"②此项宗旨,明显反映了"中学为体,西学为用"的指导思想。1906年3月,学部针对民权思想的流行和资产阶级革命派的活动,拟订"忠君、尊孔、尚公、尚武、尚实"的五项教育宗旨,经奏请朝廷认定,宣示天下。并称前两项是"中国政教之所固有,而亟宜发明以距异说者",后三项是"中国民质之所最缺,而亟宜箴砭以图振起者"。这五项教育宗旨虽未脱"中体西用"的窠臼,但较以前仅一般说明中西学的关系要进一步,其中对后三项的解释注意到国民公共心、国家观念、身体素质和基本生活技能的培养,教学方法上学用结合等。所谓"尚公",是要"务使人人皆能视人犹己,爱国如家";所谓"尚武",要求"凡中小学堂各种教科书,必寓军国民主义",并设体操一科,使"幼稚者以游戏体操发育其身体,稍长者以兵式体操严整其纪

---

① 近代所谓"教育宗旨"包含有"教育方针"和"教育目的"的双重含义,有时指国家教育工作的总方向,有时指培养受教育者的总目标,不同论者各有侧重。
② 《重订学堂章程折》,朱有瓛主编:《中国近代学制史料》(第二辑上册),华东师范大学出版社1987年版,第78页。

律,……以造成完全之人格";所谓"尚实",要求教学要能"勖之以实行,课之以实用;……以期发达实科学派","必人人有可农可工可商之才"。① 这是中国近代第一次正式宣布的教育宗旨。

## 四、留学教育的勃兴

在清末新政的激励下,近代留学教育在进入20世纪后骤然勃兴,首先是在1906年前后形成了规模盛大的留日高潮,其次是在1908年美国实行"退款兴学"政策后留美潮流逐渐兴起。

### (一) 留日高潮的兴起

最初,中国驻日使署内设有东文学堂,私聘教师教授随行人员(学生身份)学习翻译日文,但成效不佳。1896年,中国驻日公使裕庚因使馆缺乏熟练的日文翻译,征得总理衙门同意,派人赴上海、苏州、湖北等地招收唐宝锷等13人,前往日本学校附读,学习日本语言文字、外交知识和历史、地理、数学、物理等科目,但仅有7人完成了预定三年期的学业,其余6人中途回国。这是中国最早具有官派性质的留日学生。同时由于甲午战争的刺激,中国的士大夫们开始寻求日本迅速强大的原因。他们认为,日本早期派遣的大量留学生对日本的富强起了重要作用,中国也必须仿效。他们以日本路近费省、中日文字接近易于通晓、西书已由日本择要翻译、刊有定本、日本的风俗习惯近似于中国等缘由,认为应将日本作为中国派遣留学生的首选国,并通过各种途径向日本派遣留学生。这样,到1901年1月清廷议行新政前,到日本留学的学生不下200人。②

1901年议行新政后,清政府多次倡导留学。1903年,清政府公布《约束奖励游学毕业生章程》,明确了对留学毕业生给予相应的科名奖励办法,③留日学生逐年增多。1905年清政府宣布废除科举制度后,士人为寻求新的出路,纷纷涌向日本,形成留日高峰。综合各种文献的记载,1901年底在日留学生约280名,1904年约3000名,1906年达8000名以上,之后人数逐渐减少。④

清末留日学生以青年为主,但不乏十来岁的儿童和七八十岁的老翁,并有相当比例的女性;有夫妻、父子、兄妹结伴而行者,甚至有举家同往的;其中私费者略超过官费生。由于程度参差不齐,普遍缺乏日语基础和普通西学知识,到日本后一时很难选定专业,以进入初、中等学校为主。在选修的专业中,以法政、武备科占大多数。针对这种情况,清政府在1908年曾规定凡官费出国留学生只准学习农、工、格致各专业,不得改习他科。

清末留日归国学生虽然在输入近代西方科技方面整体层次不高,但他们充实了新式学堂的师资,壮大了实业技术人才的队伍,翻译了大量日文西学书籍,较广泛地传播了资本主义思想观念。特别是以留日学生为骨干,形成了资产阶级革命派群体,促进了辛亥革命的爆发,对中国近代社会的变革产生了重大的影响。

### (二) "退款兴学"与留学潮流的转向

据不完全统计,除留美幼童外,至1900年前往美国留学人数共有59名,他们多为教会资助。

---
① 《学部奏请宣示教育宗旨折》,朱有瓛主编:《中国近代学制史料》(第二辑上册),华东师范大学出版社1987年版,第151—156页。
② 实藤惠秀编:《中国人留学日本史》,生活·读书·新知三联书店1983年版,第1页。
③ 陈学恂、田正平编:《中国近代教育史资料汇编·留学教育》,上海教育出版社1991年版,第56—57页。
④ 参考实藤惠秀编:《中国人留学日本史》,生活·读书·新知三联书店1983年版,第32—39页。

进入 20 世纪后,在清末新政的鼓励下,中央及地方政府和机构陆续派出了一些留美学生,仅 1901 年到 1908 年 8 年,赴美留学生就达 281 名。① 而留美人数的大幅度增加,则是在美国 1908 年提出退还庚子赔款和清华学堂建立之后。

1901 年《辛丑条约》规定,中国付各国战争赔款共计白银 4.5 亿两,从 1902 年到 1940 年分 39 年还清,本息总计达 9 亿多两。因事出中国庚子年,史称"庚子赔款"。1905 年前后,针对美国 19 世纪末以来的排斥华工政策,中国沿海各地掀起了广泛的抵制美货运动,使美国的在华经济利益受到损失。同时,由于留日高峰的形成,也引起美国朝野的注目,认为这将不利于美国在华的长远利益。1906 年,美国伊里诺大学校长詹姆士提醒美国政府,应当采用一种"从知识上与精神上支配中国的领袖的方式"来控制中国的发展。② 1908 年,美国国会通过议案,决定从 1909 年起,将美国所得庚子赔款的一部分以"先赔后退"的方式退还给中国,并和中国政府达成默契,以所退庚款发展留美教育。美国的这一举动,后来被部分相关国家仿效,这就是所谓的"庚款兴学"或称"退款兴学"。

为了实施庚款留美计划,中国政府专门拟定了《遣派留美学生办法大纲》,规定在华盛顿设立"游美学生监督处"作为管理中国留美学生的机构,在北京设立"游美学务处",负责留美学生的考选派遣事宜,从 1909 年起实施。原计划每年派遣 100 名,后因考试成绩不佳,实际为 1909 年 47 名,1910 年 70 名,1911 年 63 名。

游美学务处在直接选派留美生的同时,又着手筹建留美预备学校——清华学堂。清华学堂于 1911 年 4 月 29 日正式开学,民国成立后改称清华学校。清华学校正常招收 13 岁左右的儿童入学,隔年招收 10 名女生,其西学教师基本来自美国,课程设置、教材选用、教学方法、学生生活习惯都仿效美国。使用的教科书、上课、会议、布告、讲演都采用英文。清华学校学生经过 8 年的高强度学习,到美国后一般可进入大学三年级学习,大部分人能获得硕士或博士学位后回国。清华学堂对提高中国留美学生的层次和系统引入西学起到了重要的作用。

清华学堂

通过"退款兴学",美国确实达到了"把中国的留学潮流引向美国"的目的。1909 年之后,留美人数逐年增加,中国留学生的流向结构从此发生了重大的变化。

## 第四节 资产阶级革命派的教育思想和实践

1894 年 11 月 24 日,正当日本侵略军攻陷旅顺后大肆屠杀中国平民的时候,孙中山发起的第一个中国资产阶级革命团体"兴中会"在檀香山成立,开始宣传和策动推翻清政府的革命活动。戊戌变法的失败和八国联军的入侵,使许多人对清政府由失望而变为反对,革命声势日涨。革命

---

① 梅贻琦:《百年来中国留学生调查录》,陈学恂主编:《中国近代教育史教学参考资料》(下册),人民教育出版社 1987 年版,第 372—373 页。
② 《清华大学史料选编》(一),清华大学出版社 1991 年,第 72 页。

逐步代替改良而成为时代的主流。资产阶级革命派通过各种形式的革命宣传和革命教育活动,推动了革命形势的发展。

## 一、批判封建教育

孙中山早在1897年初就指出,封建教育制度下的士人,"终生所诵习者,不外《四书》、《五经》及其笺注文字",目的就在于"养成其盲从之性"①。进入20世纪后,资产阶级革命派更明确地揭示封建教育的目标就是培养驯服的奴隶。邹容在《革命军》中,指责封建伦理道德教育无非教人"柔顺也、安分也、韬晦也、服从也、做官也、发财也",实际上都是"造奴隶之教科书也"。他抨击封建教育实际培养了一批"五官不具,四肢不全,人格不完"的"奄奄无生气之人",这些人"无自治之力,亦无独立之心,……依赖之外无思想,服从之外无精神,呼之不敢不来,麾之不敢不去,命之生不敢不生,命之死不敢不死"。

以"三纲"为核心的封建礼教是封建教育的核心内容,自然成为革命派锋镝所指的对象。他们从资产阶级的天赋人权思想出发,批判"顺民奴隶以为忠,割骨埋儿以为孝,焚身殉葬以为节"②是对人性的残暴践踏。革命派的思想斗士们直接向封建皇权观念宣战,他们指出"以言夫忠于国也则可,以言夫忠于君也则不可"③,"君若是不好,百姓尽可另立一个"④。他们号召广大妇女冲破夫权的罗网,提出"女子家庭革命"、"振兴女学"的主张。陈天华在《警世钟》中批判"女子无才便是德"是谬说,"真正害人得很",主张妇女"入了学堂,讲些学问,把救国的担子也担在身上,替数千年的妇女吐气"。秋瑾对男权社会下"总是男的占主人的位子,女的处了奴隶的地位"极端愤慨,敬告姊妹们走出家门,走进学堂,"求一个自立的基础,自活的艺业","学得科学工艺,做教习,开工厂",免得做那"幽禁闺中的囚犯"⑤。她引导妇女冲破封建礼教的束缚,投身到爱国革命运动中去。

资产阶级革命派以挑战封建皇权的姿态,对封建文化教育进行无情鞭挞和批判。尽管从文化发展和教育变革的长远观点看,还有潜在的偏颇性,但是,对引导人们认清封建教育的本质,无疑具有振聋发聩的作用,将近代思想启蒙的进程推进到了一个新的境界。

## 二、革命与改良政治论争中的教育定位

戊戌政变后不久,资产阶级革命派与改良派即因政治路线的不同而发生争论。1905年,中国同盟会成立,《民报》创刊。孙中山在《〈民报〉发刊词》中正式提出民族、民权、民生三大主义,揭示了革命的方向。至此,双方的争论更发展到公开树帜对垒的程度,各以《民报》和《新民丛报》等报刊为主要阵地展开了激烈的论战。论争中涉及教育问题,对教育的不同定位是两派争执的焦点之一。

---

① 《孙中山选集》上卷,人民教育出版社1956年版,第23页。
② 《广解老篇》,《大陆》第九期。
③ 邹容:《革命军》。
④ 陈天华:《警世钟》。
⑤ 秋瑾:《敬告姊妹们》,《秋瑾集》,中华书局1960年版。

改良派以中国人民受教育程度普遍低下、愚昧无知、缺乏治理国家的基本能力为理由，极力反对革命和推行共和。他们主张当务之急是发展教育，开通民智，提高人民的文化程度和素质水平。至于国家政体则由开明专制而君主立宪，通过渐进改良的方式最终实现民主共和。他们认为，在人民素质没有普遍提高之前，采取暴力革命的方式强行建立共和制，将导致国家民族灭亡的危险。梁启超说："一二十年内，我国民万不能遽养成共和资格，未养成而遽行之，必足招亡。"①改良派人物中，严复更把教育放在解决中国社会问题的基础地位，是一个典型的教育救国论者。1902年，严复在《与外交报主人论教育书》中指出，"今吾国之所最患者"是愚、贫、弱，而其中"愚"是根本，人民因愚昧而不知贫弱之道，所以"三者之中，尤以愈愚为最急"。治愚的关键靠教育，"国之所患，在于无学"，"无学而愚，因愚而得贫弱"。1905年，严复在伦敦会见来访的孙中山时更鲜明地表达了这一点，他说："中国民品之劣，民智之卑，即有改革，害之除于甲者将见于乙，泯于丙者将发之于丁。为今之计，惟急从教育著手，庶几逐渐更新乎！"对此，孙中山感慨道："俟河之清，人寿几何！君为思想家，鄙人乃实行家也。"②

革命派并不否认教育的作用，但认为改造中国的第一步只有革命，先以革命的方式推翻专制腐败的清政府，建立起民主共和国，才能谈得上发展教育和其他事业。在对待教育与革命的关系上，革命派认为应分清轻重缓急，先革命后教育。在革命获得成功之前，教育要为革命服务，与革命并行，进行革命的教育。

革命派还认为，革命本身就具有"开民智"的作用，人民会在革命实践中逐渐形成"共和资格"。如章炳麟在《驳康有为论革命书》中认为："人心之智慧，自竞争而后发生，今日之民智不必恃他事以开之，而但恃革命以开之。""民主之兴，实由时势迫之，而亦由竞争以生此智慧者也。"竞争生智慧，智慧生民主，革命就是竞争。"公理之未明，即以革命明之；旧俗之俱在，即以革命去之。"③

在这场论辩中，改良派强调真正的民主政治必须建立在相应的民众素养基础上，强调文化改造和民主建设的艰巨性和长期性，这种认识有其合理因素。这种合理因素虽不被处在激烈论战氛围中的革命派所认同，但被辛亥革命后中国社会发展的历程所证实。但是，改良派以民智未开而否定革命，以教育救国而否定革命救国，这不光是对封建专制政治势力的妥协和对"新政"政治改革的幻想，也有悖于教育与政治关系的原理。皇权的存在即意味着对文化教育中民主要求的束缚，这对中国民主文化的发展将留下长远的隐患。

## 三、开展革命教育活动

资产阶级革命派开展的革命教育活动形式多样，如创办报纸杂志，印发革命书报，面向整个社会宣传革命思想；通过新政兴学热潮日益壮大，而不同于传统士人的近代师生群体，将革命思想传播到各类官私学堂。同时，还亲自创办学校和成立学会，主要有：孙中山在东京面向留日学生创办的青山革命军事学校，蔡元培等在上海创立的中国教育会和爱国女校、爱国学社，徐锡麟、秋瑾等在绍兴创办的大通学堂。其他革命者还创办有中国公学、福建侯官两等小学堂、芜湖安徽

---

① 梁启超：《答某报第四号对于本报之驳论》，《新民丛报》1906年。
② 王栻主编：《严复集》（五），中华书局1986年版，第1550页。
③ 璩鑫圭、童富勇编：《中国近代教育史资料汇编·教育思想》，上海教育出版社1997年版，第617—618页。

公学、安徽崇实学堂、江苏丽泽书院、贵州的光懿小学等。这些学校起到了培养革命骨干、播撒革命种子、掩护革命活动的作用。现介绍其中著名的几所。

（一）中国教育会、爱国女校和爱国学社

1902年4月，蔡元培与上海教育界人士叶瀚、蒋观云、林少泉等人集议发起成立"中国教育会"，蔡元培被推为会长。《中国教育会章程》①规定：教育会以教育中国男女青年，开发其知识而增进其国家观念，以为他日恢复国权之基础为目的。中国教育会下设教育、出版、实业三个部，教育部又分男女两部，计划"于中国区要之地设立学堂"，以教授普通学、专门学各种技艺；出版部设在上海，并推及各通要都市，编印教科书及一切有关学术诸书；实业部设于区要之地，量地方情状及财源，开办工厂公司等。蔡元培等领导人公开表示："我辈欲造成共和的国民，必欲共和的教育。要共和的教育，所以先立共和的教育会。"②中国教育会的成员以从事教育工作者居多，大多数人先后在不同程度上参加了反清革命运动，其中有不少人成为革命运动的中坚力量。中国教育会表面上是办理教育、编订教科书、推行函授教育、刊行丛报等，而实际上是在"暗中鼓吹革命"。其影响不断扩大，江浙一带还建立了中国教育会的支部。它对清末资产阶级革命起到了很大的宣传和组织作用。

爱国女校和爱国学社是中国教育会创办的著名革命学校。早在1901年12月，蔡元培、蒋观云等人即计议开设女校，但至1902年4月中国教育会成立后方正式租校舍设立，定名为爱国女校，经费由黄宗仰介绍犹太巨商哈同之妻罗迦陵负担，同年12月2日正式开学。首任经理（校长）蒋观云，继任蔡元培，第一班学生约10人，为发起人之妻女。1903年校址迁至泥城桥福源里，开始招收外来学生，爱国学社社员也纷纷动员其姐妹就学，学生逐渐增多。1904年秋公布《爱国女学校补订章程》，提出以"增进女子之智、德、体力，使有以副其爱国心为宗旨"③。规定学习年限为预科3年，本科2年。其中本科分文科和质科两部：文科课程有伦理、心理、论理、教育、国文、外国文、算学、历史、地理、法制、经济、家事、图画、体操；质科课程有伦理、教育、国文、外国文、算学、博物、物理、化学、家事、手工、裁缝、音乐、图画、体操。该章程还规定学生不得缠足、涂抹脂粉、着靡丽之衣服及首饰，不为诡异骇众之装束与举动等。

爱国学社是中国教育会为南洋公学罢学学生组建的学校，它的成立开我国近代学生罢学并另行设校的先河。1901年后，民主与革命思想在上海南洋公学学生中日益增长，校方则采取专制的手段予以压制。1902年11月，终因一桩小小的"墨水瓶"事件引发学生与校方公开对抗，经特班总教习蔡元培等调解无效，全校200多名学生集体愤然罢学离校。在部分罢学学生的请求下，中国教育会募款于上海泥城桥福源里会所设立爱国学社，蔡元培任总理，吴稚辉任学监，教师有章炳麟、蒋观云、蒋维乔、黄炎培等，均纯为尽义务。学生分寻常、高等两级，学习年限各为2年，程度相当于中等学堂，课程与爱国女校相仿佛。初有学生（社员）55人，以后有南京陆师学堂、浙江大学堂、杭州陆师学堂等校退学学生和其他地方学生加入，学生增至150余人，分一、二、三、四年级（即四个班级）教学。学社强调"重精神教育，重军事教育，而所授各科学皆为锻炼精神激发志

---

① 见《选报》第21期，1902年7月。
② 《爱国学社之建设》，《选报》，第35期，1902年12月。
③ 《警钟日报》1904年8月10日。

气之助","社友寄宿舍之规则用自治制"①。学社有所兴革,也多由学联开会讨论。学生均成为中国教育会的会员。

爱国女学和爱国学社都是革命性质的学校,特别是爱国学社因罢学风潮而产生,学生极重民主自由观念,"校内师生高谈革命,放言无忌"②。出版有《学生世界》,持论尤为激烈。师生"总是谈时事,讲革命",每月都到张园去演说一次,讲演的内容都是爱国主义、革命等。1903年3月间,爱国学社还成立"义勇队"(后改名为军国民教育会),早晚进行军事训练,响应留日学生的抗俄运动。在爱国学社的影响下,各地反抗封建专制教育的罢学风潮不断发生。这两校的负责人蔡元培后来说:"觉得革命止有两途:一是暴动,一是暗杀。在爱国学社中竭力助成军事训练,算是预备下暴动的种子。又以暗杀于女子更为相宜,于爱国女学,预备下暗杀种子。……讲授理化,学分特多,为练制炸弹的预备。"③后来,学生参加同盟会及在辛亥革命中"从事于南京之役者"颇多。

1903年6月,因《苏报》案,章炳麟、邹容被捕,爱国学社被迫解散。1908年后,中国教育会也被迫解散,爱国女校经济失去支援,不得不"同时接受江南财政局及上海通署两处津贴,学校性质始渐渐脱离革命党秘密机关之关系",遂成为普通女子中学。

(二) 大通师范学堂

1905年9月,光复会会员徐锡麟等在浙江绍兴创办大通学校,后改为大通师范学堂。该校设有体育专修科,6个月毕业,以培训小学体育教师为名,招收各地会党首领入学堂练习兵操,培养革命军事干部,并使女生都习军事操练,编为女国民军。徐锡麟赴安庆任安徽巡警处会办兼巡警学堂监督后,校务由秋瑾主持。秋瑾与徐锡麟互通声气,策动浙、皖两地的革命活动,密约举义时遥为响应。1907年7月,徐锡麟在安庆举事失败后被杀,浙江的革命活动也被清政府侦悉,导致"血战大通学堂"事件,许多革命青年壮烈牺牲,秋瑾被捕后遇害于绍兴轩亭口。

## 本章小结

深受甲午战争失败的刺激,一批具有资产阶级意识的知识分子开始走到一起,集结在变法救亡的旗帜下,直接推动了维新运动的开展。维新运动中,以康梁为代表的资产阶级改良派比较具体地提出了改革科举、系统学习西学、建立新式学校制度、发展女子教育、普及全民教育的设想,隐约地勾画出中国近代教育的轮廓。这些设想部分地体现在"百日维新"颁布的教育改革措施中。同时,对西方的教育思想学说有了初步的介绍,严复从比较角度对中西文化教育特点进行总结概括,提出以发展德、智、体三种基本要素的教育目标模式,开辟了教育理论探索的新境界。

戊戌变法虽然失败,但中国教育近代化发展的趋势已不可逆转。1900年后,清政府迫于形势,不得不宣布实行新政。新政教育改革最终导致中国传统教育制度的解体,近代教育在形态上得以确立,主要表现为:结束了延续1300年之久的科举制度;依照西方近代三级教育模式,首次建立了规范全国的学制系统;提出了普及全民教育的设想;设置了与近代教育相匹配的各级教育行政管理机构;新式学堂的数

---

① 《爱国学社章程》,《选报》,第35期,1902年12月。
② 冯自由:《革命逸史(初集)》,中华书局1981年版,第118页。
③ 蔡元培:《我在教育界的经验》。

量迅速增加;学校教学内容中"西学"在数量上开始占主导地位;形成了规模空前的留学教育高潮;同时,西方近代教育观念的大量引入,也促进了教育理论的发展。同时也应看到,传统封建教育在形式上虽已崩溃,但其精神仍然寄生于新的教育形式之中,如较大比重的经学教育内容、教育管理的专制性、注重读书与背诵的教学方法等等。这都说明要在较深层次上对传统教育进行改造,路程还很漫长。

新政教育改革牵动着整个社会。科举废除后,士人在失去安身立命依靠的同时,对王朝的依附心理也有所解脱。科学和民权文化的广泛传播,严重地动摇了神权和君权的地位。以新式学堂师生和留学生为代表的近代知识分子群体,也不可能完全拘守清王朝为他们划定的"中体西用"的界限。这些都为资产阶级革命派利用教育阵地开展革命教育、宣传革命思想、组织革命力量、培养革命骨干提供了现实条件。

**思考题**

1. 概述维新教育的发展过程和基本内容。它对中国教育近代化发展有何历史意义?
2. 分析康有为、梁启超、严复等维新派代表人物教育思想的整体特征和个人特点。
3. 清末新政教育改革的基本内容有哪些?请评价其历史地位。
4. 如何认识清末学制的性质和特点?
5. 从文化教育因素出发,分析资产阶级革命派教育活动产生的条件。

# 第十二章 民国成立初期的教育

**本章导读**

本章叙述了民国成立后教育界为改革封建教育、建立资产阶级民主教育体制所做出的努力和遇到的波折;介绍了民国初年学制的形成过程、基本结构、课程标准及在实施中进行的调整;侧重论述了蔡元培的教育活动和思想。

应注意掌握的内容和概念有:民国教育部的成立及其对封建教育的改革;民国初年教育方针的制定;封建教育回潮的背景及其表现;《壬子癸丑学制》的颁布过程、基本结构和课程标准;蔡元培的重要教育活动,"五育"并举的教育方针及其论述,对北京大学的改革,"研究高深学问"的大学办学宗旨,"思想自由、兼容并包"的办学原则,教授治校的民主管理模式,学术分流、沟通文理、发展个性的教学体制改革,教育独立思想。

1901年清政府被迫签订丧权辱国的《辛丑条约》,中华民族面临严重危机。由此进一步激起人民爱国救亡运动,促使资产阶级民主主义革命迅速发展。1911年10月10日,武昌起义爆发,革命的烽火迅速燃遍全国。1912年1月,资产阶级革命党人在南京成立了以孙中山为大总统的中华民国临时政府。但是,帝国主义和封建买办势力从自己的利益出发,全力扶植和支持北洋军阀首领袁世凯。孙中山被迫宣布解职,政权落入袁世凯之手。为实现独裁统治,袁世凯政府破坏《中华民国临时约法》,先后演出刺杀国民党领袖宋教仁和恢复帝制的丑剧,引发革命党人的第二次和第三次革命。1916年,袁世凯在全国一片声讨中死去,国家陷入军阀割据混战的局面。

与政治上的民主共和相对应的是文化教育上的革新。随着南京临时政府的终结和袁世凯的上台,由民国第一任教育总长蔡元培主持制定的文化教育革新措施,几乎很快被淹没在一片尊孔读经的声浪之中。但是,一批经受过资产阶级文化洗礼的知识分子,不甘心革命的失败,决心在文化教育领域里发动一场旨在改变人们思想观念的斗争,这就是新文化运动。蔡元培领导的北京大学则是新文化运动的中心,发挥着重要的作用。

## 第一节 民国教育方针与政策

### 一、教育部的成立及对教育的维持与改革

1912年元旦,孙中山在南京宣誓就任民国临时政府大总统。1月3日,他任命蔡元培为教育总长。1月9日,南京临时政府教育部正式成立,在碑亭巷设立办事机关。部内组织极为简单,自总长至录事不过30余人。除总长、次长由政府任命外,其余概不呈请任命,统称部员,也无所谓分科办事。①

教育部成立后的当务之急,是敦促各地迅速恢复正常教育秩序,并在革除清末教育封建性的

---

① 蒋维乔:《民初以后之教育行政》,朱有瓛等编:《中国近代教育史资料汇编·教育行政机构及教育团体》,上海教育出版社1993年版,第163页。

前提下,为全国教育提供指导意见。为此,于1月19日颁布了《普通教育暂行办法》和《普通教育暂行课程标准》,这是中国资产阶级首次以中央政府名义发布的教育文件。

《普通教育暂行办法》共14条,除敦促各地学校在农历新年后如期开学、按原学期计划正常教学外,还规定:清末各种学堂一律改称学校,监督、堂长一律改称校长;初等小学可以男女同校;各种教科书务必合于共和民国宗旨,禁用清学部颁行的教科书;民间流行的教科书凡内容与形式具有封建性而不符合共和民国宗旨者,即予改正;废止小学读经;注重小学手工科;高等小学以上体操科应注重兵式;初等小学算术科自第三学年起应兼课珠算;中学校为普通教育,不必分文科与实科;中学和初级师范学校学制改为4年;废止奖励科举出身,从某级某类学校毕业者即称某级某类学校毕业生。《暂行办法》体现了清除封建性、强调男女平等、注重实用技能等原则立场,比较充分地反映了资产阶级的教育要求。

《普通教育暂行课程标准》共11条,规定初等小学的课程为修身、国文、算术、游戏、体操,视地方情形可加设图画、手工、唱歌、裁缝(女子)之一科或数科;高等小学课程为修身、国文、算术、中华历史地理、博物、理化、图画、手工、体操(兼游戏)、裁缝(女子),视地方情形可加设唱歌、外国语、农工商业之一科或数科;中学校的课程为修身、国文、外国语、历史、地理、数学、博物、理化、图画、手工、法制、经济、音乐、体操,女子加家政、裁缝;初级师范学堂课程为修身、教育、国文、外国语、历史、地理、博物、理化、法制、经济、习字、图画、手工、音乐、体操,女子加家政、裁缝,视地方情形可加设农、工、商业之一科目。上述外国语科限从英、法、德、俄四种语种中选择,各级学校都配发有各种课程的学年分布和周教学时数表。《普通教育暂行课程标准》反映了《普通教育暂行办法》的有关原则,成为以后《壬子癸丑学制》关于小学、中学、初级师范课程设置的蓝本。

上述两个文件,是民国初年改革封建教育的纲领性文件,对保障政体变更之际普通教育的顺利过渡和稳定发展起到了重要的作用。

1912年3月初,临时政府教育部又通令各省:在高等以上学校规定尚未颁布时,各地高等以上学校"应暂照旧章办理",惟《大清会典》、《大清律例》、《皇朝掌故》、《国朝事实》,及其他有碍民国共和精神,及非各学校应授之科目,宜一律废止。前清御批等书,也一律禁止。

北京政府成立后,蔡元培继续留任教育总长,教育部依参议院议决之官制进行改组,设立普通教育、专门教育和社会教育三司。其中社会教育司的设立,乃是蔡元培坚持的结果。他因长期在欧洲留学,眼见各国社会教育之发达,深信教育之责任不仅在教育青年,也要兼顾多数年长失学的成人。这种重视社会教育的特点,在1913年和1914年的教育部官制修订中仍得到坚持,对推动民国初期社会教育的发展产生了重大的影响。

## 二、民初教育方针的确立

临时政府教育部重要的任务是为新生的资产阶级共和国的教育发展规划蓝图,其中具有战略意义的是确立民国教育方针。为此,蔡元培于1912年2月在《教育杂志》、《民立报》等处发表《对于新教育之意见》一文,率先对民国教育方针的整体构想从理论上进行系统探讨,引起关心教育的人士对这一问题的重视,纷纷参与讨论。后来,蔡又以《对于教育方针之意见》[①]为题,重新在

---

① 高平叔编:《蔡元培教育论集》,湖南教育出版社1987年版,第42—48页。

《东方杂志》上发表,征求各方意见。针对清末教育宗旨中"忠君"、"尊孔",他宣布"忠君与共和政体不合,尊孔与信教自由相违",予以取消。而对"尚公"、"尚武"、"尚实"三项则加以改造,使其符合资产阶级民主主义的要求,重新表述为公民道德教育、军国民教育、实利主义教育,又增添世界观教育和美感教育,提出了"五育并举"的教育方针。在这之后,蔡元培还就普通教育和专门教育的不同特点发表对于教育方针的意见。他认为:"在普通教育,务顺应时势,养成共和国民健全之人格。在专门教育,务养成学问神圣之风习。"①

1912年7月10日至8月10日,全国临时教育会议召开,其间提出的议案近百件,许多涉及重大的教育政策与措施,如教育宗旨、学校系统、各级各类学校令、采用注音字母统一汉语读音、小学教员薪俸规程、废除学校祀孔等。蔡元培的《开会词》,主要就他向会议提交教育方针一案作出说明。他比较了君主时代的教育和民国教育的本质不同,指出,"君主时代之教育方针,不从受教育者本体上着想,用一个人主义或用一部分人主义,利用一种方法,驱使受教育者迁就他之主义",其目的是"使受教育者皆富于服从心、保守心,易受政府驾驭"。而"民国教育方针,应从受教育者本体上着想,有如何能力,方能尽如何责任;受如何教育,始能具如何能力",整体上是"立于国民之地位,而体验其在世界在社会有何等责任,应受何种教育"②。这次会议讨论通过了民国教育方针,于9月2日由教育部公布施行,其内容为:"注重道德教育,以实利教育、军国民教育辅之,更以美感教育完成其道德。"③它基本反映了蔡元培的思想,但"世界观教育"因陈义过高,未为多数与会者接受,故未采纳。

民国教育方针包含有德、智、体、美四育因素,体现了受教育者身心和谐发展的思想。以道德教育为核心,将培养受教育者具有共和国国民的健全人格作为首要任务。以军国民教育和实利教育引导体育和智育,寄希望于教育能在捍卫国家主权、抑制武人政治、振兴民族经济方面发挥基础作用。

### 三、封建教育的回潮

民国成立后,教育部在蔡元培的主持下,制定了一系列改革封建教育的措施,力求使教育的发展符合民主共和的精神。全国临时教育会议召开期间,④这些改革措施很多以议案形式付会议表决通过,会后陆续以法令形式公布,但随即遭到北洋政府的肆意践踏或挖补修改,直至废止。袁世凯为了利用封建文化来配合他的独裁统治,和社会上的封建复古势力相呼应,很快掀起一股恢复封建文化教育的浪潮。袁世凯采取的措施有:

第一,恢复尊孔祀孔。清政府《学堂管理通则》中规定有拜孔子仪式,民国成立后南京临时政府教育部通令禁止。临时教育会议上曾提交有《学校不拜孔子案》,但为避免当时社会上尊孔势力因此而掀起风潮,引起无谓的论争,会议决定不予表决,只在有关学校管理规则中不提拜孔一事,让其自动消亡。⑤ 然而,袁世凯政府一面支持康有为等人发起的"孔教会",一面于1913年6

---

① 高平叔编:《蔡元培教育论集》,湖南教育出版社1987年版,第40页。
② 高平叔编:《蔡元培教育论集》,湖南教育出版社1987年版,第53—54页。
③ 陈学恂:《中国近代教育史教学参考资料》(中册),人民教育出版社1987年版,第178页。
④ 蔡元培虽在会议开始后不久即主动去职,但他对这次会议十分重视,在《开会词》中一再强调这即是"中华民国成立以后第一次之中央教育会议","是全国教育改革的起点"。其目的在于借此次会议使此前拟订的各项教育议案获得通过,取得法定地位,对民国教育产生实际影响。
⑤ 朱有瓛主编:《中国近代学制史料》(第三辑上册),华东师范大学出版社1990年版,第10—11页。

月发布政令,宣称应"查照民国体制,根据古义,将祀孔典礼,折衷至当,详细规定,以表尊崇,而垂久远"①。据此,教育部通令各地学校恢复祀孔典礼,孔子的神位被重新请回学校。1914年1月,袁世凯操纵下的"政治会议"通过了"祀孔案",令全国一律恢复祀孔典礼。

第二,改定民国元年临时教育会议确定的教育方针。1913年,袁世凯政府出台《天坛宪法》草案,规定"国民教育以孔子之道为修身之本",为修改民国元年教育方针张本。1915年1月颁布《特定教育纲要》,申明以"注重道德、实利、尚武,并运之以实用"作为教育宗旨,不提民国元年教育方针中的"美感教育"部分。2月,《颁定教育要旨》,正式确定"爱国、尚武、崇实、法孔孟、重自治、戒贪争、戒躁进"②的七项教育宗旨,完全推翻了民国元年的教育方针。其中特别注明"爱国"为"诚心爱国莫破坏",强调学生要坚决抵制当时针对袁世凯假共和真独裁的"一切邪说暴行",维护袁世凯统治下的社会秩序;"尚武"、"崇实"、"法孔孟"基本袭用清末教育宗旨的内容;"重自治"即培养人人具有"不必依赖而自活","不徒督责而自兴"的"自营"、"自助"能力,不提"自治"一词所应包含的民主内涵;"戒贪争"以提倡文明竞争相标榜,教导人们要"尽本职负责任",安分守己;"戒躁进"告诫学生对国家政治建设等各项事业和个人学业、学术等应抱渐进而非躁进的态度,用意在避免学生因对现状不满而产生愤激言行。

第三,重新确定儒学作为学校教育的基本课程。南京临时政府教育部的有关文件和民初学制都明确规定小学废止读经,大学不设经学科,但不久即被袁世凯政府否定。1915年初颁布的《特定教育纲要》③集中论证儒学教育的价值,并拟定了各级学校实施儒学教育的基本方案:"中小学校均加读经一科,按照经书及学校程度分别讲读,由教育部编入课程。"初等小学读《孟子》,高等小学读《论语》,均要求读全书;中学节读《礼记》、《左氏春秋》,其中《礼记》中的《曲礼》、《少仪》、《大学》、《中庸》、《儒行》、《礼运》、《檀弓》诸篇,规定必读。国文教学中应多读《国语》、《战国策》,选读《尚书》。大学阶段设立经学院,独立于其他各科大学之外,"专以阐明经义发扬国学为主,按照各经种类,分立科门"。另外,还规定中、小学教师应"研究性理,崇习陆王之学,导生徒以实践",认为陆象山、王阳明两人,"其学近于孟子,主张力行致知之说,务实务用"。

1915年,袁世凯政府以《特定教育纲要》和《颁定教育要旨》作为总的方针政策,修改或重新颁布各级学校令,为封建儒学文化的重回课堂开道,社会上一时出现尊孔读经的高潮。本来,儒家文化作为中国传统文化的主体,其中包含有中华民族对真善美追求的成果,是创建民族新文化不能割舍也无法割舍的传统资源,在教育中应该有适当的地位。但袁世凯政府之推崇儒学,出于政治动机而非文化动机,明显是借用儒学的等级名分思想来抵制革命民主思想,因而引起革命民主人士的强烈愤慨和奋起反击。

## 第二节 壬子癸丑学制

### 一、学制的形成过程

"癸卯学制"颁布后,虽经多次补充修订但仍不断有批评意见。民国成立,政体变更,彻底改

---
① 陈学恂主编:《中国近代教育大事记》,上海教育出版社1982年版,第231页。
② 陈学恂主编:《中国近代教育史教学参考资料》(中册),人民教育出版社1987年版,第233—242页。
③ 陈学恂主编:《中国近代教育史教学参考资料》(中册),人民教育出版社1987年版,第222—233页。

订清末学制已势在必然。南京临时政府教育部成立之初,即将制定民国新学制作为工作的重点,召集了一批留学日本和欧美的归国人员,分别草拟各级学校规程。最初意向是以欧美学制为蓝本,"拟遍采欧美各国之长,衡以本国情形,成一最完全之学制"①。但因感到欧美学制不适合中国国情,且欧美归国人员中缺少专习教育之人,对欧美学制缺乏深入了解,最终仍在参照日本学制的基础上,结合中国的实际经验,形成了民国新学制草案。草案初稿经多次修改和广泛征求意见,于1912年7月交全国临时教育会议讨论通过。9月初,教育部正式公布了民国学制系统的结构框架,因当年为阴历壬子年,故称该系统框架为壬子学制。

壬子学制公布后至1913年8月,教育部又陆续公布了《小学校令》、《中学校令》、《师范教育令》、《专门学校令》、《大学令》、《实业学校令》、《小学校教则及课程表》、《中学校令施行规则》、《师范学校规程》、《高等师范学校规程》、《公私立专门学校规程》、《大学规程》、《私立大学规程》、《实业学校规程》等法令规程,其中法令部分多在全国临时教育会议上讨论通过。这些法令法规,使壬子学制得以充实和具体化。有些与壬子学制略有出入,但无碍壬子学制的结构框架。这些综合起来,形成一个全面完整的学制系统,称为壬子癸丑学制,又称1912—1913年学制。

### 二、学制体系

壬子癸丑学制主系列划分为三段四级。② 初等教育段分初等小学校和高等小学校两级共7年,不分设男校女校。其中初等小学校4年,为义务教育,法定入学年龄为6周岁;高等小学校3年。"小学校教育以留意儿童身心之发育,培养国民道德之基础,并授以生活所必需之知识技能为宗旨。"中等教育段设中学校4年,不分级,但专为女子设立女子中学校。"中学校以完足普通教育、造成健全国民为宗旨。"高等教育段不分级,设立大学。大学实际分为预科、本科、大学院三个层次。其中预科3年,根据准备升入的本科科别分为三部类;本科3—4年,分为文、理、法、商、医、农、工7科;本科之后设大学院,不定年限,招收各本科毕业生为大学院生,"研究学术之蕴奥"。"大学以教授高深学术、养成硕学闳材、应国家需要为宗旨。"从进入初等小学校到大学本科毕业,学制总年限为17—18年。小学前的蒙养园和大学本科后的大学院均不计入学制年限。

在主系列之外的各类学校中,主要有:一是师范类:分师范学校和高等师范学校两级,分别相当于中等教育与高等教育阶段。师范学校又分为第一部师范学校和第二部师范学校,第一部师范学校招收高等小学毕业生及同等学力者,施以1年预科和4年本科的教育;第二部师范学校招收中学校毕业生及同等学力者,施以1年本科的教育。师范学校以造就小学教员为目的,并专为女子设立女子师范学校,女子师范学校兼培养蒙养园教师。高等师范学校招收中学校、师范学校毕业生及同等学力者,施以1年预科和3年本科的教育,本科分国文、英语、历史地理、数学物理、物理化学、博物等部。研究科1—2年,生员从本科毕业生或其他人员中选取。高等师范学校以造就中学校、师范学校教员为目的,并专为女子设立女子高等师范学校,以造就女子中学、女子师范学校教员。二是实业教育类:主要有乙种实业学校和甲种实业学校,分别与高等小学校和中学校

---

① 蒋维乔:《民元以来学制之改革》,陈学恂主编:《中国近代教育史教学参考资料》(中册),人民教育出版社1987年版,第164页。
② 如果比照《癸卯学制》的分级方法,《壬子癸丑学制》也应分为三段七级,但民初文献和当今学者普遍不把蒙养园(学前教育性质)、大学预科、大学本科后的大学院(研究生院性质)归作一级,本处从众。

平行。与大学平行的专门学校,分类培养法政、医学、药学、农业、工业、商业、美术、音乐、商船、外国语等高级应用型专门人才,实际上可归之为实业教育类。专门学校分预科、本科、研究科三个层次,预科1年,本科2—3年或酌情确定。

壬子癸丑学制还特设或附设有补习科、专修科、讲习所之类的旁支。

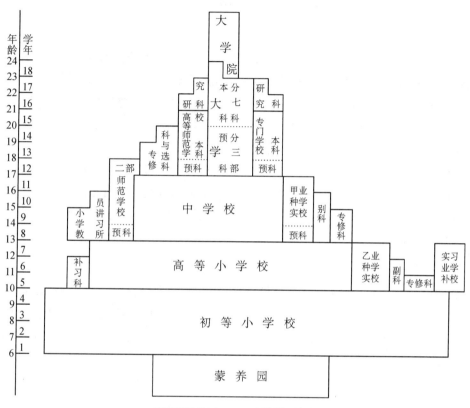

**壬子癸丑(1912—1913)学制系统图**

壬子癸丑学制仍保持以小学—大学教育为骨干,兼重师范教育和实业教育的整体结构。与癸卯学制相比,其明显的特点是:第一,缩短了学制年限。主要表现在初、中等教育段,初等小学校、高等小学校、中学校各比癸卯学制减少了1年,学制总年限缩短了3年,有利于普通教育的普及和平民化发展。第二,女子享有与男子平等的法定教育权。虽未特别强调女子教育,但也没有排斥女子教育的条文;不分男女儿童,都应接受义务教育,初等教育阶段可以男女同校;设立专门的女子中学、女子师范学校、女子高等师范学校等。这突破了封建礼教对女性的限制,体现了资本主义文化的男女平等观念。第三,取消对毕业生奖励科举出身,废止清末高等教育中的所谓保人制度,大学不设经科,有利于消除教育中的封建等级性、科举名位思想和复古气息。第四,规定学年度为三个学期,8月1日至12月31日为第一学期,次年1月1日至3月31日为第二学期,4月1日至7月31日为第三学期。假期安排为暑假:高等学校55日,中学40日,小学30日;年假:一律20天;春假(清明节):一律7日。另外,壬子癸丑学制不采纳清末中学的文、实分科的做法,取消高等学堂,只设大学预科,这都是较大的改革。

### 三、课程标准

在颁布教育法令法规的同时,教育部还颁布了各级各类学校的课程标准和课程表,更具体地对有关学校课程的设置、教学目标、授课时数都作出规定。在此仅介绍小学、中学和师范学校的课目,以展示壬子癸丑学制关于课程设置的一般原则。

#### (一) 小学校

根据1912年11月颁布的《小学校教则及课程表》,初等小学校开设修身、国文、算术、手工、图画、唱歌、体操共7门课程,女子加缝纫课。如因故不能开设手工、图画、唱歌、缝纫之一科或数科,应增加其他课目的教学时数。高等小学校开设修身、国文、算术、本国历史、地理、理科、手工、图画、唱歌、体操共10门课程,女子加缝纫课,男子加农业课(根据地方情形,或缺或改为商业),有条件的可加英语课(或其他外国语)。如因故不能开设手工、唱歌、农业之一科或数科,也应增加其他课目的教学时数。关于小学各科教学的原则可归纳为:(1)强调教学的教育性,各科目都应随时提示国民道德教育的相关事项;(2)适应儿童生活,注意选择生活上所必需之知识技能进行教授;(3)适应儿童身心发展的程度和特点,注意男女儿童的差别;(4)注意各科教学在目标、方法等方面的相互联系和配合。

#### (二) 中学校

根据1912年9月至1913年3月先后颁布的《中学校令》及《施行规则》、《课程标准》等文件,中学校开设修身、国文、外国语、历史、地理、数学、博物、物理、化学、法制经济、图画、手工、乐歌、体操等课程,女子中学加家事、园艺(可缺)、缝纫等课。强调外国语应以英语为主,特殊情况下才可从法、德、俄语中选择一种。

#### (三) 师范学校

1913年3月,教育部公布《师范学校课程标准》和《高等师范学校课程标准》。

1. 师范学校课程标准

按照《师范学校课程标准》规定,预、本科的课程为修身、教育、国文、习字、英语、历史、地理、数学、博物、物理、化学、法制、经济、图画、手工、农业(或商业)、乐歌、体操,女子师范学校免农业(或商业),加家事、园艺、缝纫课,五年中英语开课总时数也较男子师范约减三分之一。教育类课程是反映师范教育特色的课程,比重较大,包括普通心理学、论理学大要、教育理论、哲学发凡、教授法、保育法、教育史、教育制度、学校管理、学校卫生、教授实习等。按每周1小时,开设1学年为1单位计算,教育类课程共计19个单位,约占预、本科课程总量(170单位)的九分之一。另外,凡与小学教学有关的课程内都开设有该课程的教授法。

2. 高等师范学校课程标准

根据《高等师范学校课程标准》的有关规定,预科课程有伦理学、国文、英语、数学、图画、乐歌、体操等。本科分为6部,各部课程不同,不一一介绍。其中心理与教育类课程统一为心理学、教育学、教育史、教授法、学校卫生、教育法令等,共计10个单位。第三学年第三学期全部安排实习。

归纳各级各类学校课程标准的特点,不难发现:首先,废止了癸卯学制中的"读经讲经"课,突出近代学科和资本主义文化在教育中的地位,但同时对中国传统文化也采取批判继承的态度,如小学修身课突出孝悌、亲爱、信实、义勇、恭敬、勤俭等传统德目,中学修身课要求注意"本国道德之特色"[①],大学文科中的文学、历史、哲学各门都注意对中国传统文、史、哲的教授、研究与发扬。其次,提高了唱歌、图画、手工、农业等课程的地位,关注对学生的美感和情感教育,注意课程的应用性、平民化和手脑协调发展的特色。应该说,课程设置明确体现了全国临时教育会议通过的民国教育方针。

### 四、学制的调整

在民国初年动荡的社会环境下,壬子癸丑学制在局部上有所调整,主要表现在两个方面。

第一,学制结构上进行了局部调整。首先表现在初等教育方面。1915年7月和11月,教育部先后公布《国民学校令》、《高等小学校令》和《预备学校令》,初等教育由单轨制改为双轨制。其中国民学校4年,施行国家根本教育,授以国民道德之基础及国民生活所必需之普通知识技能,为义务教育。地方经济在兴办国民学校有余力的情况下可适当发展高等小学校,学制为3年,目的是增进国民学校之学业。国民学校和高等小学校面向满足于受初等国民教育、不准备升入中学的平民子弟,课程、设备可以从简。预备学校面向升入中学的士族子弟,附设于中学校,分前后两期,前期为4年,后期为3年,课程、设备力求完备。这一带有明显等级性的教育制度在1916年10月宣布撤销。其次是调整大学预、本科的年限和设置办法。1917年,经北京大学校长蔡元培的提议,教育部召集有关人士讨论,于9月公布《修正大学令》,规定将大学预科由原来的3年改为2年,大学本科由原来的3—4年改为4年。1912年,《大学令》规定必须具备下列条件之一者方可名为大学:一是文、理两科并设;二是文科兼法、商两科;三是理科兼医、农、工三科中至少一科。《修正大学令》改为:设任意两科以上者都可称大学,单设一科者也可称某科大学。《修正大学令》直接影响到北京大学和全国高等教育的改革。另外,1915年《特定教育纲要》中曾指示中学校实行文、实分科,但未见有配套法规颁行。

第二,经学教育内容的增添与复废。从1915年《颁定教育要旨》公布到1916年初,教育部修正或重新颁布了各级各类学校的课程标准,普遍增添了读经课程,但在袁世凯死后又都予以废除。

壬子癸丑学制是民国的第一个学制,比较全面地反映了资产阶级对教育的要求。它也是民国初期的中心学制,到1922年新的学制出台前,虽有局部调整,但其整体结构框架基本保持不变。

## 第三节 蔡元培的教育思想

蔡元培是中国近代著名的资产阶级革命家和民主主义教育家。辛亥革命前,他通过兴办教育进行反清革命活动。民国成立之初,他以第一任教育总长的身份,坚决清除教育中的封建专制主义因素,苦心规划民国教育的未来。1917年赴任北京大学校长后,他从自由、民主的原则出发,对北京大学进行了卓有成效的改革,为中国高等教育开辟了一片新天地。

---

① 朱有瓛主编:《中国近代学制史料》(第三辑上册),华东师范大学出版社1990年版,第359页。

## 一、生平和教育活动

蔡元培

蔡元培(1868—1940年),浙江绍兴府山阴县人,字鹤卿,号子民,出身于世代经商的家庭。祖父经营典当业。父亲为钱庄经理,但在蔡元培童年时即去世。

蔡元培5岁[①]入私塾读书,16岁(1883年)考中秀才,而后在家乡"设馆教书",22岁(1889年)考中举人,次年会试告捷,但未参加殿试。他25岁(1892年)再去北京补殿试,取为二甲第三十四名进士,点翰林院庶吉士。中日甲午战争爆发,《马关条约》签订,蔡元培深受震动,开始广泛涉猎译本书报,留心时事,学习日文,努力学习西学。

戊戌变法失败后,他一方面感到要推动中国的变革,应广泛培养革新人才,仅靠少数人奔走呼吁是成不了气候的;另一方面,他认为清政府已"无可希望",于是作出超乎常人的抉择,毅然辞去翰林院编修之职,于1898年秋南下从事教育活动。蔡元培一生由此发生重大转折,逐渐从一个清王朝的臣子走到了王朝的对立面。

蔡元培回到故乡绍兴,就任中西学堂监督(总理)。1901年夏,他来到上海,代理澄衷学堂校长。9月,他被聘为南洋公学经济特科班总教习,常在课内课外向学生宣传爱国民权思想,学生的民主意识明显增强。同时,他与张元济等创办《外交报》,又与蒋智由(观云)、叶瀚(浩吾)等发起成立"中国教育会",创办爱国女学,组建爱国学社以接收南洋公学退学的学生。中国教育会事实上是一个革命的机关,爱国女学和爱国学社就是两所培养革命人才的学校。[②]

1903年,爱国学社的活动引起清政府的警觉,下令侦讯。蔡元培辗转青岛、日本、绍兴、上海等地。1904年,光复会在上海成立,他被推为会长。1905年,同盟会成立,光复会并入,孙中山委任蔡元培为同盟会上海分会负责人。

1907年5月,蔡元培在驻德公使孙宝琦的帮助下前往德国柏林。1908年秋,他入莱比锡大学听课和研究,涉猎心理学、美学、哲学诸学科。1911年辛亥革命爆发,在陈其美去电催促下,蔡元培于11月上旬取道西伯利亚回国。1912年1月,蔡元培被任命为民国第一任教育总长,至7月因不愿与袁世凯政府合作而辞职。他在7个月的时间里,主持制定了一系列教育政策、法规,并在全国临时教育会议上通过,确立了其法定地位,奠定了民国教育的基本规模。

此后,蔡元培再赴欧洲,先后留学德国和法国,中途应孙中山之召回国参加二次革命。在法国,他与李石曾、吴稚晖、吴玉章等人组织"勤工俭学会";与法国友人一道发起"华法教育会",任中方会长。这些组织直接推动了留法勤工俭学运动的开展。

1916年底,蔡元培受命担任北京大学校长,1917年1月赴任。他对北京大学进行全面改革,使北大由一所痼弊缠绵的旧式学堂一变为生机勃勃的近代新型大学。同时,他还兼任多所大学、专门学校、文化教育社团的校长或董事,积极参与推进高等教育和各项文化教育事业的改革。

---

① 蔡元培生于清同治丁卯年十二月十七日,公历为1868年1月11日,按阴历计龄比按公历计龄多出一岁,蔡元培在自己的文字中多依照中国传统习惯按阴历计龄,间或依照公历。本处一律改以公历计龄。
② 参阅本书第十一章第四节的有关内容。

南京国民政府成立后,蔡元培先后被推任或任命为国民政府大学院院长、国民政府常务委员、中央政治会议委员、代理司法部长、中央研究院院长等。1928年8月以后,蔡元培陆续辞去大学院院长等原有任职,并拒绝国民政府监察院院长等新的职务任命,在国民政府内仅保留中央研究院院长一职,携眷离开南京,定居上海,"尽力于教育学术"。1931年"九一八"事变后,他积极主张抗日。1932年12月,他与宋庆龄、杨杏佛等发起成立中国民权保障同盟,尽力营救被捕的爱国人士和中共党员。1933年初,他与陶行知、李公朴等发起举行纪念马克思逝世50周年大会。1937年底,他因病移居香港疗养。1940年3月5日病逝于香港。

蔡元培的著述有不同的集本,如:高平叔编《蔡元培全集》第一至七卷,中华书局出版1984至1989年版;《蔡元培教育论集》,湖南教育出版社1987年版等。

## 二、"五育"并举的教育方针

1912年初,蔡元培发表《对于教育方针之意见》一文,根据专制时代和共和时代对教育的不同要求,从"养成共和国民健全之人格"①的观点出发,提出军国民教育、实利主义教育、公民道德教育、世界观教育和美感教育"五育"并举的教育思想,成为制定民国元年教育方针的理论基础。②该文系统地阐述了"五育"各自的内涵、作用和相互关系。

(一) 军国民教育

军国民教育作为一种教育主张,在维新变法时期即已萌芽,以后逐渐发展。鉴于中国近代积弱致侮的事实,部分有志之士希望借此改变中国重文轻武的教育传统,培养国民的强健体魄和尚武精神,强体强兵,御侮图强。他们主张将军事教育引入到学校和社会教育之中,让学生和民众受到一定的军事教育和训练。在学校教育中,强调学生生活的军事化,特别是体育的军事化等。

蔡元培认为,军国民教育不是理想社会的教育,"在他国已有道消之兆",但在中国仍有提倡的必要。从国际形势看,中国"强邻交逼,亟图自卫,而历年丧失之国权,非凭借武力,势难恢复"③。从国内形势看,"军人革命以后,难保无军人执政之一时期,非行举国皆兵之制,将使军人社会永为全国中特别之阶级,而无以平均其势力"。可见,蔡元培主张军国民教育,有寓兵于民、对抗军阀拥兵自雄、捍卫民主共和的良苦用心。

(二) 实利主义教育

所谓实利主义教育,即是"以人民生计为普通教育之中坚",密切教育与国民经济生活的关系,加强职业技能的培训,使教育能发挥提高国家经济能力和改善人民生活水平的作用。蔡元培指出,世界各国的竞争不仅在军事,更在经济,武力需要财力的支持。而中国丰富的自然资源未得到开发利用,"实业界之组织尚幼稚",人民失业,国家贫穷,发展实利主义教育实为当务之急。

实利主义教育也是蔡元培对当时流行欧美、以杜威为代表的实用主义教育思想的一种概括,他说:"此其说创于美洲,而近亦盛行于欧陆。"又说:"今日美洲之杜威派,则纯持实利主义者也。"尽管蔡元培当时对杜威实用主义教育学说的理解未必全面,但实用主义教育学说确是因为蔡元

---

① 《向参议院宣布政见之演说》,高平叔编:《蔡元培教育论集》,湖南教育出版社1987年版,第51页。
② 参见本章第一节。
③ 蔡元培:《对于教育方针之意见》,本目凡引此文不再作注。

培的介绍而与中国教育界见面的,从此引起人们的广泛关注。

### (三) 公民道德教育

军国民教育和实利主义教育旨在富国强兵,但即使国富兵强,也会出现如智欺愚、强凌弱、贫富悬殊、资本家与劳工之间矛盾激化的现象,因此必须"教之以公民道德"。蔡元培认为,公民道德的基本内容不外乎法国资产阶级革命所标榜的自由、平等、博爱("亲爱"),显然与封建道德的专制等级性不相容,但他明确指出中国传统伦理特别是儒家伦理的一些基本范畴,其内涵和自由、平等、博爱的精神是相通的。蔡元培尊重文化的继承性和发展性的统一。因此,他在摒弃封建道德专制性和等级性的同时,汲取其中有利于资产阶级道德建设的养分。

### (四) 世界观教育

世界观教育为蔡元培所独创并被作为教育的最高境界。蔡元培受康德心物二元论观点的影响,认为世界分为"现象世界"与"实体世界"之不可分割的两方面。现象世界是我们可以经验到的,它和时间、空间不可分离,受因果律的制约,其存在形式是相对的,隶属于政治的。实体世界超越于经验之外,只可直观感悟,没有时间空间可言,不受因果律的制约,它的存在形式是绝对的、超越政治的。现象世界中的人,由于存在人我差别的意识、追求幸福的意识,而纠缠于由此产生的种种矛盾。在实体世界中,人们摆脱了现象世界的种种矛盾,实现意志的完全自由和人性的最大发展,思想和言论也不受某一门之哲学某一宗之教义的束缚。所谓世界观教育,就是要培养人们立足于现象世界但又超脱现象世界而贴近实体世界的观念和精神境界,"使对于现象世界,无厌弃而亦无执著","使对于实体世界,非常渴慕而渐进于领悟"。

### (五) 美感教育

美感教育与世界观教育紧密联系。蔡元培认为,美感"介乎现象世界与实体世界之间,而为津梁"。在现象世界中,凡人皆会因生死离合祸福利害等种种境遇而产生爱恶惊惧喜怒悲欢之种种感情,而一旦将这些引入绘画、诗歌、音乐等而成为美的材料,则审美者除得一"浑然之美感"外,不会卷入现实的情感矛盾之中。可见,美感已超越利害关系和人我之分界,"而已接触于实体世界之观念矣"。世界观教育是引导人们具有实体世界的观念,但不是靠简单的说教可以实现的,其有效的方式是通过美感教育,利用美感这种超越利害关系、人我之分界的特性去破除现象世界的意识,陶冶、净化人的心灵。所以,美感教育是世界观教育的主要途径。

大力提倡美育,是蔡元培教育思想和实践的一个重要特点。民国元年制定学制时,他就有意识地提高中小学美育的地位。在北大,他亲自开设《美学》课,并一直注意推动公共美育设施和专业美术院校的发展。他认为美感教育具有与宗教相同的性质和功用,但可以避免宗教的保守和宗派之见,所以又提出"以美育代宗教"的口号。

蔡元培认为,"五育"不可偏废,其中军国民教育、实利主义教育、公民道德教育偏于现象世界之观念,为隶属于政治之教育;世界观教育和美感教育以追求实体世界之观念为目的,为超轶政治之教育。根据当时流行的德、智、体三育的说法,蔡元培认为,上述"五育"中,军国民教育为体育,实利主义教育为智育,公民道德教育为德育,美感教育可以辅助德育,世界观教育将德、智、体三育合而为一,是教育的最高境界。学校中每种教学科目虽于"五育"各有侧重,但又同时兼通数育。

以后,蔡元培又多次论及教育宗旨问题。1920年,他在新加坡南洋华侨中学作《普通教育与职业教育》的演讲时,明确提出了体、智、德、美四育平均发展,"养成健全人格"的普通教育宗旨。1927年任大学院院长期间,他提出了要使教育"科学化,劳动化,艺术化"的方针。根据这一方针,同年全国教育会议通过了新的教育宗旨:提高国民道德,锻炼国民体格,普及科学知识,培养艺术兴趣。该宗旨包含了德、智、体、美、劳"五育",虽然一年后即被国民党的"三民主义"教育宗旨所取代,但影响至为深远。

## 三、改革北京大学

北京大学的前身京师大学堂是一所充满封建官僚习气的学校,学生多出身于贵族官僚或豪门之家,入大学堂的目的是为升官发财。特别是进士馆的学生,几乎人人都带有听差,个个一副老爷的派头。民国成立后,京师大学堂改称北京大学,进行过初步的民主改革。到1916年,学校面貌发生了一些变化,学生数量增加到1500人。但由于继承了"老爷"式学堂的传统,加上受袁世凯搞帝制复古这种政治气候的影响,校内民主思想受到压抑,改革成效不显著。北大的封建沉疴未去,表现为校政腐败,学校制度混乱,学生求官心切,学术空气淡薄,封建文化泛滥。

在1916年12月蔡元培被任命为北大校长之前,北大换过五任校长,并未改变北大的局面。许多人劝他不要就任,以免因改造不好而于声名有碍。蔡元培在孙中山等人的支持下,毅然赴任,对北大进行了全面改革。

### (一) 抱定宗旨,改变校风

大学应该成为"研究高尚学问之地"①,这是蔡元培在1912年担任教育总长时就强调的。但是,当时的北京大学,学生对研究学问没有兴趣,读书仅为混资历谋官位。他们对专任的教员不欢迎,教学认真的反遭反对;而对于由行政司法界官吏兼任的教员,虽时常请假,年年发旧讲义,亦十分欢迎,以为有此师生关系,毕业后可为奥援。教员中有不少是不学无术的,课堂讲授敷衍塞责。蔡元培认为,教师不热心学问,学生把大学当作做官发财的阶梯,这是北大"著名腐败的总因"②。因此,他改革北大的第一步是明确大学的宗旨,并为师生创造研究高深学问的条件和氛围。

1. 改变学生的观念

1917年1月9日,蔡元培发表就任北京大学校长的演说,对学生提出三点要求:一曰抱定宗旨,二曰砥砺德行,三曰敬爱师长,将"抱定宗旨"置于首位。蔡元培指出:"大学者,研究高深学问者也。"他要求学生从此以后,一定要抱定为求学而来的宗旨,"入法科者,非为做官;入商科者,非为致富"③。以后蔡元培每年在开学的时候都要将此重申一遍。1918年,他更明确地指出:"大学为纯粹研究学问之机关,不可视为养成资格之所,亦不可视为贩卖知识之所。学者当有研究学问之兴趣,尤当养成学问家之人格。"④

---

① 《教育杂志》,第4卷第4号"记事"。
② 高平叔编:《蔡元培教育论集》,湖南教育出版社1987年版,第617页。
③ 高平叔编:《蔡元培教育论集》,湖南教育出版社1987年版,第152页。
④ 高平叔编:《蔡元培全集》第三卷,中华书局1984年版,第191页。

### 2. 整顿教师队伍，延聘积学热心的教员

教师群体的学术水平是一所大学学术水平的标志，也是把大学建成学术研究机构的重要保证。蔡元培认为，要打破北大的旧习惯，不仅要改变学生的观念，还应"从聘请积学而热心的教员着手"。他在教师聘任上采取"学诣"第一的原则，认为对于具有真才实学、教学热心、有研究学问的兴趣和能力的学者，不管他的国籍、资格、年龄、思想倾向，都应加以聘任。根据这一原则，他对北京大学教师队伍进行充实和整顿，一方面延请学有所成、富有声誉的专家学者到北京大学任教，另一方面辞掉一些不称职的中外教师。梁漱溟投考北大落选，但曾在《东方杂志》上发表《究元决疑论》，对佛学有独到见解，引起学术界注意，为蔡元培所赏识，被聘为北京大学的印度哲学教席。这是北大聘人不拘资历的典型例子。经过整顿，北大教师明显表现出平均年龄轻、富于学术活力的特点。

### 3. 发展研究所，广积图书，引导师生研究兴趣

蔡元培认为，大学不仅是传授知识的机关，而且要创新知识，推动学术的进步。为了从机构设置上有利于学术研究，蔡元培担任北大校长后，率先在国内大学中设立了各科研究所。至1919年底，北大先后成立文科、理科、法科和地质学研究所。1922年成立的国学研究所，不仅培养了一大批国学研究人才，其研究成果也斐然可观。蔡元培还十分注意丰富图书馆藏，为学术研究创造条件。针对北大图书馆新书偏少的问题，他任校长后第一次公开讲话中就强调要"筹集款项，多购新书"，以"供学生之参考"。以后，李大钊执掌北大图书馆，各类图书特别是介绍新思想、新学术的图书得到了充实。

### 4. 砥砺德行，培养正当兴趣

在将北大导向注重学术研究的同时，蔡元培还努力在师生中提倡道德修养。他上任伊始，即告诫学生要砥砺德行，敬爱师长。针对老北大缺乏高雅的娱乐活动和学生团体，学生不得不在学校以外寻求不正当消遣的情况，他倡导成立了各种体育会、画法研究会、书法研究会、演剧会等，培养学生正当的兴趣。对于教师，蔡元培历来以学识为重，认为个人的品行应由自己负责。对于那些即使富有学术声誉但私生活糜烂，甚至诱引学生与之堕落的教师，则坚决解聘。为了从积极方面提高师生的道德修养，蔡元培还将"敬德会"的组织引入北大，特别婉请一些素行不检的教职员入会，加以约束。

### （二）贯彻"思想自由，兼容并包"的办学原则

大学的宗旨是研究高深学问，但它不是研究某一家某一派的学问，更不是研究被某些人指定的学问。"大学者，'囊括大典，网罗众家'之学府也。"①蔡元培明确声明，在学术上"循'思想自由'原则，取兼容并包主义"②，这是他办理北京大学的基本指导思想。如"哲学之唯心论与唯物论，文学、美术之理想派与写实派，计学之干涉论与放任论，伦理学之动机论与功利论，宇宙论之乐天观与厌世观"③，等等，都可以在大学里自由地研究和讲授。他认为，"无论为何种学派，苟其言之成

---

① 《〈北京大学月刊〉发刊词》，高平叔编：《蔡元培教育论集》，湖南教育出版社1987年版，第213页。
② 《致〈公言报〉函并答林琴南君函》，高平叔编：《蔡元培教育论集》，湖南教育出版社1987年版，第231页。
③ 《〈北京大学月刊〉发刊词》，高平叔编：《蔡元培教育论集》，湖南教育出版社1987年版，第213页。

理,持之有故,尚不达自然淘汰之命运者,虽彼此相反,而悉听其自由发展"①,并认为这是各国大学的共同准则。只有这样,大学才能对学术的发展起促进作用。

"思想自由,兼容并包",也体现在教师的聘任上。蔡元培以"学诣为主",罗致各类学术人才,使北大教师队伍一时出现流派纷呈的局面。如在文科教师队伍中,既集中了许多新文化运动的著名代表人物,如陈独秀、李大钊、鲁迅、胡适、钱玄同、刘半农、沈尹默等;也有政治上保守而旧学深沉的学者,如黄侃、刘师培、黄节、辜鸿铭、崔适、陈汉章等。在政治倾向上,有的激进,有的保守,有的主张改良。② 在新派人物中,有马克思主义、三民主义、无政府主义、国家主义的不同代表。当时的北大,《新潮》与《国故》对垒,白话与文言相争,百家争鸣,盛极一时。

### (三) 教授治校,民主管理

1912 年由蔡元培主持制定的《大学令》中,即已确立了教授治校、民主管理的大学校务管理原则,规定大学设立评议会,各科设立教授会,但在北大没有得到很好施行。蔡元培初到北大时,仍然是"一切校务,都由校长与学监主任庶务主任少数人办理,并学长也没有与闻的"③。蔡元培任校长后,当年即组织了评议会,从全校每 5 名教授中选举评议员 1 人,校长为当然的评议长。评议会为全校最高的立法机构和权力机构,凡学校重大事务都必须经过评议会审核通过,如制定和审核学校各种章程、条令,决定学科的废立,审核教师学衔,提出学校经费的预决算等。接着组织各门教授会,由各学门的教授公举教授会主任,任期两年,其职责是:分管各学门的教务,规划本学门的教学工作。1918 年,北大共成立了国文、英文、法文、德文、数学、物理、化学、法律、政治、哲学、经济等 11 个学科教授会。1919 年 12 月,评议会通过学校内部组织章程,决定:(1)设立行政会议,作为全校最高的行政机构和执行机构,负责组织实施评议会议决的事项,下设各种委员会分管各类事务;(2)设立教务会议及教务处,由各系主任组成,并互相推选教务长一人,统一领导全校的教务工作;(3)设立总务处,主管全校的人事和事务工作。管理体制的改革,体现了蔡元培教授治校、民主管理的思想,目的是把推动学校发展的责任交给教授,让真正懂得学术的人来管理学校。新的管理体制的建立,改变了京师大学堂遗留下来的封建衙门作风,提高了工作效率,从而促进了学校的蓬勃发展。

### (四) 学科与教学体制改革

#### 1. 扩充文理,改变"轻学而重术"的思想

蔡元培认为,"学术"一词代表两方面:"学为学理,术为应用","学"、"术"之别,实即基础理论学科和应用学科之别。学与术的关系是:"学必借术以应用,术必以学为基本。"④他认为,文、理科属于学,法、商、医、农、工科属于术。为了区别基础学科和应用学科的不同性质,蔡元培主张"治学"和"治术"的学校应该分开办理,"治学者可谓之大学,治术者可谓之高等专门学校,两者有性质之别,而不必有年限和程度之差"⑤。没有基础学科的发展,应用学科的发展决不会有后劲。鉴

---

① 《致〈公言报〉函并答林琴南君函》,高平叔编:《蔡元培教育论集》,湖南教育出版社 1987 年版,第 231 页。
② 参考梁柱、王世儒:《蔡元培与北京大学》,山西教育出版社 1995 年版,第 29—30 页。
③ 《回任北大校长在全体学生欢迎会演说词》,高平叔编:《蔡元培教育论集》,湖南教育出版社 1987 年版,第 247 页。
④ 《在爱丁堡中国学生会及学术研究会欢迎会演说词》,高平叔编:《蔡元培全集》第四卷,中华书局 1984 年版,第 42 页。
⑤ 《读周春岳君〈大学改制之商榷〉》,高平叔编:《蔡元培教育论集》,湖南教育出版社 1987 年版,第 203 页。

于当时存在"重术而轻学"的现象,蔡元培认为大学要偏重于纯粹学理研究的文、理两科。在这一思想指导下,他将北京大学工科停办,商科改为商业学,并入法科;同时扩充文、理两科的专业门类,加强两科的建设。北大遂由原来的五科改为文、理、法三科大学。突出文理两科,强调基础理论的地位,是蔡元培"大学为纯粹研究学问之机关"观点的延伸。

2. 沟通文理,废科设系

蔡元培认为,传统文、理分科的做法不适应近代科学相互联系、相互渗透的发展趋势。文科里面包含着理科,理科里面包含着文科,不能截然分开。如教育学、心理学、美学原属文科范畴,现已采用实验等理科的研究方法;地理学中有人文、地质、地文,分别偏于文科和理科,很难辨其学科性质。"文科的哲学,必植根于自然科学,而理科学者最后的假定,亦往往牵涉哲学。"① 为了避免文理科学生相互隔绝,互不沟通,"专己守残","局守一门"②,蔡元培采取的一个重要改革措施,就是清除人为的科际障碍,废科设系。北大于1919年废除科,改原隶属于科的学门为系,设立14个系,废学长,设系主任。原来的文、理、法三科分别改称第一、二、三院,仅作为各系所在地区的标志(因原来三科分布在不同地区),不代表一级机构。③

3. 改年级制为选科制(学分制)

1917年10月,教育部召开北京各高等学校代表会议,讨论修改大学规程。北京大学文科提出废年级制,采用选科制的议案,会议议决通过,决定在北大试行。北大选科制规定每周一课时,学完一年为一个单位,本科应修满80个单位,一半必修,一半选修(理科酌量减少),修满即可毕业,不拘年限;预科应修满40个单位,必修占四分之三,选修占四分之一。选修科目可以跨系。1919年暑假后,选科制在北大各系陆续施行。

选科制是当时美国大学中通行的方法,蔡元培极力主张仿效。他认为,同在一年级或一专业的学生,其能力和兴趣不可能没有差别,年级制"使锐者无可见长"④,而选科制"比现行年级制、划一制可以发展个性"⑤。改年级制为选科制体现了蔡元培"尚自然"、"展个性"的教育思想,同时也是落实他"沟通文理"思想的一个具体措施,为文、理科学生相互选修课程提供了方便。1922年以后,全国其他高校中纷纷采用选科制。

在蔡元培的领导下,北京大学的改革是全方位的。除上述之外,还有不少开风气之先的改革。如1920年2月,允许王兰、奚浈、查晓园3位女生入北大文科旁听,当年秋季起即正式招收女生,开我国公立大学招收女生之先例。北大实行旁听生制度,让教学和学术活动向社会公开。北大还开办了不少平民学校和夜校等,努力服务于社会。这些都有力地促进了我国大学的开放性和平民化程度。

北京大学的改革不仅使自身改变了面貌,也是我国高等教育近代化发展中的一个里程碑。这场改革的灵魂是"思想自由、兼容并包"。"兼容并包"不仅包容不同的学术和学说流派、不同的人物和主张,也在男生之外包容女生,在正式生之外包容旁听生。"兼容并包"也并非不偏不倚,

---

① 《我在北京大学的经历》,高平叔编:《蔡元培教育论集》,湖南教育出版社1987年版,第539页。
② 《〈北京大学月刊〉发刊词》,高平叔编:《蔡元培教育论集》,湖南教育出版社1987年版,第212—213页。
③ 北大废科设系后,仍还有文、理科的习惯说法,但已不是原来的意义了。
④ 高平叔编:《蔡元培全集》第三卷,中华书局1984年版,第332页。
⑤ 高平叔编:《蔡元培全集》第三卷,中华书局1984年版,第395页。

而是有所抑扬。封建专制思想文化本已根深蒂固,所包容的主要是资产阶级乃至于无产阶级的新思想、新文化、新人物,北大也因此成为新文化运动和马克思主义的传播中心、五四运动的策源地,其影响远远超出了教育领域。

### 四、教育独立思想

"教育独立"作为一种思潮,萌发于"五四"之前,发展兴盛于20世纪20年代。由于军阀混战,经济凋敝,北洋政府又不重视教育,国家预算中教育经费比例极低,如1920年前后国家预算中教育经费仅占1.2%左右。仅此有限的预算内经费还常被侵占挪用,也不能如数到位,导致教育经费奇绌,教育事业陷于难以为继的局面。"五四"前后,由拖欠教育经费、积欠教职员薪资引发的请愿、罢教、罢课风潮此起彼伏。为维持教育的正常进行,教育界发起了向北洋政府争取教育经费独立的斗争,进而形成内容广泛的教育独立思潮,并成立了"全国教育独立运动会"。

教育独立的基本要求可大致归结为:(1)教育经费独立。政府指定固定的款项,专作教育经费,不能移作他用。建立独立的教育会计制度等。(2)教育行政独立。设立专管教育的行政机构,不附设于政府部门,由懂教育的专业人士主持。教育总长不得因政局的变动而频繁变动。(3)教育学术和内容独立。教育方针应保持稳定,不受政治的干扰。能自由编辑、出版、选用教科书。(4)教育脱离宗教而独立。

蔡元培一贯视教育为救国的基本途径,推崇思想、学术自由,加之身为北京大学校长,对政府官僚掣肘、摧残教育有深切的感受,因此是教育独立的积极倡导者和支持者,并从理论上加以引导。1922年3月,他在《新教育》上发表了《教育独立议》[①]一文,阐明教育独立的基本观点和方法,成为教育独立思潮中的重要篇章。

在《教育独立议》中,蔡元培首先明确教育的使命是:帮助受教育者发展自己的能力,完成自己的人格,能对人类文化发展尽到一份责任,作出一份贡献;而不是把受教育者塑造成一种特别的器具,给那些怀有其他目的的人去使用。他认为,教育与政党、教会在目标、性质上存在严重对立,因此教育要完成自己的使命,就应完全交给教育家去办,保持其独立地位,不受政党或教会的影响。他认为,政党与教育的对立表现为:(1)教育要平衡发展人的个性和群性,政党则不然,它要造成一种特殊的群性,为本党服务,抹杀受教育者的个性。(2)教育是求远效的,着眼于未来,其效果不可能在短期内表现出来,所以讲"百年树人"。而政党是求近功的,往往只考虑眼前的利益。(3)在政党政治背景下,政权在各党派之间更迭,由政党掌管教育,必然会影响教育方针政策的稳定,影响教育的成效。所以,教育要超脱各派政党之外。

教会与教育之间也存在着无法相容的矛盾:(1)教育是进步的,文化学术的发展总是一代胜过一代,后人超越前人,所以教育的内容在不断更新,并力图创新知识;而教会则是保守的,《圣经》的话就是金科玉律,容不得丝毫的批评。(2)教育是共同的,它促进不同国家之间的文化学术交流和相互吸收,共同发展;而教会之间由于宗派之见,是相互排斥的。教会办教育必然会妨碍文化学术的进步和交流。

为实现教育的真正独立,蔡元培设计了教育经费独立、教育行政独立、教育独立于宗教之外

---

[①] 高平叔编:《蔡元培教育论集》,湖南教育出版社1987年版,第334—336页。

的具体措施。其中,关于教育行政独立的方案是:全国分为若干个大学区,每区设立大学一所,区内的高等专门教育、中小学教育、社会教育、文化学术事宜均由该大学学校组织办理。大学的事务,由大学教授组成的教育委员会主持,校长由教育委员会选举产生。各大学区大学的校长组成高等教育会议,处理各大学区间的事务。教育部只负责处理经高等教育会议议决而与中央政府发生关系的事务,以及教育统计报告等,不干涉各大学区事务。教育总长必经高等教育会议认可。这一设想,后来成为南京国民政府初期实施"大学区制"的框架基础。

教育活动必须接受社会的物质支持并传播一定的政治和社会价值体系,它因此依附和反作用于一定的政治和社会力量,就这一点而言,它不可能也不应该完全独立。不能完全独立不等于不能相对独立,教育主体的能动性决定了其在教育活动中有自主选择的能力和自由。在军阀政府对教育或横加干涉、或任意摧残、或视如草芥的情况下,蔡元培等人突出教育活动的独立性和自主性,维护教育的基本生存,有其合理性。另外,教育独立思想在推进收回教育权运动、抵制殖民教育方面,也起到了积极作用。

蔡元培在民国历史的几个关键时期被委以教育要职,对民国教育的大政方针和宏观布局有重大影响。他的教育思想贯穿着对民主、科学、自由、个性的追求,充满了爱国主义激情。他在教育实践中表现出不屈从压力、锐意改革、坚守信念的品质。如果说他在民国初期改革封建教育,建立资产阶级民主教育制度,反映的是新时代对教育的要求;20年代提倡教育独立是在教育面临深重危机下的一次无奈抗争;那么,他对北京大学的改革,包容博大,规模恢宏,影响深远,凸现了他作为杰出教育改革家的远大理想和个性品质。蔡元培在一代学人心目中的精神表率和大学灵魂形象,至今光芒不减。

## 本章小结

中华民国的成立,奠定了教育民主化改革的政治基础,开辟了中国资产阶级教育发展的新时代。

南京临时政府组建的教育部在蔡元培的主持下,进行了卓有成效的工作,基本维持了政体变更阶段教育的正常进行。他们广招人才,各尽所长,在较短的时间内完成了学制方案和各级学校法令规程的草拟工作。筹备召开了全国临时教育会议,通过了民国教育方针,建立了资产阶级民主主义教育制度体系,完成了资产阶级依法改革封建教育的法定程序。他们还成立了专门的"社会教育司",将社会教育纳入教育部的管辖范围。这表明资产阶级对近代教育的平民化和开放性特征的深刻理解。

《壬子癸丑学制》以法定形式集中表达了资产阶级改革教育的构想。根据民主共和的精神,清除了清末学制中的封建专制性因素,缩短了学制年限,不再限制女子进入各级学校接受教育,取消读经科目等。同时也继承了清末学制的三级模式,发展义务教育,重视实业教育的合理因素。

由于辛亥革命的不彻底性,封建势力的根深蒂固以及袁世凯的倒行逆施,民国初期民主政治建设经历了巨大反复,导致严重的封建教育回潮现象。但这终究阻挡不住教育朝近代化和民主化方向发展,继之而来的新文化运动为教育改革增添了新的动力。

蔡元培是这一时期资产阶级改革封建教育的代表人物,他提出"五育"并举的教育方针,为民国教育定向。他亲自主持并参与制定了中国第一个资产阶级性质的学制。他在北大树起"思想自由,兼容并包"的大旗,冲破重重阻力,多年苦心经营,终将北京大学改造成一所真正意义上的近代大学。

## 思考题

1. 评述《壬子癸丑学制》的内容、性质和特点。
2. 南京临时政府教育部对清末教育进行了哪些重要改革?并分析改革的基本指导思想。
3. 蔡元培教育思想和实践包括哪些重要方面?分别予以评述。
4. 评述蔡元培的大学教育思想和对北京大学的改革。

# 第十三章 新文化运动时期和20世纪20年代的教育

> **本章导读**
>
> 新文化运动时期和20世纪20年代是中国现代教育的重要转折时期。新文化运动所倡导的民主、科学精神,批判和清算了封建专制教育及其复辟回潮,促进了教育观念的变革,并推进以改善教育、改进社会为宗旨的各种教育思潮和教育运动的兴起;在积极学习和引进西方各种教学理论和教学方法的同时,中国教育的自主意识极大地加强,其重要表现是1922年"新学制"的产生和收回教育权运动;新民主主义教育发端,提出了最初的教育纲领,阐述了对教育本质和教育作用的基本认识,并在工农教育和干部教育方面进行了初步探索,为此后根据地教育建设和新民主主义教育的发展奠定了基础。

辛亥革命胜利后,孙中山领导的资产阶级新政权对清末教育制度进行了改革,提出了建设新教育的蓝图。然而,由于南京临时政府的匆匆收场和革命果实为保守势力所篡夺,改革蓝图未及实施。袁世凯和北洋军阀政府的倒行逆施,文化教育领域里尊孔读经的复古潮流滚滚而来。针对北洋军阀政府的统治和复古潮流,思想文化领域兴起了一场反封建的新文化运动。在"民主"、"科学"的旗帜下,资产阶级民主主义者对封建主义思想文化进行了猛烈的批判。他们倡导引进和学习西方先进的文化教育,对传统教育及其观念进行了深入的反思,从而构成了新文化运动的重要组成部分。

"五四"运动的爆发,标志着新文化运动的高潮,促成了民族现代意识的觉醒和空前的思想解放。以探索中国社会改造和进步的出路为目的,面对大量涌入的西方现代教育思想,中国的教育实践者积极加以选择和吸取,开始了各种各样的教育试验,形成了形形色色的教育思潮和教育运动。在此过程中,北洋政府也进行了一些教育改革。在20世纪20年代,中国现代教育观念和教育制度初步形成。

在新文化运动期间,一些先进的知识分子接受了马克思主义,开始从无产阶级革命的立场和观点出发,思考教育问题,从事教育活动,进行教育斗争,新民主主义教育开始萌芽。1921年7月,中国共产党诞生,肩负起带领中国人民翻身求解放的历史使命。中国共产党以教育为革命斗争的武器,批判了帝国主义、封建主义、官僚买办的教育,开展了工农大众的教育,开创了新民主主义教育,并将"五四"新文化运动引向深入,揭开了教育历史的新篇章。

## 第一节 "五四"新文化运动对封建教育的批判与变革

"五四"时期是中国近代历史上一个重要的转折时期。新旧文化激烈冲突,思想革命波澜壮阔,预示着传统文化发生巨大变革的历史时机已经到来。与新文化运动相适应,中国的教育开始摆脱传统文化的束缚,以更为开放的姿态面对世界多元文化。中国教育深刻反思,积极选择,首先从思想意识方面走上了现代化道路。

## 一、新文化运动的兴起

辛亥革命功败垂成,中国人民在政治上面临反帝反封建的双重斗争:西方列强支持袁世凯称帝,加紧侵略中国;而国内军阀统治日趋黑暗。在经济上,中国的民族资本主义在第一次世界大战期间得到较快的发展,资产阶级强烈要求实行民主政治,发展资本主义。在思想文化方面,随着新式学堂的建立和留学风气日盛,西方启蒙思想进一步被介绍到中国来;辛亥革命使民主思想深入人心,袁世凯的尊孔复古倒行逆施为民主知识分子所不容。在这种情况下,中国先进的知识分子掀起一场崇尚科学、反对封建迷信、猛烈抨击几千年封建思想的文化启蒙运动——新文化运动。

1915年9月15日,陈独秀在上海创办《青年杂志》并担任主编,揭开新文化运动序幕。陈独秀在《青年杂志》创刊号上发表《敬告青年》一文,率先扛起民主和科学的大旗。关于民主,陈独秀提出了政治民主、信仰民主、经济民主、社会民主和伦理民主的主张,号召人们拿起"民主"这个武器,与旧的意识形态进行斗争。关于科学,陈独秀认为,不论什么事物,如果经科学和理性判定为不合于现今社会的,"虽祖宗之所遗留,贤圣之所垂教,政府之所提倡,社会之所崇尚,皆一文不值也"。他号召人们坚持科学的精神,成为自然界的统治者和主人。陈独秀还向青年提出六项希望,即"自主的而非奴隶的"、"进步的而非保守的"、"进取的而非退隐的"、"世界的而非锁国的"、"实利的而非虚文的"、"科学的而非想象的"。1916年,《青年杂志》从第2卷起更名为《新青年》,表明与封建传统思想、传统文化决裂的决心。1917年1月,陈独秀受蔡元培之请,出任北京大学文科学长,《新青年》亦随之北上。1918年12月,李大钊、陈独秀在北京创办《每周评论》,建立了新文化运动的又一舆论阵地。鲁迅、胡适、钱玄同、刘半农等,都是新文化运动的代表人物。

新文化运动把斗争矛头直指封建专制的理论支柱——儒家思想,宣扬民主,反对封建专制;宣扬科学,反对封建迷信和愚昧。"民主"是指民主思想和民主政治。"科学"主要是指近代自然科学法则和科学精神。陈独秀说:"要拥护那德先生,便不得不反对孔教、礼法、贞节、旧伦理、旧政治。要拥护那赛先生,便不得不反对旧艺术、旧宗教。要拥护那德先生又要拥护那赛先生,便不得不反对国粹和旧文字。"①

**新青年杂志**

新文化运动对民主和科学思想的弘扬,动摇了封建思想的统治地位,使之遭到前所未有的冲击与批判,人们(尤其是青年)的思想得到空前解放。中国知识分子在新文化运动中,受到一次西方民主和科学思想的洗礼。这既为马克思主义在中国的传播开辟了道路,也推动了中国自然科学事业的发展。新文化运动提倡白话文(即语体文),使语言与文字更紧密地统一起来,为广大民众所接受,有利于文化的普及和繁荣。

新文化运动是一场伟大的爱国文化运动,是对维新思想、革命思想的继承和发展。它的爆发,既是当时特定历史条件下经济、政治、思想、文化诸因素综合作用的产物,也是近代中国经历长期的磨难和阵痛后的必然结果,是中国人民寻求新出路、寻觅

---

① 陈独秀:《本志罪案之答辩书》,《新青年》第6卷第1号(1919年1月)。

新曙光的思想前奏。所谓矫枉必须过正，新文化运动也弥漫着一种浓烈的激进情绪，对东西方文化的认识，尤其是对中国传统文化的态度，也带有一些非理性的成分。

## 二、新文化运动对封建传统教育的抨击

袁世凯上台后，出于复辟帝制的需要，竭力推崇孔孟之道。1912年9月，下令提倡"孔教"，次年6月颁布《大总统复学校祀孔令》，下令学校恢复祭祀孔子。1915年2月，又颁布《特定教育纲要》，规定"中小学均加读经一科"，恢复了封建教育的核心——尊孔读经。

复古主义教育的回潮，一开始就受到以孙中山为代表的资产阶级革命派的反击。随后，以陈独秀、李大钊、胡适等一批激进的民主主义者为核心，以《新青年》为主要阵地，在思想、文化、教育领域里兴起了一场以民主和科学为批判武器，反对尊孔读经、反对旧礼教旧道德的新文化运动，在"五四"运动时期达到了高潮。新文化运动在教育方面主要表现为抨击封建教育的危害和没落，反思民族教育传统的固有不足，大力倡导资产阶级的新教育。

儒学中"三纲五常"及与之相联系的道德礼教成为民主战士的批判矛头所指，他们无情揭露封建礼教对人性的残害和阶级压迫的本质。陈独秀指出：三纲学说是一切封建道德和政治的大原，其实质是"片面之义务，不平等之道德，阶级尊卑之制度"[1]，是一种"奴隶道德"。"中国历史上、现社会上种种悲惨不安的状态，也都是这三样道德在那里作怪。"[2]因此，封建礼教已严重阻碍了中国社会的发展和进步，非抛弃不可。

鲁迅对封建礼教的揭露更为具体。他连续发表《狂人日记》、《我的节烈观》、《我们现在怎样做父亲》等小说和文章，深刻揭露以君权、夫权、父权为核心的封建专制制度和礼教的"吃人"本质。他借"狂人"之口控诉说："我翻开历史一查，这历史没有年代，歪歪斜斜的每页上都写着'仁义道德'几个字。我横竖睡不着，仔细看了半夜，才从字缝里看出字来，满本都写着两个字是'吃人'。"[3]

新文化运动的闯将中有李大钊、陈独秀等初步接受了马克思主义的早期共产主义者，他们已开始学习运用历史唯物主义观点分析和解释社会与教育现象；运用经济基础和上层建筑的关系的原理，对儒家学说的历史作用和产生、发展与没落的历史命运作出说明。李大钊指出，孔子学说支配了中国思想界两千多年，并不是因为这种学说本身有多么大的绝对权威，是永久不变的真理，而是因为"他是适应中国两千余年来未曾变动的农业经济组织反映出来的产物，因为他是中国大家族制度上的表层构造，因为经济上有他的基础"[4]。到近代，中国的小农经济动摇了，大家族制度也开始瓦解，孔子学说赖以存在的基础发生动摇，就必然要有能适应新基础的新思想取而代之。因此，要反对袁世凯的复辟倒退，便必然要反对尊孔读经，要反对封建道德和专制统治，要反对孔孟之道。

到新文化运动时期，中国学习西方、建设新教育已经50多年，由于以"中体西用"为思想指导，

---

[1] 陈独秀：《宪法与孔教》，《新青年》第2卷第3号。
[2] 陈独秀：《调和论与旧道德》，《新青年》第7卷第1号。
[3] 鲁迅：《狂人日记》，《新青年》第4卷第5号。
[4] 李大钊：《由经济上解释中国近代思想变动的原因》，中国李大钊研究会编：《李大钊文集》（下），人民出版社1984年版，第179页。

传统教育在目的、内容、方法等方面的弊端仍旧处处可见。民主斗士们发现,自鸦片战争以来,中国教育表面上看颇有所改观:科举制度已经废除,西洋学校制度照样模仿,各地学堂课程完备——西文、史地、理化、音体应有尽有,但就实质而言,中国教育并未由此进入现代社会。"吾国教育界,乃尚牢守几本教科书,以强迫全班之学生,其实与往日之《三字经》、四书、五经等,不过五十步与百步之相差。"① 新的教育组织形式虽已采用,但学校仍守着被动灌输的老办法,教师盲教,学生盲学,教育仍重虚文,不讲有用,忽略全身心的发展。陈独秀指出:"我们中国,模仿西洋创办学校已经数十年,而成效毫无。学校处数固属过少,不能普及;就是已成的学校,所教的非是中国腐旧的经史文学,就是死读几本外国文和理科教科书,也是去近代西洋教育真相真精神尚远。此等教育,有不如无,因为教的人和受教的人,都不懂得教育是什么,不过把学校毕业当作出身地步,这和从前科举,有什么区别呢?"②

这就敏锐地洞察了中国近60年学习西方教育的几个致命缺陷:其一,远离近代教育的"真精神",即远离民主与科学;其二,所实行的新教育依旧严重脱离社会发展的实际需要;其三,简单模仿,食洋不化。鉴于此,陈独秀坚定表示:"中国教育必须取法西洋!"③ 取法什么?"法律上之平等人权,伦理上之独立人格,学术上之破除迷信、思想自由。"④ 推行"共和国民之教育","弃神圣的经典与幻想,而重自然科学的知识和日常生活的技能"⑤。蒋梦麟也指出当时中国教育与社会发展的极不适应:"新事业需要灵活之子弟,吾国教育则重循规蹈矩;新事业需思力,吾国教育则重记忆;新事业需适应力,吾国教育则重胶固之格式;新事业需技能,吾国教育则重纸上谈兵。"⑥

民主斗士从目的、内容、方法等方面对中国教育现状作了深刻批判,力图以包含人权、自由、平等等民主思想和重视科学技术、崇尚自然、讲究实用等科学精神的新教育,取代迷信权威、窒息思想、压抑个性、脱离实际、忽略身心的旧教育,为新教育观念的形成作了准备。

### 三、新文化运动促进教育观念的变革

以民主和科学为旗帜的新文化运动,促使中国现代教育观念发生了巨大的变化。在继洋务教育在技艺层面上、维新教育在制度层面上接受西方教育之后,新文化运动时期,中国在思想观念层面上开始自觉地接受西方教育,跟上西方教育。

#### (一) 教育的个性化

对民主科学的呼唤,对文化传统的反思,对专制主义的批判,折射于教育,即是增强了人们对个人价值的肯定,对个性化教育的倡导。"个性解放"是新文化运动时期知识分子和青年学生思想觉醒和反抗传统的重要标志,包含了个人思想上、行动上的解放和对个人权利、尊严的要求。人们认识到,"吾国文化较诸先进之国相形见绌",其原因就在"个性主义"不发达。⑦ 中国传统社会,总是一人附属于、服务于另一人,未见有独立自主之人,文化是抹杀个性的文化,教育是造就

---

① 蔡元培:《新教育与旧教育之歧点》,高平叔编:《蔡元培教育文选》,人民教育出版社1980年版,第50页。
② 陈独秀:《近代西洋教育》,《新青年》第3卷第5号。
③ 陈独秀:《近代西洋教育》,《新青年》第3卷第5号。
④ 陈独秀:《近代西洋教育》,《新青年》第3卷第5号。
⑤ 陈独秀:《袁世凯复活》,《新青年》第2卷第4号。
⑥ 《蒋梦麟先生演讲职业教育之原理》,《教育与职业》第2期。
⑦ 蒋梦麟:《个性主义与个人主义》,《教育杂志》第11卷第2期。

顺民的教育。反观西方近代文明国家,合你、我、他各个个人以为群体,"强健之个人"造就社会的强健,个性主义发达促成社会进化。中国的求强之道就不在强兵,而在强民,尤在强个性。教育如欲为社会发展尽力,"非发展个性不为功"。

个性主义思想体现于教育,首先强调在教育上"使个人享自由平等之机会而不为政府、社会、家庭所抑制"。其次要求在教育中尊重个人,又从尊重儿童始,甚至"以儿童为中心"。学校以个人和儿童为本位,自尊与被尊相互滋长,健全人格由之养成。其三,尊重个性意味着不以"划一单调"的"模型"塑造个人,让社会淹没个性,"总要使受教育的人各尽其性,发挥各个最优长的本能,替社会做最有效率的事业"①。其四,学校教育尤忌"随便教育"。作为教师,必须"深知儿童身心发达之程序,而择种种适当之方法以助之"②;作为学生,必须学会主动地研究和自治,"灌进去的知识学问是没有多大用处的,真正可靠的学问都是从自修得来"③。可见,"个性解放"思想使学校内外的教育观念都发生变化,人们开始习惯于站在教育对象的立场上去思考教育问题。

(二) 教育的平民化

新文化运动对教育观念的又一改变,是教育平民化观念的形成。这是民主思潮在教育领域里的回响。当时所谓民主,包括自由、平等、互助等要素,要求个人有独立发展的自由,将剥夺个人发展权利的封建制度、阶级势力"解放得干干净净"! 求得男女之间的平等、社会阶级和阶层之间的平等,进而通过互助与合作予以保障。同时,受第一次世界大战时世界性的民主、民治声浪的影响,受陆续传入中国的"互助论"、"泛劳动主义"、"社会主义"等思想的影响,以提倡白话文反对文言文为发端的新文化运动几乎是一场平民主义运动,它力求沟通和消除知识阶层与"社会上一般人"在语言上因而也是在思想上的"两橛"隔阂,使新知识、新思想传播到一般社会民众中,由此焕发出民众中蕴藏着的巨大能量。

教育关注点的下移和重民是当时普遍可见的现象。不少人提出必须坚持教育的"庶民"方向,打破以往社会有贵贱上下、劳心与劳力、治人与被治种种差别的阶级教育。④ 提倡"庶民"教育,是因为民众之苦和蕴藏于民众中的无限智能。平民即"苦力",其"苦"在于体力劳动,缺少文化和没有平等权利;其"力"则是改造社会的巨大潜力。因此,"惟有努力于教育机会的平等,使人人所蕴藏的无限能力都有发展的机会"⑤。既然以平民为教育对象,这种教育就不应限于学校范围,无论是形式还是内容都要考虑其生产、生活和环境改造的需要。作为知识阶层,则应在此过程中真心诚意地帮助平民获取知识,获得改变他们生存状况的能力。总之,革除数千年来由尊者、贵者、富者独占教育的不合理状况,让平民大众都能享有教育。

(三) 教育的实用化

为反思清末建立近代学制以来,普遍存在并为人熟视无睹的学校教育与社会实际相脱离、书本知识与学生生活和社会生产相违背的弊端,黄炎培早在1913年就提出学校教育如何"实用"的

---

① 梁启超:《我对于女子高等教育希望特别注重的几种学科》,《饮冰室合集·文集》,中华书局1989年版。
② 蔡元培:《新教育与旧教育之歧点》,高平叔编:《蔡元培教育文选》,人民教育出版社1980年版,第48页。
③ 蒋梦麟、胡适:《我们对于学生的希望》,葛懋春、李兴艺编辑:《胡适哲学思想资料选》,华东师范大学出版社1981年版,第138页。
④ 胡适:《实验主义》,《新青年》第6卷第4号。
⑤ 晏阳初:《平民教育》,《新教育》第7卷第2—3期。

问题①,呼吁让教育回归其应有的功能和目的位置。面对学校教育与社会需要之间严重的不适应,中国教育传统中某些缺陷的顽固影响,陈独秀从反思传统、比较中西入手,指出中国教育的痼疾与救治方向。他说:"欧美各国教育都注重职业。所教功课,无非是日常生活的知识和技能。……一切煮饭、烧菜、洗衣、缝衣、救火、救溺、驾车、驶船等事,无一不实地练习。不像东方人连吃饭、穿衣、走路的知识本领也没有,专门天天想做大学者、大书箱、大圣贤、大仙、大佛。西洋教育所重的是世俗日用的知识,东方教育所重的是神圣无用的幻想;西洋学者,重在直观自然界的现象,东方学者,重在记忆先贤先圣的遗文。我们中国教育,若真要取法西洋,应该弃神而重人,弃神圣的经典与幻想而重自然科学的知识和日常生活的技能。"②相对而言,胡适的批评更切中要害:"社会所需要的是做事的人才,学堂所造成的是不会做事又不肯做事的人才。""学校只管多,教育只管兴,社会上的工人、伙计、账房、警察、兵士、农夫……还只是用没有受过教育的人。"③实业界人士穆藕初也感叹:"在失业者方嗟叹活计之难寻,在事业界方忧虑需要人才之无多。"④由此可见,学校教育与社会需要的矛盾何等尖锐。

因此,在新文化运动时期,提倡务实的教育成为共识。一方面,人们认识到教育对个人生活能力的培养、对社会生产发展的适应的重要意义,致力于思考和解决"教育与生计关系"成为不少教育家孜孜以求的事业,从观念上解决了改革教育结构、发展职业教育的问题;另一方面,人们认识到学校内部必须进行全面改革,强调从社会生活和学生生活实际出发,沟通教育与生活、学校与社会的关系,强调对学生的主动学习、创造性学习和实际能力的培养,要求课程内容和教学组织形式均须适应生产和生活发展的需要,以求普通学校教育摆脱传统的束缚。

### (四) 教育的科学化

"科学"是新文化运动高扬的另一面旗帜。对科学方法和观念的倡导,是"五四"新文化运动思想启蒙的重要内涵与特点,表现出强烈的理性色彩,这是一种更深层次的启蒙和洗礼。民主战士的贡献主要体现在两个方面,即理性的怀疑精神和对科学方法的追求。胡适在自述其思想形成时说,他的思想受赫胥黎、杜威两个人的影响最大。"赫胥黎教我怎样怀疑,教我不信任一切没有充分证据的东西。杜威先生教我怎样思想,教我处处顾到当前的问题,教我把一切学说理想都看作待证的假设,教我处处顾到思想的结果。这两个人使我明了科学方法的性质和功用。"⑤怀疑精神和科学态度既是对胡适思想特点的概括,也代表着新文化运动科学思想的特征。正是凭借着理性的怀疑精神,通过中西思想文化的比较,民主斗士指出:中国传统思想的重要缺陷是"有假定而无实证","有想象而无科学"⑥。在传统思想文化载体的中国传统知识分子身上,就表现为封闭于文献词章和自我修养之中,而忽略分析自然和探索现实世界;对社会人事的处理,往往重情感而轻理性;对世界的认识和思想观念的接受,常随直觉臆断,而不从实证分析入手。⑦陈独秀将

---

① 黄炎培:《学校教育采用实用主义之商榷》,《教育杂志》第5卷第7号。
② 陈独秀:《近代西洋教育》,《新青年》第3卷第5号。
③ 胡适:《归国杂感》,《胡适文存》卷4,上海亚东图书馆1921年版,第10页。
④ 穆藕初:《穆藕初先生演说实业上之职业教育观》,《教育与职业》第7期。
⑤ 胡适:《介绍我自己的思想》,葛懋春、李兴艺编辑:《胡适哲学思想资料选》,华东师范大学出版社1981年版,第337页。
⑥ 陈独秀:《敬告青年》,《青年杂志》第1卷第1号。
⑦ 王炳照、阎国华总主编,田正平主编:《中国教育思想通史》第6卷,湖南教育出版社1994年版,第260页。

以此为思想特征的中国传统教育称之为"伪教育",并认为西方近代社会的进步就是因了科学与民主构成了推动进步的两个轮子,中国所缺乏的正在于此。既然玄想属于过去的文明,要建设新时代、新文化,社会的各个领域、各项事业就都离不开科学。"夫以科学说明真理,事事求诸证实,较之想象武断之所为,其步度诚缓,然其步步皆踏实地。不若幻想突飞者之终无寸进也。宇宙间之事理无穷,科学领土内之膏腴待辟者正自广阔。青年勉乎哉!"①

用科学的精神分析中国教育现状,民主斗士们认为,学校引进了数理化生地之类学科,并不表示学校在进行科学教育,社会在讲究科学,重要的是让科学内容和方法渗入社会各项事业,改变人的态度和观念。在科学的知识、科学的方法和科学的精神三者之间,科学方法的运用重于科学知识的获得,而科学方法运用的目的又是为了科学精神的养成。陈独秀提出,"今日之教育方针应贯穿四大主义",第一即为"现实主义",即以科学的和现实生活的教育取代"想像武断"的迷信教育。这一方面要"培养一般人民底科学思想,普及科学方法于民众"②;另一方面要改变中国教育历来"多重圣言而轻比量"(按:指实验、归纳的方法),以"归纳论理之术,科学实证之法"取代"圣教"③,建设中国的"真教育",即"乃自动的而非他动的;乃启发的而非灌输的;乃实用的而非虚文的;乃社会的而非私人的;乃直视的而非幻象的;乃世俗的而非神圣的;乃全身的而非单独脑部的;乃推理的而非记忆的;乃科学的而非历史的"④。

新文化运动所促发的中国现代教育观念的转变是划时代的,表明中国人对教育传统、教育现状的反思和学习西方先进的教育进入到思想文化层面和自觉主动的阶段。教育观念的转变直接促成"五四"新文化运动时期教育的改革,尤其是带来20世纪二三十年代中国教育的繁荣,并使中国教育更为广泛和深入地融入世界性的现代教育发展潮流之中。

### 四、新文化运动推动下的教育改革

新文化运动所倡导的民主与科学思想在全社会尤其是教育领域引起巨大反响,促进了这一时期的教育改革。

#### (一) 废除读经,恢复民国初年的教育宗旨

1916年6月,袁世凯倒台;9月,政府撤消了袁世凯所颁布的教育纲要,以及根据纲要而制定的"爱国、尚武、崇实、法孔孟、重自治、戒贪争、戒躁进"的所谓教育要旨。10月,以范源濂为部长的教育部颁布的《高等小学校令施行细则》,删除了有关读经的内容。1917年5月,迫于日益高涨的民主呼声,军阀政府的宪法审议会议否决了"定孔教为国教"的提案,并撤消了1913年《宪法草案》中规定的"国民教育以孔子之道为修身大本"的有关条文。"五四"运动前夕的1919年4月,由范源濂、蔡元培、陈宝泉等人组成的教育部教育调查会议决了"养成健全人格,发展共和精神"的国民教育宗旨,并说明"所谓健全人格者当具下列条件:一、私德为立身之本,公德为服务社会国家之本。二、人生所必需之知识技能。三、强健活泼之体格。四、优美和乐之感情。所谓共和精神者:一、发挥平民主义,俾人人知民治为立国根本。二、养成公民自治习惯,俾人人能负社会国

---

① 陈独秀:《敬告青年》,《青年杂志》第1卷第1号。
② 舒新城:《中国近代教育思想史》,上海中华书局1928年版,第280页。
③ 陈独秀:《随感录·圣言与学术》,《新青年》第5卷第2号。
④ 陈独秀:《答胡子承》,《新青年》第3卷第3号。

家之责任"①。同年10月,此议案作为第五届全国教育联合会的决议呈报教育部采择施行。这个教育宗旨留下了新文化运动的鲜明烙印,如提出个性发展与社会责任相结合、平民主义、民主精神、公民自治、生活必需的知识技能等。较之民国初年公布的教育宗旨,更明显地表现出资产阶级的要求。

### (二) 教育普及有所发展

在民主思想的推动下,平民教育呼声强烈,义务教育得到提倡。1917年10月,第三届全国教育会联合会通过《请促进义务教育案》,次年10月又提出《推行义务教育案》,要求政府切实实施义务教育,各地也纷纷落实推进。1912年全国小学生人数为2776373人,至1919年扩大到5722213人,增加了一倍多。1920年,教育部制定《八年推行义务教育办法》,通令全国各省,要求从1921年至1928年分期完成四年制义务教育计划。虽然全国和各地普及教育的计划落实效果并不理想,但教育界人士的确在为此作着努力。

中等教育在此时期也有所发展。中等教育的规模有所扩大,1915年全国中等学校数为444所,学生数为69770人;到1922年,已有学校547所,学生103385人。为提高中等教育的质量和对社会需求的适应,中等教育的改革成为社会和教育界的关注点。1916年10月,在第二届全国教育会联合会议上,与会者提议今后中学教育应定位为:以完成普通教育为主,而以职业教育和预备教育辅之,这就明确提出了中学教育兼顾升学和就业的双重职能。次年,这一建议为教育部所采纳,并对中学段学制作出调整,如中学得设第二部,从第三学年起,减少普通科目,加习农工商等职业科,为学生毕业后方便就业考虑。同时,为提高中学教育的质量和保证中学阶段教育任务的完成,延长中学学制成为教育界普遍的要求。民国初年规定中学学制为4年,普遍反映修业年限过短,既不能保证升学者受充足的普通中等教育而须依赖高等教育的预科加以弥补,也难以使就业者具备相当的普通知识和充分的职业训练。改革呼声日高,一些学校还率先试验,如廖世承任东南大学附中主任时实行的中学6年三三分段、舒新城任上海中国公学中学部主任时实行的5年三二分段等。蔡元培针对中学三三分段,提出四二制,并引发与廖世承的激烈争鸣。此外,还有创办春晖中学的经亨颐提出的二四制。以廖世承为代表的主张体现出了以中学为本位的立场。所有这些,都为1922年的新学制作了思想和实践方面的准备。

### (三) 学校教学内容的改革

与教育宗旨、学制、教育结构的改革相适应,中小学教学内容的改革也随之展开。

首先,学校教育中白话文和国语的推行。新文化运动中,文学作品逐渐使用白话文,其中一些优秀的文学作品为学校教育提供了理想的国语教材和课外读物,为推广国语和义务教育创造了条件。1917年10月,第三届全国教育会联合会议决《推行注音字母以期语言统一案》,"请教育部速定国语标准,并设法将注音字母推行各省区,以为将来小学国文科改国语科之准备"②。次年11月,教育部正式公布注音字母,计声母24个,介母3个,韵母12个,共39个,供各地推广。当时,蔡元培等所办的孔德学校自编国语读本,江苏省开始用国语教材,商务印书馆、中华书局出版

---

① 《1919年教育调查会:教育宗旨研究案》,朱有瓛主编:《中国近代学制史料》第三辑上册,华东师范大学出版社1990年版,第106—107页。
② 《推行注音字母以期语言统一案》,《教育杂志》第9卷第11号。

的教科书也开始采用一些白话文。1919年10月,全国教育会联合会提出改中小学国文科为国语科,并提议各县利用寒暑假设立国语传习所培训教师。学校教学中使用国语和白话文教材成为必然趋势,为最终为大、中、小学校中完全淘汰文言文打下了基础。1920年,教育部通令规定,凡国民学校都废止所用文言文教材,代之以现代语体文。至1922年止,停止使用一切文言文教科书。至此,国语教学和白话文教材在学校教学中的位置得以确立。这是新文化运动中文化教育的一项重大改革,为教育的普及、文化科学知识的传授、现代思想观念的传播扫除了语言文字方面的障碍。

其次,中等教育开始注意"实用"。1913年,黄炎培发表《学校教育采用实用主义之商榷》,批评当时中国的学校教育不能切于生活和生产实际,提出学校教育要以实用为目的。文章引起热烈的响应,蔚为潮流。各种观点可以归为两方面主张:普通教育应当实用;实业学校尤应以实用为追求。1917年10月,教育部召集全国实业学校校长会议,议决了《实业学校体察各地方状况及应时势需要之点案》、《振兴实业学校办法案》等40个提案,这反映了中国民族资本主义工商业发展对中等教育提出更为迫切的要求。1916年10月,第二届全国教育会联合会议决《中学校改良法案》,建议将普通中学的宗旨改为以完足普通教育为主,而以职业教育、预备教育为辅;并建议中学自第三年起,就地方情形,酌设职业科目,同时酌减其他科目课时。教育部采纳这一建议,1917年3月通令全国普通中学增第二部,酌减普通学科课程,增加工、农、商等科。1919年4月,教育部通令中学可以酌量地方情形增减部定各种科目和教学时间,给各地各校以较多自由发展的余地。由此,中学开始实行选科制,准许学生在完成必修课前提下,依个人兴趣、特长和需要自行选择选修科目。中国公学中学部开设文、理、商、师范等科,于第四学年时综合"学生家庭之希望,学生本身之志愿,与教师在学校考察学生个性所得之结果"①,确定学生选科取向。中学选修课程的开设,有的是考虑学生升学趋向,分文、实(理)科;有的是顾及学生就业需要,设工、商、农等科;有的是重在学生知识面的扩大和学习能力的提高,不少学校设立了实验室、科学馆,在自然科学的科目中加强学生独立实验能力的培养。20年代初,选科制成为不少著名中学的改革目标,如南高师附中、北高师附中、南开学校中学部、江苏省立一中等等,形成很大的声势。

### (四) 师范教育和大学的改革

1912年,教育部调整全国师范教育布局,筹划直隶、东三省、湖北、四川、广东、江苏六大师范区,于每区中心城市设一所高等师范学校。直隶和广东已先于当年分别在京师优级师范学堂和两广优级师范学堂基础上,改建为北京高师和广东高师。1913年湖北利用方言学堂校舍创建武昌高师,1914年四川改四川优级师范学堂为成都高师,1914年江苏改两江师范为南京高师,1918年东北改奉天两级师范为沈阳高师,完成规划。原有的优级师范或分别并入6所高师,或降格为普通师范。各区的高师事实上成为本区师范教育发展的学术核心。后受西方国家师范教育发展的影响,中国的师范教育体制的存废、去从也引发激烈的争论,争论的结果是教育部令高师升格,改办师范大学。改革的结果却背离了初衷。在1922年至1924年几年间,六所高师或改制或合并,陆续升格为大学,只北京师范大学硕果仅存。由此也开始了中国的高等师范教育在封闭的体

---

① 舒新城:《中学学制问题》,《教育杂志》第14卷第1号。

制和开放的体制间摆动的历程。

开大学改革风气之先的是北京大学。1917年蔡元培就任北京大学校长后,即对大学性质、办学目的、办学原则、学校管理、系科设置、培养方式等方面着手进行改革,将北大从一所未脱封建养士教育窠臼的旧大学改造成一所现代大学。北大的改革是民国高等教育的一场革命,它对封建教育的突破,对民主与科学精神的高扬,成为大学改革的先导和示范。先是北京专门以上学校纷纷仿效其改革,其后全国各大学也渐按北大制度办理。北京大学的改革以其不可替代的影响力,推动了新文化运动时期全国教育改革的进程。

## 第二节 新文化运动影响下的教育思潮

"五四"新文化运动时期是一个急剧变革的历史时期,教育思想和教育改革也异常活跃。将教育和救国联系在一起,是其显著的特点。20世纪20年代前后,西方教育思想大量传入中国,其中既有以杜威为代表的欧美教育思想,也有以苏俄为代表的马克思主义教育思想,激发起中国知识分子的教育改革热情。在短短的十余年时间里,各种教育思潮、教育运动和教育实验层出不穷,大大促进了中国近现代教育的发展。

### 一、平民教育思潮

倡导平民教育,是新文化运动中民主思潮在教育领域里的反映和重要的组成部分。1916年10月全国教育会联合会通过《注意贫民教育案》,1919年10月又通过《失学人民补习法》,表明平民教育问题已引起教育界和社会的重视。宣传平民教育思想、投身平民教育运动的,有初步具有共产主义思想的知识分子、小资产阶级知识分子和资产阶级知识分子。平民教育思潮的共同点,在于批判传统的"贵族主义"的等级教育,破除千百年来封建统治者独占教育的局面,使普通平民百姓享有教育权利,获得文化知识,改变生存状况。但是,由于政治立场和思想倾向的差异,平民教育思潮和平民教育运动中的各派别在平民教育的目的、内容和途径等方面表现出相当大的差异。

以陈独秀、李大钊、邓中夏为代表的初步具有共产主义思想的知识分子,站在"庶民"的立场上,为广大"劳工阶级"争取教育权利,使"引车卖浆之徒"、"瓮牖绳枢之子"能够读书受教育。[①] 他们要求平民教育必须符合劳动人民谋求自身解放的根本利益,尤其应该与破除阶级统治的革命斗争同时进行。不是教育了一切人,才可以改造社会,而是改造了社会,才可以有好教育。因此,要真正解决平民教育问题,必须先解决经济和政治制度问题,因为"在现在的贪狠的资本家生产制度之下,工银如此之少,工作时间如此之多,有何神通可以使一般工人得到平等的教育?"[②]

毛泽东于1917年11月在湖南第一师范学校创办的工人夜校、1919年3月邓中夏发起组织的"平民教育讲演团"及其负责筹办的长辛店劳动补习学校等,都是持这种平民教育观的平民教育实践。初步具有共产主义思想的知识分子的早期平民教育活动,一开始就表现出将教育与政治斗争结合起来,以此作为启发民众思想觉悟的工具的特点。20年代后,平民教育运动出现分

---

① 陈独秀:《今日之教育方针》,《新青年》第2卷第6号,1917年2月。
② 陈独秀:《答知耻——劳动教育问题》,《新青年》第7卷第6号,1920年5月。

化。共产党人强调对当时社会的主要任务要有清醒认识,指出如不改变社会制度,平民教育既不能救国,也不能救民。肖楚女说:"平民教育是要紧的,但起码的生活,不更要紧么?"①出于这样的认识,早期共产主义者的平民教育逐渐发展成共产党领导下的革命的工农教育。

不少资产阶级和小资产阶级知识分子在西方尤其是美国杜威民主主义教育思想的影响下,把平民教育视为救国和改良社会的主要手段,希望通过平民教育来实现平民(民主)政治。他们认为:"不先有了平民教育,那能行平民政治?那能使用平民政治的工具?……所以我们要来细谈根本改造的教育,不愿去高论'空中楼阁'的政治。"②这派学者也批判和揭露统治阶级对教育的独占,歌颂劳动人民的伟大,肯定他们受教育的权利,提倡"平等主义的教育"。他们希望通过教会民众识字、学文化,使平民懂得什么是真正的幸福和取得幸福的法子。他们主张通过语言文字通俗化、学校教育和社会教育结合、启发民众"自动"的学习来实现平民教育,并鄙视"四体不勤,五谷不分"的知识分子,倡导知识分子主动帮助劳苦大众去获取教育。

1919年10月,北京高等师范学校的教职员和学生组织的平民教育社,是实践此种思想的最早团体。留美学生晏阳初于1918年赴法国为参加一战的华工服务,也开始教劳工识字学文化。回国后,于1922年主编出版平民教育教材《平民千字课》,深受欢迎。1923年,成立了由朱其慧为董事长、陶行知为董事部书记、晏阳初为干事长的中华平民教育促进总会(以下简称"平教会")。平教会在"除文盲,作新民"的旗帜下,在全国各地劳动群众聚集的地区和单位,设立平民学校、平民读书处、问字处,大规模地推行平民教育。在不到9个月时间里,20个省区成立了50多个平民教育促进分会,50多万人学读《平民千字课》,资产阶级的平民教育运动达到高潮。平教会的工作重点原在城市,1925年后逐渐向农村转移,1927年全国自行组织的乡村平民教育促进会已有150多个。自此时起,平民教育运动的主流地位渐为乡村教育运动所取代,并最终融入30年代流行一时的乡村教育运动。

## 二、工读主义教育思潮

工读主义思想萌发于第一次世界大战期间,蔡元培、吴玉章、李石曾等人对旅法华工的教育活动,后受国际工人运动和"劳工神圣"思想的影响,以及"五四"新文化运动的激荡,逐渐形成颇具声势的工读主义思潮,出现工读互助的教育实践活动。工读主义教育思潮与当时流行的实利主义和实用主义教育思潮、职业教育思潮、平民教育思潮等有广泛的联系,其基本主张有:以工兼学、勤工俭学、工人求学、学生做工、工学结合、工学并进,培养朴素工作和艰苦求学的精神,以求消弭体脑差别。③ 由于提倡和参加者思想立场的差异,在"工读"旗号下形成了关于工读目的、意义的不同主张。

由匡互生、周予同等北高师学生于1919年2月发起组织的工学会,倡导"工学主义",主张把工学作为实现民主自由、发展实业、救济中国社会的武器。他们认为,工学会是"要把工和学并立,做工的人一定要读书,读书的人一定要做工。绝对反对做工的人可以'目不识丁、蠢如鹿豕',

---

① 肖楚女:《陶朱公底平民教育》,《中国青年》1924年第18期。
② 《发刊词》,《平民教育》第1号,1919年10月10日。
③ 参见王炳照、阎国华总主编,田正平主编:《中国教育思想史》第6卷,湖南教育出版社1994年版,第215页。

读书的人可以'高其身价、坐享福禄';一心想把我国数千年来'贵学贱工'的一种谬见一扫而空之"①。他们认为,时下的工读主义可以分为三种:一是做工的人求学,二是求学的人为了实验学理而劳作,三是贫苦学生为补助学费而半工半读。工学主义的不同,在于不仅仅以劳动为实现求学目的之手段,而将工学视为理想社会的通则和社会各分子的天职。所谓"工",包括体力劳动和脑力劳动,"学"则是求得做工的知识,工学不可分割,"工便是学,学便是工","活到老,学到老,做到老",由此打破"劳心者治人,劳力者治于人"那种不公平、不人道的封建旧观念,并改变历来中国生利者少、分利者多,以致民穷财尽的社会现状。因此,工学主义"是救济我国现社会的一种切实可行的主义"。为了宣传、研究和实验工学主义,工学会出刊《工学》杂志,办起了石印、照相、打字、雕刻等小组,曾设想每周授课、做工、自修的课时数,并提出"各尽所能,各取所需"的口号,但因牵涉学校教学全局且工作效率低下,工学会的实验困难重重。

由少年中国学会成员王光圻发起组织的北京工读互助团代表更为激进、影响也更大的工读主义派别。他们受无政府主义和空想社会主义的影响,将工读视为实现新组织、新生活、新社会的有效手段。1919年8月,王光圻提出空想社会主义的新村生活,在城郊乡村建菜园,建筑包括卧室、饭厅、书房、书报室、办公室、会客室、游戏室,同道者十数人互助合作,亦工(农)亦读,自给自足。之后,他提议建立一种互助组织,帮助青年脱离家庭压迫,培养独立生活能力和劳动互助习惯,创造读书学习机会,为苦学生开生活之路,为新社会筑良好基础。在蔡元培、陈独秀、李大钊、胡适等社会名流支持下,他们成立了工读互助团,其理想是建立一个无阶级、无剥削、无贫穷的"少年中国",途径是通过社会活动和社会事业,即"一种有基础事业的文化运动"②,或曰"不过教育与实业而已"③。以将工读互助团办成"人人做工、人人读书,各尽所能、各取所需",所得归公、费用公出,大事公决、事务共管的组织,并在此基础上逐步推广,实现"小团体大联合"。最后,通过这种"平和的经济革命"去避免武力的流血革命,最终实现日出而作、日落而息、凿井而饮、耕田而食,不要皇帝、无须政府的"大同"生活。北京工读互助团一度在全国引起连锁反响,各地纷纷组织了类似团体,但因缺乏劳动能力和习惯、不善经营管理、经济难以为继、个人与集体关系难以协调而昙花一现。

以李大钊为代表的初步具有共产主义思想的知识分子也倡行工读,提出了工人和农民的工读问题,也支持青年学生的工读互助实验,尤其是号召知识青年到工农中去,初步提出了知识分子与工农结合的思想。受"十月革命"影响,李大钊指出:今后世界是"劳工的世界",民主的精神不仅要求政治、经济上的平等,也意味着教育权利的均等。因此,要通过工人运动去争取缩短工时,同时考虑到工人因谋生而难以专门学习,必须多设置辅助教育机关,"使工不误读,读不误工,工读打成一片,才是真正人的生活"④。在农村,农民同样需要教育的机会,结互助的团体,"耕读作人"⑤。由于农民是劳工阶级的大多数,农村教育又最落后,李大钊要求青年怀着"尊劳主义"深入到处在寂寞、黑暗、痛苦中的农民大众中去,去学习,去劳动,去与劳苦大众"打成一气","作现代

---

① 《工学会旨趣书一》,《工学月刊》第1卷第1号。
② 王光圻:《社会活动的真义》,《少年中国》第4卷第10号。
③ 《会务纪闻》,《少年中国学会会务报告》,第1期。
④ 中国李大钊研究会编:《李大钊文集》(下),人民出版社1984年版,第172页。
⑤ 中国李大钊研究会编:《李大钊文集》(下),人民出版社1984年版,第171页。

文明的导线"。知识青年一方面用"文化的空气"将"静沉沉的老村落"改变成"活泼泼的新村落";另一方面自身也从中建立起新道德、新观念,"须知'劳工神圣'的话,断断不配那一点不作手足劳动的人讲的"①。所以,尽管观点不尽一致,但李大钊支持工读互助团的活动,还指导北大平民教育讲演团深入民众,帮助他们组织工读互助的团体"曦园",北大"马克思主义研究会"的成员大多参与其中。

以胡适、张东荪为代表的观点可称为纯粹的工读主义。胡适认为,工读主义"不过是靠自己的工作去换点教育经费而已",算不了什么"了不得"的新生活。只要老老实实去"研究怎样才可以做到靠自己的工作去换一点教育经费的方法,不必去理会别人的问题和别的主义"②。张东荪也把工读单纯看作是解决青年失学问题的好方法,提出各省"省立学校与省立工厂合一化"或者"学校的工场化"。学校工厂合一的好处,在于学校可以不收费,工厂又有了学徒;实业得到开发,国力得到增强,不受经济制约,便于集合资本。这一派将工读看成纯粹的经济问题,不承认其改造社会的功能。

各种工读主义思想虽各有侧重,却也互相渗透,都对教育和社会改革进行了有益的探索,蔚为社会思潮。当时,天津、上海、武汉、广州、扬州等地都成立了工读互助组织。工读主义教育思潮在20世纪20年代中期渐趋沉寂。

### 三、职业教育思潮

职业教育思潮是由清末民初的实利主义和实用主义教育思想发展演变而来,且受到欧美职业教育思想传入中国的推波助澜。民国初年,蔡元培即将实利主义教育列入资产阶级的教育方针。几乎同时,陆费逵指出,中国教育在三方面亟须注意改进,即国民教育、职业教育、人才教育,又以职业教育、人才教育为急。他认为,"职业教育则以一技之长可谋生活为主",③使中等资质的学生尽其所长,以期地无弃利,国富民裕。这是中国对"职业教育"概念的最早阐述,涉及"授人一技之长"和"促进实业发展"这两点职业教育思潮的基本内涵。

由于民族资本主义工业的发展对技术人才的需求日益迫切,加之新文化运动兴起后民主斗士对传统教育脱离社会、脱离生产的抨击,倡导职业教育成为教育界内外的共同呼声,人们从不同视角阐述职业教育对于当时中国的紧迫性,职业教育思潮逐步形成。如陈独秀指出:"今日之社会,植产兴业之社会也;分工合力之社会也;尊重个人生产力,以谋公共安宁、幸福之社会也。"④因此,教育当取法西洋,"注重职业"。蔡元培也指出,中国教育界的"恐慌"在于高小学生毕业不能悉入中学,却又谋生无能,"为中学生筹救济,当注重职业教育"⑤。1917年,黄炎培发起组织中国近代第一个研究、倡导、实验和推行职业教育的专门机构——中华职业教育社,进一步从理论上探讨、在实践中推行职业教育,职业教育思潮由此达到高潮,并出现全国性的职业教育运动。1918年,中华职业教育社在上海创办中华职业学校,以学校教育形式开展职业教育实验。职业教

---

① 中国李大钊研究会编:《李大钊文集》(上),人民出版社1984年版,第44页。
② 胡适:《工读互助团问题》,《新青年》第7卷第5号。
③ 《论人才教育职业教育与国民教育并重》,《陆费逵教育文存》卷一,中华书局1922年版。
④ 《今日之教育方针》,《青年杂志》第1卷第2号。
⑤ 《教育界之恐慌及其救济方法》,高平叔编:《蔡元培教育论著选》,人民教育出版社1991年版,第63页。

育思潮和运动开展的结果,不仅产生了代表人物黄炎培系统的、有中国特色的职业教育理论,而且大大促进了中国的职业教育事业。1918年,全国职业教育机构有531个,1926年达1695个,增长速度高于其他各类教育。① 职业教育思潮对1922年的新学制影响甚大。30年代中期,职业教育思潮趋于消沉。

### 四、勤工俭学运动

辛亥革命前,随着大批青年自费出国(尤其是赴日)留学,自费留学生中出现"俭学"之风。在法国的李石曾也通过"兼工与学",使来自农村的华工得到教育。受此启发,1912年,吴稚晖、蔡元培、李石曾等在北京发起组织"留法俭学会",并设预备学校于方家胡同,吴玉章等发起组织"四川俭学会"和预备学校。上海也组织了留英、留法俭学会。意在"兴苦学之风,广辟留欧学界",输入"民气民智先进之国"的文明,创造"新社会、新国民"②。在此倡导下,1912至1913年间,赴法留学者达80多人。

第一次世界大战爆发,大批华工"参战"赴法,华工教育事业逐渐扩大;在国内,新文化运动兴起,先后形成的职业教育、平民教育、科学教育等思潮也影响到俭学活动。1915年,蔡元培、李石曾、吴玉章等人在法国创立"勤工俭学会",明确提出以"勤于工作,俭于求学,以进劳动者之智识"为宗旨,③并规定了留法勤工俭学的程序、费用、求学、工作等细目。在华工教育中创造半工半读的教育形式,产生最初的工读主义教育思想。同时,把做工和学习科学技术知识结合起来,突破了原有以识字、写字为主的国民教育范畴。

1916年春,法国政府招募十多万华工赴法。为了组织和领导华工的教育和学生出国留学与谋工,蔡元培、吴玉章等人与法国人士共同在巴黎发起组织"华法教育会",蔡元培为中方会长,李石曾等为书记,在国内设总会于北京,广东、上海等地设分会,并重组和新办留法预备学校,以勤工俭学的方式吸引贫苦有志青年赴法留学,以求"发展中法两国交通,尤重以法国科学与精神之教育,图中国道德、知识经济之发展"④。

从1919年春至1920年底,留法勤工俭学运动形成高潮,各省赴法留学生数约达1600人,尤以湖南、四川为最。其中43岁的湖南教育界知名人士徐特立、年逾50岁的葛健豪与其子女蔡和森、蔡畅一同赴法,最引起社会震动。早期共产主义者是此阶段留法勤工俭学运动的主要发起、组织和参加者。李大钊、毛泽东、吴玉章是发起组织者;周恩来、邓小平、陈毅等,以及王若飞、陈延年、陈乔年等都是留法学生。因此,勤工俭学运动的内容与性质都发生了变化,从通过勤工与俭学以维持学业,提高到以俭学与勤工相结合、探索改造中国的出路的认识高度。

准备赴法的青年在预备班时就已开始勤工俭学,如长辛店铁路工厂的同学,上午做工,下午上课,晚上自学。这样既学习了法文、生产技术专业知识,也培养了劳动习惯、劳动感情和合作精神。赴法后,他们进一步将勤工与俭学相结合。勤工俭学通常有三种方式:先工后学,先勤工积攒学费再入学;先学后工;半工半读。留法学生遍布法国各地70多个电工、化工、钢铁、机械、汽

---

① 孙祖基:《十年来中国之职业教育》,《教育与职业》第85期。
② 《北京留法俭学会简章》,《新青年》第3卷第2号。
③ 《留法勤工俭学会一览》,《赴法勤工俭学运动史料》第一册,北京出版社1979年版,第185页。
④ 《旅欧华法教育会一览》,《赴法勤工俭学运动史料》第一册,北京出版社1979年版,第205—206页。

车、橡胶等工厂，以及做一些散工、粗工。据何长工回忆，"一心想多赚几个钱，寻找机会好读书。轻活重活，临时杂工，碰上就干。我们半夜起来，到市场打杂、推蔬菜、送牛奶；……我们也到火车站、码头去上货、下货，给人搬行李"，甚至"到街上倒垃圾"①。不论年龄、资格、学问和从前身份，一样勤奋工作，刻苦学习。除在普通学校学习外，不少人进入工业、农业、医药等实业学校学习。许多学生每天工作8小时，还利用工余时间学习三四小时。通过勤工俭学生活，留法学生逐渐深入了解法国社会。他们目睹法国近代资本主义的发展、科学技术的进步和资本主义民主制度，耳目为之一新；也感受到资本主义社会的阶级本质，看到"资本家完全为自己利益起见，实毫无人心，我才知道，欧洲资本界是罪恶的渊薮"②。当时不少留法学生在深入考察资本主义社会、接触工人运动和欧洲社会主义思潮乃至马克思主义后，世界观发生了很大变化，开始认识到中国的出路不仅在学习西方的民主和先进的科学技术，尤应走革命道路，与一切剥削制度决裂。因此，留法学生表现出很强的政治意识。他们发起组织了中国社会主义青年团，在旅欧学生和工人中宣传马克思列宁主义，多次组织以争取"吃饭权、工作权、学习权"为目标的学生运动，与中法两国的黑暗势力作斗争，与国内的革命运动相呼应，从中产生出一批中国的无产阶级革命领袖和骨干。

留法勤工俭学运动结束于1925年前后。最初是一场以输入西方资本主义文明为指导思想，以教育救国和实业救国为主要追求，以工读结合为手段的教育运动，后来逐渐转变为寻求革命救国道路，以马克思主义为指导的新民主主义文化教育运动和革命运动。在此过程中，进步的知识分子和青年学生比较正确地认识到劳动的伟大意义和教育与生产劳动相结合的意义，并进行了知识分子与工人群众相结合、脑力劳动与体力劳动相结合、教育与生产劳动相结合的大规模的实践尝试。同时，该运动对西方教育思想的引进、对留学教育事业的发展、对中国现代多方面专业人才的培养，都产生了积极的影响。

### 五、科学教育思潮

科学教育思潮在新文化运动期间形成并盛行一时。中国教育与近代科学联姻，始于洋务教育家所倡导的"西艺"教育。中国学者最早具有科学教育观的当数严复，他曾指出西方科学技术、社会学科和社会制度的基础是"实验的学术"，不同于中国的崇尚虚文，所以主张将实事求是的治学精神普及于社会。1914年6月，任鸿隽与赵元任、胡明复等留美学者在美国发起组织"中国科学社"，倡导科学教育，主张将科学内容与方法应用于各项社会事业。次年刊发《科学》杂志，向国内宣传其主张。任鸿隽认为，"科学于教育上之重要，不在于物质上之知识，而在其研究事物上之方法，尤不在研究事物之方法，而在其所与心能之训练"③。这表明了所倡导的科学教育的基本内涵：一是"物质上之知识"的传授；二是应用科学方法于教育研究和对人的科学精神、科学态度的训练，而尤以后者为重。对科学教育的如此理解，也成为此后科学教育思潮和运动的基本追求。中国科学社在美国开展活动之时，正值新文化运动在国内兴起。新文化运动将科学与民主并举，视为"若舟车之有两轮焉"，并主张用理性的精神和科学的态度来判断一切社会问题，建设中国的"真教育"。海内外相呼应，浑然一体，科学教育蔚为社会思潮。之后，科学教育思想绵延三十

---

① 何长工：《勤工俭学生活回忆》，工人出版社1958年版，第14页。
② 陈毅：《我两年来旅法勤工俭学的实感》，《晨报》1921年8月17日—19日。
③ 任鸿隽：《科学与教育》，《科学》第1卷第12期，1915年。

余年。

1918年底,蔡元培被选为中国科学社董事长,同年社机构迁回国内,在上海、南京设事务所,选出竺可桢、丁文江等科学家为理事,张謇、马相伯等社会名流为董事。通过发行刊物,翻译书籍,编订科学名词,设立图书馆、博物馆和各种科学研究所,传播科学知识和科学思想,促进中国社会和教育界在"五四"以后形成颇具声势的教育实验运动。

新文化运动时期,科学教育思潮形成不同的流派,主要有:以任鸿隽为代表的中国科学社和《科学》杂志,批判清末教育"新政"以来学校有科学课程而无科学方法、科学态度和科学精神,倡导以科学内容尤其是科学方法、科学精神渗透、充实社会各项事业,尤其是教育;以陈独秀为代表的激进民主主义者,通过文化反思倡导科学启蒙,主张以理性的态度看待中国传统教育、建设未来教育,是一种较为一般的科学教育思想,对形成现代教育理念产生影响;以胡适为代表的实证主义,将科学的方法理解成"大胆的假设,小心的求证",以之为解决一切学术和社会问题的有效方法。这是一种较为具体的科学教育主张,对教育的科学研究有所启示。

继"问题与主义"、"社会主义"等论战后,1923年发生了"科玄论战"。以张君劢为代表的玄学派认为,无论科学如何发达,人生观问题非其所能为,"人生观问题必须由玄学来解决"[①]。科学教育只能解决人的理智与体质问题,而艺术、意志、情感、道德则无法解决。科学派丁文江则认为,科学是教育和修养的最好工具,科学求真能使人获得求真理的能力、爱真理的诚心和生活的乐趣,科学能解决所有人生问题。胡适指出,科学的方法不只是研究学术的方法,也是解决人生问题的方法。"人生观是因知识经验而变换的"[②]。科玄之争,扩大了科学教育思潮的传播和科学教育运动的推行。

"五四"运动以后,科学教育运动在中西方学者和科学成果的推波助澜下,得到较为广泛的开展,表现为以下两方面:

其一,提倡学校中的科学教育,即按照教育原理和科学方法进行教育,培养学生科学的知识、技能和态度,此即科学的教育化趋势。清末以来,虽经民初的教育改革,但学校科学课程仍嫌不足,教育方法仍以讲读为主,忽视实验教学,科学教育水平低下。1921年,美国教育家孟禄应邀来华调查中国教育,认为中国教育"中学最坏",即最薄弱的环节在中学,缺点有二:一是科学方法运用不良,机械地接受科学知识,忽视实验;二是课程未尽科学,对科学的概念不甚明了。这与中国学者张准在《近五十年来中国之科学教育》中的观点——学校仅有有关理科教育的科目不能算科学教育,科学教育必须是有研究科学之人和用科学方法解决困难问题——相一致。1922年起,中华教育改进社总干事陶行知主持开展了实际教育调查,以期改进中小学的科学教育。1923年,孟禄介绍美国科学教育家推士来华帮助发展科学教育。推士在华两年,先后调查10省24城市200多所学校,讲演200余次,并撰文提出改进中国科学教育的建议,尤其是指出教师科学教育素养严重不足的问题,给中国科学教育以一定的促进。

其二,提倡以科学的方法研究教育,包括儿童心理和教育心理的研究、各种心理和教育统计与测量的试验及量表的编制应用,此即教育的科学化趋势。以俞子夷、廖世承、陈鹤琴、张耀翔、

---

① 张君劢:《人生观》,《科学与人生观》,黄山书社2008年版,第73页。
② 胡适:《〈科学与人生观〉序》,葛懋春、李兴芝编辑:《胡适哲学思想资料选》,华东师范大学出版社1981年版,第294页。

刘廷芳、艾伟为代表，以南京高师和北京高师为基地，形成南北两个研究工作中心。他们认为教育是科学，应以科学方法进行研究并得出较精确的结果，所以积极倡导教育测量和心理测验。他们在高校开设相关课程，传授统计测量原理，培养专业人才。1921年，廖世承、陈鹤琴合编《智力测验法》，比较系统地介绍了各种智力测验方法。1922年秋，测验编制进入高潮。美国教育心理学家麦柯尔应中华教育改进社之邀，来华帮助编制量表和培训专业人员，并成立了由陶行知负责的编制测量委员会。委员会与东南大学和北京各大学合作，编制了智力与教育测量量表约30多种，在全国各地进行试验。同时，为各省县视学、教育局长、中小学校长、师范学校教育心理学教员举办讲习班，还公推陆志伟订正"比奈—西蒙量表"，1924年出版说明书，共包括65个测验。除理论研究、量表编制外，不少学校将此应用于学校教育，为教育教学的改革提供了帮助。

科学教育思潮和运动对中国现代教育进步的促进，表现在：以科学的方法研究教育蔚然成风，教育及心理测量、智力测验、教育统计、学务调查在二三十年代的中国教育界成为流行的研究手段；各种新教学方法的试验广泛开展，道尔顿制、设计教学法、蒙台梭利教学法、自学辅导主义等方法，为人们所耳熟能详；高校中培养教育学科专门人才的学科和专业开始设置。

### 六、国家主义教育思潮

国家主义教育思潮是一种具有强烈资产阶级民族主义色彩的社会思潮，于20世纪初在中国兴起，是政治上的国家主义在教育领域的反映。其内涵为：其一，以教育为国家的工具，教育目的对内在于保持国家安宁和谋求国家进步，对外在于抵抗侵略、延存国脉；其二，教育为国家的任务，教育设施应完全由国家负责经营、办理，国家对教育不能采取放任态度。其主旨在于以国家为中心，反对社会革命，通过加强国家观念的教育来实现国家的统一与独立。① 清末教育宗旨中的"尚公"、"尚武"，民初蔡元培所提教育宗旨中的"军国民教育"，均反映了国家主义教育精神。

第一次世界大战后巴黎和会的结果，打破了国人的幻想。1922年以后，国家主义教育思想以新面目出现，其代表人物多为从欧美归来的留学生，如曾琦、左舜生、李璜、余家菊、陈启天等。从1922年起，他们在《中华教育界》、《少年中国》、《教育杂志》等刊物上发表多篇论文，倡言国家主义教育。1923年，曾琦、李璜在法国发起成立"国家主义青年团"（即"中国青年党"），有组织地宣传国家主义。同年，余家菊、李璜将他们的论文合编成《国家主义的教育》出版，引起全国教育界的注意和讨论。国家主义者认为，"五四"以来流行的个性解放太过分，使许多青年只知自己而不顾他人与国家，这在列强对中国强权相临的情势下于中国极其不利，当前之要必须以国家为中心。当时虽经欧战胜利，但国人期盼和平而未得，帝国主义却进逼更甚，国势危急，国家主义者藉教育以"爱国"、"救国"相号召，尤其是经"五卅"惨案，颇合民众情绪。再者，国内军阀专权，战乱连年，教育凋敝，国家主义者提倡教育超越党派和教会之上而保障其发展，也颇合教育界和学者之心。于是，1924—1925年间，国家主义教育思潮耸动一时，臻于极盛。国家主义教育派共同促成了20年代中国的收回教育权运动，促成了学校中军国民教育和爱国教育的加强，也促成了中华教育改进社年会一度以国家主义为教育宗旨。

国家主义教育思潮的观点是："教育是社会需要的产物，不是个人理想的产物。大凡一个社

---

① 孙培青、李国钧总主编，金林祥主编：《中国教育思想史》第三卷，华东师范大学出版社1995年版，第349页。

会要想保着他的生存,必须这个社会内的分子有共同的情感、共同的信仰,然后才能聚散沙于一盘,以共同扶持这个社会生存于不坠。"[①]教育的作用在于"同化",即将个人生活的人造就成社会生活的人,即国家社会生活的人;教育的目的也不是为了发展个性,而迫切需要:"(一)培养自尊精神以确立国格;(二)发展国华以阐扬国光;(三)陶铸国魂以确定国基;(四)拥护国权以维系国脉。"[②]总之,培养能"感觉到祖国的问题便是他自己的问题,他自己一日不去寻解决,便一日不能安"[③]的具有爱国精神、国家意识的好国民。同时,出于"内求统一,外求独立"的需要,教育应是一种国家的主权、国家的事业、国家的工具和国家的制度,而不属于任何党派、私人、地方、教会和外国。为维护教育主权的独立与统一,必须反对任何党派、私人、地方、教会的教育和外国殖民教育,将教育权收归国家,使教育真正成为一种由国家办理或监督的事业,而唯有国家主义的教育才是促进国家统一和独立的根本办法。

国家主义教育思潮认定,外国在中国办教育是怀有政治侵略之心、经济侵略之图和文化侵略之念,为国家生存、文化延续和社会安宁计,必须收回教育权;出于培养良好国民的考虑,倡导教育机会的均等和普及教育、义务教育;出于维护国家和民族的统一大业,提倡蒙藏教育和侨民教育,以及提倡学校中的爱国"知耻"教育、军事教育,提倡教育和学术独立等,表现出其进步与爱国的一面。然而,国家主义教育思潮本质上是一种教育救国论,且其核心概念"国家"显得很是含糊、抽象,而其一概而论地反对教育的政治和党派性,与"五四"新文化运动所形成的教育民主观念相抵触,并与20世纪20年代业已形成的人民革命潮流相背,加之其浓厚的政治宗派色彩和一些成员依附军阀的言行不一,使之一开始就受到马克思主义者恽代英、张闻天等的批判。随着北伐战争的节节胜利,国民党明令禁止国家主义。国家主义教育思潮就此消沉。

## 第三节 学校教学方法的改革与实验

受"五四"新文化运动思想解放潮流的激荡,受实用主义教育、科学教育等教育思想的影响,在学制和课程与教材改革的推动下,一场改革教学法的运动在20世纪20年代初逐渐形成高潮。新文化运动以来,当时西方国家正在流行的以反传统为旗号、以儿童活动为中心的各种教学法相继传入中国,如设计教学法、道尔顿制、文纳特卡制、葛雷制、德克乐利教学法等,并都有热衷者尝试作引进课堂的实验。其中,尤以设计教学法和道尔顿制对中国的中小学教学实践影响最大。

### 一、现代西方教学理论在中国的传播

清末以来,西方的教学法开始渐次输入中国,其中输入最早的是赫尔巴特的教学法。赫尔巴特的"五段教学法"以学生的心理过程为依据,强调教师的主导作用,注重课堂教学形式的组织和规范化。这较之传统私塾的个别教学和偏重记诵更有效率,尤其是给教师以很大的便利,一时得到普遍应用。由于这种方法本身的缺陷和被简单理解、机械运用,逐渐流于偏重灌输的注入式讲授,造成学校教学存在沉闷、呆板和形式主义,影响了教学质量的提高,压抑了学生个性的发展。

20世纪初,美国和欧洲的一些国家兴起了进步主义教育运动,猛烈冲击"以教师为中心"、"以

---

① 李璜:《用社会学的眼光谈教育的意义及其作用》,《中华教育界》第14卷第7期。
② 余家菊:《国家主义教育学》,上海中华书局1925年版,第32页。
③ 李璜:《国民教育与国民道德》,《中华教育界》第13卷第7期。

课本为中心"的课堂教学模式,形成了"以儿童为中心"、"以活动为中心"的关注学生兴趣和个性发展的教学思想和教学方式。它在培养有民主自由意识的公民、有独立个性的个人、有从事社会各种工作实际能力的建设者等方面,取得了显著成效。

新文化运动所掀起的思想解放潮流,加速了中国教育界对进步主义教育思想与方法的引进。"五四"时期的中国教育是以反封建、反传统为主旨,而以反传统教育自居、并在世界范围有重大影响的实用主义教育思潮,恰好为中国批判传统教育提供了理论武器。因此,从1916年起,中国的教育报刊开始介绍进步主义教育思想的代表人物杜威的学说。在杜威的弟子胡适、蒋梦麟、陶行知、郭秉文等人的努力下,杜威的一些著作,如《我的教育信条》、《学校与社会》、《儿童与教材》(后来译为《儿童与课程》)、《思维术》(后来译为《我们怎样思维》)、《经验与教育》、《民本主义与教育》(后来译为《民主主义与教育》)等,纷纷被译成中文出版。其中,《民本主义与教育》更是成为师范院校教育系科的教科书和教育理论研究的重要参考书。

1919年4月底,杜威来华讲学,在中国逗留时间长达2年之久,足迹遍及奉天、直隶、山西、山东、江苏、浙江、江西、湖南、福建、广东等11个省及北京、上海等大城市,前后讲演87场,掀起了中国教育界宣传、介绍并运用实用主义教育理论的高潮。杜威的讲演以教育方面为居多,其中许多内容经胡适等人翻译整理后,刊登在《新教育》杂志上,有的则汇编出版,如《杜威五大讲演》、《杜威三大演讲》、《平民主义与教育》、《教育哲学》等。杜威访华期间,英国哲学家罗素于1920年8月也来到了中国,一年后离开。

杜威在胡适、蒋梦麟、陶行知陪同下参观申报馆

之后,诸多世界知名教育家怀着对中国的极大兴趣接踵而来。1921年,孟禄来华,作《平民主义在教育上的应用》的讲演。1922年,麦柯尔、推士来华,指导编制心理与教育测验,并指导学校搞实验。1925年,柏克赫司特来华,作"道尔顿制"讲演。1927年,克伯屈应中华教育改进社之邀来华,讲演"设计教学法",并参观晓庄师范学校附小的实验,出版了《克伯屈讲演集》。由此,西方的各种教学理论迅速在中国传播开来。从新文化运动到20世纪二三十年代,在中国广泛传播的各种教学理论和方法主要有:自学辅导法、分团教学法、设计教学法、道尔顿制、文纳特卡制及中小学校各种单项教学实验。

## 二、设计教学法

早在1900年,美国哥伦比亚大学工艺训练部主任理查德提出,中学的工艺训练不应当以教师为主,而应由教师创设一个问题情境,让学生自己去计划、实行和解决。理查德称这种方法为"设计"。设计教学法则是由克伯屈依据杜威问题教学法和桑代克行为主义心理学而创造的一种教学方法,主张由学生自发地决定自己的学习目的和内容,在学生自己设计、自己实行的单元活动中获得有关的知识和形成解决实际问题的能力。它主张从实际生活中获取学习材料,打破教学科目的界限,摒弃教科书;强调教师的责任在于利用环境去引发学生的学习动机,并帮助学生选择活动所需要的材料。设计活动由于目的不同,划分为创作、欣赏、问题研究、技能练习等类型。其一般程序为:确定目的(包括引起动机)、制订计划、实施完成、检查评价。设计教学法在美国一些初等学校和中学低年级课堂教学中被采用,并流传到西欧、苏联等不少国家。

设计教学法重视学生学习的主动性和独立性,强调学生的学习动机与兴趣,注重教学与学生生活紧密联系,摒弃传统教学的形式主义,深合国内教育界改革教学的强烈愿望,因而深受重视。1917年输入中国后,就不断有学者予以介绍。1919年秋,由俞子夷主持的南京高师附小首先正式开始研究和试验,反响强烈。"一时,参观南高附小的络绎不绝,做南高附小参观笔记的,也不知多少,在中国小学教育界的出版物上,到处都有他们的教学概况"①。此后,不断有学校起而效之。如1920年沈百英等在江苏第一师范附小也进行了实验。1921年,全国教育会联合会议决《推行小学校设计教学法案》,1922—1923年设计教学法试验在全国进入高潮,上海、南京、苏州、北京等城市一些条件好的小学纷纷学习、推行,有关设计教学法的出版物也大量涌现。

设计教学法确有独到之处,但是,在推行过程中,其缺陷逐渐暴露。设计教学法在试行中主要出现过两种方式:一是打破学科的"作业中心大单元教学",因是学生自发的活动,造成各年级单元经常重复,学生的知识支离破碎;二是保持分科的"设计式的各科教学法",对前一种形式的不足有所补救。如以研究"猪的生活"为主题,阅读时教"三只猪的故事",作文写"小猪快乐",算术计算"猪肉的卖价",美术就画"老猪和小猪",手工就做泥猪和用篾做猪圈,唱歌就唱"小猪争食"②。

由于设计教学法本身所存在的理论偏差,如破坏了系统的学科体系,使知识支离破碎,过于强调学生的主动性而流于放任自流等等,加之试验中遇到师资和设备缺乏种种困难,试验在1924年后渐趋沉寂,30年代后实行的学校已寥寥无几。然而,设计教学法在中国的影响是持久的,直至1949年,设计教学法始终是我国教育理论界和师范院校中小学教学法研究中的一项重要内容。

### 三、道尔顿制

道尔顿制的英文名原义为"道尔顿实验室计划",意在将学校作为学生即实验者的社会实验室,以使学生从以往固化的学校组织中释放出来。它是相对于班级授课制的一种个别教学制度,产生于美国进步主义教育家柏克赫司特女士于1920年在马萨诸塞州道尔顿中学所进行的实验。它适应了大工业生产既有一技之长又能适应工种变换的劳动力培养需求。其原则有三:一是自由,即去除凡是阻碍学生自由学习和教师对学生的不合理规定,使学生自我计划、自我约束,借助自由的手段养成学生自我支配的能力;二是合作,即学校成为实际社会组织,打破班级界限,在团体生活中,学生既为团体服务,又保持个人独立性;三是计划,也称时间预算,即破除班级授课制,在规定时间内,学生自订计划,自行学习。道尔顿制的实施包括以下几个方面:将教室改为各科作业室,按学科性质陈列参考书与实验仪器;废除课堂讲授,将学习内容制成分月作业大纲,规定

---

① 沈百英:《参观南高附小杜威院、维城院记略》,《教育杂志》第15卷第11号,1923年。
② 中央大学实验小学编:《一个小学十年努力记》,中华书局1928年版,第9页。

应完成的任务;学生与教师订立学习公约后,按兴趣自由支配时间,安排学习;教师只是作为各作业室的顾问;设置成绩记录表,由教师和学生分别记录学习进度,进度快的可以提前更换公约,并缩短毕业年限。道尔顿制的实质是让每一个学生能够对自己的学习进度和学习方法更多地负责。它看到了整齐划一的班级授课制度的缺陷,因此"其用意在适应个性,指导研究,打破学年制度"[1],注重因材施教和学生独立工作能力的培养,对改变机械、被动的学和呆板、划一的教有很好的用意,因此吸引了力图改变教学现状的中国教育界。

1922年,道尔顿制被介绍到中国。同年10月,舒新城率先在上海吴淞中国公学中学部试行,基本上采用其原来方法。一些教育家纷纷发表著述大力宣传,一些学校也纷纷仿行。次年,舒新城出版《道尔顿制概观》。他在指出道尔顿制的可取处时,也指出方法不宜照搬,应抱试验态度。同年,全国教育会联合会通过《新制中学及师范学校宜研究试行道尔顿制案》,要求在研究基础上逐渐推广。1925年,柏克赫司特访问中国,将道尔顿制的宣传和试行推向高潮。至当年7月,全国约有100余所中小学试行。之后,实验渐少。

道尔顿制试验难以为继的原因颇为复杂,主要是理论本身的缺陷和师资、设备等方面的困难。1924年,廖世承等人在东南大学附中就道尔顿制与班级授课制进行了比较实验,其成果《东大附中道尔顿制实验报告》由商务印书馆于1925年出版。报告肯定道尔顿制的优点是"形式的自动,道尔顿制固远胜班级制",同时也指出:道尔顿制的特色是自由与合作,但任何其他方法如班级教学、分团教学、设计教学、社会化教学,也"都很注意",并非其特殊贡献;道尔顿制虽允许学生自由学习,但造成学生差异之大不下于班级制,且也缺乏补救措施。而教师的时间和精力反不如班级制经济。结论是"两种制度,实难分出上下"。班级教学与被动学习并无绝对联系,道尔顿制长在形式上的自动,但"精神的自动",班级制也可做到。因此,对道尔顿制"不应作趋时论调"。随着道尔顿制试行中困难越来越多,人们对其教学效益也越来越失去信心。20年代后期,试验逐渐停止。

## 四、文纳特卡制

文纳特卡制也叫适应个性教学法,是比道尔顿制更为激进的一种个别教学制度,由美国教育实验家华虚朋创造。

文纳特卡制设定了四个目标:(1)给儿童以优美快乐的生活;(2)充分发展儿童的个性;(3)个人的社会化;(4)养成儿童普遍必需的知识和技能。依据这四个目标,文纳特卡制把课程分为两个部分:第一部分为儿童将来生活必需的知识和技能,如阅读、拼字、习字、写作、计算等。这类课程仍是学科课程,安排在上午进行,要求每个儿童在个别化教学中学得十分纯熟;第二部分是创造的参与社会的活动——使儿童个人的能力和社交意识得到发展。如音乐、美术、文学欣赏和各种创造表演等,不必使全体儿童有统一的态度和统一程度的熟练。这一部分的课程,属于"活动课程",安排在下午进行。就儿童个人来说,可以发展个人的才能,是一种创造表演;而就团体来说,可以培养社会意识、团队和协作精神。

文纳特卡制在学科教学上倡导个别化自学,对教师有很高的要求。首先,教师要依据社会的

---

[1] 全国教育会联合会第九届会议《新制中学及师范学校宜研究试行道尔顿制》,邰爽秋等编:《历届教育会议议决案汇编》,1935年上海教育编辑馆发行。

需要和参照儿童身心发展的程序,为教材单元选定材料,便于学生自学;其次,编制作业,制定一串由有顺序和系统的细小单位构成的作业题,便于学生在学习后自我检查和订正。第三,制定诊断测验,为学生结束本单元而开始下一单元的学习把关。文纳特卡制学科教学的基本程序,一是阅读,学生自学教材;二是练习,学生学完一个单元后,就做后面的练习测验;三是核对答案,做完练习后依据"自正材料"进行自我订正;四是测验,学生经过自我阅读、自我练习、自我订正之后,认为这个单元教材纯熟了,就要求教师给予正式测验。正式测验的主要目的不在于评分,而在于指出错误。测试由教师评阅后,指出要补做的工作;学生在补习以后,再要求正式测验,直到通过后才进行新的教材单元的自学。[①] 学生学完前一个教材单元,就自动进入下一个教材单元的学习,彼此不受牵制。

至于活动课程,主要是学生的团体活动和创造性表演活动。其目的是为了"使儿童表现自己",以起到"教育的功能"。团体活动特别受到重视,如组织自治会、办小商店、编辑墙报、演奏音乐、表演自己编写的剧本、展览自己的工艺作品和美术作品,等等。表演活动则比较个性化,如低年级的堆沙、黏土制作、剪纸、积木游戏,高年级的缝纫、木工、烹饪、美术、文学欣赏等等。这些活动都由学生自己来设计、组织和实施,教师加以指导。

文纳特卡制完全打破班级教学,谋求彻底的个别化教学,且没有年级的编制。它既注重儿童的个性和自由,也强调儿童的团体意识和社会化过程。1928年,文纳特卡制传入中国,开始引起人们的兴趣。1931年,华虚朋来中国讲学,做过一系列讲座。文纳特卡制在中国并没有像道尔顿制那样产生广泛的影响,只在1933—1935年间,厦门、福州、开封、上海等地做过一些实验研究,显得颇为谨慎。其原因在于:一是文纳特卡制对学生要求较高,由于它在小学低年级自学能力比较差的时候就实行自学和个别作业,缺少教师的直接讲授,常有抄袭作业、敷衍了事之类的事情发生,导致学生不能获得系统扎实的基础知识,教学质量下降;二是经过此前的各种教学法引进实验,人们对西方新教学方法的热情开始减退,并展开了反思。

纵观这一时期的教学方法实验,其特点在于:一是注意"适应社会进步之需要"和"生活教育"的发展,突出学校的社会化功能,把教学内容与社会生活紧密结合起来,力图使学生能较快地适应当前和未来的社会工作和实际生活;二是注意"谋个性之发展",突出儿童中心主义,根据儿童的潜力、兴趣和心理特点因材施教,力图发展学生的个性和创造能力。但是,进步主义教育运动在克服班级授课制及传统教育弊端的同时,走向了另一个极端:"以儿童为中心"、"以活动为中心"。因此,无论是关注学生内在兴趣的问题教学法、设计教学法,还是着重于个别教学的道尔顿制、文纳特卡制,都削弱了系统知识的传授,导致教育教学质量下降。

## 第四节 1922年"新学制"

### 一、"新学制"的产生过程

中国近代学制形成后,虽经民国初年的教育改革,仍存在不少问题,如小学过长,中学过短(七四制),中等教育又太偏于普通教育,以升学为主要目标;过于强调整齐划一而灵活性不够,

---

[①] 瞿葆奎、丁证霖:《"文纳特卡制"在中国》,《教育研究与实验》,1986年第1期。

"学校之种类太单简,不足谋教育多方之发展"①;模仿日本和德国的痕迹较深,没有从本国实际出发,课程、教法等方面也存在诸多问题,已不适应日益发展的社会政治经济生活和生产的需要,因而孕育着一场新的改革。

改革旧学制的先声,可以追溯到 1915 年。这一年,直隶省教育会发起成立全国教育会联合会,并召开了第一届年会,湖南省教育会在会上提出《改革学制系统案》。"当时会议因此案事体重大,未曾开议,特分函各省征集意见,后虽未见实行,但新学制之改革,实以此案为嚆矢"。②至第六届大会,有安徽、奉天、云南、福建诸省提出改革学制议案。1921 年 10 月,全国教育会联合会第七届年会在广州召开,以学制为主要议题,广东、黑龙江、甘肃、浙江、湖南、江西、山西、奉天、云南、福建、直隶等 11 省提出了各自的学制改革案,其中有不少提倡美国学制和中学分科制,"以广东案较为完备",所以大会在议决审查时,即以广东案为根据,与其他各案比较审查"③,于 10 月 30 日通过了新的"学制系统草案"。为进一步征求各方面意见,大会要求各地组织讨论,并请各报馆、各教育杂志发表草案全文,向全国征求修改意见。各地教育界人士反响十分强烈,纷纷开会讨论新学制并撰文评论,许多教育杂志还专辟了学制改革研究专号。这样,在全国便掀起了研究学制改革的高潮。

伴随着学制改革的讨论,实践探索也方兴未艾。1920 年,舒新城、夏丏尊等在湖南第一师范学校打破年级分组,实行"选科制"与"能力分组制"。同年秋,南京高等师范学校推行选科制和学分制。1921 年 5 月,江苏省立第一中学实行全面选科制,学生于三年级起可在文、理、商三科中自由选择,为学生毕业后的升学和就业作准备。这些教育改革实践,为学制的最终制定提供了坚实的依据。

1922 年 9 月,教育部在北京专门召开了学制会议。会议对全国教育会联合会所提出的学制系统改革案稍作修改,又交同年 10 月在济南召开的教育会联合会第八届年会征询意见,最终于 11 月 1 日以大总统令公布了《学校系统改革案》。这就是 1922 年的"新学制",或称"壬戌学制"。由于采用的是美国式的六三三分段法,又称"六三三学制"。

## 二、"新学制"的标准和体系

### (一)"新学制"的标准

为使新学制的制定有一明确的指导原则,全国教育会联合会第七届年会在《学制系统草案》的开篇即提出了"议决标准"6 项。这也是其时教育界一项重要的改革举措,决定废止民初的教育宗旨,代之以"教育要义"④。1922 年颁布的《学校系统改革案标准》即以此为基本,再加上"注意生活教育"一项。"新学制"的标准为:(1)适应社会进化之需要;(2)发扬平民教育精神;(3)谋个性之发展;(4)注意国民经济力;(5)注意生活教育;(6)使教育易于普及;(7)多留各地伸缩余地。

---

① 《湖南省教育会提议:改革学校系统案》,璩鑫圭、唐良炎编《中国近代教育史资料汇编·学制演变》,上海教育出版社 1991 年版,第 836 页。
② 《湖南省教育会提议:改革学校系统案》,璩鑫圭、唐良炎编《中国近代教育史资料汇编·学制演变》,上海教育出版社 1991 年版,第 833 页。
③ 《第七届全国教育会联合会纪略》,《教育杂志》第 14 卷第 1 号。
④ 《第五次全国教育会议决案》,《教育杂志》第 11 卷第 11、12 号。

这 7 项标准正式取代民初的教育宗旨,其体现出来的主流是新文化运动以来所倡导的"民主"与"科学"的精神,尤其是实用主义的教育思想。它对其后民国一系列的教育改革产生了深远的影响。

（二）"新学制"的学制体系

1922 年的新学制体系如下图所示。

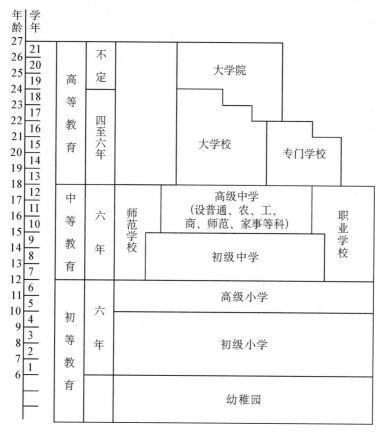

**1922 年学校系统图**

## 三、"新学制"的特点

第一,根据儿童身心发展规律划分教育阶段。"以儿童身心发育阶段划分学级之大体标准",是 1922 年新学制最显著的特点。学制分三段,即初等教育、中等教育、高等教育。各段之划分大致以儿童身心发展时期为根据,即童年时期(6—12 岁)为初等教育段,少年时期(12—18 岁)为中等教育段,成年时期(18—22 岁)为高等教育段。将学制阶段的划分建立在对我国儿童身心发展阶段的研究上,这在中国近代学制发展史上还是第一次。

第二,初等教育阶段趋于合理,更加务实。它缩短了小学年限,改 7 年为 6 年,小学分为两级,初级小学 4 年为义务教育阶段,高级小学 2 年,有利于初等教育的普及。幼稚园也纳入初等教育阶段,使幼儿教育与小学教育得以衔接,确立了幼儿教育在中国教育史上的地位。

第三,中等教育阶段是改制的核心,是新学制中的精粹。其一,延长了中学年限,改 4 年为 6 年,提高了中学教育的程度,克服了旧学制中中学只有 4 年而造成基础知识浅的缺点,改善了中学与大学的衔接关系。其二,中学分成初、高中两级,不仅增加了地方办学的伸缩余地,而且也增加了学生选择的余地。其三,在中学开始实行选科制和分科制,力求使学生有较大发展余地,适应不同发展水平学生的需要。

第四,建立了比较完善的职业教育系统。新学制建立了自成体系、从初级到高级的职业教育系统,用职业教育替代清末民初的实业教育。新学制在小学阶段就规定,"得于较高年级,酌量地方情形,增设职业准备性教育"。初中在实行普遍教育基础上,兼设各种职业科。新学制实施职业教育的机构有两种:一是独立的职业学校和专门学校;二是附设于高小、初中、高中的职业科以及大学的专修科。这种改革既注意了普通教育与职业教育的沟通,又加重了职业教育在整个教育体制中的比重。

第五,改革师范教育制度。新学制关于师范教育制度方面的改革,突破了师范教育自成系统的框架,使师范教育种类增多、程度提高、设置灵活。第一,中等教育阶段,除原有师范学校及附设的小学教员讲习所外,高级中学还可设师范科。师范学校的修业年限增加到6年,并得单设后两年或后三年,招收初级中学毕业生。师范学校后三年实行分组选修制,既注重学生专业理论和职业技能的培养,又照顾到学生的个性和兴趣。第二,高等教育阶段,将旧制高等师范学校升格为师范大学,并在大学教育科(系)附设二年制师范专修科,招收高中毕业生和师范学校毕业生,使高等师范教育与大学处于同一发展水平。

第六,在高等教育阶段,缩短高等教育年限,取消大学预科,使大学不再担任普通教育的任务,这有利于大学进行专业教育和科学研究。

此外,还有两条"附则":一是注重天才教育,得变通修业年限及课程,使优异之智能尽量发展;二是注意特种教育。

### 四、"新学制"的课程标准

紧接着学制改革,全国教育会联合会又提议组织了新学制课程标准委员会,着手进行课程改革。该委员会于1922年10月、12月拟定了中小学毕业标准和中小学各科课程要旨,反复请专家讨论草拟各种课程纲要,于1923年6月确定并刊布了《中小学课程标准纲要》。

该课程纲要规定:小学取消修身课本,增加公民、卫生课,将手工改为公用艺术,图画改为形象艺术;又将初小的卫生、历史、公民、地理合为社会科;设自然园艺科;将国文改为国语(包括语言、读文、作文、写字),体操改为体育。小学上课以分钟记:初小前两年每周至少1080分钟,后两年每周至少1260分钟,高小每周至少1440分钟。

初级中学课程设社会、言文、算学、自然、艺术、体育6科。其中,社会科含公民、历史、地理;言文科含国语、外国语;艺术科含图画、手工、音乐;体育科含生理卫生、体育。初中始上课以学分记,每学期每周上课一小时为一学分,初中修完180学分才能毕业。除必修科164学分外,余为选修他种科目或补习必修科目。

高级中学分普通科和职业科。普通科分文学、社科和数理三类,又分为两组:第一组注重文学和社会科学,第二组注重数学和自然科学;职业科分农、工、商、商船四类。课程分为公共必修科目、分科专修科目、纯选修科目三种,每一种有若干门课程,以各种课程学分计算,修满150学分为毕业。三种课程中,公共必修科目约占学分总额43%,纯选修科目不得超过学分总额20%。

此课程纲要虽未经政府正式公布,只是由全国教育会联合会议议决刊布,但由于该组织在其时有相当的代表性和权威性,故各地都依此施行。

### 五、"新学制"的评价

1922年的"新学制"虽然借鉴了美国的六三三制,但它"并不是盲从美制"。从它产生的整个过程来看,是经过教育界长期酝酿讨论,并经许多省市认真试行,最终集思广益的结果。正如陶行知先生所说,它是"应时而生的制度",是"颇有独到之处"的[①]。诚然,"新学制"毕竟诞生在实用主义教育思想流行的年代,我们不能否认实用主义教育学说对它的影响。在所列学制改革的7项标准中,提出要发挥平民教育精神、谋个性之发展等,就是这种影响的明证。然而,"过高估计这种影响","同样也是不客观的","它忽视了我国各族人民教育界广大人士为制订新学制而付出的辛勤劳动,以及他们在制订新学制过程中所表现出来的才智"[②]。

1922年"新学制"的颁行,加强了中等教育和职业教育训练,并注意以选科制和学分制来适应教育对象的不同发展水平,还注意发挥地方办教育的积极性,提高师范教育水平,缩短小学教育年限以及初中可单设等,均有利于初级中等教育的普及,再加上课程的改革等,在一定程度上处理了升学和就业的矛盾,适应其时中国资本主义工商业发展的要求。但此学制在具体实施中也存在不少问题,如由于缺乏师资、教材、设备等,不得不在其后对所开的综合中学增开大量的选科等做法进行调整。

1922年新学制尽管受到进步主义教育思想和美国模式的影响,但有其内在的先进性和合理性,比较彻底地摆脱了封建传统教育的束缚,表现了教育重心下移、适应社会和个人需要等时代特点。新学制既有比较统一的基本要求,又给地方留有充分的灵活性,反映了新文化运动以来教育领域改革创新的一些综合成果。这是中国教育界、文化界共同智慧的结晶,标志着中国近代以来国家学制体系建设的基本完成。

新学制颁发后,国民政府陆续出台了其他一些配套政策,对中国教育的发展起到了积极的推动作用。此后,各级各类教育迅速发展,并造成学校教育相对较为自由、宽松的发展状态。新学制还为二三十年代各种教学方法的试验与运用,为教育家们形式多样的办学实验,营造了一定的氛围,提供了一定的空间。

由于这个学制比较符合当时中国的情况,后来经1928年、1932年、1940年多次修补,除了在某些方面有所改动外,总体框架一直沿用下来。

## 第五节 收回教育权运动与教会教育的变革

义和团运动中,西方宗教势力在华的传教事业遭受重创,运动过后,传教士们将工作重心转移至学校教育,教会教育在20世纪初获得了一次大发展。经过新文化运动和"五四"运动的洗礼,中国人的民族意识、国家意识高涨,教会教育主动做出方向性的调整,以适应新形势。20世纪20年代初,在国家主义教育思潮和教育独立论的影响下,教育界掀起了一场收回教育权的运

---

[①] 中央教育科学研究所编:《陶行知教育文选》,教育科学技术出版社1981年版,第18页。
[②] 金林祥:《评六三三学制》,瞿葆奎主编:《教育学文集·教育制度》,人民教育出版社1990年版,第37页。

动。教会学校被迫向中国政府立案注册,获得私立学校的身份,并加快朝世俗化和本土化的方向推进。

## 一、20世纪初教会教育的快速推进

19世纪末,随着中国在甲午战争中败给日本,西方列强加紧对中国的侵略和掠夺,教会势力在各地不断扩张,激起普通民众的反抗,爆发教案,一些教堂被焚毁,传教士遭遇不测。1900年1月,以"扶清灭洋"为口号的义和团拳民得到朝廷的支持,自山东涌入京津地区,破坏教堂,攻击教民和传教士,给西方教会在华的传教事业以沉重打击。1900年6月,八国联军进京,镇压了义和团运动。1901年9月,清政府被迫与列强签订《辛丑条约》,有了新的不平等条约的保护,传教士们才得以重建和扩展在华的传教事业。鉴于简单直接的传教行为容易引起中国人的反感,各宗教差会将工作重心转移到办学,除了恢复原有的教会学校,又在各省新建了大量教会学校。清末学制没有将教会学校包括在国家教育体制内,1906年学部规定:"外国人在内地设立学堂,奏定章程并无允许之文,除已设各学堂暂听设立,无庸立案外,嗣后如有外国人呈请在内地开设学堂,亦均无庸立案,所有学生,概不给与奖励。"①到1918年,教会学校比1900年以前增加约4倍,共约13000所,在校学生总数约350000名。②许多知名的教会大学就是这个时候新建和发展起来的。当时全国公立大学仅北京大学、北洋大学、山西大学3所,私立大学办理较为完善的只有复旦大学、中华大学、南开大学、中国公学等,加起来都不敌教会大学之多。

表13-1 20世纪初成立的教会大学

| 校名 | 成立时间 | 校址 | 校名 | 成立时间 | 校址 |
|---|---|---|---|---|---|
| 东吴大学 | 1901 | 苏州 | 华南女子文理学院 | 1914 | 福州 |
| 震旦大学 | 1903 | 上海 | 福建协和大学 | 1915 | 福州 |
| 圣约翰大学 | 1905 | 上海 | 金陵女子文理学院 | 1915 | 南京 |
| 华西协和大学 | 1910 | 成都 | 沪江大学 | 1915 | 上海 |
| 华中大学 | 1910 | 武汉 | 齐鲁大学 | 1917 | 济南 |
| 金陵大学 | 1910 | 南京 | 燕京大学 | 1919 | 北京 |
| 之江大学 | 1911 | 杭州 | 辅仁大学 | 1927 | 北京 |

注:此处教会大学不包括教会办的各种专门学院,也不包括基督教人士创办的但不属于任何教会组织的大学(如广州岭南大学)。

1914年第一次世界大战爆发,至1918年结束,欧洲成为主战场,英法等国教会在中国的办学受到影响,而美国教会在华办学迅速扩张,成为教会学校的主要力量。这与后来美国成为对中国教育影响最大的国家是一致的。

作为西方学校教育在中国的延伸,教会学校虽然在客观上促进了中国近现代教育的发展,并在中国传播了西方现代的文化与文明。但是,所有教会学校均由相应的宗教差会设立和管理,不向中国政府立案注册,不接受中国教育行政部门的管理,其招生毕业、课程教材、教学考试等自成

---

① 《学部咨各省督抚为外人设学无庸立案文》,舒新城编:《中国近代教育史资料》(下),人民教育出版社1994年版,第1065页。
② 顾长声:《传教士与近代中国》,上海人民出版社1981年版,第333—334页。

体系,严重侵犯了中国的教育主权。而且,教会学校以传播宗教、发展教徒为目的,强行向学生灌输宗教教义教规,硬性组织学生参加各种宗教活动,是对学生思想和信仰的粗暴干涉。

## 二、对在中国的基督教教育的调查

1915年,中华基督教教育会举行第二届年会,建议组织调查团,调查中国的基督教教育。1917年4月,纽约各差会总部批准了这个建议。受第一次世界大战的影响,迟至1921年1月,在美国各差会举行的联席会议上,调查之事才最后确定下来。1921年9月,调查团正式组建,共18人,其中美国人12名,英国人3名,中国人3名。① 美国芝加哥大学神学教授巴顿任调查团团长,成员包括燕京大学校长司徒雷登、南开大学校长张伯苓、东南大学校长郭秉文等。由于张伯苓和郭秉文只参加了预备会议,而未直接参与调查活动,这实际上是一次西方人对中国基督教教育的调查活动。

调查活动从1921年9月开始,历时4个多月,分南北两路,共调查了中国36个城市的500多所学校,包括教会、公立、私立学校。由于中国已经爆发了新文化运动和"五四"运动,国家意识和民族意识空前高涨,调查团实际上要针对新的形势,提出教会学校发展的新策略,主动适应中国的时代变革,以谋求更大的生存空间。调查结束后,调查团迅速对第一手资料进行分析研究,写出了对中国教会学校发展具有重要影响的调查报告——《基督教教育在中国》。其主要内容有:中国目前教育之状况,中国教会学校的分布、现状与问题,对教会学校的指导原则与建议,等等。

调查报告分析了教会学校在中国所面临的问题和挑战,提出了三项重要的发展建议:"更有效率、更基督化和更中国化。"所谓"更有效率",就是要提高质量。"中国人设立的学校数已经获胜。今后教会学校必须把基础唯一地放在质量上。只有质量能吸引非教徒,甚至教徒也宁愿要一所好的非教会学校而不要一所蹩脚的教会学校。"②

所谓"更基督化",报告认为,教会学校的基督教特点主要表现在其精神与目的上,而不是宗教课程开设多少、礼拜仪式是否强制等形式上。教会学校既要改革宗教方面的课程与教学,又要削减宗教必修课的数量,转向主要看学校的气氛和教师的人格影响使学生获得基督教精神的熏陶。③ 报告不再坚持教会学校推行强迫的宗教教育,而是以培养基督化的人格为追求,运用各种形式,用耶稣基督的宗教精神感化学生,潜移默化地影响学生,从而寄希望于将基督教信仰建立在学生自愿的基础之上。"更基督化"还包括加强教会学校本身就具有的国际性合作关系,促进不同文明间的了解和沟通。显然,更基督化并没有改变或减轻教会学校传播宗教的性质,反而要通过策略上、形式上的调整,进一步强化宗教性质,以便既不引人反感,又能增强效果。

所谓"更中国化",就是更本土化、更世俗化,在教会学校中融入更多的中国元素,"去掉它们的洋气"。如增加中国教师和管理人员在职员队伍中的比例,外籍教师要认真学习中国文化,学校课程要适应中国国情,培养学生的爱国精神,等等。报告明确指出:"这些事实加在一起清楚地指出了教会学校的机会:在性质上彻底地基督化,在气氛上彻底地中国化,把效率提高到一个新的高度,就可以提供服务。而如果缺少这些特征,那就将一无所成。"④

---

① 金保华、熊贤君:《"巴敦调查团"来华考察动因及始末》,《河北师范大学学报(教育科学版)》2006年第2期。
② 顾长声:《传教士与近代中国》,上海人民出版社1981年版,第349页。
③ 陈学恂主编:《中国教育史研究》(现代分卷),华东师范大学出版社1994年版,第100—101页。
④ 顾长声:《传教士与近代中国》,上海人民出版社1981年版,第349页。

三者之中,较为强调的是中国化与基督化,"教会学校必须尽快地、彻底地中国化和基督化,如果它要吸引学生和取得中国的经济支持的话"①。报告毫不掩饰教会学校的宗教目的,认为中国化与基督化有着一致的追求,就是扩大基督教在中国的影响力,"现在是加强在华教会学校的时机,将来从教会学校出来的男男女女,将由他们把中国变成一个基督教国家"②。事实上,"更基督化"与"更中国化"两者之间存在一定的矛盾,这反映了教会学校在中国的发展陷入了某种困境,企图并急于寻找到一种新的平衡,以拓展其生存空间。

调查团十分重视教会大学的建设与发展,要求把中国的教会大学办得永远保持领先地位。报告建议把不足100人的教会大学进行合并,或改为专科学校。教会大学由各差会捐款维持。受不平等条约的保护,在西方国家注册。这些使教会大学独立于中国的因素,在当时的民族主义和国家主义运动中,已经成为教会大学获得中国人的支持、承认和参与的阻碍力量。因此,调查团建议教会大学在办学策略上采取一些应变措施,彰显教育与服务功能,加强与中国社会的联系,以化解所面临的生存危机。

20世纪20年代后,教会学校面对中国国家及社会发展的挑战,能够顺应形势需要,主动做出某些调适,是巴顿教育调查团的报告发挥了相当重要的作用。

### 三、收回教育权运动

尽管各差会为了避免中国民众和广大学生对宗教教育的反感,也在学校里传授一定的科学知识,并提出种种口号、采取种种手段进行掩饰。但是,随着中国人民的觉醒和国家观念、民族意识的增强,以及科学主义思想的广泛传播,教会教育日益激起人们的反对,向教会收回教育权的呼声和运动已成不可避免之势。

民国初年,蔡元培以教育总长的身份曾提出以美育代宗教。到1922年,他进一步主张教育脱离宗教,在《新教育》杂志第4卷第3期和《少年中国》第3卷第7期发表《教育独立议》,举起反基督教教育的大旗。他说:"教育是帮助被教育的人,给他能发展自己的能力,完成他的人格,于人类文化上能尽一分子的责任;不是把被教育的人,造成一种特别器具,给抱有他种目的的人去应用的。所以,教育事业当完全交与教育家,保有独立的资格,毫不受各派政党或各派教会的影响。""各学校中,均不得有宣传教义的课程,不得举行祈祷式。以传教为业的人,不必参与教育事业。"1923年9月,余家菊在《少年中国》月刊上发表《教会教育问题》一文,指出"于中华民族之前途有至大的危险的,当首推教会教育。教会在中国取得了传教权与教育权,实为中国历史上之千古痛心事。中国非野蛮地方,又非无人文之国度,何须别人来传教,又何须别人来兴学"。他率先提出了"收回教育权"的口号,要求对教会学校"施行学校注册法"。此语一出,很快引起社会各界特别是教育界和学生界的共鸣。

1922年4月,"世界基督教学生同盟"在清华学校召开第十一届大会,讨论"学校生活基督化"和"如何宣传基督教于现代大学生"等问题。会前,北京各校的爱国学生组织"非基督教学生同盟"以示抗议,发表《非基督教学生同盟宣言》,揭露基督教的罪恶及教会学校在中国的文化侵略。

---

① 顾长声:《传教士与近代中国》,上海人民出版社1981年版,第349页。
② 顾长声:《传教士与近代中国》,上海人民出版社1981年版,第350页。

在非基督教学生的影响下,教育界人士在北京成立了"非宗教大同盟",并发表反宗教宣言,在教育界掀起一场对教会教育的大声讨。

1924年3月,英国圣公会所办的广州圣三一学校学生组织学生会,谋求学生自治。校长进行干涉,声称没有他的同意,不能擅自发起组织学生会。学生出面质问,校长回答说:"这是英国人的学校,断不能任从中国人的自由。"为了达到禁止学生集会结社的目的,学校临时放假,不准学生住校,禁止开会。校方的言行激起全校学生的公愤,他们旗帜鲜明地提出争取集会结社的自由,反对"奴隶式的教育",争取收回教育权。十几位学生发表退学宣言,转至执信中学。圣三一学生的抗议得到了广州其他教会学校和非教会学校的普遍响应,6月,"广州学生收回教育权运动委员会"宣告成立。

广州学界的收回教育权运动迅速波及全国。一时间,许多社会名流、民间团体、学生组织、报纸杂志等纷纷发表通电和宣言,表明收回教育权的立场。1924年7月,中华教育改进社在南京开会,讨论外人在华设学和收回教育权问题。会上,余家菊等提议《请求力谋收回教育权》,吴士崇提议《请取缔外人在中国设立学校》。10月,全国教育会联合会在开封召开年会,通过了《教育实行与宗教分离》和《取缔外人在国内办理教育事业》两个议案。[①]

1925年,收回教育权运动在"五卅运动"中达到高潮。全国各地的学生们举行声势浩大的游行示威,教会学校的学生纷纷退学,以实际行动投入到反对教会教育的斗争中去。一些知名学者也振臂呐喊,声援学生运动,捍卫中国的教育主权。政府迫于压力,也采取了一些实际行动,谋求教育权之收回。是年5月,浙江省教育厅率先发出通令,禁止全省所有学校宣传宗教。11月16日,北洋政府教育部颁布《外人捐资设立学校请求认可办法》,内有6条规定:

(一)凡外人捐资设立各等学校,遵照教育部所颁布之各等学校法令规程办理者,得依照教育部所颁关于请求认可之各项规则,向教育部行政官厅请求认可。

(二)学校名称上应冠以私立字样。

(三)学校之校长,须为中国人,如校长原系外国人者,必须以中国人充任副校长,即为请求认可时之代表人。

(四)学校设有董事会者,中国人应占董事名额之过半数。

(五)学校不得以传布宗教为宗旨。

(六)学校课程,须遵照部定标准,不得以宗教科目列入必修科。[②]

这个文件的颁布和执行,可以说是收回教育权运动最大的实际性成果。

尽管教会学校的教育权并没有因为收回教育权运动而得到彻底的收回,但收回教育权运动让中国人民对教会学校有了一个较为清晰的认识,使教会教育的发展势头在一段时期内受到了遏制,也迫使传教士们重新思考他们所办理的学校教育事业,教会学校的宗教色彩较以前有所淡化,而真正的教育职能却得到了一定程度的强化。可以说,收回教育权运动是日后教会教育(特别是教会大学)走向本土化和世俗化必不可少的前奏,具有深远的历史意义。

---

① 舒新城:《收回教育权运动》,中华书局1927年版,第58—61页。
② 朱有瓛、高时良主编:《中国近代学制史料》第四辑,华东师范大学出版社1993年版,第784页。

## 四、教会教育的本土化和世俗化

收回教育权运动的最终结果并没有在中国结束教会教育的历史,而是促使教会学校纷纷朝着更加世俗化和中国化的方向进行变革。单就教育层面而言,20 年代中期以后,在华教会学校对中国现代教育的发展起到了一定的积极作用。与中国自办的一些新式学校相比,不少教会学校也办得颇有特色,尤其是一些著名的教会大学。而传教士中,也不乏真正从事教育和具有宗教奉献精神而热心服务中国之人。

### (一)向政府立案注册

收回教育权运动后,北洋政府和各地方政府将教会学校视为私立学校,纳入教育行政管理之中。要求教会学校向政府立案注册,是中国政府管理教会学校的第一步。1927 年 5 月 3 日至 4 日,全浙基督教中等以上学校代表会议在杭州召开,会议决定:"本省教会学校,应一律向政府立案。"但是,立案学校须由中国人充任校长或副校长,引起了各差会的反对,甚至使学校和差会之间出现冲突。如杭州之江大学于 1927 年底决定向中国政府立案,并选出中国人为校长,但华中差会以宗教教育得不到保障为由,不支持立案,并支使学校的美国设立人否决立案。双方争执不下,校董会于 1928 年 7 月 5 日宣布大学暂停办。后来由于形势发展,加上校长李培恩的努力,华中差会和学校设立人改变态度,之江大学于 1931 年 7 月完成注册。

教会学校向政府注册立案时,虽然有不少反对意见,但大多数在教育部立了案。因为他们认识到:"万一这些大学顶住压力,不到政府注册,那么,社会公共事业将对该校业生关闭,他们将不会被允许在注册过的校院教书。因此,师生们都有从国家教育生活中被隔离出去的危险,从而不能发挥其影响作用。"① 除少数学校(如之江大学、圣约翰大学)的注册工作难度较大外,其他教会学校的注册都相对较为顺利:燕京大学于 1927 年 2 月向北洋政府注册;沪江大学于 1928 年 3 月注册立案;东吴大学于 1928 年 2 月申请注册,不久获准立案;金陵大学于 1928 年 9 月注册立案;金陵女子文理学院于 1930 年 12 月获准注册;齐鲁大学于 1931 年 12 月获准注册;震旦大学于 1932 年 12 月正式准予立案。1931 年,教会中学(新教)完成立案或准备立案者占 70%。教会大学除圣约翰大学以外,30 年代初都已履行了注册手续。注册立案意味着教会学校不仅在行政管理、组织形式、人员任命等方面要依据政府的要求进行改革,而且在培养目标、课程设置、精神生活方面也不能再维持原来的状况。②

东吴大学教学楼

### (二)改革课程与教学

大多数教会学校按照西方的模式,教学主要内容是圣经课、英文课和自然科学课。例如,

---

① 费正清主编,章建刚等译:《剑桥中华民国史》第二部,上海人民出版社 1992 年版,第 421 页。
② 何晓夏、史静寰:《教会学校与中国教育近代化》,广东教育出版社 1996 年版,第 71 页。

1925年，上海一个教会女子中学，四年共修课程208学分，其中英文与神学共占70学分，中国史仅4学分。立案后，教会学校课程与教学方面的重大变化是教育与宗教分离，即立案的学校不得将宗教作为必修科目，不得在课内宣传宗教，不得强迫或劝诱学生参加宗教仪式，小学不得举行宗教仪式。但是，允许将宗教列为选修科目，以维护教学自由和信仰自由原则。

宗教课程由必修改为选修，教会学校里浓厚的宗教有所淡化。课程中世俗化的内容增加，逐渐增设或加强了有关中国本土文化方面的课程（如中国语言、文学、哲学、历史）。同时，教会学校的课程设置开始受中国政府控制，执行教育行政部门制定的课程标准，教科书也逐渐采用国立编译馆出版的教材。教会大学在世俗化方面则走得更远：应社会发展的需求，重视职业训练和专业技术课程，如医学、农学、社会学、商业管理等。金陵大学的农林科、岭南大学的农科、东吴大学的法科、燕京大学的社会学系与新闻学系、华中大学的图书馆专业、圣约翰大学的工程科、之江大学的土木建筑科、沪江大学的商科等，都产生了一定的社会影响力。

20世纪30年代，比较有影响的中国教会大学纷纷设立国学研究所或中国文化研究所，如燕京大学的哈佛燕京学社、金陵大学的中国文化研究所、齐鲁大学的国学研究所等。哈佛燕京学社曾为国学研究提供大量资金，凝聚了大批国学精英，如陈垣、许地山、冯友兰、顾颉刚、周作人、郑鹤声、俞平伯等。燕京大学出版的《燕京学报》、《史学年报》，更使其在中国文学、历史、哲学研究方面享有很高的声誉。即使是在宗教研究方面，教会大学也扩展了课程内容，包括研究中国本土的道教和佛教思想，并且将它们与基督宗教作比较研究。

（三）加强社会服务

20世纪20年代后，随着本土化进程的加速，教会学校与中国社会的联系有所加强。一些教会大学不仅通过培养出的专业人才，而且通过在校师生的专业实践，直接在若干领域为中国的工农业发展和社会生活提供服务。一方面，它们针对中国工农业生产发展的实际需要，进行科学研究和社会调查工作；另一方面，它们通过课余社会服务活动，把科研成果直接应用于生产实践，为工农业生产提供帮助。

以燕京大学社会服务工作为例：燕京大学社会学系创始于1922年，初建时即注重培训社会服务专业人才，讲授课程着重于社会服务及社会调查。1925年，社会学系改称"社会学与社会服务学系"，其社会服务主要表现在三个方面：一是参观、访问、实地调查。师生联系实际，对北平天桥贫民窟、监狱犯人、妓院妓女、施粥厂、育婴堂等进行调查，探讨这些社会问题产生的根源及其对社会的影响。二是社会服务个案工作。学生到协和医院社会服务部、基督教男女青年会、华洋义服会、北京监狱、精神病院、地方服务联合会、北平怀幼会

**燕京大学校匾**

和香山慈幼院等单位实习，通过访问、调查，提出意见，供实习单位参考。三是培训农村社会服务人员。1928年，燕大社会学系组织学生到北平郊区清河镇开展农村社会调查，1930年成立清河试验区，1932年试验区设立了调查研究、农村经济、农村卫生及农村社会教育四股。1933年至

1934年,社会学系师生参加对晏阳初河北定县平民教育试验区的社会调查,涉及定县的社会、经济、教育和生活情况。① 再如北京协和医学院,在寄生物学研究,血吸虫、十二指肠虫、黑热病等传染病的防治方面做出了积极的贡献。

西方在华教会教育的上述变革,特别是一些著名的教会学校,如燕京大学、金陵女子大学等的变革,在办学质量和教学方法上有助于中国教育的现代化,客观上对中国教育和社会发展产生了积极的作用。对教会学校朝着有利于中国的方向努力变革,应当予以肯定。"过去人们曾经将中国教会大学单纯看作是帝国主义文化侵略的工具,殊不知它也是近代中西文化交流的产物,它的发展变化是近代中西文化交流史的重要组成部分。"②

## 第六节　新民主主义教育的发端

新民主主义教育是在新民主主义革命时期,由中国共产党领导的、以马克思主义为指导的、人民大众反对帝国主义、封建主义和官僚资本主义的教育,即民族的、科学的、大众的教育。新民主主义教育伴随着新民主主义革命的发展而发展,先后经历了新文化运动到大革命时期、土地革命战争时期、抗日战争时期、解放战争时期和中华人民共和国建国初期等五个时期,而新文化运动到大革命时期是其发端期。

### 一、新民主主义教育纲领的提出

1921年中国共产党成立,中国革命进入了新阶段。中国共产党自成立之日起,就十分重视文化教育工作,始终将教育作为革命斗争的武器和重要组成部分。在党的成立和大革命时期的历次党代表大会上,教育都成为重要议题,由此逐步形成新民主主义教育纲领,并制定了一系列教育方针、政策和措施,为以后革命根据地教育和新民主主义教育的发展奠定了基础。

1921年7月,中国共产党举行第一次全国代表大会,宣告党的成立并确定了建党原则。在大会通过的《关于中国共产党任务的第一个决议》中,虽未形成明确的教育纲领,却已明确提出党应向工人灌输阶级斗争精神,唤醒劳工觉悟,并通过在工矿成立"劳工补习学校"、"劳动组织讲习所"等,进行教育和宣传。

在1922年7月中国共产党的"二大"召开之前,中国共产党领导下的中国社会主义青年团召开了第一次全国代表大会,通过了青年团教育工作的行动纲领《关于教育运动的决议案》,提出青年教育工作的任务包括社会教育、政治教育和学校教育三方面:

1. 关于社会教育方面　要求提高社会青年的知识,提高其社会觉悟,并使年长失学的青年,得到普通文化教育。

2. 关于政治教育方面　要求对多数无产阶级青年,宣传社会主义,启发并培养他们的政治觉悟及批判能力。

3. 关于学校教育方面　发动改革学校制度,使一般贫苦青年得到初步的科学教育,并发动实施普通的义务教育,发动学生参加校务管理,发动取消基于宗教关系和其他方

---

① 雷洁琼、水世琤:《燕京大学社会服务工作三十年》,《中国社会工作》1998年第4期。
② 章开沅、林蔚编:《中西文化与教会大学》,湖北教育出版社1991年版,序言。

面关系的一切不平等待遇。

围绕这三个方面,《决议案》要求开展六项教育运动,即青年工人和农民的特殊教育运动、普及义务教育和免除学费运动、男女平等教育运动、学生参加校务运动、在教会学校中非基督教学生的平等待遇运动、统一国语和推行注音字母运动等,旨在一方面尽可能地争取劳动群众的受教育机会,另一方面揭露当时社会的教育的阶级本质,启发工农群众的斗争觉悟,由此成为无产阶级革命的组成部分。青年团"一大"《决议案》的上述要求反映了党的基本教育精神,并成为稍后在中共"二大"提出的新民主主义教育纲领的先导。

1922年7月中共"二大"召开,会上制定了党的新民主主义革命纲领,即最高纲领是渐次达到共产主义社会,最低纲领是推翻国际帝国主义压迫,建立真正的民主共和国。新民主主义教育纲领也随之提出。"二大"通过的《大会宣言》提出了七项具体奋斗目标,在第七项"制定关于工人和农民以及妇女的法律"之下,明确提出"废除一切束缚女子的法律,女子在政治上、经济上、社会上、教育上一律享受平等权利";"改良教育制度,实行教育普及";"保护女工和童工"[①]。

这个教育纲领是新民主主义革命纲领的组成部分,与青年团"一大"《决议案》的精神一以贯之,而《决议案》可作为它的具体说明和行动纲领。因为它体现中国共产党的奋斗目标,作为反帝、反封建的斗争武器,立足于为工农和妇女争取教育权利,因此所倡导的"改良教育制度,实行教育普及",与当时其他政治和教育派别的类似主张具有根本的区别。

1923年6月,中共"三大"召开,大会作出建立革命的统一战线的决议,决定与孙中山领导的国民党合作。在中国共产党和苏联顾问的帮助下,孙中山改组国民党,确立了"联俄、联共、扶助农工"的政策。1924年1月,有共产党人参加的国民党第一次全国代表大会召开,大会发表的宣言也为统一战线的共同纲领。宣言中有关教育的规定有"于法律上、经济上、教育上、社会上确认男女平等之原则,助进女权之发展","厉行教育普及,以全力开展儿童本位之教育,整理学制系统,增高教育经费,并保障其独立"[②]。这些教育纲领同样反映了反帝反封建的新民主主义思想,指导着大革命时期国共合作的教育实践。

## 二、中国共产党领导下的工农教育

中国共产党成立后,始终重视工农教育,将其作为开展革命的有力武器。党的工农教育围绕着提高工农政治觉悟和文化水平的目标展开,而教育形式则多是因地制宜、灵活多样。

### (一) 工人教育

中国共产党领导的工人教育,是通过领导全国职工运动的中国劳动组合书记部并依靠各级工会开展的。从1921年秋到1925年5月,许多中共党员受命深入工矿企业、铁路码头开展职工教育,各级工会纷纷设立工人补习学校、子弟学校、俱乐部、图书馆和读书阅报处,在开展工人运动的同时,进行多种形式的教育活动。北方最早创办的工人教育机构是长辛店劳动补习学校,1920年底,北京共产主义小组以北大学生会名义,委派邓中夏等人创办。在南方,则由刘少奇于

---

① 李桂林:《中国现代教育史教学参考资料》,人民教育出版社1987年版,第3页。
② 《中国国民党第一次全国代表大会宣言》,《中国现代史资料选编》(2),黑龙江人民出版社1981年版,第14页。

1921年在沪西小沙渡开办了劳动补习学校。国共合作后,又以国民党名义在上海工人集中地区杨树浦、吴淞、浦东等处开办了工人补习学校,开展工人运动。此外,湖南、广东等省,武汉、济南等工业城市的工人教育,也都广泛开展。

在各地的工人教育中,湖南地区具有代表性。中共"一大"后,毛泽东担任党的湘区(湖南区)书记,领导湖南工人运动。1922年11月,湖南工团联合会成立,积极开展工人运动和工人教育,办学主要分布在安源、粤汉铁路、水口山、长沙等工人区。在湖南的工人学校中,以安源地区最有成绩。1922年刘少奇来到安源,组办了路矿工人补习学校,按工人文化程度分组,自编《工人读本》教材,教工人识字、学知识,向工人宣传革命。补习学校启发了工人的觉悟,组织了工人队伍,培养了工运骨干。5月1日,安源路矿工人俱乐部成立,9月发起路矿工人大罢工,罢工胜利后,工人补习学校陆续增设。从1923年夏到1925年春,由刘少奇任总主任的安源工人俱乐部所办的补习学校有7所,学生近2000人。俱乐部白天办工人子弟班,晚间办工人夜校;还设立妇女职业部,帮助工人家属学文化、学职业技能;教材全部由俱乐部教育股编。俱乐部采取多种形式对工人进行革命教育,如出版《安源旬刊》,由讲演股定期报告国内外时事和政治斗争、经济斗争问题等。安源地区的工人教育与工人运动互相促进,增强了工人队伍的力量,也培养了不少工人骨干,使安源成为全国工人运动的一面旗帜。

继1922年5月广州的第一次全国劳动大会后,1925年5月在广州召开了第二次全国劳动大会。大会根据同年1月中共"四大"有关职工运动的精神,通过了若干个有关工人问题的议案,包括《工人教育的决议案》(以下简称《决议案》)。《决议案》系统地阐述了工人教育问题:提出工人教育的作用在于发展工运、坚固组织和壮大斗争能力;任务是"促进阶级觉悟"和"训练斗争能力";内容须注意工人日常生活,并以之说明工人生活困苦和社会罪恶的根源;形式与方法则为工人补习学校、子弟学校、阅书报社、讲演、游艺等,并以补习学校为重点教育工人,同时通过子弟学校培养后备力量。《决议案》成为"五卅"运动后工人教育的指导。

1925年后,工人教育在全国各地更为广泛地开展起来,各种形式的工人学校逐渐普及,有效地促进了工人运动的深入开展和北伐战争。如在省港大罢工时期,罢工委员会一开始就开办宣传学校培养宣教干部,又成立教育宣传委员会领导宣教工作,还设立劳动学院培养工会干部,分区设立补习学校、子弟学校以及妇女学校,教育工人及其子弟,为坚持16个月最终取得胜利的省港大罢工作出了贡献。

(二) 农民教育

中国共产党在领导和发动工人运动的同时认识到,占中国绝大多数人口且深受帝国主义、封建主义压迫的农民,是工人阶级的天然盟友和可靠同盟军,因此也把组织、教育农民作为一项重要工作。他们深入农村,以宣传教育的手段,组织农民,建立农会,开展斗争。

在农民运动最早兴起的广东海陆丰地区,也是农民教育最早开展的地区。农民运动的先驱、共产党人彭湃在建党初期就在海丰一带进行农民教育。1923年1月,海丰农民总会成立。总农会下设教育部,开办农民学校,具体实施彭湃提出的"农民教育"。通过向地主"批耕"土地作为学田,交由学员父兄耕种,收入除缴地租外,充作教师薪金。这个办法解决了办学经费,保障了"读书不用钱"。行之未久,各乡村成立十余所农民学校,均由农会教育部指导、监督。"自是与教育绝缘的农村儿童,有五百余人得入学校读书了。"①农民学校有日班与夜校,一是教授记数、识字和生产、生活日用知识,使农民"不为地主所骗";二是传授革命道理,使农民"出来办农会"。受海丰的影响,相邻的陆丰县也成立了农会,又发展到潮州、普宁等地,很快就成立了广东省农会,广东的农民运动进入高潮,而教育成为其中的重要部分。

湖南的农民教育也开展得比较早、比较普遍。建党以后,有不少共产党人与进步人士一起在各地办农民补习学校,宣传革命。1922年成立的长沙农村教育补习社,就曾在长沙附近农村办有17所补习学校,编写了一批农校教材。1924年毛泽东在韶山领导农民运动时,在20多个乡成立了农会,办起了农民夜校。国共合作后,湖南农民运动迅猛发展,于1926年至1927年春形成高潮。毛泽东在《湖南农民运动考察报告》中指出:地主势力一倒,农民文化运动即兴。农民一向痛恶学校,如今却大办夜学,已达每乡一所。农民从寺庙、祠堂公款和其他闲产中争取到经费,保证了办学,农民文化程度迅速提高。无须多少时日,全省当有数万所农民学校涌现,"普及教育"可得落实。据统计,至1926年11月,湖南全省乡农会有6867个,夜校也达6000多个。

农民运动的开展,有力地促进和保障了农民教育的发展。1926年5月,广东省举行第二次农民代表大会,通过了《农村教育决议案》。由于有湖南、广西等11省代表与会,大会决议案事实上成为全国农民运动的行动纲领。《农村教育决议案》规定了农民教育的方针、组织、师资、经费等问题,指出:要使农民成为一支有力的革命队伍,就须予以教育与训练。因此,农村教育的方针在于"一面可使农民于教育中养成其革命思想;同时,也要增进其农业之知识与技能"②,即服务革命、服务生产。学校分为成年农民补习学校及讲演所与农民小学两类。前者以国文、信札、卫生、帝国主义侵略中国简史、政治常识、国民党史、三民主义为课程,间以政治问题、风俗改良和世界形势的讨论;后者以普通课程为主,增以三民主义浅说、国耻小史和农业常识。办学经费则来自地方公款。当时政府提倡农民自办学校。1926年12月,湖南省第一次农民代表大会通过的《农村教育决议案》,一方面强调改革农村原有的国民学校、高等小学和女子职校,并改良私塾;另一方面提出以日班(农民子弟)、夜班(成年农民)和女班的形式举办农民学校,并决定县办农村小学师资学校,解决农民教育的教师问题。这些在农民运动中提出的有关农民教育的纲领性文件,既促进了农民教育的蓬勃开展,也推进了农民运动本身。其指导方针、办学思想和不少实践经验,为后来中国共产党领导的农村革命根据地的教育事业,奠定了良好的基础。

### 三、中国共产党早期创办的干部学校

中国共产党成立后,革命形势迅速发展,工农运动蓬勃兴起,尤其是第一次国共合作后,新民主主义革命潮流高涨。为了有效地发展和组织工农运动,传播马克思主义,迫切需要大批以理论武装的干部,为此,中国共产党创办了一批各具特色的干部学校。

#### (一) 湖南自修大学

1921年8月,毛泽东、何叔衡等在长沙利用船山学社的旧址和经费,办起了一所新型学

---

① 彭湃:《海丰农民运动》,作家出版社1960年版,第30页。
② 《青年农民运动决议案》,中华全国总工会中国职工运动史研究室编:《中国历次全国劳动大会文献》,工人出版社1957年版,第237页。

校——湖南自修大学,为中国共产党培养了许多干部。

湖南自修大学有独特的办学宗旨,即办成一所"平民主义的大学"。《湖南自修大学创立宣言》指出:旧时的书院和当时的官办大学,一则"将学术看得太神秘了",再则非无产阶级所能享有,"只有少数特殊人可以求学,多数平民则为天然不能参与",造成"知识阶级奴使平民阶级"的怪现象。① 自修大学就是要力除此弊,实现平民读大学的理想。但自修大学又不是要办成一所纯粹学术的大学,其目的是为"改造社会"作准备。一方面,学生"不但修学,还要有向上的意思,养成健全人格,煎涤不良的习惯,为革新社会的准备"②。另一方面,学生须明确"我们的目的在改造现社会,我们求学是求实现这个目的的学问"③。基于此,自修大学明确表示:"我们不愿意我们同学中有一个少爷或小姐,也不愿有一个麻木糊涂的人。"④对每一个求学者,要了解其出身成分、经济情况、知识水平、兴趣爱好,尤重考察其人生观、政治观,以保证罗致有志于革命的青年。

为实现其办学宗旨,自修大学实行了独特的教学制度、方法和课程。关于教学的组织,自修大学"采取古代书院与现代学校二者之长,取自动的方法,研究各种学术"⑤。所谓"自动的方法",即自定课表,"自己看书,自己思索"为主,就所选学科进行自学。同时,选科相同的学员分别组成哲学、心理学、中国文学、经济学等研究会,"共同讨论,共同研究",自学为主,辅以授课。课的类型有特别授课、函授指导和特别讲座。除英文作为特别授课进行课堂教学外,其他课程均无程式规定,多由教师与外邀学者指导和讲座。教员的职责是答问、订正笔记和批改作文。学员每天须作读书录及填写作业表一件,每月作文一篇,据以评分。学员修业年限不定,修毕一科,成绩合格,给予证书。自修大学的教学坚持废除灌注式,提倡有指导、扶助的自修。

关于课程设置,自修大学规定设文、法两科,每个学员选其一。文科设:中国文学、西洋文学、英文、论理学、心理学、伦理学、教育学、社会学、历史学、地理学、新闻学、哲学;法科设:法律学、经济学、政治学等课程。学校开设《共产党宣言》《哥达纲领批判》等马克思主义原著课。"为破除文弱之习惯,图脑力与体力平均发展,并求知识与劳力两阶级之接近",自修大学强调劳动教育,并附设园地与作坊以供锻炼。⑥

由于自修大学的文化层次高,不能满足一般青年的学习要求,1922年9月又附设补习学校,公开招生。课程重基础,设国文、数学、历史、地理、英文。自修大学的教员与学员大多兼任教学和管理人员。虽与普通学校相类似,但各科教学都注重传播马克思主义。

由于办学模式新颖,自修大学广受赞誉,蔡元培称它"可以为各省的模范";更因自修大学是共产党人传播革命思想、培养青年工人和学生的场所,而深受反动势力嫉恨。1923年11月,湖南军阀赵恒惕以"学说不正,有碍治安"的罪名强行封闭。

自修大学被封后,中共湖南省委筹办的湘江学校于1923年11月24日开学,自修大学大部分学员转来学习。湘江学校分中学与农村师范两部,表面上看与一般普通中学相同,实际上延续了自修大学的传统。课程中贯穿了革命精神,并引导学生积极参与革命活动。在北伐战争时期,师

---

① 《湖南自修大学创立宣言》,《新时代》第1号。
② 《湖南自修大学创立宣言》,《新时代》第1号。
③ 《湖南自修大学入学须知》,《新时代》第1号。
④ 《湖南自修大学入学须知》,《新时代》第1号。
⑤ 《湖南自修大学组织大纲》,《新时代》第1号。
⑥ 《湖南自修大学组织大纲》,《新时代》第1号。

生纷纷投身于其中。1927年3月,湘江学校完成其历史使命,自动停办。何叔衡在结业仪式上将学校的师生比作"酒药子",将在四面八方"各处发酵",形象地道出了湖南自修大学和湘江学校的历史贡献。

### (二) 上海大学

上海大学是共产党领导的又一类型的高等学校,创办于1922年春。初为私立东南高等专科师范学校,设文学与美术两科,并附设普通科和附属中学。同年10月改组为上海大学,分设社会科学院、文艺学院,下属社会学系、中国文学系、英国文学系、艺术系和俄文班,并设附属中学。校长于右任,后由邵力子代理。陈望道、瞿秋白曾任教务长,邓中夏为总务长。瞿秋白曾任社会学系主任,陈望道曾任中国文学系主任。恽代英、肖楚女、张太雷、杨贤江、任弼时、蔡和森、沈雁冰等共产党人都曾任教,章太炎、刘大白、戴季陶等不同政治倾向的著名学者也曾执教,一时名家汇集,办学活跃,引人注目。当时,孙中山正筹划国共合作,改组国民党,对学校颇多关注与支持。

上海大学的办学目的是培养研究社会实际问题和建设新文艺的革命人才,用瞿秋白的话说,"切实社会科学的研究及形成新文艺的系统——这两件事便是当有的'上海大学'之职任"①。上海大学培养的学生,将去改变一味模仿的"急功近利的政治制度"和日见崩坏的"中国旧式的文化生活",化"空论的社会主义思想"为投身火热斗争的实际行动。上海大学的设系设课均围绕着这一目的。如为国内首创的社会学系课程以马克思主义基本理论为主,重视政治经济学、社会主义、社会发展史等课程和对劳动问题、农民问题、妇女问题等现实社会问题的研究。社会科学课主要讲授国际共运史,哲学课则为辩证法唯物论,政治经济学课则用《通俗资本论》译本。② 由于关注社会现实,社会学系深深吸引诸多有志青年,学生数竟占全校大学生的十分之六。艺术系除专业课程外,要求学生学习哲学、社会科学,指导学生去从事"接近民众有益社会"的艺术。各系还须组织现代政治研究会,学习研究现实政治问题,并定期讨论。

上海大学的教学采取教师授课与学生自学相结合的方式,尤重学生在认真读书、思考基础上的讨论。学生通常按年级组成学习会,开展研讨活动,有些任课教师还有意识地引导学生讨论,讲授时事的张太雷常以"民生主义与共产主义之异同"、"中国之大患是帝国主义还是俄罗斯问题"等时事政治问题③,让学生在讨论中辨明是非,纠正错误。

上海大学还鼓励学生投身于社会活动,学生会规定每个同学均须担负一项社会工作,如街头宣讲、夜校授课、工会工作等,并积极参加当时的革命斗争。当时,上大学生可以说"没有一个是读书不做事的"。国共合作后,上海各级党部均有上大同学,全国学联主席也为上大学生。"五卅"运动中,上大同学是先锋。北伐和黄埔军校中也有上大同学的身影。上海工人第三次武装起义,上大学生还组织了学生军。上大学生还在上海各区办了工人夜校,兼任义务教员。

正因为以改造社会为己任,"不是一个死读书本的学校",上海大学的社会影响广泛,致使当局深以为忌。1924年底,英租界当局强行搜查,掠走进步刊物,传讯校领导。"五卅"运动中,上海大学又遭强令解散,被迫迁址。"四一二"政变后,终遭政变当局封禁。上海大学办学五年,不仅

---

① 瞿秋白:《现代中国所当有的"上海大学"》,《瞿秋白文集(政治理论编)》第二卷,人民出版社1988年版,第127页。
② 薛尚实:《回忆上海大学》,《过去的学校》,湖南教育出版社1982年版,第522页。
③ 周启新:《革命的大学——上海大学》,《过去的学校》,湖南教育出版社1982年版,第517页。

宣传、教育了青年和民众,也培养了许多党的干部。

### (三) 农民运动讲习所

农民运动讲习所创办于 1924 年 7 月,初为广州农民运动讲习所,至 1926 年 9 月共办 6 届,是国共合作时期培养农民运动干部的学校,也是全国农民运动研究中心。广州国民政府迁武汉后,于 1927 年 3 月起又办一届,为中央农民运动讲习所。

第一至五届广州农民运动讲习所主持人主要为彭湃,主要为广东省培养农运干部,共毕业学员 450 多人。1926 年,为适应空前高涨的全国农运形势,应共产党人倡议,国民党"二大"决议在农民部下设农运委员会,农民部长林祖涵为主席,毛泽东、肖楚女、阮啸仙等为委员,决定举办第六届农讲所,由毛泽东主持,向全国各省招生。来自 20 个省区的 310 名学员经 4 个月学习,毕业后分赴各地农运第一线。1927 年初,北伐节节胜利,毛泽东倡议将湘鄂赣三省农讲所在武汉扩大为中央农民运动讲习所,邓演达、毛泽东等人为校务常务委员。广州和中央农讲所先后培养一千多名农运干部,为此后十年的土地革命播下了火种。

农讲所根据办学目的和形势需要,采取短训班形式,每期 3 个月,课程与教学安排始终坚持马克思主义理论与实际斗争需要紧密联系的原则,采取课堂讲授与课外实习、自学与集体讨论、调查研究相结合的方式。如以第六届农讲所为例,讲课以专题的形式进行,共 25 个专题。基础理论课共有 13 个专题,如中国史概要、中国民族革命运动史、中国国民党史、各国革命史、中国政治状况、中国财政经济状况、社会问题与社会主义、帝国主义、经济学常识、法律知识、地理、三民主义等。专业理论课(农运理论和农村工作知识技能)共有 12 个专题,如中国农民问题、农村教育、中国职工运动、农业常识、统计学、革命歌和革命画,以及广东一些地区的农运状况。毛泽东、周恩来、彭湃、恽代英、肖楚女等共产党人都曾任教。

为强调学员自学,除每门课程的教材外,农讲所还发给每位学员一套数十本课外阅读书籍,由专任教员列出要点问题指导阅读。为了引导学员养成关注实际的意识和研究问题的能力,将学员按省区组成 13 个农民问题研究会,定期研究各自所在省区的农民实际问题,学员作了包括地方政治、租率、主佃关系、抗租减租、利率、地主财富来源、国防情形、妇女地位、天灾兵祸、赋税、民歌民俗等 36 个主题的全国调查。调查结果刊载于农讲所的《农民问题丛刊》,予以交流传播。

在理论学习的同时,农讲所还安排时间让学员到广东农运开展较好的地区参观与实习,回到农民生活和农民运动中去,运用所学理论作实地考察。第六届学员曾去广东韶州和海丰农村实习 3 周,几近授课时数之半。由于强调理论联系实际,"学生于上课已久,接受各种理论之后,亲入革命的农民群众中,考察其组织,而目击其生活,影响学生做农民运动之决心极大"[①]。

认识到农民运动和中国革命的严酷性,农讲所还十分重视对学员的军事训练,"俾学成之后,能为农民武装自己之领导"[②]。农讲所学员按军事组织编队。军事教育包括军事理论、实际调查、军事操练,课时数占教学总时数的三分之一。

1927 年 6 月,中央农讲所首届学员毕业。此时"白色恐怖"已很严重,农讲所难以继续,学员

---

① 《第一次国内革命战争时期的农民运动》,人民出版社 1983 年版,第 69 页。
② 《第六届农民运动讲习所办理经过》,《中国农民》第二集第九期,1926 年 11 月。

撤离武汉,成为南昌起义的骨干。

## 四、国共合作时期的黄埔军校

1924年1月,中国国民党第一次全国代表大会在广州举行。孙中山接受共产国际和中国共产党的建议,毅然改组国民党,实行联俄、联共、扶助农工三大政策(即"新三民主义")。会议期间,孙中山决定筹办"中国国民党陆军军官学校",任命蒋介石为筹备委员会委员长,实际负责筹备工作的是廖仲恺,校址选在广州黄埔岛。1924年5月,黄埔军校领导机构正式成立,孙中山担任黄埔军校总理,蒋介石任校长,廖仲恺任党代表。

1924年5月5日,黄埔军校第一期学生入校,其中正取生350人,备取生120人。6月16日举行开学典礼,孙中山偕夫人宋庆龄出席。1926年3月1日,广州国民政府决定改组黄埔军校,合并广州一带其他军事学校,成立"中央军事政治学校",蒋介石任校长,李济深任副校长,邓演达任教育长,邵力子任政治部主任,校址仍设黄埔岛。6月5日,国民革命军总司令蒋介石率军北伐,黄埔军校一、二、三期毕业生多随军北伐。10月北伐军攻克武汉,国民政府不久也由广州迁移到武汉,并成立中央军事政治学校武汉分校。大革命时期,黄埔军校还在潮州、南宁、长沙设立过分校。1927年4月12日,蒋介石在上海发动政变,并于4月18日在南京成立国民政府。11月5日,黄埔军校改名为"中央陆军军官学校",并决定迁往南京。1928年3月6日,新校在南京举行开学典礼,从此进入南京中央军校时期。

黄埔军校是第一次国共合作的产物,建立在新三民主义的思想基础上,是一所新型的军事干部学校,培养了大批高级军事政治人才。其初期办学,具有以下特色:

第一,贯彻新三民主义的办学宗旨,把政治教育放在首位,政治教育和军事教育相辅相成。孙中山在黄埔军校开学典礼的讲话中指出:"要知道怎么样可以做革命军,便要拿先烈做模范;要拿先烈做模范,就是要学革命党,要学革命党的奋斗。有和革命党的奋斗相同的军队,才叫做革命军。""立志做革命军,先要有什么根本呢?要有高深学问做根本!有了高深学问,才有大胆量,有了大胆量,才可以做革命军。"[①]黄埔军校始终把政治教育放在首要地位,制定了《政治教育纲要》,让学员了解中国国民革命的国际背景和国内的政治、经济形势,明确革命军人的责任。根据纲要,先后开设了中国国民党史、三民主义、帝国主义侵略中国史、中国近代史、社会进化史、社会主义、军队政治工作、苏联研究、工人运动、农民运动、学生运动等课程,内容十分丰富。政治部还购置了有关社会主义、共产主义、马克思主义的书籍,供学员借阅。黄埔军校的政治工作与以周恩来为首的共产党人密不可分。周恩来于1924年11月担任黄埔军校政治部主任。在军事教育方面,分学科和术科两大类,前者主要包括军事理论、军事指挥和现代军事技术(如通信、爆破、工事、卫生、地理等),后者包括兵器操练和身体素质训练。黄埔军校还定期举行军事演讲,介绍军事上的新知识,报告和分析各种战役的经过。

第二,实行课堂教学与现实斗争相结合,将学生锻炼成为革命军战士。黄埔军校的学员是来自全国各地的热血青年,他们边学习,也参与作战。黄埔军校建校不久,广州发生了商团武装叛

---

① 孙中山:《陆军军官学校开学演说》,广东革命历史博物馆编:《黄埔军校史料(1924—1927)》,广东人民出版社1982年版,第44—56页。

乱。军校800多名学员在工会、农会的支持下,只用三天的时间,就平定了商团叛乱。东征讨伐陈炯明及商团残匪时,也是以黄埔军校学员为主力。旋即又平定了南方另外两个军阀杨希闵和刘震寰。第二次东征时,黄埔学员血战惠州,以生命和鲜血赢得了最后的胜利。在北伐战争中,黄埔军校1、2、3期毕业生多编入北伐军各个部队,第4期政治大队、第5期炮兵团、工兵营、军校宪兵营、无线电通讯大队等也随军参加北伐。军校学员还积极参加反帝斗争,支持工农运动,帮助建立工农组织。在1925年省港大罢工中,黄埔军校派出优秀军官帮助训练工人纠察队,积极援助罢工工友。黄埔军校还多次派遣军事政治教员,训练农民运动讲习所的学员,推动农民运动。

第三,纪律严明,管理规范,从严治校。黄埔军校能够在短期内取得成效,得益于用严格的校规军纪来管理各级官兵和各项事务。黄埔军校在建校初期就实行军法管理,接连颁布了五种军法,即《革命军连坐法》、《革命军刑事条例》、《革命军惩罚条例》、《审判条例》和《陆军监狱规则》。黄埔军校还制定了《学生遵守规则》,指导学员养成敬爱、刚强、沉毅、诚信、勤劳、团结、服从、尽忠等军人品质。学生修学终了,应受毕业试验,及格者则分发各军充见习军官,期满后授陆军各兵科少尉,不及格者降期补习。在组织机构方面,学校制定并执行《国民革命军中央军事政治学校组织系统表》,校本部下设政治部、教练部、教授部、管理部、军需部、军医部等六大部,还设有校长办公厅、总教官室和特别官佐。① 各个部门都制定了服务细则,职责分明,确保教学、管理等各工作规范高效运行。

中国共产党在黄埔军校初期倾注了大量人力,为军校发展做出了巨大贡献。初创时期,中国共产党多次促成国民党和共产国际的沟通,争取苏联的支持,并团结国民党,使黄埔军校得以顺利筹建。黄埔军校一期招生时,广东以外的绝大部分地区处于军阀统治下,招生工作困难重重。中国共产党为此派代表赴各地秘密介绍,选拔进步青年应考。军校成立后,政治工作则完全是中国共产党一手建立起来的。除周恩来、熊雄先后任政治部主任之外,还有许多中共党员为黄埔军校工作,如叶剑英任教授部副主任,聂荣臻、毛泽覃、肖楚女、许德珩、恽代英、阳翰笙等曾在政治部工作或担任政治教官,李富春、蔡畅、项英、陈潭秋等曾任武汉分校政治教官,毛泽东曾负责上海地区考生的复试工作,董必武曾任武汉分校招生委员会委员。而黄埔军校也为中国共产党培养出了许多高级将领,如徐向前、陈赓、左权、林彪、刘志丹、陶铸等。高级将领罗瑞卿、女革命家赵一曼曾是武汉分校6期学生。中国共产党还在黄埔军校成立了秘密党组织——中共黄埔特别支部,吸收优秀学员加入中国共产党。到1926年初,黄埔军校的中共党员达150余人。

## 五、李大钊的教育思想

李大钊是中国共产主义运动的先驱,是中国共产党的创始人和领导者之一,也是中国马克思主义教育理论的奠基者之一。他关于教育本质问题、工农教育和青年教育的思想,对新民主主义教育思想的形成产生了实际影响。

### (一) 生平和教育活动

李大钊(1889—1927年),字守常,河北乐亭人。1913年赴日就读于东京早稻田大学政治本

---

① 《陆军军官学校组织系统图》,广东革命历史博物馆编:《黄埔军校史料(1924—1927)》,广东人民出版社1982年版,第94页。

科。1916年回国,旋即投身新文化运动,倡导民主与科学,主张学习西方,批判封建专制与儒学崇拜。1917年俄国"十月革命"胜利,促使其从革命的民主主义者转变为共产主义者,开始传播马克思主义,从事革命教育活动。1918年担任北京大学图书馆主任,后兼经济学教授,并参加《新青年》编辑。他先后在北京大学、北京女子高等师范学校等高校讲授唯物史观、史学概论、社会主义与社会运动、女权运动、社会学等课程,成为第一位在大学系统讲授马克思主义的教授。同时,他大量撰文,对青年进行马克思主义启蒙教育,并教育、指导青年学生到工人、农民和劳动妇女中去传播文化知识、开展革命活动,如北大学生邓中夏等组织的平民教育讲演团和随后创办的长辛店劳动补习学校。1920年,他先后组织了北大的马克思学说研究会和北京共产主义小组。中国共产党成立后,他组织、领导了北京和北方党的工作以及多次工运、农运、学运。作为"五四"和新文化运动的领袖、党的缔造者和领导人、著名学者和教授,李大钊在全国知识界、进步的青年学生和工农群众中享有崇高的威望,深为反动派所忌,1927年4月6日遭军阀政府逮捕,28日在北京英勇就义。

李大钊

### (二) 论教育的本质

出于马克思主义理论家的强烈党性和使命感,李大钊尝试运用历史唯物主义说明教育的本质问题,提醒人们正确认识教育与社会发展的关系。他认为:人类思想和生活变动的根源"实是经济的","经济的生活,是一切生活的根本条件"①,1919年,他在《我的马克思主义观》一文中指出:经济现象是社会现象中最基本的现象,"一切社会上政治的、法制的、伦理的、哲学的,简单说,凡是精神上的构造,都是随着经济的构造变化而变化。我们可以称这些精神的构造为表面构造。表面构造常视基础构造为转移"②。而促使"基础构造"发生变化的动因是生产力。所以说,"基础构造"处在经常的变动中,"精神的构造也就随着变动……思想、主义、哲学、宗教、道德、法制等等不能限制经济变化物质变化,而物质和经济可以决定思想、主义、哲学、宗教、道德、法制等等"③。作为"表面构造"的文化教育,不仅受制于经济基础,且也受政治制约。李大钊指出,近年来,人们都认为教育与政治是相互独立的两件事,"到了现在简直受了此种误解而破产。须知政治不好,提倡教育是空谈的。从前蔡元培先生等即抱此种观念,决不干预政治。结果国立北京八校竟有停办的危机"④。因此,当社会已分化出统治者和被统治者的阶级对立时,教育就具有了阶级性,变为阶级支配的工具,统治阶级独占了教育。在资本主义社会,工人不仅在物质上遭受剥夺,更在教育权利上受到残酷剥夺;人们已知道资本家掠夺劳工物质生产的成果是莫大的暴虐与罪恶,"哪知道那些资本家夺去劳工社会精神上修养的工夫,这种暴虐,这种罪恶,却比掠夺他们的资财更是可怕,更是可恶!"⑤基于以上观点,李大钊对现实中一些迫切需要澄清的教育问题作出了明

---

① 中国李大钊研究会编:《李大钊文集》(下),人民出版社1984年版,第360页。
② 中国李大钊研究会编:《李大钊文集》(下),人民出版社1984年版,第59页。
③ 中国李大钊研究会编:《李大钊文集》(下),人民出版社1984年版,第139页。
④ 中国李大钊研究会编:《李大钊文集》(下),人民出版社1984年版,第575页。
⑤ 中国李大钊研究会编:《李大钊文集》(上),人民出版社1984年版,第632—633页。

确的回答。

新文化运动前,教育领域内"尊孔读经"的复古逆流甚嚣尘上。李大钊通过分析批判孔学,说明封建专制教育的必须消亡。他指出,孔子学说之所以支配中国人心两千多年,并非它是永久不变的真理,可为"万世师表",而是由于它适应了两千年不变的"农业经济组织"。但如今"时代变了!西洋的文明打进来了!西洋的工业经济来压迫东洋的农业经济了!孔门伦理的基础就根本动摇了!"①另一方面,新思想、新教育不是凭空捏造出来的,而是"应经济的新状态、社会的新要求发生的",任何阻挡都无济于事。

李大钊认为,既然教育决定于经济基础且受政治制约,那么改造中国社会光靠教育本身的努力不行,只有先作"一个根本的解决",具体问题的解决才有可能,而"经济问题的解决,是根本解决"②。解决经济基础问题又须通过发动民众、借助革命的手段来实现,又表现为政治过程。所以,李大钊批评教育救国、教育与政治互不干涉等观点,指出"因为政治不澄清,使我们不能不牺牲求学之精神,而来干涉政治"③,以求铲除军阀压迫和外国资本主义侵略的双重障碍。但是,强调"干涉政治"并非放弃教育,而是在坚持革命的前提下发挥教育传播革命道理和文化科学的独特作用,引导人达到"光明与真理境界"。就此而言,教育与革命又该是双管齐下的,"不改造经济组织,单求改造人类精神,必致没有效果。不改造人类精神,单求改造经济组织,也怕不能成功。我们主张物心两面的改造,灵肉一致的改造"④。运用上层建筑与经济基础关系理论,李大钊提醒人们应该如何去认识教育的作用。

(三) 倡导工农大众的教育

新文化运动时期,中国出现教育平民化思潮。不少革命的知识分子和资产阶级、小资产阶级知识分子纷纷投身于平民教育运动,因政治主张各不相同,形成不同的追求和活动方式。以李大钊为代表的共产党人,从今后的世界必将"变成劳工的世界"这一基本立场出发,提出自己的平民教育主张——真正的工农劳苦大众的教育。李大钊指出,在资产阶级那儿不可能有真正的平民主义,平民主义不过是一个被卑鄙地使用和玷污了的名词。因为在资本主义社会,资本家占有着生产资料,不仅贪婪地占有劳工的劳动成果,还残酷地剥夺了他们获取知识、发展个性的权利,终至"人性完全消失,同物品没有甚么区别"⑤。作为人类,衣食而外,尚须知识;物的欲望而外,尚有灵的要求。因此,真正的平民主义,应是破除一切特权阶级,使全体人民都成为为国家社会作有益工作的人。国家机器不是统治人民而是为了人民、属于人民并由人民执行的工具。劳工因此不仅获得政治上的选举权,经济上的分配权,教育上"也要求一个人人均等的机会"⑥。这种权利,只有通过阶级斗争建立工人阶级的政权后,才能最终获得。这才是真正的平民教育。但是,根据工人生产和生活的现状,必须先面对实际,去争取劳工的受教育机会。李大钊指出:"首先,必须多设补助教育机关,使一般劳作的人,有了休息的工夫,也能就近得个适当的机会,去满足他们知

---

① 中国李大钊研究会编:《李大钊文集》(下),人民出版社1984年版,第179页。
② 中国李大钊研究会编:《李大钊文集》(下),人民出版社1984年版,第37页。
③ 中国李大钊研究会编:《李大钊文集》(下),人民出版社1984年版,第656页。
④ 中国李大钊研究会编:《李大钊文集》(下),人民出版社1984年版,第68页。
⑤ 中国李大钊研究会编:《李大钊文集》(上),人民出版社1984年版,第632页。
⑥ 中国李大钊研究会编:《李大钊文集》(上),人民出版社1984年版,第633页。

识的要求。……劳工聚集的地方，必须有适当的图书馆、书报社，专供工人在休息时间的阅览。……像我们这教育不倡、知识贫弱的国民，劳工补助教育机关，尤是必要之必要"①。其次，通过工人运动争取缩短工时，使工人有更多工余时间用以读书，"使工不误读，读不误工，工读打成一片，才是真正人的生活"②。

李大钊还敏锐地认识到劳工教育中农民教育的重要。他分析说，中国是个农业国，劳工阶级中的大多数是农民，他们如不解放，就是国民全体不解放；他们的苦痛与愚暗，就是国民全体的苦痛与愚暗。然而，农村教育尤其落后，不仅学校极缺，为数寥寥，而且十分落后；何况农民还终日劳作，乏有读书时间。因此，李大钊号召有志青年到农村去，根据农民的生产、生活实际，联合乡村教师，"利用乡间学校，开办农民补习班"③。当中国共产党成立后，农民运动处于高潮时，李大钊进而提出，农民教育同样有着提高文化知识和阶级觉悟两方面任务，其时尤应进行反帝反封建教育，启发其阶级觉悟并进行工农联盟的政治教育。

李大钊工农教育的不少主张在新文化运动时期就已提出，事实上为中国共产党领导下的工农教育的兴起，作了理论准备。

### （四）倡导青年教育

从新文化运动时起，作为青年的良师益友，李大钊始终关注青年问题，关心青年的教育和成长。早在新文化运动初期，李大钊就指出，中国的命运是以青年的命运为命运，青年不死，即中华不亡，……青春中华之克创造与否，当于青年之觉醒与否卜之。"④既然青年为"国家之魂"，尤应心系民族存亡，以振兴中华为己任，建设青春的自我、家庭、国家、民族、人类和宇宙。中国共产党成立后，他更明确地指出青年在社会改造中的使命，要求青年运动成为社会革命的先锋。

李大钊认为，要完成自己的历史使命，首先，青年必须树立正确的人生观。他热情洋溢地告诫说："青年呵！你们临开始活动以前，应该定定方向。……若是方向不定，随风飘转，恐怕永无达到的日子。"⑤青年应该有什么样的人生方向？答案是：不能将个人的幸福、享乐和所谓个性解放作为人生目标，因为我们大多数同胞还陷溺在黑暗中，青年就难以独享光明。只有为消灭黑暗、解除苦难，为人类幸福而奋斗，才是青年的人生价值之所在。旧时代人尚且有"先忧后乐"的理想，新时代的青年更不应以独善其身、洁身自好为满足。其次，青年必须磨炼坚强的意志。青年的任务是战胜腐朽与黑暗，创造光明前途，意味着"必历一番之辛苦，即必需一番之努力"⑥。因而要有民族象征的长江黄河之精神，刚毅勇敢，百折不回，即使牺牲生命也在所不惜。最后，青年必须走与工农相结合的道路。从"五四"新文化运动的实践看，知识阶级是民主革命中最先觉悟的部分，但工农民众的力量则是社会改造和建设的基础。中国革命的主力军是工农，知识分子必须认识到民众力量的伟大，结合工农，变"三五文人的运动"为"劳工阶级的运动"，变"纸面上的笔墨运动"为"街市上的群众运动"，让"知识阶级作民众的先驱，民众作知识阶级的后盾"⑦。由于中

---

① 中国李大钊研究会编：《李大钊文集》（上），人民出版社 1984 年版，第 633—634 页。
② 中国李大钊研究会编：《李大钊文集》（下），人民出版社 1984 年版，第 172 页。
③ 中国李大钊研究会编：《李大钊文集》（下），人民出版社 1984 年版，第 834 页。
④ 中国李大钊研究会编：《李大钊文集》（上），人民出版社 1984 年版，第 178 页。
⑤ 中国李大钊研究会编：《李大钊文集》（上），人民出版社 1984 年版，第 633 页。
⑥ 中国李大钊研究会编：《李大钊文集》（上），人民出版社 1984 年版，第 183 页。
⑦ 中国李大钊研究会编：《李大钊文集》（下），人民出版社 1984 年版，第 208 页。

国社会的文化教育十分落后,要想社会革命取得成功,就须把现代新文明输入社会底层,"非把知识阶级与劳工阶级打成一气不可"①。另一方面,通过与工农结合,可以了解中国社会,形成"劳工神圣"的新思想新道德,增长知识与才干,对青年本身也有教育意义。

首先意识到青年在社会革命中的重要作用,意识到青年知识分子与工农结合的意义,是李大钊赋予青年教育问题的新涵义,其思想影响了此后青年教育的理论和实践。

### 六、恽代英的教育思想

恽代英是中国共产党早期出色的活动家和理论家、杰出的青年运动领导人,同时也是一位教育理论的探索者和教育改革的实践者。

#### (一) 生平和教育活动

恽代英(1895—1931年),字子毅,祖籍江苏武进,生于湖北武昌。1918年毕业于武昌中华大学哲学门,留校任中华大学附中主任。"五四"运动爆发后,组织武汉地区的学生和群众进行

恽代英

罢课、罢市,被公认为领导人。1919年后,与林育南等创办利群书社,组织社员研讨社会问题,经销进步书刊,进行工读主义试验,成为武汉地区宣传马克思主义和新文化的阵地。1920年秋,应聘宣城安徽省立第四师范学校教务主任,兼授英文、修身、教育学等课程,并自办政治讲授班,讲授《资本论》、唯物史观等课程。不久遭通缉,被迫离去。1921年秋,加入中国共产党。10月,应邀到四川泸州任川南师范学校教务主任,后又任校长,对学校教育、教学和管理颇多改革。1923年春,受吴玉章之聘,到成都高等师范学校任教。夏天,当选为中国社会主义青年团第二次全国代表大会中央执行委员。后到上海任团中央宣传部长,主编团中央机关刊物《中国青年》。先后撰写百多篇文章,影响教育了一代青年。同时兼任上海大学教授。1926年,当选为国民党中央执行委员,后到黄埔军校任政治主任教官,并在广州农民运动讲习所任教。翌年春奉调武汉主持中央军事政治学校工作。"四一二"政变后,在中共"五大"上当选为中央委员。南昌起义时为中央前敌委员会委员,后又参加广州起义。1930年,在上海被捕,因叛徒出卖暴露身份,不屈于威逼利诱,于1931年4月29日慷慨就义。

#### (二) 论教育与社会改造

恽代英首先肯定"教育确是改造社会的有力的工具"②,但要使教育发挥这一作用,关键在于要以社会改造的目的来办教育,即"要看甚么是今天最急最要的事情以决定教育的方针"③。当前中国社会"最急最要"的事情是什么?是政治的变革、经济的发展和抵抗外来侵略。中国不良的经济制度迫切需要通过政治革命予以彻底改造,"若我们照今天的样子谈甚么办教育,救国家,改

---

① 中国李大钊研究会编:《李大钊文集》(上),人民出版社1984年版,第648页。
② 恽代英:《革命运动中的教育问题》,《新建设》第1卷第3期(1924年1月)。
③ 恽代英:《革命运动中的教育问题》,《新建设》第1卷第3期(1924年1月)。

造社会,总是一场笑话"①。因此,他告诫青年说,当前的首要任务是"尽力促进革命,以根本改造这种社会,只有在较好的社会中间才会有较好的学校"②。教育问题正如所有其他问题一样,非把全社会问题改造好了,是不会得到解决的。

恽代英批判了"教育救国论",并不表示他持"以革命代教育"或"先革命后教育"说,而是主张把改造教育与改造社会打成一片,他认为教育与社会要有共同的改造理想,教育要引起社会的改变,就须将其影响力施予政治和经济,用自己所养的人去做自己所创的事,创自己能做的事以容自己所养的人,把教育办成有计划、有目的的社会改造运动。针对有人视青年学生参加政治运动是"荒废学业"和"得不偿失"的"自杀"的说法,恽代英指出,当军阀混战、列强进逼的民族危亡关头,根本不是青年人闭门读书的时候,如果只是让学生说好英文,使全国人都懂得三角、微积分,或者都会做"风啊"、"月啊"的文章,是救不了中国的,相反,无异是宣判中国死刑!所以他一再对青年人强调,在当前特定的条件下,不以社会改造为目的的读书,救不了国;当今中国所最需要的是"革命的人才",是"研究救国的学术"。

### (三) 论教育的改造

恽代英以社会改造为其教育改造的根本目的和依据,通过批判半殖民地半封建的旧教育,提出教育改造的新构想。由于他早年的教育经历,使他更多地关注儿童教育和中等教育。

#### 1. 儿童教育的改造

恽代英曾研究过儿童教育,发表了《家庭教育论》、《儿童读书年龄之研究》、《儿童公育在教育上的价值》等论文,是对中国近现代儿童教育观念的进步有所贡献的教育家。他指出,儿童初生时,"无所谓性善性恶",如能正确引导其本能向有益于个人和社会方面发展,便成为善;反之,便造成恶。因此,当儿童"本能初萌芽的时候与以适当的引导,不难相信他们都可以成为善人"③。另一方面,人的求知欲望在学龄前已发达,虚掷这一求学的好时机,将会减少人的造就;反之,利用儿童的"游戏、猎寻、搜集、摩仿诸种本能",以正确的知识和技能加以训练,就可打下日后学校教育的"好根基"④。无论从人类改良、社会改造还是个人今后的教育、发展来看,儿童教育至关重要。

为了教育好儿童,恽代英主张实行儿童公育,设立专门机构,使儿童一坠地即受到良好的公共教育。他指出,首先,"人类的生活,一天天向越是分工越需要互助的方面走"⑤,家庭再不是儿童教育的合适场所,父母也不是合适的教育者。其次,从未来社会生活的需要看,儿童自小就在社会的环境中生长,有利于培养儿童的社会化能力,儿童公育显然优于家庭教育。其三,儿童公育有利于教育的普及,公育的推行能创造合宜的场所、合宜的教育者和合宜的教育训练,使教育不分阶级种族地普及全民、不分年龄阶段地普及于全人生。恽代英关于儿童公育思想体现了《共产党宣言》有关论述的影响。但他也承认,儿童公育只有在社会彻底改造后才能真正实现。

---

① 《恽代英文集》(上),人民出版社 1984 年版,第 287 页。
② 《恽代英文集》(下),人民出版社 1984 年版,第 741—742 页。
③ 恽代英:《儿童公育在教育上的价值》,《中华教育界》第 10 卷第 6 期(1920 年 12 月)。
④ 恽代英:《儿童公育在教育上的价值》,《中华教育界》第 10 卷第 6 期(1920 年 12 月)。
⑤ 恽代英:《儿童公育在教育上的价值》,《中华教育界》第 10 卷第 6 期(1920 年 12 月)。

## 2. 中等教育的改造

恽代英的教育工作始于中学,也曾打算一生从事"中学事业"。所以,他对中学教育不乏研究,曾撰写《中学改制论》、《编辑中学教科书的先决问题》等论文,认为当时中学教育的目的、体制、课程与教材、教育方法均存在根本性错误,亟须改造。这在早期革命家中并不多见。

**中学教育的目的**  恽代英认为,目的不正确是当时中学教育的根本性错误。由于受科举制度、教会教育和西方古典教育影响,中学教育以培养学者为"唯一职志",中学遂成为大专学校的预备科,一切都为了升学和升级。一个班三四十人,只能成就三五人;成就的三五人也"只是为读书而读书,为求学而求学"①。以升学为目的的中学教育,不唯课程繁重,课时过多,学生负担过重,且所学偏于理论,不切实用,毕业生不能见信于人,这样的中学教育"简直是无希望"②!据此,他提出应明确中学教育的目的,先后数次强调:"中学乃养成一般国民必须的最低限度的独立生活的知识和技能的学校。"③"中学教育,是养成一般中等国民应有的品格、知识、能力的教育。"④"中等教育应该是养成健全的公民的教育。"⑤总之,理想的中学教育是使毕业生"升学就业两均便利"。

**中学的课程与教科书**  以升学为目的的中学教育,课程设置偏重英文与数学,最严重的缺陷是脱离实际需要,是时间、精力的极大浪费。恽代英批评说:全国的中学生每天要花很多时间去学英文、几何、三角,不知造成多少半通不通的英文、数学学者;如果不能升学或升学后不学数、理、工科,其所学英文、数学终究会忘干净,却"没有一点工夫学习做人的做公民的学问"。尤其成问题的是"为了一部分要学习数、理、工科的人,却勉强全部分的中学生,去学习英文、数学",这样的教育只对小部分人有用,而对大部分人无用。⑥堪称为"洋八股的教育"。

中学课程如何改革?恽代英主张,"我们要让中学生多有些时间精力去学习读书、写字、算账的必要技术,自然科学的常识以及历史、地理、政治、经济的大概"⑦。他所设想的中学阶段学制为四年,前二年"用以打普通的常识同能力的根基";第三年根据志愿分为文科与实科两组,分别打文、实两科的常识同能力根基;第四年不分文实,依据兴趣重新分成若干组,"为学生职业上的知识同能力"作切实的训练。每一学年都设置相应课程,每门课程都有具体要求,所有课程都围绕品格、知识、能力,体现中学教育培养健全公民的需要,尤其强调学以致用,为学生进入社会作准备,如除一般中学课程外,新增地学、社会学、心理学、工业大意、农业大意等课程,增加手工、图画等科课时数等等,以期改进中学教育脱离实际和只是大学预科的状况。

相应地,恽代英提出改革中学教科书。他认为当时中学教科书编撰的弊病在于:"是为教授的非为自学的"、"是用演绎法的非用归纳法的"、"是彼此独立的不是相互联络的"、"是合学理的非合实效的"、"是依据论理学编辑的,而非依据心理学编辑的",中学教科书几成大学讲义的缩影。针对这些弊端,恽代英提出教科书的改革要求:第一,遵循自学辅导的指导思想,叙述详明,

---

① 恽代英:《编辑中学教科书的先决问题》,《中华教育界》第10卷第3期(1920年9月)。
② 恽代英:《编辑中学教科书的先决问题》,《中华教育界》第10卷第3期(1920年9月)。
③ 恽代英:《中学英文教授刍议》,《中华教育界》第10卷第1期(1920年7月)。
④ 恽代英:《编辑中学教科书的先决问题》,《中华教育界》第10卷第3期(1920年9月)。
⑤ 《八股?》,《恽代英文集》(上),人民出版社1984年版,第391页。
⑥ 《八股?》,《恽代英文集》(上),人民出版社1984年版,第391页。
⑦ 《八股?》,《恽代英文集》(上),人民出版社1984年版,第391页。

附参考书目和思考题,以便自学。第二,以归纳法编撰,通过提供事实,让学生自己得出结论。第三,强调各学科的联系。第四,讲究实际效用,利于培养学生实际生活能力。第五,教材组织"打破论理的次序,建设心理的次序"①。总之,依据中学教育的实际需要编撰教科书。

**中学教学方法** 恽代英认为,传统教育是注入式教育,其弊端在于:"上课时教师太劳,学生太逸;学生倚赖教师,脑筋退化,无自己求学之心;教师讲授全班,无法注意个性"。这种方法"注则有之,入则未也","只能教学生成一个无意识承受知识的器皿,脑筋中不能有一点创造能力"②。这样的教育"不配说什么教育"!既如此,恽代英提倡以"自学辅导主义",即自学辅导法取而代之。

自学辅导法又称"研究法"、"自学教学",是当时中小学较为流行的一种教学方法,其要点是强调自学,在学生自学过程中培养自学习惯和自学能力。恽代英认为,其优点在于:可以增强学生注意力、养成学生疑问之习惯、养成无师自习之习惯、便于教师个别指导等。因此,他主张在教学中以学生自学为主,教师的责任只是辅导:指导读书、答疑解难、考核成绩,其余的事让学生自己去做;改造教科书,变以便于教师的教为原则为以便于学生的学为原则;促使学生发挥创造力去解决问题;了解学生的学习状况,因材施教;在养成学生自学自治能力的基础上,在中学最后阶段,按兴趣志愿将学生分组,使学生的个人自学与集体研讨相结合。在担任中华大学附中部主任期间,恽代英还亲自在一个班进行实验,自认为改革的成效甚好。

恽代英中学教育的思想,切中了当时中学教育的弊端,触及了不少中学教育的理论和实践问题,推动了20世纪20年代中国中学教育的进步。

### 本章小结

新文化运动和大革命时期是中国近现代教育发展进程中一个十分重要的时期。这一时期可分为"五四"新文化运动和大革命时期两个阶段。在前一阶段,中国民族资本主义工商业的发展,对教育提出了新的需求和条件;由文学革命引发的思想解放潮流,为教育的改革提供了思想养料。作为新文化运动的重要组成部分,教育领域兴起了反思和改革封建传统教育,学习和引进西方近代教育,倡导和建设民主、科学、实用的中国新教育的热潮,教育思想空前活跃。"五四"运动前后,西方现代教育思想被大量介绍到中国,与国内教育改革的思考和探索相结合,以民主和科学为主题,以救国图强为追求,形成各种各样的教育思潮和教育运动,极大地提高了当时中国的教育认识和实践水平,推动了中国教育的前进步伐,创造了中国教育历史上一个前所未有的百花齐放、百家争鸣的辉煌时期。在这一阶段,以儒家思想为核心、与专制统治相表里的中国传统教育受到了前所未有的批判和清算,中国的教育家和学者探索教育的热情前所未有地高涨,中国教育也前所未有地开始融入世界性的教育发展潮流中。这不仅使中国的教育观念发生了重大转变,教育教学改革也屡有尝试和创新,为20世纪二三十年代中国教育繁荣发展时期的到来打下了基础。

尤应指出的是,在后一阶段,得益于"五四"新文化运动的催发,中国共产党诞生,新民主主义教育萌芽。共产党人清醒地认识到教育与社会革命之间的关系,视教育为革命斗争的有效工具,领导和发动广大的人民群众对专制政治和封建教育进行了不妥协的斗争,探索和创造了能使工农劳苦大众获得教育

---

① 恽代英:《编辑中学教科书的先决问题》,《中华教育界》第10卷第3期(1920年9月)。
② 恽代英:《编辑中学教科书的先决问题》,《中华教育界》第10卷第3期(1920年9月)。

和教育为革命斗争服务的有效形式。"五四"新文化运动所倡导的民主与科学的教育被赋予了独特的内涵。共产党人的早期教育实践为其此后漫长的革命斗争和教育建设道路,作了有重要意义的精神和物质准备。

正是新文化运动和大革命时期的种种教育探索和举措,标志着中国教育的现代转换,并初步形成了中国现代教育的基本格局。

**思考题**

1. 新文化运动促使教育观念发生哪些变化?
2. 新文化运动时期和20世纪20年代中国先后出现过哪些教育思潮和教育改革运动?其主要内容和特点是什么?意义何在?
3. 评述1922年"新学制"。
4. 收回教育权运动的历史意义何在?
5. 中国共产党早期的干部学校主要有哪几所?各有什么特点?
6. 李大钊、恽代英是如何批判半殖民地半封建教育的?提出哪些新主张?

# 第十四章 国民政府时期的教育

**本章导读**　国民政府建立后,中国教育进入一个十年发展期。其间,颁行三民主义教育宗旨,建立诸多的学校管理制度,幼儿教育、初等教育、中等教育和高等教育都取得进展。即使在抗日战争的艰难时期,也努力保护了民族的文化教育命脉。同时,杨贤江、晏阳初、梁漱溟、黄炎培、陈鹤琴、陶行知等教育家矢志于以改造中国社会为最终目的的教育求索,分别在新民主主义教育理论、乡村建设和乡村教育模式、职业教育思想体系、传统学校教育的改革等方面作出了贡献,共同促成了新教育中国化的探索潮流。

1927年"四一二"事变,国民党背叛孙中山的"联俄、联共、扶助农工"的三大政策和新三民主义,并在南京成立了国民政府。中国共产党人通过武装斗争的形式开展革命斗争,并建立了工农政权。南京国民政府对中国共产党及革命政权采取了军事剿灭的政策,从此,内战代替了团结,中国进入十年内战时期,直到1937年全面抗日战争爆发。1928年8月,在国民党二届五中全会上,蒋介石宣布"以党治国",强化了思想控制,表现于教育,就是强调集权和统一,并通过教育立法和加强制度建设,将民国时期的教育纳入到国民党一党专政的轨道。十年里,由于社会、政局相对稳定,国民政府重视借助教育的力量维护统治,教育投入有所增加,教育体制日趋完善,尤其经过一批教育家和广大教育界人士的不懈探索、辛勤工作,使民国教育进入稳步发展和逐步定型的时期,在"五四"新文化运动和20世纪20年代教育改革基础上,各级各类教育都取得了较显著的发展。

抗战爆发后,中华民族同仇敌忾,共赴国难。1938年3月,国民党在武汉召开临时全国代表大会,制定了"抗战建国"的基本国策,通过《战时各级教育实施方案纲要》,明确了"战时须作平时看"的教育指导方针。据此,国民政府采取了一系列紧急应变措施,如:高等学校内迁;设立国立中学,收容流亡青年;尽力维持学校正常的教学秩序,从长计议,为将来建设国家培养、积蓄后备力量。在全面抗战极其艰苦的岁月里,广大教育工作者以民族大义为重,自强不息,弦歌之声不绝,中国教育在逆境中仍取得令人鼓舞的成就。

抗战胜利后,全国人民期盼"和平建国",中国社会和教育事业面临一个发展的大好时机。但国民党发动全国规模的内战,国民政府的教育日趋没落。随着解放战争的节节胜利,国民党军事溃败,经济破产,政治瓦解,其专制独裁的教育也宣告终结。

## 第一节　国民政府时期的教育政策

自民国初年建立资产阶级性质的教育后,教育宗旨屡经变更。先经袁世凯复辟时期教育宗旨的尊孔复古倒退,"五四"新文化运动时期又重新恢复资产阶级共和精神,受杜威实用主义教育思想影响的1922年新学制不明定教育宗旨而只提七项标准,"五卅"运动后受国家主义教育思潮影响又有依据国家主义精神确定教育宗旨的提议。① 南京国民政府成立后,"党化教育"的方针得以实施。之后,随着南京国民政府对全国控制的实现,"军政时期"结束,"训政时期"开始,又代之以所谓"三民主义教育"宗旨,表明国民党对学校教育控制的日趋严密。虽然渗透专制主义和独裁精神的教育宗旨不断得到加强,但在抗日战争时期和抗战胜利复员时期,都相应提出过切合时局需要的方针政策。

### 一、"党化教育"的实施和废止

1924 年国民党第一次全国代表大会召开,孙中山重新解释三民主义,确定"联俄、联共、扶助农工"三大政策,改组了国民党,并模仿苏俄"以党建国"、"以党治国"模式,强调政治上一切举措都以党纲为依据,教育也不例外。"党化教育"的概念由此推衍而出。② 1926 年 8 月,戴季陶被任命为中山大学第一校长,明确提出"实施大学之党化"的主张。"四一二"政变后,蒋介石在南京召开的"五四"运动纪念大会上也提出要实行"党化教育",并授意各省成立"党化教育委员会",拟定"党化教育大纲",要求"使学生受本党之指挥而指挥民众",以三民主义感化"误入歧途之青年"。同年 7 月,国民政府教育行政委员会通过韦悫草拟的《国民政府教育方针草案》,阐述了"党化教育"的涵义:所谓"党化教育",就是在国民党指导之下,求得教育的"革命化"、"民众化"、"科学化"、"社会化",即把教育方针建立在国民党的根本政策之下,按国民党的"党义"和政策的精神重新改组学校课程,不仅造就各种专门人才,尤其要使学生走出学校后都能做党的工作。③ 同年 8 月,国民政府教育行政委员会制定《学校施行党化教育办法草案》,将"党化教育"看作当时"教育上最重要的问题",明令各地各级各类学校坚决执行。1927 年 7 月,浙江省教育厅通过《浙江实施党化教育大纲》,在全国率先提出实施党化教育具体办法,其核心精神是:以训练党员之方法训练学生,以党的纪律为学校的规约。出于推行"党义"的需要,在学校中设立有关的专职教师,国民党中央还制定了《各级学校党义教师检定委员会组织条例》、《检定各级学校党义教师条例》。目的在强化国民党对学校教育的控制。党化教育提出后,很快就在长江、珠江流域及北方部分地区掀起了声浪,有关党化教育的书籍竞相出版。

由于国民党所提倡的"党化教育"过于露骨,出台后立即受到质疑和抨击,国民党内部也存在理解和意见上的分歧。吴稚晖认为"党化教育"含义不明,容易为人假借利用,不如改为"三民主义"④。1928 年 5 月,中华民国大学院在南京召开第一次全国教育会议,决定取消"党化教育"一词,以"三民主义教育"代之,并通过了《三民主义教育宗旨说明书》。同年 8 月,国民党第二届第五次中央全会召开,国民党中央执行委员会训练部提出《确定中国教育宗旨及教育标准案》交大会讨论。与会的国民党中央委员于右任、蔡元培等人也分别以个人名义提交教育宗旨提案。尽管上述有关"三民主义"教育宗旨的提案均未获得国民党政府的通过,因而不具备法律效力,但"党化教育"至少在名称上已经被否决。

---

① 1925 年 8 月,中华教育改进社在太原召开第四届年会,通过《请教育部依据国家主义明定教育宗旨案》,提出:"中国现时教育宗旨应养成以国家为前提之爱国之民。"《教育杂志》第 17 卷第 10 号
② 舒新城:《近代中国教育思想史》,福建教育出版社 2007 年版,第 263 页。
③ 《教育杂志》第 19 卷第 8 号。
④ 南京《民生报》,1928 年 2 月 23 日。

## 二、"三民主义"教育宗旨的颁行

南京国民政府成立后,蒋介石对新三民主义作了极大修正,以至抛弃了"联俄、联共、扶助农工"三大政策,致使新三民主义在内涵和性质上发生畸变。从教育方面考察,三民主义教育宗旨及其实施方针确有可取之处,但在实质上,孙中山的三民主义教育却被背叛。

### (一)"三民主义"教育宗旨的产生

1928年5月,中华民国大学院第一次全国教育会议通过的《三民主义教育宗旨说明书》,解释三民主义教育"就是以实现三民主义为目的的教育,就是各级教育行政机关的设施,各种教育机关的设备和各种教学科目,都是以实现三民主义为目的的教育"。同时还提出了实施三民主义教育的15条原则。[①] 这一宗旨和说明被国民党中央执行委员会训练部批评为对"三民主义教育之真谛,既无所阐明;而于教育与党之关系,尤乏实际联络。"[②]而由训练部拟定的教育宗旨草案中,提出"中华民国之教育,以根据三民主义,发扬民族精神,实现民主政治,完成社会革命,而臻于世界大同为宗旨"[③]。

1929年3月,国民党在南京召开第三次全国代表大会,教育是其中一个重要议题。国民党中央宣传部提出《教育方针及实施原则案》,认为:"中华民国今后之教育,应为三民主义之国民教育。"[④]经大会议决的教育宗旨和实施原则,于4月26日由南京国民政府正式以《中华民国教育宗旨及其实施方针》通令颁行,其宗旨为:"中华民国之教育,根据三民主义,以充实人民生活,扶植社会生存,发展国民生计,延续民族生命为目的;务期民族独立,民权普遍,民生发展,以促进世界大同。"[⑤]同时配套公布的还有《三民主义教育实施方针》,对各级各类学校教育中如何落实"三民主义"教育宗旨作出了具体规定。至此,"三民主义"教育宗旨终告形成。

### (二)"三民主义"教育的实施原则

为了落实和强化"三民主义"教育,1931年6月,在南京国民政府公布的《中华民国训政时期约法》中,以根本法的形式规定了民国教育宗旨及其方针政策。同年9月,国民党中央执行委员会第157次常务会议通过了《三民主义教育实施原则》,分别对初等教育(幼稚园、小学)、中等教育(初、高中及相当程度之学校)、高等教育、师范教育、社会教育、蒙藏教育、华侨教育、派遣留学生等八个方面,规定了具体的实施目标和纲要(包括课程、训育、设备)。如关各方面教育的目标:

> 初等教育:一、使儿童整个的身心融育于三民主义教育中;二、使儿童个性、群性在三民主义教育指导下,平均发展;三、使儿童于三民主义教导下,具有适合于实际生产之初步的知能。
>
> 中等教育:一、确定青年三民主义之信仰,并切实陶冶其忠孝仁爱信义和平之国民道德;二、注意青年个性及其身心发育状态,而予适当的指导及训练;三、对于青年,应予

---

[①]《全国教育会报告》,《大学院公报》第1年第7期。
[②] 国民政府教育部教育年鉴委员会编:《第一次中国教育年鉴》甲编,开明书店1934年版,第10页。
[③] 姜书阁:《中国近代教育制度》,商务印书馆1933年版,第23页。
[④] 国民政府教育部教育年鉴委员会编:《第一次中国教育年鉴》甲编,开明书店1934年版,第8页。
[⑤] 国民政府教育部教育年鉴委员会编:《第一次中国教育年鉴》甲编,开明书店1934年版,第8页。

以职业指导，并养成其从事职业所必具之知能。

高等教育：一、学生应切实理解三民主义之真谛，并具有实用科学的智能，俾克实现三民主义之使命；二、学校应发挥学术机关之机能，俾成为文化的中心；三、课程应视国家建设之需要为依归，以收为国储材之效；四、训育应以三民主义为中心，养成德、智、体、群、美兼备之人格；五、设备应力求充实，并与课程训育相关联。

师范教育：一、应根据三民主义的精神，并参照社会生活之需要，施以最新式科学教育及健全的身心训练，以培养实施三民主义教育之师资；二、学校应与社会沟通，并造成"教"、"学"、"做"三者合一的环境，使学生对于教育事业有改进能力及终身服务的精神；三、乡村师范教育应注意改善农村生活，并适应其需要，以养成切实从事乡村教育或社会教育的人才。

社会教育：一、提高民众知识，使具备现代都市及农村生活的常识；二、增进民众职业知能，以改善家庭经济，并增加社会生产力；三、训练民众熟习四权，实行自治，并陶铸其忠孝仁爱信义和平之国民道德，以养成三民主义下的公民；四、注重国民体育及公共娱乐，以养成其健全的身心；五、培养社会教育的干部人才，以发展社会教育事业。①

当年11月，国民党第四次全国代表大会对1929年与教育宗旨配套公布的实施方针进行修订，并再次公布"三民主义"教育实施方针，其要点为：

(1) 各级学校三民主义之教育，应与全体课程及课外作业相贯连。以史地教科阐明民族主义之真谛；以集团生活训练民权主义之运用；以各种生产劳动的实习，培养实行民生主义之基础；务使知识道德，融会贯通于三民主义之下，以收笃信力行之效。

(2) 普通教育，必须根据总理遗教，以陶融儿童及青年忠孝仁爱信义和平之国民道德，并养成国民之生活技能，增进国民之生产能力为主要目的。

(3) 社会教育，必须使人民认识国际情况，了解民族意义，并具备近代都市及农村生活之常识，家庭经济改善之技能，公民自治必备之资格，保护公共事业及森林园地之习惯，养老恤贫防灾互助之美德。

(4) 大学及专门教育，必须注重实用科学，充实学科内容，养成专门知识技能，并切实陶融为国家社会服务之健全品格。

(5) 师范教育，为实现三民主义的国民教育之本源，必须以最适宜之科学教育及最严格之身心训练，养成一般国民道德上学术上最健全之师资为主要之任务。在可能范围内，使其独立设置，并尽量发展乡村师范教育。

(6) 男女教育机会平等。女子教育并须注重陶冶健全之德性，保持母性之特质，并建设良好之家庭生活及社会生活。

(7) 各级学校及社会教育，应一体注重发展国民之体育。中等学校及大学专门学校，须受相当之军事训练。发展体育之目的，固在增进民族之体力，尤须以锻炼强健之精神，养成规律之习惯为主要任务。

---

① 《中华民国法规汇编》第六册，立法院编，宋恩荣、章咸主编：《中华民国教育法规选编(1912—1949)》，江苏教育出版社1990年版，第48—62页。

(8) 农业推广须由农业教育机关积极实施。凡农业生产方法之改进，农民技能之增高，农村组织与农民生活之改善，农业科学知识之普及，以及农民生产消费合作之促进，须以全力推行，并应与产业界取得切实联络，俾有实用。①

"三民主义"教育宗旨及其实施原则与方针至此完备。直到1949年国民党败走台湾，上述宗旨和方针始终是国民政府实施教育的法定依据。

"三民主义"教育宗旨及其实施方针政策不可谓不完备，它使教育实施变得有法可依，有序可循，对民国教育在相当一段时期里的稳定发展确有指导作用。但是，国民党借推行"三民主义"教育之名，行严厉控制教育之实。这与孙中山新三民主义背道而驰。国民党曾以"办理不善"、"违背法令"、"不合规程"的名义，封闭了不少进步学校，如1929年5月以"查到宣传共产书籍"为由，查封了上海大学、大陆大学、华南大学、建华中学；1930年又先后勒令上海艺术、新民、建设、华国、光明、文法等私立大学停办，查封南京晓庄乡村师范学校和成都的西南、民主、岷江大学。

### 三、"战时须作平时看"的方针

抗日战争爆发后的1937年8月，国民政府提出了"战时须作平时看"的教育方针，颁布了"一切仍以维持正常教育"为主旨的《总动员时督导教育工作办法纲领》。他们一方面采取一些战时的教育应急措施，另一方面强调维持正常的教育和管理秩序。1938年4月，在全民抗战热潮中，国民党临时全国代表大会通过《中国国民党抗战建国纲领》，涉及教育的条款有："一、改订教育制度及教材，推行战时教程，注重于国民道德之修养，提高科学之研究与扩充其设备；二、训练各种专门技术人员，予以适当之分配，以应抗战之需要；三、训练青年，俾能服务于战区及农村；四、训练妇女，俾能服务于社会事业，以增加抗战力量。"②同时国民政府还制定了《战时各级教育实施方案纲要》，规定了战时教育的九大方针和十七项要求。九大方针为：(1)三育并进；(2)文武合一；(3)农村需要与工业需要并重；(4)教育目的与政治目的之一贯；(5)家庭教育与学校教育密切联系；(6)以科学方法整理发扬我国固有文化之精粹，以立民族自信；(7)加速自然科学研究，迎头赶上，以应国防与生产急需；(8)社会科学要取人之长，补己之短，以求适合国情；(9)各级学校教育目标明确，谋求各地均衡发展，普及义务教育依原计划按期实现，有计划地实施社会教育与家庭教育。十七项要求则更为具体地规定了教育实施要求。这些教育方针政策成为战时教育的指导性原则。

1939年3月，国民政府教育部在重庆召开第三次全国教育会议。蒋介石在会上作了题为《今后教育的基本方针》的讲话，认为国家的生命力由教育、经济、军事三因素组成，教育是基本，是经济和军事的总枢纽。在进行抗日战争的同时，要致力于民族改造和国家复兴。教育的着眼点不仅在战时，而且还在战后。战后国家的建设需要无数专家学者、技工技师。因此，"切不可忘记战时应作平时看，切勿为应急之故，而丢却了基本"。要"以非常时期的方法来达成教育本来的目的，运用非常的精神来扩大教育的效果"③。这一讲话更为明确地表达了国民政府战时教育的指导思想。

---

① 国民政府教育部教育年鉴委员会编：《第二次中国教育年鉴》第一编，商务印书馆1948年版，第2—3页。
② 国民政府教育部教育年鉴委员会编：《第二次中国教育年鉴》第一编，商务印书馆1948年版，第8—9页。
③ 国民政府教育部教育年鉴委员会编：《第二次中国教育年鉴》第二编，商务印书馆1948年版，第53—54页。

遵循战时教育方针,在日军大举进犯、国土相继沦丧、学校严重破坏的情况下,国民政府为保存教育实力,勉力应变,颇有成效。首先,高校迁移,将一批重点大学迁往西南西北,调整重组。国立北京大学、清华大学、私立南开大学辗转长沙,迁往云南昆明,组成国立西南联合大学;国立北平大学、国立北平师范大学、北洋工学院迁往陕西汉中,成立国立西北联合大学;国立中央大学迁往重庆等。至1938年底,共迁址调整大学55所,为中国教育保存了一批精英力量。其次,学校国立,保障部分学校正常办学。因战局变化,打破原来省市教育厅局主管中等教育的体制,从1938年起,在大后方新设国立中学,并将部分私立大学转为国立,予以经费保障。至1945年抗战胜利时,共办国立中学34所、国立大专院校附中16所、国立师范学校和职业学校14所,集中了一批中学教学骨干,满足了流徙青年的求学愿望,稳定了大后方。其三,建立战地失学青年招致训练委员会,安置、培训流亡失学失业青年。其四,设置战区教育指导委员会,实施战区教育。如编写、出版战时教科书,在学校课程中增加适合战时需要的内容,对学制也做了一些调整等。由于这些措施,使国家的教育事业未因残酷的战争而中辍,反而在某些方面有所发展。

国民政府在抗日战争爆发后制定的"抗战建国"的基本国策和与之相应的"战时须作平时看"的教育方针政策,是一项并不短视的重要决策。它既顾及了教育为抗战服务的近期任务,也考虑了教育为战后国家重建和发展的远期目标,使得教育事业在艰苦卓绝的战争环境中仍能苦苦支撑,并在大后方西南、西北地区有所发展。

### 四、《中华民国宪法》中有关教育的规定

抗日战争胜利后,全国上下要求和平建国的呼声强烈。为安抚民情,蒋介石在全国教育善后复员会议上向教育界允诺:教育问题是国家的基本问题,"教育建设不好,那就绝不能负起建国的责任。抗战时期,军事第一;建国时期,教育第一"①。1946年1月,在有国民党、共产党、中国民主同盟、青年党和社会开明人士参加的中国政治协商会议上,国民政府对1936年《中华民国宪法草案》作了修订。同年11月,国民政府在南京召开制宪国民大会,12月25日通过了《中华民国宪法》,并于1947年元旦公布,当年12月25日实施。

作为国家的根本法,修订的《中华民国宪法》中有关教育的条款不可谓不多,不可谓不详。如第二章"人民之权利义务"中规定:"人民有言论、讲学、著作及出版之自由";"人民有受国民教育之权利与义务"。第十三章"基本国策"中涉及教育的条款有10条,如:教育应发展国民的民族精神、自治精神、国民道德、健全体格、科学及生活智能;国民受教育机会一律平等;6—12岁学龄儿童一律受免费的基本教育,逾龄未受教育者一律免费学习;各级政府广设奖学金资助学行俱优无力升学之学生;全国公私立教育文化机构均受国家监督;国家注重各地区教育的平衡发展,边远及贫困地区教育经费由国库补助;教育科学文化经费,中央不低于总预算的15%,省不低于25%,市县不低于35%;国家保障教育科学文化艺术工作者的生活,并随经济发展随时提高待遇;国家奖励科学发明创造,保护文物古迹;国家对从事私立教育和侨民教育成绩优良者、有学术和技术贡献者、长期从事教育而有贡献者,予以奖励和补助。②

---

① 国民政府教育部教育年鉴委员会编:《第二次中国教育年鉴》第二编,商务印书馆1948年版,第74页。
② 国民政府教育部教育年鉴委员会编:《第二次中国教育年鉴》第一编,商务印书馆1948年版,第20—21页。

这些条款颇为诱人,令人民尤其是教育界感到鼓舞,其中不少条款确系无数有志于教育事业的人们和期待教育的人们孜孜以求、盼望已久的。但是,这个宪法其实并不真正代表国民政府统治者发展教育的愿望。从宪法内容看,与政治协商会议决议有关文化教育的条文相比较,政协决议中发展国民"民主精神"被改为"自治精神","保障学术与思想之自由"则被取消。从宪法的实际实施看,宪法正式实施前的1947年7月,国民政府通过《勘乱建国总动员方案》,并公布《勘乱总动员令》,发动了一场用武力消灭共产党的全面内战。在这种形势下,国民党既无心也无力按照宪法实施教育,宪法的教育规定只能是一纸空文。

## 第二节 国民政府的教育制度和管理措施

### 一、大学院和大学区制的试行与废止

1927年6月,国民党中央执行委员会第105次政治会议通过蔡元培等人的提案,撤消广州国民政府的教育领导机构教育行政委员会,仿照法国教育行政制度,中央设中华民国大学院主管全国教育,地方试行大学区,取代民国以来中央政府设教育部、各省设教育厅的教育行政制度。随后,国民政府任命蔡元培为大学院院长,公布了《中华民国大学院组织法》。10月1日,大学院正式成立。根据大学院组织法规定,大学院为全国最高学术教育机关,隶属国民政府,管理全国学术和教育行政事宜。大学院设院长1人,综理全院事务,为国民政府委员。下设秘书处、教育行政处、中央研究院、国立学术机关和各种专门委员会。大学院设有大学委员会,为最高评议机构,有权推荐大学院院长及审议全国教育、学术一切重大方案。次年公布的《大学委员会组织条例》规定,大学委员会由大学院院长、副院长、教育行政处主任、各学区国立大学校长和副校长、由大学院院长推荐的5—7名国内专家所组成,大学院院长为当然的委员长。

与之同时,国民政府审议通过《大学区组织条例》,并于次年公布《修正大学区组织条例》。规定全国各地按教育、经济、交通等状况划分为若干个大学区,每区设大学1所,大学设校长1人负责大学区内一切学术和教育行政事务。大学区下设高等教育处、普通教育处、扩充教育处(按:即社会教育处)、秘书处、研究院等机构。大学区的最高审议机构为评议会,由学区内大学校长教授、中学校长教员、小学校长教师、县教育行政人员、法定教育团体、扩充教育团体和学术界有名望且热心教育者各若干人所组成。大学区制先在江苏、浙江、河北三省试行,取得经验后推广到全国。大学院建立后,也推行了一些教育改革。如提出倡导科学教育、劳动教育、艺术教育的教育方针;公布了《学校系统表》,对1922年颁布的学校系统及其课程作了修正;颁布了一系列学校条例等。

早在1922年蔡元培发表的《教育独立议》一文中,就提出了教育独立于政党和教会的主张,其中一项具体办法就是分全国为若干大学区,每区立一大学,统一管理全学区的大、中、小学教育和社会教育。由大学校长组成高等教育会议,作为教育事业的最高权力决策机构。[①] 1926年,广州国民政府设立教育行政委员会为中央教育行政机构,实行的是有别于教育部组织的合议制。这是建立新教育行政机构的一种尝试。在此背景下,趁南京国民政府方成立尚未完全控制教育之机,蔡元培尽力促成了大学院和大学区制的试行。蔡元培以大学院和大学区制取代原来的教育

---

① 《教育独立议》,高平叔编:《蔡元培全集》第四卷,中华书局1984年版,第178页。

行政制度,目的是为了"改官僚化为学术",以求"一事权,而利教育事"①。他认为,这样做既可以促使教育与学术的结合,实现教育行政机构的学术化;又可以让教育摆脱官僚的支配,事权统一,使教育经费、图书设备、教职人员得到保障;还可以通过大学委员会和大学区评议会合议制度的建立,实现国家和地区教育决策、实施的民主化。

实行大学院和大学区制的教育行政体制,改革方向不可谓无道理,但在专制独裁统治逐渐建立、经济文化极端落后的中国却难以推行。在一年多的试行中,问题不少,物议频频,受到各方反对,中小学界和江苏中央大学区反对尤甚。1928年8月,大学院院长蔡元培辞职。11月1日,国民政府下令:大学院改为教育部,隶属于国民政府行政院,所有原大学院一切事宜均由教育部办理。1929年6月,国民党第三届执行委员会第二次全体会议决议废除大学区制,国民政府行政院决定浙江、北京两个大学区于暑假内停止试行,中央大学区限年内停止试行,从7月起一律恢复教育厅制度。

试行大学院和大学区制固然有良好的主观愿望,但实际效果却与之相背离。究其原因,正如后来有学者所指出的:"由于理想过高,期以学术领导行政,使教育行政学术化,其结果因人谋不臧,反使学术机关官僚化,非但未能增高效率,且使行政效能日趋低落。尤其以大学统率中小学,忽略中小学实际需要,削减中小学教育经费,导致中小学居于附庸地位,而遭中小学界激烈反对。"大学院制度最大的缺点,是"过重理想而忽视事实"②。对于大学区制,中央大学区中等学校教师联会曾在报上公开著文批评:"夫试行大学区制最大目标,厥为使政治学术化一语。而一年以来,现象之呈露,无一非为学术之官僚化。"由于中国学术风气未浓而官僚习气却深,让学术机构与行政机关混一,高等学府反成竞争倾轧的场所,官僚机构的腐败毕现于学术机构。实行大学区制是为了保障教育的独立性,但事实证明大学区的教育反易于卷入政治漩涡。大学尚且如此,何况中小学校?③ 因此,大学院和大学区制是一次忽略中国国情的失败的教育管理改革实践。

## 二、"戊辰学制"的颁行

1922年新学制实施后,虽然各地实行未久,利弊得失并不显著,但南京国民政府成立后,出于推行"三民主义"教育的需要,又动议修订学制系统。如出于民生主义需要,认为须广设实习学校,加强职业学校;出于提高教育效率和质量的需要,认为师范教育应独立,高级中学应集中。④ 1928年5月,在中华民国大学院第一次全国教育会议上,以1922年新学制为基础略加修改,提出《整理中华民国学校系统案》,即"戊辰学制"。这个学制分原则与组织系统两部分。第一部分提出七项原则:"(一)根据本国实情;(二)适应民生需要;(三)增高教育效率;(四)提高学科标准;(五)谋个性之发展;(六)使教育易于普及;(七)留地方伸缩之可能。"第二部分为学校系统。

"戊辰学制"颁定后到1937年全面抗日战争爆发,经过多次局部的增改和调整,也留下了南京国民政府统治时期政治、经济发展的烙印。如为了扫除"训政"和建国的障碍,使占人口80%以上不识字儿童与成年人受到一定教育,较为重视义务教育和成人补习教育;为提高民族文化程度,

---

① 《提议设立大学院案》、《请变更教育行政制度呈》,高平叔编:《蔡元培教育论著选》,人民教育出版社1991年版,第519、515页。
② 雷国鼎:《中国近代教育行政制度史》,台北教育文物出版社1983年版,第334页。
③ 《时事新报》,1928年7月2日。
④ 蔡芹香:《中国学制史》,世界书局1933年版,第239页。

中等教育和高等教育的工作重心定为整理充实,求质量的提高,不求数量的增加;适应20世纪30年代经济的增长,政府的教育决策明显地向职业教育倾斜,使职业教育得到一定的发展。

此后,国民政府的学制系统于1937年和全面抗日战争期间分别作过修订,但1922年新学制的基本框架未变,只是根据时局需要作适当变通而已。

### 三、"整饬学风",建立训育制度

（一）"整饬学风"

训育观念的初步建立是在民国初年,而受到教育理论和实践界的更多关注则是在"五四"运动时期至20世纪20年代初期。国民政府时期,训育成为重要的教育政策,并成为学校工作的常规。1928年10月,南京国民政府发表"训政"时期施政宣言,在教育方面提出普及"三民主义"的国民教育,为此严令各学校决不能放任学生参加政治斗争和社会斗争"而自趋于戕贼"。此后,接二连三地发布整顿学风的命令。1929年3月,国民政府教育部训令所属大学、教育厅局和学校"整饬学风"。教育行政部门督促各学校注意严格训练,必须严格规范校纪;地方行政长官协同教育部门对学生中妨碍社会治安者严予制裁,务使学风丕变,蔚成良模。

1930年4月,蒋介石以国民政府主席身份在第二次全国教育会议上,提出"改革教育当用革命手段整顿学风",应十分注意党义教育,以"三民主义"统一青年学生思想。同年12月6日,蒋介石以国民政府行政院院长兼教育部长名义颁发《整顿学风令》,责令学生一意力学,涵养身心,不得干涉政治,如有违者,政府必绳之以法,"以治反动派者治之"。蒋介石还发布行政院令《告诫全国学生书》,指斥各地学校学风败坏,学潮蜂起,危及国家前途,破坏法纪,自与反革命无异,政府将严厉禁止,依法惩办。教育部也随之发出《奉行政院训令整顿学风》,声称学生如再有甘受利用,恣意越轨,唯有执法严绳,不稍姑息,甚至解散全校也不足惜。一些地方政府也闻风而动,如成都军阀借"整顿学风",以捕共为名,搜查各校,逮捕学生数十,不经审判,当街劈杀,令人发指。1932年7月,国民政府行政院长汪精卫与教育部长朱家骅联合签署《整顿教育令》,坚称政府以最大决心厉行整顿,"对学生管理取严厉方针"。以"整饬学风"的名义对学校教师学生严加控制与镇压,愈演愈烈。

（二）建立训育制度

在对学校实行高压的同时,政府又通过建立训育制度对各级各类学校实施严格管理。20世纪20年代,训育部和训育主任已在中学普遍设立,独立开设或与教务部门联合开设训育会议,通过专门的训育课程和各科课程,开展对学生的训育。1929年7月,国民政府教育部通令全国实行国民党中执委所制定的《中小学训育主任办法》,设立训育主任和训育人员,专事考查学生的思想、言论和行动,在全国中小学实行训育制度。1930年10月,教育部批准上海市教育局拟定的《中学训育暂行标准》和《小学训育暂行标准》。1931年6月,国民政府行政院令教育部执行《确定教育设施趋向案》,关于学校训育规定:"各级学校之训育,必须根据总理恢复民族精神之遗训,加紧实施,特别注重于刻苦勤劳习惯之养成与严格的规律性之培养。"[①]同年7月,教育部通令全国

---

① 《教育部公报》第3卷第23期。

各学校悬挂"忠孝仁爱信义和平"横匾,一律蓝底白字,以启迪道德,涵养品性。后来,还要求依其精神制定本校的校训、校歌。

从实施训育制度起,国民政府历年所颁有关训育的法令法规多达数十个,详细规定训育的实施。1931年8月,教育部公布《各级学校党义教师及训育主任工作大纲》,规定党义教师与训育主任除辅助学校行政、教学等事项外,应时时与学生接近,以匡正其思想、言论、行动。中等以上学校还应随时调查学生平时所阅读刊物和所发表言论,随时调查学生平时交友情况及其行动。1932年6月,教育部颁发《今后中小学训育上应特别注重之事项》,要求"中小学各教职员均须切实同负训育责任,破除从前教学训育分裂之积习"。规定中小学每天必须举行晨会,全校师生一体出席,以作训练。并指导学生形成自治团体,学会团体生活,"应注意严密组织,竭力限制个人自由。对于服从互助等习惯,尤须注意养成"①。1936年2月,国民党中央通过《中等学校训育主任公民教员资格审查条例》。同年3月又颁布《中等学校训育主任公民教员登记规则》、《中等学校训育主任公民教员工作大纲》、《中等学校训育主任及公民教员工作成绩考核办法》,从组织上保证和强化学校训育。

全面抗日战争爆发后,国民党对各级各类学校的训育更为加强。1938年9月,教育部通令专科以上学校,由教育部颁发《青年守则》(即国民党《党员守则》),要求学生背诵,训育人员严加考核。次年5月,教育部遵照蒋介石建议,将"礼义廉耻"作为各级各类学校校训。1939年9月,教育部颁布的《训育纲要》从训育的意义、内容、目标、实施诸方面对学校训育作了规定,是一个最为集中体现国民党训育思想的纲领性文件,虽不能说一无是处,却也纲目烦琐,气息陈旧。

### (三) 施行导师制

在学校训育的开展中,曾实施过级任制、指导制等做法,级任制是在训育主任之外,设专人负责一个年级、一个班甚至一个学生的训育;指导制则是指学校全体教职员都参与训育。全面抗日战争时期,为了进一步控制学生,强化训育,1938年3月,教育部公布《中等以上学校导师制纲要》,规定在中等以上学校中推行导师制度。1939年7月,又公布《切实推进导师制办法》,予以促进。规定:中等以上学校每一年级学生分成若干组,由校长指定专任教师一人为导师,学校设主任导师或训育主任一人,总领全校训导;导师对学生的思想、行为、学业和身体,均应体察,作详细记录,按月报告训导处和家长;训导方式除个别谈话外,还可有本组学生的谈话、讨论;学生不堪训导,由学校除名;学生毕业,必须有导师的"训导证明书";导师授课时数可以酌减,但不减待遇。之后,又屡屡发布相关文件,对导师制进行调整与强化。

国民政府统治时期所建立的学校训育制度,虽然有一些道德教育的价值,但帮助实施专制独裁统治的作用是主要的。其所提倡的一些道德规范,不少属于旧道德范畴,在观念上的倒退显而易见。

## 四、开展童子军训练和军训

作为对学生训育的组成部分,国民政府在小学和初中实行童子军训练,在高中以上学校实行

---

① 《师范教育法令汇编(训育与管理)》,庐山暑期训练团印,1937年版,第2—7页。

军事教育和军事训练,以养成儿童青少年服从的意识、划一的习惯、团体的精神和军事的技能。

(一) 童子军训练

童子军是一种使儿童少年接受军事化教育、训练的组织形式,于民国初年传入中国。1914年在上海成立中华全国童子军协会,各大城市设有分会。1926年3月,国民党中央执委会决定由中央青年部组织中国国民党童子军委员会,统辖广州革命政府区域内的童子军组织和教育活动。南京国民政府成立后,中央青年部撤消,于国民党中央训练部下设中国国民党童子军司令部。1928年5月,国民党中央常务会议通过《中国国民党童子军总章》,规定以"三民主义"培养青年,凡12至18岁之青少年皆须入伍受童子军训练;未满12岁之幼童,愿受训者可组织党幼童子军。通常小学都组织了"幼童军"。1929年童子军正式更名为中国童子军,由国民党中央训练部长兼任司令。1933年10月,中国童子军总会筹备处公布《中国童子军总章》9章150条,其中规定:中国童子军"以忠孝仁爱信义和平为训练之最高原则",以"智、仁、勇"为教育目标。1934年11月1日,中国童子军总会正式成立,蒋介石为会长。

根据国民政府教育部1937年1月颁发的《初级中学童子军管理办法》,要求以学校为单位组织童子军团,校长任团长,主持军训等一切管理事务;初中学生均实施童子军组织管理;学生起居上课一切作息,均以号音为准;早晚举行国旗升降典礼;随时对学生进行服装、用品、勤务等项检查,予以矫正和奖惩;设童子军教练员主持训练管理一切事务。对童子军的服装、出行、请假、寝食、上课、操练等,都有严格的纪律,违者惩办不贷。

全面抗日战争爆发后,1937年7月31日,中国童子军总部颁发《童子军战时服务大纲》,对童子军的组织和训练更为加强。同年11月,教育部公布《中国童子军战时后方服务训练办法大纲》,强调童子军活动为战时需要服务,要求围绕侦察、交通、宣传、募救、消防等内容,进行每日1小时的分组训练演习。1939年7月,教育部又公布《中国童子军兼办社会童子军暂行办法》,要求各校童子军团招收学校附近12—18岁失学青少年组成社会童子军,从而将童子军组织扩大到社会范围。

(二) 高中以上学生的军事训练

1927年7月,南京国民政府通过的《国民政府教育方针草案》提出"各学校要增设军事训练"。1928年5月,正值国民政府大学院第一次全国教育会议期间,日本帝国主义悍然炮轰济南,制造了"五三"惨案。激于民族义愤,大学院下令全国专门以上学校一律增加军事教育课程。1929年1月,教育部颁发《高中以上学校军事教育方案》,规定高中以上学校军事科为必修科目,每年度每周3课时,每年暑假连续三星期的集中训练。1933年3月,蒋介石下令国民政府军政部、教育部、训练总监部:"凡高中以上学校学生军训不合格者,不得补考、投考大学。"这就将军训作为完成学业和升学的必要条件。

根据教育部会同训练总监部于1934年5月公布的《修正高中以上学校军事教育方案》和其他几个条例,军训活动的方式为:每一高中及同等学校组成一军训团,校长任团长,军训团下设中队、小队,三小队为一中队,每小队6—10人;专科以上学校每校成立一军训大队,校长为大队长,下设中队、区队、分队;训练教学科目分为学科与术科,各有若干科目;训练方式分为平时训练与集中训练;专科以上学校的训练还须按班、排、连战斗系列组织;训练时间,高中3年每周学科1小时,术科 2 小时,共 3 小时。大学第一学年每周学科 2 小时,术科 1 小时,共 3 小时;每年暑假尚需集中训练 3 周;每学年军训成绩不及格者不得升级,军训总成绩不及格者,经补习或留级一次仍不及格,则令其退学。

抗战胜利后,对学校学生的军训也在加强。1946 年,国民政府国防部成立,学生军训改归国防部领导。1947 年 7 月,国防部规定:大学毕业生受训半年,作为中尉预备军官任用;高中毕业生受训一年,作为少尉预备军官任用;初中毕业生受训一年,作为预备军士任用。

从 1929 年正式实施军训至 1945 年,专科以上学校学生受训达 136907 人,高中及同等学校学生受训达 640597 人。① 当时中国国难当头,出于抗击侵略、维护国家安全和发展的考虑,对大中学生进行国防教育和一定的军事训练,确有其必要性,而且对增强学生的爱国情感、民族责任心有教育意义。然而,国民党政府却使其逐步变为控制学校和学生的手段,变成为专制政治的工具。

### 五、颁布课程标准,实行教科书审查制度

为了从教育内容方面管理和控制学校,南京国民政府通过教育部制定和颁发了一系列有关法令,严格规范和统一全国学校的课程与教科书。

(一) 颁布课程标准

1927 年南京国民政府提出要重新改组学校课程,使之与"党义和党的政策"不违背且能予以发扬,同时也体现教育学和科学原则。1928 年 12 月,教育部着手制定中小学校的课程科目、课程目标、教授时间、教学方法和学分标准等,并于次年 8 月公布幼儿园、小学、中学三个课程暂行标准。试行三年后,于 1932 年 10 月正式由教育部颁发《小学课程标准》,分别就小学初、高两级的课程目标、内容等作了规定,并要求将"党义"课教材融化于国语、自然、社会等科目中,另设有"公民训练"课以实施训育。11 月又颁发《中学课程标准》,规定初中课程为公民、国文、英语、历史、地理、算学、物理、化学、动物、植物、体育、卫生、童子军训练、劳作、图画、音乐等,周学时为 34—35 小时;高中课程为公民、国文、英语、中国历史、外国历史、中国地理、外国地理、算学、物理、化学、生物、体育、卫生、军事训练(女生为军事看护)、论理学、图画、音乐等,取消学分制和选修科目,实行学时制,周学时为 31—34 小时。所有课程都是国家为了严格训练学生身心、培养健全国民,按起码要求设置的,各级学校不得擅自决定增减课程。1936 年 10 月,教育部又公布《修订中学课程标准》,修订内容主要有减少学时数、修订劳作课程、增设职业科目等。

为落实和加强小学公民训练课程,1933 年 2 月,教育部公布《小学公民训练标准》,从公民的体格训练、德性训练、经济训练、政治训练等方面,按小学六学年分 281 个细目,逐年规定了训练要求。

为统一规范全国公私立大学的培养工作,从 1938 至 1948 年的 10 年中,教育部召开了三次全国大学课程会议,先后颁发了文、理、法、医、农、工、商、师范 8 个学院的共同必修科目、分系必修科目和选修科目表,强调基础训练、基本要求和扩大知识面。

---

① 国民政府教育部教育年鉴委员会编:《第二次中国教育年鉴》第十二编,商务印书馆 1948 年版,第 54—55 页。

国民政府教育部颁定大、中、小学校的课程标准,并十分强调课程的统一性和规范性,不允许学校有自主权,尤其是将公民、党义、"三民主义"、童子军训练、军训等硬性规定为必修科目,实际上是为了强化对学校教育的控制;但是,颁定课程标准又是规定了学校教学的基本要求,有益于规范教学工作,保证教学质量。

### (二) 实行教科书审查制度

早在中华民国成立之初,南京临时政府教育部颁发的《普通教育暂行办法》规定,各种教科书必须合乎民主共和之精神,禁用清学部颁行的教科书,要求各书局删改教科书中涉及清政府教育精神和制度的有关内容,并于1912年9月颁布《审定教用图书规程》,规定中、小学校和师范学校教科用书,允许人们自行编辑,但须经教育部审定,以供出版选用。此即民国教科书审定制度。

1927年,南京国民政府为贯彻党化教育,加强学校教科书的审查,专设教科书审查委员会,并公布《组织教科书审查会章程》。大学院时期,政府设立专门编审机构,公布《教科图书审查条例》,规定非经大学院审定,所有教科书不得发行和采用;凡审定的教科书必须在书面上标明;教科书在使用一段时期后须重做审核认定。1929年,国民政府教育部先后公布了《教科图书审查规程》和《审查教科图书共同标准》,明确规定各级各类学校采用的教科书必须经过教育部审查,否则不得发行和采用;并具体提出了教科书审查的政治标准、内容标准、组织形式标准、语言文字标准和印刷装帧标准。如政治标准为"适合党义,适合国情,适合时代",内容标准为"内容充实,事理正确,切合实用"等[①]。这些审核规定除了突出地强调教科书的政治思想性外,也对教科书编撰的合理、实用提出了明确的要求。

在一段时期内,学校所用的教科书多由中华书局、商务印书馆等大图书出版单位编印,通常由出版单位内外的著名专家学者和教育实践工作者编纂教科书。随着国民党对教育控制的日益加强,对教科书的审查日趋严格。1932年6月,南京国民政府设立国立编译馆,会同教育部普通教育司代表政府办理中小学教科书的编纂审定事宜,拟定从1933年至1935年分三期完成编纂发行。1933年4月,国民政府公布《国立编译馆组织条例》和《办事细则》,详细规定了工作内容和教科书审定程序,重申学校教科书编纂的国定制和审定制,明确了教科图书的初审、复审、终审的三审制,以及初审、复审发生争议时的特审制。在20世纪30年代中,国民政府教育部还先后成立中小学教科书编审委员会、教科图书编辑委员会和大学用书编辑委员会,负责各级各类学校教材的审查、甄选。1942年,三个机构归入国立编译馆,国民政府教育部长陈立夫亲自兼任国立编译馆馆长,表明国民党对学校教科书编纂印行的高度重视和统一管理的意图。抗日战争胜利后,国民政府除继续由国立编译馆编纂教育部部编教材外,还通过选择各书局、出版社的优秀课本,指定实验学校优秀实验教材和向社会征求的形式,经严格审查修改后,确定教育部部编教科书,将学校教科书更为严格地纳入国民政府的控制之下。

国民政府建立和完善教科书审查制度,贯穿了思想控制的意图,力图借助教科书贯彻国民党的党义和"三民主义"精神。但是,教科书编审制度的建立,也对全国教科书的编写、出版起到规范作用,尤其是在教授专家学者、富有实践经验的学校教师、校长和出版界有识之士的共同努力

---

① 国民政府教育部教育年鉴委员会编:《第一次中国教育年鉴》乙编,开明书店1934年版,第99页。

下,国民政府时期的确出版了为数不少的优秀教科书,提供了不少教材编纂经验。

## 六、实行毕业会考制度

进入20世纪30年代,困扰国民政府教育当局的难题不少,其中此起彼伏的南北各校学潮、教育界要求保障教育经费和教师薪金的风潮,使政府深以为忌。1932年起,教育部开始整顿全国教育,重点在中等教育。中学毕业会考是整顿的重要措施与内容之一。1932年5月,国民政府教育部以整齐小学、初级中学、高级中学学生的毕业程度和"增进教学效率"的名义,公布了《中小学毕业会考暂行规定》,通令各省市县教育行政主管部门对所属公立及已立案的私立中小学应届毕业生,在经过所在学校考试合格后实行会考。要求各科考试成绩合格者始得毕业;一科或两科不及格者,可复试一次,复试仍不及格者,可补习一年再参加该科考试一次;会考三科以上不及格者,应令其留级,亦以一次为限。这就开始了民国时期中小学生的毕业会考制度。

由于政府教育当局令下突兀,既未经专家充分论证,也未经过局部实验,各地学校措手不及,加之学校教学质量确实存在参差不齐的情况,当年会考考生不及格者居多。考前考后学生、家长、社会和教育界议论纷纷,莫衷一是,反对会考者颇具声势。江苏、湖南、绥远、南京、厦门等省市先后出现请愿、罢课和冲击教育部门的风潮,抵制会考,而以安徽、山东两省为最。1933年2月,教育部固守成命,坚持认为会考不及格者居多,反映学生程度不齐、教学不良,系学校办理不善与训育废弛所致。责令各地教育主管部门对考生半数不及格之学校严加警告或整理,限期改善教学与训育,如下次会考成绩仍无进步者,将予以取缔或停办。当年,各地中小学校仍有强烈反对和抵制会考者,认为在毕业考试之外再增加会考实无必要,全面增加各科会考,徒增学校、教师和学生压力。同年7月,安徽省各中学公开反对会考,组织反会考大同盟,发出反会考宣言。不顾教育界强烈抵制,国民政府采取高压政策,蒋介石责成安徽省教育厅从严整饬,下令撤换大批中学校长,其他地区也有学校师生因"肇事"而被武力弹压,中学会考被强行推开。同时,国民政府慑于群情,对会考规定作了一些修整。

1933年12月,教育部公布《中学毕业会考规程》,废除前颁《中小学毕业会考暂行规定》,其重要改变是取消了小学生毕业会考。《中学毕业会考规程》规定:参加会考的学校应在会考前两周结束毕业考试;取消体育会考;高中会考科目为公民、国文、算学、历史、地理、物理、化学、生物学、外国语。初中会考科目为公民、国文、算学、理化(物理与化学)、生物(动物学与植物学)、史地、外国语。对会考作出调整规定的还有:会考各科成绩计算方法,以学校各科考核成绩占十分之四,会考成绩占十分之六,合并计算;会考三科以上不及格者令其留级,以两次为限。1935年4月,教育部又颁布《修正中学学生毕业会考规程》。抗日战争爆发后,因战事频仍,全国各地举行会考已成困难。政府决定:已成战区的省市均免行会考,接近战区的省份由省教育厅派员至各校监考,后方各省则照行会考不误。国民政府时期的中学生毕业会考制度实行至1945年,因当时经济、交通和复员返迁等原因,政府决定暂时停止,也未再恢复。

中学实行毕业会考后,国民政府继续将这种做法向其他教育领域推广。1934年4月,教育部公布了《师范学校学生毕业会考暂行规程》,一年后又正式颁布和严令施行《师范学校学生毕业会考规程》,规定了师范学校、乡村师范学校、简易师范学校、简易乡村师范学校、三年制和二年制幼稚师范科等各类师范毕业学生参加会考的科目、时间、合格评定标准等。如师范学校会考科目为公民、国文、算学、物理、化学、生物、历史、地理、教育概论、教育心理、小学教材教学法,乡村师范学校还须加试农村经济及合作、乡村教育,并强调师范学生必须会考各科通过,方得授予毕业证书,始获正式服务教职之资格。① 会考成了师范学生求得教职的关卡。

不仅如此,1940 年 5 月,教育部颁发《专科以上学校学生学业成绩考核办法要点》,规定从 1941 年起,专科以上学校将毕业考试改为"总考制",规定除考试最后一学期所学课程 4 种以上(专科为 5 种以上)外,还须指定统考以前各年级所学专门科目 3 种,不及格者不得毕业。与中等学校的会考具有相同功能的大专院校的总考制,同样成为大专学生的一道关卡,徒增学生学业负担。总考制颁布后,也立即遭到不少高校毕业班学生的强烈抵制和反对,尤以西南联大为烈。西南联大四年级学生组织起反总考制委员会,率领全校毕业班学生抵制高校总考制。

国民政府实行中学、师范学生的毕业会考制度和大专学生的毕业总考制度,其用意和效果均十分复杂。作为一个区域辽阔、各地区经济、文化、教育发展极不平衡的国家,建立统一的会考制度,客观上会对整齐各地各校的教学水平和教学质量有一定的作用。而且,通过会考建立一种中学教育阶段学生培养和学校办学的合格认定制度,也不是全无是处。事实上,社会公众也有赞同通过一种方法来考察学校工作成效者。但是,南京国民政府通过会考,使之成为对学生和学校的严格管理、有效控制的手段,使之成为学生的羁绊而令其无暇无力旁顾,使之成为政府对学生求职就业的操纵和控制,这些目的才是最主要的。师范学校的毕业会考和大专院校的总考制,尤其显示了这些出于政治考虑的意图。因此,国民政府对会考的贯彻不遗余力,一意孤行,基本不顾学校学生、教师和教育界的合理呼声和建议,不甚考虑对会考科学性、合理性的说明与论证。正如鲁迅所批评的:"中国是不是也嚷着文法科的大学生过剩呢?其实何止文法科。就是中学生也太多了。要用'严厉的'的会考制,像铁扫帚似的——刷、刷、刷,把大多数的知识青年刷回到'民间'去。"②中学生毕业会考制度的实施,在当时社会引起的反响也颇复杂。政府各级教育主管部门对其多持维护态度,并不难理解;学生家长中也有颇多支持者,系出于能够保证教学质量,以令子弟学业顺利的期望;学校教师和主管由于工作和社会压力增大,工作受会考牵制过甚,反对者众,或有保留地执行;学生则表现出坚决的反对和抵制态度,而且年级越高,反对则越烈;教育界人士则大多较为慎重,反对和持保留态度者不在少数,并且希望通过科学研究和调查说明其合理性与否。总之,国民政府时期会考制度的实行,留下了不少值得研究的问题。

## 七、人民的民主教育运动

从抗战胜利到新中国建立,国统区人民的民主教育运动包括:在面临内战的紧急关头,学校师生和教育界人士呼吁和平,反对内战的斗争;在美国干涉中国内政日益嚣张的时刻,全国学生"反对美军驻华"的示威活动;在国民党发动全面内战以后,全国大中学校学生"反内战、反饥饿、反迫害"的斗争。

1945 年 9 月,上海大中学生 5000 人在马歇尔住所前举行示威游行,提出"反对内战"、"反对美军驻华"、"反对美国援助国民党进行内战"等要求,开广大师生反内战的先声。1945 年 11 月,

---

① 《师范教育法令汇编》(陆),庐山暑期训练团印,1937 年版,第 7—12 页。
② 《智识过剩》,《鲁迅全集》第 5 卷,人民文学出版社 1981 年版,第 132 页。

国民党重庆军事会议后,国民党军队开始调动集结,内战阴影笼罩全国。25日,由西南联大发起,4所大学在云南大学举行"反内战时事晚会",政府出动大批军警特务包围学校,鸣枪恫吓,并操纵宣传工具造谣中伤。学生愤而决定举行罢课抗议,向当局提出:立即制止战争,要求和平;反对美帝帮助中国内战,立即撤退驻华美军;组织民主的联合政府;切实保障人民的言论、集会、游行和人身自由。学生的正当行动反受当局镇压。12月1日,国民党云南省党部、三青团支部、警备司令部分头进攻昆明各院校,四位师生遇难,数十人受伤,制造了震惊全国的"一二·一"惨案,并引发全国性的抗议活动。事件最终以军警当局向学生道歉、枪毙杀人凶犯、接受学生的复课条件而平息。"一二·一"运动作为抗战胜利后国统区第一次大规模学生爱国民主运动,唤醒了民众的觉悟,推动了民主运动的开展。虽然这次学生民主运动以胜利告终,但国民党当局对进步师生的镇压愈演愈烈。1946年2月10日,国民党特务捣毁重庆庆祝政协成立大会,打伤民主爱国人士郭沫若、李公朴等;7月,李公朴、闻一多两位著名教授在昆明被特务暗杀,一大批民主人士被列入暗杀名单。国民党抵制民主、与人民为敌的政策因此日益为人民所认识。

由于国民党政府借助美国援助发动内战,故纵恿美军在中国的土地上胡作非为,任意欺侮中国人民。从1945年8月到1946年底,美军在上海、南京、北平、天津、青岛五城市所犯伤害中国人民的暴行达3800多起,伤害中国同胞3300人以上,激起全国人民的强烈义愤和反对美帝国主义的情绪。[1] 1946年12月24日,北平发生美军污辱北京大学女学生的"沈崇事件",国人心中对美国政府干涉中国内政、驻华美军为非作歹的不满被激发出来。北京大学首先成立"北京大学学生抗议美军暴行筹备会",发起抗议美军暴行的万人大游行。天津、上海、南京、武汉、青岛、广州、福州、重庆、台北,全国各地都爆发了学生抗美示威活动。到1947年初,全国各地参加反美示威游行的学生人数达50万人以上。[2] 反对内战与反对外国侵略的斗争结合在一起,帮助人们进一步看清美国援华的真面目和国民党政府对外妥协、对内独裁的统治本性。

1947年,国民党统治区的政治经济危机日趋深重。在前一个财政年度,南京政府的财政预算为22549亿元,而军费为10250亿元,占预算总数的44%。为了支持战争,大量削减教育经费,教师实际收入和学生培养投入不断下降,教育危机加深。1947年5月,正当南京政府国民参政四届三次大会举行期间,全国爆发了声势浩大的学生爱国民主运动。学生发出"要饭吃、要生存"、"反内战、反饥饿"、"抢救教育危机"的口号,要求增加教育经费。中国共产党将青年学生的经济斗争引向政治斗争的方向。5月13日,南京中央大学开始罢课,发表了《反饥饿斗争宣言》,平、津、沪、杭、汉等地学校一致响应。5月17日,上海交大、同济、复旦、暨南等8所高校学生决定为增加伙食费派代表赴南京请愿。同日,清华大学学生罢课,发表《反饥饿、反内战宣言》,平津13所高校成立华北反饥饿、反内战联合委员会。19日,上海国立大专院校学生7000多人举行"反饥饿、反内战"示威游行,并派代表赴南京。5月20日,沪、宁、苏、杭等城市16所专科以上高校学生5000多人汇集南京举行示威游行,遭到当局的武力镇压,20多名学生受重伤,数十名学生被捕,制造了"五二〇"惨案。北平、武汉等地区也发生镇压学生事件。学生的爱国行动得到全国民众的声援,60多个大中城市的工人罢工、教师罢教,提出"反内战、反饥饿、反迫害"的口号,

---

[1] 陈学恂总主编、高奇分卷主编:《中国教育史研究》(现代分卷),华东师范大学出版社2009年版,第286—287页。
[2] 《北京大学校史(1898—1949)》,上海教育出版社1981年版,第278页。

抗议政府暴行,运动坚持到6月中旬。1947年,"红五月"学生爱国民主运动最终形成了以广大青年学生为中坚、包括各阶层爱国民主人士参加的反对国民党统治、争取民主和民族解放的"第二条战线"。

学生的爱国民主运动成为国统区人民争取解放斗争的先锋。1947年5月30日,毛泽东在《蒋介石政府已处在全民的包围中》一文中指出:"中国境内已有了两条战线。蒋介石进犯军和人民解放军的战争,这是第一条战线。现在又出现了第二条战线,这就是伟大的正义的学生运动和蒋介石反动政府之间的尖锐斗争。学生运动的口号是要饭吃,要和平,要自由,亦即反饥饿,反内战,反迫害。……学生运动是整个人民运动的一部分。学生运动的高涨,不可避免地要促进整个人民运动的高涨。"[①]国统区的学生爱国民主运动有力地配合了人民解放战争,为即将到来的新中国准备了干部力量。

## 第三节 国民政府各级教育的发展

南京国民政府成立后,由于关注教育问题,并能根据政治和经济需要来发展教育,统治时期和统治区域的学校教育事业较之北洋军阀统治时期有所发展。

### 一、幼儿教育

1904年颁布实施的"癸卯学制"规定幼儿教育机构为蒙养院,1912年"壬子癸丑学制"改称蒙养园,1922年新学制又改称幼稚园。但是,新学制公布前后,幼儿教育机构以教会办居多。据1921年的调查,全国教会所设的幼稚园已达139所,幼儿4324人。另据1924年南京第一女子师范学校附设幼师科的调查,全国有190所幼稚园,其中教会办的竟达156所,占总数的80%以上。1925年以后,外国人设立幼稚园逐渐减少,在中国幼儿教育中的地位开始下降,而中国人自办的幼稚园借助国家法律法规的保障,在重视幼儿教育、推广幼儿教育研究实验的社会氛围中,走上了规范蓬勃发展的道路,创办了一大批幼稚园。如据上海广东公学1926年调查,上海有幼稚园21所,其中教会设立8所,幼稚生总数851人。[②] 到1936年,全国幼稚园、幼稚生数已分别达到1283所、约8万人。1947年,全国幼稚园数为1301所,有13万多孩子入园受教育。[③]

1929年,教育部颁发《幼稚园课程暂行标准》,成为指导全国各类幼稚园课程建设和实施的纲领性文件。在此基础上,1932年,教育部颁布《幼稚园课程标准》(又于1936年修订),规定幼稚教育的目的为:"增进幼稚儿童身心的健康","力谋幼稚儿童应有的快乐和幸福","培养人生基本的优良习惯"。当时,幼稚园多采用西方的设计教学法,办园形式以半日制为主。1939年12月24日,教育部公布《幼稚园规程》,1943年教育部将《幼稚园规程》加以修正,经呈行政院,改为《幼稚园设置办法》,于同年12月公布实施,作为设置幼稚园之准则。这一系列法规的颁布实施,使得各级政府管理幼稚园有据可依、有章可循,保证了幼稚园的健康发展。

在中国幼儿教育的起步阶段,多是模仿国外的做法,很少有符合本国国情的。陶行知形象地批判中国的幼儿教育害了三种病:外国病、花钱病、富贵病,他提倡创办中国的、省钱的、平民的幼

---

① 《毛泽东选集》第4卷,人民出版社1991年版,第1224—1225页。
② 杜成宪、王伦信:《中国幼儿教育史》,上海教育出版社1998年版,第197—198页。
③ 杜成宪、王伦信:《中国幼儿教育史》,上海教育出版社1998年版,第235页。

稚园。1923年,陈鹤琴在南京创设了我国第一所实验幼稚园——鼓楼幼稚园,开创中国幼儿教育实验研究之风,使幼儿教育走上了中国化、科学化的道路。在实验的基础上,拟定了《幼稚园课程暂行标准》,并被教育部颁行全国,中国有了自己的幼儿教育标准。1927年,陶行知创办南京燕子矶幼稚园。1927年,陈鹤琴、陶行知等人还发起组织了"幼稚教育研究会",1929年扩大为中华儿童教育社。它以研究儿童教育、推进儿童福利和提倡教师敬业精神为总目标,致力于中国幼教理论的探讨交流和幼稚园的推广,并出版了《幼稚教育》、《儿童教育》等刊物。20世纪二三十年代,私立幼稚园不仅在园数、儿童数、教职员数方面绝对多于公立园,并且还出现了众多的由知名人士创办的优秀私立幼稚园,如陈嘉庚的厦门集美幼稚园、熊希龄的北京香山慈幼院,等等。

### 二、初等教育

国民政府时期的初等教育与当时整个国民教育的发展一样,依时事变化,可以分为三个时期:1927—1937年稳定发展时期,国民政府以"三民主义"为宗旨,加强对初等教育的控制,同时教育建设实行法制化,保障了教育发展,民国初等教育基本定型;抗日战争时期,由于国民政府提出"抗战建国"的口号,实施国民教育制度,初等教育在时局动荡中仍能维持一定发展;抗战胜利后,国民党悍然发动全面内战,国民教育的实施受到扼杀,初等教育同样走向衰败。

1928年2月,国民党二届四中全会宣言中提出"普及国民教育",提高民众知识,以造成健全之国民。同年5月,大学院召开的第一次全国教育会议议决:根据"三民主义"教育方针"厉行全国的义务教育",中央、各省区、各市县均设立义务教育委员会。1929年7月,国民政府行政院限教育部于当年9月制定出"厉行国民义务教育及成年补习教育"的规程和实施计划,并要求限于1934年底实现普及四年的义务教育。1930年,第二次全国教育会议将义务教育完成期限定为20年,即从1930年至1950年,而第一期将于1932年8月至1935年7月完成(只在全国指定的县市实验区试行)。1935年8月,行政院批准并颁布教育部根据国民党四届五中全会精神制定的《实施义务教育暂行办法大纲》及实施细则,计划分三期实现全国普及四年制义务教育:1935年8月至1940年7月为第一期,除已入学者外,所有年长失学和适龄儿童均进入一年制短期小学,使80%以上学龄儿童都受到一年的义务教育;1940年8月至1944年7月为第二期,各省市所办一年制短期小学全部转为二年制,以使全国80%以上学龄儿童受到二年义务教育;1944年8月进入第三期,二年制短期小学全部转为四年制,在全国范围内普及四年义务教育。后因全面抗日战争爆发,这一计划即告中断。国民政府普及义务教育计划的屡屡变更,表明中国实现普及教育的困难程度和政府对困难的逐步认识,而将大量人力、财力和物力投入"剿共",也是普及义务教育屡被迟滞的重要原因。

在全面抗战之前,南京国民政府通过制定和颁布《小学课程标准总纲》(1932年10月)、《小学法》(1932年12月)、《小学规程》(1933年3月)等,使初等教育逐步定型。关于教育目标,1931年9月国民党中央常务会议通过的《三民主义教育实施原则》规定:(1)使儿童整个身心,融育于三民主义教育中;(2)使儿童个性、群性,在三民主义教育指导下平均发展;(3)使儿童于三民主义教导下,具有适合于实际生活之初步智能。[①] 1933年的《小学规程》规定为:"发展儿童身心,并培

---

① 《教育部公报》第3卷第38期。

养儿童民族意识、国民道德基础及生活所必须的基本知识技能。"1936年修订小学课程标准,对此又作了具体阐述,①沿用至1949年。

国民政府时期的初等教育学制沿袭1922年新学制的规定,分为初小4年、高小2年两级。明确规定小学是实施国民教育的场所,主办形式有市立、县立、区立、坊立、乡镇立、联立和私立等形式。设置的类型有:(1) 完全小学:修业年限6年,初小、高小四二分段;(2) 初级小学:单独设立,修业年限4年;(3) 简易小学与短期小学:专为推行义务教育而设,前者4年,后者1—2年。小学学制因义务教育实施计划的变更而屡有改变。

全面抗日战争爆发后,国民政府本着"抗战建国"的方针,实施国民教育制度。1940年3月,教育部公布《国民教育实施纲领》,推行儿童义务教育和失学民众补习教育合一的新国民教育制度,并将小学改为国民学校和中心国民学校,还制定了到1945年8月的第一个五年计划和分三步实施步骤。规定全国6—12足岁的儿童,"除可能受六年制小学教育者外",均应受四年或二年或一年的义务教育;15—45足岁的失学男女民众,均应分期受初级(4—6个月)或高级(半年—1年)补习教育,以求到1945年最终使入学率达到学龄儿童数的90%以上,失学民众数的60%以上。②推行国民教育制度,是国民党实行"新县制"的组成部分。根据规定,每乡镇成立国民中心学校1所,至少每3保成立国民学校1所,成为政府实行"管、教、养、卫"的活动中心和国民教育制度的场所,以使地方上的政、教、军合一。

抗战胜利后,国民政府在教育复员基础上,提出全面普及国民教育的方案。但是,由于国民党随即发动了全面内战,国民政府的普及教育计划终成一纸空文。

在整个国民政府统治时期,小学教育的发展曲折起伏。据《第二次中国教育年鉴》统计:1929年全国共有小学(包括完小、初小、简易小学、短期小学)212385所,学生8882077人。到1936年,学校增加到320080所,学生18364956人。抗战爆发的1937年,小学减为229911所,学生减为12847924人。到1945年,小学又增为269937所,学生增至21831898人,而当年失学儿童却有175209934人。

### 三、中等教育

国民政府时期的中等教育也先后经历三个发展阶段:在统治的最初十年里,通过一系列中等教育法规的颁布,保证了中等教育的发展。发展主要体现于中等教育内部结构的调整,而非数量的增加;抗战时期由于采取"抗战建国"方针,中学数量增长较快;抗战胜利后,全国中学数量达到最高点。

1931年9月国民党中央通过的《三民主义教育实施原则》规定中等教育的目标为:"一、确定青年三民主义之信仰,并切实陶冶其忠孝、仁爱、信义、和平之国民道德;二、注意青年个性,及其身心发育状态,而予适当的指导及训练;三、对于青年应予以职业指导,并养成其从事职业所必具之知能。"③1932年12月公布的《中学法》进一步明确中学教育的目标为:"继续小学之基础训练,

---

① 《国民政府教育部教育年鉴委员会编:《第二次中国教育年鉴》第三编,商务印书馆1948年版,第31页。
② 国民政府教育部教育年鉴委员会编:《第二次中国教育年鉴》第三编,商务印书馆1948年版,第6页。
③ 《中华民国法规汇编》第六册,立法院编,宋恩荣、章咸主编:《中华民国教育法规选编(1912—1949)》,江苏教育出版社1990年版,第50页。

以发展青年身心,培养健全国民,并为研究高深学术及从事各种职业之预备。"① 具体的要求,于次年3月公布的《中学规程》中提出:"(1)锻炼强健体格;(2)陶融公民道德;(3)培育民族文化;(4)充实生活知能;(5)培植科学基础;(6)养成劳动习惯;(7)启发艺术兴趣。"② 民国政府的中学教育目标于此定型。

国民政府的中学体制最初袭用1922年新学制,为初、高中三三分段的综合中学制,将普通教育、师范教育、职业教育在同一学校中并设。1928年公布的《整理中华民国学校系统案》,即"戊辰学制"虽提出师范学校、职业学校可以另外单设,但高中仍分设普通、师范、职业等科。1932年,教育部整顿全国教育,认为中学系统混杂,目标分歧,导致中学的普通教育无从发展,师范教育和职业教育难以保证。同年12月,教育部相继公布《师范学校法》《职业学校法》《中学法》,废止综合中学制度,将普通中学、师范学校、职业学校分别设立,而高中不分文理科等。这一变革使中学教育的目标、结构与线索更为清晰,更有利于发挥各种教育的功能,适应中国教育发展的实际需要。此外,时任广西教育厅厅长雷沛鸿主持探索广西国民中学制度,将中学分为前后两期,各为2年;前后期学业完成后都必须参加一年以上的社会服务和实践活动;所设课程重视体现政治、经济、军事、文化四方面建设。

全面抗日战争爆发后,国民政府依据"抗战建国"的国策,对中学教育采取了一些调整措施。由于沦陷区学校师生流亡到大后方者日益增多,国民政府设立国立中学予以安置,前后办理国立中学34所,按设立顺序数冠名。其中学生千人以上者12所,500人以上者13所,不到500人9所。另外,设有国立师范学校14所,国立职业学校14所。这些国立中等学校都是公费住宿制学校,条件较优越,但管理控制也很严格。国立中等学校大多数设在西南、西北地区,与其他一些内迁学校一起,共同促进了原来文化教育比较落后的西南、西北地区教育水平的提高。与此同时,教育部于1938年12月从战时状态出发,通令西南、西北后方诸省先行实行中学分区制。即根据省内交通、经济、人口、文化、教育实际情况,划分若干个中学区,各区内调整公立私立学校配置,每区设1所完全中学、1所女子中学,并建设1所示范性学校。1939年教育部还规定国立中央大学,西北师范学院附属中学,国立二、三、十四中,中南、西南诸省教育厅各择1—2所办学优良的中学,试行六年一贯制,以提高学科程度为试行原则,以求重点办出一批高质量的、能起表率作用的学校。这些措施从不同方面促进了中学教育的发展。

抗日战争胜利后,中等教育一度得到短暂发展。1946年,教育部开展国立中学复员工作,分别将国立中学交由各省教育厅办理,学生资送回乡入学。为充实大后方各省中学力量,部分国立中学留给所在省教育厅办理。中学教育的秩序逐渐恢复正常。

国民政府时期的中等教育,据《第二次中国教育年鉴》统计,1928年有中等学校1339所,学生234811人,到1936年,增为3264所,627246人。全面抗战爆发的1937年,减至1896所,389948人。但到1946年10月,则发展成4226所,1495874人,分别约为全面抗战初的2.2和3.8倍。但是,在一个有4.5亿人口的国家,这样的中学生数量实属过少。

---

① 国民政府教育部教育年鉴委员会编:《第一次中国教育年鉴》乙编,开明书店1934年版,第34页。
② 国民政府教育部教育年鉴委员会编:《第一次中国教育年鉴》乙编,开明书店1934年版,第35页。

## 四、高等教育

国民政府时期的高等教育,前十年可以说是稳步发展,逐步定型。抗日战争爆发后的一段时期里开始下挫。但是,到抗战胜利后,大学学校和学生数量都达到最高点。

1929年4月国民政府公布《中华民国教育宗旨及其实施方针》,规定大学教育的目标为:"大学及专门教育,必须注重实用科学,充实科学内容,养成专门知识技能,并切实陶融为国家社会服务之健全品格。"[①]同年夏,国民政府和教育部配套公布《大学组织法》、《大学规程》和《专科学校组织法》、《专科学校规程》,对大专院校的目标、学制、办学、课程等作了规定,规范了大专院校的办学。其中关于办学目标,大学是:"研究高深学术,养成专门人才",强调研究和学术性;大专是:"教授应用科学,养成技术人才",侧重应用性。

根据上述大学法规,全国大专院校分为国立、省立、市立和私立四种。大学分科改为学院,分设文、理、法、农、工、商、医各学院,并增设教育学院。凡具备三个学院(必须具备理学院和农、工、医学院之一)以上者,方可立为大学,否则只能作为独立学院。这就纠正了1922年新学制降低大学标准的缺陷。大学修业年限除医学院为5年外,其他学院均为4年,采用学年学分制。为保证大学的研究和学术特性,大学和独立学院均得设立研究院或研究所。同时,根据《专科学校规程》,将专门学校改为专科学校,分为四类:甲类(工业)、乙类(农业)、丙类(商业)、丁类(医药、艺术、音乐、体育、市政、图书馆、商船等)。每一类专科学校的开设,都须包含两种以上专科。如乙类农业专科学校,包含有农业、森林、兽医、园艺、蚕桑、畜牧、水产和其他等专科。专科学校修业期限为2—3年。

进入20世纪30年代后,国民政府对高等教育继续进行提高教育质量和效率的部署。1930年,废止大学预科。1931年,又废止专科学校的预科。同年6月,国民政府行政院令教育部执行国民会议通过的《确立教育设施趋向案》,根据"大学教育以注重自然科学及实用科学为原则"的精神,高等教育的办学就此向注重实科的方向倾斜,要求对文法科严格审查,分别归并或停年招生,或分年结束,而将所节余的经费移作扩充或改设理、工、农、医等科之用,从而对大学文科的发展有所限制。此后,理、工、农、医等科学生数逐年增加,文、法、教育、商等科学生数逐年减少。1934年,教育部还严格规定高校招生数,文、法、商、教等科不得超过理、工、农、医等科。1931年,全国103所专科以上高校共187个学院,其中文法类占59%,理工类占41%;学生总数44167人,其中文科学生占74.5%,理科学生占25.5%。至1935年,文科学生占48.8%,理科学生占51.2%。[②] 这一部署使高等教育内部学科专业结构趋于合理,对中国历来重文轻实的教育传统有所改变,使高等教育能够适应社会需要,当然也不能排除其中包含了对高等教育强化控制的意图。

全面抗日战争时期,政府对高等教育采取了应变措施,一方面加强了对高校的统一管理和规范调整,另一方面在沿海地区高校西迁后也作了调整和充实。

1938年9月,教育部召开第一次大学课程会议,公布《文理法三学院各学系课程整理办法草

---

① 《教育部公报》第1年第5期。
② 李华兴主编:《民国教育史》,上海教育出版社1997年版,第604页。

案》，提出规定统一标准、注重基本训练、突出精要科目三条课程整理原则。具体要求主要有：全国大学各院系的必修与选修课程一律由教育部规定范围，各大学院系在此范围内可酌量增减。党义、军训、体育为大学共同（公共）必修科目，而党义包括三民主义、建国大纲、孙文学说、民权初步、实业计划、国民党历届宣言、唯生论、民生史观、国民党史、抗战建国纲领等；大学第一学年不分系，注重专业基本训练。二年级起分系，三、四学年根据院系性质开设实用科目，以为就业作准备。此外，对大学教学、学年学分制、考试、毕业论文等都作了相应的规定。同时，公布了大学文、理、法三学院的共同必修课科目。同年11月，公布了农、工、商三学院的共同必修课科目。1944年8月，教育部召开第二次大学课程会议，修订并公布了文、理、法、师范学院的院、系必修科目表。课程的统一，体现了大学规范办学和加强管理的意图。

为规范办学，国民政府对大学院系名称也作了统一规定。1939年9月，教育部针对高等院校院系名称纷杂不一的状况，公布《大学及独立学院各学系名称》，规定文学院设中国文学、外国语文、哲学、历史学等学系；理学院设数学、物理学、化学、生物学、地质学、地理学、心理学等学系；教育学院仍设教育原理、教育心理、教育方法等学系，等。全国高校院系名称由此趋于统一。

全面抗日战争时期，为保存国家教育实力，国民政府将沿海地区不少著名大学西迁，高等教育的基本力量不仅得以保存，还获得一定发展。一方面，一些原有著名大学经过合并组合，使各自的优良传统和学科优势得以发扬和互补，形成新的特色，如由北大、清华、南开合并而成的西南联合大学，在极其困难的条件下，无论学术研究还是人才培养都成绩斐然。此外，如国立浙江大学、国立中央大学、私立大夏大学等都成为享有盛名的大学。另一方面，在西南、西北新设和改制了一些大学，如新设的江西中正大学、贵州大学等，由省立改国立的云南大学、广西大学等，由私立改国立的厦门大学、复旦大学等。所有这些措施，使抗战时期中国的高等教育呈发展态势，学校和学生数比战前有较大的增长。

西南联大校门

抗战胜利后，高等教育也进行了复原工作。通过西迁大学回迁复原和改设、停办大学的恢复办学、内地在回迁大学遗址上重办新校、接收改造敌伪地区大学等方式，高等教育在短期内发展较快。1947年，全国高等教育在数量上曾达到国民政府时期的最高点。然而，由于国民党挑起内战，对高校思想控制和镇压登峰造极，巨额军费支出，战争造成国民经济严重破坏以至于崩溃，高等教育已丧失生存和发展的基本条件，高校成为中国人民争取解放斗争"第二条战线"的主阵地。

据《第二次中国教育年鉴》统计，1928年全国公私立高等学校有74所，学生25196人。1936年大学达到108所，学生增至41922人。全面抗日战争爆发后，一度减为学校91所，学生31188人。但到1947年，高等学校发展到207所，学生155036人。10年间，学校增加116所，学生增加123848人。

## 第四节　杨贤江的教育思想

中国共产党成立后，党内许多理论家和社会活动家活跃在文化教育领域里。他们尝试运用马克思主义世界观考察中国的社会和教育问题,杨贤江是其中杰出的代表。他是中国最早的马克思主义教育理论家和青年教育家,为马克思主义理论在中国的传播和创立中国无产阶级教育理论体系作出过重要贡献。

## 一、生平与教育活动

杨贤江

杨贤江(1895—1931年),字英父(英甫),又名李浩吾,出身于浙江余姚县长河镇杨家村(今属慈溪市)的一个裁缝家庭。幼年即勤奋好学。1917年夏,以优异的成绩毕业于杭州浙江省立第一师范学校。同年秋,经浙一师校长经亨颐推荐,到南京高等师范学校在陶行知为主任的教育科和学监处任职,因关心学生,注意引导,甚得学生好评。在职时其好学不倦,旁听了学校的教育学、心理学等课程,同时参加商务印书馆函授部英文科学习,结业时英语和日语都能顺利读、译,并开始翻译教育论著。其间,开始撰写、发表有关青年问题的论文,与同龄的恽代英互相引为知音。1919年,参加"少年中国学会",并撰文肯定和总结"五四"运动,在教育界、青年界始有声誉。1920年秋,应邀赴广东肇庆,任县国民师范补习所教务主任。

从1921年春起,到上海担任商务印书馆《学生杂志》编辑,长达6年。借助杂志的阵地,针对青年和学生的学习、事业、生活问题,撰写和编发大量文章,使该杂志成为青年"生活道路上的指路明灯",他本人被赞为"青年一代最好的指导者"。同时,逐步接受马克思主义。1922年5月,由沈雁冰等介绍加入中国共产党。1923年8月,协助恽代英编辑《中国青年》,向青年学生介绍马克思主义。1926年底,转而从事工人运动和学生运动。为配合北伐,三次参加上海工人武装起义。1927年"四一二"后遭通缉,到武汉国民革命军总政治部主编《革命军日报》。"七一五"事变后,秘密回到上海,转入地下。秋天,因形势险恶,受命避难赴日,并负责中共留日学生特别支部工作。

在日期间,他进行教育和社会科学的研究和翻译工作。1928年,撰成第一部运用历史唯物主义分析世界教育历史的著作《教育史ABC》,并翻译了恩格斯的《家庭、私有制和国家的起源》和其他一些介绍苏俄教育的著作。1929年由日返国,于1930年撰成第一部运用马克思主义论述教育原理的专著《新教育大纲》,奠定了作为马克思主义教育理论家的地位。1931年8月9日,因肾结核手术不治,病逝于日本长崎。在其36年短促的一生中,留给后人300多万字的精神财富。

## 二、论教育的本质

运用历史唯物主义阐明教育的本质,是杨贤江教育思想的重要内容,也是他对中国当代教育理论的一大贡献。

杨贤江在《新教育大纲》中,对"教育是什么"这个关乎教育本质的问题作了开宗明义的说明,他说:"教育为'观念形态的劳动领域之一',即社会的上层建筑之一"①。它与法律、政治、宗教、艺术、哲学等观念形态的领域一样,建立于经济基础之上,取决于经济基础,又反作用于经济基础。

---

① 《新教育大纲》,中央教育科学研究所、厦门大学合编:《杨贤江教育文集》,教育科学出版社1982年版,第412页。

这一观点在以后很长时期里,始终被作为教育本质问题的经典论断。但是,杨贤江的认识实际上不止于此。他曾细致地发现,马克思主义经典作家在论述社会结构时,列举各种属于社会上层建筑、意识形态等社会成分时,均未涉及教育。他分析说:"在新兴社会科学上解释各种精神生产即上层建筑时,往往不列入教育一门,就为了教育只是一种动作,是一种技巧,以讲究怎样实施'支配思想'为务的。教育之不成为独立的,不仅为了在旨趣及实施上受制于经济及政治,也为了在资料与方法上受制于其他各项精神生产的缘故。"①这就说明:第一,教育是一种社会工具,它受更具根本性质的社会成分(如经济、政治)制约并为其服务,同时也为生产服务;第二,教育既取材于精神生产领域其他部门的成果,也取法于它们的活动方式,它"不像别的精神生产各有各的内容,而是以其他的各项精神生产的内容为内容"②。就是从这个意义上说,教育虽然不能与其他更为根本性的上层建筑诸成分并列,但却成为上层建筑中的一种间接成分,而属于上层建筑。

但是,在承认教育是社会上层建筑的同时,他不否认教育是劳动力再生产的手段。在谈到行使教育职能的场所——学校时,他说:学校"都是社会的劳动领域,为赋予劳动力以特种的资格的地方,就是使单纯的劳动力转变为特殊的劳动力的地方"③。教育属于上层建筑和作为劳动力再生产的手段,两者之间并无冲突。因此,教育具有双重属性。

杨贤江对教育本质的考察,并未停留在抽象的议论上。他进而通过对"教育进化"的考察,对教育本质的演变作了具体分析。首先,在原始社会,教育是"社会所需要的劳动领域之一"。杨贤江认为,教育的起源既非出于人性,也非教育者的先觉意识,更非天命使然,而是因了人类实际生活的需要,"教育的发生就只根于当时当地的人民实际生活的需要;它是帮助人营社会生活的一种手段"④。因此,原始社会的教育在内容上,一是为获得生活资料的"实用教育",如渔猎、战争、器具制作技能的传授,一是安慰精神的"宗教教育",如风俗仪式的传授;在方法上,是在生活和劳动中并借助生活和劳动进行,教育和生活劳动不分;在对象上,是无论男女每个人都享有受教育的权利与义务。就是在这样的过程中,人类不断摆脱愚昧,获得身心发展。

其次,私有制度的产生,导致教育"变质",成为"社会的上层建筑之一"。社会生产力的发展,导致私有制的产生、阶级乃至国家的形成,教育从原始社会是属于"全人类的,也是统一的",转变成"阶级的,且是对立的"了。阶级的对立的教育是人类社会进入"文明时代"后的教育的特质,这是教育本质的"变质"。在奴隶制社会和封建社会,"变质"的教育具有五个特征,即体脑分离,教育与劳动分家;教育权跟着所有权走;教育专为支配阶级的利益服务;两种教育制度的对立;男女教育的不平等。到资本主义社会,更加上第六个特征:教育的"独占化与商品化"。基于以上特征,教育同政治、法律、宗教、哲学一样,属于上层建筑和观念形态之一。

再次,未来社会的教育将是"社会所需要的劳动领域之一","在一个更高形态上的复活"。在未来的社会主义社会,随着私有制的消灭,阶级的消亡,教育将在更高形态上回复其本来意义,表现为教育与劳动结合、教育的普及、真正平等的教育,成为"社会所需要的劳动领域之一"。

杨贤江用历史的和发展的观点分析了教育的本质问题,指出了教育发展的必然趋势。他将

---

① 《新教育大纲》,中央教育科学研究所、厦门大学合编:《杨贤江教育文集》,教育科学出版社1982年版,第418页。
② 《新教育大纲》,中央教育科学研究所、厦门大学合编:《杨贤江教育文集》,教育科学出版社1982年版,第417—418页。
③ 《新教育大纲》,中央教育科学研究所、厦门大学合编:《杨贤江教育文集》,教育科学出版社1982年版,第413页。
④ 《新教育大纲》,中央教育科学研究所、厦门大学合编:《杨贤江教育文集》,教育科学出版社1982年版,第413—414页。

处于阶级社会阶段的教育视为"变质"的教育,是为了说明教育的上层建筑属性,即为统治阶级所专有并用作工具的特性,而这点恰恰是"当时为许多人所忽视与反对的命题"①。杨贤江的使命在于批驳关于教育本质一些有意无意的错误观点,澄清人们的认识,为民众争取真正民主和科学的教育。

### 三、对各种流行教育观点的批驳

20世纪20年代正是中国社会发生剧烈动荡和变革的时期,一方面是民族危机日益加重,另一方面是专制统治日甚一日。然而,在教育界却流行着一些模糊观点,影响人们对当时中国社会和教育的清醒认识。杨贤江对一些流行观点进行了分析和批驳。

（一）批判"三论",阐述教育的职能

20年代的教育界流行着"教育万能"、"教育救国"、"先教育后革命"等论点,对教育的功能作了不恰当的夸大。杨贤江认为,这些观点迷惑了人,颇为有害,有必要澄清。

对于"教育万能"论,杨贤江指出,教育固然有助于社会发展,但教育又是受制于社会的政治制度和经济关系的,它不可能超越时代和环境条件而有"独立特行的存在"和"非凡的本领"。就现代社会看,"富"集中于少数人,这些人同时支配着政治,垄断着教育权,如果政治不良,便会妨碍教育发达。所以"富"的问题不解决,不要说教育本来所不能的事将无效能,即使是本来有所能的事也将归于无效。这简直是在"宣告教育无能"!

对于"教育救国"论,杨贤江针对当时提倡道德教育、爱国教育和职业教育救国等几种观点,指出只要中国社会未得改造,帝国主义和国内军阀不打倒,中国的殖民地位不摆脱,以为只要教人读书识字,中国便可得救,这不啻是不看时势、不问政治的空谈,不但不能救国,且实足以转移人们的视线,迷失方向!但是,教育固然不能救国,但教育也不是绝对不必救国,关键是青年学生要研究适合现实需要的救国方法并切实行动。总之,教育救国是有前提的。

对于"先教育后革命"论,杨贤江指出:先通过教育培养人民的革命能力,然后才能进行革命的说法具有欺骗性。因为统治阶级不可能允许自己所支配的教育为无产阶级革命去培养革命人才,甚至不允许发生不利于统治的教育,"先教育后革命"简直就是不要革命、放弃革命。再者,资产阶级在向封建统治夺取政权时是通过革命来实现的,无产阶级怎么能忘记革命?尤其是中国革命正处于危机关头,特别要注重革命的问题。但是,强调革命也不表示否认教育。教育无论在革命前、革命中和革命后,都是"斗争武器之一"。

总之,当时中国社会所面临的问题有主次本末之分,对教育作用的估计不宜过分。②

（二）批判"四说",阐述教育的涵义

当时教育界还流行种种曲解教育涵义的见解,主要为"教育神圣"、"教育清高"、"教育中正"和"教育独立"。杨贤江认为,这些说法掩蔽了教育的本来面目,同样有欺蒙作用。

针对"教育神圣"说者将教育奉为"觉世牖民"的崇高事业,杨贤江指出,只要略加考察历史就

---

① 陈桂生:《杨贤江关于教育本质问题的创见》,《教育评论》1985年第6期。
② 《新教育大纲》第一章第四节《教育的效能》,中央教育科学研究所、厦门大学合编:《杨贤江教育文集》,教育科学出版社1982年版,第461—471页。

会发现"大谬不然"。如封建社会的教育只限于道德规范的范畴,意在使人安分守己,只是"愚民"而非"牖民",只是"囿世"而非"觉世";资本主义教育虽对国民实行义务教育,目的则是造就适用其经济组织的劳动力。因此,空喊"教育神圣"适足以为统治阶级所利用。

针对"教育清高"说者将教育奉为"清苦"与"高贵"的事业,杨贤江指出,这首先是把教育与政治隔绝了,以为政治肮脏,教育廉洁,其本质是不问政治,超然政治;其次是把教育与劳动隔绝了,使事教育者成为"食于人者",变成空谈者,既无益于政治,也无助于生产。

针对"教育中正"说者将教育奉为不偏不倚的"公正"事业,杨贤江指出,这是欺人之谈。事实是在阶级社会,教育无中正可言,不仅教育机会极其不均等,而且教育制度、经费、课程、教材乃至教师,均由当权者审定。所以,"教育中正"说实质上是不讲是非,甚至是中正其名,偏私其实!

针对"教育独立"说者将教育奉为特立独行的事业,杨贤江指出,凡是确立了剥削制度的地方,竟没有一件事是不受政治支配的,教育作为一种工具,受政治支配的倾向更为突出。中外古今的历史与现实都证明了教育难以超脱政治,尤其是当时中国的教育与政治抱得更紧,如果还要专讲教育,不问政治,就既无常识,且无良心。作为正直的事教育者,应视教育为革命的一个方面,致力于推翻帝国主义,肃清封建势力的斗争。①

此外,杨贤江还批驳了教育的"劳动化"、"生活化",教育的"科学化",教育的"平民化"、"民众化"和"社会化",教育的"中立化"、"公平化"等流行观点,进一步深入揭示出教育的本质,确实起到了启人神智的作用。需要指出的是,杨贤江并非不分青红皂白地完全否定上述论点,而是指出不能不顾时代环境、社会性质而奢谈这一切。在当时阶级矛盾、民族矛盾空前激烈的中国,人们应对教育有清醒的认识,并认清所面临的主要任务。这是杨贤江的使命,也是共产党人的使命。

### 四、"全人生指导"

杨贤江的教育研究大量是针对青年问题的。他发表了300多篇教育文章,大多是关于青年问题的专论;写给青年学生200多封通信,回答了1000多则青年的提问,表达了对青年成长的关切之心。他对青年的理想、修养、健康、求学、择友、社交、婚恋等各方面都给予耐心的指导,这种全方位的教育谓之"全人生指导"。

#### (一) 对青年问题的分析

杨贤江认为,青年期是人的身心发生显著而重要变化的时期,正如心理学家所言,是"第二诞生期"、"第二危险期",也是"人生改造期"。青年期极其关键,或向上,或堕落,人生很大程度上取决于此时。因此,青年教育显得如此必要和重要。

然而,青年期因为身心的急剧变化,造成青年心理的复杂、易变乃至失衡。杨贤江概括青年心理的矛盾与冲突有:热心与冷淡、愉快高兴与沉郁悲观、自信与自卑、利他与利己、交往与孤独、激进与颓废、感情与理智等。青年的身心特点极易导致青年问题,将影响青年的学业、个性和品德的发展。同时,青年问题又不仅仅是个身心问题,还是社会问题最集中、最尖锐的反映。尤其是当时中国的青年,受"五四"新文化运动的影响,一方面,已不复礼教束缚下的旧时模样,变得更

---

① 《新教育大纲》第一章第三节《批判几种对教育的曲解》,中央教育科学研究所、厦门大学合编:《杨贤江教育文集》,教育科学出版社1982年版,第442—460页。

独立、更开放,日益成为社会生活中的重要力量;另一方面,社会动荡剧变,各种势力交错纠缠,是非难辨,种种不良影响易导致青年问题。杨贤江认为,青年问题的产生是正常现象,只要正确教育和指导,完全可以将青年引上正途。

什么是青年问题?"所谓青年问题,就是青年生活上所发生的困难或变态。"①杨贤江考察了当时青年中所存在的问题,认为主要有:人生观的问题、政治见解的问题、求学方面的问题、生活态度的问题、职业方面的问题、社交方面的问题、家庭方面的问题、经济方面的问题、婚姻方面的问题、生理方面的问题、常识方面的问题等。所有这些青年生活中发生的问题,都是教育者的责任。然而,向来的学校教育大多偏于知识的传授,于课堂和书本之外,"对于如何过日常生活,如何交友,如何消闲,如何处世,如何发见并解决本身各个问题,如何满足并发达学生所喜欢做的活动,都在所不问。试问这种教育怎能完成他的指导人生的职责呢?"②有感于青年问题的重要和青年问题乏有教育者关心,杨贤江创造性地提出对青年进行"全人生的指导"的主张,并通过《学生杂志》的阵地,具体实践之。

(二) 对青年进行"全人生的指导"

所谓"全人生的指导",就是对青年进行全面关心、教育和引导,即不仅关心他们的文化知识学习,同时对他们生活中各种实际问题给以正确的指点和疏导,使之在德、智、体诸方面都得以健康成长,成为一个"完成的人",以适社会改进之所用。

指导青年树立正确的人生观,是杨贤江青年教育思想的核心。他指出,对人生的见解是对人生存价值和意义的看法,青年的成长首先应弄清楚的就是人生问题,应"有个确定的观念";青年又正处于人生观形成之初,青年的人生观关乎青年的自我认识和社会观念,影响着他的个人成长和社会行为,因此至关重要。杨贤江分析:在半封建半殖民地的中国社会,青年中普遍存在三种人生观:缺乏明确的生活目的,无所追求,随波逐流;不满于社会腐败,却感到无力回天,消极悲观;虽有改造社会的愿望,却乏有勇气和信心,也找不到正确的方法和道路。针对此,他要求将青年的需要、时代的趋势和中国的实际结合起来,思考人生的目的,提出通过对人类有所贡献来促进人生幸福的人生目的。他鼓励青年要做一个无愧于时代的青年,要有"反抗强暴,歼除恶人"的魄力,"尊重劳动,为平民献身"的精神,"富贵不能淫,贫贱不能移,威武不能屈"的气节,努力具备勤勉、执着和奋斗的人生品质,摆脱旧势力、旧观念的羁绊,去开辟人生和社会的新路。

杨贤江旗帜鲜明地主张青年要干预政治,投身革命。他认为,这是中国社会的出路,也是青年的出路。因为在当时不良的社会制度下,青年如想做一个科学家、一个音乐家,或是想作作诗,谈谈恋爱,必须先做一个战士。他倡导革命的学生运动,认为历史上的革命(如辛亥革命),如无学生参加,就不能取得成功。但是,他强调学生运动的群众性、广泛性和团结一致,切忌蜕变为"上层学生领袖运动"。同时,学生运动要讲究方法,联系实际,富有成效。因此,不能满足于请愿、宣言,应多研究社会时事,寻求改变现状的方法;应多启发民众,深入工农,与之共同奋斗。最后,青年要提高理论水平,学习和研究"新兴社会科学",掌握革命的理论武器。

---

① 杨贤江:《中等教育与青年问题》,《教育杂志》第17卷第9号(1925年)。
② 《中学训育问题的研究》,中央教育科学研究所、厦门大学合编:《杨贤江教育文集》,教育科学出版社1982年版,第226页。

杨贤江强调青年必须学习,这是青年的权利与义务。他告诫青年,求学既非为获取功名利禄,也非为高人一等,而是"做今后救国的准备",因此"求学不忘救国,救国不忘求学"①。针对当时广大劳动民众子弟缺乏入学受教育机会和学校教育自身的缺陷,他更多地倡导青年的自学,要求不仅向书本学习,更要向社会生活学习学校中所不具备的知识,并把读书、观察和实践与社会结合起来。

杨贤江对青年的生活也提出了指导性意见。他认为,完美的青年生活是多方面的,主要包括健康生活、劳动生活、公民生活和文化生活等,其宗旨是:"要有强健的体魄和精神,要有工作的知识和技能,要有服务人群的理想和才干,要有丰富的风尚和习惯。"②健康生活就是体育生活,有鉴于传统教育的缺陷,健康生活尤显重要,也是青年应有的态度和义务。健康生活是个人生活的资本,倘若健康生活不完全,人将不能有所生产,近乎废物。劳动生活或称职业生活,是维持生命和促进文明的要素,是幸福的源泉,人人都应持"乐动主义",快乐地劳动,并以之与生活目的保持一致,轻视劳动就是轻视了自己。公民生活就是社会生活,要懂得一个人不能离开社会和人群而存在,青年人尤其要处理好团体纪律与个人自由的关系。文化生活或谓"学艺生活",包括科学、文艺、语言、常识、游历等的研究和欣赏活动,可增添人生情趣,促进社会进步。针对这四类生活,对青年的指导就包括了体育锻炼和卫生健康指导、劳动和职业指导、社交和婚恋指导、求学和文化生活指导。杨贤江认为,具有正确生活态度的青年所应有的特征是:活动性、奋斗性、多趣性、认真性。"身体发达,耳目聪明,感觉敏捷,是活动性的表征;勇敢有为,反抗强暴,扶持弱小,是奋斗性的表征;天真烂漫,爱好艺术,富有幽默意味,是多趣性的表征;热诚恳挚,真情实感,绝无遮饰委曲,是认真性的表征。"③青年们则应"努力求生活内容的健全,努力求生活内容的多趣,努力求生活内容的适应需要,努力求生活形式的有规律计划"④。

与同时代教育家相比,杨贤江的独特建树表现在两方面:其一,他致力于中国的马克思主义教育理论建设,创造性地阐述了教育本质问题,并贡献出像《教育史 ABC》、《新教育大纲》这样的名著;其二,他致力于中国的青年教育,提出了"全人生指导"的青年教育思想,对当时一代青年的健康成长影响至大。

## 第五节 晏阳初的教育思想

### 一、生平与教育实验活动

晏阳初(1890—1990年),原名兴复,又名遇春,字阳初,出身于四川省巴中县的一个书香世家,是中国现代史上著名的教育家、世界平民教育运动与乡村改造运动的倡导者。5岁启蒙,入塾习读《四书》等。13岁时离家赴阆中县英国内地会创立的西学堂求学,后加入基督教;17岁入成都美国美以美会设立的华美高等学校肄业,三年后结业,任中学英文教师;23岁赴香港圣史梯芬孙书院深造,旋转升入圣保罗书院;1916年夏,赴美留学,在耶鲁大学半工半读;1918年,从耶鲁

---

① 杨贤江:《求学与救国》,《学生杂志》第 11 卷第 4 号(1924 年)。
② 杨贤江:《现在中国青年的生活态度》,《学生杂志》第 11 卷第 3 号(1924 年)。
③ 《青年的生活》,中央教育科学研究所、厦门大学合编:《杨贤江教育文集》,教育科学出版社 1982 年版,第 128 页。
④ 《学生生活改造论》,中央教育科学研究所、厦门大学合编:《杨贤江教育文集》,教育科学出版社 1982 年版,第 257 页。

大学毕业,即赴法国为在欧洲战场上做苦力的华工服务,继而开展华工教育。首开华工识字班,并自编识字教材《千字课本》,创办《华工周报》,这是他从事平民教育之始。1920年7月,获普林斯顿大学历史学硕士学位。同年8月回国,任中华基督教青年会平民教育科科长,在长沙、烟台等地开展平民教育。1923年8月,中华平民教育促进总会成立,担任总干事,从此积极致力于平民教育运动。

晏阳初

自1926年起,晏阳初把平民教育的重点从城市移到乡村。1929年秋,中华平民教育总会由北平迁入河北定县,晏阳初与平教会同仁携家属同时迁居定县,全力从事"彻底的、集中的、整个的县单位实验",任河北省县政建设研究院院长。1936年,南下,先后在湖南、四川、广西推行平民教育实验。1940年,在重庆北碚创办了中国乡村建设育才院并任院长。1943年5月,哥白尼逝世400周年纪念会在纽约举行,晏阳初被美国百余所大学的学者推选为"现代世界最具革命性贡献的伟人"之一,与爱因斯坦、莱特、劳伦斯、夏浦瑞、杜威等人齐名,成为当时获此殊荣的唯一的东方人。后来,在美建立平民教育运动中美委员会。1948年,任国民政府中国农村复兴委员会委员。1950年,定居美国。

1950年后,开始从事国际平民教育运动,曾受聘任国际平民教育委员会主席、联合国教科文组织特别顾问,先后到过许多发展中国家考察和指导乡村建设工作。1967年,在菲律宾任国际乡村改造学院首任院长,同年获菲律宾政府授予的最高平民奖章——金心勋章。1987年10月,获美国政府颁发的"终止饥饿终生成就奖"。1990年1月,在纽约逝世,享年100岁。著作先后被编成《晏阳初文集》《晏阳初全集》。

## 二、"四大教育"与"三大方式"

20世纪20年代后期,晏阳初、陶行知、黄炎培、梁漱溟等一大批有见识的教育家,将平民教育实验运动从大城市转向中国广大的农村地区。至30年代,形成了声势浩大的乡村建设实验运动。晏阳初主持的中华平民教育促进总会(简称平教会)所进行的河北定县乡村平民教育实验,在这场运动中占有举足轻重的地位。

晏阳初是个教育救国论者,他认为其时中国所有的问题是"人的改造"。晏阳初与他的同仁们认为:"中国大部分的文盲,不在都市而在农村。中国是以农立国,中国大多数的人民是农民,农村是中国85%以上人民的着落地,要想普及中国平民教育,应当到农村里去。所以同仁才决定到定县去工作。"①

定县的乡村平民教育实验是与晏阳初对平民教育认识的发展紧密联系的。晏阳初认为,农村建设的工作最重要的是必须有具体的方案,具体的方案必须以事实为依据,必须靠有系统的精确调查。所以,当1926年平教会在定县开展实验时,首先就把社会调查作为一项重要的工作。经过几年努力,1933年,平教会出版了李景汉编著的《定县社会概况调查》。此书被称为我国近代以来爱国知识分子以西方社会学方法与技术进行的、以县为单位的社会调查的代表作。

---

① 《中华平民教育促进会定县工作大概》,宋恩荣编:《晏阳初全集》第1卷,天津教育出版社2013年版,第212页。

在定县乡村平民教育实验的基础上,晏阳初对于县范围内如何具体实施乡村教育总结了一套成功的经验。这集中表现为他所概括的"四大教育"和"三大方式"。

## (一)"四大教育"

通过调查,晏阳初认为,中国农村问题千头万绪,但基本可以用"愚"、"穷"、"弱"、"私"这四个字来代表。所谓"愚",是指"中国最大多数的人民,不但缺乏智识,简直他们目不识丁,所谓中国人民有80%是文盲";所谓"穷",是指"中国最大多数人民的生活,简直是在生与死的夹缝里挣扎着,并谈不到什么叫生活程度,生活水平线";所谓"弱",是指"中国最大多数人民是无庸讳辩的病夫。人民生命的存亡,简直付之天命,所谓科学治疗、公共卫生,根本谈不到";所谓"私",是指"中国最大多数人民是不能团结,不能合作,缺乏道德陶冶,以及公民的训练"。① 晏阳初强调,这些问题如不得以解决,任何建设事业都将谈不上。而要根本解决此四大问题,必须从事"四大教育",即文艺教育、生计教育、卫生教育、公民教育。他认定"平教运动是救国救民的唯一方法,并非一切头痛医头脚痛医脚贴膏药式的方法可比。因为在全国人民没有知识力、生产力、强健力和团结力以前,随你用什么主义来号召,都是不成的。所以只有平教才是根本,其余都是枝节"②。

### 1. 以文艺教育攻愚,培养知识力

要解决愚的问题,具体做法是"从文字及艺术教育着手,使人民认识基本文字,得到求知识的工具,以为接受一切建设事务的准备"③。凡关于文字研究、开办学校、教材的编写、教育教学方法的研究,以及乡村教育制度的确立都包括在内。其首要工作是除净青年文盲,将农村优秀青年组成同学会,使他们成为农村建设的中坚分子。

### 2. 以生计教育攻穷,培养生产力

它从农业生产、农村经济、农村工业各方面着手,以达到农村建设的目标。"在农业生产方面,注意选种、园艺、畜牧各部分工作,应用农业科学,提高生产,使农民在农事方面,能接受最低程度的农业科学;在农村经济方面,利用合作方式教育农民,组织合作社、自助社等,使农民在破产的农村经济状况下,能得到相当的补救方法;在农村工艺方面,除改良农民手工业外,还提倡其他副业,以充裕其经济生产能力。"④

### 3. 以卫生教育攻弱,培养强健力

它注重大众卫生和健康,及科学医药的设施,使农民在他们现有的经济状况下,能得到科学治疗的机会,以保证他们最低程度的健康。具体措施是要创建农村医药卫生保健制度,由村到县组成一个有系统的、整个的县单位保健体系:县设保健院,区设保健所,每村设一个保健员,由平民学校的毕业生经过短期训练后担任,负责全村的医疗保健工作,使每一个农民,都有得到科学医药治疗的机会。⑤

### 4. 以公民教育攻私,培养团结力

它是要"激起人民的道德观念,施以良好的公民训练,使他们有公共心、团结力,有最低限度

---

① 《中华平民教育促进会定县工作大概》,宋恩荣编:《晏阳初全集》第1卷,天津教育出版社2013年版,第214页。
② 《在平教专科学校开学典礼上的讲话》,宋恩荣编:《晏阳初全集》第1卷,天津教育出版社2013年版,第145页。
③ 《中华平民教育促进会定县工作大概》,宋恩荣编:《晏阳初全集》第1卷,天津教育出版社2013年版,第214页。
④ 《中华平民教育促进会定县工作大概》,宋恩荣编:《晏阳初全集》第1卷,天津教育出版社2013年版,第215页。
⑤ 《中华平民教育促进会定县工作大概》,宋恩荣编:《晏阳初全集》第1卷,天津教育出版社2013年版,第215页。

的公民常识,政治道德,以立地方自治的基础。我们办教育,固然要注意文艺、生计、卫生,但是我们不要忘了根本的根本,就是人与人的问题,大家要都是自私自利,国家就根本不能有办法,绝没有复兴的希望"①。所以,公民教育首先是施以公民道德的训练,使每一个公民,都了解个人与社会的关系,以发扬他们公共心的观念。晏阳初认为,在"四大教育"中,公民教育最为根本。

（二）"三大方式"

在定县乡村平民教育实验中,针对过去教育与社会相脱节、与生活实际相背离的弊端,在强调发挥教育的整体功能作用时,晏阳初提出了在农村推行"四大教育"的"三大方式"。

1. 学校式教育

学校式教育以青少年为主要教育对象。包括初级平民学校、高级平民学校、生计巡回学校。初级和高级平民学校学制为4个月。初级平民学校以识字教育为主,力求增强学生读、写、说能力,以达到流畅通顺的水平,内容为四大教育。学生经过4个月或96个小时的学习,认识1300个字。后来经改进,缩短到3个月,而识字增至1700个,方法主要采用导生传习制,用业余时间进行教育,课本为《公民千字课》。高级平民学校为毕业于初级平民学校的一部分青年农民所设立,进一步传授更具体的关于四大教育的知识。晏阳初在《定县的乡村建设实验》中说:"高级平民学校实验的目的是为了培养执行计划的村长,特别是同学会会长。"对于妇女,因为在乡村难寻觅正规女教师,故应"特别着重培养她们从事初级平校的教学和管理工作"②。至于生计巡回学校,是为"使农民取得应用于农村当前实际需要的训练,以生活的秩序为教育的秩序,顺一年中时序之先后,施以适合的教育,授以切实的技术"③。在方法上,该方式的教育还注意以成绩优良的农家为"表证农家",作为示范引导的典型。

2. 家庭式教育

家庭式教育具有两个目的:一是解决家庭与学校之间的矛盾,帮助年长的家庭妇女减少对青年妇女和儿童教育的阻挠或反对,增强学校教育的效益。二是把学校课程的某一部分,如培养卫生习惯,交由家庭来承担,并使家庭关心社区的利益,乐于承担社会责任。④ 另外,通过研究家庭中最为迫切的问题,如儿童教育、家庭管理等,为构建适合中国国情的家政学提供基础。

3. 社会式教育

社会式教育是由平民学校毕业生从各个方面发挥示范作用,积极引导和帮助全村农民按照计划接受四大教育。青年农民从平民学校毕业后,加入"毕业同学会"（或校友会）,同学会以村为单位,设委员长一人,再依四大教育分设文艺委员、生计委员、卫生委员、公民委员各一人,活动内容如下:文艺方面成立读书会、演说比赛会,演新剧、练习投稿;生计方面成立自助社、合作社,举办农产品展览会;卫生方面开展种牛痘运动、拒毒运动,推行防疫注射,组织武术团;公民方面则植树、修桥补路、禁赌、组织自卫。⑤ 在晏阳初看来,开明且有组织的同学会会员为共同利益而共同工作,是整个社区推行乡村建设计划的核心力量。

---

① 《中华平民教育促进会定县工作大概》,宋恩荣编:《晏阳初全集》第1卷,天津教育出版社2013年版,第215页。
② 《定县的乡村建设实验》,宋恩荣编:《晏阳初全集》第1卷,天津教育出版社2013年版,第223页。
③ 《中华平民教育促进会定县实验工作报告》,宋恩荣编:《晏阳初全集》第1卷,天津教育出版社2013年版,第281页。
④ 《定县的乡村建设实验》,宋恩荣编:《晏阳初全集》第1卷,天津教育出版社2013年版,第224页。
⑤ 《中华平民教育促进会定县实验工作报告》,宋恩荣编:《晏阳初全集》第1卷,天津教育出版社2013年版,第295页。

学校教育、家庭教育、社会教育是一个整体；其内容和目标完全一致，所不同的只是手段和形式。比较而言，学校教育是重点，起主导作用；家庭教育是协调，起辅助作用；社会教育是延伸，起推广作用。三者紧紧围绕四大教育展开，联成一体，打成一片，形成覆盖乡村人民和乡村生活的教育网络，从而达到改造农民，建设乡村的目的。晏阳初说："在农村办教育，固然是重要的，可是破产的农村，非同时谋整个的建设不可。不谋建设的教育，是会落空的，是无补于目前中国农村社会的。"①

### 三、"化农民"与"农民化"

晏阳初所从事的乡村建设试验，是与他对平民教育的认识发展密切联系的。他说："我们从事平民教育运动，起初是发动于城市，普遍到各省，但这样还不够，我们认为中国的基本，不在城市而在农村。中国的广大人口是农民，中国的经济基础在农村，改造中国就应该从改造农村，建设农村做起。"②在与广大农民切身接触中，他深切地感到："我们越和农民在一起，就越认识到他们是中国未来的希望。在中国传统的'士农工商'四个'阶层'中，农民当为最好的公民，他们需要得到发展和施展才能的机会。"③因而，他身体力行地倡导乡村教育与建设。

1929年，晏阳初及平教会同仁放弃了城市的舒适生活，携家属迁居河北定县，进行了著名的"定县试验"。他大力提倡知识分子与村民一起劳动和生活，"给乡下佬办教育"，时人称为"博士下乡"。这使知识分子与农民之间得以架起了一座直通的桥梁。在此基础上，晏阳初提出了"农民科学化，科学简单化"的平民教育目标。为了实现这个目标，他认为："我们欲'化农民'，我们须先'农民化'"。为此他号召知识分子"抛下东洋眼镜，西洋眼镜，都市眼镜，换上一副农夫眼镜。"④而要做到"农民化"是非常不容易的，必须先明了农民生活的一切，要努力"在农村作学徒"，虚心"给农民作学徒"⑤；"给乡下佬办教育，我们须先从乡下佬学，要中国有希望，须乡下佬有希望，要乡下佬有希望，须乡下佬识字，受教育"⑥。因为农民虽然不知科学的名词，未曾受过书本式的教育，却有实际生活的知识与技术，因而值得去学。那么，怎样去学呢？那就是彻底地与广大农民打成一片，唯有如此，才能深切了解农民，懂得他们的需要，才能实实在在进行乡村改造。可以说，"化农民"与"农民化"是晏阳初进行乡村建设试验的目标和途径。

晏阳初所提出的中国农村四大基本问题，只是看到了社会现象的表层，而没能认识"帝国主义之侵略与封建残余的剥削才是造成'愚、穷、弱、私'的原因"⑦；否认了旧中国社会问题的根源是阶级压迫和剥削，反而把由于阶级压迫所造成的愚、穷、弱、私等社会现象作为问题根源。因而晏阳初在为解决中国社会问题所采取的办法是改良主义的，其理论不能解决旧中国农村的根本问题，无法达到复兴农村、拯救国家的根本目的。但是，晏阳初的平民教育和乡村改造理论毕竟有其可取之处：首先，晏阳初是一位爱国的教育改革家，他的平民教育和乡村改造理论颇有中国特

---

① 《中华平民教育促进会定县工作大概》，宋恩荣编：《晏阳初全集》第1卷，天津教育出版社2013年版，第215页。
② 《农民抗战与平教运动之溯源》，宋恩荣编：《晏阳初全集》第2卷，天津教育出版社2013年版，第51—52页。
③ 《中国的新民》，宋恩荣编：《晏阳初全集》第1卷，天津教育出版社2013年版，第140页。
④ 《在欢迎来宾会上的讲话》，宋恩荣编：《晏阳初全集》第1卷，天津教育出版社2013年版，第193页。
⑤ 《在欢迎来宾会上的讲话》，宋恩荣编：《晏阳初全集》第1卷，天津教育出版社2013年版，第193页。
⑥ 《在马家寨区开学典礼上的讲话》，宋恩荣编：《晏阳初全集》第1卷，天津教育出版社2013年版，第201页。
⑦ 千家驹：《中国农村的出路在哪里》，《中国农村》第二卷第一期(1936年1月1日出版)。

色。其次,虽然晏阳初的乡村教育实验并没有也不可能使实验区的农民从根本上摆脱贫穷落后的命运,但确实给他们带来了一定的实惠。它在当时对于实验区农民文化水平的提高、农业人才的培养、农业科学技术知识的传授和推广、农村合作事业以及其他公益事业发展等方面取得了一定的成绩。再次,晏阳初"四大教育"、"三大方式"的理论打破了狭隘的教育观念,把乡村教育视为是与乡村经济、文化、卫生、道德等方面共同进行,学校、家庭、社会相互促进的系统工程,这在中国教育史上是一种创新,直至今天仍有现实意义。

晏阳初与平教会在推行改革计划实验时,有时虽然不得不借助政治的力量,但从其全部历史来看,他们仍然保持了其独立的学术精神,这一点尤其难能可贵。因此,晏阳初不愧是中国现代教育史上有重大历史影响的爱国教育家。

## 第六节　梁漱溟的教育思想

在20世纪二三十年代中国的乡村教育运动中,梁漱溟的"乡农教育"实验独树一帜。他的基于中国社会和文化特殊性分析的乡村教育理论及其实践,产生过广泛的社会影响。

### 一、生平与教育活动

梁漱溟(1893—1988年),初名焕鼎,字寿铭,后改字漱溟,原籍广西桂林,出身于北京一个数代官宦之家。发蒙后先后进过数所小学,好学嗜读。1906年考入顺天中学堂,阅历愈广,自许颇高,自责甚严。为求人生问题之解决,出入于西洋哲学、印度宗教和中国周秦宋明诸子;求社会问题之解决,遂于1911年顺天中学堂毕业前夕,加入京津同盟会。1912年,任《民国报》编辑兼记者,一度又沉迷于社会主义。20岁时归心佛法,素食不婚,闭门研读佛经,著成《究元决疑论》,于1916年《东方杂志》连载,得蔡元培赏识。次年为蔡聘为北大哲学系讲师,授印度哲学、印度宗教,并评点东西方(西洋、印度、中国)文化,提出世界文化的未来乃是中国文化的复兴。1924年辞去北大教职,赴山东主持曹州中学高中部。

梁漱溟

梁漱溟于1928年任国民党中央政治会议广州分会建设委员会代理主席,筹办乡治讲习所,欲仿"吕氏乡约",从乡治入手,改造旧中国。1929年秋,赴河南辉县创办河南村治学院,自任教务长;次年赴北平主编《村治》月刊,宣传村治理论。1931年,与河南村治学院同仁同赴山东邹平,创办山东乡村建设研究院,先后任研究部主任、院长,并兼邹平实验县县长,从事乡村建设实验和理论研究,指导邹平、菏泽、济宁等地的实验,探索民族自救和农村复兴之路,直到抗战爆发。抗日战争和解放战争期间,任最高国防参议会参议员、国民参政会参议员。1941年,加入创建中国民主政团同盟(1944年改为"中国民主同盟"),任中央常务委员,赴香港创办民盟机关报《光明报》,致力于民主运动,并在重庆、成都、桂林等地高校中任教。1946年,以民盟秘书长身份参与国共调停,为国内和平奔走。不久退出民盟,在重庆主持勉仁文学院,潜心讲学著述。

中华人民共和国成立后,历任第一至六届全国政协委员,第五、六届全国政协常委。在"文革"期间的"批林批孔"运动中,曾冒险为孔子辩诬。晚年创办中国文化书院,任院务委员会主席、书院发展基金会主席等。被视为"新儒家"的重要代表，也为国外学者称为中国"最后的儒家"。代表作有《印度哲学概论》《东西文化及其哲学》《乡村建设理论》《人心与人生》《中国文化要义》等。

## 二、乡村建设与乡村教育理论

梁漱溟对近代中国教育的贡献，在于他的乡村教育理论和实验。乡村教育是他乡村建设理论的重要组成部分。所谓乡村建设，是一种力图在保存既有社会关系的基础上，通过乡村教育的方法，由乡村建设引发社会工商业发展，实现经济改造和社会改良。[①] 梁漱溟的乡村建设和乡村教育理论建筑于他对中国传统文化和社会的分析、中西文化的比较之上。

### （一）中国问题的症结

梁漱溟的乡村建设理论是从寻找中国问题的病因入手的。同为乡村教育运动的领袖晏阳初认为，中国的问题千头万绪，归根到底是四个病症，即"愚、穷、弱、私"，于是提出相应的措施。晏阳初的观点与胡适所谓"五鬼闹中华"之说基本相同。梁漱溟对此深不以为然。他认为，这四大问题只是中国社会的表面病象，事实是：当时中国是愚而益愚，贫而益贫，弱而益弱，私而益私，何以会如此？所以，必须从表面病象去追究深层病因。

在与西洋和印度社会进行比较之后，梁漱溟指出，中国社会自始至终走着一条自己的发展道路，既不似西洋社会崇尚科学方法、崇尚人的个性伸展和社会性发达，取一种"意欲向前"的积极进取态度，也不像印度社会出于强烈的宗教情绪，努力于人生问题的解脱，取一种将自身"翻转向后"的出世态度，而是遇事安分、知足、寡欲、摄生，取一种向自身内求"调和持中"的有理智、有意识的态度。因此，中国社会是一个"理性早启，文化早熟"的社会，中国人的上述态度早在周公、孔子就已被提出并发挥尽致。在梁漱溟看来，在未来世界，人类将从对物质问题的时代转而进入人对人的问题之时代，旧有法律将随国家消亡而消亡，维系人际关系靠的是高水平的性情陶冶。从西方文化看，西方人一味外求，完全抛弃自己，丧失精神。印度人采取的是自己取消问题之解决的态度，所成就的是宗教和形而上学。唯有中国文化追求人与人之间真的妥洽关系的"仁的生活"，因此世界文化的未来是中国文化的复兴，而中国问题的解决只有从自身固有文化中寻找出路。但是，由于近百年来，西方资本主义的入侵，致使中国社会被破坏得千疮百孔，经济破产，生活贫困，尤其是礼俗蜕变，精神破产，社会文化秩序坏乱不堪，变化从沿海沿江向内地农村辐射，在农村尤甚，所以说"中国的问题，并不是什么旁的问题，就是文化失调；——极严重的文化失调"[②]！所有其他的社会问题如社会散漫、消极无力等因此而发，就使寻找解救中国之路具有了特殊的要求。

虽然梁漱溟通过对东西文化的比较，否认了西方文化成就和政治道路的普遍意义，但他与顽固的守旧复古之人不同，并不否认或排斥西方文明，甚至对西方社会的某些精神予以肯定。他说："我观察西方化有两样特长，所有西方化的特长都尽于此。我对这两样东西完全承认，所以我的提倡东方化与旧头脑的拒绝西方化不同。所谓两样东西是什么呢？一个便是科学的方法，一

---

① 李华兴主编：《民国教育史》，上海教育出版社1997年版，第349页。
② 《乡村建设理论》，中国文化书院学术委员会编：《梁漱溟全集》第二卷，山东人民出版社1990年版，第164页。

个便是人的个性的伸展,社会性发达。前一个是西方学术上特别的精神,后一个是西方社会上特别的精神。"①

### (二) 如何解决中国的问题

但是,中国应当找一条什么样的出路？梁漱溟认为,"中国原来是一个大的农业社会。在它境内见到的无非是些乡村；即有些城市(如县城之类)亦多数只算大乡村,说得上都市的很少。就从这点上说,中国的建设问题便应当是乡村建设"②。他分析说,中国自周代起就已脱离了阶级社会,不存在经济意义上的阶级对立,"中国旧社会可说为伦理本位、职业分立"③的社会,完全不同于西洋近代社会的"个人本位"和"阶级对立"。所谓"伦理本位",是指中国社会以道德为本位,人际关系尤重宗法与家庭,人际交往全赖亲情相联。所谓"职业分立",是指中国社会的士、农、工、商只是职业不同,虽有贫富贵贱差别,却升沉不定,流转相通,不成对立之势。在这种社会结构之下,不会产生阶级对抗。既如此,靠社会内部的阶级对抗爆发社会革命,像西方社会那样走入资本主义社会,在中国已不可能。何况,一方面,中国文化代表人类未来,另一方面,资本主义社会在20世纪已弊端丛生,走向穷途末路,也不允许中国倒退回去走资本主义道路。社会主义社会固然有其优越性,但是社会主义道路也是建筑在阶级对抗的基础之上,不适合中国国情。因此中国唯一可行的道路就是乡村建设。

为什么中国社会的改良唯有走乡村建设之路？梁漱溟认为,首先,中国社会是乡村社会,80%以上的人民生活在乡村；其次,中国传统文化的根在乡村,道德和理性的根在乡村,要保存中国传统文化就必须从乡村入手,而理性的胚芽可以、也只能在乡村慢慢培养起来；其三,近百年来,中国社会已被破坏得不堪收拾,乡村经济尤其陷于破产,中国如要从头建设,必须一点一滴地从乡村建设起。"只有乡村安定,乃可以安楫流亡；只有乡村产业兴起,可以广收过剩的劳力；只有农产增加,可以增进国富；只有乡村自治当真树立,中国政治才算有基础；只有乡村一般的文化能提高,才算中国社会有进步。总之,只有乡村有办法,中国才算有办法,无论在经济上、政治上、教育上都是如此。"④所以,乡村建设是乡村被破坏而激起的乡村自救运动,是重建我们民族和社会的新组织构造的运动。"乡村建设,实非建设乡村,而意在整个中国社会之建设,或可云一种建国运动。"⑤

### (三) 乡村建设与乡村教育

乡村建设与乡村教育是一个问题的两个方面,乡村建设应以乡村教育为方法,而乡村教育需以乡村建设为目标,"建设、教育二者不能分开"。在梁漱溟看来,中国文化既然已经严重失调,而教育的功能又在于延续文化而求其进步,为重新整理和建设中国固有的文化,不使失传,不使停滞,必须借助教育之功。他认为:"论理说社会上不应当再有暴力革命,因为社会出了毛病,教育即可随时修缮补正,固不待激起暴力革命而使社会扰攘纷乱也！人类社会的所以有革命,就因为

---

① 《东西文化及其哲学》,中国文化书院学术委员会编:《梁漱溟全集》第一卷,山东人民出版社1989年版,第349页。
② 《山东乡村建设研究院设立旨趣及办法概要》,宋恩荣编:《梁漱溟教育文集》,江苏教育出版社1987年版,第41页。
③ 《乡村建设理论》,中国文化书院学术委员会编:《梁漱溟全集》第二卷,山东人民出版社1990年版,第167页。
④ 《山东乡村建设研究院设立旨趣及办法概要》,宋恩荣编:《梁漱溟教育文集》,江苏教育出版社1987年版,第45页。
⑤ 《乡村建设理论》,中国文化书院学术委员会编:《梁漱溟全集》第二卷,山东人民出版社1990年版,第161页。

教育不居于领导地位。"①教育是较之暴力革命更为有效的社会改造手段。同时,中国社会的改造其实是一个如何达到现代文明的问题,是一个如何以中国固有精神为主吸收西洋文化或者说是融取现代文明以求自身文化长进的过程,这是一个"巨大之教育工程"②。因为所建设的新社会,最重要的是人的进一步提高,社会关系的进一步合理,由此才能去实施建设,而这,不过是个教育过程。所以说,建设必寓于教育,乡村的进步,社会的改造,"不能不归于教育一途"③。在乡村建设中,学校必然成为社会的中心,教员必然成为社会的指导者,乡村建设是"纳社会运动于教育之中,以教育完成社会改造"④。

中国传统社会固然是走着自己独特的发展道路,而与世界上其他国家很不相同,如中国文化传统确实具有很强的道德属性,传统中国社会结构的形成和协调确实自有一套机制,但能不能说中国自周代起就不再存在阶级对立?梁漱溟对中国社会的分析也大可分析,但指出中国问题的解决是农村问题的解决,解决中国问题需立足于自身文化传统去吸取西洋现代文明,却是颇有见地的。

### 三、乡村教育的组织与实施

1931年,在山东省主席韩复榘的支持下,梁漱溟到山东邹平开办了山东乡村建设研究院,研究乡村建设问题,培养乡村建设人员,规划和指导实验区的乡农教育,为寻求民族自救之路作了艰苦的探索。

#### (一) 乡农学校的设立

1933年,山东省政府将邹平、菏泽划为县政建设实验区,县长由乡村建设研究院提名,省政府任命,实验区两县的行政机构与研究院事实上合一,而整个行政系统与各级教育机构合一,希望以教育的力量替代行政的力量。实验区将全县分成若干个区,各区成立乡农学校校董会,开办乡农学校。乡农学校由学长、学董、教员、学众组成。学长和学董是"乡村领袖",是乡农学校的领导;由众学董组成学董会,由乡村中推选有资格德望者三五人至十人组成,为乡村的办事机构;学董会推举"老成厚重"、"品学最尊"者为学长,作为一村一乡民众的师长;教员是在乡村建设研究院受过专门训练的乡村建设者,是乡农学校的教师和乡村建设的指导者;学众则是乡村中的一切人,主要是成年农民。

乡农学校分村学和乡学两级。从教育程度上分,文盲和半文盲入村学,识字的成年农民入乡学;从行政功能上分,村学是乡学的基础组织,乡学是村学的上层机构。乡农学校的组织结构,按农村自然村落及其行政级别形成。其组织原则是:其一,"政教养卫合一"、"以教统政",即乡农学校是教育机构和行政机构的合一,以村学代村公所,乡学代乡公所,乡村建设的政治、经济措施都通过乡农学校、借助教育的力量来实施;其二,学校式的教育与社会式教育"融合归一",在乡农学校中成立儿童部、成人部、妇女部和高级部。儿童部以实施学校式的普通教育为主;成人部、妇女

---

① 梁漱溟:《社会教育与乡村教育之合流》,《乡村建设》第4卷第9期。
② 《社会本位的教育系统草案》,宋恩荣编:《梁漱溟教育文集》,江苏教育出版社1987年版,第105页。
③ 《乡村建设理论》,中国文化书院学术委员会编:《梁漱溟全集》第二卷,山东人民出版社1990年版,第472页。
④ 《教育的出路与社会的出路》,宋恩荣编:《梁漱溟教育文集》,江苏教育出版社1987年版,第284页。

部则主要是社会式的教育,多在农闲进行;高级部是为了培养乡村建设的骨干人才。其中,尤其注重成人的社会教育。

在中国教育史上,北宋时期著名学者吕大临兄弟为了"化民成俗",曾制定"吕氏乡约"在家乡推行,并为后人所仿效,产生了很大的社会历史影响。梁漱溟认为,中国古代的乡约主旨无过于"德业相劝"、"过失相规"、"礼俗相交"、"患难相恤",即互相勉励修身齐家、德业有成,互相劝戒嗜烟、酗酒、赌博、斗殴、游惰之类不良习气,互相亲敬、循长幼之礼,互相帮助防盗、防灾、防疫、助贫、恤孤、惜寡。设立乡农学校的旨趣正与之十分一致。他宣称,这正是师法古人加以改造的结果:"我们就是本古人乡约之意来组织乡村,而将其偏乎个人者稍改为社会的。"①因此,他编写了《村学乡学须知》,立足于传统道德文化的发扬,而将社会的政治、经济、法律、风俗等等问题都通过道德教育来实施,乡农学校则成了实施基地。

(二) 乡农学校的教育内容

乡农学校的教育从识字、唱歌等最"平淡"处入手,课程分两大类:一类是各校共有的课程,包括识字、唱歌等到普通课程和精神讲话,尤重后者。所谓精神讲话,是指在教员指导下启发民众的思想,做切实的"精神陶炼"功夫,步骤是"先将旧道德巩固他们的自信力",然后用新知识新道理来改变从前不适用的一切旧习惯,以适应现在的新世界。"旧道德"即《村学乡学须知》所规定的那套传统道德观念,"新知识道理"即禁缠足、禁鸦片、戒早婚等新风俗和农业改良、组织合作社等新方法。另一类是各校根据自身生活环境需要而设置的课程,如匪患严重的乡村,可成立农民自卫武装组织,进行自卫训练,以维护地方安全;产棉地区,可组织农民学习植棉技术,建立运销合作社,等等。总之,乡农学校的所有教育内容强调服务于乡村建设,密切适合农村生产、生活的需要。

梁漱溟的乡村建设理论和乡村教育思想,本质上是一种中国知识分子通过改造中国农村来改良中国社会的理想,是在探索拯救中国的"第三条道路"。他力图在伦理本位基础上重建中国社会的新秩序,提出"伦理本位,职业分途"的假说,无视中国社会当时客观存在的阶级冲突和阶级斗争,对中国共产党领导的农村土地革命持反对态度,其问题和错误不言而喻。正如梁漱溟自己后来所认识的:号称乡村运动而乡村不动,"我们是走上了一个站在政府一边来改造农民,而不是站在农民一边来改造政府的道路"②。因此,乡村建设是一场并不成功的实践。但是,梁漱溟的乡村建设实验对后人有一定的启示。他认识到中国的问题是农村的问题,并立足于文化传统来思考中国社会的改造,是有识之见;认为中国的教育应到农村去办,并对中国农民的悲惨生存状况深怀悲悯之心,身体力行地从城市来到农村,践行知识阶层与民众结合的愿望,发扬了"五四"以来的优良传统,精神可嘉;而且,通过自己的艰苦工作,确实将现代科学思想和方法带入了落后的农村,对农村教育的提高、农业生产技术的改良、农村社会风俗的改善作出了贡献。虽然不足以改变中国农村面貌,却作出了有益的探索,这在中国现代教育史上留下了值得记录的一页。

## 第七节 黄炎培的教育思想

黄炎培是中国近现代著名的爱国主义者和民主主义教育家,是我国近代职业教育的创始人

---

① 《乡村建设理论》,中国文化书院学术委员会编:《梁漱溟全集》第二卷,山东人民出版社 1990 年版,第 332 页。
② 《我的两大难处》,中国文化书院学术委员会编:《梁漱溟全集》第二卷,山东人民出版社 1990 年版,第 581 页。

和理论家。他以毕生精力奉献于中国的职业教育事业,为改革脱离社会生活和生产的传统教育,建设中国的职业教育,作出了重要的贡献。

## 一、生平与教育活动

黄炎培

黄炎培(1878—1965年),号楚南,改号韧之、任之,江苏川沙(今属上海市)人。出身于世代书香之家,早岁父母双亡。9岁起随外祖父发蒙,接受传统教育。迫于生计,年未弱冠,即在家乡任塾师。21岁时在松江府以第一名取中秀才,三年后又中江南乡试举人。其间,开始接触严译《天演论》等新学书籍。1901年,考入南洋公学特班,从蔡元培受业,受其影响至深;次年南洋公学学潮后,返乡办新教育,欲通过"办学校来唤醒民众",创办川沙第一所新学堂——川沙小学堂及开群女学。因鼓吹反清,一度被捕入狱,亡命日本。1905年秋,加入同盟会。辛亥革命前,先后创办和主持广明小学和师范讲习所、浦东中学,在爱国学社、城东女学等新教育团体和学堂中任教,并参与发起江苏学务总会。辛亥革命后,被任为江苏都督府民政司总务科长兼教育科长,后任江苏省教育司长,全力以赴改革地方教育,全面规划建设了省立高、中等学校和县立小学。

1913年,发表《学校教育采用实用主义之商榷》一文,提倡教育与学生生活、学校与社会实际相联系。1917年5月6日,联络教育界、实业界知名人士,在上海发起中华职业教育社。次年,创建中华职业学校。此后数十年时间的教育和社会活动,主要通过中华职业教育社来展开。曾参与起草1922年学制,进行乡村建设实验和筹办南京高等师范专科学校、东南大学、上海商科大学、厦门大学等高校。"九一八"事变后,积极投身抗日救亡活动。1941年,参与创建中国民主政团同盟,一度任主席。1945年7月,应邀访问延安,写成《延安归来》一书,如实介绍延安。1946年,在上海创办比乐中学,探索兼顾升学和就业双重准备的普通中学。

中华人民共和国建立后,破"不为官吏"的立身准则,欣然从政,历任政务院副总理兼轻工业部部长、全国人大常委会副委员长、全国政协副主席、中国民主建国会中央主任委员等职,并继续领导中华职业教育社。1965年12月1日,他病逝于北京。

## 二、职业教育思想的形成与发展

黄炎培的职业教育思想是在吸取西方先进国家的教育经验、反思中国自办新教育以来的问题和教训,以及不断探索中逐步形成的。

洋务教育和维新教育的相继推进,促成了20世纪初清政府的教育改革。其中,普通教育和实业教育是两个热点。但是,在20世纪第一个十年过去时,普通教育发展速度远高于实业教育,两者比例极不相称。大批受过普通教育的学生涌向社会,给社会究竟带去怎样的影响?黄炎培于1913年在《教育杂志》上发表《学校教育采用实用主义之商榷》,对"癸卯学制"颁布以来中国教育尤其是普通教育发展中的问题作了考察。他指出,学生在学校中所受到的道德、知识、技能训练,走上社会后毫无用处。这就从理论上论证了改革普通教育、加强学校教育与个人生活和社会需要之间联系的必要性。文章发表后,在民国初年的教育界激起强烈的反响,形成早期实用主义教育思潮,引发人们教育观念的变化。

与此同时,第一次世界大战爆发,欧洲主要资本主义国家大多卷入战争而无暇东顾,中国民族资本主义工商业乘隙发展起来。民族资本主义迅速发展,要求大量补充各种技术和管理人员,人才急需与乏才可用的矛盾更显突出,也更暴露了在新形势下学校教育与社会需要的严重不适应。在此期间,黄炎培带着探寻中国教育弊病根源及其救治之道的目的,作了数次国内外教育考察,提倡一种融教育与职业为一途的新教育形式的念头随之萌发,并开始从鼓吹实用主义教育逐渐转而为提倡职业教育。1917年,中华职业教育社成立后发表的《中华职业教育社宣言书》,标志着以黄炎培为代表的职业教育思潮的形成。

自此起,黄炎培的职业教育思想不断发展、成熟。黄炎培早期的职业教育思想反映了民族资本主义工商业发展和改革普通教育的需要,更多地以解决个人生计问题为重。他认为职业教育的要旨有三:"为个人谋生之准备","为个人服务社会之准备","为世界、国家增进生产力之准备"①。20年代起,黄炎培把职业教育的目的概括为"使无业者有业,使有业者乐业"。这即既强调个人谋生,也重视服务社会;既强调职业技能训练,也重视职业道德教育;既强调一技之长,也重视全面发展,更多地探寻了职业教育内部的规律问题。20年代中后期,黄炎培总结近十年职业教育发展的经验,提出"大职业教育主义"的观念。他认为:"(一)只从职业学校做工夫,不能发达职业教育;(二)只从教育界做工夫,不能发达职业教育;(三)只从农、工、商职业界做工夫,不能发达职业教育。"②即办职业教育必须联络和沟通所有教育界和职业界,参与全社会的活动和发展,这更多地探寻了职业教育外部环境的适应问题。至此,黄炎培的职业教育思想基本成熟。进入30年代后,民族危机加甚,黄炎培积极投身于民族救亡事业。但其职业教育思想继续影响着此后年代中国的职业教育实践。

### 三、职业教育思想体系

在长期的职业教育实践中,黄炎培逐步形成了完整的职业教育思想体系,其要点包括职业教育的地位、目的、办学方针、教学原则和职业道德教育的基本规范等。

#### (一) 职业教育的作用与地位

黄炎培认为,职业是社会存在和发展所必需的分工的产物,而教育则是保持和发展各行业的条件,从延续和促进社会生产和社会生活、增进工作效能与激发工作者智能的需要出发,沟通职业与教育就是必需的。由于职业本身具有双重意义,与之相应教育也具有双重功能。一方面,职业包含着对己谋生和对群服务的作用;另一方面,职业适应了社会分工制度和人的发展差异的需要。因此,"用教育方法,使人人依其个性,获得生活的供给,发展其能力,同时尽其对群之义务,此种教育名曰职业教育"③。基于此,职业教育的功能就其理论价值而言,在于"谋个性之发展";"为个人谋生之准备";"为个人服务社会之准备";"为国家及世界增进生产力之准备"④。就其教

---

① 《职业教育谈》,中华职业教育社编:《黄炎培教育文选》,上海教育出版社1985年版,第59页。
② 《提出大职业教育主义征求同志意见》,中华职业教育社编:《黄炎培教育文选》,上海教育出版社1985年版,第154页。
③ 黄炎培:《河车记》,《断肠集》,生活书店1936年版,第48页。
④ 《我之人生观与吾人从事职业教育之基本理论》,中华职业教育社编:《黄炎培教育文选》,上海教育出版社1985年版,第273页。

育和社会影响而言,在于通过提高国民的职业素养,使学校培养之材无不可用,社会从业者无不得受良好训练,国无不教之民,民无不乐之生,乃至野无旷土,市无游氓,社会国家的基础由此确立。就其对当时中国社会的作用而言,在于有助于解决中国最大、最重要、最困难、最急需解决的人民生计的问题,消灭贫困,并进而使国家每一个公民享受到基本的自由权利。可见,黄炎培是将职业教育放在教育、经济、政治和社会发展的全过程中加以考察,认识其地位与作用的。在国运多舛、百业凋敝、民不聊生的中国,黄炎培的主张不免有些耽于幻想,但也表达了一位民主教育家力图改变中国教育、社会现状的美好愿望。

对职业教育在整个教育体制中的地位,黄炎培也提出了自己的看法。他认为,职业教育在学校教育制度上的地位应是一贯的、整个的和正统的。所谓"一贯的",是指应建立起从初级到高级的职业教育系统。另一方面,职业教育应贯彻于全部教育过程和全部职业生涯,建立起职业陶冶——职业指导——职业教育——职业补习和再补习的体系。所谓"整个的",是指不仅在学校教育体系中应有一个独立的职业教育系统,而且其他各级各类教育也要与职业教育相互沟通;不仅普通教育要适应职业需要,而且职业教育也要防止偏执实用的片面。小学应设各种职业准备科甚或职业科,中学应兼顾升学与就业的双重准备,专科学校则须防止流于功利而忽视一般的人格训练。所谓"正统的",是指应破除以为升学作准备的普通教育为正统,而以为就业作准备的职业教育为偏系的传统观念,职业教育的地位应与普通教育等量齐观。黄炎培对职业教育的教育内外部关系认识得较为全面而充分,揭示出职业教育的若干规律,对后世的职业教育实践颇有影响。

(二) 职业教育的目的

黄炎培对职业教育目的的认识和表述,在不同的历史时期和社会场合而有所不同。20 年代后,他将职业教育的目的概括为"使无业者有业,使有业者乐业"①。在此后的年代里,虽然在不同场合、从不同角度对职业教育的定义和目的作过诸多说明,但他总是以此语作为职业教育的最终目的。

所谓"使无业者有业",是指通过职业教育为资本主义工商业发展造就适用人才,同时解决社会失业问题,使人才不至浪费,使生计得以保障。所谓"使有业者乐业",是指通过职业教育形成人的道德智能,使之能胜任所职、热爱所职,进而能有所创造发明,造福于社会人类。"使无业者有业,使有业者乐业"的职业教育目的论,包含了黄炎培所提倡的为个人谋生、为社会服务、促进实业发展、增长社会经济、稳定社会秩序诸多追求,表现了他的社会政治观和教育观。

黄炎培之提倡职业教育,乃是有感于当时中国百业不良、社会生计恐慌和广大青年失学失业,试图通过推行职业教育来解决国家所面临的上述问题。数十年间,他曾提倡和创办过各种各样的职业教育,如职业学校、职业补习学校、职业指导机构、农村职业教育实验区,乃至裁兵后职业教育、伤兵职业教育、灾民职业教育、清室旗人职业教育、战后伤残职业教育等等,虽侧重点有所不同,但始终追求"使无业者有业,使有业者乐业"的目的。他在上海创办中华职业学校选址在上海的西南区,也是考虑到上海西南各区民众贫苦而无业者较他处尤多,而学校最先开设铁工、

---

① 《中华职业教育社奋斗三十二年发见的新生命》,中华职业教育社编:《黄炎培教育文选》,上海教育出版社 1985 年版,第 321 页。

木工两科,同样是考虑到能更适合民众的生活需要。在民族危机日益加深、社会内部矛盾日益加剧、外国资本主义经济制约日益加重的中国,民族资本主义工商业难以发展,职业教育也就缺乏发展基础。黄炎培的认识不免有些本末倒置,但他对其职业教育目的不懈追求的精神却值得称道。在中华人民共和国成立后,他认识到新中国的社会环境和以前完全不同,实施职业教育的条件更为充分了,职业教育也才能够成为增加生产、繁荣经济"所必要采取的措施"①。同时,为"劳动者文化、业务水平的提高","造就新型知识分子"服务②。这表明他追求依旧,而认识发生了适应时代的变化。

（三）职业教育的方针

黄炎培在数十年的实践中,形成了社会化、科学化的职业教育办学方针。

黄炎培将社会化视为"职业教育机关唯一的生命",犹如人的灵魂。他认为,办理职业教育,必须注意时代发展趋势与应行的途径,社会需要哪种人才,即办哪种学校。强调职业教育须适应社会需要。1926年,他提出"大职业教育主义",认为"办职业学校的,须同时和一切教育界、职业界努力的沟通联络;提倡职业教育的,同时须分一部分精神,参加全社会的运动。"③强调职业教育与社会的沟通。黄炎培所谓职业教育社会化,内涵颇为丰富,其中包括:办学宗旨的社会化——以教育为方法,而以职业为目的;培养目标的社会化——在知识技能和道德方面适合社会生产和社会合作的各行业人才;办学组织的社会化——学校的专业、程度、年限、课时、教学安排均需根据社会需要和学员的志愿与实际条件;办学方式的社会化——充分依靠教育界、职业界的各种力量,尤其是校长要擅长联络、发挥社会各方面力量。

科学化是黄炎培办职业教育所坚持的另一条方针。所谓科学化,是指"用科学来解决职业教育问题"④。黄炎培认为,职业教育以百业进步为追求,关乎国计民生,不可能在科学之外找到解决办法,无论中国外国,概莫能外。具体说来,开展职业教育,其工作可以划分为两类:一是物质方面的工作,包括农业、工业、商业、家事等专业课程的设置、教材的选编、教学训练原则的确定、实习设施的配置等;二是人事方面的工作,包括教育管理的组织、机构自身的建设等。这两方面工作均需遵循科学原则。关于前者,强调事前要经调查与实验,事后要勤于总结,逐步推广。循此原则,黄炎培借鉴国外经验,经长期实践,形成一套从职业陶冶、职业训练到职业指导、职业补习的系统理论和灵活多样的制度。关于后者,强调运用科学管理方法于职业教育的管理中。循此原则,黄炎培尝试将职业教育建立在职业心理学和社会心理学基础上,在中国率先运用心理测验的手段进行职业学校招生,根据学生的心理性向确定其所适宜从事的专业,并参照德国方法制成7种心理测验器。另外,他在中华职业教育社专门设立科学管理的研究机构,并亲自撰写科学管理论著。黄炎培试图将自然科学与社会科学熔为一炉,立意将科学方法引入职业教育管理中。他锐意探索,做了大量开创性工作,为中国的职业教育发展积累了宝贵的经验。

---

① 《中华职业教育社奋斗三十二年发见的新生命》,中华职业教育社编:《黄炎培教育文选》,上海教育出版社1985年版,第330页。
② 黄炎培:《我们的方向》,中华职业教育社编:《社史资料选辑》第3辑,中华职业教育社1980年版,第114页。
③ 《提出大职业教育主义征求同志意见》,中华职业教育社编:《黄炎培教育文选》,上海教育出版社1985年版,第155页。
④ 《我来整理整理职业教育的理论和方法》,中华职业教育社编:《黄炎培教育文选》,上海教育出版社1985年版,第168—169页。

## （四）职业教育的教学原则

黄炎培根据职业教育的特点总结以往教育的经验，提出"手脑并用"、"做学合一"、"理论与实际并行"、"知识与技能并重"等主张，作为开展职业教育教学工作必须坚持的原则。黄炎培认为，在中国传统社会，教育与社会实际是截然分作"两下"的，一边是士大夫，"是死读书老不用手的"，一边是劳动者，"是死用手老不读书的"，而人类文明是人的"手和脑两部分联合产生出来的"。因此有必要"矫正"传统教育的缺陷，"要使动手的读书，读书的动手，把读书和做工两下并起家来"①。就中国清末兴办实业学堂以来的经验教训看，以往"所谓实业教育，非教以农工商也，乃教其读农工商之书耳"②。虽名为实业教育，课程与教学却仍是重理论而轻实习的读书教育，造成学生富于欲望而贫于能力，其弊于此可见。就职业教育本身的特点而言，职业教育的目的乃是养成实际的、有效的生产能力。为达此目的，需要手脑并用，"单靠读书，欲求得实用的知识和技能"，"是万万学不成的"③。因此，职业教育的教学必须"手脑并用"、"做学合一"。

如何在职业教育中体现这一教学原则？黄炎培在其教学工作的每一个环节上都努力联系实际：所办职业学校要附设工厂、农场、商店等，以为学生提供实习场所；招收学生在确定其学科专业时，要考虑其家长要有相应的职业背景；课程的安排充分考虑实习时数，要求理论课与实习时数各半，教材的选编注重实践性；选择教师时要求理论与经验并重，难以两全则宁重有经验者；学生修业期满仅发修业证书，必须在工作单位实习一年，证明能胜任工作后，再发给毕业证书……通过这些措施，保证"手脑并用"、"做学合一"，强化动手能力的培养和基本技能的训练，造就实用人才。黄炎培的职业教育教学原则既体现了职业教育的特殊规律，其体力劳动与脑力劳动结合、理论与实际联系的思想，也深具一般的教育理论和实践价值。

## （五）职业道德教育

黄炎培职业教育思想体系的另一重要特色和组成部分是他的职业道德教育思想。黄炎培把职业道德教育的基本要求概括为"敬业乐群"四个字，并以之为中华职业学校的校训，亲书之匾，时时警策学生。所谓"敬业"，是指"对所习之职业具嗜好心，所任之事业具责任心"，即热爱所业，尽职所业，有为所从事职业和全社会作出贡献的追求。所谓"乐群"，是指"具优美和乐之情操及共同协作之精神"④，即有高尚情操和群体合作精神，有"利居众后，责在人先"的服务乃至奉献精神。在黄炎培看来，职业教育从内涵上看，应包括职业知识的学习、技能的训练与职业道德的培养两方面，缺一不可。离开职业道德的培养，职业教育也就失去方向。他曾反复指出人们认识上的一个误区，即认为职业教育是为了个人一己谋生的，而正确的理解是"不仅是为个人谋生的，并且是为社会服务的"⑤。职业教育的"第一要义，即'为群服务'"⑥。

黄炎培重视职业道德教育，首先是出于他对职业教育培养目标的设想。在中华职业学校成立15周年纪念会上，他号召学生人人都要做一个"复兴国家的新国民"，"人格好，体格好，……有

---

① 《职业教育该怎么样办》，中华职业教育社编：《黄炎培教育文选》，上海教育出版社1985年版，第194页。
② 黄炎培：《中华职业教育社宣言》，《教育杂志》第9卷第7号，1917年。
③ 黄炎培：《心远心影》，《蜀南三种》，国讯书店1941年。
④ 潘文安：《最近之中华职业学校》，《新教育评论》第3卷第18期。
⑤ 黄炎培：《职业教育》，《新教育》第5卷第3期。
⑥ 黄炎培：《河车记》，《断肠集》，生活书店1936年版，第96页。

一种专长,为社会国家效用"①。所谓"人格好",即有"高尚纯洁之人格"、"博爱互助之精神"、"侠义勇敢之气概"、"刻苦耐劳之习惯"、"坚强贞固的节操",献身于国家和民族的生存事业。其次是出于他对职业教育社会职能的认识。他认为,职业教育是增加社会物质财富、调整社会人际关系的手段。人们对所从事职业的理解、热爱和兴趣,是激发其责任心、事业心、创造力的动力;个人良好的道德情操,将有助于人们在工作和生活中的和谐与有效合作。其三是出于他对传统教育观念的反思。职业教育是培养农工商各业的劳动、技术人才,但中国传统社会向以"读书做官"为荣,以"读书谋事"为耻。重士而轻农工商的心理当时依然存在。黄炎培将此种社会观念喻为"职业教育之礁",意欲扫除之。他反复告诫青年,"人生必须服务,求学非以自娱";只要有益于社会,"职业平等,无高下,无贵贱";求学与求事不是两橛,如能相互贯通,"其乐无穷"。②

"敬业乐群"的职业道德教育思想,贯穿于黄炎培职业教育的实践。这不仅在中华职业学校以之为校训,而且在教育和教学的每一个环节都努力体现。

作为中国近现代职业教育的先行者,黄炎培及其职业教育思想开创和推进了中国的职业教育事业;其平民化、实用化、科学化和社会化特征,也丰富了中国的教育理论,并对 20 世纪二三十年代中国教育改革产生了巨大的影响。

## 第八节　陈鹤琴的教育思想

陈鹤琴是中国近代学前儿童教育理论和实践的开创者。他一生致力于从中国国情出发,学习和引进西方教育思想和方法,建设有民族特色的中国现代儿童教育。他倡导"活教育",为改革传统教育提出了极有价值的思路。

### 一、生平与"活教育"实验

陈鹤琴(1892—1982 年),浙江上虞人,出身于一个逐渐败落的小商人家庭。自幼丧父,即知勤奋自励,且聪明颖悟。8 岁入塾读书,14 岁入杭州教会学校蕙兰中学,始接受新式教育;中学毕业后,1911 年春先入上海圣约翰大学,秋考入北京清华学堂高等科;在清华期间,曾创办清华校役补习夜校以及与清华相邻的成府村义务小学。

1914 年夏,陈鹤琴从清华毕业,获取留美奖学金。同船赴美的,还有后来与他结下同志情谊的陶行知。在船上,经历了学教育——学医学——学教育的思想反复。在美国,先入霍普金斯大学,得文学士学位;后入哥伦比亚大学师范学院,就学于克伯屈、桑代克等。1918 年,获教育学硕士学位,并转攻心理学博士。适逢南京高等师范学校赴美物色教师,遂应邀返国。

陈鹤琴

1919 年 9 月,始任教南京高师,授教育学、心理学和儿童心理学。之后的 8 年里,是其奠定事业基础和形成教育思想的时期。其间,投身教育改革,译介西方新理

---

① 黄炎培:《职业教育怎么样办》,《中华职业学校成立十五周年特刊》。
② 黄炎培:《职业教育之礁》,《教育与职业》第 41 期。

论、新方法,并通过对长子陈一鸣的追踪研究,力行观察、实验方法,探索中国儿童心理发展及教育规律;同时创办了中国第一所实验幼稚园——鼓楼幼稚园,进行中国化、科学化的幼儿园实验,总结并形成了系统的、有民族特色的学前教育思想。

1927年6月起,先后任南京教育局第二科科长,负责小学教育;上海工部局华人教育处处长。

20世纪30年代末,提出教师如何"教活书,活教书,教书活"?学生如何"读活书,活读书,读书活"?在总结自己以往教育实践和思想的基础上,明确提出"活教育"主张。1940年春,应江西省政府主席之邀,来到江西泰和,筹建省立实验幼稚师范学校,并附设小学和幼稚园,以及校办农场,开展"活教育"实验;1941年1月,创办《活教育》杂志,标志着有全国影响的"活教育"理论的形成和"活教育"运动的开始。1942年初,幼师附设婴儿园。1943年春,幼师改为国立幼稚师范学校,并增设专科部。"活教育"实验已形成包括专科部、幼师部、小学部、幼稚园、婴儿园五个部门的幼儿教育体系,并在教育目标、教学原则与方法、德育原则、课程与教学大纲等方面进行了改革,造就了一所有崭新气象的新型学校。

1945年秋,被任命为上海市教育局督导处主任督学,获准将幼师专科部改为国立幼稚师范专科学校迁来上海。年底,又创办上海市立幼稚师范学校,后改为上海市立女子师范学校并附设附小、附幼。兼任幼专、幼师两校校长,继续"活教育"实验。

"活教育"是陈鹤琴毕生为之奋斗的目标。新中国建立后,曾一度因此受到不公正对待。但是,他对教育事业的贡献不仅为后人所铭记,还成为当今教育改革的宝贵借鉴。其著作编为《陈鹤琴教育文集》。

### 二、"活教育"的目的论

陈鹤琴提出"活教育"的目的是:"做人,做中国人,做现代中国人"。这个看似简单直白的命题,却有着十分深刻的思想和时代内涵。有感于民族的生存危亡,有感于中国传统教育的弊失,他曾痛切地说:生而为人、生而在中国、生而在现代中国,究竟有几个人真正明白做"人"、做"中国人"、做"现代的中国人"呢?"做'人'不易做,做'中国人'不易做,做'现代中国人'更不易做"[①]。陈鹤琴从抽象到具体三个逐一递进、逐一包含的层次,论述其"活教育"的目的论。

"做人"是"活教育"最为一般意义的目的。陈鹤琴认为,人之所以区别于动物就在于人的社会性,自有人类历史以来,个人都难以离开社会而独立。如何建立起完美的人际关系,借以参与生活,控制自然,改进社会,追求个人及人类的幸福,便是一个"做人"的问题。所以,"活教育"提倡学习如何做人,如何求社会进步、人类发展。作为一个人,他必须热爱人类,不论国籍、种族、阶级和宗教;他必须热爱真理,以真理为至高无上,乃至不惜一切捍卫真理。前者体现了对人类所有个体的生命价值的重视和珍惜,后者体现了对人类共同生活准则的确认和维护,而教育的目的在于帮助形成人的上述两方面意识。学会"做人",是个体参与社会生活、增进人类全体,同时也是个体幸福的基础。

但是,"做人"毕竟仍嫌抽象,因为人总是生活在特定的社会历史环境中的。因此,陈鹤琴进而提出"活教育"的深一层目的——"做中国人"。他说:"今天我们生在中国,是一个中国人,做一

---

① 《活教育要怎样实施的》,北京市教育科学研究所编:《陈鹤琴全集》第四卷,江苏教育出版社1991年版,第356—357页。

个中国人与做一个别的国家的人不同。"①不同在何处呢？不同在于：生活在这一国度里的人们，共同拥有光荣的历史；生长在这一块国土上的人们，其命运息息相关。做一个中国人，他要懂得爱护这块生养自己的土地，爱自己国家长期延续的光荣历史，爱与自己共命运的同胞。并且，拥有这份情感的中国人，应该团结起来，为同一个目标：提高中国在世界各国中的地位，为国家的兴旺发达而努力！

"做中国人"体现了"活教育"目的的民族特征，而陈鹤琴进一步提出"做现代中国人"，则使"活教育"目的进而体现时代精神，因此更为具体。直至"活教育"提出的20世纪40年代，中华民族历经一个世纪对帝国主义侵略的抗争，非但未能摆脱列强欺侮和压迫，反而受蹂躏更甚；中国引进西方先进的思想、文化、教育，并实行现代学校教育数十年，但社会和民众的落后状况仍未改观。救国图强和科学民主启蒙依旧是中华民族求得自新的奋斗内容，而这，又需由"现代中国人"来承担。针对中华民族所面对的严峻使命，反思中华民族的优点与缺陷，陈鹤琴赋予"现代中国人"五方面要求：

第一，"要有健全的身体"。为了改变身体羸弱、缺乏活力的民族传统身心面貌，摘除"病夫"帽子，变只重心的教育为身心并重的教育，以健全的身体而为道德实现、学问追求和美满人生的基础和保证，并"应付现代中国艰巨的事业"。

第二，"要有建设的能力"。长期的外侮和内乱，造成中国"破坏多于建设"，百废待兴，急需建设。学校迫切需要培养学生的建设观念和建设能力，通过让学生在各种校内外活动和劳动中亲自动手，学习建设本领，体会建设的艰难和必需，以适应国家建设需要。

第三，"要有创造的能力"。近数百年的专制统治和以科举为中心的教育，扼制了民族素有的创造力，造成因循苟且的习惯。教育固需珍惜和诱导儿童本性中潜藏的创造欲望，以培养其探索和创造能力。

第四，"要能够合作"。缺乏团体性，不善合作，是近代社会中国国民性表现出的严重弱点，以致为人逐一击破。教育即需训练人自小具有团结合作精神，能舍小我成全大我，舍一己之个体成全国家民族之大体。尤其要紧的是，团体的形成不是靠专制力量的强聚，而是通过民主力量，靠个体内的高度的自觉认同。

第五，"要服务"。基于对人社会性的认识，通过教育，克服人的利己本能，养成儿童服务社会的崇高德性，懂得服务，善于服务，否则就是失败的教育，也使人与动物相去不远。

"活教育"的目的论从普遍而抽象的人类情感和认识理性出发，逐层赋予教育以民族意识、国家观念、时代精神和现实需求等涵义，使教育目标逐步具体，表达了陈鹤琴对人的发展、教育与社会变革的追求。

### 三、"活教育"的课程论

"大自然、大社会都是活教材"，是陈鹤琴对"活教育"课程论的概括表述。他还说："活教育的课程是把大自然、大社会做出发点，让学生直接向大自然、大社会去学习。""去向活的直接的'知

---

① 《活教育的目的论》，北京市教育科学研究所编：《陈鹤琴全集》第五卷，江苏教育出版社1991年版，第63页。

识宝库'探讨研究。"①他的主张,是针对以书本为主的传统教育而发的。他指出,传统的课堂教学将书本看作唯一的教育资料,学生谓之读"书",教师谓之教"书",把读书和教书当成了学校教育活动的全部内容。人的观念被书本严重地束缚住了,学校成为"知识的牢狱"。传统教育的严重弊端,唯有提倡"活教育",到大自然、大社会中去寻找"活教材",才能加以摒弃。

陈鹤琴所谓"活教材",是指取自大自然、大社会的"直接的书",即让儿童在与自然、社会的直接接触中,在亲身观察中获取经验和知识。如给孩子讲鱼,就要让他看到真正的鱼,观察鱼的呼吸、游动,甚至解剖鱼体,研究鱼的各部。这样获得的知识不仅真实、亲切,而且激发了儿童的学习兴趣和研究精神。

需要说明的是,陈鹤琴尽管主张从自然和社会中直接获知,但他并未绝对强调经验,决然否定书本。尽管"活的"和"直接的"知识要"大大优于"书本知识,但只要恰当地用作参考资料,"书本是有用的",问题是不能像通常那样"把书本做为学校学习的唯一材料"②。传统教育造就了不少菽麦不辨、妍媸不分的书呆子,并不是因为读了书才成为书呆子的,而只是因为一味读书而不去读大自然、大社会这本"真正的书"。因此,"活教育"的课程论并不摒弃书本,只是强调为历来教育所忽视的活生生的自然和社会,而书本知识则应是现实世界的写照,应能在自然和社会中得到印证,并能够反映儿童的身心特点和生活特点。陈鹤琴追求的是让自然、社会、儿童生活和学校教育内容形成一个有机联系的整体。

既然"活教育"的课程内容应当来源于自然、社会和儿童的生活,其组织形式也必须符合儿童的活动和生活的方式,符合儿童与自然、社会环境的交往方式。早在陈鹤琴从事幼稚园教育实践时就曾提出,儿童生活是整个的,在学前和小学阶段,他们还未形成学科概念,如按学科分类的形式组织课程,必将与儿童的生活和认识习惯相背离。因此,"活教育"的课程打破惯常按学科组织的体系,采取活动中心和活动单元的形式,即能体现儿童生活整体性和联贯性的"五指活动"("五组活动")形式,也即:儿童健康活动(包括卫生、体育、营养等),儿童社会活动(包括史地、公民、时事等),儿童科学活动(包括生、数、理、化、地等),儿童艺术活动(包括音、美、工等),儿童文学活动(包括读、写、说、译等)。③

按"五指活动"的设想,儿童活动代替课堂教学成为学校教育的基本形式,它追求的是完整的儿童生活。而以"五指"作比喻,是因为这五种活动犹如一只手的五根指头,是相联的整体。

### 四、"活教育"的教学论

"做中教,做中学,做中求进步",是"活教育"教学方法的基本原则。陈鹤琴认为,"做"是学生学习的基础,因此也是"活教育"教学论的出发点。它强调儿童在学习过程中的主体地位和在活动中直接经验的获取。

陈鹤琴依据儿童心理学和教育学原理,结合本人的教育经验,提出17条"活教育"的教学原则,即:凡是儿童自己能够做的,就应当教儿童自己做;凡是儿童自己能够想的,应当让他自己想;

---

① 《活教育要怎样实施的》,北京市教育科学研究所编:《陈鹤琴全集》第四卷,江苏教育出版社1991年版,第364—365页。
② 《活教育》,北京市教育科学研究所编:《陈鹤琴全集》第六卷,江苏教育出版社1991年版,第301页。
③ 《活教育要怎样实施的》,北京市教育科学研究所编:《陈鹤琴全集》第四卷,江苏教育出版社1991年版,第374—389页。

你要儿童怎样做,就应当教儿童怎样学;鼓励儿童去发现他自己的世界;积极的鼓励胜于消极的制裁;大自然、大社会是我们的活教材;比较教学法;用比赛的方法来增进学习的效率;积极的暗示胜于消极的命令;替代教学法;注意环境,利用环境;分组学习,共同研究;教学游戏化;教学故事化;教师教教师;儿童教儿童;精密观察。[①] 这些教学原则体现出鲜明的特点。

首先,强调以"做"为基础,确立学生在教学活动中的主体性。陈鹤琴认为,"做"是学生学习的基础,因此,凡儿童自己能够做的,就应当让他自己做。这是由于没有一个儿童不好动,也没有一个儿童不喜欢自己做的。而且,做了就与事物发生直接接触,促使他去了解事物发生发展的过程,认识事物的性质。只有在做中才能发生兴趣,兴趣愈浓,做事能力就愈强;只有自己做,才会有助于自己想,因为儿童的思想"原是一种动作";只有通过做,儿童才能去探讨和发现真的知识、真的世界。所以说:"一切的学习,不论是肌肉的,不论是感觉的,不论是神经的,都要靠'做'的。"[②]而在教学中鼓励儿童自己去做、去思想、去发现,是激发学生主体性最有效的手段。

其次,陈鹤琴看到儿童的"做"往往带有盲目性,因此在鼓励学生积极"做"的同时,教师要进行有效的指导。但指导不是替代,更不是直接告知结果,而是运用各种心理学、教育学规律予以启发、诱导,即:要用积极的鼓励代替消极的制裁,"活教育"的积极取向体现在不是禁止儿童不做这、不做那,而是告诉他做这样、做那样,以此控制其活动与学习;要用积极的暗示代替消极的命令,不是生硬地教儿童这样做、那样做,而是通过语言暗示、图文暗示、动作暗示,告诉他怎样做,求得彻底的、长远的效果;要用比赛的方法增进学习效率,即利用儿童好比赛、竞争的心理,通过与别人比赛和与自己比赛,去增进儿童的兴趣与学习效率;要用比较教学法教学,即通过比较,使儿童对事物得到格外正确的认识、格外深刻的印象和格外持久的记忆;要用替代教学法教学,即运用兴趣迁移原理,杜绝不良兴趣,并将已发生的不良兴趣引导到积极方面;要用游戏化和故事化教学。总之,"活教育"的教学注重从各个方面去调动学生的学习积极性,意在破除"以威以畏来约束儿童"的"灌输"的教学法。

陈鹤琴还归纳出"活教育"教学的四个步骤,即实验观察、阅读思考、创作发表和批评研讨。

实验观察是教学过程的第一步骤,也是最重要的一个步骤。从直接经验的要求出发,实验观察是获得知识的基本方法,也是儿童未来进行科学发明的钥匙。

实验观察虽是学习的基础,但它不能排斥间接知识,因为并不是所有事物都可以有条件进行实验观察,凭感性经验也不能彻底了解事物,所以间接知识和直接知识是互为补充、缺一不可的。通过阅读思考,就可以弥补实验观察的不足。

儿童从实验观察和阅读思考中获取的直接、间接的知识经验,需要通过加工整理,以故事、报告、讲演的形式表达出来,有助于培养和体现儿童的主动性和创造力。

儿童在学习中得到的结论不可能完全正确,就需要通过集体和小组讨论,共同研究,以便互相启发和鼓励,臻于完善。

四个步骤是教学过程的一般程序,不是机械的、割裂的。它们同样体现了以"做"为基础的学生主动学习。

---

[①]《活教育的教学原则》,北京市教育科学研究所编:《陈鹤琴全集》第五卷,江苏教育出版社1991年版,第74—131页。
[②]《活教育的教学原则》,北京市教育科学研究所编:《陈鹤琴全集》第五卷,江苏教育出版社1991年版,第76页。

"活教育"思想明显地受到杜威实用主义教育思想的影响,陈鹤琴对此也毫不讳言。但"活教育"如同陶行知的"生活教育"理论一样,吸取了杜威实用主义教育的合理内核,即批判传统教育忽视儿童生活和主体性,力图去除以学校和课堂为中心而脱离社会生活、以书本知识为中心而脱离实际和实践、以教师为中心而漠视学生的存在等弊端,同时也充分考虑到中国的时代背景和国情。这是一种有吸收、有改造、有创新的教育思想。"活教育"是对中国现代教育产生过重要影响的教育思想,其精神至今都未过时,不少观点对当今的教育改革仍然富有启发。

## 第九节 陶行知的教育思想

陶行知是中国现代杰出的人民教育家、大众诗人和坚定的民主战士。他以毕生奉献于教育,勇于批判和改革旧教育,为中国探索民族教育的新路。他的教育思想是一种具有创造性并不断发展、不断进步的教育思想,而其生活教育思想则贯穿其始终。

### 一、生平与教育活动

陶行知

陶行知(1891—1946年),原名文濬,后改知行、行知,安徽歙县人。少时曾断续就学于旧式塾馆,并刻苦自学;1906年入教会崇一学堂读书,开始接受西方教育;1910年考入南京汇文书院预科,不久转入金陵大学文科,改名"知行",信奉孙中山三民主义和自由、平等思想;1914年以优异成绩毕业赴美留学。初入伊利诺大学攻市政学,获政治学硕士学位,后转入哥伦比亚大学师范学院攻读教育,得到著名教授杜威、孟禄的赏识,并与克伯屈等过从甚密。于1917年获哥伦比亚大学都市学务总监资格文凭,旋应南京高等师范学校之聘回国,历任教授、教务主任兼教育科主任,讲授教育学、教育行政、教育统计等课程,介绍实用主义教育理论。1922年,中华教育改进社成立,他任主任干事。南京高师并入东南大学,任教育科主任。1923年,辞去东南大学教职,与朱其慧、晏阳初在北京发起组织中华平民教育促进会,先后赴河南、浙江推行平民教育运动。认为,平民教育是改造环境、把握国家命运的重要方法。幻想利用平民教育打破贫富贵贱,"创造一个四通八达的社会"。

1926年,陶行知为中华教育改进社起草《改造全国乡村教育宣言书》,提出"筹募一百万元基金,征集一百万位同志,提倡一百万所学校,改造一百万个乡村"。1927年春,在南京和平门外晓庄创办南京市试验乡村师范学校,后改名晓庄学校,确立"生活即教育"、"社会即学校"、"教学做合一"的生活教育理论,并亲自实验,希望从乡村教育入手,寻找改造中国教育和社会的出路,从而成为中国现代教育史上提倡乡村教育、兴办乡村学校的先行者。1930年晓庄学校遭当局查封,因受通缉而亡命日本。

陶行知于1931年春回国,从事科学普及教育,开展"科学下嫁"活动,编辑了许多科普读物。1932年,在上海郊区大场创办山海工学团(取宝山和上海的第二个字),提出"工以养生,学以明生,团以保生"①,力图将工场、学校、社会打成一片,以达到普及教育之目的。1934年,创办《生活

---

① 中央教育科学研究所编:《陶行知教育文选》,教育科学出版社1981年版,第326页。

教育》半月刊,任主编;同年7月,发表《行知行》文章,正式改名"行知",以示人生态度和学术追求。

1935年"一二·九"运动爆发后,陶行知积极参与抗日救亡运动。1936年1月,发起国难教育社,推行国难教育;同年7月,赴英国伦敦参加国际新教育会议,并受全国教育联合会委托,作为民国外交使节,访问亚非欧美28国,宣传中国的抗日,以求国际社会支持。1938年夏回国,被选为国民参政员,积极呼吁战时教育;同年12月,生活教育社在广西桂林正式成立,陶行知被推为理事长。1939年7月,为了收容战争中流离失所的难童,培养有特殊才能的幼苗,在重庆创办育才学校,苦心兴学,以"新武训"自比,培养了一批艺术人才,其中不少成为新中国的干部。

1945年,陶行知参加中国民主同盟首次代表大会,当选为中央常务委员、教育委员会主任委员,主编《民主教育》月刊。1946年1月,在重庆创办社会大学,任校长,推进民主教育运动;同年4月,返回南京、上海,为反对专制独裁、争取和平民主而奔走呼号;同年7月25日,因劳累过度突发脑溢血,在上海逝世。

中共中央驻上海办事处负责人周恩来致中共中央电中评价道:陶行知先生的去世,"是中国人民又一次不可补偿的损失。十年来,陶先生一直跟着毛泽东同志为代表的党的正确路线走,是一个无保留追随党的党外布尔什维克。"[①]1946年8月11日,延安举行隆重追悼会,毛泽东题写挽辞:"痛悼伟大的人民教育家陶行知先生千古!"陆定一代表中央所作悼词中说:"陶行知所走的道路,是正确的,这正是伟大的民主主义者鲁迅先生、邹韬奋先生等所走的同样的道路。"[②]

## 二、"为中国教育寻觅曙光"

作为一位伟大的人民教育家,陶行知最可贵的品质是把自己的一切毫无保留地贡献给祖国和人民的教育事业,"捧着一颗心来,不带半根草去"。他热爱人民,热爱儿童,诚心诚意为劳苦大众获得教育而殚心竭虑;他勇于探索民族的教育之路,不断求索,不断进步;他不满足于培养未来的主人翁,而让儿童做"现在的主人",充分尊重他们的创造性,甚至不耻于以儿童为师。陶行知的精神堪为教师的表率。

### (一)"为了苦孩,甘为骆驼"

陶行知的可贵,在于他一生的教育奋斗,都为着一个目的:真心诚意为使劳苦大众及其子女能够受教育。这成为他不断奋斗、不断前进的原动力,也是他办教育的根本原则。

陶行知为人民大众办教育可以说是做到了全心全意。从20年代初起直到去世,陶行知先后提倡和推行平民教育、乡村教育、普及教育,创办了晓庄学校、山海工学团、育才学校、社会大学。虽然口号在变,形式在换,但中心思想始终没有任何改变,这就是如何使教育普及,如何使没有机会受教育的人可以得到教育。于是,就有了"科学下嫁"运动、山海工学团以及报童工学团、流浪儿工学团和"小先生制"等中国现代教育史上的独特举措,就有了专门培养有特殊才能的劳苦民众子弟的育才学校。站在人民大众尤其是劳苦大众的立场上思考和解决他们的教育问题,是陶行知教育思想和实践的一大特点,也是他区别于同时代其他教育家的地方。

陶行知为人民大众办教育,可以说是做到了忘我无私。身为留洋学生,曾任大学教授、系主

---

[①] 周恩来:《对进步朋友应多加关照》,《周恩来选集》上卷,人民出版社1980年版,第238页。
[②] 陆定一:《悼人民教育家陶行知先生》,《陶行知先生四周年祭》上集,新北京出版社1950年版,第6页。

任、教务主任,当认识到作为平民的80%以上的农民生活在缺少教育的农村,宁可不当大学教授,到乡下去办晓庄师范,向农民"烧心香",为改造农村培养乡村教师,还拒绝了以后一次次升迁机会。他曾将编写《平民千字课》所得版税10000元全部献给平民教育之用,曾将所有1000元积蓄用于创办晓庄师范学校。办育才学校时,他拒绝国民党"收为国立"的劝诱,坚持独立办学,耗尽个人资财,曾在报上登"卖艺"广告,以写字、讲演、卖文为生。有人嘲讽陶行知从大学教授到小学校长是日益不济,"步步下降"。他表示以趋炎附势、无所作为的飞黄腾达为耻,而对为国家、为百姓服务的"步步下降"感到"很愉快"。同情民众、为百姓办教育的教育家在中国现代教育史上并不少见,但像陶行知这样的无私奉献却不多见。

对陶行知的这种教育精神,郭沫若在《〈行知诗歌集〉校后记》中赞扬道:"他的人民意识觉醒得比任何人快而且彻底。"①茅盾也说:"他的教育理论在我看来,可以用一句话来概括:适应人民的要求而又提高人民的要求。"晓庄师范、山海工学团、育才学校正是实验他理论的事业。②陶行知在称赞《新华日报》的《新闻大学》一诗中写道:"跟人民学习,向人民报告,为人民服务,代人民呼号,教人民进步,作人民向导……"③这恰可作为他本人精神的写照。

(二)"敢探未发明的新理"

陶行知的可贵,还在于他具有开拓创新精神,富于理论创造的热情,不断改变教育观念,不断探索新的教育问题,孜孜不倦地寻找适合于中国实际的教育之路。他认为,中国教育的主要弊病有二:"沿袭陈法"和"仪型他国",前者是因循守旧的"老八股",后者是照搬照抄的"洋八股"。他赋予自己的使命是破除"八股",创造中国的新教育。

陶行知认为,中国教育已经到了山穷水尽的地步,必须寻找一条生路。当他回国后在南京高师任教时,看到学校普遍存在"先生只管教,学生只管受教",以及教师的教和学生的学严重脱节的现象,于是主张将南京高师全部课程的"教授法"改为"教学法",以突出教与学的联系和教的服从、服务于学。这一建议受到习惯因循的保守势力的反对,曾在南京高师校务会议上辩论两个小时而未获通过。但是,"五四"以后,随着社会观念的更新,"教学法"终被教育界所接纳,在突破传统教学思想和教育观念上迈进一大步,这证明陶行知破除落后传统的先著一鞭。1919年底,他又提出兼招女生的建议,使南京高师与北大一样,成为首开男女同学风气的国立大学之一。不仅仅是破除传统,陶行知还善于创造性地利用传统中有益于今的成分。儒家经典《大学》中有:"大学之道,在明明德,在亲民,在止于至善。"他将其改为:"大学之道:在明民德,在亲民,在止于人民之幸福。"④这赋予了了为人民服务的现代民主思想。不断地破旧,成为陶行知教育实践的一大特色。

不断创新,也伴随着陶行知教育实践的始终。在中国这样一个有着独特政治、经济环境的穷国普及民众教育,无先例可循,无陈法可依,他思考的始终是如何用穷办法给穷人办教育。中国大而贫穷,地区间差异悬殊,陶行知"发现了适合中国国情的多轨学制"⑤。在《中国普及教育方案

---

① 华中师范学院教育科学研究所主编:《陶行知全集》第4卷《附录》,湖南教育出版社1985年版,第820页。
② 生活教育社编:《在人民立场》,《陶行知先生四周年祭》上集,新北京出版社1950年版,第68页。
③ 华中师范学院教育科学研究所主编:《陶行知全集》第4卷,湖南教育出版社1985年版,第708页。
④ 陶行知:《社会大学运动》,华中师范学院教育科学研究所主编:《陶行知全集》第3卷,湖南教育出版社1985年版,第586页。
⑤ 董宝良主编:《陶行知教育学说》,湖北教育出版社1993年版,第47页。

商讨》中,他曾提出:"小学校或全日,或半日,或二小时,或一小时,依据各地情形而定,不拘一法。"①这样的设想可以因陋就简,因地制宜,被实践证明是有效的。为了改变农村缺少教育的落后面貌,陶行知探索了乡村师范教育的新模式,晓庄师范无论在培养目标、课程设置、教学方法、学生管理等方面都是崭新的。其中如"艺友制师范教育"的创见,乃是有见于一般师范教育中学理与实习的分离和各行各业师徒制的实效,而提出的教师培养的有效模式。他说:"学做教师有两种途径:一是从师,二是访友。跟朋友操练比从师来得格外自然,格外有效力。所以要想做好教师,最好是和好教师做朋友。凡用朋友之道教人学做教师,便是艺友制师范教育。"②要通过与有经验的教师交朋友、当助手,在观摩、体验、实践中加快农村教师的培养。此外,提倡"即知即传"的"小先生制"、生活教育理论等,都是陶行知探寻民族教育之路的创造。

### (三)"小孩也能做大事"

陶行知的可贵,又在于对儿童个性和创造精神的充分尊重。他曾说,教师要进行自我教育就要请"第一流的教授",即有真知灼见,肯说真话,敢驳假话,不说诳话的人。因此,在所有的老师中,有"两位最伟大的老师",一是老百姓,二是孩子们。

陶行知尊重儿童,表现在不压制他们的兴趣、个性,尤其表现在他真心地视儿童为一种重要的教育力量,并努力发挥其创造作用。晓庄师范被国民党当局封闭后,学校教师和师范生都不能回晓庄小学任教,晓庄小学的小学生自己组织起来,推举同学做校长,自己办,自己教,自己学,称为"儿童自动学校"。陶行知得知后,赋诗祝贺:"有个学校真奇怪,大孩自动教小孩。七十二行皆先生,先生不在学如在。"③小朋友回信说:这首诗有一个字要改。大孩教小孩,难道小孩不能教小孩?大孩能自动,小孩难道不能自动?何况大孩教小孩有什么奇怪?陶行知不仅从善如流,将诗改为"小孩自动教小孩",还称赞说"黄泥腿的小孩改留学生的诗",破天荒地证明小孩有创造力!

小孩不仅能教小孩、甚至教大人,在陶行知看来,儿童还是中国实现普及教育的重要力量。他提出的"即知即传"的"小先生制",就体现了这一认识。"即知即传"的"小先生制"是指人人都要将自己认识的字和学到的文化随时随地教给别人,而儿童是这一传授过程的主要承担者。尤其重要的是"小先生"的责任不只在教人识字学文化,而在"教自己的学生做小先生",由此将文化知识不断延绵推广。陶行知认为,"小先生制"是为解决普及教育中师资奇缺、经费匮乏、谋生与教育难以兼顾、女子教育困难等矛盾而提出的,"穷国普及教育最重要的钥匙是小先生"④。

对儿童在教育中的角色,陶行知提出了自己全新的认识。他认为,在孩子们的证明下,"时代是分成了两个";而教师最大的成功和快乐,是造就出值得自己崇拜的学生。他对儿童问题的认识,同样显示了他的教育探索和创造,他是在为未来社会造就"民主的小先生"。

---

① 华中师范学院教育科学研究所主编:《陶行知全集》第2卷,湖南教育出版社1985年版,第809页。
② 《艺友制师范教育答客问》,华中师范学院教育科学研究所主编:《陶行知全集》第2卷,湖南教育出版社1985年版,第54页。
③ 《自动学校小影》,华中师范学院教育科学研究所主编:《陶行知全集》第4卷,湖南教育出版社1985年版,第186页。
④ 《怎样指导小先生》,华中师范学院教育科学研究所主编:《陶行知全集》第2卷,湖南教育出版社1985年版,第659页。

### 三、生活教育理论

"生活教育"是陶行知教育思想的核心,集中反映了他在教育目的、内容和方法等方面的主张,反映了陶行知探索适合中国国情和时代需要的教育理论的努力。

（一）生活教育理论的形成

重视教育与生活的联系,是陶行知从瑞士近代著名教育家裴斯泰洛齐那里受到的启发。早在1826年,在裴斯泰洛齐所著《天鹅之歌》中,就曾提出:"生活具有教育的作用。这是指导我在初等教育方面的一切实验的原则。"并认为儿童在德育、智育、工艺和艺术等技能训练方面,"也是从生活中受到教育"①。陶行知曾表示过:世界上的大教育家如裴斯泰洛齐等的成就,"无不在试验,无不在发明",并愿成为中国"试验之先河"②。而给陶行知直接影响的,是美国教育家杜威。杜威力图变革传统教育,融合教育与社会之间的联系,提出"教育即生活"、"学校即社会",以使学校和社会适应资本主义发展的需要。在强调沟通学校与社会、教育与生活这点上,对陶行知影响至深。陶行知曾自述:"'教育即生活'是杜威先生的教育理论,也是现代教育思潮的中流。我从民国六年起便陪着这个思潮到中国来。八年来的经验告诉我说:'此路不通。'在山穷水尽的时候才悟到教学做合一的道理。所以教学做合一是实行'教育即生活'碰到墙壁头把头碰痛时所找出来的新路。'教育即生活'的理论至此乃翻了半个筋斗。……没有'教育即生活'的理论在前,绝产生不了'教学做合一'的理论。但到了'教学做合一'理论形成的时候,整个教育便根本改变了方向。这个新方向是'生活即教育'。"③可见,陶行知的"生活教育"理论是对杜威教育思想的吸取和改造。

陶行知的这一改造,是在充分认识中国教育传统和现实的基础上完成的。陶行知认为,杜威的"教育即生活"是把社会生活引入学校,是在鸟笼里人造一个树林,生活已失其真。而中国的情况是实行新教育30年,依然换汤不换药,"不过把'老八股'变成'洋八股'罢了。'老八股'与民众生活无关,'洋八股'依然与民众生活无关"。真正的生活教育必须是"适应于中国国民全部生活之需要"④的,即提倡一种把鸟儿从鸟笼放回树林的教育。所以,陶行知的生活教育理论的提出,不仅考虑了一般传统教育脱离社会生活的状况,尤其是考虑到了中国学校教育的十分不普及和民众极其缺乏教育的现实。

1918年,陶行知就有了生活教育的思想。他于1919年发表《教学合一》,1922年形成教学做合一的教育认识,并在1925年一次演讲中明确提出教学做合一的原理。他于1919年在以《生活教育》为题的演讲中,把生活教育定义为:"生活的教育"、"为生活而教育"、"为生活的提高、进步而教育"⑤。他于1921年在《活的教育》的演讲中,解释生活的"活"的两层涵义:一是死活的"活",二是生活的"活"。1927年起,他在晓庄师范学校先后做了《生活工具主义之教育》、《教学做合

---

① 《天鹅之歌》,张焕庭主编:《西方资产阶级教育论著选》,人民教育出版社1964年版,第208、211页。
② 《教育研究法》,华中师范学院教育科学研究所主编:《陶行知全集》第1卷,湖南教育出版社1985年版,第68页。
③ 《生活即教育》,陶行知:《教学做合一讨论集》,商务印书馆1931年版。
④ 《生活工具主义之教育》,华中师范学院教育科学研究所主编:《陶行知全集》第2卷,湖南教育出版社1985年版,第76页。
⑤ 《生活教育漫忆》,华中师范学院教育科学研究所主编:《陶行知全集》第3卷,湖南教育出版社1985年版,第623页。

一》、《在劳力上劳心》、《生活即教育》等演讲,将"教学做合一"、"社会即学校"、"生活即教育"形成完整的理论体系。其内涵为:"从定义上说:生活教育是给生活以教育,用生活来教育,为生活向前向上的需要而教育。从生活与教育的关系上说:是生活决定教育。从效力上说:教育要通过生活才能发生力量而成为真正的教育。"①

（二）"生活即教育"

"生活即教育"是陶行知生活教育理论的核心。对此,陶行知有过很多论述,其内涵十分丰富。首先,生活含有教育的意义。陶行知说:"教育的根本意义是生活之变化。生活无时不变即生活无时不含有教育的意义。因此,我们可以说:'生活即教育'。"②为什么生活具有教育的作用?陶行知认为,这是由于生活中的矛盾使然。他说:"受过某种教育的生活与没有受过某种教育的生活,磨擦起来,便发出生活的火花,即教育的火花,发出生活的变化,即教育的变化。"所以说,"生活与生活一磨擦便立刻起教育的作用。磨擦者与被磨擦者都起了变化,便都受了教育"③。正因为生活的矛盾无时无处不在,生活也就随时随地在发生教育的作用。从生活的横向展开来看,过什么生活也便是在受什么教育,他说:"过康健的生活便是受康健的教育;过科学的生活便是受科学的教育;过劳动的生活便是受劳动的教育;过艺术的生活便是受艺术的教育;过社会革命的生活便是受社会革命的教育。"④"过好的生活,便是受好的教育;过坏的生活,便是受坏的教育……"⑤从生活纵向的发展来看,生活伴随人生始终,他说:"生活教育与生俱来,与生同去。出世便是破蒙,进棺材才算毕业。"⑥陶行知主张人们积极投入到生活中去,在生活的矛盾和斗争中去选择和接受"向前向上"的"好生活"。

其次,实际生活是教育的中心。陶行知始终把教育和社会生活联系起来进行考察,认为"生活教育是生活所原有,生活所自营,生活所必需的教育"⑦。生活与教育是一回事,是同一个过程,教育不能脱离生活。教育要通过生活来进行,无论教育的内容还是教育的方法,都要根据生活的需要。他强烈批判以书本、以文字为中心的"老八股"和"洋八股"教育,认为书本和文字不过是生活的工具,书本和文字的教育之过在于把书本和文字当成教育本身,把读书当成教育的本身,以为读书之外无教育,这是大错特错了。因此,要"用生活来教育",通过生活来教育,教育与生活要有高度的一致。试想,如果"过的是少爷生活,虽天天读劳动的书籍,不算是受着劳动教育;过的是迷信生活,虽天天听科学的演讲,不算是受着科学教育;过的是随地吐痰的生活,虽天天写卫生的笔记,不算是受着卫生的教育;过的是开倒车的生活,虽天天谈革命的行动,不算是受着革命的教育。我们要想受什么教育,便须过什么生活"⑧。

---

① 《谈生活教育》,《陶行知教育文选》,教育科学出版社1981年版,第267页。
② 《生活教育》,华中师范学院教育科学研究所主编:《陶行知全集》第2卷,湖南教育出版社1985年版,第633页。
③ 《生活教育之特质》,华中师范学院教育科学研究所主编:《陶行知全集》第3卷,湖南教育出版社1985年版,第26、25页。
④ 《教学做合一下之教科书》,华中师范学院教育科学研究所主编:《陶行知全集》第2卷,湖南教育出版社1985年版,第288页。
⑤ 《生活教育》,华中师范学院教育科学研究所主编:《陶行知全集》第2卷,湖南教育出版社1985年版,第634页。
⑥ 《生活教育》,华中师范学院教育科学研究所主编:《陶行知全集》第2卷,湖南教育出版社1985年版,第634页。
⑦ 《生活教育》,华中师范学院教育科学研究所主编:《陶行知全集》第2卷,湖南教育出版社1985年版,第633页。
⑧ 《生活教育》,华中师范学院教育科学研究所主编:《陶行知全集》第2卷,湖南教育出版社1985年版,第634页。

再次,生活决定教育,教育改造生活。陶行知说:"从生活与教育的关系上说,是生活决定教育。"①一方面,生活决定教育,表现为教育的目的、原则、内容、方法都为生活所决定,是为了"生活所必需"。当我们在提倡民主教育时,它"应该是健康、科学、艺术、劳动与民主组成之和谐的生活,即和谐的教育"②;当我们在中国办教育时,这种教育就应当是为了人民大众的生活需要和幸福解放的教育,如果不是这样,教育就没有存在必要。另一方面,教育又能改造生活,推动生活进步。陶行知说:"教育是民族解放、大众解放、人类解放之武器。"③这说明了教育对社会政治改造的作用,而他本人一生从事教育,就是在培养能够承担改造社会重任的人。教育不仅改造着社会生活,也改造着每个个人的生活,"教育的作用,是使人天天改造,天天进步,天天往好的路上走"④。因此,生活决定教育,教育改造生活,相辅相成。陶行知提示说:"在一般的生活里,找出教育的特殊意义,发挥出教育的特殊力量。同时,要在特殊的教育里,找出一般的生活联系,展开对一般生活的普遍而深刻的影响。把教育推广到生活所包括的领域,使生活提高到教育所瞄准的水平。"⑤

"生活即教育"所强调的是教育以生活为中心,所反对的是传统教育脱离生活而以书本为中心。尽管它在生活与教育的区别和系统的知识传授方面有所忽视,但在破除传统教育脱离民众、脱离社会生活的弊端方面,有十分重要的意义。

### (三)"社会即学校"

"社会即学校"是生活教育理论另一重要主张,是"生活即教育"思想在学校与社会关系问题上的具体化。首先,所谓"社会即学校",是指"社会含有学校的意味",或者说"以社会为学校"⑥。由于到处是生活,到处都是教育,"整个的社会是生活的场所,亦即教育之场所。因此,我们又可以说:'社会即学校。'"⑦有见于"老八股"和"洋八股"教育的脱离民众生活需要,陶行知把没有生活的教育、学校和书本说成是"死教育、死学校、死书本"——与社会隔绝、与民众脱离,仅仅为"有钱、有闲、有面子的人"服务的"死世界"! 他认为,在"学校即社会"的主张下,学校里面的东西仍旧太少了,学校如同鸟笼,学生如同笼中鸟。因此,需要拆除学校与社会之间的"高墙","把学校的一切伸张到大自然里去",把"鸟儿"从鸟笼中解放出来,任其自由翱翔,成为适应生活、融于民众的有用的人。再者,考虑到人民群众缺少教育的实际处境,陶行知说:"课堂里既不许生活进去,又收不下广大的大众……那么,我们只好承认社会是我们的唯一的学校了。马路、弄堂、乡村、工厂、店铺、监牢、战场,凡是生活的场所,都是我们教育自己的场所。"⑧基于"社会是大众惟一

---

① 《谈生活教育——致一位朋友》,华中师范学院教育科学研究所主编:《陶行知全集》第5卷,湖南教育出版社1985年版,第477页。
② 《民主教育》,华中师范学院教育科学研究所主编:《陶行知全集》第3卷,湖南教育出版社1985年版,第570页。
③ 《谈生活教育——致一位朋友》,华中师范学院教育科学研究所主编:《陶行知全集》第5卷,湖南教育出版社1985年版,第477页。
④ 《新教育》,华中师范学院教育科学研究所主编:《陶行知全集》第1卷,湖南教育出版社1985年版,第123页。
⑤ 《〈战时教育〉半月刊方针——致戴伯韬》,华中师范学院教育科学研究所主编:《陶行知全集》第5卷,湖南教育出版社1985年版,第472页。
⑥ 《创造的教育》、《晓庄三岁敬告同志书》,华中师范学院教育科学研究所主编:《陶行知全集》第2卷,湖南教育出版社1985年版,第617、211页。
⑦ 《生活教育》,华中师范学院教育科学研究所主编:《陶行知全集》第2卷,湖南教育出版社1985年版,第633—634页。
⑧ 《生活教育之特质》,华中师范学院教育科学研究所主编:《陶行知全集》第3卷,湖南教育出版社1985年版,第27页。

的学校"这样的认识,陶行知鼓励劳动群众在社会中学习、向社会学习,而他本人先后办各种方便劳动群众及其子弟的学习场所,通过社会的大学校使之受到教育。

其次,所谓"社会即学校",是指"学校含有社会的意味"①。也就是说,学校通过与社会生活结合,一方面"运用社会的力量,使学校进步",另一方面"动员学校的力量,帮助社会进步"②,使学校真正成为社会生活必不可少的组成部分。陶行知主张传统学校必须改造,改造的依据是社会的需要。"学校即社会"其实是一种"半开门"的改良主义主张,是把社会里的东西"拣选几样,缩小一下搬进学校里去";"社会即学校"是拆除学校围墙,依据社会的需要、利用社会的力量、在社会中创建新型的学校,即把工场、农村与学校、社会打成一片的学校。只有这样的学校,才能"成为民主的温床,培养出人才的幼苗"③,也才能产生改造社会的功用。他强调说,"不运用社会的力量,便是无能的教育;不了解社会的需求,便是盲目的教育"④;如果"学校不能运用社会的力量以谋进步,社会也没法吸收学校的力量以图改造"⑤。学校与社会间存在着这样的一种"互济"作用,就教育的角度而言,学校的改造尤显重要。

"社会即学校"扩大了学校教育的内涵和作用,对传统的学校观、教育观有所改变。传统学校与社会生活脱节,学生孤陋寡闻,而以社会为学校,使得教育的材料、教育的方法、教育的工具、教育的环境可以大大地增加,有利于拓展学生的知识,增强学生的能力。"社会即学校",还可以使被传统学校拒之门外的劳苦大众能够受到起码的教育,贯穿了普及民众教育的苦心,同样也值得肯定。

(四)"教学做合一"

"教学做合一"是生活教育理论的又一重要主张,是"生活即教育"在教学方法问题上的具体化。陶行知曾解释说:"教学做合一是生活现象之说明,即是教育现象之说明。在生活里,对事说是做,对己之长说是学,对人之影响说是教。教学做只是一种生活之三方面,而不是三个各不相谋的过程。同时,教学做合一是生活法,也就是教育法。它的涵义是:教的方法根据学的方法;学的方法根据做的方法。事怎样做便怎样学,怎样学便怎样教。教与学都以做为中心。在做上教的是先生,在做上学的是学生。"⑥结合其整个思想看,"教学做合一"包含以下要点。

其一,"教学做合一"要求"在劳力上劳心"。陶行知认为,在传统教育下,劳力者与劳心者是割裂的,造成"田呆子"(劳力者)和"书呆子"(劳心者)两个极端,所以在中国"科学的种子长不出来"。为纠此偏,就必须"(1)教劳心者劳力——教读书的人做工;(2)教劳力者劳心——教做工的

---

① 《创造的教育》,华中师范学院教育科学研究所主编:《陶行知全集》第2卷,湖南教育出版社1985年版,第617页。
② 《实施民主教育的提纲》,华中师范学院教育科学研究所主编:《陶行知全集》第3卷,湖南教育出版社1985年版,第545页。
③ 《实施民主教育的提纲》,华中师范学院教育科学研究所主编:《陶行知全集》第3卷,湖南教育出版社1985年版,第545页。
④ 《教育的新生》,华中师范学院教育科学研究所主编:《陶行知全集》第2卷,湖南教育出版社1985年版,第712页。
⑤ 《攻破普及教育之难关》,华中师范学院教育科学研究所主编:《陶行知全集》第2卷,湖南教育出版社1985年版,第788页。
⑥ 《教学做合一下之教科书》,华中师范学院教育科学研究所主编:《陶行知全集》第2卷,湖南教育出版社1985年版,第289页。

人读书"①。"在劳力上劳心"是指"手脑双挥",将传统教育下劳力和劳心的"两橛子"联接起来,"在劳力上劳心,是一切发明之母,……人人在劳力上劳心,便可无废人"②。

其二,"教学做合一"是因为"行是知之始"。陶行知批评传统教育历来把读书、听讲当成"知之始",并以之为知识的唯一来源,习之既久,学生就"不肯行、不敢行、终于不能行,也就一无所知"③。他认为,行(做)是知识的重要来源,也是创造的基础,身临其境,动手尝试,才有真知,才有创新。他形象地比喻说:"行动是老子,知识是儿子,创造是孙子。"④不仅个人如此,中国的教育也是如此,中国的教育也须从行动开始,而以创造为完成。

其三,"教学做合一"要求"有教先学"和"有学有教"。"有教先学"即"以教人者教己",或者说教人者先教自己。陶行知曾将"以教人者教己"作为晓庄师范学校的根本教育方法之一,要求教人者先将所教材料"弄得格外明白",先做好学生。同时,教人者还要"为教而学",即先明了所教对象为什么而学、要学什么、怎么学,"为教而学必须设身处地,努力使人明白;既要努力使人明白,自己便自然而然的格外明白了"⑤。"有学有教"即"即知即传",它要求:会者教人学,能者教人做。还要求:不可保守,不应迟疑,不能间断。⑥ 去除"知识产权"的私有,树立"文化为公"的信念。"小先生制"就充分体现了这一意义上的"教学做合一"。

其四,"教学做合一"还是对注入式教学法的否定。陶行知指出,注入式的教学法是以教师的教、书本的教为中心的"教授法",它完全不顾学生的学,不顾学生和社会生活的需要。根据生活教育的要求,"依据做学教合一原则,实地训练有特殊兴味才干的人,使他们可以按着学生能力需要,指导学生享受环境之所有,并应济环境之所需"⑦。或者说,"教的法子根据学的法子,学的法子根据做的法子;事怎样做便怎样学,怎样学便怎样教。"教是服从于学的,而教、学又是服从于生活需要的。"教学做合一"是最有效的方法。

在"教学做合一"的方法论原则下,陶行知对课程、教材也提出了改造意见。关于课程,尽管他曾说"一切课程都是生活,一切生活都是课程",似有泛化课程的意思,但在学校课程建设的实践中(如在晓庄师范),他仍具体提出了学校课程编制的设想和计划,这就是以培植学生的"生活力"为追求,遵循学生的需要和可能,由此破除以学科知识体系为原则的课程传统。关于教材,他将教材比喻为用碗盛上的饭,而知识则是饭粒,"课本便是用碗端来的饭,吃起来很便当。否则,一粒粒的散在桌上,是多么的难吃呵"⑧。可见,教材是必需的。但教材的编写要破除传统以文字为中心的、学用脱节的、"小众"的缺陷,变"读的书"为"用的书",即认识到"书是一种工具,一种生活的工具,一种'做'的工具。工具是给人用的,书也是给人用的"⑨。

---

① 《目前中国教育的两条路线》,华中师范学院教育科学研究所主编:《陶行知全集》第2卷,湖南教育出版社1985年版,第598页。
② 《在劳力上劳心》,华中师范学院教育科学研究所主编:《陶行知全集》第2卷,湖南教育出版社1985年版,第45页。
③ 《晓庄三岁敬告同志书》,华中师范学院教育科学研究所主编:《陶行知全集》第2卷,湖南教育出版社1985年版,第208页。
④ 《三代》,华中师范学院教育科学研究所主编:《陶行知全集》第4卷,湖南教育出版社1985年版,第160页。
⑤ 《以教人者教己》,华中师范学院教育科学研究所主编:《陶行知全集》第2卷,湖南教育出版社1985年版,第48页。
⑥ 董宝良主编:《陶行知教育学说》,湖北教育出版社1993年版,第173页。
⑦ 《中国师范教育建设论》,华中师范学院教育科学研究所主编:《陶行知全集》第1卷,湖南教育出版社1985年版,第639页。
⑧ 《怎样做小先生》,华中师范学院教育科学研究所主编:《陶行知全集》第2卷,湖南教育出版社1985年版,第897页。
⑨ 《教学做合一下之教科书》,华中师范学院教育科学研究所主编:《陶行知全集》第2卷,湖南教育出版社1985年版,第291页。

"教学做合一"思想在陶行知生活教育理论中的地位至关重要。据他自述,正是"教学做合一"的形成,才使他的思想从"教育即生活"转变成了"生活即教育",而晓庄师范的"基础就是立在这五个字上"的。这是由于"教学做合一"是生活教育理论的方法论,"生活即教育"、"社会即学校"都需借助它得到落实。

1936年春,陶行知在《生活教育之特质》中认为,生活教育有六个特点,即生活的、行动的、大众的、前进的、世界的、有历史联系的。1946年,他又把生活教育的方针总结为民主的、大众的、科学的、创造的。陶行知的生活教育理论是一种大众的、为人民大众服务的教育理论。他曾自我评价说,生活教育不是为少数少爷小姐服务的"小众教育",它与作为装饰品的传统教育完全不同,它不是摩登女郎的金刚钻戒指,而是冰天雪地里穷人的窝窝头和破棉袄。生活教育理论又是一种不断进取创造,旨在探索具有中国民族特色的教育道路的理论。他曾说过:一个国家的教育无论制度、内容、方法,都"不应常靠稗贩和因袭,而应该准照那国家的需要和精神,去谋适合,谋创造"[①]。生活教育理论正体现了立足于中国实际,"去谋适合,谋创造"的追求。生活教育理论还是在教育观念的改变方面颇有建树的理论。无论是强调学校教育与社会生活、生产劳动相结合,还是要求手脑并用、在劳力上劳心,都是对学校与社会割裂、书本与生活脱节、劳心与劳力分离的传统教育的反动,显示出强烈的时代气息,至今都富于启示。陶行知的生活教育理论是我国民族教育理论宝库中十分可贵的遗产,值得我们珍惜并认真研究汲取。

## 本章小结

南京国民政府时期的教育,是中国现代资产阶级教育发展的成熟期。20世纪中国的教育曾在20年代初到1937年间的15年时间里,达到第一个发展的鼎盛时期,为中国教育的现代化奠定了基础。

就学校教育而言,南京国民政府时期的各种学校教育的规制渐趋完备。据不完全统计,自1912年到1949年,正式公布的各级各类学校教育法令、规程有1500个之多,其中大量是在国民政府时期颁布的,这表明通过教育立法保障、发展和规范办学、兴教的用意。因此,各级各类学校的数量与质量较之清末、北洋政府时期大大提高了。学校教育的制度日趋完备,观念日趋现代,内涵日趋丰富,方法手段日趋多样,走上了现代学校和教育的发展道路。国民政府时期的教育还是取得了相当可观的成绩。

就教育思想和理论而言,该时期也是一个取得丰硕成果的时期。由于政府重视教育,提倡教育改革,在一定程度上允许教育理论的探讨,尤其是一批爱国知识分子和教育家,出于提高民族科学、文化、教育水平,以使祖国振兴的强烈愿望;出于不同的立场,依据不同的理念,采取不同的方法,苦心孤诣,探索、寻觅改造中国教育、改良中国社会之路,形成了多姿多彩的教育理论,使中国的教育理论整体上从简单模仿进入自我创造、初步民族化的阶段。教育理论的探索涉及教育的所有领域,为中国教育的发展提供了丰富而宝贵的思想财富。

---

[①] 《〈新教育评论〉创刊缘起》,华中师范学院教育科学研究所主编:《陶行知全集》第1卷,湖南教育出版社1985年版,第568页。

**思考题**

1. 评述国民政府的教育宗旨。
2. 国民政府为加强对学校教育的管理和控制采取了哪些措施?
3. 试评述杨贤江对中国马克思主义教育理论的贡献。
4. 试比较分析晏阳初、梁漱溟乡村教育实验的特点和历史价值。
5. 试评述黄炎培职业教育实践的基本内容及其在中国现代教育改革中的地位。
6. 陈鹤琴教育思想的贡献何在?
7. 评述陶行知"生活教育"理论的基本内容及其现实启示意义。

# 第十五章 中国共产党领导下的革命根据地教育

**本章导读** 中国共产党通过武装斗争建立农村革命根据地后,提出并实施了新民主主义教育方针政策,并在不同的历史阶段作出有针对性的调整。苏区时期,提出了保障工农大众教育权利的教育方针;抗日民主根据地时期,在干部教育和民众教育方面取得了成绩和经验;而在解放区则开始了中小学校正规化和高等教育建设的转变。新民主主义教育走向成熟,为即将到来的中华人民共和国教育作了准备。

1927年4月,北伐军攻占南京不久,国民党右派在上海发动政变,大肆逮捕和屠杀共产党员,断送了第一次国共合作和第一次国内革命的大好形势。迫于局势,中国共产党发动领导了多次武装起义,逐步建立起一批农村革命根据地,开创了"工农武装割据"的崭新局面。各革命根据地,在共产党领导下建立了各级苏维埃政权,这些根据地简称为苏区。中央苏区(赣南、闽西)和分布在湘、鄂、赣、豫、皖、闽、浙、陕、甘、川、黔、粤、桂、琼崖等地的根据地,在严酷的战争环境下,遵照中国共产党的方针政策,围绕革命战争的中心任务,进行土地革命和经济改革,同时也积极开展文化教育的建设。1931年中华苏维埃共和国成立后,苏区教育获得空前发展,确立了与南京政府根本对立的教育方针和制度,新民主主义教育进入一个新阶段。

抗日战争爆发后,民族矛盾逐渐上升为主要矛盾,第二次国共合作逐渐形成。抗战期间,中国共产党建立了以陕甘宁边区为中心的抗日民主根据地和抗日人民民主政权,并分兵深入敌后,先后建立了晋察冀、晋冀鲁豫、晋绥、山东、华中、鄂豫皖、东江、琼崖等抗日民主根据地,实行最广泛的民族统一战线。共产党清醒地认识到抗战要取得胜利需要一批坚强的干部和有觉悟、有文化的民众,在反击日寇一次次"扫荡"的艰苦战争条件下,仍然十分重视教育工作,抗日根据地的教育事业也得到一定的发展。由于陕甘宁边区处在比较稳固的后方,因此成为抗日民主根据地教育事业的中心和代表,其干部教育和民众教育都取得了显著成绩。新民主主义教育取得很大的发展。

1945年8月,日本帝国主义宣布无条件投降,抗战胜利结束。1946年7月,国民党发动全面内战时,中国共产党已经领导着220万平方公里土地、13000多万人口的解放区。1947年7月,中国人民解放军转入全面反攻,大片区域和许多大中型城市相继解放,到1948年已形成解放全中国的态势。随着解放区的迅速扩大,中国共产党领导的人民民主政权的力量也大大增强,给人民教育事业的发展创造了充分的条件,解放区的教育开始出现重大的转折,即由战时教育向正规教育转变。新民主主义教育发展到了它的成熟期,为即将到来的新中国教育奠定了基础。

## 第一节 苏维埃根据地的教育

苏维埃根据地大多建立在地瘠民贫、经济困难、文化落后的边远山区,尤其是始终处在战争环境中,这就决定了苏区教育工作的目的、内容、形式和特点,即一切服务于战争,因陋就简,因地制宜,多种渠道,多种形式地办教育。中央苏区教育的发展过程与整个苏区的政权建设、土地革命进程大致同步,可分为三个时期:1931年11月以前,为形成期;1931年11月—1932年12月,为逐步发展期;1933年1月—1934年9月,为逐步"正规化"时期。1934年9月中央红军主力开始长征,1935年10月到达陕北,陕甘、陕北苏区迎来了工农教育的新局面。苏区学校的形式主要有:一是各种夜校,如读书班、星期学校等,对象多为成年人;二是列宁小学、劳动小学,对象主要为儿童;三是专门学校,如师范学校、艺术学校、农业学校等;四是培养高级干部的学校。这四种形式的学校承担着三类教育任务,即干部教育、成人教育和儿童教育。

## 一、苏维埃文化教育总方针

苏维埃革命根据地建立后,所面临的严峻形势是国民党军队的不断围剿,始终处在残酷的战争环境中;根据地处在穷乡僻壤,经济极端困乏,文化非常落后,工农民众和红军战士绝大多数是文盲,而所面临的任务是动员千百万人民群众投入革命战争。为了提高红军和广大群众的文化与觉悟,巩固和发展新生的革命政权,红色教育应运而生,苏维埃政权提出和确立了教育为工农大众服务、为革命战争服务、为建立和巩固红色政权服务的宗旨。各级政府都积极开展了教育工作,制定了相应的方针政策。1927年11月,革命根据地处在初建阶段,《江西省苏维埃临时政纲》提出"实行普及义务教育及职业教育","注意工农成年补习教育及职业教育","发展农村教育,提高乡村文化","发展社会教育,提高普通文化程度"等教育任务。①

随着苏区的巩固和发展,1931年11月,中华苏维埃共和国宣告成立。在第一次全国工农兵代表大会通过的《宣言》中,明确提出了苏维埃政权的教育方针,"工农劳苦群众,不论男子和女子,在社会、经济、政治和教育上,完全享有同等的权利和义务";"取消一切麻醉人民的封建的、宗教的和国民党的三民主义教育"②。大会通过的《中华苏维埃共和国宪法大纲》中也规定:"中华苏维埃政权以保证工农劳苦民众有受教育的权利为目的。在进行国内革命战争所能做到的范围内,应开始施行完全免费的普及教育,首先应在青年劳动群众中施行并保障青年劳动群众的一切权利,积极地引导他们参加政治和文化的革命生活,以发展新的社会力量。"③这指出了苏区教育的目的、任务和方向。1933年4月,中华苏维埃共和国教育人民委员部的第1号训令重申了上述精神。不久,这些关于苏区教育方针的早期表述遭到临时中央宣传部和少共中央局的批评,认为它把教育仅仅局限在反封建迷信的范围,没有提出共产主义的教育。④

1934年1月,毛泽东在第二次全国苏维埃代表大会的工作报告中,具体、明确地表述了苏维埃文化教育的方针:"在于以共产主义的精神来教育广大的劳苦民众,在于使文化教育为革命战争与阶级斗争服务,在于使教育与劳动联系起来,在于使广大中国民众都成为享受文明幸福的人。"苏维埃文化建设的中心任务"是厉行全部的义务教育,是发展广泛的社会教育,是努力扫除文盲,是创造大批领导斗争的高级干部"⑤。毛泽东对苏区教育总方针和总任务的阐述,反映了中

---

① 江西省档案馆、中共江西省委党校党史教研室编:《中国革命根据地史料选编》下册,江西人民出版社1981年版,第14页。
② 中央教育科学研究所编:《老解放区教育资料》(一),教育科学出版社1981年版,第27、28页。
③ 中央教育科学研究所编:《老解放区教育资料》(一),教育科学出版社1981年版,第27、28页。
④ 陈桂生:《中国革命根据地教育史》(上),华东师范大学出版社2015年版,第93页。
⑤ 中央教育科学研究所编:《老解放区教育资料》(一),教育科学出版社1981年版,第20页。

国共产党对马克思列宁主义教育思想和苏联教育经验的理解和吸收，并紧密结合了中国土地革命战争时期党在农村反封建、反围剿的两个中心任务；坚持了教育与生产劳动相结合，有利于发展生产支援战争；倡导了工农大众的教育普及和教育权利平等。这一表述合乎苏区斗争的实际条件和实际需要，具有民族的、科学的、大众的和革命的基本特征，是中国共产党对新民主主义教育方针最初的、较为明确的表述。这既是对整个苏区教育实践的总结，也为它的进一步发展和以后抗日战争、解放战争时期革命根据地的教育事业，奠定了理论基础。

## 二、干部教育

出于反围剿战争和根据地建设的需要，苏区教育始终把干部教育放在首位。苏区的干部教育分属红军系统、党与群众团体系统、行政系统和教育系统（各级教育部门主办），而干部训练班和干部学校则构成干部教育的两大形式。

### （一）干部训练班

苏区最早的干部教育是从训练班开始的，目的是在不影响战斗和工作的情况下，通过教导队、短训班、随营学校等多种形式，以政治素质、军事指挥技术、文化教育为主要内容，尽快提高干部队伍的战斗水平和工作水平。武装起义时期，主要培养军事干部。1927年12月，毛泽东在宁冈砻市龙江书院创办"工农革命军教导队"。1928年10月，又在井冈山茨坪创办"红四军军官教导队"[①]。这些训练班性质的教导队随军行动，没有固定的地址，以提高工农红军的战斗力为目的。政权建设时期，开始培养党政方面的革命干部。1929年4月，毛泽东在兴国潋江书院举办土地革命干部训练班，为期7天，参加者多为兴国县主要干部党团活动积极分子。1930年，闽西永定、龙岩、上杭等县举办短期政治训练班、政府工作人员训练班、宣传干部训练班。1931年11月，临时中央政府成立后，着手举办县苏维埃工作人员训练班。这些训练班相对固定，以扩充干部队伍、加强根据地政权建设为目的。

1931年起干部学校出现后，干部训练班类别更丰富，实施更规范，多按系统、分层次举办。如中央、省、县举办培养党政干部的训练班，中央和省办的班培训县级干部，县办的班培训区级干部。各行政部门分别举办商业税训练班、土地税训练班、银行专修训练班等，教员培训由教育行政部门利用寒暑假进行，以小学教员为多。

干部训练班以其灵活易行、短期高效的特点，对提高各类干部的政治和文化素质，克服干部不足或干部不胜任工作的困难，起到了重要作用。

### （二）干部学校

干部学校教育是在1931年后苏区政权逐步稳定的条件下，由一些干部训练班和随营学校发展而来。1933年以后，一批重要的高级干部学校建立，苏区干部教育从不正规、半正规向正规化过渡，形成了比较完整的干部教育体系。

#### 1. 高级干部学校

为了培养党政高级干部，这一时期较有影响的干部学校有：

---

[①] 董纯才主编：《中国革命根据地教育史》第一卷，教育科学出版社1991年版，第110页。

**马克思共产主义大学** 1933年3月由苏区中央局与全国总工会执行局联合创办,直属苏区中央局,为苏维埃党校,校址在瑞金洋溪,后迁到沙洲坝。首任校长任弼时,后由董必武继任,副校长杨尚昆。其任务是培养能领导前方和后方政治工作的干部,分设三个班:新苏区工作人员训练班,原定80人,主要造就新苏区与白区工作人员,学习预定2个月,实际为3个月;党、团、苏维埃和工会工作者训练班,依次分四个小班,每班50人,预定修业4个月,实际学习5个月;高级训练班,学额40人,由各省委、省苏维埃政府、省工会派送,预定修业6个月,实际学习9个月。

**苏维埃大学** 1933年8月,为了适应革命战争和苏区建设需要而培养各类干部,苏维埃人民委员会决定在瑞金开办综合性的苏维埃大学,由毛泽东、沙可夫任正副校长。学校设特别班和普通班。特别班下设土地、国民经济、财政、工农检察、内务、劳动、司法等专业,后增设外交、粮食等班,修业不少于半年;普通班为文化不高的学员进行补习而设,期限不定。1934年4月改名"国立沈泽民苏维埃大学",瞿秋白、徐特立为正副校长。同年7月并入马克思共产主义大学,后又与其他红军学校组成干部团参加长征。

**红军大学** 1930年1月,中共闽西特委决定在龙岩创办闽西红军学校,中共福建省委致函中央,建议改为中国红军学校,由中央负责。学校后又改称"中国红军军官学校第一分校",第一期由朱德任校长,毛泽东任政治委员。因战事需要,学校几度迁移。随着教育工作的正规化,1933年11月,以红军学校的上级干部队和高级班为基础,成立红军大学,校址在瑞金大窝,为苏区最高军事学府,又名"工农红军郝西史大学校"①。何长工为校长兼政治委员。该大学分设指挥科、政治科、参谋科等,培养营团以上军事政治干部,高级科则培养军以上干部,学习期限一般为8个月。此外,还设教导队、高射队、测绘队三个大队。刘伯承、王稼祥、邓小平等曾任教员。红军大学在中央苏区办了三期,为红军培养了大批德才兼备的中高级干部和革命战争的领导骨干。② 长征后发展为抗日军政大学。

#### 2. 中层干部学校

为了培养各个部门的中层干部,这一时期较有影响的干部学校有:

**中央农业学校** 为培养苏区农业建设中下层干部,由教育人民委员部和土地人民委员部于1932年联合举办,校长徐特立。分设本科班、预科班和教员研究班。本科班、预科班招收有志于农业的青年,学习期限分别为1年和2月。教员研究班是由教员组成的农业科学机构,主要开展农业科学实验和成果的推广。

**中央列宁师范学校** 由中央人民委员会于1932年10月创办,校址在瑞金县城外钟家祠,先后由徐特立、罗欣然任校长。学校的主要任务是培养各类教育事业发展急需的师资,包括中小学教员、初级及短期师范学校教员、训练班教员、社会教育和普通教育的高级干部。学习期限3—6个月,学生均为由各级苏维埃政府保送的贫苦人民子弟。

**高尔基戏剧学校** 为培养苏维埃文艺人才和俱乐部、剧社剧团的干部,1934年2月,中共中央和苏维埃政府决定在原从事戏剧活动和教学的蓝衫团和蓝衫团学校基础上创办一所文艺专门学校,由中央教育人民委员部管辖。经瞿秋白提议,学校命名为高尔基戏剧学校,教育人民委员

---

① 郝西史为苏联驻广州领事馆副领事,毕业于莫斯科陆军大学,1927年参加广州起义时牺牲。
② 董纯才主编:《中国革命根据地教育史》第一卷,教育科学出版社1991年版,第115页。

部艺术局局长李伯钊任校长。学期4个月，学习政治文化知识、艺术理论和创作、剧团剧社工作等，先后培养了一大批苏区文艺骨干。

此外，瑞金还有红色通讯学校（1931年）、军医学校（1932年）、看护学校（1932年）等。各根据地也都办有一些固定的、有一定规模的党、军、政干部学校。

干部教育是苏区教育中很有特色的部分，无论是干部在职训练还是干部学校教育，均目标明确、课程精简、学制灵活、形式多样，并突出思想政治教育和理论联系实际，极大地提高了干部队伍的素质，为苏区的建设和革命战争提供了组织保障。

### 三、成人教育

苏区教育的三大任务之一是"发展广泛的社会教育"，使广大工农劳苦大众成为文化教育的主人，促进苏区的政权建设、经济建设和文化建设。苏区把成人教育视为能提高红军战斗力和政府工作效率的重要工作。早在1928年毛泽东在《井冈山的斗争》一文中，就已提出为加强红军的政治素质、军事素质，扫除军队中的文盲，必须在红军中开展以政治、文化和军事技术为内容的群众教育，开苏区成人教育之先。1932年5月，江西省第一次工农兵代表大会明确提出："群众教育不独与儿童教育并重，以目前革命需要发展斗争的形势而论，应视为首务。"①

苏区的成人教育可分为军队和地方两种，为了适应军队活动的特点和群众日常生活的需要，成人教育不拘一格，采取了多种多样的形式。军队中以连队为单位组织识字班，按程度分为甲、乙、丙组，连队文书为甲组教员，甲组学员为乙组教员，乙组学员为丙组教员，有文化的首长为总教员，利用作战间隙读书识字。地方上以自然村落为单位，利用生产闲暇时间，开展教育活动，以夜校、补习学校、识字班、俱乐部为组织形式，以识字牌、剧团、板报、宣传栏等教育形式，将土地革命、马克思列宁主义的宣传同普遍的群众性识字学文化运动结合起来。

为使成人的识字扫盲教育具有实效，一些地区的政府还制定具体要求，督促落实。如闽浙赣省苏维埃政府特别发布《关于识字班工作的通告》，制定了阶段识字规划，要求以能写信、作报告、看《红色中华报》为毕业达标。为使群众学习思想政治文化科学知识易于见效，苏区中央和地方政府组织编印了一系列通俗易懂的读物，如介绍红军任务和共产党任务、三大纪律八项注意等内容的《红色战士读本》，由教育人民委员部编印的介绍工人、农民、军队、中国的气候、地理、人口，以及数目字、度量单位等内容的《成人读本》。其中，从1930年起就在根据地广为流传的《工农兵三字经》颇为著名："天地间，人最灵，创造者，工农兵。男和女，总是人，一不平，大家鸣。工人们，劳不停，苦工做，晨到昏。……农人苦，写不清，租税重，难生存。……有钱的，压迫人，不做事，吃现成。此等事，最不平。无可忍，团结心，入共党，组红军。打土豪，除劣绅，毙军阀，莫留情。阶级敌，一扫清。世界上，一样人，人类中，永无争。大同现，享安宁。此等事，非成成，全靠的，工农兵。"它用中国劳动群众喜闻乐见的传统韵文形式和浅白的文字，将识字和思想政治教育结合起来，既使工农民众识了字，也使他们懂得了革命道理。

群众性的识字扫盲学习知识文化运动在苏区迅猛发展起来。据1934年统计，仅中央苏区就

---

① 《江西省工农兵第一次代表大会文化教育工作决议》，中央教育科学研究所编：《老解放区教育资料》（一），教育科学出版社1981年版，第79页。

有补习学校 4562 所,学员 108000 人;识字组 23286 个,组员 120000 人;俱乐部 1917 个,工作员 93000 人。① 江西省兴国县永平乡 1930 年 10 月每村设夜校,1933 年 8 月达到平均每乡 15 个,全县 1900 余个夜校,从中可见苏区成人教育的发展情况和群众参与识字教育的热烈程度。

### 四、儿童教育

为了培养未来事业的接班人,苏区把"厉行全部的义务教育",使工农大众的子女都能享受到国家的免费教育,作为自己的教育任务和教育理想。苏区的普通教育以小学教育为主,中学教育则多与干部教育结合。在根据地建立之初,就已开始办小学,着手对儿童的教育;尽力拨出经费,结合民办公助的形式,广泛发展小学,努力实现失学儿童"一律免费入学"的理想。由于反围剿战争的严酷和"左"倾思想的干扰,早期的小学教育发展有限。1931 年 11 月苏维埃中央工农民主政府成立,根据地逐步扩大与稳固,苏区有了前方后方之分,为苏区教育的走向正规化创造了条件。普通教育在此期间获得发展,经费投入增加,教育改革实行,小学既有数量的增加,也有质量的提高。

苏维埃的学校

苏区教育正规化之前,各根据地在小学学制、课程上很不统一,如闽西实行三三制,赣南实行四二制,有的甚至实行二二二制,将小学分为 3 段。1934 年 2 月,中华苏维埃共和国颁布《小学校制度暂行条例》,统一为三二制。小学属于义务教育,招收 8—12 岁的儿童,不分性别与成分差异,但优先保证工农子弟免费入学,红军家属、烈士子女或家庭特别困难者,还给予一定补贴。

实施儿童教育的机构是小学校,名称有劳动小学、列宁小学、红色小学,1934 年 2 月后一律改称列宁小学。列宁小学的学制实行三二分段,前三年为初级列宁小学,后两年为高级列宁小学。还分为全日制和半日制两种,半日制列宁小学专为年龄较大、需要帮助家庭生产的儿童所办,具有半工(农)半读性质。按规定,苏区小学划分学区,原则上每区 1 所小学,学区内的学生到校不超过 3 里路,偏僻地区不超过 5 里路。

根据《小学校制度暂行条例》规定,列宁小学的教育目的"是要训练参加苏维埃革命斗争的新后代,并在苏维埃革命斗争中训练将来共产主义的建设者"②。因此,列宁小学的教育教学要把小学教育和政治斗争相联系,把教育与生产劳动相联系,要发展儿童的创造性。③ 依据这些原则,苏区小学教育和教学都非常重视政治教育和生产劳动教育。如在国语教学中,除要求儿童理解和接受一般的语言文字知识、自然科学常识外,还要求启发他们的阶级觉悟,使儿童了解阶级和阶级斗争的道理。在考试方式上,列宁小学摒弃背书默书的老方法,要求将学生平时学习成绩和考

---

① 陈桂生:《中国革命根据地教育史》(上),华东师范大学出版社 2015 年版,第 68 页。
② 中央教育科学研究所编:《老解放区教育资料》(一),教育科学出版社 1981 年版,第 308 页。
③《小学课程教则大纲》,中央教育科学研究所编:《老解放区教育资料》(一),教育科学出版社 1981 年版,第 315 页。

试结果与课外社会活动、劳作实习、儿童团和学生会的评语结合起来,评定学生的学业成绩。列宁小学非常注重学生课外组织的教育作用,组织学生会、儿童团、儿童俱乐部,配合中心任务,经常开展各种文娱、宣传、劳动和社会活动。

苏区政府坚持拨出一定的经费保证办学,并采取公办和民办相结合的办学原则,调动了人民办教育的积极性,注意教育改革,普通教育获得了蓬勃发展。据1934年江西、福建、粤赣苏区统计,在2932个乡中共有列宁小学3052所,学生89700多人。在兴国县,学龄儿童20969人,入列宁小学的12806人,约占61%。而在国民政府统治时期,兴国县儿童入学率不到10%。[①]

## 第二节 抗日民主根据地教育

抗日民主根据地的教育可以分为两个阶段:前阶段,从抗战全面爆发到1942年整风运动。新民主主义教育在根据地建立,教育的权利回到人民手里,教育与抗战的需要开始结合起来,学校在数量和质量上都取得迅速发展,但也出现了学校教育与边区实际脱离、与群众需要脱离的教条主义和形式主义倾向。后阶段,从整风运动到抗战胜利。通过整风运动和1943年的整学运动,根据地总结了教育改革的经验教训,纠正了教条主义和形式主义的错误,教育工作注意与实际联系,知识分子注意与工农结合,群众办学热情高涨。尤其是1944年边区文教大会后,大规模的群众文化运动真正发展起来,新民主主义教育达到新阶段。

抗日民主根据地的学校,就性质而言,大体可分为干部教育学校、群众教育学校两类;就级别而言,可分为高等学校、中等学校、高等小学、初等小学四级和各种社会教育组织形式,如下图所示。

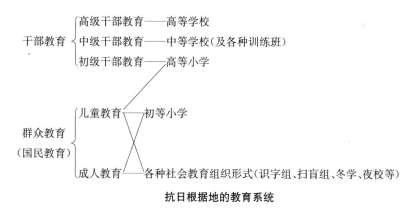

**抗日根据地的教育系统**

### 一、抗日战争时期中国共产党的教育政策

"七七"卢沟桥事变,日本帝国主义发动了全面侵华战争,中国共产党冷静分析了国际国内形势,指出:由于日本帝国主义企图用武力征服中国并独占为它的殖民地,使"中日矛盾成为主要的矛盾,国内矛盾降到次要和服从的地位"[②]。基于此,确立了团结抗日的政策,建立了广泛的抗日民族统一战线。在中国共产党领导的各抗日民主根据地,依据党的"一切为着前线,一切为着打

---

① 中央教育科学研究所编:《老解放区教育资料》(一),教育科学出版社1981年版,第18—19页。
② 《中国共产党在抗日时期的任务》,《毛泽东选集》第1卷,人民出版社1991年版,第252页。

倒日本侵略者和解放中国人民"的总方针,执行了中共中央制定的一系列教育政策,如提倡国防教育,实行文化教育中的统一战线,实行教育和生活劳动相结合等。

## (一) 抗战初期毛泽东关于教育政策的论述

抗日战争全面爆发后,毛泽东即在1937年7月23日提出:"根本改革过去的教育方针和教育制度。不急之务和不合理的办法,一概废弃。"①他强调教育须即时应变。1937年8月,毛泽东在中共洛川会议上通过的《抗日救国十大纲领》中的第八条提出"抗日的教育政策"为:"改变教育的旧制度、旧课程,实行以抗日救国为目标的新制度、新课程。"②1938年11月,毛泽东在中国共产党六届六中全会上所作《论新阶段》的报告中,将抗战时期的教育政策论述得更为具体。他指出:"在一切为着战争的原则下,一切文化教育事业均应使之适合战争的需要,因此全民族的第十个任务,在于实行如下各项的文化教育政策。第一,改订学制,废除不急需与不必要的课程,改变管理制度,以教授战争所必需之课程及发扬学生的学习积极性为原则。第二,创设并扩大增强各种干部学校,培养大批的抗日干部。第三,广泛发展民众教育……第四,办理义务的小学教育,以民族精神教育新后代。"并再次强调:"伟大的抗战必须有伟大的抗战教育运动与之相配合,二者间的不配合现象亟应免除。"③为了更好地贯彻统一战线对教育工作的要求,1940年12月,毛泽东在《论政策》中说:"关于文化教育政策,应以提高和普及人民大众的抗日的知识技能和民族自豪心为中心。应容许资产阶级自由主义的教育家、文化人、记者、学者、技术家来根据地和我们合作,办学、办报、做事。应吸收一切较有抗日积极性的知识分子进我们办的学校,加以短期训练,令其参加军队工作、政府工作和社会工作;应该放手地吸收、放手地任用和放手地提拔他们。"④可以看出,毛泽东关于抗战教育基本政策的论述,延续了苏区教育总方针的基本精神,而更为强调教育与民族解放战争的结合。毛泽东的论述成为抗战时期抗日民主根据地教育的指导思想,也成为中国共产党制定抗战时期教育方针政策的依据之一。

## (二) "干部教育第一,国民教育第二"的政策

中国共产党诞生后,始终清醒地认识到人民的革命斗争需要坚强有力的干部来率领,因此十分重视自身干部队伍的建设,在严酷的战争环境中尤其如此。1938年10月,毛泽东在中共六届六中全会上指出:"政治路线确定之后,干部就是决定的因素。因此,有计划地培养大批的新干部,就是我们的战斗任务。"⑤要使教育为长期的战争服务,就须将干部教育工作作为根据地教育的重点,为前线和各根据地培养大批能带领部队作战、领导群众工作的带头人。

当抗日战争进入相持阶段时,总结前阶段的教育经验,预见未来抗战斗争的需要,中共中央又不失时机地加强了干部教育。1941年1月,林伯渠在陕甘宁边区政府委员会第四次会议的报告中,明确提出"干部教育第一,国民教育第二"的政策。除了中国共产党开展新民主主义教育的一贯传统之外,明确提出"干部教育第一"的政策,在当时有着客观需要。首先,如林伯渠报告中

---

① 《反对日本进攻的方针、办法和前途》,《毛泽东选集》第2卷,人民出版社1991年版,第348页。
② 《为动员一切力量争取抗战胜利而斗争》,《毛泽东选集》第2卷,人民出版社1991年版,第356页。
③ 《毛泽东同志论教育工作》,人民教育出版社1958年版,第33—34页。
④ 《论政策》,《毛泽东选集》第2卷,人民出版社1991年版,第768页。
⑤ 《中国共产党在民族战争中的地位》,《毛泽东选集》第2卷,人民出版社1991年版,第526页。

所说:干部教育重于国民教育,"这不但因为干部是群众的先锋,他们更需要培养和提高,他们的培养和提高的目的也是为着群众的,而且因为农村环境中群众教育的内容究竟有限,普通高小以上的教育就入于干部教育的范围。……因此政府的教育部门就不能不将更大的注意力放在干部教育方面"[①]。其次,当时抗日根据地的干部教育任务非常艰巨。一方面,从苏区到各抗日根据地,大批工农干部需要理论和知识的提高,以提高他们的工作能力和水平;另一方面,大批有志于抗日的爱国青年学生和知识分子从全国各地奔赴抗日民主根据地,需要正确的理论武装。再次,中国共产党出于长远考虑,颇具远见地开展了整风运动,这实际上是一次干部教育运动。1942年2月,中共中央在《关于在职干部教育的决定》中重申:"在目前条件下,干部教育工作在全部教育工作中的比重,应该是第一位的。而在职干部教育工作,在全部干部教育工作中的比重,又应该是第一位的。"[②]《解放日报》还发表社论《业务教育和政治教育》、《为什么在职干部教育摆在第一位?》,具体地阐述了党在抗日战争中"干部教育第一"的政策。可以说,"干部教育第一"的政策,是出于民族解放战争的需要、根据地文化教育的实际状况和党的未来事业发展等多方面的综合考虑。

（三）"实行教育与生产劳动相结合"的政策

"教育与劳动联系"曾是苏区教育的基本经验之一,是将马克思主义教育理论与苏区教育实践相结合的产物。抗战时期,全国各地的进步青年被共产党抗日救国的路线方针和根据地的革命实践所吸引,大量奔赴延安,既为根据地带来了新鲜血液,也提出了再教育、再学习的问题。这些革命青年响应"自己动手,丰衣足食"的口号,边学习,边参加边区的"大生产"运动,自觉与工农群众相结合。1939年5月4日,毛泽东在延安青年纪念"五四"运动20周年大会上指出:"延安的青年运动的方向,就是全国的青年运动的方向。"不仅因为延安的青年们是团结的,是统一的,尤其是"他们在学习革命的理论,研究抗日救国的道理和方法。他们在实行生产劳动,开发了千亩万亩的荒地。开荒种地这件事,连孔夫子也没有做过"[③]。在与工农群众相结合这点上,延安青年更可为全国青年的模范。所以说,"延安的青年运动的方向是正确的"。

抗日根据地对青年学生和知识分子"实行教育与生产劳动相结合"的政策,一方面是出于坚持抗战的需要。抗日战争是持久战,要取得最后胜利,需要充分的精神和物质准备。青年学生和知识分子作为取得最后胜利的骨干力量,"生产劳动"既有利于磨练他们的意志,也能鼓励他们参与根据地的生产建设,创造出物质财富,支援物质生活条件极端困难的根据地建设和前线战斗。另一方面是出于对青年教育的需要。边学习理论,边参加生产劳动,可以帮助青年了解根据地农村的生产、人民的生活,丰富其对理论的理解,坚定信念,增强使命感。在艰苦的抗日战争环境下,脱离根据地实际需要的抗战教育,将成为空中楼阁。

（四）"民办公助"的政策

与干部教育相辅相成的,是抗日民主根据地的群众教育(即国民教育)。在群众教育中,根据地十分明智而有创造性地采取了"民办公助"的政策。早在1938年,毛泽东在《论新阶段》中就指出:从民族未来的发展需要出发,应办理义务小学,用民族的精神教育年轻一代。但具体实施,

---

① 《论普通教育中的学制与课程》,延安《解放日报》1944年5月27日。
② 延安《解放日报》1942年3月2日。
③ 《青年运动的方向》,《毛泽东选集》第2卷,人民出版社1991年版,第568页。

"也必须拿政治上动员民力与政府的法令相配合,主要的在于发动人民自己教育自己,而政府给以恰当的指导与调整,给以可能的物质帮助,单靠政府用有限财力办的几个学校、报纸等等,是不足以完成提高民族文化与民族觉悟之伟大任务的"①。毛泽东既看到了未来中国的建设需要,也指出了根据地的现实条件,还看到了人民中潜藏着的巨大教育资源。发动社会和民间的力量来共同办教育,后来成为根据地教育的重要经验。

1944年4月,陕甘宁边区政府根据教育改革的新经验,发出《提倡小学民办公助的指示信》,就如何在初级小学中实行民办公助指出:一是民办小学的形式(完全民办或公私合办)与这一方针执行的步骤,根据各地具体情况决定,不求一律。一般普通小学,如条件许可,人民如要求改为民办,而群众确有能力接办时,应即改为民办,逐渐达到自中心小学以下,均归民办。二是关于民办小学的学制、教育内容等,应尊重群众意见,按群众自己的需要,学制的长短、上课时间(是整天或半天,一年上几个月的课)均不求一律。课程科目可同意群众要求,废除暂时不急需的科目。三是民办不能和公助分离,不能听其自流。该指示信更具体地阐明了"民办公助"的实施办法,既要求充分发挥民间办学的积极性,充分尊重民众对学校学制、教育内容的需求,也强调通过公助的形式加强对学校的指导和管理。这也成为一条重要的办学经验。

1944年11月,陕甘宁边区文教大会召开,大会总结群众教育的经验认为,群众文化教育的普及和推广,需要采取分散的形式,即主要靠群众觉悟和自己动手,靠村民自己主办。大会正式要求各根据地在群众教育中实施"民办公助"的政策。由于政策的合理,抗日根据地的群众教育得以蓬勃发展。"民办公助"是一条从处在战争环境中、经济条件极其有限的农村抗日民主根据地的教育实践中总结出来的经验,不仅有效地促进了根据地教育事业的发展,也是穷国家办教育的有效对策,为建国后教育的普及积累了经验。

## 二、新民主主义教育方针的确立

1940年1月9日,毛泽东在陕甘宁边区文化界抗日救亡协会第一次代表大会上发表《新民主主义的政治与新民主主义的文化》的报告(单行本出版时更名为《新民主主义论》),第一次明确提出既符合抗日战争实际需要,也适合整个新民主主义革命时期历史特点的教育方针。自大革命时期中国共产党开始提出新民主主义教育纲领起,至此时,新民主主义教育方针真正确立。"新民主主义教育方针的确立是抗日战争时期中国共产党在教育思想上的最重要收获之一。"②

(一) 新民主主义文化教育的基本观点

在《新民主主义论》里,毛泽东创造性地提出"新民主主义"的概念,相应提出"新民主主义政治"、"新民主主义经济"和"新民主主义文化"的概念,提出新民主主义文化教育方针,即民族的、科学的和大众的文化教育。毛泽东在阐述新民主主义文化教育方针时,既把当时阶段的中国文化教育与旧式资产阶级民主主义文化教育区别开来,也把它同社会主义的文化教育区别开来,由此提出令人耳目一新的新民主主义文化教育的基本观点。

第一,关于新文化与旧文化的区别。旧文化包括帝国主义文化(包含买办文化)和半封建文

---

① 《毛泽东同志论教育工作》,人民教育出版社1958年版,第33页。
② 陈桂生:《现代中国的教育魂——毛泽东与现代中国教育》,辽宁教育出版社1993年版,第80页。

化,是半殖民地、半封建政治与经济的反映,是中国文化革命的对象;与之相对立的一切反帝、反封建的文化,都属于新文化范畴,其中包括无产阶级领导的新民主主义文化和资产阶级领导的旧民主主义文化。在民主革命时期,资产阶级思想文化可以利用,无产阶级文化应与资产阶级文化结成统一战线,而不能把它视为文化革命的对象。

第二,关于新民主主义文化与旧民主主义文化的区别。革命有新旧之分,与之相应的文化亦然。资产阶级民主主义文化产生于对封建主义文化的革命过程,曾经是新事物。但由于"五四"新文化运动以后,世界进入无产阶级革命时代,中国的无产阶级文化新军登上了历史舞台,且充满活力,实际上发挥了对思想文化的领导作用,而资产阶级民主主义文化已属于旧民主主义文化范畴,在中国的新文化运动中失去了指导作用。

第三,关于新民主主义文化与社会主义文化的联系与区别。中国共产党从中国政治经济的实际情况出发,认为中国革命必须分两步走:第一步是新民主主义革命;第二步是社会主义革命。新民主主义革命的任务是对外推翻帝国主义压迫、对内推翻封建地主压迫,社会主义革命则是以推翻资本主义为目标。新民主主义革命蕴含有社会主义革命的因素,如无产阶级的领导、共产主义的思想,但二者不容混淆。新民主主义文化教育中也有社会主义的因素,如以共产主义的立场、观点和方法去观察、研究和解决问题,这是它与旧民主主义文化教育的区别所在。但是,当时根据地"还没有形成这种整个的社会主义的政治和经济,所以还不能有这种整个的社会主义的国民文化"①。

### (二) 新民主主义教育方针

在划清旧文化与新文化、旧民主主义文化与新民主主义文化的界限,分清新民主主义文化与社会主义文化的联系与区别基础上,毛泽东明确指出:"现阶段上中国新的国民文化的内容,既不是资产阶级的文化专制主义,又不是单纯的无产阶级的社会主义,而是以无产阶级社会主义文化思想为领导的人民大众反帝反封建的新民主主义。"他强调说:"民族的科学的大众的文化,就是人民大众反帝反封建的文化,就是新民主主义的文化,就是中华民族的新文化。"②这是文化的方针,也是教育的方针。

所谓"民族的",指新民主主义教育是反对帝国主义压迫,主张中华民族的独立和尊严,带有民族特性的教育。它不一概排除外国教育,也不"全盘西化",而是取其精华,弃其糟粕。具有民族的形式和特点而与新民主主义内容结合的教育,即为新民主主义的教育。

所谓"科学的",指新民主主义教育是反对一切封建、迷信思想,主张实事求是,主张客观真理,主张理论与实践统一。它坚持辩证唯物主义,对中国古代和近代教育既不一概否定,也不因循守旧,而是剔除其封建性糟粕,吸取其民主性精华。

所谓"大众的",指新民主主义教育是为全民族百分之九十以上的工农劳苦民众服务的,并逐渐成为他们的教育,因而又是民主的。它把革命干部和群众的教育互相区别与联系,把普及和提高互相区别与联系,是人民大众的有力武器,是革命总战线中一条必要和重要的战线。

1941年,陕甘宁边区政府主席林伯渠在工作报告中对新民主主义教育方针作了更为通俗的

---

① 《新民主主义论》,《毛泽东选集》第2卷,人民出版社1991年版,第705页。
② 《新民主主义论》,《毛泽东选集》第2卷,人民出版社1991年版,第706、708—709页。

表述:"我们要在这里进行怎样的文化教育,首先要是服务于反帝、反封建这一总的政治任务的;其次要是服务于大众的;再次要依据于进步的科学的道理的。这就是适合新民主主义的教育。"①

中国共产党从建立到系统提出新民主主义教育的基本理论和指导方针,几乎历经20年,其间经历了北伐战争的胜利和失败、土地革命战争的再胜利和再失败,其中也伴随着教育实践的起伏,积累了丰富的成功和失败经验,才能对新民主主义革命及其教育有充分的认识。新民主主义教育方针的提出,对抗日民主根据地和此后阶段新民主主义革命时期的教育,产生了实际影响。抗日民主根据地和以后解放区的一系列行之有效的教育方针政策,都是新民主主义教育方针的具体化。到建国初,作为施政纲领的《中国人民政治协商会议共同纲领》继续提出:"中华人民共和国的文化教育为新民主主义的,即民族的、科学的、大众的文化教育。人民政府的文化教育工作,应以提高人民文化水平,培养国家建设人才,肃清封建的、买办的、法西斯主义的思想,发展为人民服务的思想为主要任务。"②

### 三、干部教育

根据"干部教育第一,国民教育第二"的方针,干部教育成为抗日民主根据地教育的重心。1940年12月,毛泽东在《论政策》中要求每个根据地都要尽可能地开办大规模的干部教育:"越大越多越好!"③遵其指示,根据地各级各类干部学校、干部在职补习学校蓬勃发展。

#### (一)高级干部学校

抗日战争时期,陕甘宁边区是中共中央所在地,是根据地抗日战争的指挥中心。培养高级干部的学校大多集中在延安,单由中央直接领导的学校就有17所,学员达数万人。其中有中共中央党校、中国人民抗日军事政治大学、陕北公学、马列学院、鲁迅艺术学院、中国女子大学、自然科学院、医科大学、延安大学、行政学院、俄文学院、民族学院、泽东青年干部学校、新文字干部学校、炮兵学校,以及日本工农学校、朝鲜军政学校等。华北根据地有抗战建国学院、华北联合大学、冀南抗战学院、太行抗战建国学院。华中根据地有华中党校、苏中公学、鲁迅艺术学院华中分院、华中建设大学。淮北苏皖根据地有淮北行政学院、江淮大学。在极端困难的条件下,这些学校为抗战培养了大批军政干部。以下介绍几所著名的干部学校(对于"抗大",后面将专门介绍)。

#### 1. 中共中央党校

前身是1933年在江西成立的马克思共产主义大学,红军长征到达陕北后,于1935年11月在瓦窑堡复校,改名中央党校,校长董必武。1937年迁至延安,属中央组织部,校长李维汉。中央党校先后经过两次改组,第一次是1941年12月,党校直属中共中央学校管理委员会,学制两年,主要培养地委以上和军团级以上具有相当独立工作能力的党的实际工作干部和军队政治工作干部。着重提高学员用马列主义立场、观点与方法分析中国历史与当前的具体问题,总结中国革命经验的能力。毛泽东为中央党校题词"实事求是",指明了办学方向。第二次是1942年2月,党校直属中央书记处,政治指导由毛泽东负责,组织指导由任弼时负责,校长邓发。改组后中央党校

---

① 董纯才主编:《中国革命根据地教育史》第二卷,教育科学出版社1991年版,第61页。
② 《中国人民政治协商会议共同纲领》,《人民日报》1949年9月30日。
③ 《毛泽东选集》第2卷,人民出版社1991年版,第769页。

发展为6个部,学员多达3000余人。延安的整风运动是1942年初从中央党校开始的,毛泽东在2月的开学典礼上作《整顿党的作风》重要报告,指出:"我们要完成打倒敌人的任务,必须完成这个整顿党内作风的任务。"1943年3月,中央决定由毛泽东兼任中央党校校长,彭真为副校长。中央党校经过改组和整风,在干部教育的指导思想、方针、任务、方法上创造了极其丰富的经验,为抗日战争和革命事业作出了重大的贡献。1947年,中共中央撤出延安时,党校暂时停办。

2. 陕北公学

1937年8月成立于延安东门外延河之滨,校长成仿吾,教务长邵式平。学员来自全国25个省市以及南洋、朝鲜、越南。国统区一批著名学者和文化人士,如艾思奇、何干之、徐冰、吕骥等,

陕北公学在上课

曾在校任教。学校开学后,几乎每天有数十、上百青年来学,不到1个月,学员从5个队增到11个队,半年后达到27个队、2000多人。分设普通班,学期4个月;高级研究班,学期1年。陕北公学的主要任务是培养抗日先锋队,第一、二队200多名学员经1个月学习,即毕业奔赴华北各抗日战场。1938年5月,在关中设分校,学生达3000多人。1939年7月,中央决定将陕北公学与延安鲁艺等四校合并成华北联合大学,由校长成仿吾率领开赴华北抗日根据地。两年中陕北公学共培养干部6000多人。1939年12月,陕北公学在延安复校,李维汉为校长。学校改制成立师范部和社会科学部,学制两年。1941年,延安陕北公学并入延安大学。

3. 鲁迅艺术文学院

又称鲁迅艺术学院,1938年4月由毛泽东、周恩来、林伯渠、徐特立、成仿吾、艾思奇、周扬联名发起成立,旨在培养抗战艺术干部,研究革命艺术理论,整理中国文化遗产,建立中国的新艺术。首任院长毛泽东,继任者为吴玉章、周扬。学校最初规定学期为9个月,先入校学习3个月,后赴各根据地实习3个月,再回校理论提高3个月。初设戏剧、音乐、美术三系,后又增设文学系。1941年进行第二次改制,以"专门化"为目标,确立正规学制,设戏剧、音乐、美术、文学四部。1943年4月并入延安大学,为其下的一个独立学院。从成立到并入延安大学,鲁艺共办4期,培养了500余名学员,派赴八路军、新四军和各根据地,为抗战作出了特殊的贡献,其中不少人后来成为人民共和国的文艺骨干。

4. 延安大学

1941年9月由陕北公学、中国女子大学、泽东青年干部学校合并而成,校长吴玉章。初设社会科学院、教育学院、法学院及俄文、英文两个专修科,是一所规模较大、学制正规的综合性大学。吴玉章在开学典礼上说:延大的成立是教育上的很大转变。以往短期的干部训练,为应付目前的革命时代已"感到不够",必须实行"正规化",并要求"能做事的了解中国国情的青年","要努力学习科学和外国语"①。1943年,鲁艺、自然科学院、民族学院等并入,次年行政学院并入,校长为周

---

① 延安《解放日报》1941年9月23日。

扬。1944年公布《延安大学教育方针暨暂行方案》,规定延安大学的教育方针为:"以适应抗战与边区建设需要培养与提高新民主主义即革命三民主义的政治、经济、文化建设的实际工作干部为目的。"①分设行政学院,下设行政、司法、财经、教育四系,学制二年;鲁迅文艺学院,设戏剧、音乐、美术、文学四系,学制二年;自然科学院,设工学、农学、化学三系,学制三年;单设医药系,学制一至二年。规定学习与实习兼顾,分别占学时的60%和40%。课程30%为全校共同课,设有边区建设、中国革命史、革命人生观、时事等;70%为院系专修课,如教育系有边区教育文化概况、小学教育、中等教育、社会教育、教材研究、现代中国教育思想研究等。延安大学的教学方法有三个特点,即"学与用的一致"、"自学为主,教授为辅"、"在教学上发扬民主精神"。1945年底,鲁迅文艺学院、自然科学院奉命开赴东北、华北。余部1947年随中央撤出延安。1949年6月,以延大为基础成立西北人民革命大学,迁至西安。

5. 华北联合大学

1939年7月在延安成立,随即以战斗编制东渡黄河,突破重重封锁后,留驻晋察冀根据地首府阜平县办学,任务是训练各种干部,坚持华北敌后抗战。校训是"团结、前进、刻苦、坚定"。教育方针是为革命实际斗争需要而培养干部;注意理论同实际相结合;贯彻少而精和通俗化的原则。学校早期设有社会科学部、文艺部、工人部、青年部及师范部。1940年提出"正规化",改部为系,学制一至二年。次年7月已发展成法政、教育、文艺三学院和群众工作、中学二部,学员达4000多人。同年秋,日寇进行大"扫荡",联大减员为三个学院,1000多师生。至1942年晋察冀边区最困难时期,又缩编至一个教育学院。后来,随着形势好转,逐渐恢复。1945年8月迁至张家口。六年中毕业80多个队,8000人。

(二) 中级干部学校

抗日根据地的中等学校不仅培养中学生,而且主要培养在职干部;不仅有正规学制的中学、师范,而且有各种短训班。中共中央所在的陕甘宁边区,中等教育的发展在抗战中大致经过了三个阶段:

1. 开创阶段(1937—1940年)

抗战初期,边区的中等教育非常薄弱,以师范学校为主,属于以培养小学师资为主的干部预备教育。1937年边区民主政权成立后,创办鲁迅师范学校,开设政治、军事、教育、文化四类课程,比例为3∶1∶3∶3,学制一年,修业时间也有半年甚至一两个月的。学生随到随考,考取即编入班级,如有工作需要,亦可随时参加工作,具有短训班性质。1938年创办边区中学,1939年鲁迅师范学校和边区中学合并为边区师范学校(又称一师)。

2. 发展阶段(1940—1942年)

这一阶段边区中等教育趋向"正规化",办学数量和质量明显提升,1940年先后创办关中师范(又称二师)、三边师范(又称三师或定边师范)、陇东中学、米脂中学,1941年创办鄜县师范(又称四师)。这些学校绝大多数是初中班、初师班与预备班,仅米脂中学有一个高中班。②1941年林伯渠在边区第二届参议会上作政府工作报告,强调要提高师资水平和培养教育干部,必须加强中等

---

① 陕甘宁边区政府办公厅编:《陕甘宁边区教育方针》,1944年7月版;又见延安《解放日报》,1944年5月31日。
② 陈桂生:《中国革命根据地教育史》(中),华东师范大学出版社2016年版,第103页。

教育。在"提高质量"的口号下,边区中等教育以"培养小学教员及新知识分子"为任务,强调"文化课与政治课并重",学制规定为二至三年。

### 3. 成熟阶段(1942—1945年)

整风运动后,中等教育办学方向有所调整,对"提高质量"口号下出现的教条主义、"旧型正规化"等现象作了批评纠正,要求以文化教育为主,同时进行政治教育、生产教育。即便是文化教育,也要从边区需要和学生程度出发,以求教育与边区及边区人民的需要相联系,为抗战和边区建设服务。1943年春,按照每个分区只办一所中等学校的原则,边区师范与鄜县师范合并为延安师范。1944年春,延安师范又与延安大学中学部合并成立延安中学,三边师范与延安大学民族学院合并成立三边公学。1945年4月,创办子长中学。①

1944年5月,中共西北局宣传部、陕甘宁边区教育厅拟订了将中学和师范课程统一起来的中等学校新课程,学制三年(见表15-1)。

表15-1 陕甘宁边区中等学校课程安排

| 科目\课时\学期 | 一 | 二 | 三 | 四 | 五 | 六 | 教 学 要 求 |
|---|---|---|---|---|---|---|---|
| 边区建设 | 4 | 4 | 4 | | | | 包括边区史地、政策、组织等三项 |
| 国 文 | 5 | 5 | 5 | 5 | 4 | 4 | 以养成日常工作中各种实用文字的正确读写能力为主旨 |
| 数 学 | 4 | 4 | 4 | 4 | 3 | 3 | 以养成财经合作等部门需要的会计统计人才为主旨 |
| 史 地 | 3 | 3 | 3 | 3 | | | 第一学期教鸦片战争以前的中国史;第二学期教百年中国史,特重"五四"以后,外国史仅在必要时参入教授;第三学期教中国地理;第四学期教外国地理 |
| 自 然 | 3 | 3 | 3 | 3 | | | 以根据地战争与生产的需要为背景,使学生得到关于自然现象、自然规律的综合而有系统的常识 |
| 政治常识 | | | | 3 | 3 | 3 | 包括经济政治常识,抗日战争与三民主义常识,组织生活与工作方法等三项 |
| 生产知识 | | | | | 3 | 3 | 在各部分中侧重农业,亦兼及工业、商业的初步概念 |
| 医药知识 | | | | | 3 | 3 | 教一些接生、急救、防疫、兽医等简易切用的技术,以及一些常见的中西医药品的性能,以为推广边区群众卫生运动之用 |
| 合 计 | 19 | 19 | 19 | 18 | 16 | 16 | |

这份教育计划有显著的特点:其一,实际。处处着眼于边区实际,注重养成学生为边区服务的观念。其二,精简。3年开设8门课,每学期5门;每周最多15课时,较旧制减少一半,减轻了学生负担,以便进行课外活动和研究。其三,集中。设课有综合特点,相应内容集中完成,改变了旧制科目多,课时少,每周仅一二节课,学生印象不深,"结果还不如不学"的局面。其四,联贯。课程安排有序,先文化基础,后专门知识;先边区史地,后政治常识;先自然、数学,后生产、医药;先原理,后应用。

除中央根据地外,各根据地也都相应地发展了中等教育。晋察冀根据地初办中学时仅办了1

---

① 陈桂生:《中国革命根据地教育史》(中),华东师范大学出版社2016年版,第103页。

个师资训练班,到 1940 年有中学 9 所,培养了 7000 多名中层干部。苏皖根据地原来的基础较好,抗战后期有中学 80 多所,仅苏北盐城就有 13 所。

### 四、普通教育

作为国民教育的组成部分,抗日根据地的普通学校教育包括高等小学和初等小学,而中等学校实际上以培养干部为主。在中共中央和各边区政府教育方针政策指导下,抗战期间根据地的普通教育也取得显著发展。

#### (一) 发展历程

抗日根据地的小学教育基本延续苏区的制度,学制五年,前三年为初小,后二年为高小。抗战初期,各根据地初小较多,高小较少。民主政权建立后,实行了减租减息政策。陕甘宁边区还废除了国民党政府的 42 种税捐,人民生活有了保障,在文化上翻身有了要求,也有了条件。在陕甘宁边区,政府大力发展教育,根据"各学校学制,应照顾学校任务及地方具体情况,作适当规定,不必强求一致"的指示,①小学教育在原来 120 所小学、3000 学生的基础上快速发展起来,成绩明显。②(见表 15-2)

表 15-2 抗战时期陕甘宁边区小学发展概况

| 统计数 年份 项目 | 1937 | | 1938 | | 1939 | | 1940 | |
|---|---|---|---|---|---|---|---|---|
| | 春 | 秋 | 春 | 秋 | 春 | 秋 | 春 | 秋 |
| 学 校 数 | 320 | 545 | 705 | 733 | 890 | 883 | 1341 | 1741 |
| 学 生 数 | 5600 | 10396 | 19799 | 15348 | 20401 | 23089 | 41458 | 43625 |

抗战时期边区小学教育以群众性运动的方式快速发展,短短 3 年,学校数、学生数均增长 3 倍以上。规模增长过快的主要原因是,全面抗战开始后,大批知识青年、文化人士到边区和各根据地参加教育工作,带来了新力量和新观念。1940 年,陕甘宁边区不切实际地提出实施义务教育的口号,在《义务教育条例》中强行规定:"不论贫富,凡学龄儿童(8 岁到 14 岁),一律入学,否则予以处罚。"③当时有人教条主义地照搬国外的强迫教育经验,甚至认为"边区老百姓落后",不强迫便不能普及教育。而强迫、处罚的结果,却使许多学校从开学到学期结束都在忙于动员学生入学。"强迫教育"既不可行,教育领导部门也未作认真分析总结,却走向另一个极端。1940 年,陕甘宁边区政府教育厅提出"停止数量发展,提高质量"的口号,决定精简合并学校,重质不重量。要求:每县宁可取消 10 个普小,也一定要办好 1 个集中的完小;每校不满 20—30 人,不准开办;年限、班级、开学、假期等制度必须整齐划一。为集中办完小,取消、合并了一些学校。1941 年开始,边区小学教育的规模开始收缩,学校数、学生数双双大幅下降。到 1942 年春,学校数只有 723 所,学生

---

① 延安《解放日报》1940 年 2 月 8 日。
② 根据 1941 年 10 月陕甘宁边区第四次三科长联席会议的总结报告。
③ 《检讨边区教育历史》,延安《解放日报》1944 年 11 月 5 日。

数30854人。① 与1940年高峰值相比，边区"学校数量减少了一半，学生人数减少了约三分之一"②。普通小学办学思想的摇摆，到延安整风和整学时得以纠正。尤其是1944年边区文教大会后，民办公助政策得到普遍推行。由于政策的灵活性和认识到边区办教育的特点，小学教育至此得以健康发展。

（二）办学形式

根据地的小学都是在极端困难的条件下举办的，各边区政府大多放手让群众按照自己的需要和可能，因地制宜、因陋就简地办学。除陕甘宁边区有较长期的稳定区域环境外，大部分根据地处在敌占区包围之下，战斗频繁，变动较大，迫使人民群众和教育工作者创造了各种生动活泼、形式多样、富有战斗性的学校形式。

在游击区和邻近敌占区有"游击小学"的形式，逢日寇来扰，或分散隐蔽，上课地点随时变更，教师或化装成卖货郎，挑担敲梆沿村集合儿童上课；或化装成杂货铺掌柜，个别授课；或集体转移，待敌人走后照常上课。在敌占区或有敌人据点的地区有"两面小学"的形式，表面上是敌寇的"新民小学"或私塾，读"新民"课本或"四书五经"，暗地里读自己的课本，进行抗日爱国教育。在人口稀少的地区，由几个村联合办学，组织"联合小学"。在山高路远、交通不便的地区，办起"流动小学"、"巡回小学"（又称"轮学"），教师往来授课。在一些有特殊困难的地区，将儿童、成年人男女老少合在一起上课，叫"一揽子小学"。就上课时间安排来说，有全日班学校、半日班学校和季节学校（如春学、冬学）等。这些形式多样的学校，深受根据地群众的欢迎。

（三）教育内容

抗日根据地小学的教育内容十分注意适应战争的需要。边区小学的课程，初小设国语、算术、常识、美术、音乐、劳作、体育。高小增加政治、自然、历史、地理。劳作以生产劳动为主，体育以军事训练为主。在《边区小学教育实施纲要》中，社会活动、生产劳动均为正式课程。有些条件较差的根据地，初小只设国语（含国语与常识）、算术两门课。

抗战初期，各根据地大多编了战时小学教材。1937年冬，陕甘宁边区开始编第一套初级小学教材《初级小学课本》。1942年修订出版第二套初小教材，克服了以前教材过分注重文化知识、政治教育口号化、成人化倾向。1944年，重新修订出版第三套初小教材《初小新课本》。晋察冀边区1938年出版《抗战时期小学课本》、《初小国语课本》，到1945年底修改达4次。晋冀鲁豫、山东根据地也多编有小学课本。这些课本的共同特点：一是注意通过讲述抗战道理、歌颂抗战英烈、揭露敌伪凶残，对儿童进行抗战爱国教育，如晋察冀边区1940年编的《抗战时期小学国语课本》涉及抗战的课文占82%；二是注意通过讲述生产劳动内容，对儿童进行联系边区实际的生产生活知识和劳动观念的教育，如1945年晋冀鲁豫的初小国语常识合编课本涉及生产知识、劳动观念的课文占38%。

抗日根据地的小学教育还特别注重战时政治教育。除了学习政治常识、时事形势外，重要的教育途径是让学生参加各种抗日活动，如组织儿童团站岗放哨、送信联络、慰问前线、拥军优属、

---

① 陕西师范大学教育研究所编：《陕甘宁边区教育资料》（教育方针政策下册），教育科学出版社1981年版，第364页。
② 《江隆基教育论文选》编辑委员会编：《江隆基教育论文选》，陕西人民出版社1981年版，第32页。

宣传演出,以及防空防毒、反奸防特等。晋察冀边区曾对小学生和儿童进行"五不"教育:不告诉敌人一句实话;不报告干部和八路军;不报告地洞和粮食;不要敌人东西,不上敌人当;不上敌人学,不参加敌人少年团。

抗日根据地的小学教育较之苏区时期发展得更为成熟。在办学思想、办学形式、教育内容等方面形成了不少经验和特点,成为革命老区的教育传统,影响了以后的教育。

### 五、社会教育

继承土地革命时期苏区的优良传统,抗日战争时期的社会教育是根据地教育的重要组成部分。1940年12月,毛泽东提出:"关于文化教育政策,应以提高和普及人民大众的抗日的知识技能和民族自尊心为中心。"①次年5月,毛泽东发表《改造我们的学习》后,9月11日延安《解放日报》发表胡乔木执笔的社论《打碎旧的一套》,尖锐指出:"民主的教育固然需要民主的政治,民主的政治也同样需要民主的教育,这就是说,在民主政治已经实现的时候,我们就需要一种与人民相联系的教育。所谓与人民相联系,不但是说人民可以普遍地享受教育,而且是说人民的实际生活应该成为教育的中心内容,并从教育得到一种迅速进步的基础。用这种观点来审查各个抗日民主地区的教育,我们就将发现我们的工作还是落于这个需要之后。"所以必须"打碎旧的一套,彻底地改进我们的全部教育——学校教育、社会教育和在职教育"②。根据中央的精神,各抗日根据地积极开展了群众教育,开创了形式多样、生动活泼的教育局面。尤其是经过整风运动和整学,社会教育纠正了以往脱离边区实际的倾向,取得了很大发展。

抗日根据地的社会教育重心在成人教育,其组织形式主要有:冬学、民众学校(民校)、夜校、半日校、识字班(组)、读报组,以及剧团、俱乐部、救亡室等。其中,冬学和民校适应分散的农村群众生产和生活实际,是最受欢迎、最普遍、最广泛的社会教育形式。

冬学是利用冬闲对农民群众进行教育的组织形式。参加冬学的学员为15—45岁、识字不满1000字的男女村民。教学时间如延长到全年,则为民校。早在1937年10月,陕甘宁边区政府教育厅就曾发出《关于冬学的通知》,指出办好冬学是国防教育总任务中的具体任务。中共中央对冬学的部署既重视且具体,每年都发动大规模的群众性活动,参加的人数越来越多。1941年秋曾发布《开展冬学运动》的号召:"冬天是战斗的季节,也是学习的季节,我们准备着战斗,我们也要准备学习。我们希望今后在所有敌后抗日根据地里都起来准备布置冬学工作,把扫除文盲、掌握知识做为当前战斗任务之一。"③次年秋又发表《今年的冬学》的指示,对冬学的性质、意义、课程、时间安排作了具体规定,并着重强调:"冬学在农村教育中的作用,是不容怀疑的,我们有不少区乡干部,就是过去念过几年冬学,而消灭了自己的文盲,即是例证。"④

在中央的统一部署下,边区的党政部门和群众团体共同组成冬学运动委员会,聘请粗通文字者和小学教师担任冬学教师;利用工余时间或农闲,教民众识字学文化、学时事政治、学生产技术。陕甘宁边区1937年有冬学600处,学员10000人;1938年底,单识字组就有5834个,学员

---

① 《论政策》,《毛泽东选集》第2卷,人民出版社1991年版,第726页。
② 延安《解放日报》1941年9月11日。
③ 延安《解放日报》1941年10月24日。
④ 延安《解放日报》1942年11月24日。

39983人;1941年10月,有80%的文盲参加了扫盲运动。晋冀鲁豫的太岳地区1942年参加冬学者已占文盲数的82%—91%;1944年全区有冬学3131所,学员100746人;1945年发展到5000多所,学员30万人。1940年晋西北根据地19个县,共建冬学3116所,学员178182人。① 其他如山东根据地、华中根据地的冬学规模也大体如是。在一些条件较好的地区,不少冬学由于办得出色,发展为长年学校。

冬学不失为经济落后的农村地区扫除文盲、普及最初步的文化教育的有效形式。根据地的冬学确实为提高民众普通文化知识、生产生活知识和思想觉悟作出了贡献,也是中国共产党落实新民主主义教育方针,为人民做的一件实事。

### 六、中国人民抗日军事政治大学

中国人民抗日军事政治大学简称"抗大",是在中国共产党和毛泽东直接领导和关心下创建和发展起来的。这是一所培养抗日军政干部的学校,是抗日民主根据地干部学校的典型。

（一）抗大概况

1935年10月,中央红军长征到达陕北,中共中央决定续办红军大学。1936年6月,西北抗日红军大学在陕北瓦窑堡成立,1937年1月改名为中国人民抗日军事政治大学,迁延安。从西北抗日红军大学到抗大,总校先后办了8期,同时还办了12所抗大分校,培养了20多万军政干部。

抗大校门

第一期(1936年6月—12月),从"西北抗日红军大学"成立于瓦窑堡开始,后迁保安。学员1063人中,有大批红军著名将领。校长林彪,教育长罗瑞卿,政治部主任杨尚昆。

第二期(1937年1月—8月),校址在延安,改名为中国人民抗日军事政治大学。学员1362人,开始招收外地青年。抗大教育委员会主任毛泽东,校长林彪,副校长刘伯承,教育长罗瑞卿,

---
① 中央教育科学研究所编:《老解放区教育资料》(二),教育科学出版社1986年版,第174页。

政治部主任傅钟。毛泽东曾前来给学员讲授《实践论》、《矛盾论》。

第三期(1937年8月—1938年3月),学员1272人,其中知识青年、海外华侨青年300多人。罗瑞卿副校长主持工作,教育长刘亚楼,训练部长许光达,政治部主任张际春,胡耀邦为副主任兼总支书记。毛泽东为学员题词:"坚定不移的政治方向,艰苦奋斗的工作作风,加上灵活机动的战略战术……"成为抗大的教育方针。从这期起增加了军事教育内容。

第四期(1938年4月—12月),学员5562人,达到空前规模,也是知识青年最多的一期,达4655人。当年7月,世界学联代表团参观抗大,表示愿做"名誉学员"。毛泽东亲自向师生传达讲解中共六届六中全会精神,中央主要领导几乎都来作报告,以加强军事教育和政治教育。

第五期(1939年1月—12月),学员4962人,仍然以知识青年为主。抗大召开建校三周年纪念大会,中共中央主要领导到会并讲话。毛泽东撰文《被敌人反对是好事而不是坏事》,肯定抗大的方向,重申抗大的教育方针"坚定正确的政治方向,艰苦朴素的工作作风,灵活机动的战略战术"。抗大始建分校:7月,总校迁晋察冀灵寿县,留延安师生为第三分校,赴晋东南后又转山东一部为第一分校,又一部与"陕公"合并赴晋东南为第二分校。毛泽东为中央军委起草《关于整理抗大问题的指示》,强调抗大是培养八路军干部的学校,不是统一战线的学校,并规定学校一切工作都是为了转变学生的思想。

第六期(1940年4月—12月),总校先迁山西武乡县,再迁河北邢台。滕代远继任副校长主持工作,教育长何长工,政治部主任张际春。朱德、彭德怀出席开学典礼,学员4900人,多是八路军、新四军、各根据地的基层干部。其间,先后在安徽涡阳、江苏盐城、山西武乡成立第四、五、六分校。

第七期(1941年1月—12月),学员2551人,多是部队的团、营、连、排干部。其间,在山西兴县、安徽天长县成立第七、八分校。

第八期(1942年5月—1945年8月),学员6000人,有部队干部、地方干部和知识青年,是总校学员数量最多、学习时间最长的一期。开学后,日寇分4路合击抗大,经两个多月周旋,学员突出重围,粉碎"扫荡"。后奉中央之命,于1943年3月重返陕甘宁边区。二、三、七分校重又并入总校。校长徐向前,政委李井泉,副校长何长工。学校边学习,边组织生产,并开始整风。其间,在江苏南通、湖北随县成立第九、十分校,在山西阳城、河北涉县成立太岳分校、太行分校。抗战胜利后,总校干部赴东北组建东北军政大学。

(二) 抗大的教育方针

1936年12月,毛泽东在陕北抗日红军大学的讲演中表示:"一个军事学校,最重要的问题,是选择校长教员和规定教育方针。"[①]1938年3月5日,毛泽东为抗大第三期同学会成立题词道:"坚定不移的政治方向,艰苦奋斗的工作作风,加上机动灵活的战略战术,便一定能够驱逐日本帝国主义,建立自由解放的新中国。"[②]同年8月,他又为抗大题词"团结、紧张、严肃、活泼"[③],后来成为抗大的校训。1939年5月26日,在纪念抗大成立3周年大会上,毛泽东再次指出:"抗大的教育方针是:坚定正确的政治方向,艰苦朴素的工作作风,灵活机动的战略战术。这三者,是造成一个

---

① 《中国革命战争的战略问题》,《毛泽东选集》第1卷,人民出版社1991年版,第177页。
② "毛泽东为抗大题词",陕西省延安地区教育局教研室编:《陕甘宁边区教育革命资料选编》,1978年印。
③ "毛泽东为抗大题词",陕西省延安地区教育局教研室编:《陕甘宁边区教育革命资料选编》,1978年印。

抗日的革命的军人所不可缺一的。抗大的职员、教员、学生，都是根据这三者去进行教育与从事学习的。"①抗大教育方针的内涵十分明确：所谓"坚定不移的政治方向"，是指在中国共产党领导下，以人民战争的形式，打败日本帝国主义，建立人民民主的新中国；所谓"艰苦奋斗的工作作风"，是指生活上的艰苦朴素，工作中的刻苦勤奋，理论联系实际，密切联系群众；所谓"机动灵活的战略战术"，是指掌握和运用游击战的方法，与侵略者展开人民战争的持久战。加上产生于抗大的教育过程又进而塑造抗大校风的八字校训，使抗大的学员在政治、思想作风和军事素养等各方面都得到训练，成为坚强的抗日干部。

毛泽东在抗大作报告

在抗大办学期间，中共中央的高层领导尤其是毛泽东，对它表现出的关注是异乎寻常的。他不仅多次亲赴抗大讲演、作报告、传达中央会议精神，还多次为之题词、撰文，确定其办学方向。毛泽东和中共中央对抗大的特别关注是有原因的，因为这所学校的毕业生将是战斗在抗日最前线的八路军、新四军干部，他们要去忠实地贯彻落实中共中央的路线、方针和政策，既要抗击日本帝国主义的侵略，又要对付国民党的反共"摩擦"。

（三）抗大的政治思想教育

1937年1月，抗大第二期的《抗日军政大学招生简章》曾明确表示，抗大"以训练抗日救国军政领导人才为宗旨"，而这样的领导人才又必须是能够贯彻中国共产党主张的"无产阶级的战士"。然而从第二期开始，尤其是第四、五期，抗大的学员中有大量来自全国各地和海外的知识青年，这些来自不同阶级和阶层的青年学员虽然有抗日救国的强烈愿望，却缺乏正确的政治观念，而革命思想又是难以自发产生的，学校如不做好政治思想教育工作，就无法培养革命的抗日干部。这是抗大所面临的艰巨任务。毛泽东为第三期学员题写的抗大教育方针，也就十分自然地将"坚定不移的政治方向"放在学校教育工作的首位。而抗大也始终非常重视对学员进行以马克思列宁主义毛泽东思想为核心内容的政治思想教育，以之作为学校的一门主要课程。在抗大办学过程中，受"一切服从统一战线"的影响，也存在过是否要将政治思想教育放在首位的怀疑，抗大三分校第二期教育计划中提出"学习第一"、"一切为了学习"是其表现。为此，毛泽东再次强调"坚定正确的政治方向"，即强调中国共产党的领导，并通过《关于整理抗大问题的指示》重申学校的一切工作都是为了转变学生思想，政治教育是中心一环，阶级教育、党的教育与工作必须大大加强。抗大依据中共中央的指示精神，对知识青年的思想转变做了如下工作：其一，帮助他们掌握马克思列宁主义，克服小资产阶级思想；其二，教育他们有组织性、纪律性，反对无政府主义和自由主义；其三，教育他们要深入基层实际工作，反对轻视实际工作经验的态度；其四，教育他们接近工农、服务工农，反对看不起工农的意识。

---

① 《抗大三周年纪念》，《毛泽东文集》第2卷，人民出版社1993年版，第188页。

抗大通过多种途径对学员进行政治思想教育。首先是学习理论，提高马克思主义理论水平。马克思列宁主义的经典著作，毛泽东的《实践论》《矛盾论》等，都是抗大教材。其次是学习中共党内斗争的文件，提高党性意识。1938年中共六届六中全会召开，抗大师生学习六届六中文件，批判王明右倾机会主义；1943年，抗大开始整风学习；1945年抗大师生深入学习中共七大文件。其三是开展群众性的自我教育。1937年9月，毛泽东为抗大政治部出版的《思想战线》撰写发刊词《反对自由主义》，号召开展批评和自我批评，进行积极的思想斗争和群众性的自我教育。其四是严格的组织纪律要求。任何人进抗大，就成了学生，都要遵守校纪校规。孙毅任校长的抗大二分校，一些营团以上干部学员带有警卫员和马匹，学校规定在学期间学员不得特殊化，警卫员和马匹一律由学校统一管理，组成学校运输队，待毕业时发还。最后是深入工农群众，投身于火热的斗争中去，向工农学习，向实际学习。

抗大的政治思想教育工作是成功的，尤其表现在将一大批知识青年造就成中国共产党的忠诚战士。

（四）抗大的学风

抗大学风最重要的传统是理论联系实际。1938年，毛泽东在与第三期毕业学员谈话时曾形象地说："你们到抗大来学习，有三个阶段，要上三课：从西安到延安八百里，这是第一课；在学校里住窑洞、吃小米、出操、上课，这是第二课；现在第二课完了，但是最重要的还是第三课，这便是到斗争中去学习。"① 当时，延安干部学校最严重的问题是理论与实际、所学与所用脱节，表现在学生学了一大堆马列主义的道理，而不注意也不懂得领会其实质和如何将其用于中国革命斗争的具体环境。中共六届六中全会对此有所纠正。毛泽东在全会报告中号召"来一个全党的学习竞赛"，并强调："马克思列宁主义的伟大力量，就在于它是和各个国家具体的革命实践相联系的。对于中国共产党说来，就是要学会把马克思列宁主义的理论应用于中国的具体的环境。"② 这一思想在以后得到反复的重申。

抗大遵照毛泽东在六届六中全会上提出的研究历史、研究现状、注重马克思列宁主义的应用的精神，把理论联系实际作为办学方针之一，并贯彻到教学内容和方法中去。抗大的课程设置都是从实际出发，为实际服务。虽然提出"军事、政治、文化并重"，但坚持"少而精原则"，并视培养目标的实际需要而有所侧重：在军事队课程中，军事技术战术训练和军事操练占2/3课时，政治课占1/3；政治队则反之。即使是政治理论课，并不提倡纠缠于马克思主义的词句，更留意词句所表达的精神实质，又更注意将精神实质应用于实际问题的解决。同时，一面学习，一面生产，将教育与生产劳动结合起来。1939年深入敌后办学后，又进而一面学习，一面工作，一面战斗，在战争的第一线学习、锻炼。由此成功地培养了大批既有理论知识又有实际工作能力、既能文又能武的共产党的抗日军政干部。

（五）抗大的教学方法

抗大创造了一套从实际出发、生动活泼的教学形式与方法。

---

① 何长工：《难忘的抗大岁月》，《光明日报》1981年6月25日。
② 《中国共产党在民族战争中的地位》，《毛泽东选集》第2卷，人民出版社1991年版，第534页。

### 1. 启发式

抗大在整个教学过程中都注重运用启发式,反对注入式。其具体方法有:其一,由近到远。如讲授建立抗日民族统一战线,先讲各党派各阶层须通过协商消除磨擦,后讲如何统一意志和行动,再讲如何遵循共同纲领,改革政治制度,实现新共和。其二,从具体到抽象。讲"抗日第一",先讲小道理服从大道理、个人服从集体、国家民族利益超过一切个人和党派利益,所以一切服从抗日,抗日高于一切。其三,注意互相联系。注意从事物的发展过程和相互联系中去揭示、把握规律,把原则与实际联系起来,把现在问题与过去及将来问题联系起来,把学校学习与前方的实际联系起来,把自己的思想认识与理论学习联系起来,还注意课程之间的联系、主课与辅课的联系。其四,突出重点。注意抓主题,抓中心,适当归纳,及时总结。

### 2. 研究式

抗大提倡研究式教学。"集体研究讨论"、"按教育计划学习"、个人自学和思考研究是主要方式,而教员只是从旁指导。政治、时事、政策课大多采用研究式教学。

### 3. 实验式

抗大的课程"少而精",主张少在课堂上讲,多在实地操作,多设置情况演习,以养成学员长于分析判断、善于临机应变的能力。军事课要求根据实战情况进行演习,"且战且训,且训且战"是最普遍的方法;政治课要求作实际调查;国文课要求制定连队计划、写作报告;大量的生产劳动、社会活动更是将生产和社会当作实验场所。

### 4. "活"的考试

书面考试先由教员拟定考题,指定参考书目,学员自行准备后小组讨论,再吸收、补充他人见解,结合本人观点材料做成答卷,学员交换阅卷。组织学员到战斗和工作第一线接受检验,也是抗大对学员的考试方式。

## 第三节 解放区新民主主义教育建设

抗日战争胜利后,中国共产党一方面领导人民从事争取和平民主的斗争,另一方面提醒人民警惕国民党政府与美帝国主义勾结的阴谋,积极准备自卫反击。在内战爆发前,解放区的教育着重于抗战后的恢复与重建;内战爆发后,为动员广大农民参战支前,各解放区遵照中共中央"五四指示",实行"耕者有其田"的土地改革运动,解放区的教育转而为解放战争和土地改革服务;当中国人民解放军进入全面反攻并取得节节胜利时,解放区的教育开始向制度化方向发展,为建设新中国的教育作准备。解放战争开始后,解放区即出现四种类型:巩固区或老解放区、游击区或边缘区、敌人侵占区(指民主政权主动撤离和暂时放弃的地区)、新解放区。1946年12月,陕甘宁边区政府颁布《战时教育方案》,针对不同区域提出不同的教育工作要求:在巩固区,以在现状基础上的改革、充实新内容、加强社教活动为原则;在边缘区、交通线和敌人主攻方面,以转移分散和动员参加战时工作为原则;在敌占区,以隐蔽埋伏或撤退为原则;在新解放区,以争取原有教育工作者、利用原有教育组织、加以逐步改造为原则。由于战争形势多变,上述区域处在动荡变替之中,给教育工作带来困难。但是,由于人民解放军凯歌高奏,夺取全国胜利的步伐不断加快,新解放区迅速增加并很快转为巩固区。政治军事形势的迅猛发展势头,也带动了新民主主义教育建设步伐的加快。

## 一、解放战争时期的教育政策

1945年9月至1949年9月是中国共产党领导的人民解放事业取得决定性胜利的时期,教育事业也发生重要的转折。人民解放战争时期解放区的教育,延续了抗日根据地的教育。由于形势发展越来越有利,中国共产党在完成繁重的解放战争任务的同时,不失时机地制定了一系列教育方针政策,这既有效地配合了战争的顺利进行,也为教育事业从战争和农村环境转入和平建设环境,作了充分的准备。

(一) 扩大教育界的统一战线

内战爆发后,中国共产党面对的是具有军事优势的国民党政府,需要建立更广泛的政治和文化的统一战线。中共中央根据毛泽东的提议,在各个地区和各个方面采取"缓和态度",以争取大多数民众(包括知识阶层),孤立和反对极少数反动分子。

当解放战争进入战略反攻阶段,毛泽东起草了《中国人民解放军宣言》,号召联合工农兵学商,组成最广泛的统一战线,"打倒蒋介石,解放全中国",毛泽东郑重地说明,"工农兵学商"中的"学","即是指一切受迫害、受限制的知识分子"。而"劳动人民","是指一切体力劳动者(如工人、农民、手工业者等)以及和体力劳动者相近的、不剥削人而受人剥削的脑力劳动者"[①]。他强调对于知识分子必须慎重,"避免采取任何冒险政策"。他分析说:"中国学生运动和革命斗争的经验证明,学生、教员、教授、科学工作者、艺术工作者和一般知识分子的绝大多数,是可以参加革命或者保持中立的,坚决的反革命分子只占极少数。因此,我党对于学生、教员、教授、科学工作者、艺术工作者和一般知识分子,必须采取慎重态度。必须分别情况,加以团结、教育和任用,只对其中极少数坚决的反革命分子,才经过群众路线予以适当的处置。"[②]毛泽东将绝大部分知识分子归入"劳动人民"范畴,为扩大教育界的统一战线确定了政治依据。

1947年解放区开展土地改革,一度出现"左"倾错误,表现于教育工作方面,一些解放区发生排挤、迫害地主、富农家庭出身的学校教师的现象,有违扩大统一战线的政策。1948年5月18日,《人民日报》发表《坚决纠正学校教育的左倾错误》的短论;7月16日,中共中央宣传部发布《关于一切学校停止三查及教育问题的指示》,要求坚决纠正学校中发生的"左"倾错误,保证学校正常的工作秩序;对教师学生的思想问题,宜通过教育逐步解决;严肃处理迫害师生的事件。这样,保证了统一战线政策的落实。

(二) 实施教育工作重心的转移

随着人民解放战争的高歌猛进,新中国已经前景在望。毛泽东和中共中央及时作出有远见的决策,促使教育工作的重心开始转移,即由农村向城市转移,由战时向平时过渡。

在抗战胜利之初,解放区曾经拥有175个城市。进入战略反攻阶段后,又夺取了大量的城市,加快了取得全国胜利的步伐。解放区政治、经济和文化教育工作重心向城市转移,已成必然之势。早在抗战胜利之初,毛泽东就曾建议,利用合法条件,尽快派能够在国统区公开活动的人士

---

[①] 《关于民族资产阶级和开明绅士问题》,《毛泽东选集》第4卷,人民出版社1991年版,第1287页。
[②] 《关于目前党的政策中的几个重要问题》,《毛泽东选集》第4卷,人民出版社1991年版,第1269—1270页。

到上海等大城市办报纸、学校和其他各种文化设施。在战略决战前夕，毛泽东要求党内迅速有计划地训练大批能管理城市包括城市文化教育事业的干部。1949年初，他又提出"把军队变为工作队"的决策，要求军队必须学会接收和管理城市，包括善于动员和组织青年，"善于管理学校、报纸、通讯社和广播电台"等。① 由于城市工作与农村根据地有很大的差异，更为艰巨，因此要求干部注意重新学习，不能搬用在农村工作的作风，一举一动都要合乎城市情况，要懂得保护一切公私学校、医院、文化教育机关、体育场所和其他一切公益事业及其从业人员，尤其是维持学校的稳定，对知识分子基本上要"包下来"。总之，要学会在城市开展"文化斗争"，否则"我们就不能维持政权，我们就会站不住脚，我们就会要失败"②。

同时，和平建设环境的即将到来，政权中心即将转移到城市，仍停留在战争环境中农村根据地的文化教育经验已经不够。毛泽东曾分析说："新民主主义社会的基础是机器，不是手工。"③ 如要夺取最终胜利，必须获得"机器"，即把握城市的工业生产建设。不言而喻，也要建设与"机器"相应的新文化、新教育。因此，中共中央多次强调，在革命胜利后，主要任务是发展生产和发展文化教育，从现在起就必须着手教育工作重心的转移。从1948年下半年起，华北、东北解放区就开始了教育的"新型正规化"尝试。当年八九月间，华北中等教育会议、东北解放区第三次教育会议正式提出"新型正规化"的口号；9月14日，新华社发表《恢复和发展中等教育是当前的重大政治任务》的社论，指出要办好中等教育必须正规化。1949年6月，华北解放区召开小学教育会议，讨论和部署小学实行"新型正规化"问题。《人民日报》于6月15日发表社论，肯定了这一方向。

## 二、中小学教育的正规化

抗战胜利后，全国人民盼望已久的和平建国新局面曾经一度出现。为适应建设需要，解放区也曾酝酿过学校正规化的问题。1946年春，陕甘宁边区召开中等教育会议，讨论研究了学校逐渐注意正规化，提出加强文化学习，规定普通班学制三年，干部班修业一年至一年半。文化教育基础较好的苏皖解放区也召开宣教会议，研究了教育工作方案，拟定了各级学校的教育方针、学制、课程、教法，如规定小学学制为"四二制"，中学为"二二制"。小学与中学教育相衔接，小学毕业可升学，也可回家从事生产；中学毕业可参加实际工作，也可升入适当学校。山东解放区也召开第二次全省教育会议，讨论了教育实施"新型正规化"问题。不久，各解放区相继受到国民党政府军队的进攻，不少中小学在激烈的战斗中遭受破坏而停办，学校师生或疏散或参军。解放区政府初期的教育正规化打算显然与战争形势不相适应，难以真正进行。

1947年7月，人民解放军开始进入全面反攻。到1948年秋，华北和东北大部分地区和许多大中型城市获得解放，解放全中国的态势已经形成。新的形势要求教育事业既要考虑解放战争继续发展对各种干部的迫切需要，也要考虑为顺利地接管各地乃至全国政权和全国解放后大规模的经济建设准备后继人才，保护和发展解放区的各级各类学校，恢复和开展系统的文化科学知识和技能的教育。这成为新的时代任务，学校正规化问题再次提到教育工作的日程上。同时，土

---
① 《把军队变为工作队》，《毛泽东选集》第4卷，人民出版社1991年版，第1405页。
② 《在中国共产党第七届中央委员会第二次全体会议上的报告》，《毛泽东选集》第4卷，人民出版社1991年版，第1428页。
③ 《致秦邦宪(1944年8月31日)》，《毛泽东书信选集》，人民出版社1983年版，第239页。

改运动中老解放区出现的片面理解阶级斗争,清洗、打击学校中地主、富农家庭出身的师生的"左"倾偏向,受到中共中央的重视并着令纠正。1948年1月东北解放区发布《关于知识分子的决定》,7月中央宣传部发布《关于一般学校停止三查及教育问题的指示》,尽量维持学校,稳定学生和知识分子,思想政治问题在教育过程中逐步解决。这既是为了纠偏,也表现出使教育工作正规化的意向。解放区学校再次恢复发展。由于解放战争即将胜利的形势对人才要求的特殊性,当时学校正规化工作是从中等学校开始的。

1948年7月,华北解放区的太行行署、冀中行署分别召开中等教育会议,教育工作正规化意向露出端倪。之后,东北行政委员会第三次教育会议(8月12日—30日)、华北中等教育会议(8月25日—9月5日)、山东解放区第三次全省教育会议(9月3日—21日)相继召开,都重点讨论了中等教育正规化问题。东北教育会议认为,处于全国解放前夕的东北,已经基本完成土地改革。随着解放而接管的大量城市和工矿企业,需要大批有科学文化知识的干部,仅靠根据地斗争时期通过短训班培养干部的形式已不能适应需要,必须建立正规制度,办正规学校,注意文化科学知识的学习。会议对东北解放区的学制作出了明确规定:小学六年,四二分段;中学六年,三三分段;高中可视地方情形实行分科制;师范四年,简易师范二年。并要求加重文化课的比重,还对学校管理、教学方法、教师待遇等作了相应规定。①华北、山东解放区的教育会议也作出了精神大致一致的规定,如华北中等教育会议也拟定了《普通中学与师范学校实施办法》、《中小学教职员待遇标准草案》等文件。②

对于解放区在新民主主义教育建设方面的新动向,中共中央及时作出了反应。新华社9月16日发表社论《恢复和发展中等教育是当前重大政治任务》,肯定这一方向。③ 社论提到:中等教育的性质是普通教育,任务是为国家培养具有中等文化水平和科学知识的人才。培养大量具有中等文化水平的知识分子,是当前头等重要的政治任务。要办好中等教育,必须正规化。中等学校的学制一般仍采用"三三制";中学文化课占90%,政治课占10%。师范学校文化课占70%—75%,业务课占15%—20%,政治课占10%;教学方法注重课堂教学和教师指导的作用;新民主主义的学校管理,应是在校长领导下,由校长、主要教职员、学生代表(1—2人)组成的学校管理委员会统一进行。新华社社论基本上依据了华北教育会议的精神。

各解放区在研究中等教育正规化的同时,也参照中等教育改革精神,对小学教育的正规化进行了酝酿和探索。1949年5、6月间,华北人民政府在北平召开华北小学教育会议,着重研究和部署小学走上"新型正规化"道路问题,对小学的学制、办法、师资、教材、经费、领导体制等进行了反复讨论,最后拟定了《小学教育暂行实施办法》、《小学教师暂行服务规程》等文件。中共中央仍然十分敏锐地对地方人民政府的教育改革作出反应。1949年6月15日,《人民日报》发表社论《贯彻华北小学会议精神,把小学教育从现在的基础上提高一步》,肯定华北小学教育会议的方向。

解放战争期间从教育纠偏起,经各解放区着手教育正规化的工作,普通中小学有很大的发展。到1948年8月,与1947年相比,东北解放区中学发展到145所,学生61898人,分别增加

---

① 辽宁省教育科学研究所编:《东北解放区教育资料选》,教育科学出版社1983年版,第120—126页。
② 见新华社社论《恢复和发展中等教育是当前重大政治任务》,《人民日报》1948年10月16日。
③ 对华北中等教育会议的报道和新华社社论,均经毛泽东审定,报道和社论的标题也经毛泽东修改。参见陈桂生:《现代中国的教育魂——毛泽东与现代中国教育》,辽宁教育出版社1993年版,第112页。

38%和54.4%;小学据不完全统计,有17726所,学生1688446人,分别增加72.4%和90.8%,① 到1949年,小学更增加到36061所,学生3692749人。山东解放区到1948年底,已有公私立中等学校58所,次年7月达107所,高小1600多所,初小18400多所。② 华北解放区1948年下半年中等学校增至144所,1949年5月小学达到15900余所。③

### 三、高等教育的整顿与建设

当解放战争呈现夺取全国胜利之势时,毛泽东把造就大批管理干部的任务提上了日程。他指出:夺取全国政权的任务,要求迅速而有计划地训练大批能够管理军事、政治、经济、党务、文化教育等工作的干部。在战争的第三年内,必须准备好3—4万中、下级干部,以便第四年军队前进时,能够随军前进,有秩序地管理五千万至一万万人口的新解放区。由于形势发展甚快,干部供应甚感不足,这是很大的困难。于是,他又提出,干部的准备虽然主要依靠老解放区,但大城市中的工人和知识分子文化水准要高一些,当然"必须同时注意从国民党统治的大城市中去吸收"④。于是,中共中央作出了一个重要的战略部署——大量造就管理干部。造就管理干部的重要途径是高等教育。当时接管新区需要大量干部,即将开始的大规模经济建设也需要大量高级人才,高等教育的整顿与建设就这样成为解放区教育事业的重要方面。解放区高等教育的整顿和建设是从以下几个方面开展的:

(一)办抗大式训练班

随着解放区的迅速扩大,接管大量学校,大批原有教师和学生被妥善安置。为使学校师生尽快适应解放事业的需要,须逐步加强对他们的思想教育和思想改造。1948年7月,中共中央提出:办抗大式训练班,逐批对知识青年进行短期政治教育;训练班规模必须逐步扩大,争取大多数知识分子都能接受一切政治训练。训练以后因材使用,在工作岗位中经受锻炼。这一时期,各大解放区陆续举办人民革命大学,如东北军政大学、辽东人民军政学校、辽南建国学院、华北人民革命大学、西北军区人民军政大学等。这些人民革命大学以马克思主义的社会发展史为基本学科,强调阶级斗争的教育,并着重通过参加生产劳动改造思想,提高觉悟。解放区的大批知识青年参军入伍,经人民革命大学和军政大学的培训,随人民解放军南下,进入各省各地区的各种管理工作岗位。如成立于1949年7月,由上海市市长陈毅兼校长和政委的华东军政大学,第一期在上海地区万人报名中招收5000多名青年学生。陈毅在开学典礼上强调,军政大学既不是旧式的文科大学,也不是旧式的军官学校,而是为人民解放事业培养干部的新学校,"是革命的大熔炉"⑤。青年学生经军政大学培训后,分别被派往南方一些省,如进入福建工作的"南下服务团"成员均为华东军政大学的学员。

(二)解放区原有的大学进一步正规化

出于培养有革命思想与科学技术知识的管理干部和"自己的高级知识分子"的目的,解放区

---

① 辽宁省教育科学研究所编:《东北解放区教育资料选》,教育科学出版社1983年版,第117—119页。
② 山东教育史志编纂委员会办公室编:《山东教育史志资料》,1983年第3期,第9页。
③ 毛礼锐、沈灌群主编:《中国教育通史》第五卷,山东教育出版社1988年版,第243页。
④ 《中共中央关于九月会议的通知》,《毛泽东选集》第4卷,人民出版社1991年版,第1347页。
⑤ 包汉中:《听陈毅校长演讲》,《华东师范大学》校刊1999年9月17日。

原有的一些较为正规的大学,要求进一步正规化,1939年创办于延安的华北联合大学堪称典型。1946年1月,华北联合大学恢复原来的教育学院(下设国文、史地、教育系)、法政学院(下设政治、财经系)、文艺学院(下设文学、戏剧、音乐、美术、新闻系),校长成仿吾,副校长周扬。后又设外语学院,设英文、俄文两系。1948年8月,又与北方大学(校长范文澜)合并成为华北大学,校长吴玉章,副校长范文澜、成仿吾。设四部二学院,即:第一部政治训练班;第二部教育学院,下设国文、史地、教育、社会科学、外语、数理化六系;第三部文艺学院;第四部研究部,以研究专门问题和培养大学教师,设有中国历史、中国语文、哲学、国际法、外语、政治、教育、文艺8个研究室,以及农学院、工学院。在当时是一所规模大、门类全、集中了许多知名学者的综合性大学。1949年1月迁入北京,后组成中国人民大学,成为解放区自己办的正规大学的杰出代表。

### (三)创办新大学

随着解放战争战线的南移,东北解放区最先成为稳固的后方,加之东北在全国工业基地的重要地位,经济建设已着手开展。高等教育的大规模整顿和创办新大学,也就最先从东北开始。1949年8月,中共东北局、东北行政委员会发布《关于整顿高等教育的决定》,认为东北地区已开始进入全面经济建设和文化建设的时期,建立完整、合理的学校教育体系和统一的学校制度,实行正规的学校教育已成必需。决定在对一些旧大学整顿的基础上,建立培养经济建设人才的沈阳工学院、哈尔滨工业大学、大连大学工学院、沈阳农学院、哈尔滨农学院、沈阳医科大学、哈尔滨医科大学、大连大学医学院;培养中学师资的东北大学;培养行政干部的东北行政学院;培养文艺人才的东北鲁迅文艺学院;培养俄语翻译人才和师资的哈尔滨外国语专科、大连大学俄文专修科;培养朝鲜族干部的延边大学等。并规定,高校的工、农、医科专业,学制均为四年;社科和文艺类专业,学制三至四年;专修科学制二年。招生对象必须是高中毕业或具有同等学力者,经考试合格方能录取。课程与教学规定必须以课堂教学为主,辅以课外活动和社会活动,政治课不超过总课时的15%。东北解放区高等教育建设是解放战争后期解放区高等教育改革的代表,并揭开了人民共和国高等教育建设的序幕。此外,山东解放区成立了山东大学,晋冀鲁豫解放区成立了新华大学(后改名北方大学),苏皖边区成立了华中建设大学等。

中华人民共和国建立前夕解放区高等教育的整顿和建设,是中国革命由暴风骤雨般的武装斗争向大规模的经济建设、文化建设转变过程中的产物,其意义不只是表面上的实行正规化教育制度,更意味着新民主主义教育事业发展的深入。

## 第四节 革命根据地教育的基本经验

评价根据地教育必须看到这样的历史事实:苏区、抗日民主根据地和解放区的教育都是在极其艰苦的条件下进行的——残酷的战争环境、落后的农村地区、薄弱的文化教育底子……然而,革命根据地教育所取得的成绩又是不同寻常的——数量巨大的干部队伍的造就、相当程度的群众和儿童青少年教育的普及、一定数量较为正规的高等学校的创建……固然,根据地教育的制度化、正规化水平不能算高,但是,从它在中国共产党夺取全国政权斗争中所显示出的作用来看,可以说是一个近乎奇迹的创造。根据地教育提供了大量的成功经验,这些经验不仅使中国共产党人深深获益,也是中国教育历史上一份有借鉴价值的遗产。

## 一、教育为政治服务

在当时特定的时代环境下，最大的政治是以武装斗争的手段去夺取民族民主革命的胜利，而动员千百万人民群众投入革命战争、支援革命战争，并最大限度地提高人民军队干部战士的觉悟，是中国共产党所面临的中心任务。革命根据地的教育正是围绕着这一中心任务展开的，教育的功能得到了最大限度的发挥。

首先，在安排各类教育的发展时，正确处理了特定环境下的轻重缓急，保证了最迫切需要的满足。中国共产党的教育理想是普及教育，提高全体人民的文化程度。在正常情况下，以学龄儿童为对象的学校教育应是整个教育事业的基础和主体。但是，在战争环境中，一方面，能用以投入教育事业的物质力量十分有限，必须有所为有所不为；另一方面，革命战争和生产建设的承担者是成年人，他们是根据地存在和发展的支柱，而在他们中必须有一批思想觉悟高、军事素养好、工作能力强、文化知识高的骨干。这是革命队伍的领导力量，是军事、政治、经济、文化建设的组织保证。这就需要教育的发展有所侧重，确定重点，带动其他方面。根据地正是清醒地认识到了这种形势，在决定教育优先发展的部门时，在儿童教育和成人教育之间首先注重成人教育，在成人教育中又首先注重干部教育，作出了"干部教育第一，国民教育第二"的重要选择。正是广泛而卓有成效的干部教育，培养出大量根据地急需的骨干和领导力量，不仅率领了革命战争和生产建设，也由此开展了成人教育，动员了千百万群众投入革命战争、经济和文化建设，保卫和发展了根据地，从而又为年轻一代的教育创造了可能。

其次，在教育内容的确定上，始终服从了战争的需要。根据地教育的职能在于帮助人们认识根据地斗争的性质、目的、意义、方法和手段，动员人民积极参战，有效地工作，教育内容就必须充分反映这一需要。苏区时期，无论是儿童课本（如《共产儿童读本》、《工农三字经》等），还是成人课本（《成人课本》、《群众课本》、《平民课本》、《红色战士读本》等），都以揭露阶级剥削、歌颂红军、支前拥军和争取翻身解放为主要内容。抗日战争和解放战争时期，根据地的学校教育都注重讲抗战、讲时事、讲政策、讲国家前途和民族命运。如抗日根据地的学校政治教育内容包括：(1)形势教育。教育学生坚定日寇必败、中国必胜的信心，树立在中国共产党领导下建设新中国的远大理想。(2)对敌斗争教育。教育学生勇敢大胆、机智灵活、不畏强暴，坚守民族气节。(3)阶级斗争教育。教育学生了解地主阶级的封建剥削阶级本质，参加减租减息运动，并通过国民党反动派的"摩擦"事实，揭露其积极反共的面目。(4)纪律教育。教育学生在战争环境里，严守根据地的机密，并服从组织需要，听从工作安排。(5)群众路线教育。教育学生树立起联系群众、依靠群众、向群众学习、为群众服务的思想。学校的政治教育除通过专门的政治课（如时事、中国近代史、中国革命问题、民众运动和统一战线等）外，还借助国文、常识等文化知识课的形式，尤其是通过组织学生参加宣传活动、实际的社会工作，使学生受到教育。

再次，在教育教学的组织安排上，也充分考虑到战争条件和政治需要。如学制方面，由于战争环境，生活紧张，难以从容教学，学校教育教学期限的安排一切因时、因地制宜，不拘一格。尤其是战争对干部的需要量大，各种学校特别是干部学校的修业年限都较短，少则几个月，长不过年余，是典型的速成。由于学习时限短促，课程的安排也就坚持少而精原则，选择最切合战争需要的内容。教学形式和方法也因此打破偏重课堂教学的传统，更强调教学内容的联系实际斗争和工作,并在战斗和工作中学习。抗大创造的"且战且训,且训且战"的教学训练形式,体现了这一追求。此外,根据地的干部学校、军事学校乃至一般中小学,均不同程度地采取军事化管理形式,强化教育工作和教育对象对战争环境的适应性。

## 二、教育与生产劳动相结合

苏区、抗日民主根据地和解放区的一项基本任务是开展新民主主义革命,消灭封建剥削制度,使劳动人民获得政治、经济和文化教育上的解放。因此,彻底改变建立在封建生产关系之上、以脱离农村生产生活实际为特征、以培养精神贵族为目的的文化教育,就成为根据地教育的基本任务。苏维埃政府曾提出:"要消灭离开生产劳动的寄生阶级的教育,同时要用教育来提高生产劳动的知识和技术,使教育与劳动统一起来。"①在抗日战争时期的延安,更将教育与生产劳动相结合视为培养新公民和新知识分子的必由之路。同时,根据地工作虽以战争为主,却也需要积极发展生产,以保证前线和后方基本的物质需求。当时的苏区约有80%的青壮年奔赴前线,留在后方的青少年和青年妇女必须更多地承担生产任务;而在抗日战争时期的陕甘宁边区,集中了来自全国甚至海外的进步知识分子和青年学生,要求他们"组织起来",加入边区大生产运动,"自己动手,克服困难",丰衣足食,也是维持根据地生存和支援前线的需要。因此,根据地青年学生一面学习,一面劳动,教育与生产劳动相结合,就有着特定的历史意义。根据地教育注意与生产劳动的联系,也积累了一些经验。

第一,教育内容紧密联系当时当地的生产和生活实际,进行劳动习惯和观点、劳动知识和技能的教育。苏区的红军大学、苏维埃大学都将劳动列为必修课;儿童教育中,一些地区也一度要求必修劳动课,而通常都要求各门课程须与劳动联系,除设劳作课并要求考核外,还要求国语、算术等文化课也必须渗透劳动材料。抗日根据地和解放区的学校还把劳动列入教育计划,作为重要课程。

第二,教育教学的组织形式和时间安排注意适应生产需要。根据地相对落后的农村环境,必然要求教育不能成为"闲暇"的事业。要实施成人教育,尤其必须考虑成人作为生产主体的实际情况,即使儿童教育也要视农事忙闲而有不同安排。所以根据地的教学确实根据对象、季节而作灵活处理。在抗日根据地,学校成人班是白天生产,夜晚教学;天晴分散教学,天雨集中教学;农忙分散教学,冬闲集中办冬学。儿童教育中,也有全日班、半日班、早午班;既有班级教学,也有分组教学(学习),还有个别教学。

第三,要求学生参加实际的生产劳动。在根据地,干部学校中的成人、普通中小学中的青少年都是重要的劳动力资源,各级各类学校学生(员)直接参加生产劳动是普遍现象。在苏区的一些专门学校(如中央农业学校),曾规定学生半天学习,半天劳动,包括收集和推广农业生产技术经验;抗日边区的青年学生们,更是普遍地直接投身于大生产运动。由于根据地的农村环境,即使儿童也必须参加生产劳动,而学校则相机进行组织、领导和指导。各抗日根据地的中小学校从当时当地的实际情况出发,或允许学生回家参加家庭生产劳动,或组织儿童拨工组、学习组帮助抗属生产劳动,或组织校内的集体工艺劳动(如纺织、捻线、织袜、竹编等)和农业生产劳动(如开

---

① 《中华苏维埃共和国小学制度暂行条例》,陈元晖等编:《老解放区教育资料(一)》,教育科学出版社1981年版,第308页。

荒种地、修滩地、锄苗、压绿肥、饲养家畜、捕捉害虫等)。有的学校还将学生劳动收入作为股金，由学生自选干部组织和管理生产，定期分红，借以改善学校教学条件和学生学习生活条件。学生参加生产劳动不仅具有教育意义，也具有了经济意义。

### 三、依靠群众办学

根据地经济条件差，学校、师资、设备都十分缺乏，处在战争环境，民主政府有限的物力、人力又难以大量投入教育。另一方面，根据地中在政治、经济上翻身了的群众又有极大的受教育愿望。这就形成了矛盾。根据地教育之所以能在严峻的战争环境中、困难的经济条件下办得生气勃勃，其重要原因就是依靠群众办学，发掘了蕴藏在人民群众中巨大的教育能量。

早在苏区时期，就注意依靠群众办学，具体表现在以下几方面：其一，群众教育由群众自己办，即在苏维埃政府支持下，以乡村为单位依靠群众办夜校、识字班等；其二，依靠群众力量办普通小学，即由政府出一部分经费，场地、设施和部分经费由各乡村自行解决，通常是初小由乡办，高小由区办；其三，干部教育不脱离群众，无论教学内容、学习时限和教学组织，都考虑群众工作的实际需要。抗日根据地在一段时期里由于受教育中的教条主义和"旧型正规化"思想干扰，依靠群众办学的苏区教育传统有所丢失。延安整风和整学后，这一传统又得到恢复。在陕甘宁边区文教工作者大会上毛泽东总结了教育工作中的群众路线原则，他说："在一切工作中都是如此；在改造群众思想的文化教育工作中尤其如此。这里是两条原则：一条是群众的实际上的需要，而不是我们脑子里头幻想出来的需要；一条是群众的自愿，由群众自己下决心，而不是由我们代替群众下决心。"①群众的需要和群众的自愿，这是中国共产党人在根据地教育实践中总结出来的重要的办教育经验。

满足群众的需要。延安《解放日报》1944年3月21日刊发几篇有关延安县民办小学的报道，毛泽东阅后于次日主持召开群众教育(含小学)改革座谈会，在会上作了长篇讲话，他谈道："从前我们杨家岭有一个教员，教了年把，我问他你讲的课人家懂不懂，他说听是听不大懂，但是还要讲。我说，我们共产党要学会一个办法，就是人家听不懂就不讲了。"毛泽东批评了教育中存在的丝毫不顾群众需要的现象，并表示，不顾群众需要的教育不如不要。什么是群众的需要呢？毛泽东又说："昨天报上还有一条消息，说锁家岩小学的学生，早晚帮助家里做事，一面读书，一面帮助家里做事，同时没有变成公家人的危险。在乡村里，一个村办一个小学是比较方便的。"②群众的需要就是方便生产和生活，方便每一户农家的生产和生活。

出于群众的自愿。有了需要，行动就会成为自愿。毛泽东认为，我们"过去办学校是硬办"，群众不欢迎，这是命令主义，问题也就出在不顾群众需要，群众就没有愿望。"现在小学民办是一大解放。要办村学，由群众来办。……搞识字组，由老百姓教。……我们练兵是兵练兵。搞识字运动，也可以民教民，由识字的教不识字的。"③在满足需要的基础上，由群众自己办学，自己执教，积极性会得到极大的发挥。政府要做的事是在群众自愿基础上，"来一个号召"，推广群众的办学经验。同时在充分调查研究群众需要的基础上，办好完小(县办)和中学(地委办)。

---

① 《文化工作中的统一战线》，《毛泽东选集》第3卷，人民出版社1991年版，第1013页。
② 中共中央文献研究室、新华通讯社编：《毛泽东新闻工作文选》，新华出版社1983年版，第115—116页。
③ 毛泽东：《报纸是指导工作教育群众的武器》，《陕甘宁边区教育史料》增刊二，1985年4月。

毛泽东的讲话对根据地依靠群众办学的经验作了精到的概括。依据群众需要，出于群众自愿，并实行民办公助的政策，成为根据地教育的巨大动力。许多学校，或由"变工队"发起创办，或由合作社创办，或以村干部为核心带动群众一起来办，加强了学校与群众的联系，争取了群众对学校的支持和监督，有利于学校在边区人民群众中生根，加强了学校的民主管理，大大提高了群众办教育的积极性，促进了根据地教育的发展。

## 本章小结

中国共产党领导的新民主主义教育先后经历了萌芽、形成和成熟三个阶段。中国共产党诞生后，开始探索中国教育的新路，提出了体现新民主主义教育精神的教育纲领，并积极开展工人教育、农民教育和干部教育，新民主主义教育由此萌芽；土地革命时期，苏维埃根据地通过革命政权，制定了苏区教育的总方针，新民主主义教育方针有了最初的明确表述。同时，干部教育取得很大发展，群众（成人和儿童）教育得到一定程度的普及。新民主主义教育初步形成；抗日战争和解放战争时期，抗日民主根据地无论干部教育还是群众教育的规模与质量，都大大发展，形成了完整的根据地教育体系和一整套教育经验，新民主主义教育方针也得到系统的理论概括，新民主主义教育臻于成熟。

根据地的教育是在探索中曲折前进的。这种曲折既是由于缺乏从事一种全新教育的实践经验，也是由于受外界影响。苏区时期，曾不恰当地提出过实施"共产主义教育"的方针和普及完全的十年制义务教育的目标。由于毛泽东等人的抵制，错误教育思想才未写入教育方针，造成更大危害；陕甘宁边区时期，曾一度出现在"提高质量"、"整齐划一"口号下，照搬国统区学制、课程的教条主义和旧型"正规化"错误，因脱离根据地实际而给教育造成损失。由于整风运动和整学运动的及时纠正，才确立了适应根据地实际需要的教育方针政策，带来教育发展的兴盛局面；当解放战争进入了全面反攻阶段，也曾一度出现"左"倾问题，致使一些学校停办、教师受冲击。后经重新认识即将实现的教育工作重心的转移，需要更广泛地团结各种教育力量，方使教育再回到正轨上来。根据地教育领域里始终存在着不同的思想和路线之争，在论辩和斗争中，根据地教育不断发展和成熟起来。

根据地教育是新民主主义革命的重要组成部分。在明确教育性质的前提下，结合不同时期中国革命的中心任务，根据地制定了不同的方针政策，并就如何解决干部教育、群众教育、普通教育以及处理几种教育之间的关系，进行了深入的探索和实践，既为前线培养了一支足敷应用的干部队伍，也使根据地民众的思想文化素质得到极大提高，还创造了儿童青少年普及教育的崭新局面。在如何快速优质地培养干部、如何扫除成年民众中的大量文盲、如何筹措教育经费兴办中小学校、如何按照人民实际生产生活需要改革教育内容和教学方法等众多方面，积累了丰富的实践经验，奠定了新民主主义教育的理论基础。根据地教育既有力地支援和配合了土地革命战争、抗日战争和解放战争，也积极地推动了根据地的政治、经济、文化建设和社会风气、社会风俗的改变，催化着新中国教育的诞生。

### 思考题

1. 苏维埃文化教育总方针是如何提出的？内容是什么？意义何在？
2. 试评述新民主主义文化教育方针。
3. 革命根据地教育主要有哪些类别？各有什么特点？
4. 试评述抗大。
5. 中国共产党领导的根据地教育有哪些基本经验？

# 主要参考书目

《周易》
《尚书》
《毛诗》
《周礼》
《礼记》
《春秋左氏传》
司马迁 《史记》
班　固 《汉书》
范　晔 《后汉书》
陈　寿 《三国志》
房玄龄等 《晋书》
沈　约 《宋书》
萧子显 《南齐书》
姚思廉 《梁书》
姚思廉 《陈书》
魏　收 《魏书》
李百药 《北齐书》
令狐德棻等《周书》
李延寿 《南史》
李延寿 《北史》
魏徵等 《隋书》
刘昫等 《旧唐书》
欧阳修等《新唐书》
薛居正等《旧五代史》
欧阳修等《新五代史》
脱脱等 《宋史》
脱脱等 《辽史》
脱脱等 《金史》
宋濂等 《元史》
张廷玉等《明史》
赵尔巽等《清史稿》
司马光 《资治通鉴》

毕　沅 《续资治通鉴》
杜　佑 《通典》
马端临 《文献通考》
《续通典》
《续文献通考》
《清朝通典》
《清文献通考》
刘锦藻 《清朝续文献通考》
徐天麟 《西汉会要》
徐天麟 《东汉会要》
王仲荦 《北周六典》
张九龄等《唐六典》
王　溥 《唐会要》
宋敏求 《唐大诏令集》
王　溥 《五代会要》
王钦若等《册府元龟》
徐　松 《宋会要辑稿》
《宋大诏令集》
龙文彬 《明会要》
黄　佐 《南雍志》
申时行等《明会典》
《清会典》
黄宗羲等《宋元学案》
黄宗羲等《明儒学案》
徐世昌等《清儒学案》
《老子》(任继愈《老子新译》)
《论语》(杨伯峻《论语译注》)
《墨子》(孙诒让《墨子间诂》、谭戒甫《墨子分类译注》)
孟　轲 《孟子》(杨伯峻《孟子译注》)
庄　周 《庄子》(郭庆藩《庄子集释》)
荀　况 《荀子》(梁启雄《荀子简释》)

韩　非　《韩非子》(陈奇猷《韩非子集释》)
吕不韦　《吕氏春秋》(许维遹《吕氏春秋集释》)
贾　谊　《新书》
刘　安　《淮南子》
董仲舒　《春秋繁露》
扬　雄　《法言》(汪荣宝《法言义疏》)
王　充　《论衡》
刘　劭　《人物志》(柏原《人物志译注》)
嵇　康　《嵇康集》
傅　玄　《傅子》
颜之推　《颜氏家训》(王利器《颜氏家训集解》)
王　通　《中说》
韩　愈　《韩昌黎集》(马其昶《韩昌黎文集校注》)
丁宝书辑《安定言行录》
张　载　《张载集》
王安石　《王文公文集》
朱　熹　《朱文公文集》
朱　熹　《朱子语类》
吕　坤　《社学要略》
王守仁　《王文成公全书》
朱之瑜　《朱舜水集》
黄宗羲　《黄梨洲文集》
王夫之　《船山遗书》
颜　元　《颜元集》
中国古代教育文献丛书编辑委员会编《中国古代教育论著丛书》
　　　　人民教育出版社1986—1997年版
周德昌编《康南海教育文选》
　　　　广东高等教育出版社1989年版
高平叔编《蔡元培教育论集》
　　　　湖南教育出版社1987年版
中华职业教育社编《黄炎培教育文集》
　　　　中国文史出版社1995年版
任钟印主编《杨贤江全集》
　　　　河南教育出版社1995年版
宋恩荣编《晏阳初文集》
　　　　教育科学出版社1989年版
宋恩荣编《梁漱溟教育文集》
　　　　江苏教育出版社1987年版
北京市教育科学研究所编《陈鹤琴教育文集》
　　　　北京出版社1983—1985年版
中央教育科学研究所编《鲁迅论教育》
　　　　教育科学出版社1986年版
中央教育科学研究所编《徐特立教育文集》
　　　　人民教育出版社1986年版
中央教育科学研究所编《陶行知教育文选》
　　　　教育科学出版社1981年版
叶立群、吴履平总主编《中国近代教育论著丛书》　人民教育出版社1991—2000年版
范文澜主编《中国通史简编》
　　　　人民出版社1964年版
郭沫若主编《中国史稿》
　　　　人民出版社1962—1963年版
任继愈主编《中国哲学史》
　　　　人民出版社1962—1979年版
侯外庐等主编《宋明理学史》
　　　　人民出版社1984年版
张晋藩、王超著《中国政治制度史》
　　　　中国政治大学出版社1987年版
(日)木宫泰彦著《日中文化交流史》
　　　　商务印书馆1980年版
张志公著《传统语文教育教材论——暨蒙学书目和书影》　上海教育出版社1992年版
马宗霍《中国经学史》　上海书店1984年版
任继愈主编《中国道教史》
　　　　上海人民出版社1990年版
任继愈主编《中国佛教史》
　　　　中国社会科学出版社1981年版
沈善洪、王凤贤著《中国伦理学说史》
　　　　浙江人民出版社1985—1988年版

孟宪承等编《中国古代教育史资料》
　　　　　人民教育出版社1961年版
孟宪承编《中国古代教育文选》
　　　　　人民教育出版社1979年版
毛礼锐、沈灌群主编《中国教育通史》
　　　　　山东教育出版社1985—1989年版
沈灌群、毛礼锐主编《中国教育家评传》
　　　　　上海教育出版社1988—1989年版
李国钧主编《中国教育大系·历代教育制度考》上下　湖北教育出版社1992年版
李国钧、王炳照主编《中国教育制度通史》
　　　　　山东教育出版社2000年版
王炳照、阎国华主编《中国教育思想通史》
　　　　　湖南教育出版社1994年版
孙培青、李国钧主编《中国教育思想史》
　　　　　华东师范大学出版社1995年版
陈学恂主编《中国教育史研究》
　　　　　华东师范大学出版社2009年版
孙培青主编《中国教育管理史》
　　　　　人民教育出版社1996年版
李国钧主编《中国书院史》
　　　　　湖南教育出版社1994年版
舒新城编《中国近代教育史资料》
　　　　　人民教育出版社1979年版
陈元晖、陈学恂主编《中国近代教育史资料汇编》　上海教育出版社1991—1997年版
陈学恂主编《中国近代教育史教学参考资料》
　　　　　人民教育出版社1986—1987年版
朱有瓛主编《中国近代学制史料》
　　　　　华东师范大学出版社1983—1987年版
陈景磐编《中国近代教育史》
　　　　　人民教育出版社1979年版
陈学恂编《中国近代教育文选》
　　　　　人民教育出版社1983年版

陈学恂主编《中国近代教育大事记》
　　　　　上海教育出版社1981年版
田正平主编《中国教育近代化研究丛书》
　　　　　广东教育出版社1996年版
宋恩荣、章咸主编《中华民国教育法规选编》
　　　　　江苏教育出版社1990年版
李华兴主编《民国教育史》
　　　　　上海教育出版社1997年版
顾长声《传教士与近代中国》
　　　　　上海人民出版社1981年版
国民政府教育部教育年鉴委员会编《第一次中国教育年鉴》　开明书店1934年版
国民政府教育部教育年鉴委员会编《第二次中国教育年鉴》　商务印书馆1948年版
陈元晖等编《老解放区教育资料》
　　　　　教育科学出版社1986年版
董纯才主编《中国革命根据地教育史》
　　　　　教育科学出版社1991年版
陕西师范大学教育科学研究所编《陕甘宁边区教育资料》　教育科学出版社1981年版
华东师范大学教育系编《中国现代教育文选》
　　　　　人民教育出版社1989年版
宋恩荣主编《中国近现代教育家系列研究》
　　　　　辽宁教育出版社1993—1997年版
张瑞璠、王承绪主编《中外教育比较史纲》
　　　　　山东教育出版社1997年版
田正平主编《中外教育交流史》
　　　　　广东教育出版社2004年版
熊明安、周洪宇主编《中国近现代教育实验史》
　　　　　山东教育出版社2001年版
杨学为主编《中国考试通史》
　　　　　首都师范大学出版社2004年版
商衍鎏《清代科举考试述录》
　　　　　生活·读书·新知三联书店1958年版